復旦百年經典文庫

《法顯傳》校注

我國古代的海上交通

章 巽 著

芮傳明 編

復旦大學出版社

章巽先生(1914—1994)

凡 例

一、"復旦百年經典文庫"旨在收錄復旦大學建校以來長期任教於此、在其各自專業領域有精深學問並蜚聲學界的學人所撰著的經典學術著作,以彰顯作爲百年名校的復旦精神,以及復旦人在一個多世紀歲月長河中的學術追求。入選的著作以具有代表性的專著爲主,並酌情選錄論文名篇。

二、所收著作和論文,均約請相關領域的專家整理編訂並撰寫導讀,另附著者小傳及學術年表等,系統介紹著者的學術成就及該著作的成書背景、主要內容和學術價值。

三、所收著作,均選取版本優良的足本、精本爲底本,並盡可能參考著者手稿及校訂本,正其訛誤。

四、所收著作,一般採取簡體橫排;凡較多牽涉古典文獻徵引及考證者,則採用繁體橫排。

五、考慮到文庫收錄著述的時間跨度較大,對於著者在一定時代背景下的用語風格、文字習慣、注釋體例及寫作時的通用說法,一般予以保留,不強求統一。對於確係作者筆誤及原書排印訛誤之處,則予以徑改。對於異體字、古體字等,一般改爲通行的正體字。原作中缺少標點或僅有舊式標點者,統一補改新式標點,專名號從略。

六、各書卷首,酌選著者照片、手跡,以更好展現前輩學人的風采。

總 目

《法顯傳》校注 …………………………………………………………… 1

我國古代的海上交通 ……………………………………………… 167

外編:古代中外交通研究 ………………………………………… 249

附錄 ………………………………………………………………… 413

    章巽先生學術小傳 ……………………………………… 芮傳明 415

    卓越的見識,縝密的考證——章巽先生學術研究著述簡介 ……… 芮傳明 418

《法顯傳》校注

(據中華書局 2008 年再版本)

福州等覺禪院住持傳法沙門 普明收印經板頭錢恭爲
今上皇帝祝延 聖壽闔郡官僚同資祿位雕造
大藏經印板計五百餘函 時崇寧三年十一月 日謹題
法顯傳一卷 通
東寺
東晉沙門 法顯自記遊天竺事
法顯昔在長安慨律藏殘缺於是遂以弘始
二年歲在己亥與慧景道整慧應慧嵬等同
契至天竺尋求戒律初發跡長安度隴至乾
歸國夏坐夏坐訖前行至耨檀國度養樓山
至張掖鎮張掖大亂道路不通張掖王段業
遂留爲作檀越於是與智嚴慧簡僧紹寶雲
僧景等相遇欣於同志便共夏坐夏坐訖復
進到屯皇有塞東西可八十里南北四十里
共停一月餘日法顯等五人隨使先發復與
寶雲等別屯皇太守李浩供給度沙河沙河
中多有惡鬼熱風過則皆死無一全者上無
飛鳥下無走獸遍望極目欲求度處則莫知
所擬唯以死人枯骨爲標識耳行十七日計
可千五百里得至鄯善國其地崎嶇薄瘠俗
人衣服粗與漢地同但以氈褐爲異其國王
奉法可有四千餘僧悉小乘學諸國俗人及
沙門盡行天竺法但有精麁從此西行所經
諸國類皆如是唯國國胡語不同然出家人
皆習天竺書天竺語住此一月日復西北行

書影一　北宋福州東禪寺本

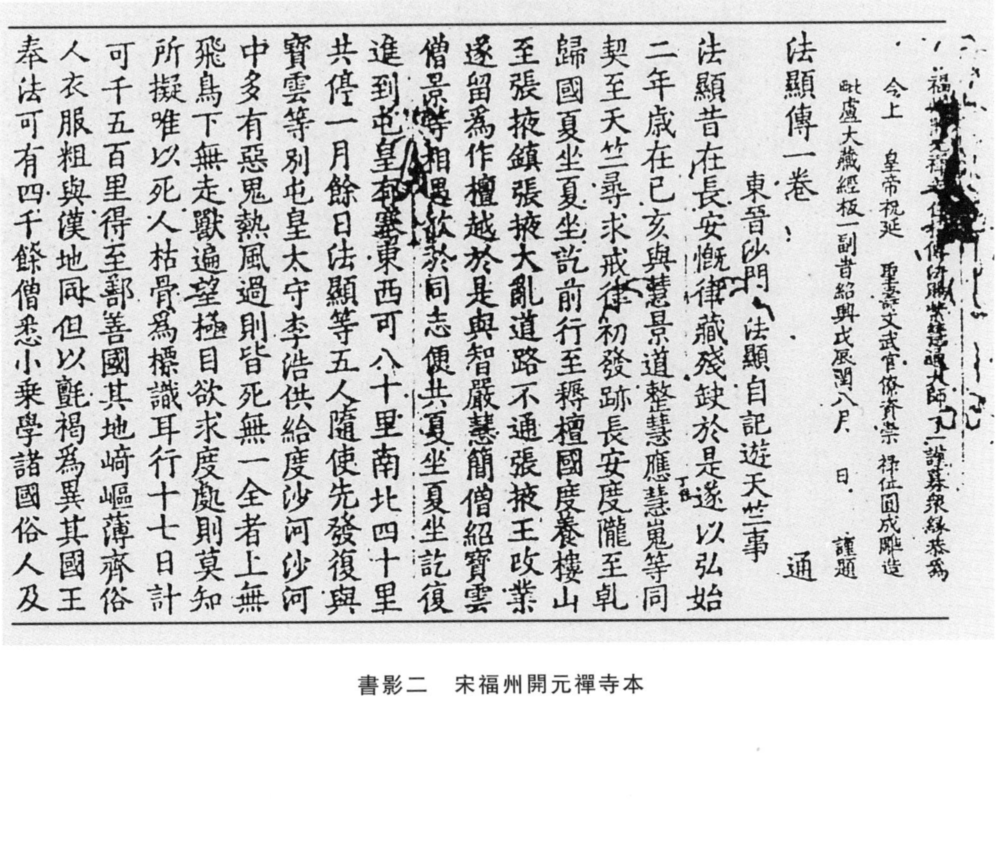

福州開元禪寺住持傳法慧通大師了一謹募衆緣恭爲
今上 皇帝祝延 聖壽文武官僚資崇祿位圓成雕造
毗盧大藏經板一副昔紹興戊辰閏八月 日 謹題
法顯傳一卷 通
東晉沙門 法顯自記遊天竺事
法顯昔在長安慨律藏殘缺於是遂以弘始
二年歲在己亥與慧景道整慧應慧嵬等同
契至天竺尋求戒律初發跡長安度隴至乾
歸國夏坐夏坐訖前行至耨檀國度養樓山
至張掖鎮張掖大亂道路不通張掖王段業
遂留爲作檀越於是與智嚴慧簡僧紹寶雲
僧景等相遇欣於同志便共夏坐夏坐訖復
進到屯皇有塞東西可八十里南北四十里
共停一月餘日法顯等五人隨使先發復與
寶雲等別屯皇太守李浩供給度沙河沙河
中多有惡鬼熱風過則皆死無一全者上無
飛鳥下無走獸遍望極目欲求度處則莫知
所擬唯以死人枯骨爲標識耳行十七日計
可千五百里得至鄯善國其地崎嶇薄瘠俗
人衣服粗與漢地同但以氈褐爲異其國王
奉法可有四千餘僧悉小乘學諸國俗人及

書影二　宋福州開元禪寺本

法顯傳一卷

東晉沙門 法顯自記遊天竺事

法顯昔在長安，慨律藏殘缺，於是遂以弘始二年歲在己亥，與慧景道整慧應慧嵬等同契，至天竺尋求戒律。初發跡長安，度隴至乾歸國，夏坐。夏坐訖前行至耨檀國，度養樓山至張掖鎮。張掖大亂，道路不通，張掖王殷懃遂留為作檀越，於是與智嚴慧簡僧紹寶雲

書影三　宋思溪圓覺藏本

法顯傳一卷　東晉沙門　法顯自記遊天竺事

法顯昔在長安慨律藏殘缺於是遂以弘始二年歲在己亥與慧景道整慧應慧嵬等同契至天竺尋求戒律初發跡長安度隴至乾歸國夏坐夏坐訖前行至耨檀國度養樓山至張掖鎮張掖大亂道路不通張掖王慇懃遂留為作檀越於是與智嚴慧簡僧紹寶雲僧景等相遇欣於同志便共夏坐訖復進到燉煌有塞東西可八十里南北四十里共停一月餘日法顯等五人隨使先發復與寶雲等別燉煌太守李浩供給度沙河沙河中多有惡鬼熱風遇則皆死無一全者上無飛鳥下無走獸遍望極目欲求度處則莫知所擬唯以死人枯骨為標幟耳行十七日計可千五百里得至鄯善國其地崎嶇薄瘠俗人衣服粗與漢地同但以氈褐為異其國王奉法可有四千餘僧悉小乘學諸國俗人及沙門盡行天竺法但有精麁國類皆如是唯國國胡語不同然出家人皆習天竺書天竺語住此一月日復西北行十五日到烏夷國僧亦有四千餘人皆小乘學法則齊整泰土沙門至彼都不預其僧例法顯得符行堂公孫經理住二月餘日於是還與寶雲等共

書影四　宋磧砂藏本

法顯昔在長安慨律藏殘缺於是以弘始二年歲在己亥與慧景道整慧應慧嵬等同契至天竺尋求戒律初發跡長安度隴至乾歸國夏坐夏坐訖前至耨檀國度養樓山至張掖鎮張掖大亂道路不通張掖王慇懃遂留為作檀越於是與智嚴慧簡僧紹寶雲僧景等相遇欣於同志共停一月餘坐留為鎮張掖太守李浩供給度沙河沙河中多有惡鬼熱風遇則皆死無一全者上無飛鳥下無走獸遍望極目欲求度處則莫知所擬唯以死人枯骨為標幟耳行十七日計可千五百里得至鄯善國其地崎嶇薄瘠俗人衣服粗與漢地同但以氈褐為異其國王奉法可有四千餘僧悉小乘學諸國俗人及沙門盡行天竺法但有精

書影五　金趙城藏本

高僧法顯傳一卷

東晉沙門釋法顯自記遊天竺事

廣

法顯昔在長安慨律藏殘缺於是遂以弘始二年歲在己亥與慧景道整慧應慧嵬等同契至天竺尋求戒律初發跡長安度隴至乾歸國夏坐夏坐訖前至褥檀國度養樓山至張掖鎮張掖大亂道路不通張掖王慇勤遂留為作檀越於是與智嚴慧簡僧紹寶雲僧景等相遇欣於同志便共夏坐夏坐訖復進到燉煌有塞東西

書影六　高麗藏本

法顯傳一卷 自記

法顯昔在長安慨律藏殘缺於是遂以弘始二年歲在己亥與慧景道整慧應慧嵬等同契至天竺尋求戒律初發跡長安度隴至乾歸國復坐夏坐訖前行至耨檀國度養樓山至張掖鎮張掖大亂道路不通張掖王殷懃遂留爲作檀越於是與智嚴慧簡寶雲

書影七　古鈔本法顯傳（石山寺本）

河昔有人鑿石通路施傍蹬者凡度七日
度蹬已乃懸絙過河之兩岸相去減八十步
九譯所絕漢之張騫甘英皆不能至衆僧問
法顯佛法東過其始可知耶頭曰訪問彼土
人省云古老相傳自立彌勒菩薩像後便有
天竺沙門賫經律過此河者像立在佛泥洹
後三百許年計於周氏平王時由茲而言大
教宣流始自此像像非夫於勒大士徒軌轍迦
能令三寶宣通邊人識法固始眞運之開

書影八　古鈔本法顯傳（鎌倉初期本）

目　錄

新版前言 …………………………………………………… 12
序 ………………………………………………………… 13
校注説明 …………………………………………………… 21

法顯傳校注 ………………………………………………… 34
一　自發跡長安至度葱嶺 ………………………………… 35
　　西行之始 ……………………………………………… 35
　　乾歸國　耨檀國　張掖鎮　燉煌 …………………… 35
　　沙河 …………………………………………………… 37
　　鄯善國 ………………………………………………… 38
　　焉夷國 ………………………………………………… 39
　　沙行 …………………………………………………… 41
　　于闐國 ………………………………………………… 42
　　子合國　於麾國 ……………………………………… 44
　　竭叉國 ………………………………………………… 45
　　度葱嶺 ………………………………………………… 48
二　北天竺、西天竺記遊 ………………………………… 49
　　陀歷國 ………………………………………………… 49
　　烏萇國 ………………………………………………… 53
　　宿呵多國 ……………………………………………… 54
　　犍陀衛國 ……………………………………………… 55
　　竺刹尸羅國 …………………………………………… 56
　　弗樓沙國 ……………………………………………… 57
　　那竭國 ………………………………………………… 60

	度小雪山 ……………………………………………………	64
	羅夷國　跋那國　毗荼國 ……………………………	64
三	中天竺、東天竺記遊 …………………………………	66
	摩頭羅國 ………………………………………………	66
	僧伽施國 ………………………………………………	70
	罽饒夷城 ………………………………………………	74
	沙祇大國 ………………………………………………	75
	拘薩羅國舍衛城 ………………………………………	76
	都維、那毗伽等三邑 …………………………………	81
	迦維羅衛城 ……………………………………………	82
	藍莫國 …………………………………………………	85
	拘夷那竭城 ……………………………………………	87
	諸梨車欲逐佛般泥洹處 ………………………………	89
	毗舍離國 ………………………………………………	89
	五河合口 ………………………………………………	93
	摩竭提國巴連弗邑 ……………………………………	95
	小孤石山　那羅聚落 …………………………………	100
	王舍新城　萍沙王舊城 ………………………………	101
	伽耶城　貝多樹下 ……………………………………	106
	雞足山 …………………………………………………	112
	曠野 ……………………………………………………	113
	迦尸國波羅㮈城 ………………………………………	114
	拘睒彌國 ………………………………………………	115
	達嚫國 …………………………………………………	116
	還巴連弗邑寫律 ………………………………………	118
	瞻波大國 ………………………………………………	120
	多摩梨帝國 ……………………………………………	121
四	師子國記遊 ……………………………………………	122
	師子國概述 ……………………………………………	122
	大塔 ……………………………………………………	123
	無畏山僧伽藍 …………………………………………	124

	貝多樹 ······	124
	王城及佛齒供養 ······	125
	跋提精舍 ······	128
	摩訶毗訶羅精舍 ······	129
	天竺道人誦經 ······	130
	更得經本 ······	132
五	浮海東還	
	自師子國到耶婆提國 ······	134
	自耶婆提歸長廣郡界 ······	136
	南下向都 ······	137
	結語 ······	140
跋	······	142
附錄	······	144
	（一）法顯法師傳 ······	145
	（二）智嚴法師傳 ······	147
	（三）寶雲法師傳 ······	148
	（四）法顯得本出經錄 ······	149
	（五）六卷泥洹出經後記 ······	150
	（六）摩訶僧祇律私記 ······	150
	（七）婆麤富羅律記 ······	151
	（八）彌沙塞律記 ······	152
	（九）參考書目 ······	152
補注	······	158

地　圖

（一）法顯歷遊天竺行程全圖 ······	162
（二）法顯歷遊天竺行程圖（自于闐—摩頭羅國段） ······	163
（三）法顯歷遊天竺行程圖（自摩頭羅國—多摩梨帝國段） ······	164
（四）王舍城附近及五山圖 ······	165
（五）師子國圖 ······	166

新版前言

《法顯傳校注》是已故著名歷史地理學家、中外交通史研究大家章巽（丹楓）教授的重要著述之一，曾由上海古籍出版社於1985年出版。該書的校注以北京圖書館所藏南宋刊印的《思溪圓覺藏》本爲底本，參考了多種《法顯傳》的最早印本及古鈔本，充分汲取了19世紀以來國内外學者對此書的研究成果，解決了不少疑難問題，故被學界譽爲近年來集法顯研究之大成的最有影響的力作。

承中華書局的厚意，《法顯傳校注》今刊行新版，收入《中外交通史籍叢刊》。作爲丹楓先生的晚輩與學生，我們備感欣慰，並致謝意。

由於原版存在若干印刷錯誤，故本次重版主要依據作者親筆校訂的原書作了修改，並對業已發現的其他訛誤也一並改正。此外，爲便於讀者了解原版《校注》出版二十年來，國内外學術界有關《法顯傳》研究的新成果，我們參考了德國學者寧梵夫教授（今任教於英國卡的夫大學）的新著《作爲宗教史料的〈高僧法顯傳〉——中國最早赴印佛僧之行記翻譯》（Max Deeg, *Das Gaoseng-Faxian-zhuan als religionsgeschichtliche Quelle*, *Der älteste Bericht eines chinesischen Buddhistischen Pilgermönchs über seine Reise nach Indien mit Übersetzung des Textes*, [Studies in Oriental Religions 52], Wiesbaden, Harrassowitz, 2005），並儘可能檢索了國内及歐美、日本學者的一些論著，以"補注"形式，一並附在這裏（不再插入原文，以免擾亂原有格式），旨在提供某些綫索，以利於有興趣的讀者作進一步的研究。寧梵夫教授對此十分支持，特地惠寄相關資料，謹此深表謝意。

徐文堪　芮傳明
2007年10月於上海

序

公元第四世紀時的中國,繼西晉八王之亂後,階級鬭爭和民族鬭争交織起來,陷入戰亂不絶、南北分崩的狀況中。黄河流域以北,有所謂十六國在無休止的戰禍中先後興起,偏安南方的東晉朝廷,也是攘權奪利,内争不已。在這樣充滿着戰争和變亂的局勢下,即使是統治階級,也經常感到朝不保夕,前景茫然,更不要説身受殘酷剥削、飽嘗戰亂之苦的人民大衆了。這一切,都給與佛教以迅速發展的機會。被剥削和被壓迫者産生了從宗教中找尋安慰和拯救的幻想。至於貪得無厭的統治階級,於現世的富貴權勢之外,更妄想通過宗教而享受天國之樂;何況當時戰争那樣頻繁,局勢那樣不安,連統治階級現世的富貴權勢也還得拜求佛菩薩來保佑;加之宗教能够産生麻痺人民鬭志的作用,大有利於統治階級,統治階級認識到這一點後,就更要來利用宗教了。因而公元第四世紀及其後的南北朝時期,佛教在中國進入了一個廣泛傳播和迅速發展的階段。

這就是寫作《法顯傳》這本書的法顯生時所處的時代背景。

關於法顯的生卒年,只能作大體的推定。僧祐《出三藏記集》卷十五《法顯法師傳》云,法顯"後到荆州,卒於新寺,春秋八十有二"。慧皎《高僧傳》卷三《釋法顯傳》作"春秋八十有六",智昇《開元釋教録》卷三同。又,佛陀跋陀羅共法顯譯《摩訶僧祇律私記》載,法顯於東晉義熙十四年(公元418年)二月末在建康鬭場寺(即道場寺)譯畢此律;《高僧傳》卷三《佛馱什傳》載,宋景平元年(公元423年)七月以前法顯已遷化。可見法顯卒年當在公元418年2月至423年7月之間。如以得年八十二歲(與八十六歲之誤差得爲四年),卒於423年(與418年之誤差得爲五年)推算,則法顯生年得爲公元342年。他於後秦弘始元年(公元399年)從長安出發去天竺時,他的年齡,無論如何已在五十八歲以上了。

關於法顯的出生地,《出三藏記集》、《高僧傳》、靖邁《古今譯經圖紀》卷二、《開元録》等都説他是"平陽武陽人",費長房《歷代三寶紀》卷七、道宣《大唐内典録》卷三等但稱他爲"平陽沙門"。按:晉及十六國時平陽郡所屬唯有平陽縣而無武陽縣,當時平陽郡内亦未聞有武陽之地名,武陽或爲平陽之誤,故《歷代三寶紀》等即稱之爲"平陽沙門"。當時平陽郡治所即在平陽縣,縣城故址在今山西省臨汾縣西南,法顯的出生地可能即在此。

從統治者到被統治者,形形色色信奉佛教的人中,當然有許多真是虔誠歸依,甚至有不惜身命的,法顯便是其中的一人。法顯遠赴天竺取經歸來後,於義熙十二年(公元416年)冬,在建康道場寺和覺賢共譯《摩訶僧祇律》,有人請他寫出遊歷天竺的詳細經過,就成爲現在這一册《法顯傳》。《傳》後有一段跋文,説當時法顯自云:"顧尋所經,不覺心動汗流,所以乘危履嶮,不惜此形者,蓋是志有所存,專其愚直,故投命於不必全之地,以達萬一之冀。"跋文接着對法顯的這一偉大旅行加以頌揚,説:"於是感歎斯人,以爲古今罕有。自大教東流,未有忘身求法如顯之比!"法顯的自述和跋文對他的這幾句贊美之辭,都不愧爲實録。

法顯的遠遊天竺,當然也受到當時客觀情勢的影響。原來佛教從西漢末年傳入中國後,其初多賴中亞及印度的佛教徒來華傳譯經籍,往往篇章不備,或者轉譯失真,日漸不能滿足需要,所以從曹魏末年的朱士行開始,產生西行求法運動;此後見於記載的,西晉有竺法護,東晉初有康法朗、于法蘭,東晉中期以後有竺佛念、慧常、進行、慧辯、慧叡、支法領、法净、曇猛諸人,都是法顯以前的先驅,而法顯也是隨着這一股潮流而前進的一人。但上述諸人中,確實到過天竺的,恐祇有慧叡、曇猛二人。他們的成就和聲名,都不及法顯。陸去海還,廣遊西土,留學天竺,携經以歸者,恐要數法顯爲第一人了。

而且法顯所帶歸的佛教經籍,也深合當時的需要。《法顯傳》開頭就說,法顯是爲了尋求戒律而去天竺的。原來公元第四世紀中隨着佛教的迅速發展,僧人人數日增,如道安在襄陽(公元365—379年),就有"師徒數百"過着集體的宗教生活,這樣,就格外需要有紀律來維持,所以道安自立三例作爲僧尼軌範,一面也積極從事律藏戒本的尋求。同時在長安方面,也因深感"經法雖傳,律藏未闡"(《高僧傳》卷二《弗若多羅傳》中語),而在努力傳譯戒律,其最著名者,如前秦建元中(公元365—384年)有曇摩持之譯《十誦戒本》等三部,竺佛念等之譯《鼻奈耶律》,皆略早於法顯之出行;略遲於法顯之出行者,有後秦弘始中(公元399—415年)鳩摩羅什、弗若多羅、曇摩流支之譯《十誦律》,佛陀耶舍等之譯《四分律》。法顯也投身於此行列,並取得巨大的成果。他從天竺取歸的戒律,得自巴連弗邑者,有《摩訶僧祇衆律》一部、《薩婆多衆律》一部,得自師子國者,有《彌沙塞律》藏本。其中的《摩訶僧祇衆律》，法顯回國後親自在建康道場寺共佛陀跋陀羅(即覺賢)譯出；《彌沙塞律》則於法顯身後不久由佛馱什等譯出；唯《薩婆多衆律》未譯(當法顯歸時，鳩摩羅什、弗若多羅等先已譯出《十誦律》)。按，佛家律有五部，即《薩婆多部十誦律》，《曇無德部四分律》，《婆麤富羅部律》(一名《摩訶僧祇衆律》)，《彌沙塞部五分律》，《迦葉維律》。《迦葉維律》未至中國，至中國四部中，法顯携歸者有三部，可見他對戒律流傳的貢獻之多了。

法顯是一個學問僧，他去天竺尋求戒律，也未忽視經義方面的研求。前秦建元之末，道安在長安主持譯事，提倡一切有部之學，罽賓沙門羣集西京，最著名者如僧伽提婆，爲有部毗曇大家，於建元十九年(公元383年)譯《阿毗曇八犍度論》(即《發智論》)，道安爲之序；其後提婆南至廬山，又受慧遠之請於東晉太元十六年(公元391年)譯《阿毗曇心》。當此毗曇學在我國開始傳播之際，而法顯自天竺携歸經本中，也有《雜阿毗曇心》和《摩訶僧祇阿毗曇》，《雜阿毗曇心》法顯歸後且曾共覺賢譯出(今闕)，這是法顯對毗曇學的貢獻。

法顯求得的其他一些經本，如《長阿含》、《雜阿含》等，也都是極爲重要的佛典。而影響更大的，是他携歸的《方等般泥洹經》。隨着晉末宋初階級對抗的加深和佛教發展的擴大，繼和魏晉玄學思想相結合的般若學之後，而有涅槃佛性學說之大興，衝破局限於社會某一部分的樊籬，宣揚"一切衆生皆有佛性"，直接向最廣大的人間發動誘力。對於這一佛教教義和佛教活動的新發展、新擴大，法顯携歸建康並即同佛陀跋陀羅譯出的《方等般泥洹經》(亦稱《大般泥洹經》或《方等大般泥洹經》，即《六卷泥洹》)實起了推波助瀾的重要作用。

所以法顯歷遊天竺歸來後對我國佛教的貢獻，乃是多方面而且影響甚大的。

法顯遠赴天竺，以及他的尋求經律，傳布毗曇，推動涅槃佛性學說之大興等等，已經使他在中國佛教史中占有重要的一席。而在今天說起來，法顯自記歷遊天竺經過的《法顯傳》，更吸引了我們的注意。這真是一部偉大的作品。它叙述了法顯以六十左右的高年，爲了自己的信念，奮不顧身，從長安出發，通過河西走廊，度越今天新疆境内艱難的大沙漠，踰葱嶺之險，取道今印度河流域而入恒河流域，即經今巴基斯坦入阿富汗，又返巴基斯坦境内，然後東入印度，並曾穿行尼泊爾南部而達恒河下游的佛教中心地，在摩竭提國首都巴連弗邑留住三年，學梵書梵語，鈔寫經律，乃渡海至師子國，即今斯里蘭卡，又住二年，續得經本，然後航海東歸，中途在今蘇門答臘或爪哇作短暫停留，繼續北航，一路飽受風濤之苦，終於到達今山東半島南部的嶗山，轉由陸路南下至建康。他於後秦弘始元年(公元399年)發長安，東晉義熙八年(公元412年)歸抵嶗山登陸，次年達建康，首尾計有十五年之久。《法顯傳》就是法顯自己對於這一歷時十五年的長途而艱巨的旅行的親筆記録。

《法顯傳》在歷代著録中，有很多不同的名稱，如：
《出三藏記集》卷二作：《佛遊天竺記》一卷。
《水經注》卷一、卷二作：《法顯傳》。
卷十六作：《釋法顯行傳》。
法經等《衆經目録》卷六作：《佛遊天竺記》一卷(歸入"西域聖賢傳記"，云是"西域聖賢所撰")。
又有《法顯傳》一卷，法顯自述行記(歸入"此方諸德傳記")。
《歷代三寶紀》卷七作：《歷遊天竺記傳》一卷。
《隋書》卷三十三《經籍志・史部雜傳類》作：《法顯傳》二卷。
又有《法顯行傳》一卷。
《地理類》又有《佛國記》一卷(原注：沙門釋法顯撰)。
道宣《集神州三寶感通録》卷中《梁荆州優填王栴檀像緣二十八》(亦見《太平御覽》卷六百五十七闕名《像記》)作：《佛遊天竺記》。
《大唐内典録》卷三作：《歷遊天竺記傳》。
道世《法苑珠林傳記篇》作：《歷遊天竺記傳》一卷，右東晉平陽沙門釋法顯撰。
《後漢書・西域傳》李賢注作：《釋法顯遊天竺記》。
又作《天竺國記》。
徐堅等《初學記》卷二十三作：《佛遊天竺本記》。
《開元釋教録》卷三作：《歷遊天竺記傳》一卷(原注：亦云《法顯傳》，法顯自撰，述往來天竺事，見《長房録》)。
又有：《佛遊天竺記》一卷(原注：見《僧祐録》)。
又卷十三，卷十七，卷二十均有：《法顯傳》一卷，並注出"亦云歷遊天竺記傳"。
杜佑《通典》卷一百七十四作：《釋法明(國諱改爲)遊天竺紀》。
卷一百九十一作：《法明遊天竺記》。(《四庫全書總目提要》云："《通典》引此書,又作法明,蓋中宗諱顯,唐人以'明'字代之,故原注有'國諱改焉'四字也。")

圓照《貞元新定釋教目錄》卷五作:《歷遊天竺記傳》一卷(原注:亦云《法顯傳》,法顯自撰,述往來天竺事,見《長房錄》)。

又有《佛遊天竺記》一卷(原注:見《僧祐錄》)。

又卷二十三,卷二十七,卷三十均有:《法顯傳》一卷,並注出"亦云《歷遊天竺記傳》"。

《太平御覽》卷六百五十三及六百五十七作:《法顯記》。(其前一則引自《法顯傳》經律過新頭河開始東傳一段,文句經改寫,且有誤字;後一則引自《大唐西域記》卷十一僧伽羅國金像寶髻一段,誤題作《法顯記》。)

《宋史》卷二百五《藝文志·子類》下《道家類》附《釋氏類》作:《法顯傳》一卷。

自北宋以下歷代刊刻之大藏經多作:《法顯傳》一卷;唯金代《趙城藏》本作:《昔道人法顯從長安行西至天竺傳》一卷;《高麗藏》本作:《高僧法顯傳》一卷。

自明代以下諸叢書刊本,如《祕冊彙函》、《津逮祕書》、《唐宋叢書》、《增訂漢魏叢書》、《學津討原》等,均作:《佛國記》一卷;唯《稗乘》作:《三十國記》;張宗祥據明鈔本輯印《說郛》卷四作:《法顯記》。

以上這些不同的題名,所指皆即一書。《佛國記》首見稱於《隋志》,但《隋志》原注就已說明是"沙門釋法顯撰",今傳世的各本《佛國記》,也都同於《法顯傳》。《歷遊天竺記傳》即是《法顯傳》,自《開元錄》以下皆有明文注記。所以《法顯傳》、《佛國記》、《歷遊天竺記傳》之爲同書異稱,並不發生問題。唯《佛遊天竺記》和《歷遊天竺記傳》是否爲一書,學者間嘗有異說。但《初學記》卷二十三所引之《佛遊天竺本記》,當即《佛遊天竺記》,其中所載達嚫國迦葉佛伽藍一段,實與今《法顯傳》(即《歷遊天竺記傳》)所載者符合;《集神州三寶感通錄》卷中及《太平御覽》卷六百五十七所引之《佛遊天竺記》,其中所載佛上忉利天一夏爲母説法云云,也和今《法顯傳》僧伽施國一節中所載者相似。由此看來,《佛遊天竺記》和《歷遊天竺記傳》應當即是一書。《開元錄》卷三和《貞元錄》卷五雖兼載《歷遊天竺記傳》和《佛遊天竺記》兩名,但於《佛遊天竺記》下皆注"見《僧祐錄》",又皆注"闕本",則智昇和圓照都並未見到《佛遊天竺記》這一"闕本"的書,難怪他們都不知其即爲《歷遊天竺記傳》而誤入了。唯法經等《衆經目錄》卷六不但兼收《佛遊天竺記》和《法顯傳》,且以前者爲"西域聖賢所撰"的"西域聖賢傳記",以後者爲法顯自述的"此方諸德記",似明白分作兩書,致引起後人之紛紜。此蓋法經等倉卒成編,一時疏於查核,未可即以爲據。《衆經目錄》之誤分一書爲二,可由《出三藏記集》(即《僧祐錄》)而證明之。我們今天所見最早著錄法顯所傳經記的,是《出三藏記集》,其卷二法顯名下一共舉出書名十二部,但其中稱爲自西域的中天竺、師子國帶回之梵文胡本僅十一部(譯出者《大般泥洹》等六部,未譯出者《長阿含經》等五部),尚有一部即"《佛遊天竺記》一卷",固未嘗歸入梵文胡本之中,蓋即法顯自撰之《歷遊天竺記傳》,亦即《法顯傳》,而非出於"西域聖賢"之手的另一部書。

又《水經注》中所載,有《法顯傳》和《法顯行傳》二名;《隋書》亦然,並記明《法顯傳》二卷,《法顯行傳》一卷。這可能是由於《法顯傳》有詳略二本之故。今本《法顯傳》的跋文,大約是東晉義熙十二年(公元 416 年)法顯在建康道場寺譯經時他的檀越之所題,其中本有"先所略者,勸令詳載"之語。今本《法顯傳》後出,應爲詳本,其先應尚有一略本。所稱《法顯行傳》之一卷本,或即略本,《法顯傳》之二卷本,或即詳本。略本今當已不傳,今之傳本蓋爲詳本,特亦已改爲一卷耳。

除了《法顯傳》、《佛國記》、《佛遊天竺記》、《歷遊天竺記傳》以外,本書還有如前所舉的其他一些名稱,最長的要數金代刻本《趙城藏》中《昔道人法顯從長安行西至天竺傳》的十四字題名。這一些名稱之同指《法顯傳》,皆不成問題,無待煩言。

在我國佛教史上,東晉末年的法顯常和唐代早期的玄奘並稱。正如唐代另一著名僧人義淨在他所著的《大唐西域求法高僧傳》中所說:"觀夫自古神州之地,輕生殉法之賓,顯法師則創闢荒途,奘法師乃中開王路。其間或西越紫塞而孤征,或南渡滄溟以單逝。……然而勝途多難,寶處彌長,苗秀盈十而蓋多,結實罕一而全少。寔由茫茫象磧,長川吐赫日之光;浩浩鯨波,巨壑起滔天之浪。獨步鐵門之外,亘萬嶺而投身;孤漂銅柱之前,跨千江而遣命。"義淨這番話,說出了晉、唐當時求法僧人往來中國和南亞間旅程中的困苦和危險,並特別提出其先驅者法顯和玄奘的重要性,也是把他們兩人同時並舉。對比起來,創闢荒途自然要較繼開中路更加艱難,這一點是很明白的。而且玄奘之去印度和從印度歸來,都取道陸上,不如法顯之陸去海還,曾身歷鯨波巨浪之險。還有一層,玄奘離長安啓程西出時,雖然和法顯一樣只是一個普通的僧人,但到高昌後便結識了高昌王麴文泰,約爲兄弟,臨別時高昌王曾大加幫助。據《大慈恩寺三藏法師傳》卷一所載,麴文泰當時"爲法師度四沙彌以充給侍,製法服三十具,以西土多寒,又造面衣、手衣、靴、韈等各數事,黃金一百兩,銀錢三萬,綾及絹等五百疋,充法師往還二十年所用之資。給馬三十疋,手力二十五人,遣殿中侍郎史歡信送至(西突厥)葉護可汗衙。(據《續高僧傳》卷四《玄奘傳》,"以大雪山北六十餘國皆其部統,故重遺遣奘開前路也"。)又作二十四封書通屈支等二十四國,每一封書附大綾一疋爲信。又以綾、絹五百疋,果味兩車,獻葉護可汗,並書稱'法師是奴弟,欲求法於婆羅門國,願可汗憐師如憐奴,仍請敕以西諸國給鄔落馬遞送出境'"。可見玄奘經過高昌後的繼續西行,是擁有這樣許多優越條件的。《慈恩傳》接着還說,玄奘一路前進,"其所經諸國王侯禮重,皆此類也"。後來玄奘中途之遇葉護可汗,在印度之遇鳩摩羅王及戒日王等,就是《慈恩傳》這兩句話的例證。至於玄奘歸國後之在唐太宗、高宗父子種種庇護下完成他的大量譯經盛業,更爲衆所周知。對比起來,法顯的遠征天竺,雖也曾得到過如張掖王段業、敦煌太守李暠這樣一些人的施捨供給,但基本上法顯始終是一個尋常的行腳僧;他在天竺的巡遊和居留,以及學梵書梵語,寫律傳經,皆出之以平淡;求經歸來到建康後,從事傳譯的法顯,也還是一個尋常的譯經和尚,不曾聽見他有甚麼攀龍附鳳的活動;暮年死於荆州新寺,事迹都不很清楚了。這樣看來,法顯因於外力者少,而自身奮發者多,松風山月,似乎更覺高人一等了。

更就法顯的《法顯傳》和玄奘的《大唐西域記》這兩部著名的傳記而言,恬退恭順的法顯,能有時間親筆寫下他的遊記,言輒依實,質樸明暢;而玄奘卻不得不假手辯機代筆寫下他的遊記,雖然文詞絢爛,卻也不免帶上一些浮華的色彩。且《法顯傳》雖然質樸,但由於親身經歷,親筆自寫,常能在行間字裏發射出深厚的感情,十分觸動人心,有許多境界往往是《大唐西域記》所未能達到的。如過小雪山(在今阿富汗東部賈拉拉巴德附近)時記同伴慧景之死,法顯撫之悲號的情景,又如記在師子國(今斯里蘭卡)無畏山僧伽藍中青玉像前見商人以晉地一白絹扇供養時,法顯見物懷鄉,不覺悽然,淚下滿面的情況,都可見法顯的深情流露於紙面,千載之下,感人猶新。所以《法顯傳》這部書,實在也具有極高的文學價值。

而且,《法顯傳》全書所記述到的地域範圍,除中國本國外,還包括了中亞、南亞和東南亞,對於當時這樣一個廣大地區的地理、交通(包括從南亞到中國的航海交通)、宗教、文化、物產、風俗,乃至社會發展、經濟制度等等,無不有所述及,成爲研究公元第五世紀初亞洲歷史的重要史料。在我國的佛教經錄和經藏中,《法顯傳》向來受到重視而被收入。特別自從十九世紀以來,隨着東西交通的日益增進,除了我國的學者外,歐洲和日本的學者也紛紛從事《法顯傳》的翻譯、整理和研究,這都是有見於此書的重要性而產生的結果。諸家舊作,時歷多年,我們今天正應該在前人所取得的成績上繼續努力,寫出新的校注本,以便利現代的讀者。《法顯傳》中還記載着當時中國和亞洲許多鄰族、鄰國間的密切友誼和文化交流,這些寶貴的歷史記錄,十分值得加以發揚,來增進今天我國和亞洲各國間的友好關係,這也正是我們當前應盡的責任。

這一册《法顯傳校注》,就是在上述的認識上來編寫成書。至於有關校注工作的一些具體説明,包括對我編寫本書時所曾參考的《法顯傳》宋刻本五種、金刻本一種、古鈔本三種以及其他一些有關資料的介紹,另詳於後,兹不多及。

二十餘年來,經常得和姚楠教授共同從事中外交通史和歷史地理等方面的研究工作,實爲幸事。這册《法顯傳校注》的完成,也和他的熱情鼓勵分不開,這是我首先應該表示謝意的。

蘭州大學歷史系湯季芳教授一直關心本書的編寫工作,通過他的慷慨聯繫,承日本京都大學井上清教授熱情惠寄長澤和俊教授的《宮内廳書陵部圖書寮本法顯傳校注》(附有宋刻開元禪寺本《法顯傳》的影印本)以及天理圖書館影印的石山寺本和鎌倉初期本兩種《法顯傳》古鈔本。開元禪寺本《法顯傳》乃北宋東禪寺本《法顯傳》的化身,兩種古鈔本也都十分珍貴,都對本書的校釋工作有重大的幫助。對井上清和湯季芳兩位教授,敬此表示我衷心的感謝。有緣讀到長澤和俊教授的大作,也甚感欣幸。

承華東師範大學羅祖德同志多次代向師大圖書館借用圖書;上海教育學院楊廷福同志也曾惠借日文參考用書;上海塑料製品工業研究所龔方震同志惠贈足立喜六氏所著《法顯傳——中亞、印度、南海紀行の研究》,並對若干梵文的復原工作代爲校讎;金竹安同志所繪地圖,爲本書生色不少。特在此對以上各位同志表示感謝。

還要感謝上海古籍出版社編輯部姜俊俊同志,在本書的寫作編校及付印諸過程中,經常得到她的許多協助。又我在復旦大學歷史系爲研究生芮傳明、黄靖兩同學講授"史料分析"時,用《法顯傳校注》的原稿作爲教材的一部分,他們曾爲我將原稿清鈔一遍,以便交付排印,也在此表示謝意。

章 巽
1981 年 8 月 26 日

校注説明

（一）《法顯傳》的最早印本和古鈔本

本書校注工作曾參考過的若干《法顯傳》最早印本和古鈔本，茲先作一説明。

北宋刊刻的《崇寧萬壽大藏》，北宋至南宋刊刻的《毗盧大藏》，南宋刻印的《思溪藏》兩種（《思溪圓覺藏》和《思溪資福藏》）及《磧砂藏》，裏面都有《法顯傳》，且都至今仍有保存。這五種《法顯傳》，再加上金代刊刻的《趙城藏》中的《法顯傳》，就是本書校注工作中所曾參考的《法顯傳》的最早印本。

《崇寧萬壽大藏》 元豐三年（公元1080年）始工開雕於福州東禪寺，其中的《法顯傳》係崇寧三年（公元1104年）雕造——以下簡稱《東本》。

《毗盧大藏》 政和二年（公元1112年）始工開雕於福州開元禪寺，其中的《法顯傳》係紹興十八年（公元1148年）雕造——以下簡稱《開本》。

《思溪圓覺藏》 紹興二年（公元1132年）在湖州思溪圓覺禪院開雕，其中有《法顯傳》——以下簡稱《圓本》。

《思溪資福藏》 一般認爲淳熙二年（公元1175年）在湖州（後改名安吉州）思溪法寶資福禪寺始工開印，其中的《法顯傳》係嘉熙三年（公元1239年）印造——以下簡稱《資本》。

《磧砂藏》 約寶慶（公元1225—1227年）初年始工開雕於平江府（即蘇州之改名）磧砂延聖院，入元代乃竣工，其中《法顯傳》雕造年未詳——以下簡稱《磧本》。（《磧砂藏》1935年有影印本出版，稱爲《影印宋磧砂藏經》。）

《趙城藏》 約由金代皇統八年（公元1148年）至大定十三年（公元1173年）間刊刻，原存山西趙城縣廣勝寺，爲世界孤本，今移藏北京圖書館。《趙城藏》中有《法顯傳》，爲《法顯傳》北方流傳系統中的重要刻本——以下簡稱《金本》。

本書校注工作中曾參考的手寫本《法顯傳》，是十二至十四世紀中先後傳錄的三種日本古鈔本。它們是：

日本長寬二年(公元 1164 年)的古鈔本,前有"石山寺一切經"印記——以下簡稱《石本》。

日本鎌倉初期(十二世紀末至十三世紀初)的古鈔本——以下簡稱《鎌本》。

日本應永七年(公元 1400 年)的古鈔本(日本京都市南禪寺所藏)——以下簡稱《禪本》。

(1)《東本》和《開本》

藏有《東本法顯傳》的是日本京都市大宮西九條東寺經藏和京都府宇治郡醍醐寺上醍醐經藏;藏有《開本法顯傳》的是日本宮內廳書陵部圖書寮、京都市知恩院經藏和舊金澤文庫(此本後來已另歸他人)。由於《東本》、《開本》這兩種本子都尚有保藏於日本,日本學者足立喜六氏在他所撰的《考證法顯傳》(1935 年出版,以下簡稱《足立氏書初版》;此書於 1940 年再版,改稱《法顯傳——中亞、印度、南海紀行の研究》,以下簡稱《足立氏書》)中遂首先加以利用,對《法顯傳》的校勘和研究作出了重要的貢獻。《東本》為北宋刻本,是今存的《法顯傳》最早印本,《開本》印於南宋初的 1148 年,較《東本》之印於 1104 年者遲了四十四年,但足立喜六氏對校的結果,在他的書中舉出,兩本文字可說完全一樣,祇有極少幾個字的字畫稍有繁簡和不同。即:一、卷首發跡長安的時間,《東本》作"歲在己亥",《開本》作"歲在巳亥";二、《東本》的"初發跡長安",《開本》作"初發跡長安";三、鄯善國中《東本》的"但以氀褐為異",《開本》作"但以氀褐為異";四、焉夷國中《東本》的"遂返遷向昌",《開本》作"遂返遷向唱";五、那揭國城有關佛僧伽梨的記載,《東本》的"禮佛供養",《開本》作"禮拜供養";六、拘薩羅國舍衛城南《東本》的"初到祇洹精舍",《開本》作"初到祇洹精舍";七、王舍城附近《東本》的"彫鷲窟",《開本》作"鵰鷲窟"。此外,兩本後面各附有《字音》,《足立氏書》中所舉出的,也祇有三處略異,即:一、《東本字音》中一處之"裪褐",《開本字音》作"裪褐";二、《東本字音》中一處注釋"湯突"二字,説上一字"正作盪",《開本字音》卻説上一字"正作濫";三、《東本字音》中一處注"銅杆,下孟字",《開本字音》注"銅杆,下于字"。《東本》和《開本》內容既如此相合,且版式也完全一樣,都是每開六行,行十七字,因之《足立氏書》認為:兩本同在福州開刻,《開本》若非與《東本》用同一之底本,則必即根據《東本》雕造,是一種《東本》的翻刻本,故開版雖在南宋時,由內容上言則屬北宋版,總之,"兩者相等"。所以日本的學者,認為《開本》即是《東本》的化身,每將《開本》歸入於北宋本。我們祇要看看本書前面所附的圖版(一)和圖版(二),便可略見《東本》和《開本》之"兩者相等"的實際情況了。

(2)《圓本》和《開本》

北京圖書館藏有南宋紹興二年(公元1132年)雕印的《圓本》,1955年曾由文學古籍刊行社影印出版。足立喜六氏於三十年代中撰印《考證法顯傳》以及後來再版時,都未見到過此本。但日本早稻田大學長澤和俊教授於1970年撰《宮內廳書陵部圖書寮本法顯傳校注》(以下簡稱《長校》)時,則就以《開本》爲底本,以《圓本》和《高麗藏本》來校字。《長校》(3—4頁)認爲《圓本》係以北宋本開元寺本(即《開本》)作爲底本,再以當時所見其他異本來校補,兩者實屬同一系統,而《高麗藏本》則另屬一系統。《長校》并列出簡表,認爲《法顯傳》的雕印流傳,有Ⓐ Ⓑ兩個系統如下:

　　Ⓐ 東禪寺本(《東本》)→開元寺本(《開本》)……
　　　　　　　　　　　　↓

　　　　　　　　　　　Ⓐ《思溪藏》本(《圓本》)→《元藏》本……

　　Ⓑ《高麗藏》本

以上是《長校》提出的看法。

對於《圓本》和《開本》之間的關係,我也曾進行了觀察。兩本版式相同,都是每開六行,每行字數,《開本》都是十七字,《圓本》基本都是十七字,但有的地方多至十八字、十九字,甚至二十字的。《開本》本文,共八百零一行,《圓本》共八百十九行,這是因爲《圓本》比《開本》增補了毗舍離城西北放弓仗塔一大段三百零八字,計十八行(每行十七字,有兩行十八字),如果除去這十八行,那麼也就祇有八百零一行,和《開本》一樣了。(關於《圓本》較《開本》增補三百零八字一事,詳見本書中天竺〔毗舍離國〕節)。至於這八百零一行裏面,《圓本》有的地方會多至十八字、十九字乃至二十字的,全是因爲對北宋本進行了校訂後有字增補之故。《圓本》根據當時所見異本對北宋本增補上去的,向來最引起注意的有三處,一即〔焉夷國〕節中"秦土沙門至彼都不預其僧例"之十二字;二即上述〔毗舍離國〕節之三百餘字;三即師子國〔王城及佛齒供養〕節中關於摩尼珠庫藏之十三字。湯用彤氏以爲《圓本》此三處都補得很好(詳見以下各條校注)。此外,《圓本》對北宋本校正誤字和增補脫字的地方,也有改得好的,舉幾個例來看:如記弗樓沙國時之改"牧牛兒"爲"牧牛小兒",記迦維羅衛城時之改"令泉水出"爲"今泉水出",皆與《水經·河水注》引文更相合;記拘薩羅國舍衛城時之改"此中國有十六種道"爲"此中國有九十六種外道",記王舍城附近賓波羅窟時之改"佛食後常於此禪"爲"佛食後常於此坐禪",都增補了脱字;記冿沙王舊城時之改"頗鞞"爲"頞鞞",改正了錯字,與梵文原名Aśvajit相合。但也有改得不好,改錯了的,也舉幾個例來看:如記張掖王段業,北宋本誤作"張掖王改業",其致誤之由來還有些綫索可尋,而《圓本》改作"張掖王慇懃",則錯得更遠了;又如記摩頭羅國時,北宋本説"有遙捕那河",此即古印度之Yamunā河,今稱朱木拿河(Jumna),本不誤,《圓本》改作"又經(迳)捕那河",反而改錯了;又如記僧伽施國時,北宋本作"佛上忉利天三月爲母説法",《圓本》把"三月"改作"三日",也改錯了(這可能是雕版時誤刻的)。還有記師子國貝多樹時,北宋本即福州版的《東本》和《開本》有"柱雖中裂,猶畏其外"的記述,這個"畏"字顯然有錯誤,《圓本》校改成"柱雖中裂,猶裹畏其外",仍不通順。推《圓本》本意,是要改"畏"字爲"裹"字,但不知因何仍留下原來的"畏"字未删去,仍爲誤句,從來南宋版的《資本》和《磧本》也都跟着《圓本》錯下去。《圓本》這一處的錯誤,卻也留下了一點痕跡,可以看得出它本來是用福州版爲底本,但曾進行過校改而加以翻刻的。

從我以上這些觀察,來看前已述及的《長校》(3—4頁)所提的看法,可見到其中的合理處。不過《長校》在雕造的時間上有一些講不通的地方。《開本》上印有紹興戊辰即紹興十八年(公元1148年)雕造的題記,而我所見到的《思溪圓覺藏》印本題記皆作紹興二年(公元1132年),早於《開本》者十六年,早印的《圓本》如何能以遲印十六年的《開本》來做底本呢?由此可見《圓本》據以校改翻刻的底本雖爲福州版,但應爲福州版中的《東本》而非《開本》。所以《圓本》和《開本》之間應該並没有甚麼直接的關係,和《圓本》有密切關係的乃是《東本》,《圓本》乃是據《東本》而認真校訂增改過的翻刻本,是一個有北宋本之長且經過校改的好本子。當然,《圓本》的校訂工作也留下一些錯誤,仍應該用《東本》、《開本》等古刻本和其他古鈔本(如下面要説到的《石本》、《鎌本》等)再來加以校正。

(3)《圓本》和《資本》

南宋時湖州(後改安吉州)歸安縣(今吴興縣)東南三十五里的思溪,是一個不大的農村,但在南宋一代卻印過兩次《大藏經》。第一次於紹興二年(公元1132年)在思溪圓覺禪院由密州觀察使致仕王永從全家捐資雕印,故稱《思溪圓覺藏》或《思溪王永從版》;第二次約從淳熙二年(公元1175年)開始分別印行,施財者不限一人一家,因在思溪法寶資福禪寺付印,故稱《思溪資福藏》或《安吉州藏》。《思溪資福藏》本《法顯傳》(《資本》)印於嘉熙三年(公元1239年),現日本東京市增上寺經藏及埼玉縣川越喜多院經藏均有收藏。《足立氏書》中曾引用增上寺本來校字。我這次將《足立氏書》中引用過的《資本》字句,來和《圓本》對比,兩本可説完全相同。思溪衹是一個小地方,百年之間,何以竟能開雕兩版《大藏經》? 這一疑問,學者間本來早已發生。王國維氏於《兩浙古刊本考》卷下就已提出,他懷疑《思溪資福藏》就是利用《思溪圓覺藏》原來的雕板,整理增補一下,再一次加以印行,未必另刻過新版。葉恭綽氏於《歷代藏經考略》中也説他研究的結果,"《思溪圓覺藏》版式,與《思溪資福藏》完全相同,皆每版三十行,行十七字,其字體之方勁,亦復相類。……故謂《資福》即《圓覺》之後身,其説頗足置信。"我曾經注意到,雕印《圓覺藏》的寺院,有下面這幾個名稱:

　　甲、思谿圓覺法寶寺(見嘉泰《吳興志》引《黃學士文集思谿圓覺法寶寺舍利塔記》。《記》文稱"宋崇信軍承宣使王公永從宣和間仕於朝……既謝事而歸,則捨家造寺建塔"。)

　　乙、思谿圓覺禪院(見嘉泰《吳興志》。《志》文稱此院係"宣和中土人密州觀察使王永從與其弟崇信軍承宣使永錫創建賜額"。)

　　丙、法寶禪院(見《古今圖書集成方輿彙編職方典湖州府部》。下文稱此院"在縣南思溪,宋宣和中建,今廢為民居"。)

可見此圓覺法寶寺亦即圓覺禪院亦即法寶禪院,創建於宋宣和時,而其廢為民居,大約在明末清初。至於印造《資福藏》的寺院,其名稱有:

　　甲、安吉州思溪法寶資福禪寺(見葉恭綽氏《歷代藏經考略》,載《張菊生先生七十生日紀念論文集》。)

　　乙、湖州路思溪法寶寺(見日本增上寺《緣山三大藏經緣起》所記。據所記,此乃日本後宇多院建治元年(1275 年)日僧傳曉入宋帶歸,時為南宋德祐元年,即元世祖至元十二年,故安吉州又改湖州路矣。)

圓覺禪院也好,資福禪寺也好,都帶法寶之名,有時就直稱之為法寶禪院或法寶寺。看來圓覺和資福,分明就是一個寺院;《圓本》和《資本》,分明就在同一寺院且基本上用同一副經版先後兩次的印本。由《法顯傳》的《圓本》和《資本》字句之相同,更足為此增一實證。

不過《足立氏書》的校記中所引用的《資本》文字,也有不到十個字和《圓本》不同,這可能是印《圓本》的舊雕版有一點損壞,再印《資本》時曾加修補,因而發生差異;也可能是足立氏的筆誤,因為《足立氏書》中的校記,無論是初版或再版都有一些錯字。

《足立氏書》(15—16 頁)謂南宋版的《資本》不獨有三處(當即前述有關焉夷

國、毗舍離國、師子國之三處)爲北宋版所無,且其字句內容亦頗與北宋版異趣,而與元、明藏經本、諸叢書本,乃至《高麗藏》本近似,故南宋版傳來之系統異於北宋版,而可視之爲元、明版《法顯傳》的底本。足立氏認爲《資本》和北宋版是從不同的系統流傳下來的這一看法,顯然是錯誤的。因爲我們已看到,《資本》是《圓本》的後身,《圓本》又是北宋版《東本》經過認真校補的翻刻本,怎樣能說南宋版的《資本》和北宋版不是屬於同一個流傳系統呢?

(4)《磧本》

《磧砂藏》開雕(約公元 1225 年)離《圓覺藏》開雕(公元 1132 年)不到一百年,離《資福藏》的開印(公元 1175 年)不過五十年。《磧砂藏》印經的所在地是平江府(今蘇州市)東南陳湖北一個叫做磧砂的沙洲,《圓覺藏》和《資福藏》印經的所在地是湖州歸安縣(今吳興縣)東南一個叫做思溪的農村,兩地都在太湖之東南,相距不過二百里左右。《磧砂藏》的雕印,其受思溪兩藏的影響自在意料之中。故今《磧本》和《圓本》兩《法顯傳》內容亦甚相似。《磧本》或即以《圓本》爲底本,略加校改而開雕。

足立喜六氏認爲南宋版的《資本》可視之爲元、明版《法顯傳》的底本,是說得通的。我們從日本《大正新修大藏經》的《法顯傳》校記中也可看出南宋——元——明版之間的蟬連之跡。

所以,從北宋版的《東本》及其化身《開本》,一傳而爲南宋版的《圓本》及其後身《資本》,再傳而爲《磧本》,又傳而爲元、明諸本,這就是《法顯傳》刻本在南方的一個流傳系統。

(5)《金本》

藏於北京圖書館的金刊本《趙城藏》,其刊刻年代(約由公元 1148 至 1173 年)相當於南宋初期,爲世界孤本,極其珍貴。其中的《法顯傳》現卻收藏於臺灣省歷史語言研究所。該所的《集刊》(1974 年第四十五本第三分)載有饒宗頤氏《金趙城藏本法顯傳題記》一文,記中引用了《金本法顯傳》文的一小部分文句;記後又附刊有兩張附圖,影印了《金藏法顯傳》卷首的四十五行,內容至于闐國一節中的"法顯等欲觀行像"句爲止。從這一部分文句看起來,其最主要的特點,就是它和《高麗藏》本(《高麗新版藏經》本,高麗高宗丙午歲即公元 1246 年雕造——以下簡稱《麗本》)之相近。《足立氏書》曾取《麗本》校字,《大正藏》五十一卷所收《高僧法顯傳》即以《麗本》爲底本,今以所見到的《金本》文字和《麗本》對比,兩本之間有許多獨特的相同之處,迥異於《法顯傳》的其他古刻、古鈔本。舉例如下:

〔𥮝檀國〕前行至𥮝檀國：《金》、《麗》兩本皆作"前至褥檀國"。
〔張掖鎮〕張掖王段業：《金》、《麗》兩本皆誤作"張掖王愍懃"。
〔鄯善國〕鄯善國：《金》、《麗》兩本皆作"鄯鄯國"。
〔焉夷國〕不預其僧例：《金》、《麗》兩本下皆多"也"字。
　　　　符行堂公孫："堂"字《金》、《麗》兩本皆作"當"。
　　　　不修禮義："義"字《金》、《麗》兩本皆作"儀"。
〔于闐國〕安堵法顯等於僧伽藍：《金》、《麗》兩本皆作"安頓供給法顯等於僧伽藍"。
　　　　十四大僧伽藍：《金》、《麗》兩本皆作"有四大僧伽藍"。
〔竭叉國〕有佛唾壺以石作：《金》、《麗》兩本下皆多"之"字。
　　　　沙門法用轉轉勝：《金》、《麗》兩本皆少一"轉"字。
〔那竭國〕影西百步許：《金》、《麗》兩本皆作"影西四百步許"。
〔僧伽施國〕火境火境：《金》、《麗》兩本皆作"大墳大墳"。
〔拘薩羅國〕池流清淨：《金》、《麗》兩本皆作"精舍左右池流清淨"。
　　　　齧其腰帶斷：《金》、《麗》兩本皆作"齧其腰帶帶斷"。
　　　　地即劈裂：《金》、《麗》兩本皆作"地即裂"。
〔達嚫國〕穿大石山作之：《金》、《麗》兩本皆作"穿大石山作之"。
　　　　諸層室中：《金》、《麗》兩本皆作"諸僧室中"。
　　　　其室四角頭：《金》、《麗》兩本皆作"其室四角"。
〔長廣郡登陸後〕法顯遠離諸師久：《金》、《麗》兩本無"遠"字。
　　　　出經律：《金》、《麗》兩本作"出經律藏"。
　　　　停六年還三年：《金》、《麗》兩本作"停經六年還經三年"。
　　　　晉義熙十二年：《金》、《麗》兩本下皆多"矣"字。
　　　　故投命於不必全之地：《金》、《麗》兩本皆作"故投命於必死之地"。

這祇是一部分的例子，但由此已可見，若非《金本》和《麗本》出自相同或相近之祖本，即《麗本》曾以《金本》爲祖本或祖本之一種，這可說是《法顯傳》刻本在北方的一個流傳系統。

綜上所述，似可將《法顯傳》刻本自北宋後期以後的流傳情況，表示如下：

(6) 日本古鈔本三種

第一種《法顯傳》的古鈔本,就是《足立氏書》曾參用過的日本滋賀縣石山寺經藏中著名的古寫本,因稱《石山寺本》,簡稱《石本》。足立氏當時未能定《石本》之確年,但謂《石本》爲相當古代之寫本,又謂《石本》多與北宋版之《東本》、《開本》相同,"乃傳寫北宋版或同時代而來歷不同之其他宋版者"。日本天理圖書館於 1980 年已將《石本》影印出來,我有幸得見其真面目。此本前有"石山寺一切經"的印記,卷末有"長寬二年十一月十四日於勸修寺東院書寫了,奉爲先師聖靈,殊致丹心染紫毫。信寶"的後記,則其書寫年明明爲日本長寬二年,即公元 1164 年,不知足立氏當初何以未見《石本》後記。《東本》、《開本》所缺(或所脫)之有關焉夷國、毗舍離國、師子國的三處,《石本》亦無。《石本》和《東本》、《開本》是很相近的。特別如張掖王的姓名,各本都錯得無可還原了,而《東本》、《開本》作"改業",《石本》作"叚業",雖也有錯,卻還留下綫索,得使後人能將其改正爲"段業"。又如摩頭羅國"有遥捕那河"一句,也是各本都錯得很遠,《水經注》的引文,朱、全、趙、戴、楊這樣許多名家的校本也無不都錯,衹幸賴《石本》和《東本》、《開本》,以及下面要説到的《鎌本》,才將這五個字的一句正確地保存下來。《石本》由於是手寫本,雖較刻本難認,且較多錯別字,但細細探尋,佳處實多。

第二種《法顯傳》的古鈔本,是日本鎌倉初期(公元十二世紀末至十三世紀初)的古寫本,因稱《鎌倉初期本》,簡稱《鎌本》。此本爲足立喜六氏昔年所未曾見者,1980 年始和《石本》同時影印問世。可惜《鎌本》已多殘缺,自卷首至〔度葱嶺〕節有毒龍吐毒風之"吐"字止,全部殘缺;又中間自〔摩頭羅國〕節至〔王舍新城、泮沙王舊城〕節耆闍崛山之間,損毀亦多。日比野丈夫氏在影印本後所附之《解説》中,認爲《鎌本》殆與《石本》屬於同系統,但我覺得有若干可從《鎌本》增補的字頗爲重要,《鎌本》寫鈔的時間雖可能遲於《石本》,但其所據底本或再上的祖本可能有很早的淵源。北宋版的《東本》、《開本》以及《石本》所缺(或所脫)的三處,其前二處《鎌本》均殘缺,不知本來有否,其第三處即有關師子國〔王城及佛齒供養〕節的"其庫看比丘滿四十騰然後得入"十三字,《鎌本》是有的,但作"僧庫藏中看又比丘滿册騰然後得入"十五字。又《法顯傳》卷末的跋語,"夏安居末"一句後,我看見過的各本(除《鎌本》外)均作"迎法顯道人",《鎌本》獨作"慧遠迎法顯道人"(參看前面圖版(七)第九行),使我們知道迎法顯入道場寺,和覺賢合作譯經,乃出於慧遠。《鎌本》的"慧遠"兩字,實在爲我國佛教史的研究提供了最重要的史料。(按:僧史稱慧遠居廬山三十餘年,"影不出山,跡不入俗",此所云迎者,非親迎,特爲之安排,促成其事耳。)

第三種《法顯傳》的古鈔本,是日本京都市南禪寺經藏的古寫本,因稱《南禪寺本》,簡稱《禪本》。卷末有"應永七年庚辰五月念六日"書寫的題記,日本應永七年即公元 1400 年。《足立氏書》曾參用《禪本》校字,他認爲《禪本》的文字大致近似南宋版的《資本》,所異者僅字畫而已。這次我將《足立氏書》中所引用的《資本》和《禪本》的文字加以對比,果然基本相同,祇不過有一些字畫相差異耳。以重要性而論,《禪本》是遠不及《石本》、《鎌本》了。

(二)《法顯傳》和《水經注》

《水經注》的成書,離《法顯傳》的成書相差不過一百年左右。那時南北分崩,文籍的流通不免要受到影響,但在《水經·河水注》中,卻已充分吸收了《法顯傳》中的好多記述。史稱酈道元好學,歷覽奇書,於此可證。

今檢《水經·河水注》,其中引用《法顯傳》的有二十多處,北起今新疆境,南及印度河和恒河兩流域,地區所包括者甚大。而且在《泗水注》中,還記錄了法顯歸國後在彭城的行蹤。所以校注《法顯傳》時,《水經注》的有關部分是很重要的參考資料。反之,對於《水經注》的校勘工作,《法顯傳》也十分重要。過去四百餘年中,自明代黄省曾、朱謀㙔以下,校刊《水經注》者甚衆,惜多未充分注意及此,中如朱謀㙔、楊守敬等雖亦引及《佛國記》,所取不過明代以後的叢書本,依然訛錯相仍,少所訂正。

因此我在校注《法顯傳》的過程中,就特别注意到對《水經注》的利用。不過由於《水經注》本身亦多魯魚亥豕之處,應取諸本相互參考。我所曾參閱者爲較具代表性的下列各本:

1. 《永樂大典》本《水經注》(商務印書館影印本)
2. 黃省曾刻《水經注》(嘉靖甲午本)
3. 吳琯刻《水經注》(萬曆乙酉本)
4. 朱謀㙔《水經注箋》(萬曆乙卯本)

5. 沈炳巽《水經注集釋訂譌》(商務印書館影印《四庫全書》本)
6. 全祖望《全氏七校水經注》(寧波崇實書院本)
7. 趙一清《水經注釋》(自刻本)
8. 趙一清《水經注箋刊誤》(自刻本)
9. 戴震《水經注》(自刻本)
10. 戴震校上《武英殿聚珍版》本《水經注》(《四部叢刊》影印本)
11. 楊守敬、熊會貞《水經注疏》(中國科學院影印本)

關於《水經注》，二百年來，有一個趙、戴之爭的問題，也就是趙一清刻本曾否抄襲戴震或戴震校本曾否抄襲趙一清稿本的問題。王國維氏在《聚珍本戴校水經注跋》(《觀堂集林》卷十二)一文中，雖評述了戴曾努力於《水經注》，認爲他所舉釐定經注條例三則，較之全(祖望)、趙二家說尤爲親切；但同時對於戴之曾見全、趙二家書，盡採其說而圖泯其跡，掠人之功而無所顧忌，則也縱論其事，以爲學者戒。直到 1979 年第二輯《中華文史論叢》發表了胡適遺稿《水經注校本的研究》，還在討論這個問題，卻又爲戴從事辯解。在因校訂《法顯傳》而校勘到《水經注》的有關文句時，也經常遇到有關這個問題的具體資料，都是不利於戴而大足爲王氏的《跋》文增加說服力。希望這一部分校記，不特有助於《法顯傳》的校勘工作，也能有助於《水經注》相關部分的校勘工作。

（三）關於校注工作的說明

一、本書以《圓本》即北京圖書館所藏《思溪圓覺藏》本《法顯傳》作底本。

此本 1955 年文學古籍刊行社曾出過影印本，其中原缺五番，是日本元祿九年(公元 1696 年)鈔配的。

二、本書參校的版本：
1.《東本》(據《足立氏書》引文)
2.《開本》(據原本影印本)
3.《金本》(據臺灣省歷史語言研究所《集刊》印本)
4.《石本》(據原本影印本)
5.《鎌本》(據原本影印本)
6.《磧本》(據原本影印本)
7.《資本》(據《足立氏書》引文)
8.《禪本》(據《足立氏書》引文)

9.《麗本》(據《大正藏》排印本並參考《足立氏書》引文。《大正藏》排印的《麗本》和《足立氏書》引用的《麗本》間文字偶有小的不同,可能是《大正藏》把某些字用近代化的鉛字代替了。)

10.《津本》——即《津逮秘書》本(1922年上海博古齋據明汲古閣本影印,書名作《佛國記》。)

11.《學本》——即《學津討原》本(清嘉慶十年即公元1805年虞山張氏曠照閣刊本,書名作《佛國記》。)

12.《院本》——即支那內學院1932年刻本(書名作《歷游天竺記傳》。)

三、《圓本》、《磧本》兩種《法顯傳》後各附有《字音》一篇;《東本》、《開本》、《資本》、《禪本》後亦各附有《字音》,此四種僅在《足立氏書》中曾選用一部分,其全文在國內難於見到,只能從《足立氏書》轉錄。又,慧琳《一切經音義》第一百卷,亦收有《法顯傳》,可考見一部分唐本面目。以上所説諸種《字音》及《慧琳音義》,茲均取以爲校字之資。各本《字音》於引用時即稱某本《字音》;慧琳書(兼用《頻伽精舍校刊大藏經》本及《大正新修大藏經》第五十四卷所收《高麗藏》本)於引用時簡稱《音義》。

四、《水經·河水注》曾引用《法顯傳》多處,茲亦取以校字。所曾參閱的《水經注》版本有:

1.《大典本》(影印《永樂大典》本)

2.《黃本》(黃省曾刻本)

3.《吳本》(吳琯刻本)

4.《朱本》(朱謀㙔《水經注箋》原刻本)

5.《沈本》(影印《四庫全書》本沈炳巽《水經注集釋訂譌》)

6.《全本》(全祖望《全氏七校水經注》原刻本)

7.《趙本》(趙一清《水經注釋》原刻本)

8.《刊誤》(趙一清《水經注箋刊誤》原刻本)

9.《戴本》(戴震自刻本)

10.《殿本》(影印《武英殿聚珍版》本)

11.《楊本》(影印楊守敬、熊會貞《水經注疏》本)

五、《圓本》以外其他各本的文字,凡和《圓本》相同的不出校記;和《圓本》有不同的,其處理如下:

1. 各本較善者,依各本改,並於校記中注出。

2.《圓本》不必改而各本異文仍有可供參考者,從寬採取,亦見校記。

3. 下列情況,一般即不出校記:

甲、明顯的誤字。如本書 12 頁之"人理莫比",《石本》誤作"人理莫北";13 頁之"客僧",《石本》誤作"容僧";14 頁之"但以手指麾",《石本》誤作"但以手指魔";39 頁之"大興兵衆",《鎌本》誤作"大與兵衆"等。

乙、一般通用的異體字及所謂俗字。如:

爾、尔　彌、弥　陀、陁
花、華　汎、泛　映、暎
希、稀　旁、傍　災、灾
然、燃　翦、剪　植、殖
罰、罸　牀、床　粮、糧
按、案　巿、匝　校、挍
度、渡　牆、墻　皷、皺
鹹、醎　輒、輙　乾、乹
殺、煞　肅、肅　毗、毘等。

丙、鈔本中常見之簡體字及便寫字。如:

無、无　禮、礼　亂、乱
疏、疎　惡、悪　極、挋等。

丁、宋刻本及古鈔本中之"巳"、"己"常即作"巳",偏旁"衤"或即作"礻",皆顯然可識,如此者亦不出校記。

六、《法顯傳》的文字,如山月松風,質樸明暢,閱讀起來困難並不太多。但這書畢竟是一千五百多年前的作品,又出於一個佛教徒之手,所以對於今天的普通讀者,還是需要有一些注釋來便利他們的閱讀。本書的注釋部分,即因此而作,重點置於人名、地名、歷史情況、時間考訂、佛教用語諸方面。書後所附地圖,亦希望能有助於讀者。

七、《法顯傳》中的人名、地名及有關佛教記載等,自梵文譯來的很多,都努力在注釋中予以復原。唯梵文的拉丁文轉寫方式,諸書不盡相同,注釋中基本上依照 Sir Monier Monier-Williams 所編的 A Sanskrit-English Dictionary(1899 年新版,1951 年再印本,英國牛津大學出版社出版)。但爲顧到近年較通用的轉寫方式,改用ṣ和ś來代替ṣ和 sh;又爲求簡化一點,凡鼻音符一般皆用m。

八、歐洲法、英諸國和日本的學者,自十九世紀前期以來,即相繼從事《法顯

傳》的譯注工作,本書注釋時參考引用得最多的,是:

1. Samuel Beal：*Travels of Fah-hian and Sung-yun, Buddhist Pilgrims, from China to India* (400 A. D. and 518 A. D.)
(1869年,倫敦)——以下簡稱《皮氏書》。

2. James Legge：*A Record of Buddhistic Kingdoms, being an Account by the Chinese Monk Fâ-hien of his Travels in India and Ceylon* (A. D. 399—414) (1886年,牛津)——以下簡稱《理氏書》。

3. H. A. Giles：*The Travels of Fa-hsien* (399—414 A. D.) *or Record of the Buddhistic Kingdoms* (1923年,劍橋)——以下簡稱《翟氏書》。

4. 足立喜六:《考證法顯傳》(1935年,東京市)——簡稱《足立氏書初版》。

5. 足立喜六:《法顯傳——中亞、印度、南海紀行の研究》(1940年,東京市)——簡稱《足立氏書》。

6.《長澤和俊》:《宮內廳書陵部圖書寮本法顯傳校注》(1970年,刊於《鹿兒島短期大學研究紀要》第6號)——其《法顯傳》本文即《開本》的影印本。

九、下列幾種我國學者有關《法顯傳》的研究,也曾加以參考:

1. 李光廷:《漢西域圖考》卷七《節錄晉釋法顯佛國記》

2. 丁謙:《浙江圖書館叢書》第二集《晉釋法顯佛國記地理考證》

3. 岑仲勉:《佛遊天竺記考釋》(1934年,商務印書館出版)

4. 賀昌羣:《古代西域交通與法顯印度巡禮》(1956年,湖北人民出版社出版)

5. 湯用彤:《兩漢魏晉南北朝佛教史》(1955年,中華書局出版),書中有關法顯之記述及論斷,最爲精審。

十、《法顯傳》一卷,原來不分章節,今依其內容,分作五大段:自發跡長安至度葱嶺爲第一大段,北天竺、西天竺記遊爲第二大段,中天竺、東天竺記遊爲第三大段,師子國記遊爲第四大段,浮海東還爲第五大段,每大段下又分出若干小節,各加一子題,以清眉目。全書前補加一目錄,以便檢閱。

十一、本書校注工作中所曾參考之《法顯傳》諸古刻本及古鈔本,頗爲珍貴,茲選取一部分製成圖版八幅,印於書前,以見一斑。

法顯傳校注

東晉沙門釋法顯撰

章　巽　校注[1]

【校注】

〔1〕《圓本》卷首原題分兩行,第一行作"法顯傳一卷通",第二行作"東晉沙門　法顯自記遊天竺事"。《東本》、《開本》、《資本》、《禪本》同。《磧本》"通"作"通三";《金本》第一行作"昔道人法顯從長安行西至天竺傳一卷　廣",第二行作"東晉沙門釋法顯自記遊天竺事";《石本》僅題"法顯傳一卷自記";《麗本》"法顯傳一卷"上多"高僧"二字,"通"作"廣","東晉沙門"下多"釋"字;《津本》、《學本》均題"佛國記　宋釋法顯撰",《津本》"撰"字下尚有"明胡震亨毛晉同訂"八字;《院本》題作"歷遊天竺記傳一云法顯傳　東晉沙門釋法顯撰"。

一　自發跡長安至度葱嶺

西行之始

　　法顯昔在長安[1]，慨律藏[2]殘缺[3]，於是遂以弘始元年歲在己亥[4]，與慧景、道整[5]、慧應、慧嵬等同契，至天竺[6]尋求戒律。

【校注】

　　[1] 長安：即西漢所都長安城，故址在今陝西西安市西北。東晉時十六國中的前秦、後秦亦都於此，其統治者苻堅、姚興皆崇奉佛教，著名的佛教徒道安、鳩摩羅什等先後至此，爲當時佛教傳譯的要地。法顯之自長安啓行赴天竺，正姚興在位時。

　　[2] 律藏：佛教經典的一部分稱爲"律"（戒律也，即毗奈耶藏Vinaya-piṭaka），與"經"（經訓也，即素呾纜藏 Sūtra-piṭaka）、"論"（論釋也，即阿毗達磨藏 Abhidharma-piṭaka）合稱"三藏"（Tripiṭaka）。

　　[3] 缺：《石本》作"缼"。

　　[4] 弘始元年歲在己亥："弘始元年"，今傳世各本《法顯傳》皆作"弘始二年"。按：弘始爲後秦姚興年號，其元年當東晉隆安三年，二年當隆安四年。據《出三藏記集》卷十五、《高僧傳》卷三、《歷代三寶紀》卷七、《大唐内典録》卷三、《古今譯經圖紀》卷二、《開元釋教録》卷三等，皆謂法顯以東晉隆安三年自長安西行，隆安三年當公元 399 年，正爲己亥歲，故此處"弘始二年"當爲"弘始元年"之誤，今改正。

　　[5] 整：《石本》作"㘑"，後同。

　　[6] 天竺：我國古代稱印度半島爲天竺，始見《後漢書·西域傳》。故《法顯傳》一名《歷遊天竺記傳》。按：《漢書·西域傳》已稱印度半島爲天篤，篤、竺二字音同。《史記·大宛列傳》及《漢書·張騫傳》又作身毒。India(印度)一名源出 Sindhu(即今印度河 Indus 之梵文古稱)，身毒、天篤、天竺蓋皆爲 Sindhu 之對音。

乾歸國　耨檀國　張掖鎮　燉煌

　　初發跡長安，度隴[1]，至乾歸國[2]夏坐[3]。

夏坐訖,前行[4]至耨檀國[5]。

度養樓山[6],至張掖鎮[7]。張掖大亂,道路不通。張掖王段業[8]遂留爲作檀越[9]。於是與智嚴、慧簡、僧紹[10]、寶雲、僧景等相遇,欣於同志,便共夏坐[11]。

夏坐訖[12],復進到燉煌[13]。有塞[14],東西可八十里,南北四十里。共[15]停一月餘日。法顯等五人隨使先發[16],復與寶雲等別。燉煌太守李暠[17]供給度沙河。

【校注】

〔1〕隴:即今陝西隴縣西北、甘肅清水縣東北的隴山,爲自渭水流域通往西北的陸路所必經,古稱隴坻,見《續漢書·郡國志》漢陽郡隴縣下。

〔2〕乾歸國:指東晉時十六國中西秦統治者乞伏乾歸的都城。《資治通鑑》東晉孝武帝太元十三年(公元 388 年)下載:"九月,河南王乾歸遷都金城。"東晉安帝隆安四年(公元 400 年)下載:"春,正月,……西秦王乾歸遷都苑川。"胡注:"乞伏氏本居苑川,乾歸遷於金城,今復都苑川。"法顯過乾歸國時,爲隆安三年(公元 399 年),西秦都城尚在金城,其故址在今甘肅蘭州市西。

〔3〕夏坐:印度佛教僧徒每年雨季在家安居三個月,不外出,謂之雨安居,亦稱夏坐或坐夏,亦稱坐臘。《大唐西域記》卷二云:"印度僧徒,依佛聖教,坐雨安居,或前三月,或後三月。前三月當此從五月十六日至八月十五日,後三月當此從六月十六日至九月十五日。"但我國及日本之僧徒則從四月十六日入安居,七月十五日解安居。故《大唐西域記》卷八云:"良以方言未融,傳譯有謬,分時計月,致斯乖異,故以四月十六日入安居,七月十五日解安居也。"乾歸國之夏坐,爲法顯西行後第一年即公元 399 年首次之夏坐。

〔4〕前行:《金本》、《麗本》作"前"。

〔5〕耨檀國:"耨",《金本》、《麗本》作"傉",《石本》作"稱",《晉書·載記》第二十六作"傉",皆同音通用。此耨檀國指東晉時十六國中南涼的都城。按:東晉隆安三年(公元 399 年)法顯在乾歸國夏坐訖抵南涼都城時,正值南涼統治者禿髮烏孤於是年八月墮馬得病身死,其弟利鹿孤繼位。烏孤本都樂都(故址在今青海樂都),利鹿孤即位後徙都西平(故址在今青海西寧市)。法顯抵南涼,所到之都城或已爲西平。利鹿孤卒於東晉元興元年(公元 402 年),弟耨檀始繼位。故法顯抵南涼時,其國統治者尚爲利鹿孤而非耨檀。然《晉書·載記》第二十六稱:"傉檀少機警,有才略。……及利鹿孤即位,垂拱而已,軍國大事,皆以委之。"可能利鹿孤在位時之實際執政者即爲耨檀,法顯當時稱南涼都城爲耨檀國,或由此故。

〔6〕養樓山:《水經·河水注》云:"湟水又東,長寧川水注之。……長寧水又東南,養女川水注之,水發養女北山,有二源,皆長湍遠發,南總一川,逕養女山,謂之養女川。闞駰曰:'長寧亭北有養女嶺,即浩亹山,西平之北山也。'……長寧水又東南流,注於湟水。"此養女山在今青海西寧市以北、大通河南一帶,自西平至張掖正取道於此,蓋即法顯所度之養樓山。

〔7〕張掖鎮："張掖"，《石本》作"張夜"，下同。據《晉書·地理志》，張掖郡治永平縣。《元和郡縣圖志》卷四十云，永平縣即漢觻得縣改名。據《太平寰宇記》卷一百五十二，觻得故址在張掖縣（即今甘肅省張掖縣）西北四十里。法顯所至之張掖鎮即此。

〔8〕張掖王段業：《圓本》、《資本》、《禪本》、《津本》、《學本》均作"張掖王愍懃"；《磧本》作"張掖王愍懃"；《金本》、《麗本》、《院本》作"張掖王愍勤"；《東本》、《開本》作"張掖王改業"；《石本》作"張夜王叚業"。《足立氏書》(5—6頁)據《東本》、《開本》、《石本》以爲應作"張掖王段業"，是也，今從之。蓋法顯抵張掖時，此地之割據者正爲段業。張掖本屬後涼統治者吕光，於東晉隆安二年（公元398年）六月爲段業所取。隆安三年（公元399年）二月，段業即涼王位於張掖，故法顯稱之爲張掖王。時段業東西交困，東則後涼常出兵來攻（見《資治通鑑》隆安三年四月，四年六月）；西方又有敦煌太守李暠謀叛段業後遂自立爲涼公（史稱西涼）之事（見《資治通鑑》隆安四年四月、十一月）。故法顯言當時"張掖大亂，道路不通"。

〔9〕檀越：梵文 Dānapati 音譯之略，意譯作"施主"，佛教僧徒對施舍財物者的尊稱。

〔10〕僧紹：《石本》作"僧"。

〔11〕夏坐：張掖之夏坐，爲法顯西行後第二年即公元400年之夏坐。

〔12〕夏坐訖：《石本》作"訖"。

〔13〕燉煌：《東本》、《開本》、《石本》均作"屯皇"，下同。音義云："燉煌……作屯皇，誤也。"是唐本亦有作"屯皇"者。按：《水經·河水注》引《釋氏西域記》，亦作屯皇。此燉煌或屯皇，即敦煌郡，治敦煌縣，故址在今甘肅敦煌縣西黨河西岸（見道光《敦煌縣志》卷七《古蹟·敦煌廢郡》條）。

〔14〕塞：《左傳》僖公二十年杜注："城郭牆塹謂之塞。"敦煌郡北境一帶自西漢即築有障塞。《史記·大宛列傳》載"於是酒泉列亭鄣至玉門矣"；《漢書·西域傳》一則曰"於是漢列亭鄣至玉門矣"；再則曰"於是自敦煌西至鹽澤，往往起亭"。此皆公元前二世紀末武帝時事也。以後亦常有增修，如法顯過敦煌後不久，他所曾遇見的西涼統治者李暠就有修築敦煌舊塞東西二圍、西南二圍之事（見《晉書·涼武昭王李玄盛列傳》）。《晉書》此所云舊塞，蓋即法顯所見者。敦煌附近這些古代障塞遺迹，今尚有存者。

〔15〕共：《石本》無"共"字。

〔16〕隨使先發：此所云"使"，可能指燉煌太守李暠遣赴西域之使者，法顯等隨之西行。

〔17〕燉煌太守李暠："暠"，《圓本》及諸本皆作"浩"；唯《石本》作"法"，"法"當爲"浩"之誤。當時燉煌太守李暠乃唐高祖李淵七世祖，蓋唐人避諱，以"浩"代"暠"。《足立氏書》(7—8頁)改作"李暠"，今從之。按：李暠至東晉隆安四年（公元400年）十一月始自立爲涼公（史稱西涼），而法顯先於是年秋已進到燉煌，故仍稱李暠爲燉煌太守。

沙 河

沙河[1]中多有惡鬼、熱風，遇[2]則皆死，無一全者。上無飛鳥，下無走獸。

遍望極目,欲求度處,則莫知所[3]擬,唯以死人枯骨爲標識[4]耳。

【校注】

〔1〕沙河:即自敦煌西至鄯善國間之沙漠地帶也。《漢書·地理志》云:"敦煌郡……正西關外有白龍堆沙。"同書《西域傳》云:"樓蘭國(即鄯善國之本名)最在東垂,近漢,當白龍堆,乏水草。"《三國志·東夷傳》注引《魏略·西戎傳》,玉門關以西有三隴沙。《水經·河水注》:蒲昌海(即今羅布泊)"水積鄯善之東北,龍城之西南。……西接鄯善,東連三沙"。此所稱白龍堆、三隴沙及三沙,即法顯所經之沙河也。《大唐西域記》卷十二記玄奘東歸,到達納縛波故國(即古樓蘭)之前,曾在尼壤城(故址在今新疆民豐縣北)以東通過大流沙。玄奘對大流沙亦有這樣的描寫:"……東行入大流沙,沙則流漫,聚散隨風,人行無迹,遂多迷路,四遠茫茫,莫知所指,是以往來者聚遺骸以記之。乏水草,多熱風,風起則人畜惛迷,因以成病。時聞歌嘯,或聞號哭。視聽之間,恍然不知所至,由此屢有喪亡,蓋鬼魅之所致也。"玄奘所説的大流沙雖尚在法顯所過的沙河之西,但情況卻有相似之處。

〔2〕遇:《東本》、《開本》、《資本》作"過"。

〔3〕所:《石本》作"可"。

〔4〕標識:"標",《金本》、《石本》作"摽";《麗本》作"標"。"識",《圓本》、《資本》、《禪本》、《麗本》、《津本》、《學本》、《院本》均作"幟";《東本》、《開本》、《金本》作"識",《圓本字音》亦作"識",今據改。

鄯善國

行十七日,計可[1]千五百里,得至鄯善國[2]。其地崎嶇薄瘠[3]。俗人衣服粗[4]與漢地同,但以氈褐[5]爲異。其國王奉法。可有四千餘僧,悉小乘[6]學。諸國俗人及沙門[7]盡行天竺法,但有精麤[8]。從此西行,所經諸國類皆如是。唯國國胡語[9]不同,然出家人皆習天竺書、天竺語。住此一月日。

【校注】

〔1〕計可:《石本》作"訶"。

〔2〕鄯善國:《金本》、《麗本》作"鄯鄯國";《石本》作"善善國"。據馮承鈞《鄯善事輯》及《樓蘭鄯善問題》二文(均載馮氏《西域南海史地考證論著彙輯》)所考,鄯善國即古樓蘭國,其國都扜泥城故址在今新疆若羌縣;其東有著名之屯田地伊循城,故址在今新疆若羌縣東境之米蘭。法顯所至之鄯善國,當指扜泥城也。《洛陽伽藍記》卷五載宋雲等使西域曾過此;唐玄奘歸國時亦曾過此,即《大唐西域記》卷十二中所稱之納縛波故國。

〔3〕崎嶇薄瘠：《東本》、《開本》作"崎嶇薄齊"，《石本》作"踦驅薄齊"。《音義》云"崎嶇……此傳中從足作踦驅，非也"；是唐本"崎嶇"二字亦有作"踦驅"者。按"踦驅"、"崎嶇"可通用，故左思《魏都賦》云："山阜猥積而踦驅。"

〔4〕粗：《津本》、《學本》作"麤"。

〔5〕氎褐：《開本》、《磧本》、《資本》作"氎褐"，《石本》作"㲲褐"。《圓本字音》作"𧝐褐"，《東本字音》、《磧本字音》作"𧝐褐"，《開本字音》及《禪本字音》作"𧝐褐"。"𧝐"、"𧝐"為"㲲"之誤，"㲲"與"氎"字通；"褐"、"褐"為"褐"之誤。《音義》亦作"氎褐"；但又云"氎"字"傳作𧝐不通"，則唐本亦有作"𧝐"者。氎是毛織物。褐有兩義，或亦解作毛織物，或以為是粗布衣，見《孟子·滕文公上》趙注。但《音義》據《詩·豳風·七月》鄭箋云："褐，毛布，撚馳毛織為衣也。"《圓本字音》及《磧本字音》對此二字注云："正作氀毼，毛衣也。"是唐人《音義》及《圓》、《磧》二本《字音》皆以毛布、毛衣釋"褐"字也。

〔6〕小乘：梵文 Hīnayāna（希那衍那）的意譯。乘是"運載"的意思，也包含"運載到最後解脫"的意思。最早的佛教號召追求灰身滅智歸於空寂涅槃之"自我解脱"。公元一、二世紀間，佛教中出現了鼓吹"救度一切衆生"的新教派，自稱為"大乘"，而把祇求"自我解脱"的原教派稱為"小乘"。

〔7〕沙門：舊以為梵文Sramaṇa音譯之略，但烈維（Sylvain Lêvi）以為乃古代龜茲語 Samane 之音譯（見烈維《所謂乙種吐火羅語即龜茲語考》41頁，載馮承鈞譯吐火羅語考），當是。意譯"息心"或"勤息"，佛教用以專指依照戒律出家修道的人。

〔8〕精龕：《石本》作"情龕"；《津本》、《學本》、《院本》作"精麤"。

〔9〕胡語：我國古代稱北方兄弟民族（如匈奴）為胡，稱西方兄弟民族（如鄯善）為西胡。後對西方蔥嶺內外各族都稱為西胡，亦簡稱作胡（詳見王國維《西胡考》，載《觀堂集林》卷十三）。此云"胡語"，乃指當時西方諸胡族的方言。

焉夷國

復西北行十五日，到焉夷國[1]。焉夷國[2]僧亦有四千餘人，皆小乘學，法則齊整。秦土[3]沙門至彼都，不預其僧例[4]。法顯得苻行堂公孫經理[5]，住二月餘日[6]。於是還與寶雲等共[7]。

為[8]焉夷國人不修禮義[9]，遇客[10]甚薄，智嚴、慧簡[11]、慧嵬遂返向高昌[12]，欲求行資。

【校注】

〔1〕焉夷國："焉"，《圓本》、《東本》、《開本》、《磧本》、《津本》、《學本》皆作"焉"；《麗本》、《院本》作"烏"。下同。然《圓本字音》及《資本字音》、《禪本字音》皆云"隖夷，上或作焉，於乾反"；《東本字

音》及《開本字音》云"偽夷,上正作僞,於建反";《磧本字音》云"隝,或作僞,於乾反"。可見作"偽"、"烏"者非也。《金本》作"隝",《石本》作"僞",即"僞",皆與《圓本字音》等合,下同。《水經·河水注》引用《法顯傳》自焉夷至于闐之一段記載,其中"焉夷"二字,《大典本》、《黄本》、《吴本》、《朱本》、《沈本》、《全本》、《殿本》皆作"烏帝";《朱》、《沈》、《全》三本於注中指出《佛國記》作"偽夷",《趙本》、《戴本》並即改作"偽夷",仍未知"偽"字亦非;《楊本》以"字書無偽字",改作"烏夷",然"烏"字亦非也。《音義》云:"焉夷國,上謁乾反。"可見《音義》所見唐本作"焉",今據改,下同。焉夷國即《漢書·西域傳》所載"焉耆國,王治員渠城"之焉耆國,員渠即焉耆之音轉,焉夷亦即焉耆。焉耆之"焉",亦作"偽"或"鄢",在佛教經籍傳本中常譌作"烏"、"偽"或"鄢"(詳見伯希和《説吐火羅語》,載馮承鈞譯《吐火羅語考》143—155 頁)。法顯所到焉夷國都城故址,當在今新疆焉耆回族自治縣境。黄文弼以爲今焉耆回族自治縣西北之哈拉木登南約十餘里有舊城,可能曾爲唐代以前焉耆國之政治中心區(見黄氏《塔里木盆地考古記》7 頁及圖二)。唐玄奘西行之初,亦曾取道於此,即《大唐西域記》卷一中所稱之阿耆尼國。黄文弼以爲唐時阿耆尼國之都城可能已遷至今焉耆回族自治縣西南四十里之四十里城子附近的博格達沁舊城(見同書 6,135—136 頁)。

〔2〕焉夷國:《金本》、《麗本》無此三字。

〔3〕秦土:《法顯傳》所稱"秦土"、"秦"、"漢"、"漢地"、"晉地"等,一般皆指當時我國之中原一帶地區而言。

〔4〕秦土沙門至彼都不預其僧例:《東本》、《開本》、《石本》皆無此十二字。《足立氏書》(13 頁)謂《資本》亦無此十二字,恐是足立氏誤記,因同書《序説》(15—16 頁)明明説《資本》與北宋版不同,北宋版(即《東本》與《開本》)所無之三處(即〔焉夷國〕節缺十二字,〔毗舍離國〕節缺三百餘字,師子國〔王城及佛齒供養〕節缺十三字),《資本》皆有也。"預",《金本》作"豫"。"例"字下《金本》、《麗本》增"也"字。《足立氏書》(12 頁,202—203 頁)認爲此十二字或與後文〔毗舍離國〕節之三百零八字,及師子國〔王城及佛齒供養〕節僧庫"勿聽王入"以下之十三字皆爲後人所竄加。湯用彤《評〈足立喜六〉考證法顯傳》以爲不然,湯氏曰:"按此(十二字)謂偽夷國(應作焉夷國)戒律整齊,中國沙門來,不能入其僧伽,受供給。法顯到此,幸而有符公孫之經理,而得住二月餘。北宋版缺'不預僧例'一句,遂使人不能明了何以法顯須受符公孫之供給。因此北宋本缺此十二字,實是刊印脱誤,並非《麗本》(及他本)刊行時此十二字自他處竄入也。"(載湯氏《往日雜稿》)。參看後文〔毗舍離國〕節注[51]及師子國〔王城及佛齒供養〕節注[9]。

〔5〕苻行堂公孫經理:"苻",《石本》同,其他各本皆作"符";《足立氏書》改作"苻",下同。"堂",《金本》、《麗本》作"當"。"經理",《金本》作"理"。"行堂",《釋氏要覽》卷上:"《善見律》云:'有善男子,欲求出家,未得衣鉢,欲依寺中住者,名畔頭波羅沙。'今詳,若此方行者也。經中多呼修行人爲行者。"行者所居寮舍謂之行堂,故行者亦得稱爲行堂。"公孫",則爲對貴族官僚的子弟之尊稱。《足立氏書》(12—13 頁)以爲東晉太元七年(公元 382 年)九月,苻堅命呂光率兵十萬,鐵騎五千,以伐西域,焉耆諸國皆降,嗣苻堅敗死,呂光乃於太元十一年(公元 386 年)十二月據涼州自立,符公孫恐是苻堅之一族,原在呂光軍中,後即留此處爲行堂者,故據《石本》改"符"作"苻",今

從之。

〔6〕餘日:《石本》作"餘日餘日"。

〔7〕寶雲等共:《金本》、《麗本》作"寶雲等共合";《石本》作"寶雲等共合"。

〔8〕爲:《金本》、《石本》、《麗本》無此字。

〔9〕禮義:《金本》作"礼儀";《麗本》作"禮儀"。

〔10〕遇客:《石本》作"過容"。

〔11〕慧簡:《石本》作"慧蘭"。

〔12〕遂返向高昌:《東本》作"遂返遷向昌";《開本》作"遂返遷向唱";《金本》作"遂返向高昌國";《石本》作"遂反遷向唱";《資本》作"遂返遷向高昌"。高昌城故址在今新疆吐魯番縣東約五十公里的勝金口之南,位於二堡(即哈喇和卓)和三堡(即阿斯塔那)之間。高昌地當衝要,兩漢、魏、晉時爲戊己校尉駐所。在法顯時代前後,十六國中之前涼、前秦、後涼、西涼、北涼皆置高昌郡於此。當時已有大乘教之流行,佛教固甚發達(見賀昌羣譯羽溪了諦《西域之佛教》300—303頁),智嚴等欲求行資而返高昌,蓋以此故。唐玄奘西行之初,亦取道高昌,停留一月餘日,爲當時高昌之割據者麴文泰講《仁王般若經》,並受其資助(詳見《大慈恩寺三藏法師傳》卷一)。

沙　行

法顯等[1]蒙苻公孫供給,遂得直進。西南行,路中無居民[2],沙行艱難[3],所經之苦,人理莫比。

【校注】

〔1〕法顯等:《石本》作"法顯法等"。

〔2〕居民:《水經·河水注》各本引文皆作"人民"。

〔3〕沙行艱難:"沙",《圓本》、《金本》、《磧本》、《資本》、《禪本》、《麗本》、《津本》、《學本》、《院本》皆作"涉",《東本》、《開本》、《石本》作"沙",《水經·河水注》各本引文皆作"沙",今據改。《刊誤》曰:"《箋》曰:'沙行,一本作涉行。'按:沙行,言行沙磧中也,涉字義非。"此沙行指由焉夷直達于闐,取西南方向通過塔克拉瑪干沙漠的旅行。瑞典探測家斯文·赫定曾於十九世紀末年多次進入我國新疆進行探測工作,其中一次係自一八九六年一月十四日至二月二十三日,由和闐向東北沿克里雅河進入並通過塔克拉瑪干沙漠而達大沙漠以北的沙雅,歷時四十一天(據孫仲寬譯Sven Anders Hedin《我的探險生涯》)。按:沙雅尚在焉夷的西南,法顯當時的路綫,正和上述斯文·赫定的路綫相對,法顯是取向西南直進的方向,大約從焉夷直向西南通過塔克拉瑪干沙漠而達于闐。法顯所行程比斯文·赫定更長,而在道僅爲一月五日,比斯文·赫定的歷時四十一天還短些。"所經之苦,人理莫比",誠非虛語,可見其艱苦卓絕的精神。

于闐國

在道一月五日，得到于闐[1]。其國豐樂，人民殷盛，盡皆奉法，以法樂相娛。衆僧乃數萬人，多大乘[2]學，皆有衆食[3]。彼國人民星居[4]，家家門前皆起小塔，最小者可高二丈許。作四方僧房，供給客僧及餘所須。國主安堵[5]法顯等於僧伽藍[6]。僧伽藍名瞿摩帝[7]，是大乘寺，三千僧共犍槌[8]食。入食堂時，威儀齊肅，次第而坐，一切寂然，器鉢無聲。净人[9]益食不得相唤，但以手指麾。

慧景、道整、慧達先發[10]，向竭叉國[11]。法顯等欲觀行像，停三月日。

其國中十四大僧伽藍[12]，不數小者。從四月一日[13]，城裏便掃灑道路，莊嚴[14]巷陌。其城門上張大幃幕[15]，事事嚴飾[16]，王及夫人、采女[17]皆住其中。瞿摩帝僧是大乘學，王所敬重，最先行像。離城三四里，作四輪像車，高三丈餘，狀如行殿，七寶[18]莊校，懸繒幡蓋[19]。像立車中，二菩薩[20]侍，作諸天[21]侍從[22]，皆金銀彫瑩[23]，懸於虛空。像去門百步，王脱天冠[24]，易著新衣，徒跣持華香，翼從出城迎像，頭面禮足[25]，散華燒香。像入城時，門樓上夫人、采女[26]遙散衆華，紛紛而下。如是莊嚴供具，車車[27]各異。一僧伽藍則一日行像。白月一日[28]爲始[29]，至十四日行像乃訖。行像訖，王及夫人乃還宮耳。

其城西七八里有僧伽藍，名王新寺[30]。作來八十年，經三王方成。可高二十五丈，彫文刻鏤，金銀覆上，衆寶合成。塔後作佛堂，莊嚴妙好，梁柱、户扇、窗[31]牖，皆以金薄。別作僧房，亦[32]嚴麗整飾[33]，非言可盡。

嶺東六國[34]諸王，所有上價[35]寶物，多作供養，人用者少。

【校注】

〔1〕于闐：《石本》作"于殿"。《漢書·西域傳》："于闐國，王治西城。"《後漢書·西域傳》："于寘國，居西城。"《新唐書·西域傳》："于闐，……其居曰西山城。"西城即西山城，其故址在今新疆和闐縣城東南約二十四公里之什斯比爾（維語"三道牆"之義），亦稱下庫馬提，位於玉瓏喀什河西岸（據黄文弼《塔里木盆地考古記》53—54頁及138—139頁）。《洛陽伽藍記》卷五載宋雲等使西域曾過此國；唐玄奘歸國時亦曾過此國，《大唐西域記》卷十二稱之爲瞿薩旦那國。

〔2〕大乘：梵文Mahāyāna（摩訶衍那）的意譯。詳見上文〔鄯善國〕節注〔6〕。

〔3〕衆食：即以饌食供養僧衆也。本書師子國下述衆食之制云："其國人云，都可六萬僧，悉有衆食，王別於城內供五六千人衆食，須者則持本鉢往取，隨器所容，皆滿而還。"《大唐西域記》卷十一僧伽羅國（即師子國）下亦云："王宫側建大厨，日營萬八千僧食，食時既至，僧徒持鉢受饌，即

得食己,各還其居。"于闐僧徒衆食之制當亦與此相類。

〔4〕星居:《東本》《開本》無此二字;《石本》作"星"。

〔5〕安堵:《金本》《麗本》作"安頓供給";《石本》《禪本》作"安頓"。

〔6〕僧伽藍:梵文Saṅghārāma之音譯,意譯"衆園"或"僧房",佛教寺院之通稱。

〔7〕瞿摩帝:此爲古代于闐之著名佛寺。《水經·河水注》云,于闐國治西城,城南一十五里有利刹寺(《楊本》熊會貞云,據《酉陽雜俎》卷十,應作刹利寺);《洛陽伽藍記》卷五載宋雲等使西域記,于闐王曾爲毗盧旃置立寺舍;《魏書·西域傳》云,于闐"城南五十里(按:五十里恐是十五里之誤)有贊摩寺,即昔羅漢比丘比盧旃爲其王造覆盆浮圖之所"(按:《魏書》原作盧旃,"比"字依《周書·異域列傳》補);《大唐西域記》卷十二云,于闐"王城南十餘里有大伽藍,此國先王爲毗盧折那(原注:唐言遍照)阿羅漢建也"。以上四書記載之寺院,皆指此瞿摩帝僧伽藍。今新疆和闐縣城東南什斯比爾(即下庫馬提,見注〔1〕)更南十餘里之上庫馬提,有古代大寺廟遺址,蓋即瞿摩帝僧伽藍之所在,現此地仍名庫馬提,亦必由古代瞿摩帝之名因襲而來(據黄文弼《塔里木盆地考古記》53—54頁)。瞿摩帝乃梵文 Gomati 之音譯,《理氏書》(17頁)以爲義"牛富",瞿摩帝寺即牛富寺。

〔8〕犍槌:《金本》《石本》《麗本》作"揵搥"。梵文Ghaṇṭā之音譯,指寺院中以金屬或木製成,能繫而發聲以集衆或"消災"之物的通稱。

〔9〕净人:指未出家而在寺院中奉侍僧侣的俗人。

〔10〕先發:《石本》作"無發",蓋誤以"先"爲"无",再又改"无"爲"無"也。

〔11〕竭叉國:見本書〔竭叉國〕節注〔2〕。

〔12〕十四大僧伽藍:《金本(記引)》《麗本》作"有四大僧伽藍";《石本》作"四大僧伽藍"。下文有云,"一僧伽藍則一日行像",而行像爲期十四日,此當以十四大僧伽藍爲是。

〔13〕四月一日:《法顯傳》中歲月皆當以我國夏曆計算,此四月一日即夏曆四月初一日也。

〔14〕莊嚴:"莊",《石本》作"庄",後同。佛教常用語,謂以功德來飾身或以美裝來飾物爲莊嚴。

〔15〕幨幕:《圓本》《東本》《開本》《資本》《禪本》作"幛幕",《石本》作"幛幙","幛"爲"幨"之誤,"幙"爲"幙"之誤;《磧本》《麗本》《津本》《學本》《院本》作"幨幕",今據改。

〔16〕嚴餙:《磧本》《麗本》《津本》《學本》《院本》均作"嚴飾"。餙同飾。

〔17〕采女:《石本》作"綵女",《麗本》《院本》作"婇女",即宫女也。

〔18〕七寶:佛教諸經論常説及七寶,但所説略有異同。如《妙法蓮華經》及《大智度論》皆《鳩摩羅什》譯,而前者(《授記品》第六)以金、銀、琉璃、硨磲、碼碯、真珠、玫瑰爲七寶,後者(卷十)以金、銀、毗琉璃、頗梨、車渠、馬瑙、赤真珠爲七寶。

〔19〕懸繒幡蓋:繒是絲織品的總稱,幡即旗幡,蓋即天蓋。懸繒幡蓋謂懸掛絲織的旗幡和天蓋。

〔20〕菩薩:梵文 Bodhisattva 音譯菩提薩埵之略,菩提意爲"覺悟"和"成道",薩埵意爲"勇

猛",菩提薩埵的意思是猛進求大菩提者。佛教並以爲由菩薩地可進而至佛地。

〔21〕諸天：天爲梵文 Deva 之意譯,音譯提婆,本爲婆羅門教的神,佛教亦加以吸收。此處的諸天即諸天神之意。

〔22〕侍從：《石本》作"傅從"。

〔23〕皆金銀彫瑩：《麗本》作"皆以金銀彫瑩"。

〔24〕天冠：即"通天冠"之簡稱,指古代帝王戴的帽子。

〔25〕頭面禮足：即以頭面叩禮佛足,乃最上之敬禮。《大智度論》卷十云："何以名頭面禮足？答曰：'人身中第一貴者頭,五情所著而最在上故；足第一賤,履不淨處最在下故。是以所貴禮所賤,貴重供養故。'"

〔26〕采女：《石本》、《麗本》、《院本》作"媬女"。

〔27〕車車：《石本》作"車事"。

〔28〕白月一日：《圓本》、《磧本》、《資本》、《津本》、《學本》、《院本》作"四月一日"；《石本》、《麗本》作"自月一日"；《東本》、《開本》作"白月一日",今據改。《大唐西域記》卷二記古《印度》曆法云："月盈至滿謂之白分,月虧至晦謂之黑分。黑分或十四日、十五日,月有小大故也。黑前白後,合爲一月。"由是可見白分相當我國夏曆之前半月,黑分相當夏曆之後半月,故白月一日相當夏曆之初一日,黑月一日相當夏曆之十六日。此白月一日即指四月初一日(見注〔13〕)。《皮氏書》(10—11頁)、《理氏書》(18—19頁)及《翟氏書》(5—6頁),皆作如此計算。唯《足立氏書》(19—20頁)獨以注〔13〕所言之四月一日爲印度月四月一日(黑月一日),云此處白月一日爲印度月四月十六日,非也。

〔29〕爲始：《東本》、《開本》、《石本》作"始"。

〔30〕王新寺：《大唐西域記》卷十二云,于闐"王城西五六里,有娑摩若僧伽藍,中有窣堵波,高百餘尺,甚多靈瑞,時燭神光"。王新寺佛堂前亦有塔,去王城之距離又相若,可見《西域記》之娑摩若僧伽藍蓋即法顯之王新寺也。

〔31〕窻：《石本》、《麗本》作"窓"；《津本》、《學本》、《院本》作"窗"。

〔32〕亦：《石本》無此字。

〔33〕餝：《磧本》、《麗本》、《津本》、《學本》、《院本》作"飾"。

〔34〕嶺東六國：《足立氏書》(20頁)及賀昌羣《古代西域交通與法顯印度巡禮》(21頁)以爲嶺東六國乃指西域南道的鄯善、且末(今新疆且末縣附近)、精絕(今新疆民豐縣北)、扜彌(今新疆于闐縣附近)、于闐、莎車(今新疆莎車縣)而言。

〔35〕上價：《石本》作"上賈"。

子合國　於麾國

既過四月行像,僧韶[1]一人,隨胡道人[2]向罽賓[3]。

法顯等進向子合國[4]，在道二十五日，便到[5]其國。國王精進。有千餘僧，多大乘學。

住此十五日已，於是南行四日，入葱嶺山[6]，到於麾國[7]安居[8]。

【校注】

〔1〕僧韶：《圓本》、《東本》、《開本》、《石本》、《磧本》、《資本》、《禪本》、《麗本》皆作"僧韶"；《津本》、《學本》、《院本》作"僧紹"。僧韶、僧紹當是一人，即前在張掖所遇之僧韶也。

〔2〕胡道人：古代對佛教僧人亦稱道人，胡道人即指當時西方諸胡族的僧人而言。

〔3〕罽賓："罽"，《圓本》、《圓本字音》、《東本》、《開本》、《磧本》、《磧本字音》、《資本》、《禪本》皆作"罽"；《石本》、《津本》作"罰"。"罰"、"罰"皆"罽"之訛略。《麗本》、《學本》、《院本》作"罽"，今據改。古希臘地理學家托勒密（Claudius Ptolemaeus，約 90—168 年）稱今克什米爾爲 Kaspeiria，罽賓即此名之對音。《大唐西域記》卷三稱之爲迦溼彌羅國（Kāśmīra）。

〔4〕子合國：《漢書·西域傳》、《後漢書·西域傳》均有子合，治呼犍谷（犍，《後書》作鞬）；《洛陽伽藍記》卷五載宋雲等使西域記作朱駒波，云"人民山居"；《北史·西域傳》作朱駒波，又作朱俱波，又作朱居（按：疑脫波字），云"其人山居"，亦作悉居半，並云"治呼犍"；唐玄奘歸國時曾過此，即《大唐西域記》卷十二之斫句迦。向來諸家注釋，多以爲子合國都城故址在今新疆葉城縣。黃文弼《塔里木盆地考古記》（55—56 頁）亦贊同葉城縣之説，但同書（57—58 頁）又以爲故址在今葉城縣西南約一百十里之奇盤莊。按：據呼犍谷以谷爲名及"人民山居"等記載推之，以奇盤莊之説爲長。

〔5〕到：《石本》無此字。

〔6〕入葱嶺山："入"，《石本》無此字；《麗本》作"至"。"葱"，《石本》作"窓"。葱嶺爲我國舊時對今新疆西部帕米爾高原及其南北兩端附近諸山脈的總稱。《水經·河水注》引《西河舊事》云："葱嶺……其山高大，上生葱，故曰葱嶺也。"

〔7〕於麾國：據《法顯傳》，於麾國在子合國南行四日之葱嶺山中，確址未詳。或以爲此國即《北史·西域傳》之權於摩國。《北史》謂權於摩國在悉居半國（即子合）西南，兩國去代均爲一萬二千九百七十里，則兩國間之距離當甚近也。以今地圖對比，於麾國故址可能即在今奇盤莊西南之庫拉瑪特山口更西南之葉爾羌河中上游一帶。

〔8〕安居：於麾國之安居，爲法顯西行後第三年即公元 401 年之夏坐。

竭叉國

安居已止[1]，行二十五日，到竭叉國[2]，與慧景等合。

值其國王作般遮越師[3]。般遮越師，漢言五年大會也。會時請四方沙門，皆來雲集,集已[4],莊嚴衆僧[5]坐處,懸繒幡[6]蓋,作金銀蓮華,著繒座[7]後,鋪淨坐具。王及羣臣如法供養,或一月、二月,或三月,多在春時。王作會已,復勸諸羣臣設[8]供供養,或一日、二日[9]、三日、五日[10]。供養都畢,王以所乘馬,鞍[11]勒自副,使國中貴重臣騎之,並諸白氎[12]、種種珍寶、沙門所須之物,共諸羣臣,發願布施。布施已,還從僧贖。[13]

其地山寒,不生餘穀[14],唯熟麥耳。衆僧受歲[15]已,其晨輒霜。故其王每讚[16]衆僧,令麥熟然後受歲。

其國中有[17]佛唾壺[18],以石作[19],色似佛鉢。又有佛一齒,國人[20]爲佛齒起塔。有千餘僧[21],盡小乘學。

自山[22]以東,俗人被服粗類秦土[23],亦以氈褐[24]爲異。沙門法用[25]轉轉[26]勝,不可具記。其國[27]當葱嶺之中。自葱嶺已前,草木果實[28]皆異,唯竹及安石留[29]、甘蔗三物,與漢地同耳。

【校注】

〔1〕安居已止:《石本》作"安居已上";《麗本》、《院本》作"安居已山"。蓋以"上"字"山"字連下句讀。

〔2〕竭叉國:竭叉國故址何在,爲研究《法顯傳》之一難題。諸家考證紛紜:《理氏書》(18頁)以爲當在今克什米爾東部拉達克(Ladak)境,同書(22頁)又以爲可能在今克什米爾北部之伊斯卡多(Iskardu)即斯卡多(Skardo);《翟氏書》(7頁)以爲在今新疆喀什市;《足立氏書》初版亦以爲在今喀什市,但同書再版時(改名《法顯傳,中亞、印度、南海紀行の研究》)修改前說(見18頁),以爲係在今克什米爾東部印度河東岸之喀齊(Khalsi,又作 Khalcha,又作 Khalatse,又作 Kalchi);馮承鈞《歷代求法翻經錄》(22頁)及《西域地名》(45頁)皆以爲在今喀什市。按:以《法顯傳》傳文所記述者考之,釋喀什市則失之太北,釋拉達克等地則又失之太東南,皆不易作爲結論。丁謙《佛國記地理考證》以爲"竭叉居葱嶺中,以地望核之,即……《魏書》渴槃陁、《伽藍記》作漢盤陀,今塔什庫爾干城也"。丁氏此考,其地位與《法顯傳》所述最爲符合。但據《皮氏書》(14頁)之考證,以爲竭叉國王城故址,乃在喀爾楚(Kartchou),爲唐玄奘歸國時所經,即《大唐西域記》卷十二之竭盤陀國。按:據《欽定皇輿西域圖志》卷十八載稱:"喀爾楚在葱嶺山中,由塞爾勒克(按:即今塔什庫爾干塔吉克自治縣)西南行一百五十里,至其地,有小城。……"同書又以爲漢之蒲犁國,後漢之德若國,《魏書西域傳》之渴槃陁國,《唐書西域傳》之喝盤陀,皆即其地。《嘉慶重修一統志》卷五百二十七同。按:竭叉與喀爾楚發音相近,若依《欽定皇輿西域圖志》與《一統志》之說,則《法顯傳》之竭叉,《伽藍記》之《漢盤陀》,《西域記》之揭盤陀,當皆在今塔什庫爾干塔吉克自治縣西南一百五十里矣。然而,據馮承鈞譯沙畹(E. Chavannes)《宋雲行紀箋注》,以爲"喀爾楚或喀楚特,據玉耳(Henry Yule)之考訂,似 Kanjut(按:即《清史稿・屬國列傳》之坎巨提,亦作乾竺特)或 Hunza

(按:即《清史稿·屬國列傳》之棍雜)一名之轉,而誤以之爲以塔什庫爾罕爲首府之色勒庫爾者也。"(見《西域南海史·地考證譯叢》六編21頁)。又據馮承鈞譯沙畹《西突厥史料》(93—94頁)云:"喝盤陀即玄奘《西域記》之揭盤陀。Vivien de Saint-Martin 曾經考訂其爲乞兒吉思 Kirgiz 人所稱之喀爾楚 Kartchou,其地在今葉爾羌河上流之塔什霍爾罕 Tachkourgane,今蒲犁縣治也。大食 Tadjik 人則名之曰色勒庫爾 Sarikol。"依以上沙畹所論兩則,喀爾楚蓋即指塔什庫爾干,足以補充丁氏之説,然則竭叉國王城故址,當以在今塔什庫爾干塔吉克自治縣之説爲最具説服力也。

〔3〕般遮越師:梵文 Pañcapariṣad 之音譯,即五年大會也。

〔4〕集已:《東本》、《開本》、《津本》、《學本》作"已"。

〔5〕衆僧:《東本》、《開本》作"衆"。

〔6〕幡:旗旛也。此字《磧本》作"旛";《津本》、《學本》、《院本》作"旛"。與旛、幡通用。

〔7〕繪座:《石本》作"坐";《麗本》、《院本》作"僧座"。

〔8〕設:《石本》作"説"。

〔9〕二日:《東本》、《開本》作"二"。

〔10〕五日:《麗本》作"五日乃至七日"。

〔11〕鞍:《石本》作"鞌",乃"鞌"字之訛。

〔12〕白氎:《圓本》、《東本》、《開本》、《石本》、《資本》、《禪本》皆作"白縈";《磧本》、《麗本》、《津本》、《學本》、《院本》均作"白氎",今據改。《圓本字音》、《東本字音》、《開本字音》、《資本字音》、《禪本字音》皆云:"自縈,下音牒。按:"自"字爲"白"字之誤;"縈"字爲"縶"字之誤,"縶"字又應作"氎"字。參看下師子國〔摩訶毗訶羅精舍〕節注〔6〕。白氎即白疊,乃棉布之古稱。《太平御覽》卷八百二十引《魏略》所載魏文帝詔中即述及西域白疊。白疊亦寫作白緤,見北魏賈思勰《齊民要術》卷十引《吳録·地理志》。

〔13〕發願布施布施已還從僧贖:《麗本》作"發願布施衆僧布施僧已還從僧贖"。

〔14〕穀:《石本》作"聲",但改正作"穀",即"穀",穀、穀字同。

〔15〕受歲:僧徒每年坐臘(即夏坐)畢,謂之增一法臘,稱爲"受歲"。

〔16〕每讚:《石本》作"母讚";《麗本》、《院本》作"每請"。

〔17〕其國中有:《東本》、《開本》作"其國有";《石本》作"其國"。

〔18〕唾壺:"壺",《圓本》、《東本》、《開本》、《磧本》作"壺",《資本》、《禪本》作"壺",皆"壺"之訛;《石本》、《圓本字音》、《磧本字音》、《音義》均作"壺",今據改。《金本(記引)》、《麗本》、《津本》、《學本》、《院本》作"壺",即"壺"字。按:《出三藏記集》卷十五《智猛法師傳》載智猛以秦弘始六年(公元404年)發跡長安,遠遊天竺,曾於奇沙國見佛文石唾壺。智猛之出行,僅後法顯五年,所見佛唾壺正似法顯所見,其所歷之奇沙國蓋即法顯所經之竭叉國也。

〔19〕以石作:《金本(記引)》、《麗本》作"以石作之"。

〔20〕國人:《麗本》作"其國中人"。

〔21〕有千餘僧:《麗本》作"有千餘僧徒"。

〔22〕山：此山即指葱嶺。

〔23〕被服粗類秦土：《麗本》作"被服類粗與秦土同"。"土"，《石本》作"立"，誤。

〔24〕氈褐：《石本》作"旃褐"；《禪本》作"氈褐"。"旃"即"氈"，"褐"爲"褐"之誤。

〔25〕法用：佛教用語，亦稱"法要"。爲僧徒舉行法會時之重要儀式：一曰梵唄，即誦偈讚嘆佛德；二曰散華，即散花燒香以供養佛；三曰梵音，即唱偈以淨音供養佛；四曰錫仗，即唱偈而振錫杖。

〔26〕轉轉：《金本（記引）》、《麗本》作"轉"。

〔27〕具記其國：《金本（記引）》作"悉其記國"。

〔28〕果實："果"，《石本》作"菜"，當是"菓"字之誤。

〔29〕安石留："留"，《麗本》、《津本》、《學本》、《院本》作"榴"。安石留即安石榴，略稱石榴，相傳漢張騫出使西域得之帶歸。"安石"蓋即安息（今伊朗），爲其原產地，故名。

度葱嶺

從此西行向北天竺[1]。在道一月，得度葱嶺。葱嶺冬夏有雪[2]。又有毒龍，若失其意[3]，則[4]吐毒風，雨雪，飛沙礫石。遇此難者，萬無一全[5]。彼土人人即名爲雪山人也[6]。

【校注】

〔1〕北天竺：《麗本》作"北天竺國"。

〔2〕葱嶺冬夏有雪：《東本》、《開本》"嶺"作"山"；《麗本》"嶺"作"嶺山"；《石本》"冬"作"各"，誤。

〔3〕其意：《石本》無"意"字。

〔4〕則：《鎌本》自卷首至"則"字全部殘缺。

〔5〕全：《石本》作"金"，改正作"全"。

〔6〕彼土人人即名爲雪山人也：《禪本》"雪山人"作"雪山"；《麗本》、《院本》"人人"作"人"，"雪山人"作"雪山"。

二　北天竺、西天竺記遊

陀歷國

　　度嶺已,到北天竺。始入其境,有一小國名陀歷[1]。亦有衆僧,皆小乘學。

　　其國昔有羅漢[2],以神足力[3],將一巧匠上兜術天[4],觀彌勒菩薩[5]長短[6]、色貌,還下,刻木作像。前後三上觀,然後乃[7]成。像長八丈,足趺[8]八尺,齋日常有光明,諸國王[9]競興[10]供養。今故現在。

　　於此順嶺西南行十五日。其道艱岨[11],崖岸嶮絶[12],其山唯石[13],壁立千仞[14],臨之目眩[15],欲進則投足無所[16]。下有水,名新頭河[17]。昔人有[18]鑿石通路施傍梯[19]者,凡度七百,度梯已[20],躡懸絚[21]過河[22]。河兩岸相去減[23]八十步。九譯所絶[24],漢之張騫[25]、甘英[26]皆不至[27]。

　　衆僧問法顯:"佛法東過[28],其始可知耶?"顯云:"訪問彼土人,皆云古老相傳,自立彌勒菩薩像後,便有天竺沙門齎[29]經、律過此河者[30]。像立在佛[31]泥洹[32]後三百許年,計於周氏平王時。由兹而言,大教宣流,始自此像。非夫彌勒大士繼軌釋迦[33],孰能令三寶[34]宣通,邊人[35]識法。固知[36]冥運之開,本非人事,則漢明[37]之夢,有由而然矣[38]。"

【校注】

　〔1〕陀歷:即《大唐西域記》卷三之達麗羅川,故址在今克什米爾西北部印度河北岸達地斯坦(Dardistan)之達麗爾(Dārel)。古時由印度半島向北通我國,有一陸路交通綫經此,即《釋迦方志》卷下所稱之"陀歷道"。

　〔2〕羅漢:梵文 Arhat 音譯阿羅漢之略。佛教修行所達到的理想中的果位,以爲能斷除煩惱,應受衆生供養,超脱生死輪回。即達此果,能具神力,如本文之所述。

　〔3〕神足力:佛教所稱佛、菩薩等所具自在無礙之一種神通。

　〔4〕兜術天:《石本》作"咒術天";《麗本》作"兜率天"。梵文Tusita之音譯,亦作兜率天或覩史

多天。佛教理想中的一種天上幻境。又以爲彌勒菩薩即居於其内。

〔5〕彌勒菩薩：梵文 Maitreya Bodhisattva 音譯之略。佛教菩薩之一，傳説他將繼承釋迦牟尼的佛位而成佛。關於此刻木作彌勒菩薩像的神話，《大唐西域記》卷三亦記其事，云此羅漢名末田底迦(Madhyāntika)，並謂"自有此像，法流東派"。

〔6〕長短："短"，《石本》作"桓"；《東本字音》、《開本字音》、《資本字音》、《禪本字音》均作"挋"。"桓"爲"挋"之訛，"挋"與"短"同。

〔7〕乃：《鎌本》作"及"。

〔8〕足趺：《圓本字音》注云："下音夫，加足坐也。"

〔9〕國王：石本作"王"。

〔10〕競興：石本作"竟興"；《鎌本》作"竟與"。

〔11〕岨：《津本》、《學本》、《院本》作"阻"；《水經·河水注》引用《法顯傳》此段關於新頭河之記載，《大典本》、《黄本》、《沈本》、《全本》、《戴本》、《殿本》、《楊本》作"阻"；《吴本》、《朱本》、《趙本》作"岨"。

〔12〕崖岸嶮絶：《鎌本》無"岸"字；《津本》、《學本》、《院本》作"崖岸險絶"；《水經·河水注》引文，《吴文》、《朱本》、《全本》、《趙本》、《戴本》、《殿本》、《楊本》亦作"崖岸險絶"；《大典本》、《黄本》、《沈本》作"崖險岸絶"。

〔13〕唯石：《石本》、《鎌本》作"以石"；《水經·河水注》引文，《戴本》、《殿本》、《楊本》作"惟石"。

〔14〕壁立千仞：《石本》作"辟空千刃"；《鎌本》作"壁空千刃"。

〔15〕目眩：《石本》作"目眆"。

〔16〕欲進則投足無所：《鎌本》作"欲進則懼投足無所"。

〔17〕新頭河：梵文 Sindhu 之音譯，即今印度河。

〔18〕人有：《鎌本》作"有人"。

〔19〕傍梯："傍"，《法顯傳》各本皆作"傍"；《水經·河水注》引文，《吴本》、《朱本》亦作"傍"；《大典本》、《黄本》、《沈本》、《全本》、《趙本》、《戴本》、《殿本》、《楊本》皆作"倚"。"梯"，《石本》、《鎌本》皆作"踶"，下同。《音義》云："《考聲》云：'梯，隥也，可以登也。'《古今正字》：'從木，弟聲。'傳文從足作踶，非。"則唐本有誤作"踶"者。《石》《鎌》兩本之誤同於唐本，亦可見其淵源之古也。

〔20〕凡度七百度梯已："七百"，《石本》所附小注及《鎌本》均作"七日"。《水經·河水注》引文，《大典本》、《黄本》作"凡渡七百梯已"；《吴本》、《朱本》作"凡度七百渡梯已"；《沈本》作"凡渡七百渡梯已"；《全本》、《趙本》、《戴本》、《殿本》、《楊本》作"凡度七百梯度已"。按：酈注引《法顯傳》，常簡括其文，《大典本》、《黄本》作"凡渡七百梯，已"，文義自通。吴、朱改作"凡度七百，渡梯已"，乃據《法顯傳》改；而《刊誤》以《朱本》文句爲不順，以爲應將"度梯二字例互作'凡度七百梯(句)度已(句)'，于文義爲順"，《趙本》即如是改寫，此趙氏未細檢《法顯傳》也。《戴本》、《殿本》同《趙本》，《殿本》且譏《朱本》曰："案：近刻訛作'凡度七百渡梯已'。"此又戴氏既未遵《大典本》，亦未檢《法

顯傳》，卻雷同《趙本》也。

〔21〕躡懸絙："躡"，《石本》作"瑎"；《鎌本》作"踽"。"懸"，《水經·河水注》引文、《吳本》、《朱本》、《全本》、《趙本》作"縣"。"絙"，《法顯傳》各本皆作"絙"；《圓本字音》、《磧本字音》云："絙，古登反，大索也。"又《水經·河水注》引文、《全本》作"緪"，其他各本皆作"絙"。《音義》云："緪……《傳》作'絙'，音桓，非。亦書寫脫去心也。"按：《音義》"緪"應作"緪"，今改。"緪"亦可省作"絙"；唐本已有作"絙"者，《音義》以爲非。

〔22〕過河：《出三藏記集》卷十五《法顯法師傳》和《高僧傳》卷三《釋法顯傳》都載：法顯於此"躡懸絙過河數十餘處"。《足立氏書》(36 頁)據此以爲法顯於此所過之河非新頭河主流，而爲其支流，故下句言其兩岸相去尚不足八十步也。按：法顯之自陀歷赴烏萇國，取道新頭河西北岸，此處之"過河"，及下文"度河便到烏萇國"之"度河"，蓋指新頭河西北岸之支流。《大唐西域記》卷三記由烏仗那國(即烏萇國)至達麗羅川(即陀歷國)之情況，云："瞢揭釐城(即烏仗那都城)東北踰山越谷，逆上信度河(即新頭河)，途路危險，山谷杳冥，或履縆索，或牽鐵鎖，棧道虛臨，飛梁危構，椽杙躡蹬，行千餘里，至達麗羅川。"此所記道路，即法顯所經行者，《西域記》之記述，自西南向東北，法顯之行路則自東北向西南。

〔23〕減：《石本》、《鎌本》作"減"；《水經·河水注》各本引文皆作"咸"，楊守敬云，減、咸古字通。

〔24〕九譯所絕："譯"，《磧本》、《津本》、《學本》作"驛"；《水經·河水注》引文、《黃本》、《吳本》、《朱本》、《沈本》、《全本》作"驛"。"絕"，《圓本》、《磧本》、《資本》、《禪本》、《麗本》、《津本》、《學本》、《院本》作"記"；《東本》、《開本》、《石本》、《鎌本》及《水經·河水注》各本引文皆作"絕"，今據改。《朱本》"九驛所絕"下注云："《法顯傳》作'九驛所記'。謝兆申云，'驛'當作'譯'。"《刊誤》云："按：謝說是也。……九譯所絕，言道路險遠，無人行迹也。絕字義長。"按：九譯，指離我國極遠的國家。《漢書·賈捐之傳》顏注引晉灼曰："遠國使來，因九譯語言乃通也。"

〔25〕張騫：《石本》作"張騫"；《鎌本》作"張騫"。張騫(？—114 年)，西漢人，曾奉武帝命出使西域，遠達今中亞一帶，是我國有記載的最早開辟西域交通的重要人物之一。《漢書》有傳。

〔26〕甘英：《石本》作"耳英"。甘英，東漢人，和帝時奉西域都護班超命出使大秦(羅馬帝國東部)，至條支，臨西海(今波斯灣)而還。事見《後漢書·西域傳》。

〔27〕不至：《鎌本》作"不能至"；《麗本》、《院本》作"不至此"；《水經河·水注》引文，各本皆作"不至也"。

〔28〕過：《石本》作"遇"。

〔29〕賷：《麗本》作"齋"；《津本》、《學本》作"賫"。

〔30〕自立彌勒菩薩像後便有天竺沙門賷經律過此河者：觀此及上注〔5〕所引《大唐西域記》卷三"自有此像，法流東派"之語，皆足以反映陀歷地方爲古代佛教東傳我國之重要交通綫所經。

〔31〕佛：一般認爲佛即梵文 Buddha 音譯佛陀之略。近代學者或以爲佛乃古龜玆文 pūd(或 pud)或焉耆文 pät 之音譯(參看季羨林《中印文化關係史論叢》11—19 頁)。意譯"覺者"。本書所

稱之佛，常用以爲對釋迦牟尼之尊稱，如此處即是。

〔32〕泥洹：梵文 Nirvāna 之音譯，亦作涅槃，或稱般泥洹或般涅槃（Parinirvāna），意譯"寂滅"、"圓寂"。此云佛泥洹後三百許年，即言釋迦牟尼卒年後約三百年也。按：關於佛之卒年，異說甚多。如《大唐西域記》卷六云："自佛涅槃，諸部異議，或云千二百餘年，或云千三百餘年，或云千五百餘年，或云已過九百，未滿千年。"《西域記》成書於唐貞觀二十年（公元 646 年），依玄奘所述，以爲佛卒之年大約在公元前 600 年，或 700 年，或 900 年，或 300 年左右也。法顯此處言佛泥洹後三百許年當我國周平王（公元前 770—720 年）時，是以爲佛卒之年大約在公元前 1000 年左右也。又按：《大藏經》中有一部《善見律毘婆沙》（亦作《善見毘婆娑律》），據《歷代三寶紀》卷十一云："《善見毘婆娑律》十八卷，……（齊）武帝世，外國沙門僧伽跋陀羅，齊言僧賢（譯）。師資相傳云，佛涅槃後優波離既結集律藏訖，即於其年七月十五日受自恣竟，以香華供養律藏，便下一點置律藏前，年年如是。優波離欲涅槃，持付弟子陀寫俱，陀寫俱欲涅槃，付弟子須俱，……如是師師相付，至今三藏法師。三藏法師將律藏至廣州，臨上舶反還去，以律藏付弟子僧伽跋陀羅。羅以永明六年（公元 488 年）共沙門僧猗於廣州竹林寺譯出此《善見毘婆沙》，因共安居。以永明七年庚午歲（按：永明七年即公元 489 年應爲己巳歲，《開元釋教錄》智昇已改正）七月半夜受自恣竟，如前師法，以香華供養律藏訖即下一點，當其年計得九百七十五點，點是一年。……"由 975－489＝486 上推，可算出佛涅槃年應爲公元前 486 年。此一對於佛涅槃年的推測，目前在國際間爲大多數學者所尊重。如印度學者麥勤達（R. C. Majumdar）主編之十卷本《印度人民之歷史與文化》（The History and Culture of the Indian People，以下簡稱《麥氏書》）第二卷第二章、第五章即採用此說，並以之爲基礎來推測其他許多印度古史中重要人物大約的生活年代。兹將其中和《法顯傳》有關的幾個人物大約的年代推測，選錄如下，以備參考：

① 佛誕生年：約公元前 566 年（相傳釋迦牟尼在世八十年，故推得此數）。

② 摩竭提國瓶沙王（Bimbisāra）在位年：約公元前 544—493 年（錫蘭古僧訶羅編年史相傳此王在位五十二年，而佛涅槃年爲其子阿闍世王在位之第八年，故推得此數）。

③ 阿闍世王（Ajātaśatru）在位年：約公元前 493—462 年（古僧訶羅編年史相傳此王在位三十二年，而佛涅槃當其在位之第八年，故推得此數）。

④ 摩竭提國阿育王（Aśoka）在位年：約公元前 273—236 年（古僧訶羅編年史相傳此王加冕在佛涅槃後二百十八年。阿育王之《摩崖敕諭第十三》，立于此王加冕後第十三年，據學者之考查，應爲公元前 256 年所頒布，由此可推知王之加冕年爲公元前 269 年。而佛涅槃年即公元前 486 年之後二百十八年亦可爲公元前 269 年。古僧伽羅編年史又謂阿育王即位後四年始正式加冕，故可推知其即位年得爲公元前 273 年。佛教所傳王在位共三十七年，故又可推知其卒年得爲公元前 236 年）。

按：天竺古代曆法繁多，保存不完備，計算甚困難。此注及一些相關的年代推算，皆根據《麥氏書》第二卷 698—702 頁所載詳細年表。天竺古曆與公曆換算有時會發生一年之差（如我國夏曆與公曆之換算亦然），有時因隔地較遠等原因還可以差得稍多一點。

〔33〕釋迦：釋迦牟尼（Śākyamuni）之簡稱，義爲"釋迦族的聖人"，即指佛教創始人悉達多·喬答摩（Siddhārtha Gautama）。

〔34〕三寶：佛教以佛、法、僧爲三寶。

〔35〕邊人：古印度佛教徒稱恒河中流一帶的中印度爲"中國"（Madhya-deśa），（見下〔烏萇國〕節注〔4〕），而以遠方之地爲"邊地"（Mleccha-deśa），人爲邊人或邊地人。

〔36〕知：《石本》作"如"；《鎌本》作"始"。

〔37〕漢明：《麗本》作"漢明帝"。即東漢明帝，相傳明帝曾夢見神人，或告爲即佛，因遣使者赴西域傳寫佛經，並在洛陽起立佛寺云云。見牟融《理惑論》（載《弘明集》卷一）等書。

〔38〕矣：《石本》、《鎌本》無此字。

烏萇國

度[1]河便到烏萇國[2]。烏萇國[3]是正北天竺也。盡作中天竺語，中天竺所謂中國[4]。俗人衣服、飲食[5]，亦與中國同。佛法甚盛。名衆僧住止處[6]爲僧伽藍，凡有五百僧伽藍，皆小乘學。若有客比丘[7]到，悉供養三日，三日過已，乃令自求所安常。

傳言佛至北天竺，即到此國已[8]。佛[9]遺足跡[10]於此[11]。跡或長或短[12]，在人心念，至今[13]猶爾。及曬衣石、度惡龍處，亦悉[14]現在。石高丈四[15]，闊[16]二丈許，一邊平。

慧景、道整、慧達[17]三人先發，向佛影那揭國[18]。法顯等住此國夏坐[19]。

【校注】

〔1〕度：《鎌本》作"渡"。

〔2〕烏萇國："烏萇"，《麗本》作"烏長"，《石本》、《鎌本》作"烏苌"，下同；《水經·河水注》引用《法顯傳》此段關於烏萇國之記載，《大典本》、《黃本》、《戴本》、《殿本》亦作"烏長"，下同。烏萇爲梵文 Udyāna 之音譯，義爲苑囿。此國即《洛陽伽藍記》卷五載宋雲等使西域所經之烏場國，亦即《大唐西域記》卷三之烏仗那國。故地在今巴基斯坦北部斯瓦脫河（Swāt R.）流域。《西域記》載其王多治瞢揭釐城（Mangkil 或 Maṅgala），即今曼格勒（Manglaur），在斯瓦脫河中流東岸。關於此國佛足跡、曬衣石、惡龍等神話傳說，《伽藍記》、《西域記》亦有類似記述。

〔3〕烏萇國：《麗本》"烏"字上多"其"字。

〔4〕中國：即中天竺。參看〔陀歷國〕節注〔35〕。

〔5〕飲食：《石本》作"飲會"。

〔6〕住止處：《鎌本》作"住上處"；《麗本》作"止住處"。

〔7〕客比丘："客",《石本》作"容"。比丘爲梵文Bhiksu之音譯,亦作苾芻,意譯"乞士",即出家的佛教僧人,俗稱"和尚"。客比丘,即外來的比丘。

〔8〕已:《東本》、《開本》、《鎌本》、《麗本》、《院本》作"也"。

〔9〕佛:《鎌本》作"佛道"。

〔10〕足跡:《水經·河水注》引文、《大典本》、《黃本》作"跡";《吳本》、《朱本》、《沈本》、《趙本》、《戴本》、《殿本》作"足跡";《全本》作"足蹟";《楊本》作"足迹"。

〔11〕此:《鎌本》作"亦"。

〔12〕跡或長或短:《麗本》無"跡"字。"短",《石本》,作"挋";《圓本字音》、《磧本字音》亦作"挋",注云:"短字";《鎌本》作"桓","桓"乃"挋"之訛。此句五字《水經·河水注》引文作"其跡(《楊本》跡作迹)長短"。

〔13〕今:《石本》作"念"。

〔14〕亦悉:《麗本》作"悉亦"。

〔15〕石高丈四:"丈四",《石本》作"大四";《禪本》、《麗本》、《院本》作"丈四尺"。

〔16〕闊:《東本》、《開本》、《石本》、《鎌本》作"長"。

〔17〕慧景道整慧達:《麗本》、《院本》作"慧景慧達道整"。

〔18〕那揭國:"揭",《鎌本》作"謁"。那揭國(梵文 Nagarahāra)即《洛陽伽藍記》卷五引《道榮傳》之那迦羅阿國,《大唐西域記》卷二之那揭羅曷國。故地相當今阿富汗東部賈拉拉巴德(Jalalabad)附近一帶(詳見下〔那竭國〕節)。《道榮傳》、《西域記》均載此國有瞿波羅龍窟,並有佛影,故《法顯傳》稱之爲佛影《那竭國》。

〔19〕夏坐:《石本》作"憂坐"。烏萇國之夏坐,爲法顯西行後第四年即公元402年之夏坐。

宿呵多國

坐訖,南下,到宿呵多國[1]。其國佛法亦盛。昔天帝釋[2]試菩薩[3],化作[4]鷹、鴿、割肉貿[5]鴿處。佛即[6]成道,與諸弟子[7]遊行,語云:"此本是吾割肉貿[8]鴿處。"國人由是得知,於此處起塔,金銀校飾[9]。

【校注】

〔1〕宿呵多國:《理氏書》(29頁)云:宿呵多國應在今印度河與斯瓦脫河之間,當即今所稱斯瓦斯梯(Swastene)之地。按:今曼格勒城西南跨斯瓦脫河兩岸之地區,稱爲斯瓦脫(Swat),當即宿呵多國故地。又《足立氏書》(42—43頁)採藤田豐八意見,以爲法顯之宿呵多國,即《慧超往五天竺國傳》之西業多;但高楠順次郎非之,謂"西業"恐"惡業"之誤,"惡業者多",乃《慧超傳》中對健馱羅國之叙述,而非對另一國之叙述,不得爲宿呵多國。高楠順次郎之説是也。

〔2〕天帝釋：梵文 Sakra 之意譯，亦稱忉利天王，佛教神話傳說中的忉利天（Trayastrimssa 即三十三天）之主。

〔3〕菩薩：此"菩薩"乃指修菩薩行時之釋迦牟尼。關於此割肉貿鴿之神話傳說，亦見《洛陽伽藍記》卷五載宋雲等使西域記乾陀羅國下及《大唐西域記》卷三烏仗那國下。

〔4〕作：《鎌本》無此字。

〔5〕貿：《石本》、《鎌本》作"貧"，《音義》作"貰"，皆即"貿"字。《圓本字音》云："亦作貧。"《音義》亦云："《傳》作貧，俗字也。"則唐本已有作"貧"者。《石》、《鎌》兩本皆與唐本合。

〔6〕即成道："即"，《麗本》作"既"。

〔7〕諸弟子：《東本》、《開本》作"諸第子"；《鎌本》作"諸佛弟子"。

〔8〕貿：《石本》作"貧"，《鎌本》作"留"。

〔9〕校餙：《石本》作"拔餙"；《鎌本》作"救餙"；《麗本》、《津本》、《學本》、《院本》作"校飾"。

犍陀衛國

從此東下〔1〕五日行，到犍陀衛國〔2〕。是阿育王子法益〔3〕所治處〔4〕。佛爲菩薩時，亦於此國以眼施人〔5〕。其處亦起大塔，金銀校餙〔6〕。此國人多小乘學。

【校注】

〔1〕東下：《足立氏書》（44 頁）云，此"東下"近於"南下"。

〔2〕犍陀衛國："犍"，《石本》、《鎌本》、《禪本》、《麗本》、《院本》作"捷"；《水經·河水注》引用《法顯傳》此段關於犍陀衛國之記載，《大典本》、《黃本》、《吳本》、《朱本》、《沈本》皆脫"犍"字，《全本》、《趙本》、《戴本》、《楊本》補"犍"字，《殿本》補"捷"字。此國即《洛陽伽藍記》卷五載宋雲等使西域記之乾陀羅國，《大唐西域記》卷二之健馱邏國，此二名皆梵文 Gandhāra 之音譯；至於犍陀衛則爲梵文 Gandhavat 之音譯。梵文 Gandha 之義爲香，故《續高僧傳》卷二《闍那崛多傳》亦稱之爲香行國。此國疆域時有變動，故諸書所述每不一致。本書所言犍陀衛國，其故地約當今斯瓦脫河流入喀布爾河之附近一帶。據長澤和俊氏《宮內廳書陵部圖書寮本法顯傳校注》（13 頁）所考，法顯時犍陀衛國之首都當在 Puskarāvatī。按：此即《大唐西域記》卷二之布色羯邏伐底城，其故址在斯瓦脫河最下游之東岸，喀布爾河之北岸，在今巴基斯坦白沙瓦（Peshāwar）東北十七哩。勞（B. C. Law）《古印度歷史地理》（Historical Geography of Ancient India）（以下簡稱《勞氏書》）（119 頁）云，此城爲乾陀羅古都。

〔3〕阿育王子法益：阿育王（Asoka）爲摩竭提國王，著名的佛教扶持者，並曾派人遠赴國外布教，大力從事佛教的傳播。其在位年約爲公元前 273—236 年（參看前〔陀歷國〕節注〔32〕）。法益爲阿育王之子，《皮氏書》（30 頁注〔3〕）及《理氏書》（31 頁注〔4〕）皆以爲法益爲梵文 Dharmavivardhana 之意譯；堀謙德《解說西域記》（以下簡稱《堀氏書》）（239 頁）參照阿育王傳卷三及《阿育

王經》卷四,謂法益即法增,爲梵文 Dharma-vardhana 之意譯。法增又名拘那羅或鳩那羅(Kunāla),《大唐西域記》卷三呾叉始羅國下載此王子傳說甚詳。(《西域記》作拘浪拏,應作拘拏浪。)

〔4〕所治處:《水經·河水注》各本引文皆作"所治邑"。

〔5〕以眼施人:此以眼施人的神話傳說亦見《洛陽伽藍記》卷五載宋雲等使西域記乾陀羅國佛沙伏城下及《大唐西域記》卷二健馱邏國布色羯邏伐底城下。

〔6〕校餝:《麗本》、《津本》、《學本》、《院本》作"校飾"。

竺刹尸羅國

自此東行七日,有國名竺刹尸羅[1]。竺刹尸羅,漢言截頭[2]也。佛爲菩薩時,於此處以頭施人[3],故因以[4]爲名。復東行二日,至投身餧餓虎處[5]。此二處亦起大塔,皆衆寶校餝[6]。諸國王、臣民,競[7]興供養,散華然燈,相繼不絶。通上二塔,彼方人亦名爲四大塔[8]也。

【校注】

〔1〕竺刹尸羅:《水經·河水注》引用《法顯傳》此段關於竺刹尸羅之記載,《大典本》、《黃本》、《趙本》、《殿本》作"紇尸羅國";《吳本》、《朱本》、《戴本》、《楊本》作"竺刹尸羅國";《沈本》作"竺紇尸羅國";《全本》作"刹尸羅國"。竺刹尸羅即《大唐西域記》卷三呾叉始羅國,皆梵文 Takṣaśilā之音譯。其都城故址,據足立喜六《大唐西域記の研究》卷上(246頁),在今巴基斯坦北部拉瓦爾品第(Rawalpindi)西北十餘哩之沙恩台里(Shahanderi)東南附近,有錫爾卡帕(Sirkap)古城遺址,即是。

〔2〕截頭:《皮氏書》(32頁注2)云:竺刹尸羅之梵文原名似由語根 Taksa(義爲"建置",引申之可解作"割碎")加 Sila(義爲"石頭")合成。Sila 不是 Sira(義爲"頭")。法顯大約把 Sila 誤作 Sira,把整個字義解作"截頭"。法顯致誤之因,大約由於此地又有佛爲菩薩時曾以頭施人之傳說而引起。

〔3〕以頭施人:關於以頭施人及下文投身餧餓虎之二神話傳說,分見《洛陽伽藍記》卷五載宋雲等使西域記乾陀羅國及烏場國下,亦分見《大唐西域記》卷三呾叉始羅國及僧訶補羅國下。

〔4〕以:《石本》無此字。

〔5〕投身餧餓虎處:《石本》作"投身餝餧餓虓處"。《鎌本》"虎"字亦作"虓"。"餧",《水經·河水注》引文,《大典本》、《黃本》、《沈本》、《戴本》、《殿本》作"飼";《吳本》、《朱本》、《全本》、《趙本》、《楊本》作"餧"。

〔6〕校餝:《麗本》、《津本》、《學本》、《院本》作"校飾"。

〔7〕競:《石本》《鎌本》作"竟"。

〔8〕四大塔:即指前述之割肉貿鴿處塔、以眼施人處塔及此節之以頭施人處塔和投身餧虎處塔,合爲四大塔。

弗樓沙國

從犍陀衛國[1]南行四日,到弗樓沙國[2]。佛昔將諸弟子遊行此國,語阿難[3]云:"吾般泥洹[4]後,當有國王名罽膩伽[5]於此處起塔。"後膩伽王[6]出世[7],出行遊觀,時天帝釋欲開發其意,化作牧牛小兒[8],當道起塔[9]。王問言:"汝作何等?"答曰:"作佛塔[10]。"王言:"大善。"於是王即於小兒塔上起塔,高四十餘丈,衆寶校餝[11]。凡所經見[12]塔廟,壯麗[13]威嚴都無此比。傳云[14]:"閻浮提塔,唯此爲上。"[15]王作塔成已,小塔即自傍[16]出大塔南,高三尺許。

佛鉢[17]即在此國。昔月氏王[18]大興兵衆,來伐此國,欲取佛鉢。既伏[19]此國已,月氏王[20]篤信佛法,欲持鉢去,故興[21]供養。供養三寶畢[22],乃校餝[23]大象[24],置鉢其上,象便伏地不能得前。更作四輪車載鉢,八象[25]共牽,復不能進。王知與鉢緣[26]未至,深自愧歎。即於此處起塔及僧伽藍,並留鎮守,種種供養。可有七百餘僧,日將中[27],衆僧則出鉢,與白衣[28]等種種供養,然後中食。至暮燒香時復爾。可容二斗許[29],雜色而黑多,四際[30]分明,厚可二分,甚光澤[31]。貧人[32]以少華投中便滿;有大富者,欲以多華而供養[33],正復[34]百千萬斛,終不能滿[35]。

寶雲[36]、僧景只[37]供養佛鉢便還。慧景、慧達[38]、道整先向那揭國,供養佛影、佛齒及頂骨。慧景[39]病,道整住看。慧達[40]一人還,於弗樓沙國相見,而慧達、寶雲、僧景遂還秦土。慧應[41]在佛鉢寺無常[42]。由是,法顯獨進,向佛頂骨所。

【校注】

〔1〕犍陀衛國:"犍",《石本》《鎌本》《麗本》《院本》作"揵"。

〔2〕弗樓沙國:《石本》作"弗樹沙國"。"弗",《水經·河水注》引用《法顯傳》此段關於弗樓沙國之記載,"弗",《大典本》《黄本》《吴本》《朱本》《沈本》作"佛";《全本》《趙本》《戴本》《殿本》《楊本》改作"弗"。《全本》注云:"弗,舊本誤作佛。"《刊誤》云:"《法顯傳》作弗樓沙國,今改正。"《戴本》《殿本》皆從全、趙作"弗",《殿本》注云:"案弗近刻訛作佛。"是戴氏並未詳檢《大典本》,不知《大典本》固亦作"佛"也。此弗樓沙國之都城即《洛陽伽藍記》乾陀羅國之乾陀羅城,《大

唐西域記》健馱邏國之布路沙布邏（Purushapura）城。此城故址在今巴基斯坦之白沙瓦（Peshāwar）。

〔3〕阿難：梵文 Ānanda 音譯阿難陀之略，傳爲釋迦牟尼之從弟，又爲他的十大弟子之一。

〔4〕般泥洹：《鐮本》作"般涅洹"。

〔5〕罽膩伽："罽"，《圓本》、《東本》、《開本》、《石本》、《鐮本》、《磧本》、《津本》、《學本》作"罽"；《資本》、《禪本》作"罽"；《麗本》、《院本》作"罽"，今據改。"膩"，《石本》、《鐮本》作"膩"。《音義》音注此名作"罽膩色迦王"。此王即迦膩色迦王。（Kaniṣka），是貴霜王國著名的國王，爲佛教之熱烈信奉者，佛教的迦溼彌羅結集，相傳即由他發起召集。當公元前第三世紀中葉，因亞歷山大大帝東征而遺留在中亞南部的希臘人，曾於媯水（今阿姆河）中、上游南、北兩岸之地，建立了一個巴克特里亞王國（Bactria）。公元前第二世紀中葉左右，中亞附近一帶發生許多次部族轉移的事情：① 約公元前 172—161 或 160 年，本居燉煌、祁連間的月氏族，因被匈奴擊破，西徙至今伊犁河流域一帶；原住今伊犁河一帶的塞種（Saka）人，則因受此族類轉移的壓力而南遷到罽賓（今克什米爾一帶）等地。② 約公元前 171—139 年，有大約來自東方的大夏（Tochari）等族，不斷進侵巴克特里亞王國，其初占有媯水以北地方，最後渡水而南，在巴克特里亞原地建立了新的國家，即我國《史記》、《漢書》中所稱的大夏。③ 約公元前 139—129 年，月氏族（大月氏）又受來自東方的烏孫族的攻擊，被迫再向西遷至媯水北岸一帶，擊大夏而臣之，並亦擴張勢力於水南；但大夏雖臣服於月氏，仍在媯水南保留其存在，並分成五個小國（翕侯），其中之一即貴霜翕侯。（編按：現一般認爲，大夏即希臘巴克特里亞。）以上即公元前第二世紀中葉左右中亞附近一帶所發生的部族轉移的可能的大概情形。接着，據《後漢書·西域傳》所載："後百餘歲，貴霜翕侯丘就卻攻滅四翕侯，自立爲王，國號貴霜王，侵安息（今伊朗），取高附（今阿富汗喀布爾附近）地，又滅濮達（Bactra，今阿富汗北部伐濟臘巴德附近）、罽賓，悉有其國。丘就卻年八十餘，死，子閻膏珍代爲王，得滅天竺（今印度半島西北部一帶），置將一人監領之。月氏自此之後，最爲富盛，諸國稱之，皆曰貴霜王，漢本其故號，言大月氏云。"這個富盛的大國，是由主要屬於大夏族的貴霜翕侯所擴建起來的，原來的月氏族（大月氏）當亦被吸收在內。一般都認爲迦膩色迦就是閻膏珍以後的貴霜國王，但他們兩人間的確切關係卻不甚明白。迦膩色迦王時的領土，北越媯水，西接安息，東南直到恒河中游一帶，而以弗樓沙（Puruṣapura 爲首都。關於此王在位的時代，頗多異說。其中較可注意者有二說：一說如《印度人民之歷史與文化》（即《麥氏書》）第二卷第九章，認爲印度古史中有一"塞種紀年"（Sakakāla，即 Saka era），其元年相當公元 78 年，蓋即迦膩色迦王所創建，因之推定迦膩色迦王在位年代爲公元 78—101 年或 102 年。同書又推出丘就卻即 Kujula Kasa 或 Kadphises Ⅰ，其在位年約爲公元 15—65 年；閻膏珍即 Wema（Vima）Kadphises 或 Kadphises Ⅱ，其在位年約爲公元 65—75 年。又一說，近年歐洲考古學者格希曼（R. Ghirshman）根據地下發掘結果，認爲貴霜之夏都貝格蘭姆（B'egram，在喀布爾東北）係於公元 242 年被波斯攻毀，迦膩色迦王系共歷九十八年，故迦膩色迦王之在位當始於公元 144 年（在位年公元 144—167 年），而丘就卻統治時代當在公元第一世紀中，閻膏珍則當在公元第一世紀末，第二世紀初。此第二說之說服力較大，接受者較多。又在

印度文獻中,貴霜人或亦被稱爲吐火羅人(Tukhāra)。按:吐火羅與大夏,蓋即一名也。

〔6〕膩伽王:《石本》、《鎌本》作"臟伽王";《麗本》、《院本》作"罽膩伽王"。

〔7〕出世:《石本》、《鎌本》作"出迎"。

〔8〕牧牛小兒:《東本》、《開本》作"牧牛兒";《石本》作"牛羊兒";《水經·河水注》各本引文皆作"牧牛小兒"。

〔9〕當道起塔:《水經·河水注》各本引文皆作"聚土爲佛塔"。

〔10〕作佛塔:《鎌本》作"作塔"。

〔11〕校餙:《麗本》、《津本》、《學本》、《院本》作"校飾"。

〔12〕經見:《石本》、《鎌本》作"經界"。

〔13〕壯麗:"壯",《石本》、《鎌本》作"庄",即"莊"字。

〔14〕傳云:《石本》作"便云"。

〔15〕閻浮提塔唯此爲上:"唯此爲上",《麗本》作"唯此塔爲上"。按:古印度佛教幻想中的世界構成,以爲我們所處的小世界,以蘇迷盧山(Sumeru)爲中心,由同一日月所照的位於大海中的四天下(亦稱四洲)組成。這四洲的名稱是:東毘提訶洲(Videhadvīpa),南贍部洲(Jambudvīpa),西瞿陀尼洲(Godānadvīpa),北拘盧洲(Kurudvīpa)。(贍部洲亦譯作閻浮提洲,即我們所住的洲。)此一小世界最外之海爲鹹海,圍繞鹹海而區劃一小世界之鐵山稱爲鐵圍山。關於此被稱爲閻浮提洲中最上之塔,《洛陽伽藍記》卷五乾陀羅國乾陀羅城下及《大唐西域記》卷二健馱邏國下皆有記述。又,《法顯傳》從上文"時天帝釋欲開發其意"至此"唯此爲上"句止,各本《水經·河水注》引文簡寫如下:"天帝釋變爲牧牛小兒,聚土爲佛塔,法王因而成大塔,所謂四大塔也。"酈氏所了解之四大塔,係合《水經·河水注》前文述及之以頭施人、投身飼虎、以眼施人三塔及此弗樓沙大塔而言,與《法顯傳》上文所言之割肉貿鴿、以眼施人、以頭施人、投身餧虎四大塔稍有不同。

〔16〕傍:《石本》、《鎌本》作"旁"。

〔17〕佛鉢:《大唐西域記》卷二健馱邏國都城布路沙布邏下亦述及此佛鉢傳說,並謂此鉢流轉諸國,玄奘時已傳入波剌斯(波斯文 Pāras 及梵文 Pārasa 之音譯)。《法顯傳》此段關於佛鉢之記載,《水經·河水注》亦曾引用。

〔18〕月氏王:《水經·河水注》引文,《大典本》作"氏王",脫"月"字,其他各本不脫。按:

① 此月氏蓋指貴霜王國。(參見本節注〔5〕所引《後漢書·西域傳》文,貴霜代月氏而興起後,漢仍以月氏的故號來稱呼貴霜。)《麥氏書》第二卷(第九章)載稱,貴霜王丘就卻之錢幣刻有"堅信之貴霜王 Kujula Kasa"(Kujula-Kasasa Kushāna-yavugasa dhrama-thidasa),其中"堅信"(dhrama-thida)字樣,有時或代以"堅信正法"(sacha-dhrama-thita)字樣,似彼乃佛教之信奉者。《法顯傳》此處之月氏王,當爲迦膩色迦以前之貴霜王,或即丘就卻也。

② 但此月氏王亦可能指貴霜王國建國前稱雄中亞之月氏王。蓋貴霜王國建國前稱雄中亞之月氏王亦已接受佛教,《三國志》裴注引《魏略·西戎傳》云,漢哀帝元壽元年(公元前2年)有博士弟子景盧受大月氏王使伊存口授浮圖經之事。此事之發生,時間蓋尚早於丘就卻之崛起。

〔19〕伏:《石本》、《鎌本》作"服"。

〔20〕王:《麗本》作"王等"。

〔21〕興:《禪本》、《麗本》、《院本》作"大興"。

〔22〕供養三寶畢:《石本》無"畢"字;《鎌本》無"供養"二字。

〔23〕校飭:《麗本》作"校飾";《津本》、《學本》、《院本》作"校餙"。

〔24〕大象:"象",《石本》、《鎌本》作"象",即"象",乃古"象"字。

〔25〕八象:《鎌本》作"須復以八象"。

〔26〕緣:《鎌本》作"无緣"。

〔27〕日將中:《鎌本》作"日將中食時";《麗本》作"日將欲中"。

〔28〕白衣:佛教僧徒多服緇衣,其色似黑,因以白衣爲俗人之別稱。

〔29〕二斗許:《東本》、《開本》、《石本》、《鎌本》作"二升許";《水經·河水注》各本引文皆作"二斗"。

〔30〕四際:《石本》作"四除"。佛教相傳佛成道時,有四天王來獻石鉢,佛總受之,重疊爲一鉢,故其外有四際。見《大唐西域記》卷八。本傳下文摩揭提國伽耶城所載"四天王奉鉢處",即指此事。

〔31〕甚光澤:《圓本》、《磧本》、《資本》、《禪本》、《津本》、《學本》、《院本》皆作"瑩徹光澤";《石本》無此三字;《東本》、《開本》、《鎌本》、《麗本》及《水經·河水注》各本引文皆作"甚光澤",今據改。

〔32〕貧人:《石本》、《鎌本》作"其先貧人"。

〔33〕欲以多華而供養:《東本》、《開本》、《石本》、《鎌本》作"欲以多華欲供養";《麗本》、《院本》作"欲以多華供養"。

〔34〕正復:《石本》無"復"字;《鎌本》作"復正";《磧本》"復"作"後"。

〔35〕終不能滿:《水經·河水注》各本引文皆作"終亦不滿"。

〔36〕寶雲:《石本》作"寶云"。下同。

〔37〕只:《石本》、《鎌本》作"正";《麗本》作"止"。

〔38〕慧景慧達:《石本》作"惠景惠達"。

〔39〕慧景:《石本》作"惠景"。

〔40〕慧達:《石本》作"惠達"。

〔41〕慧應:《石本》、《鎌本》作"慧應";《麗本》作"慧景";《圓本》、《東本》、《開本》、《磧本》、《資本》、《禪本》、《津本》、《學本》、《院本》各本皆作"慧景應"。各本"景"字係誤加入;《麗本》"景"字誤;《石本》及《鎌本》是,今據改正,刪"景"字。

〔42〕無常:佛教名詞。梵文 Anitya 的意譯,謂生滅無常,遷流不息也。此處作死亡解。

那竭國

西行[1]十六由延[2],便至[3]那竭國界醯羅城[4]。中有[5]佛頂骨精舍[6],盡以金薄、七寶校餝[7]。國王敬重頂骨,慮人抄奪,乃取國中豪姓八人,人持一印,印[8]封守護。清晨,八人俱到,各視其印,然後開户。開户已,以香汁洗手,出佛頂骨,置[9]精舍外高座[10]上,以七寶圓楗楗下[11],琉璃鍾[12]覆上,皆珠璣校餝[13]。骨黄白色,方圓[14]四寸,其上隆起。每日出後,精舍人則登高樓,擊大鼓,吹螺[15],敲銅鈸[16]。王聞已,則詣精舍,以華香供養。供養已,次第頂戴而去。從東門入,西門出。王朝朝[17]如是供養、禮拜,然後聽國政。居士[18]、長者亦先供養,乃修家事。日日如是,初無懈倦[19]。供養都訖,乃還頂骨於精舍。中有七寶解脱塔[20],或開或閉[21],高五尺許[22],以盛之。精舍門前,朝朝恒有賣華香人[23],凡欲供養者,種種買焉。諸國王[24]亦恒遣使供養。精舍處方四十步[25],雖復天震地裂,此處不動。

從此北行[26]一由延,到那揭國城[27]。是菩薩[28]本以銀錢[29]貿[30]五莖[31]華,供養定光佛[32]處。城中亦有佛齒塔[33],供養如頂骨法。

城東北一由延,到一谷口。有佛錫杖,亦起精舍[34]供養,杖以[35]牛頭栴檀[36]作,長丈六七許,以木筒盛之,正復百千人,舉不能移。入谷口四日西行[37],有佛僧伽梨[38]精舍供養[39]。彼國土亢旱時[40],國人相率出衣,禮拜供養[41],天即大雨。

那竭城南半由延,有石室,搏山[42]西南向,佛留影此中[43]。去十餘步觀之,如佛[44]真形,金色相好,光明炳著,轉近轉微[45],髣髴如有。諸方國王遣工畫師模寫[46],莫能及。彼國人傳云,千佛盡當於此留影。影西百步許[47],佛在時剃髮剪[48]爪。佛自與諸弟子共造塔,高七八丈,以爲將來塔法,今猶在。邊有寺,寺中有七百餘僧。此處有諸羅漢、辟支佛[49]塔乃千數。

【校注】

〔1〕西行:《石本》、《鎌本》無"西"字。

〔2〕由延:梵文 Yojana 之音譯,亦作由旬、踰繕那、踰闍那。《大唐西域記》卷二對古印度之總述中云:"夫數量之稱,謂踰繕那。踰繕那者,自古聖王一日軍行也。舊傳一踰繕那四十里矣,印度國俗乃三十里,聖教所載唯十六里。"蓋一踰繕那之距離,往往因時因地或因傳聞而異,故諸書記載,每有不同。注釋《法顯傳》者,對此亦多歧説。如《皮氏書》(40 頁注 1)云,印度西北各省每由延可能合七哩,摩竭提國及其附近每由延約合四點五哩。《理氏書》(36 頁注 3)云,由延之計算,有時合四點五哩,有時合五哩至七哩,有時更多於七哩。《足立氏書》(333—341 頁)曾就《法顯傳》所記若干地點間之路程距離,加以研究,結論認爲在印度北部及西部,法顯之每一由延平均合四點六哩,在以摩竭提國爲中心之中印度地方,法顯之每一由延平均合六點五哩。

〔3〕便至：《麗本》無"便"字。

〔4〕醯羅城："醯",《石本》、《鎌本》作"醘"。瓦特斯(Thomas Watters)《玄奘之印度旅行》(On Yuan Chwang's Travels in India, 629—645 A.D., 以下簡稱《瓦氏書》)第一冊(190頁)引克寧漢(Cunningham)説，醯羅爲 Hilo 爲音譯，而 Hilo 則爲梵文 Hiḍḍa(義爲"骨")之音轉。《瓦氏書》第一冊(185頁)謂今賈拉拉巴德(Jalalabad)城南五哩之醯達村(Hiḍḍa, 亦作 Heida, 亦作 Hada)，即其遺址。關於佛頂骨之佛教神話傳説，《伽藍記》卷五那伽羅阿國下及《大唐西域記》卷二那揭羅曷國醯羅城下亦有記載。

〔5〕中有：《麗本》作"城中有"。

〔6〕精舍：佛教寺院，亦稱精舍。乃梵文 Vihāra 之意譯。

〔7〕校飭：《麗本》、《院本》作"校飾"；《津本》、《學本》作"校飭"。

〔8〕印：《石本》無此字。

〔9〕置：《石本》作"量"；《鎌本》作"景"。

〔10〕座：《石本》、《鎌本》作"坐"。

〔11〕以七寶圓椹椹下："椹",《圓本》、《東本》、《開本》、《磧本》、《麗本》、《津本》、《學本》、《院本》皆作"碪"；《圓本字音》云："碪，知林反。"《石本》此句作"以七寶圓椹下"，疑《石本》脱"椹"字。《鎌本》作"以七寶圓椹椹下"。《音義》云："椹⋯⋯知林反，《蒼頡篇》云：'椹，鈇椹也。'⋯⋯碪、椹並同。"可見唐本作"椹"，與《石本》、《鎌本》同，今據改。

〔12〕琉璃鍾：《石本》作"流離種"；《鎌本》作"流離鍾"；《禪本》、《津本》、《學本》作"琉璃鐘"；《麗本》、《院本》作"瑠璃鍾"。

〔13〕校飭：《磧本》、《麗本》、《院本》作"校飾"；《津本》、《學本》作"校飭"。

〔14〕圓：《石本》作"囗"。

〔15〕吹螺：《圓本字音》、《東本字音》、《開本字音》、《資本字音》、《禪本字音》皆云："螽，螺字。"《磧本字音》云："螽，螺音。"可見更早之本有作"吹螽"者。《石本》、《鎌本》、《麗本》作"吹螽"。按："螽"、"螽"即"蠡"，皆與"螺"字通。

〔16〕敲銅鈸：《石本》作"歔鍢鈇"；《鎌本》作"嚮銅鈇"；《麗本》作"敲銅鉢"。

〔17〕朝朝：《石本》作"朝"。

〔18〕居士：梵文 Gṛihapati，音譯迦羅越，義爲家主，亦曰居士。

〔19〕懈惓：《石本》、《鎌本》作"懇惓"；《東本》、《開本》、《麗本》、《院本》作"懈倦"。

〔20〕解脱塔：《石本》、《鎌本》作"解隨塔"。

〔21〕或閉：《石本》無此二字。"閉",《磧本》、《麗本》、《津本》、《學本》、《院本》作"閉"。

〔22〕高五尺許："尺",《東本》、《開本》作"丈"。

〔23〕賣華香人：《東本》、《開本》、《石本》、《鎌本》少"人"字。

〔24〕諸國王：《石本》少"王"字。

〔25〕方四十步：《麗本》作"方三十步"。

〔26〕北行：《大唐西域記》卷二謂醯羅城在那揭羅曷國都城東南三十餘里，故此"北行"應作"西北行"解。

〔27〕那揭國城：即《伽藍記》卷五引《道榮傳》之那竭城，《大唐西域記》卷二之那揭羅曷國都城，此城故址在今賈拉拉巴德城以西不甚相遠處。關於此城中及附近各種佛迹及佛影之神話傳説，《伽藍記》卷五引《道榮傳》那迦羅阿國下及《大唐西域記》卷二那揭羅曷國下亦有類似記述。

〔28〕菩薩：此"菩薩"乃指修菩薩行時之釋迦牟尼。

〔29〕銀錢：《鎌本》作"金錢"。

〔30〕賀：《石本》作"賣"；《鎌本》作"貧"；《津本》、《學本》、《院本》均作"貿"。"賀"、"貧"同"貿"。

〔31〕莖：《石本》、《鎌本》作"莖"。

〔32〕定光佛：梵文 Dīpaṃkara 音譯提洹竭佛，亦作定光佛、錠光佛或然燈佛。佛教所傳釋迦牟尼以前的諸佛之一。

〔33〕佛齒塔：《東本》、《開本》、《石本》、《鎌本》無"塔"字。

〔34〕起精舍：《東本》、《開本》、《石本》、《鎌本》無"起"字。

〔35〕杖以：《東本》、《開本》、《石本》、《鎌本》無此二字。

〔36〕牛頭栴檀：梵文 Candana 音譯旃檀那，省稱旃檀或栴檀，即檀香。佛教傳説牛頭栴檀 (Gośīrṣa Candana) 極爲貴重，生自一山，峯狀如牛頭，故名。

〔37〕四日西行：《東本》、《開本》、《麗本》作"西行"；《石本》、《鎌本》作"四日行"。

〔38〕僧伽梨：即僧伽胝，梵文 Saṅghāṭī 之音譯，亦稱複衣、大衣。

〔39〕精舍供養：《鎌本》作"亦精舍供養"；《麗本》作"亦起精舍供養"。

〔40〕彼國土亢旱時：《麗本》"土"字下多"俗"字；《學本》"土"作"上"；《津本》、《學本》"時"作"府"。

〔41〕禮拜供養：《東本》"拜"作"佛"。

〔42〕搏山：《圓本》、《東本》、《開本》、《石本》、《鎌本》、《磧本》、《資本》、《麗本》、《津本》、《學本》、《院本》皆作"博山"；《禪本》作"博山"。《音義》所見唐本作"搏山"（詳見下〔苐沙王舊城〕節注〔14〕），今據改。

〔43〕此中：《鎌本》作"在此中"。

〔44〕佛：《石本》無此字。

〔45〕轉近轉微：《石本》、《鎌本》作"轉微"。

〔46〕模寫：《石本》、《鎌本》、《麗本》作"摹寫"。

〔47〕影西百步許：《金本(記引)》、《麗本》作"影西四百步許"；《石本》作"西百步許"。

〔48〕剪：《石本》誤作"前羽"；《津本》、《學本》作"翦"。

〔49〕辟支佛：梵文 Pratyeka Buddha 音譯辟支迦佛陀，略稱辟支佛。佛教有所謂三乘之説，即求證"阿羅漢果"之聲聞乘（小乘），求證"辟支佛果"之緣覺乘（中乘），求證"佛果"之菩薩乘

(大乘)。

度小雪山

住此冬三月[1],法顯等三人南度小雪山[2]。雪山冬夏積雪。山北陰中遇寒風暴起[3],人皆噤戰。慧景一人不堪復進,口出白沫,語法顯云:"我亦不[4]復活,便可時去,勿得俱死。"於是遂終。法顯撫之悲號:"本圖[5]不果,命也奈何!"復自力前,得過嶺[6]。

【校注】

〔1〕冬三月:《津本》、《學本》作"冬二月"。

〔2〕小雪山:《鎌本》作"小雪此","此"爲"山"字之誤。《皮氏書》(49頁注2)、《理氏書》(40頁注4)及《翟氏書》(18頁)皆以爲此小雪山即今賈拉拉巴德城以南之塞費德科山脉(Safed Koh)。

〔3〕遇寒風暴起:"遇",《圓本》、《鎌本》、《磧本》、《資本》、《津本》、《學本》、《院本》作"過";《東本》、《開本》、《石本》、《麗本》作"遇",今據改。《磧本》、《津本》、《學本》無"風"字。

〔4〕不:《鎌本》作"不能"。

〔5〕圖:《圓本》、《東本》、《開本》、《石本》、《鎌本》、《磧本》作"昌";《麗本》、《津本》、《學本》、《院本》作"圖",今據改。

〔6〕得過嶺:《石本》作"復過嶺"。

羅夷國　跋那國　毗荼國

南到羅夷國[1]。近有三千僧,兼大小乘學。住此夏坐[2]。

坐訖,南下,行十日[3],到跋那國[4]。亦有三千許僧,皆小乘學。

從此東行三日,復渡[5]新頭河,兩岸皆平地。過河[6]有國,名毗荼[7]。佛法興盛[8],兼大小乘學。見秦道人往,乃大憐愍,作是言:"如何邊地人,能知出家爲道,遠求佛法?"悉供給所須,待[9]之如法。

從此東南行減[10]八十由延,經歷諸寺甚多,僧衆萬數。

【校注】

〔1〕羅夷國:《皮氏書》(50頁注1)云:自阿富汗東部蘇來曼諸山(Solimāni hills)直至印度河間主要諸部落,總稱爲羅哈尼人(Lohanis);昔印度地理學者所稱之羅哈(Lohás),及《法顯傳》之

羅夷，或即其人。蓋謂法顯度小雪山後，入山南羅哈尼人所居之地，即稱之爲羅夷國也。《翟氏書》(19 頁)即將法顯之羅夷國譯作阿富汗(Afghanistan)。

〔2〕夏坐："夏"，《石本》作"憂"。羅夷國之夏坐，爲法顯西行後第五年即公元 403 年之夏坐。

〔3〕行十日：《東本》、《開本》、《石本》、《鎌本》無"行"字。

〔4〕跋那國：即今巴基斯坦北部之邦努(Bannu)。或以爲此國即《大唐西域記》卷十一之伐剌拏國(Varaṇa)，但一般認爲伐剌拏國之遺址當在今古馬耳河(Gūmal R.)谷地，尚在邦努略南。

〔5〕復渡：《鎌本》作"復"。

〔6〕過河：《鎌本》作"過"。

〔7〕毗茶：《東本》、《開本》作"毗茶"。《皮氏書》(51 頁注〔2〕)云，毗茶可能爲梵文 Pañcanada (即 Pañjāb)音譯之略。原名意爲"五河地區"，一般譯作旁遮普，主要部分在今巴基斯坦東北部，小部分在今印度北部。《皮氏書》又云，毗茶更可能爲傑盧姆河(Jhelam R.)上毗達城(Bhida，亦作 Bhira)之音譯，此城曾在一短時間中爲旁遮普數婆羅門國王之都城；其位置處於邦努(Bannu)與摩頭羅(Mathurā)間之直通道路上。

〔8〕復渡新頭河兩岸皆平地過河有國名毗茶佛法興盛：《水經‧河水注》引用《法顯傳》此段關於毗茶國之記載，改寫作"新頭河又西南流，屈而東南流，逕中天竺國，兩岸平地，有國名毗茶(《黃本》"茶"作"茶")，佛法興盛。"酈氏理解毗茶已在中天竺境，失《法顯傳》意，蓋《法顯傳》須至下文所述摩頭羅始入中天竺境也。又，"佛法興盛"，《石本》、《鎌本》作"佛法學興盛"。

〔9〕待：《石本》作"侍"。

〔10〕減：《石本》作"滅"。

三　中天竺、東天竺記遊

摩頭羅國

　　過是諸處已,到一國,國名摩頭羅[1]。有遥捕那河[2],河邊左右有二十僧伽藍,可有三千僧,佛法轉盛。

　　凡沙河已西,天竺諸國,國王皆[3]爲信佛法。供養衆僧時,則脱天冠,共諸宗親[4]、羣臣手自行食。行食已,鋪氈[5]於地,對上座[6]前坐,於衆僧前不敢坐床。佛在世時諸王供養法式,相傳至今[7]。

　　從是以南,名爲中國[8]。中國寒暑調和,無霜、雪。人民殷樂[9],無户籍官法,唯耕王地者乃輸[10]地利,欲去便去,欲住便住。王治不用刑罔[11],有罪者但罰其錢,隨事輕重,雖復謀爲惡逆,不過截右手而已。王之侍衛、左右皆有供禄。舉國人民悉不殺生,不飲酒,不食葱蒜[12],唯除旃荼羅[13]。旃荼羅名爲惡人,與人別居,若入城市則擊木[14]以自異,人則識而避之,不相唐突[15]。國中不養猪、雞,不賣生口,市無屠、酤[16]及沽酒者[17],貨易則用貝齒,唯旃[18]荼羅、獵師[19]賣[20]肉耳。

　　自佛般泥洹後,諸國王、長者、居士爲衆僧起精舍供養,供給[21]田宅、園圃[22]、民户、牛犢[23],鐵券書録,後王王[24]相傳,無敢廢[25]者,至今不絶。衆僧住止[26]房舍、床褥[27]、飲食、衣服,都無缺乏[28],處處皆爾。衆僧[29]常以作功德爲業,及誦經、坐禪[30]。客僧往到,舊僧迎逆[31],代檐[32]衣鉢,給洗足水,塗足油,與非時漿[33],須臾,息已,復間其臘數[34],次第得房舍、卧具,種種如法。衆僧住處,作舍利弗[35]塔、目連[36]、阿難[37]塔,并阿毗曇[38]、律、經塔。安居後一月,諸希福之家勸化供養僧,作非時漿[39]。衆僧大會説法。説法已,供養舍利弗塔,種種香華[40],通夜然燈。使彼人[41]作舍利弗本婆羅門[42]時詣[43]佛求出家。大目連[44]、大迦葉[45]亦如是。諸比丘尼[46]多供養阿難塔,以阿難請世尊[47]聽女人出家故。諸沙彌[48]多供養羅云[49]。阿毗曇師者,供養阿毗曇。律師者,供養律。年年一供養,各自有日。摩訶衍人[50]則供養般若婆羅蜜[51]、文殊師利[52]、觀世音[53]等。衆僧受歲竟,長者、居士、婆[54]羅門等各持[55]種種衣物、沙門所須,以布施僧[56],衆僧[57]亦自各各布施。佛泥洹已來,聖衆所行威儀法則,相承不絶[58]。

自渡[59]新頭河,至南天竺,迄於南海,四五萬里[60],皆平坦,無大山川,正有河水[61]。

【校注】

〔1〕摩頭羅:梵文 Mathurā 之音譯,即《大唐西域記》卷四之秣兔羅國。《勞氏書》(107頁)云,此國都城故址在今印度北方邦西部馬土臘(Muttra)西南五哩之馬霍里(Maholi)。

〔2〕有遥捕那河:《圓本》、《磧本》、《資本》、《禪本》、《津本》、《學本》作"又經捕那河";《麗本》、《院本》作"又經蒱那河";《東本》、《開本》、《石本》、《鎌本》作"有遥捕那河"。此河即今馬土臘城東之朱木拿河(Jumna R.),古名 Yamunā,《中阿含經》卷八譯作搖无那河(《頻伽藏本》"无"字誤作"尤"),《摩訶僧祇律》卷八譯作遥扶那河,《大唐西域記》卷五譯作閻牟那河,其第一音節 Ya 或譯作"摇",或譯作"遥",或譯作"閻",無省去者,故當以《東本》等之作"有遥捕那河"者爲是,今據改。又,《水經·河水注》引用《法顯傳》此段關於摩頭羅國、遥捕那河及天竺一般情況之記載,《大典本》、《黃本》、《沈本》作"有逕滿那般";《吳本》、《朱本》作"又經蒱那河";《全本》作"又经蒲那般河";《趙本》作"又逕捕那般河";《戴本》作"又經捕那般河";《殿本》、《楊本》作"又逕蒲那般河"。其中以《大典本》、《黃本》、《沈本》最接近《東本法顯傳》。《沈本》於"有逕滿那般"一句下注云:"此句有譌誤。'有'當是'又';'滿'當是'蒲',《法顯傳》作'捕';'般'字衍;……脱'河'字。"沈氏所言"滿"當是"蒲"(或"捕"),"般"字衍,脱"河"字,是也;沈氏以爲"有"當作"又",則非,"有"字不誤;又沈氏未校出"逕"當是"遥",形近致誤。蓋此句應即是"有遥蒲(或捕)那河"也。《吳本》、《朱本》雖亦有誤,但已改"般"爲"河",而其後之全、趙、戴、楊諸本仍誤加"般"字,楊氏且謂《法顯傳》"亦脱般字",可謂以誤爲不誤,以不誤爲誤矣。又,《法顯傳》此下未言遥捕那河下游注入何水,《水經·河水注》則謂其"下合新頭河",實則遥捕那河即今朱木拿河,下游注入恒河而不注入印度河,酈氏所詮釋者誤。

〔3〕皆:《鎌本》無此字。

〔4〕親:《鎌本》自"親"字下殘缺。

〔5〕氈:《石本》作"栴",乃"旃"之誤。

〔6〕上座:衆僧中首席之意。《石本》作"上坐"。

〔7〕相傳至今:本傳自上文"凡沙河已西"至此句"相傳至今"爲止,共六十九字,而《水經·河水注》各本引文簡寫作"自河以西,天竺諸國"八字,於是發生兩錯誤:其一,酈注"自河以西"之"河"字,承上句遥捕那河"下合新頭河"而來,則此"河"字當指新頭河,而非《法顯傳》原書所言敦煌

以西之沙河矣;其二,本傳於"天竺諸國"一句下,尚有六十字描述天竺諸國篤信佛法情況,而《河水注》一字不提,則"自河以西,天竺諸國"八字所言何事,毫無歸宿,不可通矣。酈氏引文,應不至如此。故疑今傳世各本《水經注》此二句下當有佚文。按:此二句下祇要補加"國王皆篤信佛法"數字,即可不失《法顯傳》文原意。

〔8〕中國:即中天竺,《法顯傳》以摩頭羅國爲入中天竺之始。

〔9〕人民殷樂:《水經·河水注》引文,各本皆作"人民殷富"。

〔10〕輸:《石本》作"輪"。

〔11〕刑罔:《石本》作"刑網";《麗本》、《院本》作"刑斬"。又,《石本》於此二字下多出"有罪者但罰其錢隨事輕重雖不用刑網"十六字。

〔12〕葱蒜:《石本》作"苁蒜";《麗本》、《學本》、《院本》作"葱蒜"。"葱"同"苁";"蒜"同"蒜"。

〔13〕唯除旃荼羅:"唯除",《石本》作"唯唯"。"荼",《圓本》、《東本》、《開本》、《磧本》、《資本》、《津本》、《學本》均作"茶";《麗本》、《院本》及《翻譯名義集》卷二皆作"荼",今據改。下同,旃荼羅爲梵文 Candāla 的音譯,印度舊來種姓制度下之最低級族類。《翻譯名義集》卷二:"旃陀羅,此云屠者,正言旃荼(音途)羅,此云嚴熾,謂惡業自嚴。行時搖鈴,持竹爲幖幟,故若不尒者,王必罪之。《法顯傳》云"名爲惡人,與人別居,入城市則擊竹自異,人則避之。"

〔14〕擊木:《圓本》、《東本》、《開本》、《資本》、《禪本》作"擊水";《翻譯名義集》卷二引《法顯傳》作"擊竹";《石本》、《磧本》、《麗本》、《津本》、《學本》、《院本》作"擊木",今據改。

〔15〕唐突:《石本》、《圓本字音》、《東本字音》、《開本字音》、《資本字音》、《禪本字音》作"湯突",《字音》並注云:"觸也,上正作盪(《開本》作濫)。"《磧本》、《麗本》、《津本》、《學本》、《院本》作"搪揬";《禪本》作"唐揬"。

〔16〕屠酤:《圓本》、《東本》、《開本》、《磧本》、《院本》作"屠估";《石本》作"屠沽";《麗本》作"屠店";《津本》、《學本》作"屠行";《圓本字音》作"屠酤",注云:"上音徒,屠,殺也;下音姑,與沽同,酤酒也。"今據《圓本字音》改。

〔17〕及估酒者:"估",《磧本》、《律本》、《學本》、《院本》作"酤";《石本》、《麗本》作"沽"。按:上句"市無屠酤"四字文意已足,此"及估酒者"四字疑衍。

〔18〕旃:《石本》作"袑"。

〔19〕獵師:《石本》作"獦";《麗本》作"漁獵師"。

〔20〕賣:《磧本》作"賈"。

〔21〕供養供給:《東本》、《開本》、《石本》作"供養";《麗本》作"供給"。

〔22〕園圃:《禪本》作"國圃"。

〔23〕牛犢:《石本》作"牛櫝"。

〔24〕後王王:《東本》、《開本》作"後王"。

〔25〕廢:《石本》作"度"。

〔26〕止:《石本》作"上"。

〔27〕床蓐:《石本》作"林蓐";《麗本》、《院本》作"淋蓐"。

〔28〕都無缺乏:《東本》、《開本》作"都無渴乏";《石本》作"都无湯乏";《麗本》作"都無闕乏"。

〔29〕衆僧:《石本》作"衆"。

〔30〕坐禪:《石本》作"以禪"。

〔31〕迎逆:《石本》作"迎送"。

〔32〕檐:《石本》、《磧本》、《麗本》、《津本》、《學本》、《院本》作"擔"。

〔33〕非時漿:佛教戒律以每日正午以前爲時,正午以後爲非時,時則食,非時則不得食。非時所飲穌油、蜜、石蜜、果漿等,稱爲非時漿。

〔34〕臘數:《石本》作"臈數"。即僧人歷年安居之次數也。參見前〔竭叉國〕節注〔15〕。

〔35〕舍利弗:梵文 Śāriputra 音譯舍利弗多羅之略,傳爲釋伽牟尼的十大弟子之一。此下關於舍利弗塔等之供養,《大唐西域記》卷四秣兔羅國下亦有類似記述。

〔36〕目連:梵文 Maudgalyāyana 音譯目犍連延之略,傳爲釋迦牟尼的十大弟子之一。

〔37〕阿難:已見前〔弗樓沙國〕節注〔3〕。

〔38〕阿毗曇:即阿毗達磨(論),與毗奈耶(律)、素呾纜(經),合稱三藏。

〔39〕作非時漿:《禪本》、《麗本》、《院本》作"行非時漿"。

〔40〕香華:《石本》、《麗本》作"華香"。

〔41〕彼人:《麗本》作"伎樂人";《院本》作"伎人"。

〔42〕作舍利弗本婆羅門:《鎌本》作"作樂舍利弗本爲婆羅門"("作樂"以上《鎌本》殘缺約四百字);《麗本》作"作舍利弗大婆羅門"。波羅門爲梵文 Brāhmaṇa 的音譯,在印度舊來的階級社會中,居四族姓之首。慧琳《一切經音義》卷二十六云:"婆羅門,此俗人也,謂净行高貴捨惡法之人,博學多聞者也。"

〔43〕詣:《石本》作"諸"。

〔44〕大目連:即目連。

〔45〕大迦葉:梵文 Mahākāśyapa 音譯摩訶迦葉波之略,傳爲釋迦牟尼的十大弟子之一。

〔46〕比丘尼:梵文 Bhikṣunī 之音譯,亦作苾芻尼,女性的比丘。

〔47〕世尊:梵文 Bhagavat(音譯薄伽梵)的意譯,爲佛教徒對釋迦牟尼的尊稱之一。

〔48〕沙彌:舊以爲梵文 Śrāmaṇera 的音譯之略,但烈維以爲乃古代龜兹語 sanmir 之音譯(見烈維《所謂乙種吐火羅語即龜兹語考》41頁),當是。沙彌指依照戒律出家,已受十戒,但尚未受具足戒的男性修行者。

〔49〕羅云:梵文 Rāhula 音譯羅睺羅之略,傳爲釋迦牟尼之子,十五歲出家爲沙彌,爲佛教有沙彌之始,又爲釋迦牟尼的十大弟子之一。

〔50〕摩訶衍人:摩訶衍即摩訶衍那之略,摩訶衍人即大乘的宗信者。

〔51〕般若波羅蜜:般若(梵文 Prajñā 音譯)義爲"智慧",波羅蜜(梵文 Pāramitā 音譯)義爲"到彼岸",般若波羅蜜即開智慧以到達涅槃解脱的彼岸之意。此處之般若波羅蜜,蓋指諸般若經。

〔52〕文殊師利：梵文 Mañjuśrī 之音譯，佛教菩薩之一。

〔53〕觀世音："觀"，《東本》、《開本》、《鎌本》作"光"；《石本》作"先"。觀世音爲梵文 Avalokiteśvara 的意譯，即觀自在，佛教菩薩之一。

〔54〕婆：《石本》作"波"。

〔55〕持：《麗本》作"將"。

〔56〕以布施僧：《金本(記引)》、《麗本》作"以用布施衆僧"。

〔57〕衆僧：《金本(記引)》、《麗本》作"僧受"。

〔58〕絶：《鎌本》作"施"；《麗本》作"紀"。

〔59〕渡：《石本》無此字。

〔60〕四五萬里：《水經·河水注》引文、《大典本》、《黄本》、《戴本》、《殿本》作"四萬里"；又《河水注》引文，各本皆在此句下加"也"字。

〔61〕正有河水：《金本(記引)》、《禪本》、《麗本》作"正有河水耳"；《石本》作"正有何水"；《鎌本》作"上有河水"；《院本》作"止有河水耳"。

僧伽施國

從此東南行十八由延，有國名僧伽施[1]。佛上忉利天[2]三月爲母説法來下處[3]。佛上忉利天，以神通力，都不使諸弟子知[4]。未滿[5]七日，乃[6]放神足。阿那律[7]以天眼遥見世尊，即語尊者大目連，汝可往問訊世尊。目連即往，頭面禮足，共相問訊。問訊已，佛語目連："吾却後七日，當下閻浮提。"目連既還，于時八國大王及諸臣民，不見佛久，咸皆渴仰，雲集此國以待世尊。時優鉢羅比丘尼[8]即自心念："今日國王、臣民皆當奉迎佛[9]，我是女人，何由得先見佛？"即以神足，化作轉輪聖王[10]，最前禮佛。佛從忉利天上東向下[11]。下時，化作三道寶階：佛在中道七寶階上行；梵天王[12]亦化作白銀階，在右邊執白拂而侍；天帝釋化作紫金階，在左邊執七寶蓋而侍。諸天無數從佛下[13]。佛既下[14]，三階俱没於地，餘有七級現[15]。後阿育王欲知其[16]根際，遣人掘看，下至黄泉，根猶不盡。王益信敬[17]，即於階上起精舍[18]，當中階作丈六立像，精舍後立石柱，高三十肘[19]，上作師子，柱内四邊有佛像，内外暎徹，浄若琉璃[20]。有外道[21]論師與沙門諍此住處，時沙門理屈，於是共立誓言："此處若是沙門住處者，今當[22]有靈驗[23]。"作是言已，柱頭師子乃大鳴吼見證[24]，於是外道懼怖，心伏[25]而退。佛以受天食三月故，身作天香，不同世人。即便浴身，後人於此處起浴室，浴室猶在。優鉢羅比丘尼[26]初禮佛處今亦起塔。佛在世時，有翦髪、爪作塔，及過去三佛[27]并釋迦文佛[28]坐處、經行[29]處,及作諸佛形象處[30],盡有塔,今悉在。天帝釋、梵天王從佛下處亦起塔。

此處僧及尼可有千人,皆同衆食,雜大、小乘學。

住處一[31]白[32]耳龍,與此衆僧作檀越,令國内[33]豐熟,雨澤以時,無諸災害,使衆僧得安。衆僧感其惠[34],故爲作龍舍,敷置[35]坐處,又爲龍設[36]福食供養。衆僧日日[37]衆中別差三人,到龍舍中食。每至夏坐訖,龍輒化形作一小蛇[38],兩耳邊白。衆僧識之,銅杅[39]盛酪,以龍置中。從上座至下座[40]行之,似若問訊,遍便化去,年年[41]一出。

其國豐饒,人民熾盛,最樂無比。諸國人來,無不經理,供給所須。

寺北五十由延[42],有一寺名火境[43]。火境[44]者,惡鬼名也。佛本化是惡鬼。後人於此處起精舍,以精舍[45]布施阿羅漢[46],以水灌手,水瀝滴地[47],其處故在。正復掃除,常現不滅。此處別有佛塔,善鬼神常掃灑,初不須人工[48]。有邪見[49]國王言:"汝能如是者,我當多將兵衆住此,益積糞穢,汝復能除不?"鬼神即起大風,吹之令淨。此處有百枚小塔。人終日[50]數之,不能得知。若至意欲知者,便一塔邊置[51]一人已,復計數人。人或多或少,其不可得知。有一僧伽藍,可六七百僧。此中有辟支佛食處、泥洹地[52],大如車輪。餘處生草,此處獨不生。及曬衣地處,亦不生草。衣條著地跡,今故現在。

法顯住[53]龍精舍夏坐[54]。

【校注】

〔1〕僧伽施:"伽",《石本》、《鎌本》、《麗本》作"迦"。僧伽施(Saṅkāśya)即《大唐西域記》卷四之劫比他(Kapitha)。《西域記》舊注云,劫比他國"舊謂僧迦舍國",僧迦舍即僧伽施之異譯。此國都城故址,《瓦氏書》卷一(335頁)引克寧漢說,謂在今印度北方邦西部法魯哈巴德區(Farrukhābād)之桑吉沙村(Sankisa)。據《皮氏書》(62頁注[1])云,此村位於法魯哈巴德城以西喀里河(Kali Nada,亦作 Kali Nadi)上,距法魯哈巴德城二十五哩。此說爲一般所採用。唯史密斯(Vincent A. Smith)《玄奘行程記》(The Itinerary of Yuanchwang 338頁)以爲此國都城故址應在北方邦西部伊塔區(Etah)東北角之巴的里(Patiāli)附近(載《瓦氏書》卷二,以下簡稱《史氏記》)。桑吉沙村在馬土臘之東南,其說較可從。《水經·河水注》引用《法顯傳》此段關於僧伽施國之記載,各本"伽"字皆作"迦"。《河水注》又稱:"《法顯傳》曰:恒水東南流逕僧迦施國南。"酈氏誤也。《法顯傳》無此語;且恒水流經僧伽施國之北,非經其南。

〔2〕忉利天:忉利天爲梵文Trayastriṃśa音譯之略,即三十三天。佛教神話傳說中的天。慧苑《新譯大方廣佛華嚴經音義》上曰:"忉利,梵言,正云怛唎耶怛唎奢。言怛唎耶者此云三也,怛

唎奢者十三也。謂《須彌山》頂四方各有八天城,當中有一天城,帝釋所居,總數有三十三處,故從處立名也。"(按:須彌山即蘇迷盧山,已見前)。以下佛爲母説法後從忉利天下降、阿育王立石柱、優鉢羅比丘尼最前禮佛、過去三佛並釋迦文佛坐處、經行處及關於龍之諸神話傳説,《大唐西域記》卷四劫比他國下亦有類似記述。

〔3〕佛上忉利天三月爲母説法來下處:"三月",《圓本》、《資本》作"三日";《東本》、《開本》、《石本》、《鎌本》、《磧本》、《麗本》、《津本》、《學本》、《院本》作"三月",今據改。《水經·河水注》引文對此改寫作"佛自忉利天東下三道寶階爲母説法處"。《楊本》注云:"按《佛國記》先敘佛上忉利天,後敘下三道寶階,據《佛昇忉利天爲母説法經》,佛在忉利天三月安居,爲母摩耶説法,天帝釋知佛當下,使鬼神作三道寶階,佛下躡寶階,爲《佛國記》所本。酈氏先言下三道寶階,後言爲母説法,嫌倒置。"

〔4〕知:《石本》作"如"。

〔5〕未滿:《東本》、《開本》、《石本》、《麗本》作"來滿"。

〔6〕乃:《石本》作"及"。

〔7〕阿那律:梵文 Anuruddha 之音譯,傳爲釋迦牟尼之從弟,又爲他的十大弟子之一。

〔8〕優鉢羅比丘尼:優鉢羅爲梵文 Utpala 之音譯。優鉢羅比丘尼,《大唐西域記》卷四作蓮花色苾芻尼。

〔9〕皆當奉迎佛:《石本》、《鎌本》無"佛"字;《麗本》無"奉"字。

〔10〕轉輪聖王:亦作轉輪王、輪王,皆爲梵文 Cakravartin 之意譯。佛教傳説中神化了的國王,並以爲有金、銀、銅、鐵等四輪王之别,其中金輪王統治毘提訶洲、贍部洲、瞿陀尼洲、拘盧洲等四天下(參見前〔弗樓沙國〕節注〔15〕);銀輪王統治三天下(除去拘盧洲);銅輪王統治二天下(再除去瞿陀尼洲);鐵輪王僅統治一天下即贍部洲(亦譯作閻浮提洲)。

〔11〕東向下:"東",《圓本》、《磧本》、《資本》、《禪本》、《麗本》、《津本》、《學本》、《院本》均作"來";《東本》、《開本》、《石本》、《鎌本》皆作"東";今據改。《水經·河水注》各本引文皆作"東下",《大唐西域記》卷四亦言三寶階"南北列,東面下",可見作"東"字是。

〔12〕梵天王:佛教神話世界的三界(欲界、色界、無色界)中的色界,又分爲若干天,其中有一天之天王稱爲大梵天王(Mahā Brahmā)。

〔13〕諸天無數從佛下:《東本》、《開本》、《石本》、《鎌本》作"諸天無數從佛";《麗本》作"諸天無數從佛來下"。

〔14〕佛既下:《東本》、《開本》、《石本》作"既下";《鎌本》作"即下"。

〔15〕七級現:《石本》作"七七級現";《麗本》作"七級而現"。

〔16〕其:《院本》無"其"字。

〔17〕信敬:《麗本》作"敬信"。

〔18〕即於階上起精舍:《水經·河水注》各本引文作"阿育王於寶階處作塔,後作石柱"云云,不言起精舍。

〔19〕肘：《大唐西域記》卷二："窮微之數，分一踰繕那爲八拘盧舍。拘盧舍者，謂大牛鳴聲所極聞，稱拘盧舍。分一拘盧舍爲五百弓，分一弓爲四肘，分一肘爲二十四指(崛謙德《解說西域記》113頁以爲此處應補"分一指爲三指節"七字)，分一指節爲七宿麥……"《翻譯名義集》卷三："一肘，人一尺八寸，佛三尺六寸。"

〔20〕琉璃：《鎌本》作"瑠璃"。

〔21〕外道：佛教稱其他宗教或學説爲外道。

〔22〕當：《鎌本》自此字下殘缺至〔王舍新城泭沙王舊城〕節耆闍崛山之"者"字止。

〔23〕靈驗：《石本》作"露驗"。

〔24〕見證：《麗本》作"見驗"。

〔25〕懼怖心伏：《東本》、《開本》、《石本》作"懼怖心服"；《麗本》作"慴怖心伏"。《水經·河水注》引文，《大典本》、《黃本》、《沈本》、《全本》、《趙本》、《戴本》、《殿本》、《楊本》作"怖效心誠"；《吳本》、《朱本》據《法顯傳》改作"怖懼心伏"。《全本》注曰："按：《黃本》作'怖效心誠'，《吳本》改作'怖懼心伏'，而《朱本》從之，以其與《佛國記》合也。然古人之文，不必盡同，《黃本》自通。"

〔26〕優鉢羅比丘尼：《石本》作"復鉢羅比丘丘"。

〔27〕過去三佛：佛教認爲在釋迦牟尼以前就有成佛的，其前六代的佛名是：

① 毗婆尸佛(Vipaśyin)，

② 尸棄佛(Śikhin)，

③ 毗舍浮佛(Viśvabhū)，

④ 拘樓秦佛(Krakucchanda)，

⑤ 拘那含牟尼佛(Kanakamuni)，

⑥ 迦葉佛(Kāśyapa)。

以上六代成佛者，連同⑦釋迦牟尼佛稱爲過去七佛；其中④⑤⑥⑦合稱過去四佛；④⑤⑥合稱過去三佛。

〔28〕釋迦文佛：即釋迦牟尼佛。

〔29〕經行：即以養身爲目的之散步也。《南海寄歸內法傳》卷三云："五天之地，道俗多作經行，直去直來，唯遵一路，隨時適性，勿居鬧處。一則痊痾，二能銷食。"

〔30〕處：《石本》無此字。

〔31〕一：《麗本》作"有一"。

〔32〕白：《石本》作"日"。

〔33〕國內：《石本》作"國"。

〔34〕惠：《石本》作"慧"。

〔35〕置：《石本》作"曇"。下同。

〔36〕設：《石本》作"說"。

〔37〕日日：《石本》作"昌"。

〔38〕小蛇：《石本》作"乘蛇"。

〔39〕銅杅："杅"，《圓本》、《磧本》、《資本》、《禪本》、《麗本》、《津本》、《學本》、《院本》作"盂"；《東本》、《開本》、《石本》、《圓本字音》、《東本字音》、《開本字音》、《磧本字音》、《資本字音》、《禪本字音》作"杅"，今據改。杅、盂字通。《音義》作"銅盂"（盂即盂字），注云：《法顯傳》"作杅，俗字也"。可見慧琳所見唐本作"杅"。

〔40〕上座至下座：《石本》作"上坐至下坐"。

〔41〕年年：《麗本》作"每年"。

〔42〕寺北五十由延：《石本》作"等北寺五十由延"；《麗本》作"寺西北五十由延"。《足立氏書》(82頁)云："寺北五十由延或係誤記。又《大唐西域記》未見關於火境之記事，所言殊怪異莫明，尤其所言往返五十由延掃龍舍夏坐事，實難信憑，或者彼所記者係傳聞耶？"

〔43〕火境：《金本(記引)》、《麗本》作"大墳"。

〔44〕火境：同上。

〔45〕以精舍：《麗本》、《院本》無此三字。

〔46〕阿羅漢：即羅漢，已見前。

〔47〕水瀝滴地：《東本》、《開本》、《石本》無"水"字。

〔48〕人工：《麗本》作"人功"。

〔49〕邪見：《石本》作"耶見"。

〔50〕終日：《石本》作"衆日"。

〔51〕置：《石本》作"量"，後同。

〔52〕泥洹地：《麗本》作"泥地"。

〔53〕住：《麗本》作"在"。

〔54〕夏坐：僧伽施國龍精舍之夏坐，爲法顯西行後第六年即公元404年之夏坐。

罽饒夷城

坐訖，東南行七由延，到罽饒夷城[1]。城接恒水[2]，有二僧伽藍，盡小乘學。

去城西六七里[3]，恒水[4]北岸，佛爲諸弟子[5]說法處。傳云：說無常、苦[6]，說身如泡沫等。此處起塔[7]猶在。

度恒水[8]，南行三由延，到一村[9]，名呵梨[10]。佛於此中說法、經行、坐處，盡起塔。

【校注】

〔1〕罽饒夷城：《圓本》、《東本》、《開本》、《磧本》、《津本》作"罽饒夷城"；《圓本字音》、《東本字

音》、《開本字音》、《磧本字音》、《資本字音》、《禪本字音》作"罽饒夷城";《石本》作"罽鏡夷城";《麗本》、《學本》、《院本》作"罽饒夷城",今據改。《水經·河水注》引用《法顯傳》此段關於罽饒夷城之記載,《大典本》、《黃本》、《沈本》作"罽賓繞夷城";《全本》作"罽賓繞夷城";《吴本》、《朱本》作"罽賓饒夷城";《趙本》、《戴本》、《殿本》作"罽賓饒夷城";《楊本》删"賓"字作"罽饒夷城",是也。罽饒夷城即《大唐西域記》卷五之羯若鞠闍國曲女城(Kanyākubja),今爲印度北方邦西部之卡瑙季城(Kanauj)。梵文 Kanyā 之義爲"女子",kubja 之義爲"曲背",故玄奘稱之爲曲女城(其得名之由來,出於神話,詳見《西域記》。據莫尼爾·威廉斯爵士(Sir M. Monier-Williams)《梵英辭典》(A Sanskrit-English Dictionary,249 頁)對"Kanyākubja"一字注解云:民間對此城名稱之拼音極爲繁多,有 Kanauj, Kunnoj, Kunnouj, Kinoge, Kinnoge, Kinnauj, Kanoj, Kannauj, Kunowj, Canowj, Canoje, Canauj 等等,故《法顯傳》又作《罽饒夷》也。

〔2〕恒水:恒水即《大唐西域記》之殑伽河(梵文Gangā),今印度之恒河(Ganges)。此"城接恒水"一句,《水經·河水注》引文、《大典本》、《黃本》、《吴本》、《朱本》、《沈本》作"南接恒水";《全本》、《趙本》、《戴本》、《殿本》、《楊本》作"城南接恒水"。

〔3〕去城西六七里:《水經·河水注》各本皆作"城之西北六七里"。

〔4〕恒水:按:此恒水可能指當時之罽饒夷城西面的一條恒水的支流。《皮氏書》(70—71頁注2)引克寧漢云,今卡瑙季城西北有一名爲那拉(Nala)的乾河,皮氏認爲此乾河在法顯時可能爲恒水之一支流,遂亦得恒水之稱。

〔5〕諸弟子:《水經·河水注》引文,《大典本》、《黃本》少"弟"字。

〔6〕苦:《麗本》作"苦空"。

〔7〕塔:《大唐西域記》卷五羯若鞠闍國下云:"(都)城西北窣堵波,無憂王之所建也。如來在昔,於此七日説諸妙法。"《皮氏書》(70—71頁注〔2〕)以爲《西域記》所説之窣堵波,即法顯此處所見之塔。

〔8〕度恒水:按:此處之"度恒水",蓋指法顯由罽饒夷城出發東度恒水。

〔9〕村:《津本》、《學本》作"林"。

〔10〕呵梨:呵梨蓋即《大唐西域記》卷五羯若鞠闍國大城東南行百餘里所至據殑伽河東岸之納縛提婆矩羅城。《瓦氏書》卷一(352—353頁)云:納縛提婆矩羅之梵文對音爲"Navadevakula",義爲"新天寺",所奉者或即毘瑟笯天(Visnu),而毘瑟笯名 Hari,法顯之呵梨,或即 Hari 之對音。

沙祇大國

從此東南行十由延,到沙祇大國[1]。

出沙祇[2]城南門,道東,佛本在此嚼楊枝,刺土中[3],即生長七尺[4],不增不減[5]。諸外道婆羅門嫉妬,或斫或拔,遠棄之,其處續生如故。此中亦有四佛[6]

經行、坐處,起塔故在。

【校注】

〔1〕沙祇大國:"祇",《學本》作"祇"。下同。沙祇大蓋即 Sāketa 爲對音,爲古代印度北部拘薩羅國(Kosala)的古都。相傳拘薩羅國最早之都城爲阿踰陀(Ayodhyā),後遷娑枳多(Sāketa),最後又遷舍衛(Srāvastī)。阿踰陀即今印度北方邦中部法扎巴德(Fyzabad)東約六哩哥格拉河(Gogra R.)旁之阿約底(Ajodhyā)。娑枳多故址,或以爲與阿踰陀爲同地,或以爲即在阿踰陀旁,爲互相連接之一對姊妹城;易言之,娑枳多故址亦即在今阿約底也。娑枳多之梵文原文 Sāketa 與沙祇大音近相合;而今阿約底城正在卡瑙季城之東偏南,與《法顯傳》中沙祇大及罽饒夷間之方向亦相合。故學者間頗多贊同沙祇大即 Sāketa 之説。按:阿約底距卡瑙季約一百五十哩,似較《法顯傳》中沙祇大距罽饒夷之十三由延爲遠;但古代印度之一由延,亦有長達十二哩以上者,馮承鈞譯《正法念處經閻浮提洲地誌勘校録》(100—101 頁)即曾對此有所説明,據此,則十三由延甚至可達 150 哩以上矣。《水經·河水注》引用《法顯傳》此段關於沙祇大國之記載,各本皆增"恒水又東南逕沙祇國北"(《大典本》、《黄本》少"沙"字;各本除《沈本》外,"祇"皆作"祇",下同)一句。按:恒河遠在今阿約底之南,酈氏謂"逕沙祇國北",誤也。又,法顯傳此下所載沙祇城南有嚼楊枝及四佛行坐遺迹等神話傳説,《大唐西域記》卷五鞞索迦國(Viśoka)下亦有類似之記述,故學者間亦有認爲《大唐西域記》之鞞索迦國即《法顯傳》之沙祇大國者,以爲沙祇即鞞索迦之略音云。

〔2〕沙祇:《水經·河水注》引文,《大典本》、《黄本》"沙"誤作"涉"。

〔3〕佛本在此嚼楊枝刺土中:《石本》少"佛"字,"刺"字作"剌";《麗本》作"佛本在此嚼楊枝已刺土中";《津本》作"佛本在此嚼楊枝則土中"。《水經·河水注》各本引文皆少"本在此"三字;又《大典本》、《黄本》脱"枝"字。

〔4〕七尺:《石本》作"士尺"。

〔5〕不增不減:此句下《水經·河水注》引文加"今猶尚在"(《戴本》作"今尚在")等數字以爲結束。

〔6〕四佛:即過去四佛,見前〔僧迦施國〕節注〔27〕。

拘薩羅國舍衛城

從此北行[1]八由延,到拘薩羅國舍衛城[2]。城内人民希曠,都有二[3]百餘家。即波斯匿王[4]所治城也。大愛道故精舍[5]處,須達長者[6]井壁[7],及鴦掘魔[8]得道、般泥洹、燒身處,後人起塔,皆在此城中。諸外道婆羅門生嫉妒心,欲毀壞之,天即雷電霹靂[9],終不能得壞。

出城南門千二百步,道西,長者須達起精舍[10]。精舍東向開門,門户兩廂有二石柱[11],左柱[12]上作輪形,右柱[13]上作牛形。池流清淨[14],林木尚茂[15],衆華異色,蔚然可觀,即所謂祇[16]洹精舍也。

佛上忉利天爲母說法九十日,波斯匿王思見佛,即刻牛頭栴檀[17]作佛像,置佛坐處。佛後還入精舍,像即避出迎佛。佛言:"還坐。吾般泥洹後,可爲四部衆[18]作法式。"像即還坐[19]。此像最是衆像之始,後人[20]所法者也。佛於是移住南邊小精舍,與像異處,相去二十步。祇洹精舍本有七層,諸國王、人民競興供養[21],懸繒幡蓋,散華,燒香,然燈續明,日日[22]不絶。鼠銜[23]燈炷,燒花幡蓋[24],遂及精舍,七重都盡。諸國王、人民皆大悲惱,謂栴檀像已燒。卻後四五日,開東[25]小精舍户,忽見本像,皆大歡喜。共治精舍,得作兩重,還移像本處。

法顯、道整初到祇洹精舍,念昔[26]世尊住此二十五年,自傷生在邊地[27],共諸同志遊歷諸國,而或有還者,或有無常者,今日乃見佛空處,愴然心悲。彼衆僧出,問顯等[28]言:"汝[29]從何國來?"答云:"從漢地來。"彼衆僧歎曰:"奇哉!邊地[30]之人乃能求法至此!"自相謂言:"我等諸師和上[31]相承已來,未見漢道人來到此也。"

精舍西北四里有榛[32],名曰得眼。本有五百盲人,依精舍在此。佛爲說法,盡還得眼。盲人[33]歡喜,刺[34]杖著地,頭面作禮。杖遂生長大,世人重之,無敢伐者,遂成爲榛,是故以得眼爲名。祇洹衆僧中食後,多往彼榛中坐禪。

祇洹精舍東北六七里,毗舍佉母[35]作精舍,請佛及僧,此處故在。

祇洹精舍大援落[36]有二門,一門東向,一門北向[37]。此園即須達長者布金錢買地處也[38]。精舍當中央,佛住此處[39]最久。說法、度人、經行、坐處亦盡起塔,皆有名字。乃[40]孫陀利[41]殺身謗佛處。

出祇洹東門,北行七十步,道西,佛昔共九十六種外道[42]論議,國王、大臣、居士[43]、人民皆雲集而聽。時外道女名旃柘摩那[44]起嫉妬心,及[45]懷衣著腹前,似若妊身[46],於衆會中謗佛以非法,於是天帝釋即化作白鼠,齧[47]其腰帶斷[48],所懷衣墮地,地即劈裂[49],生入地獄。及調達[50]毒爪欲害佛,生入地獄處。後人皆標識[51]之。又於論議處起精舍,精舍[52]高六丈許,裏有坐佛[53]。

其[54]道東有外道天寺[55],名曰影覆,與論議處精舍夾[56]道相對,亦高六丈許。所以名影覆者,日在西時,世尊精舍影則映外道天寺;日在東時,外道天寺影則北映,終不得[57]映佛精舍也。外道常遣人守其天寺,掃灑、燒香,燃[58]燈供養。至明旦,其燈輒移在佛精舍[59]中。婆羅門恚言:"諸沙門取我燈,自供養佛。"爲爾不止。婆羅門於是夜自伺候,見其所事天神持[60]燈繞佛精舍三匝[61],

供養佛已,忽然不見。婆羅門乃知佛神大[62],即捨家入道。傳云:近有此事。

繞祇洹精舍有九十八[63]僧伽藍,盡有僧住處[64],唯一處空。

此中國有九十六種外道[65],皆知今世、後世[66],各有徒衆。亦皆乞食,但不持[67]鉢。亦復求福,於曠路側立福德舍,屋宇、床[68]卧、飲食,供給[69]行路人及出家人、來去客,但所期[70]異耳。調達亦有衆在,供養[71]過去三佛,唯不供養釋迦文佛。

舍衛城東南四里,瑠璃王[72]欲伐舍夷國[73],世尊當道側立,立處起塔。

【校注】

〔1〕北行:"北行",今傳世諸本《法顯傳》皆作"南行"。諸注家如《皮氏書》(73頁注〔1〕),《足立氏書》(90頁注〔1〕),皆以爲此處"南行"是"北行"之誤,今據改。足立喜六之言曰:"南行爲北行之誤,不言自明。緣舍衛城確爲今 Balrāmpur 之 Sāhet-Māhet 地,倘法顯由 Kanauj 東南行十三由延後更向南行,則無論如何,必不能到達舍衛城。舍衛城(Balrāmpur)在 Ajodhyā 之北(五十哩),八由延則與五十二哩略等也。"(《足立氏書》86頁)

〔2〕拘薩羅國舍衛城:拘薩羅爲梵文 Kosala 之音譯,印度半島北部之著名古國。其都城之梵文原名爲 Srāvastī,巴利文(Pā-li)作 Sāvatthī,舍衛城即其音譯。此城故址在今印度北方邦北部巴耳蘭普爾(Balrāmpur)西北約十二哩臘普提河(Rāptī R.)南岸之沙海脱-馬海脱(Sāhet-Māhet)。《大唐西域記》卷五及卷六稱此國爲室羅伐悉底國,亦梵文 Srāvastī 之音譯也。拘薩羅國係古印度北部著名大國,舍衛城爲釋迦牟尼生前重要之遊化地。

〔3〕二:《石本》作"一"。

〔4〕波斯匿王:"波",《石本》作"彼"。波斯匿王梵文作 Prasena-jit,巴利文作 Pasenadi,此其音譯。《大唐西域記》卷六作鉢邏犀那恃多王,即勝軍王,爲釋迦牟尼同時代之拘薩羅國王。

〔5〕大愛道故精舍:大愛道即釋迦牟尼之姨母鉢邏闍鉢底(Prajāpatī)。《大唐西域記》卷六室羅伐悉底國下載:舍衛城有"佛姨母鉢邏闍鉢底苾芻尼精舍,勝軍王之所建立"。

〔6〕須達長者:須達即蘇達多(Sudatta),爲舍衛城之長者,與釋迦牟尼同時代。《大唐西域記》卷六室羅伐悉底國下載舍衛城有蘇達多故宅,並稱其"拯乏濟貧,哀孤恤老,時美其德,號給孤獨(Anātha-pindika)",即善施長者也。

〔7〕井壁:《石本》作"井辟"。

〔8〕鴦掘魔:鴦掘魔即鴦婁利摩羅(Angulimāla),《大唐西域記》卷六室羅伐悉底國下載其傳說較詳,謂此人本舍衛城之凶徒,喜殺人,後爲釋迦牟尼所感化,皈依佛法,證羅漢果。

〔9〕霹靂:《石本》作"礕礰",同霹靂。《音義》所見唐本作"礔礰",然《音義》以爲非。

〔10〕長者須達起精舍:須達長者以藏金向逝多太子(Jeta)購得園地,爲釋迦牟尼建此精舍,故稱逝多林給孤獨園,即所謂祇洹精舍(Jetavana Vihāra)也。關於祇洹精舍及此下波斯匿王刻栴

檀佛像、盲人得眼、毗舍佉母作精舍、孫陀利殺身謗佛、佛共外道論議、外道女謗佛生入地獄、調達害佛生入地獄、道東外道寺、世尊當道見瑠璃王、迦葉佛本生處諸神話傳說，《大唐西域記》卷六室羅伐悉底國下亦有類似記述。

〔11〕精舍東向開門門户兩廂有二石柱：《東本》、《開本》作"精舍東向開門户户兩廂有二石柱"；《石本》作"精舍向開門户户兩相有二石柱"；《磧本》、《津本》、《學本》、《院本》作"精舍東向開門户兩廂有二石柱"；《資本》作"精舍東向開門門户兩廂有二石柱"；《禪本》作"精舍東向開門户户兩廂有二石柱"；《麗本》作"精舍東向開門門户兩邊有二石柱"。

〔12〕左柱：《石本》作"石柱"。

〔13〕右柱：《石本》作"石柱"。

〔14〕池流清净：《金本(記引)》、《麗本》作"精舍左右池流清净"。

〔15〕林木尚茂：《麗本》作"樹林尚茂"。

〔16〕祇：《磧本》、《學本》作"祇"。下同。

〔17〕栴檀：《石本》作"檀"。

〔18〕四部衆：佛教稱比丘、比丘尼、優婆塞（Upāsaka，即居士，在家的男信徒）、優婆夷（Upāsikā，即女居士，在家的女信徒）爲四部衆。

〔19〕還坐：《石本》作"坐"。

〔20〕人：《石本》作"久"。

〔21〕競興供養：《石本》作"覓與供養"。

〔22〕日日：《石本》作"日月"。

〔23〕衘：《麗本》作"含"。

〔24〕燒花幡蓋：《東本》、《開本》、《麗本》作"燒幡蓋"；《石本》作"炷香幡蓋"。

〔25〕東：《麗本》作"東邊"。

〔26〕昔：《石本》作"音"。

〔27〕邊地：《圓本》、《磧本》、《資本》、《禪本》、《津本》、《學本》、《院本》作"邊夷"；《東本》、《開本》、《石本》作"邊城"；《麗本》作"邊地"，今據改。《法顯傳》前文毗茶國下及下文衆僧對法顯等言，皆作"邊地"也。

〔28〕顯等：《麗本》作"法顯等"；《津本》、《學本》作"顯道"。

〔29〕汝：《麗本》作"汝等"。

〔30〕邊地：《麗本》作"邊國"。

〔31〕和上：《磧本》、《津本》、《學本》作"和尚"。和尚即和上，我國對佛教僧人之通稱。

〔32〕榛：《金本(記引)》、《麗本》、《院本》作"林"；《石本》作"捺"。下同。《大唐西域記》卷六亦作"林"。《淮南子原道訓》高誘注云："藂（叢）木曰榛。"是"榛"猶言雜木叢生之林也。

〔33〕盲人：《石本》作"盲人人"。

〔34〕刺：《石本》作"剌"。

〔35〕毗舍佉母:梵文Visākhā音譯毗舍佉,母者尊稱。其所獻精舍曰東園(Pūrvārāma)。

〔36〕援落:《禪本》作"授落";《麗本》作"院各";《院本》作"院落"。又《圓本字音》、《東本字音》、《開本字音》、《資本字音》、《禪本字音》亦皆作"援落,上音院"。

〔37〕一門北向:《石本》無此四字。

〔38〕處也:《麗本》、《院本》無"也"字。

〔39〕此處:《東本》、《開本》、《石本》無"此"字。

〔40〕乃:《石本》、《麗本》作"及"。

〔41〕孫陀利:梵文Sundarī音譯孫陀利。佛教傳說,有外道誘雇婬女孫陀利詐來聽法,旋又殺之以謗釋迦牟尼,但陰謀後終大白於世。據《大唐西域記》卷六,此殺婬女以謗佛處即在精舍後不遠。

〔42〕九十六種外道:佛教對於外道之流派,有種種異說,其中相傳有釋迦牟尼當時之六種外道,稱爲"六師外道"(Saṭ-tīr-thakarāḥ),即:

① 不蘭迦葉(Pūrna Kāśyapa),

② 末伽梨瞿舍利(Makkhali Gosāla),

③ 阿耆多翅舍欽婆羅(Ajita Keśakambala),

④ 婆浮陀伽旃那(Pakudha Kātyāyana),

⑤ 散若夷毗羅梨子(Sanjaya Vairattiputra),

⑥ 尼乾子(Nirgrantha Jñātiputra)。

又傳以上六師各有十五種流派,合爲九十種外道,再加六師,共爲九十六種外道。

〔43〕居士:《石本》作"君士"。

〔44〕旃柘摩那:"旃",《石本》作"祦"。"柘",《圓本》、《磧本》、《資本》、《禪本》、《麗本》、《津本》、《學本》、《院本》皆作"遮";《石本》作"祐";《東本》、《開本》作"柘",《圓本字音》亦作"柘……之夜反",《音義》亦作"柘",今據改。旃柘摩那爲梵文Ciñcā Mānavika之音譯,《大唐西域記》卷六作戰遮。

〔45〕及:《禪本》、《麗本》、《院本》作"乃"。

〔46〕妊身:《石本》作"任身";《院本》作"姙身";《圓本字音》作"姙身,上而禁反,正作妊,孕婦也";《東本字音》、《開本字音》、《資本字音》、《禪本字音》亦皆作"姙身"。"姙"、"妊"字同。

〔47〕齧:《金本(記引)》、《麗本》作"嚙"。

〔48〕斷:《金本(記引)》、《石本》、《麗本》作"帶斷"。

〔49〕劈裂:《東本》、《開本》作"霹裂";《金本(記引)》、《麗本》作"裂";《石本》作"礔裂";《音義》亦作"劈裂"。

〔50〕調達:梵文Devadatta音譯之略,《大唐西域記》卷六作提婆達多。調達爲釋迦牟尼之從弟,欲與釋迦牟尼爭奪宗教領袖地位,故謀破僧害佛,佛教神話傳說其因此生陷地獄。然據下文,法顯時尚有調達之徒衆在。

〔51〕標識：《石本》作"樹識"；《麗本》作"標幟"。
〔52〕精舍：《麗本》無此二字。
〔53〕裏有坐佛：《麗本》作"中有坐佛像"。
〔54〕其：《石本》無此字。
〔55〕外道天寺：《東本》、《開本》、《石本》無"天"字。
〔56〕夾：《麗本》作"袂"。
〔57〕得：《麗本》作"能得"。
〔58〕燃燈：《石本》作"燒燈"。
〔59〕佛精舍：《石本》作"精舍"。
〔60〕持：《石本》作"時"；《麗本》作"將"。
〔61〕繞佛精舍三帀："帀"，《石本》、《麗本》作"匝"。《麗本》"匝"字下多"供養"二字。按：旋繞爲佛教徒致敬之式，《大唐西域記》卷二載云："隨所宗事，多有旋繞，或唯一周，或復三匝。"
〔62〕大：《東本》、《開本》、《石本》無"大"字。
〔63〕九十八：《石本》、《麗本》作"十八"。
〔64〕處：《禪本》、《麗本》、《院本》無此字。
〔65〕九十六種外道：《東本》、《開本》作"十六種道"。
〔66〕後世：《磧本》、《津本》、《學本》無此二字。
〔67〕持：《石本》作"時"。
〔68〕床：《石本》作"林"。
〔69〕供給：《石本》作"供養給"。
〔70〕期：《石本》作"斯"。
〔71〕供養：《麗本》作"常供養"。
〔72〕瑠璃王："瑠"，《石本》、《麗本》、《院本》作"琉"。"璃"，《石本》作"瑢"。瑠璃王即《大唐西域記》卷六之毘盧擇迦王（Virūdhaka）。《西域記》舊注云："舊曰毘流離王，訛也。"相傳此王爲拘薩羅國波斯匿王（即勝軍王）之子，其母乃迦維羅衛城釋迦族女婢之女，毘盧擇迦早年赴迦維羅衛城，曾因此被辱，故即位後乃出兵虜殺釋迦族。關於此傳說，《大唐西域記》卷六室羅伐悉底國及劫比羅伐窣堵國下均有記述，較《法顯傳》爲詳。
〔73〕舍夷國：即迦維羅衛城（Kapilavastu），《大唐西域記》卷六作劫比羅伐窣堵國。《足立氏書》（100頁）云："舍夷"譯自巴利語 Sakki，"證者"、"聖人"之意也，舍夷國即謂證者之國，亦即釋迦牟尼之國（迦維羅衛國）也。

都維、那毗伽等三邑

城西五十里，到一邑，名都維[1]，是迦葉佛[2]本生處。父子相見處、般[3]泥洹處,皆悉起塔。迦葉如來[4]全身舍利[5]亦起大塔。

從舍衛城東南行十二由延,到一邑,名那毗伽[6],是拘樓秦佛[7]所生處。父子相見處、般泥洹處,亦有僧伽藍,起塔[8]。

從此北行,減一由延,到一邑,是拘那含牟尼佛[9]所生處。父子相見處、般泥洹處,亦皆起塔。

【校注】

〔1〕都維:《石本》作"都絕"。《皮氏書》(83頁注〔2〕)引克寧漢說,都維即今沙海脫-馬海脫(Sāhet-Māhet)西九哩之Tadwa村。

〔2〕迦葉佛;參見〔僧伽施國〕節注〔27〕。關於迦葉佛本生處之神話傳說,《大唐西域記》卷六室羅伐悉底國下有類似記述。

〔3〕般:《石本》作"能"。

〔4〕如來:梵文Tathāgata之意譯,乃佛號之一。以爲如實道來,故名爲"如來"。

〔5〕舍利:舍利爲梵文Sarira(亦稱Sarira-dhātu)音譯之略,意譯"身骨",指死者火化後的殘餘骨燼。

〔6〕那毗伽:未詳。《瓦氏書》卷二(6頁)將其梵文名還原作Nābhika。據《大唐西域記》卷六劫比羅伐窣堵國下所載,迦羅迦村馱佛(即拘樓秦佛)本生故城在劫比羅伐窣堵國王城南五十餘里,其東北三十餘里爲迦諾迦牟尼佛(即拘那含牟尼佛)本生故城。

〔7〕拘樓秦佛:參見〔僧伽施國〕節注〔27〕。關於此佛及拘那含牟尼佛本生處之神話傳說,《大唐西域記》卷六劫比羅伐窣堵國下亦有類似記述。

〔8〕有僧伽藍起塔:《東本》、《開本》、《石本》作"有僧迦藍";《麗本》作"皆起塔"。

〔9〕拘那含牟尼佛:參見〔僧伽施國〕節注〔27〕。

迦維羅衛城

從此東行,減一由延,到迦維羅衛城[1]。城中都無王民,甚如坵荒[2],只有[3]衆僧、民户數十家而已。白淨王[4]故宮處,作太子母[5]形像,乃[6]太子乘白象[7]入母胎時。太子出城東門,見病人迴車還處。皆起塔。阿夷[8]相太子處。與難陀[9]等撲象[10]、拽[11]、射處,箭[12]東南去三十里入地,今[13]泉水出,後世人治作井,令行人飲之[14]。佛得道,還見父王處。五百釋子出家,向優波離[15]作禮,地六種震動處。佛爲諸天說法,四天王[16]守四門,父王不得入處[17]。佛在尼拘律樹[18]下,東向坐,大愛道布施佛僧伽梨處,此樹猶在。瑠璃王[19]殺釋

三 中天竺、東天竺記遊 83

種子[20]，釋種子先[21]盡得須陀洹[22]，立塔，今亦在。城東北數里有王田，太子樹下[23]觀耕者處。

城東五十里有王園[24]，園名論民[25]。夫人入池洗浴[26]，出池[27]北岸二十步，舉手攀[28]樹枝[29]，東向生太子[30]。太子墮[31]地行七步，二龍王浴太子身，浴處遂作井。及上洗浴池[32]，今衆僧常取飲之[33]。

凡諸[34]佛有四處常定：一者成道處；二者轉法輪[35]處；三者說法論議伏[36]外道處；四者上忉利天爲母說法來下處。餘[37]則隨時示現焉。

迦維羅衛國大空荒，人民希疏。道路怖畏白象[38]、師子，不可妄行。

【校注】

〔1〕迦維羅衛城：即《大唐西域記》卷六之劫比羅伐窣堵國（Kapilavastu），古代爲釋迦族（Sākya）所統治的城邦之一，釋迦牟尼爲此城邦統治者白淨王之子。其都城遺址，據《麥氏書》第二卷（16 頁）云，當在今尼泊爾南部之提勞勒科脱（Tilaura Kot）；但亦有人認爲在提勞勒科脱東南約十哩，即在今印度北方邦東北部巴斯提區（Basti）北部之匹帕拉瓦（Piprāwā）。據《韋氏地名詞典》（Webster's Geographical Dictionary 534 頁），其位置約在北緯 27°37′，東經 83°11′之處，靠近尼泊爾南部的帕台利亞（Paderia），在印度所屬果臘克普爾（Gorakhpur）以北。《水經·河水注》引用《法顯傳》此段關於迦維羅衛城之記載，各本皆謂："恒水又東南逕迦維羅衛城北。"按：迦維羅衛國境遠在恒水之北，酈氏謂恒水流逕迦維羅衛城北之言誤。又，以下白淨王故宫、太子母像、太子見病人迴車、阿夷相太子、撲象、射箭、佛得道還見父王、大愛道布施僧伽梨、瑠璃王殺戮釋種等佛教神話傳説，《大唐西域記》卷六劫比羅伐窣堵國下亦有類似記述。

〔2〕甚如坵荒：《東本》、《開本》作"甚坵荒"；《石本》作"其栊荒"；《麗本》作"甚丘荒"。

〔3〕只有：《石本》作"正有"；《麗本》作"止有"。

〔4〕白淨王：亦作淨飯王，即釋迦牟尼之父首圖馱那（Sudd-hodana），爲迦維羅衛國統治者。《水經·河水注》引文，《大典本》、《黄本》、《吴本》、《朱本》、《沈本》、《全本》、《趙本》"白淨王"均作"曰淨王"；《戴本》無"曰"字；《殿本》亦無"曰"字，並注云：淨字上"近刻衍曰字"；《楊本》作"白淨王"，熊會貞云："曰爲白之誤，各本相沿，失於不考，戴以爲衍而删之，尤鹵莽矣。"按：戴謂"近刻衍曰字"，不知《大典本》固有"曰"字，戴校《殿本》號稱據《大典本》，以《朱本》等爲近刻，何以竟未見《大典本》原有"曰"字耶？

〔5〕太子母：太子即釋迦牟尼，其母名摩訶摩耶（Mahāmāyā）。

〔6〕乃：《麗本》、《院本》作"及"。

〔7〕乘白象：《石本》作"棄白像"。

〔8〕阿夷：即《大唐西域記》卷六之阿私多儒。阿夷爲梵文 Asita 音譯阿私多之略。

〔9〕難陀：梵文 Nanda 之音譯。相傳爲白淨王之少子，釋迦牟尼之弟。

〔10〕撲象:"撲",《圓本》作"僕",其他各本皆作"撲",《圓本字音》亦作"撲",今據改。

〔11〕挏:《石本》作"甪"。

〔12〕處箭:《東本》、《開本》作"箭處"。

〔13〕今:《東本》、《開本》、《石本》、《磧本》、《麗本》、《津本》、《學本》、《院本》均作"令";

〔14〕飲之:《石本》作"餘之";《麗本》作"飲"。又,自"與難陀等撲象……"至"……令行人飲之"句止,凡三十三字,《水經·河水注》引文略作:"太子與難陀等撲象角力射箭入地今有泉水行旅所資飲也。"《河水注》此二十四字又次於下文王園夫人洗浴池及浴太子井之後,若非酈氏誤移於後,恐是今傳世各本《水經注》文字有顛倒處。

〔15〕優波離:"波",《石本》作"婆"。優波離乃梵文 Upāli 之音譯。傳爲釋迦牟尼的十大弟子之一,號稱"持律第一"。

〔16〕四天王:《麗本》作"四天王等"。佛教的神話想像,將衆生所住的世界,自下而高,分爲欲界、色界、無色界,合稱三界。欲界中有六欲天,六欲天之一爲四天王天,各有一天正(Deva-rāja)主之:

東曰持國天(Dhṛitarāṣrra);

南曰增長天(Virūdhaka);

西曰廣目天(Virūpākṣa);

北曰多聞天(Vaiśramaṇa)。

〔17〕處:《石本》無此字。

〔18〕尼拘律樹:樹名。梵文 Nyagrodha 之音譯,又作尼拘盧陀、尼拘類陀,即榕樹(Ficus Indica)。

〔19〕瑠璃王:"瑠",《圓本》、《石本》作"琉";前文及《東本》、《開本》、《磧本》、《麗本》、《津本》、《學本》、《院本》等皆作"瑠",今據改。

〔20〕釋種子:《麗本》作"釋種",下同。

〔21〕先:《麗本》作"死"。

〔22〕須陀洹:梵文 Srotāpanna 之音譯。佛教聲聞乘的四種"聖果"之一。此"四果"即:

① 須陀洹果,即預流果:去凡夫而初入"聖道"之法流也。

② 斯陀含(Sakridāgāmin)果,即一來果:已斷欲界諸惑之大部分,尚當一度往來欲界也。

③ 阿那含(Anāgāmin)果,即不還果:斷盡欲界諸惑,不再還來欲界也。

④ 阿羅漢(Arhat)果:斷盡一切諸惑,永入涅槃,爲聲聞乘之極果也。

〔23〕樹下:《麗本》作"坐樹下"。

〔24〕王園:"園"字,《水經·河水注》引文,《大典本》、《黃本》作"國";《沈本》亦作"國",但注云當是"園";《吳本》、《朱本》、《全本》、《趙本》、《戴本》、《殿本》、《楊本》均作"園"。

〔25〕園名論民:《水經·河水注》引文作"園有池水"。"園"字,《大典本》、《黃本》均作"國";《沈本》亦作"國",但注云當是"園";《吳本》、《朱本》、《全本》、《趙本》、《戴本》、《殿本》、《楊本》均作

"園"。論民即《大唐西域記》卷六劫比羅伐窣堵國下之臘伐尼林(Lumbinivana)，以釋迦牟尼誕生於此而著名，故址在今尼泊爾南部之臘明地(Rummindeī)。

〔26〕浴：《石本》作"欲"。

〔27〕出池：《水經·河水注》、《大典本》、《黄本》、《殿本》引文皆作"出"，《殿本》注云："案出下近刻有池字"；《吴本》、《朱本》、《沈本》、《全本》、《趙本》、《戴本》皆作"出池"。

〔28〕舉手攀：《水經·河水注》各本引文，"舉手"上有"東向"二字；"攀"字，《大典本》作"板"；《黄本》、《戴本》作"扳"；《殿本》作"扳"，注云："案扳近刻作攀"；《吴本》、《朱本》、《沈本》、《全本》、《趙本》、《楊本》皆作"攀"。

〔29〕樹枝：《水經·河水注》各本引文皆作"樹"。

〔30〕東向生太子：《水經·河水注》各本引文皆作"生太子"。

〔31〕太子墮：《水經·河水注》引文，《大典本》、《黄本》作"隨"。

〔32〕池：《石本》無此字。

〔33〕自"二龍王……"至"……常取飲之"二十四字："《水經·河水注》各本引文皆作"二龍吐水浴太子遂成井池衆僧所汲養也"。本傳分别夫人洗浴池及太子浴處井甚明白，酈注混言井池，似合二爲一，有失《法顯傳》原意矣。

〔34〕凡諸：《翟氏書》(38頁)及《足立氏書》(113頁)皆於"諸"字斷句。《翟氏書》譯"凡諸"爲 In all；《足立氏書》則謂"凡諸"乃概説之義，其下"佛"字不與連讀。

〔35〕轉法輪：佛教謂佛之教法爲法輪(Dharmacakra)，説教法爲轉法輪。

〔36〕伏：《石本》作"服"。

〔37〕餘：《麗本》作"餘者"。

〔38〕怖畏白象：《東本》、《開本》作"畏白象"；《石本》作"畏白像"。

藍莫國

從佛生處東行五由延，有國名藍莫[1]。此國王得佛一分舍利[2]，還歸起塔，即名藍莫塔[3]。塔邊有池，池中有龍，常守護此塔，晝夜供養。阿育王出世，欲破八塔作八萬四千塔，破七塔已，次欲破此塔，龍便現身，持[4]阿育王入其宫中，觀諸供養具已，語王言："汝供[5]若能勝是，便可壞之持去，吾不與汝爭[6]。"阿育王知其供養具非世之有[7]，於是便還[8]。

此中[9]荒蕪[10]，無人灑掃。常有羣象[11]以鼻取水灑[12]地，取雜華香而供養塔。諸國有道人來，欲禮拜塔，遇象大怖，依樹自翳，見象如法供養。道人大自悲感：此中無有僧伽藍可供養此塔，乃令象灑掃。道人即捨大戒[13]，還作沙彌，自挽草木，平治處所，使得[14]净潔，勸化國王作僧住處，已爲寺主[15]。今現有僧住。此事在近。自爾相承至今,恒以沙彌爲寺主。

　　從此東行三由延,太子遣車匿[16]、白馬還處,亦起塔。

　　從此東行四由延,到炭塔[17],亦有僧伽藍。

【校注】

〔1〕藍莫:即《大唐西域記》卷六之藍摩國(Rāma),故址在今尼泊爾南部之達馬里(Dharmauli即 Dharmapurī)附近。

〔2〕此國王得佛一分舍利:佛教傳說,謂釋迦牟尼寂滅後焚身畢,有八國國王分取其舍利,還歸起塔,藍莫亦其中之一國。下文言阿育王"欲破八塔",即此八國之塔也。此下關於池龍現身見阿育王、羣象供養塔、沙彌爲寺主、太子遣還車匿、炭塔等佛教神話傳說,《大唐西域記》卷六藍摩國下亦有類似記述。

〔3〕藍莫塔:《水經·河水注》引用《法顯傳》此段關於藍莫塔之記載,各本首句皆作"恒水又東逕藍莫塔",此八字非傳文原有。按:藍莫去恒水甚遠,酈氏所加此句誤也。

〔4〕持:《麗本》作"將"。

〔5〕汝供:《麗本》作"汝供養"。

〔6〕争:《麗本》作"諍"。

〔7〕有:《麗本》作"所有"。

〔8〕自"阿育王出世……"至"……於是便還"七十八字:《水經·河水注》引文略作"阿育王欲破塔作八萬四千塔悟龍王所供知非世有遂止"(《大典本》、《黃本》脱"有"字及"止"字)。

〔9〕此中:《水經·河水注》引文、《大典本》、《黃本》、《吴本》、《朱本》、《沈本》、《趙本》無此二字;《殿本》於此二字下注云:"案:近刻脱此中二字。"按:《殿本》自稱據《大典本》,實則《大典本》亦脱"此中"二字,戴氏案語似未取《大典本》對校。又《楊本》注稱《趙本》已增"此中"二字,亦誤。

〔10〕荒蕪:《水經·河水注》引文、《大典本》、《黃本》、《全本》、《趙本》、《戴本》、《殿本》作"空荒";《吴本》、《朱本》、《沈本》、《楊本》作"荒蕪"。

〔11〕象:《石本》作"象",即"象"之古字"象"也。下同。

〔12〕灑:《水經·河水注》引文、《大典文》、《黃本》、《吴本》、《朱本》、《沈本》、《戴本》、《楊本》作"洒";《全本》、《趙本》、《殿本》作"灑"。

〔13〕大戒:即具足戒。沙彌僅受初步之十戒,未受完全之具足戒,故此云捨大戒還作沙彌也。

〔14〕使得:《石本》作"便得"。

〔15〕主:《磧本》、《津本》、《學本》無此字。

〔16〕車匿:車匿(梵文 Chandaka,巴利文 Channa)用釋迦牟尼爲太子時之侍者。《大唐西域記》卷六藍摩國下作闡鐸迦。相傳太子欲出家,在此將解下的寶衣,摘去的瓔珞,以及所乘白馬交車匿帶歸。

〔17〕炭塔：《大唐西域記》卷六藍摩國下,記此塔建於藍摩國東尼拘盧陀林,乃自釋迦牟尼焚身地收所餘灰炭來此建塔。

拘夷那竭城

復東行十二由延,到拘夷那竭城[1]。城北雙樹間[2]希連河[3]邊,世尊於此北首而般泥洹[4]。及須跋最後得道處[5],以金棺供養世尊七日處,金剛力士[6]放金杵處,八王分舍利處[7]。諸處[8]皆起塔,有僧伽藍,今悉現在。

其城中人民亦稀曠,止[9]有衆僧民户。

【校注】

〔1〕拘夷那竭城：《水經·河水注》引用《法顯傳》此段關於拘夷那竭之記載,"竭"字,《大典本》、《沈本》均作"褐",《沈本》注云"褐當作喝";《黃本》、《戴本》、《殿本》作"褐",《殿本》注云"案褐,近刻作竭",戴氏蓋不知本傳原作"竭"字;《全本》、《趙本》作"喝",《刊誤》云"竭,全祖望校改喝",亦不知本傳原作"竭"字也;《吳本》、《朱本》、《楊本》均作"竭"。"城"字,《水經·河水注》各本皆作"國"。又《河水注》各本引文首句皆謂"恒水東南流逕拘夷那竭國南",非傳文原有。按：拘夷那竭國去恒水甚遠,酈氏所加此句亦誤。拘夷那揭城即《大唐西域記》卷六之拘尸那揭羅國(Kuśinagara)。拘夷那揭城故址所在,學者所説不一;據《瓦氏書》卷二(339—340頁)所載《史氏記》引用卡德加·沙姆謝爾·忠格親王(Prince Khadga Shamshēr Jang, Rāna Bahādur)説,則主張在今尼泊爾南境小臘普提(Little Rāptī)及干達克(Gandak)兩河合流處之南,即巴伐沙格脱(Bhavasār Ghāt)之附近。此説並以小臘普提河爲 Achiravatī 河(即《大唐西域記》卷六之阿恃多伐底河 Ajitavatī 或阿利羅跋提河 Achiravatī),干達克河爲 Hiranyavatī(即《大唐西域記》卷六之尸賴拏伐底河 Siranyavaīt),二河不應混而爲一。按：以上皆卡德加·沙姆謝爾·忠格親王之見解,他的原作(載 Pioneer Mail, 1904年2月26日),今無從得見;然就其結論而推考之,則頗爲合理。蓋如依其結論,拘夷那揭城故址在今小臘普提河(即古阿恃多伐底河)與今干達克河(即古尸賴拏伐底河)合流處之南,則此城之北,有二河皆自東向西流去,漸匯合而成一河,而此匯合點略東的二河之間,即釋迦牟尼般泥洹之地,《法顯傳》稱爲"雙樹間",《大唐西域記》稱爲"娑羅林"者是也。《大唐西域記》卷六云,拘夷那揭城"西北三四里,渡阿恃多伐底河,西岸不遠,至娑羅林,……如來寂滅之所也。"今小臘普提河正在古拘夷那揭城與娑羅林之間,即此阿恃多伐底河也。而娑羅林之西,尚有一河。何以知尚有一河？據唐僧人慧超《往五天竺國傳》知之。《往五天竺國傳》云："拘尸那國(按：即《法顯傳》之拘夷那揭城),……佛入涅槃處(按：即《法顯傳》之"雙樹間")置塔,……此塔西有一河,伊羅鉢(鉢)底水,南流二千里外,方入恒河。"由此可見佛涅槃處(即"雙樹間")之西,尚有一河,名伊羅鉢底。此伊羅鉢底河,即《法顯傳》之希連河,《大唐西域記》之尸賴拏伐底河,亦

即今干達克河,其下游正入恒河也。綜合《法顯傳》、《大唐西域記》、慧超《往五天竺國傳》所載以觀,可知卡德加·沙姆謝爾·忠格親王之説頗爲合理,可以成立。唯此説與《大唐西域記》卷六之注文互有矛盾:《西域記》卷六於拘尸那揭羅國阿恃多伐底河下注云:"唐言無勝,此世共稱耳。舊云阿利羅跋提河,訛也。典(典或作舊)言謂之尸賴拏伐底河,譯曰有金(金或作金沙)河。"此注蓋以阿恃多伐底與尸賴拏伐底爲一河。然就譯名論,顯然有兩組,阿恃多伐底河與阿利羅跋提河爲一組,希連河、尸賴拏伐底河與伊羅鉢底河又爲一組,兩組間不似可相通轉,蓋是兩河而非一河。或者因小臘普提河下游注入干達克河之故;古時遂有將兩河之名混而爲一之事乎。以下關於雙樹間般泥洹地、須跋得道、金棺供養、金剛力士、八王分舍利等佛教神話傳説,《大唐西域記》卷六拘尸那揭羅國下亦有類似記述。

〔2〕雙樹間:"樹",《水經·河水注》引文,《大典本》、《黃本》、《沈本》作"林"。雙樹間即釋迦牟尼般泥洹之地點,《大唐西域記》卷六拘尸那揭羅國下稱此爲娑羅林(Sālavana),謂在拘夷那竭城附近,出城西北三四里,渡阿恃多伐底河,西岸不遠,即至其地。

〔3〕希連河:《麗本》作"希連禪河";《水經·河水注》各本引文皆作"有希連禪河",《朱本》於"河"字下注云,"謝兆申云,河下疑又有一河字";《全本》、《趙本》、《戴本》、《殿本》、《楊本》均於"河"字下增一"河"字,但《大典本》、《黃本》、《吳本》、《朱本》、《沈本》皆未增,此亦戴氏同全、趙而未遵《大典本》之一例。希連河即《大唐西域記》卷六拘尸那揭羅國下注文中所稱之尸賴拏伐底河,應在雙樹間之西。參見本節注〔1〕。又,《麗本》作"希連禪河",增一"禪"字,《足立氏書》(351頁)以爲乃與尼連禪河(佛成道地之河)混同而誤增者。

〔4〕而般泥洹:《水經·河水注》各本引文皆無"而"字。"洹"字,《大典本》、《黃本》作"涅";《朱本》作"涅",注云:"《佛國記》作北首般泥洹,遠法師《不敬王者論》云,冥神絶境,謂之泥洹,今作泥涅誤。"《吳本》、《沈本》作"涅";《全本》、《趙本》、《戴本》、《殿本》、《楊本》皆作"洹"。

〔5〕須跋最後得道處:須跋乃梵文 Subhadra 音譯之略,《大唐西域記》卷六拘尸那揭羅國下作蘇跋陀羅。佛教神話傳説,謂須跋聞釋迦牟尼在雙樹間將入涅槃,急來受教,成爲釋迦牟尼生前的最後一個弟子,並在釋迦牟尼而入涅槃。

〔6〕金剛力士:金剛力士即佛教神話傳説中的執金剛神(Vajrapāni),以手執金剛杵,懲惡護法而得名,此時因見釋迦牟尼入涅槃,捨金剛杵,悲痛欲絶。

〔7〕八王分舍利處:佛教傳説,謂釋迦牟尼寂滅後焚身畢,有八國國王分取其舍利,還歸起塔。此八國名諸處之記載不盡相同,據《佛説長阿含經》卷四爲:

① 拘尸國——即《法顯傳》之拘夷那竭城;
② 波婆國(Pāvā);
③ 遮羅國(Allakappa);
④ 羅摩伽國——即《法顯傳》之藍莫國;
⑤ 毗留提國(Vaistradvīpa);
⑥ 迦維羅衛國——即《法顯傳》之迦維羅衛城;

⑦ 毗舍離國——即《法顯傳》之毗舍離國；
⑧ 摩竭國——即《法顯傳》之摩竭提國。
〔8〕諸處：《麗本》作"此諸處"。
〔9〕止：《東本》、《開本》、《石本》作"正"。

諸梨車欲逐佛般泥洹處

從此東南行十二由延，到[1]諸梨車[2]欲逐[3]佛般泥洹處。而佛不聽，戀佛不肯去。佛化作大深壍[4]，不得渡。佛與鉢作信遣還。其處[5]立石柱，上有銘題。

【校注】

〔1〕到：《石本》作"則"。
〔2〕梨車：梨車（Licchavi）爲散布在古印度半島東北部毗舍離一帶之一部族（毗舍離參見下節注[2]）。佛教神話傳説，謂釋迦牟尼將離毗舍離赴拘夷那竭城而入涅槃，諸梨車追逐相從不肯去，釋迦牟尼乃化作大深壍以止之，並留鉢爲作追念。《大唐西域記》卷七吠舍釐國下亦記此事，梨車譯作栗呫婆子。
〔3〕逐：《圓本》作"遂"；他各本皆作"逐"，今據改。
〔4〕壍：《石本》作"塹"。
〔5〕處：《圓本》、《東本》、《開本》、《磧本》、《資本》、《禪本》、《津本》、《學本》、《院本》均作"家"；《麗本》作"家處"；《石本》作"處"，《足立氏書》據改，今從之。

毗舍離國

自此東行五由延[1]，到毗舍離國[2]。毗舍離城北，大林重閣精舍[3]，佛住處[4]，及阿難半身塔[5]。其城裏本菴婆羅女家，爲佛起塔，今故現在[6]。城南三里，道西，菴婆羅女以園施佛，作[7]佛住處。佛將般泥洹，與諸弟子出毗舍離城西門，迴身右轉，顧看毗舍離城，告諸弟子："是吾最後所行處。"後人於此處起塔。
城[8]西北三里，有[9]塔，名放弓仗[10]。以名此者[11]，恒水上[12]流有一國王，王[13]小夫人生一[14]肉胎，大夫人妬[15]之，言："汝[16]生不祥之徵。"即盛以木函，擲恒水中。下流有國王[17]遊觀，見水上木函，開看，見千小兒，端正殊特[18]，王即[19]取養之。遂使[20]長大，甚勇健，所往征伐，無不摧伏[21]。次[22]

伐父王本國,王大愁憂[23]。小夫人問王[24]:"何故愁憂[25]?"王曰:"彼國王有千子,勇健無比,欲來[26]伐吾國[27],是以愁耳[28]。"小夫人言:"王勿愁憂[29]!但於城東[30]作高樓,賊來時,置我樓上[31],則我能卻之。"王如其[32]言。至賊到時[33],小夫人於樓上語賊言[34]:"汝是我子,何故作反逆事[35]?"賊曰:"汝是何人,云是我母?"小夫人曰:"汝等若不信者,盡仰向張口[36]。"小夫人即以[37]兩手搆[38]兩乳[39],乳各[40]作五百道,墮[41]千子口中。賊知是我[42]母,即放弓仗。二父王[43]於是思惟[44],皆得辟支佛。二辟支佛塔[45]猶在。後世尊[46]成道,告諸弟子:"是吾[47]昔時放弓仗處。"後人得知,於此[48]立塔,故以名焉。千小兒者[49],即賢劫千佛[50]是也[51]。佛於放弓仗塔邊[52]告阿難言:"我卻後三月,當般泥洹[53]。"魔王嬈固阿難,使不得請佛住世[54]。

從此東行三四里,有塔。佛般泥洹後百年,有毗舍離比丘錯行戒律,十事證言佛説如是[55]。爾時諸羅漢及持戒律比丘凡夫者有七百僧[56],更檢校律藏[57]。後人於此處起塔,今亦在[58]。

【校注】

〔1〕東行五由延:《足立氏書》(126頁)謂此東行應爲東南行。"五由延"三字,《石本》作"由延";《麗本》作"十由延"。

〔2〕毗舍離國:《水經·河水注》引用《法顯傳》此段關於毗舍離國之記載,於引文前加"恒水又東逕毗舍離城北"一句。按:毗舍離都城實在恒水之北,酈氏所加此句誤也。又"離"字,《大典本》、《黄本》、《沈本》、《全本》、《趙本》、《戴本》、《殿本》皆作"利",《沈本》注云"一作離",《殿本》注云"案利近刻訛作離";《吴本》、《朱本》、《楊本》則均作"離"。《楊本》熊會貞注云:離字《黄省曾本》作利,然《佛國記》作離,《(水經)注》多本《佛國記》,此句蓋依而書之,《黄本》作利,已是後人改"。然則《殿本》注以"離"字爲訛者,非也。毗舍離國即《大唐西域記》卷七之吠舍釐國(Vaiśālī),都城故址在今印度比哈爾邦(Bihār)北部木札法普爾(Muzaffarpur)地區之比沙爾(Basārh)。此國乃古印度著名大國,爲恒河中流之交通中心,向西有大道可通迦維羅衛城,向東有大道可通摩竭提國王舍新城(Rājagriha),亦釋迦牟尼生前重要之遊化地。本文以下關於毗舍離城北重閣精舍、佛住處、阿難半身塔、菴婆羅女、顧看毗舍離城、千子見父母、佛告涅槃、魔王嬈固阿難、毗舍離結集檢校律藏等佛教神話傳説,《大唐西域記》卷七吠舍釐國下亦有類似記述。

〔3〕毗舍離城北大林重閣精舍:《水經·河水注》引文,作"城北有大林重閣"。又"閣"字,《大典本》、《黄本》作"閤";《沈本》作"閣";《吴本》、《朱本》、《全本》、《趙本》、《戴本》、《殿本》、《楊本》皆作"閣"。

〔4〕佛住處:"住",《石本》作"桂"。《水經·河水注》引文,《大典本》、《黄本》作"佛在于此";《吴本》、《朱本》、《沈本》、《全本》、《趙本》、《戴本》、《殿本》、《楊本》作"佛住于此"。

〔5〕阿難半身塔：事詳下文。

〔6〕其城裏本菴婆羅女家爲佛起塔今故現在：《水經・河水注》引文,此十七字略作"本菴婆羅女家施佛起塔也"十一字,省去"其城裏",且緊接"城北有大林重閣佛住於此"句之下,似二者同爲一地,與本傳異矣。引文之"菴"字,《大典本》、《黃本》、《殿本》均作"奄",《殿本》注云"案奄近刻作菴";《吳本》、《朱本》、《沈本》、《全本》、《趙本》、《戴本》、《楊本》均作"菴"。《楊本》注云："戴(按：指《殿本》)改菴作奄。會貞按：非也,《佛國記》本作菴。又偏考釋典……無作奄者,慧琳《大乘頂王經音義》(《音義》卷二十八)且明引《文字典説》,從艸奄聲,足徵戴改之妄。良由戴氏未涉獵釋典,本卷凡所删改,但憑胸臆,故一往多誤,此其一也。"按：熊會貞氏之評戴氏如此。然改"菴"作"奄"者乃《殿本》,戴氏未入四庫館前自刻之《戴本》固從全、趙作"菴"。改作"奄"者,或因入館後見《大典本》作"奄"之故。關於菴婆羅女,據佛教神話傳説,謂毗舍離國有婬女名菴婆羅女(Āmbapāli),亦譯菴婆婆梨,釋迦年尼曾至其家受其供養,並爲説法使之得道。下文以園施佛者亦即此女。

〔7〕作：《東本》、《開本》、《石本》無"作"字。

〔8〕城：《水經・河水注》各本引文皆作"城之"。

〔9〕有：《水經・河水注》各本引文皆無此字。

〔10〕仗：《水經・河水注》引文,《大典本》作"伏"。

〔11〕以名此者：《水經・河水注》各本引文皆無此四字。

〔12〕上：《麗本》無此字;《水經・河水注》引文,《大典本》、《黃本》作"下"。

〔13〕國王王：《水經・河水注》引文,《大典本》、《黃本》、《沈本》作"國王國王";《吳本》、《朱本》、《楊本》作"國王王";《全本》、《趙本》、《戴本》、《殿本》作"國國王",《殿本》注云："案近刻作……國王王……"《殿本》自稱所據者爲《永樂大典本》,此處注所言"近刻",蓋指《吳本》、《朱本》而言,然戴氏改作"國國王",所依者實非《大典本》,而是從全、趙本。

〔14〕一：《水經・河水注》各本引文無此字。

〔15〕妬：《水經・河水注》引文,《大典本》、《黃本》、《吳本》、《朱本》、《沈本》皆作"妬";《全本》、《趙本》、《戴本》、《殿本》、《楊本》皆作"妒"。

〔16〕汝：《水經・河水注》各本引文,作"汝之"。

〔17〕國王：《水經・河水注》引文,《黃本》作"國"。

〔18〕特：《水經・河水注》引文,《大典本》、《黃本》、《沈本》、《趙本》、《戴本》、《殿本》作"好";《吳本》、《朱本》、《全本》、《楊本》作"特"。

〔19〕即：《水經・河水注》各本引文皆無此字。

〔20〕使：《磧本》、《麗本》、《津本》、《學本》、《院本》均作"便"。《水經・河水注》各本引文,無此字。

〔21〕摧伏：《水經・河水注》引文,《大典本》作"推服";《黃本》、《沈本》、《戴本》、《殿本》作"摧服";《吳本》、《朱本》、《全本》、《趙本》、《楊本》作"摧伏"。

〔22〕次：《水經·河水注》各本引文作"次欲"。

〔23〕愁憂：《水經·河水注》引文，《大典本》、《黄本》、《沈本》作"憂愁"；《吴本》、《朱本》、《全本》、《趙本》、《戴本》、《殿本》、《楊本》皆作"愁憂"。

〔24〕王：《水經·河水注》各本引文無此字。

〔25〕愁憂：同上注〔23〕。

〔26〕來：《磧本》作"求"。

〔27〕吾國：《水經·河水注》引文，《沈本》作"我國"。

〔28〕耳：《水經·河水注》各本引文皆作"爾"。

〔29〕王勿愁憂：《水經·河水注》各本引文皆作"勿愁"。

〔30〕城東：《水經·河水注》引文，《大典本》、《黄本》、《沈本》、《全本》、《趙本》、《戴本》、《殿本》、《楊本》作"城西"；《吴本》、《朱本》作"城東"。

〔31〕置我樓上：《水經·河水注》引文，《大典本》、《黄本》、《殿本》均作"上我置樓上"，《殿本》注云"案此五字近刻作置我樓上四字"；《吴本》、《朱本》、《沈本》、《全本》、《趙本》、《戴本》、《楊本》皆作"置我樓上"。

〔32〕其：《水經·河水注》引文，《沈本》作"其"；其他各本均作"是"。

〔33〕至賊到時：《麗本》作"至賊來時"。《水經·河水注》各本引文皆作"賊到"。

〔34〕言：《水經·河水注》各本引文皆作"云"。

〔35〕作反逆事：《水經·河水注》各本引文皆作"反作逆事"。

〔36〕仰向張口：《水經·河水注》各本引本皆作"張口仰向"。

〔37〕以：《水經·河水注》引文，《大典本》、《黄本》無此字。

〔38〕搆：《禪本》作"捐"。《水經·河水注》引文，《大典本》、《黄本》、《吴本》、《朱本》、《沈本》、《全本》作"將"，《朱本》注曰："《佛國記》作兩手搆乳"，《沈本》注云"《朱本》引《佛國記》作兩手搆乳"，《全本》注云"孫潛曰'將當作捋'，予謂將亦通"；《趙本》作"捋"，《刊誤》云"……將、捋字形相似，捋字是也"；《戴本》、《殿本》、《楊本》皆作"捋"，《殿本》注云"案捋近刻作將"。依戴氏此注，即《大典本》亦成爲"近刻"矣，此亦戴氏從《趙本》而非從《大典本》出之一例也。

〔39〕兩乳：《水經·河水注》各本引文皆作"乳"。

〔40〕各：《麗本》無此字。《水經·河水注》各本引文皆無此字。

〔41〕墮：《禪本》、《麗本》作"俱墮"；《水經·河水注》各本引文亦作"俱墮"。

〔42〕我：《麗本》作"其"；《水經·河水注》各本引文無此字。

〔43〕二父王：《水經·河水注》引文，《大典本》、《黄本》、《沈本》、《殿本》作"父母"，《殿本》注云"案父母近刻作二父王"；《吴本》、《朱本》、《全本》、《趙本》、《戴本》、《楊本》作"二父王"。

〔44〕於是思惟：《水經·河水注》各本引文皆作"作是思惟"。

〔45〕二辟支佛塔：《水經·河水注》引文，《大典本》、《黄本》作"今一一塔"；《吴本》、《朱本》、《沈本》、《全本》、《趙本》、《楊本》作"今二塔"；《戴本》、《殿本》作"今其塔"，《殿本》注云："案其近刻

作二。"戴之"其"字,乃自所改定者,戴之改定此字,實未參看《大典本》,否則《殿本》不當出此校注,蓋《大典本》之"一一",顯然即是"二"字,依《殿本》校注,彼所自稱作爲依據之《大典本》亦成"近刻"矣。

〔46〕世尊:《水經·河水注》引文,《大典本》、《黄本》脱"世"字。

〔47〕吾:《水經·河水注》引文,《戴本》作"我"。

〔48〕此:《麗本》作"此處";《水經·河水注》各本引文亦作"此處"。

〔49〕千小兒者:《水經·河水注》引文,《大典本》、《黄本》作"言千小兒者"。

〔50〕賢劫千佛:佛教稱不能以通常的年月日時來計算之極長遠的時間曰劫(Kalpa),或譯作大時或長時;過去、現在、未來之諸劫又有成劫、住劫、壞劫、空劫之演變,而現在之住劫中有千佛出世,既多賢聖,故名賢劫(Bhadra-Kalpa)。

〔51〕是也:《水經·河水注》各本引文皆作"也"。以上自"城西北三里……"至此處"……即賢劫千佛是也"凡三百零二字,《東本》、《開本》、《石本》皆缺。又下一句中"於放弓仗塔邊"六字,《東本》、《開本》、《石本》亦缺。上所缺字,他各本皆有之。《足立氏書》(12頁、128—132頁)以爲此三百零八字,既爲《東本》、《開本》、《石本》所未傳,或亦後人所竄加。湯用彤《評〈足立喜六〉考證法顯傳》認爲足立氏并未能提出充足之理由,其推論殊難確信也。參看前〔焉夷國〕節注〔4〕。

〔52〕於放弓仗塔邊:《東本》、《開本》、《石本》缺此六字;他各本有之。參看上注〔51〕。《麗本》此六字下尚有"捨壽佛"三字。

〔53〕般泥洹:《石本》作"般若泥洹"。

〔54〕魔王嬈固阿難使不得請佛住世:魔王,即魔王波旬,詳見下〔茶沙王舊城〕節注〔22〕。佛教神話傳說,謂釋迦牟尼當時詢問阿難:"如來今者,當壽幾何?"有天魔來迷惑阿難,使不得對,未能及時請留;天魔又請釋迦牟尼受寂滅樂,釋迦牟尼遂許三月爲期,當入涅槃。

〔55〕十事證言佛說如是:佛教傳說,當時毗舍離城有諸比丘,遠離佛法,謬行戒律,其主要者有:得接受金銀寶物之布施、藉口治病而飲酒等十條,以爲是佛曾說過的"十事證言"而遵行之。

〔56〕諸羅漢及持戒律比丘凡夫者有七百僧:《東本》、《開本》、《石本》作"諸羅漢及持戒律凡夫者有七百僧";《麗本》、《院本》作"諸羅漢及持律比丘凡有七百僧。""比丘凡夫"係對羅漢而言,"持戒律比丘凡夫"係指持戒律但尚未達羅漢果者而言,"七百僧"乃諸羅漢及持戒律比丘凡夫之人數合計,故此毗舍離結集亦稱七百結集。

〔57〕更檢校律藏:即指七百結集依照戒律,斷"十事"爲非法。《大唐西域記》卷七所稱"削除謬法,宣明聖教",亦謂此也。

〔58〕亦在:《麗本》作"亦現在"。

五河合口

從此東行四由延[1],到五河合口[2]。阿難從摩竭國[3]向毗舍離[4],欲般涅槃[5]，諸天[6]告阿闍世王[7]，阿闍世王[8]即自嚴駕，將士衆[9]追到河上。毗舍離諸[10]梨車聞阿難來，亦復來迎，俱到河上。阿難思惟："前則阿闍世王致恨，還[11]則梨車[12]復怨。"則[13]於河中央[14]入火光三昧[15]，燒身而[16]般泥洹，分身作二分，一分[17]在一岸邊。於是二王各得半身舍利，還歸起塔。

【校注】

〔1〕由延：《東本》、《開本》、《石本》、《資本》作"由旬"。

〔2〕五河合口：《水經·河水注》引用《法顯傳》此段關於五河合口之記載，《大典本》、《黃本》、《戴本》、《殿本》作"五河口"，《殿本》注云"案近刻河下有合字，戴蓋未嘗取《法顯傳》文校看；《吳本》、《朱本》、《沈本》、《全本》、《趙本》、《楊本》作"五河合口"。五河合口即自毗舍離城至摩竭提國巴連弗邑之恒河渡口，附近爲干達克（Gandak）、臘普提（Rāptī）、哥格拉（Gogra）、恒河、宋河（Son）諸大水合流之處，匯成恒河下游而東行，故曰五河合口。

〔3〕摩竭國：即摩竭提國，詳見下節注〔2〕。

〔4〕毗舍離："離"字，《大典本》、《黃本》、《吳本》、《朱本》、《沈本》、《全本》、《楊本》均作"離"；《趙本》、《戴本》、《殿本》均作"利"，《殿本》注云："案舍利原本訛作舍離。"按：此所云"原本"，當指《大典本》，然此字實應作"離"，（見前〔毗舍離國〕節注〔2〕）。《殿本》注又舉"舍利"二字爲名稱而割去"毗"字，尤非。

〔5〕般涅槃：《石本》作"般涅般"；《禪本》、《麗本》、《院本》作"般泥洹"。《水經·河水注》各本引文亦作"般泥洹"。

〔6〕諸天：《水經·河水注》引文，《大典本》、《黃本》作"天"。

〔7〕阿闍世王：阿闍世王（Ajātaśatru）即《大唐西域記》卷九之阿闍多設咄路王，亦稱未生怨王，爲摩竭提國王，其在位年約爲公元前493—462年，相傳佛涅槃當其在位之第八年，參見前〔陀歷國〕節注〔32〕。

〔8〕阿闍世王：《磧本》、《津本》、《學本》無此四字。

〔9〕士衆：《石本》作"士般"。

〔10〕毗舍離諸：《水經·河水注》引文，《大典本》、《黃本》、《趙本》作"毗舍利諸"；《吳本》、《朱本》、《沈本》、《全本》、《楊本》作"毗舍離諸"；《戴本》、《殿本》無此四字，《殿本》於"追至河上"一句下注云"案此句下近刻有毗舍離諸四字"。戴氏此處所言近刻，亦包括《殿本》自稱之原本即《大典本》在內矣，於此可見戴蓋並未參照《大典本》，故王靜安氏謂"戴校並不據《大典本》"也。

〔11〕還：《水經·河水注》各本引文作"卻"。

〔12〕梨車：《水經·河水注》引文，《大典本》、《黃本》作"梨居"。

〔13〕則：《石本》無此字；《麗本》、《院本》及《水經·河水注》各本引文皆作"即"。

〔14〕河中央：《水經·河水注》各本引文作"中河"。

〔15〕火光三昧：三昧（Samādhi）是佛教用語，意譯定，火光三昧即火光定，謂以神變自出火燄

焚燒其身,而達禪定。

〔16〕燒身而:《水經·河水注》引文,《吳本》、《朱本》、《沈本》、《全本》、《趙本》、《楊本》亦作"燒身而";《大典本》、《黃本》、《戴本》、《殿本》作"燒具兩",《殿本》注云"案具兩近刻訛作身而",戴出此校注,亦未參看《法顯傳》原文也。關於阿難分身與二國之佛教神話傳說,《大唐西域記》卷七吠舍釐國下有類似記述。

〔17〕一分:自"一"字以上《鐮本》殘缺。自"分"字以下至〔王舍新城、茬沙王舊城〕節耆闍崛山以上《鐮本》有部分殘缺,即在每行首約殘失三字。

摩竭提國巴連弗邑

度河南下一由延[1],到摩竭提國巴連弗邑[2]。巴連弗邑是阿育王所治[3]。城中王宮殿皆使鬼神作,累石起墻闕,雕[4]文刻鏤,非世所造。今故現在[5]。

阿育王弟得羅漢道,常住耆闍崛山[6],志樂閑靜。王敬心請[7]於家供養。以樂山靜,不肯受請。王語弟言:"但受我請,當為汝於城裏作山[8]。"王乃具[9]飲食,召諸鬼神而告之曰:"明日悉受我請,無坐席[10],各自齎[11]來。"明日[12]諸大鬼神各持[13]大石來,辟方[14]四五步,坐訖,即使[15]鬼神累作大石山。又[16]於山底以五大[17]方石作一[18]石室,可長三丈,廣[19]二丈,高丈[20]餘。

有一大乘婆羅門子,名羅沃私婆迷[21],住此城裏[22],爽悟多智,事無不達,以清淨[23]自居。國王宗敬師事[24],若往問訊,不敢並坐。王設以愛[25]敬心執手,執手已,婆羅門輒自灌洗。年可五十餘,舉國瞻仰。賴此一人,弘宣[26]佛法,外道不能得加陵眾僧[27]。

於阿育王塔邊,造摩訶衍僧伽藍[28],甚嚴麗。亦有小乘寺,都合六七百僧眾。威儀痒序可觀。四方高德沙門及[29]學問人,欲求義理,皆詣此寺。婆羅門子師亦名文殊師利[30],國內大德沙門、諸大乘比丘,皆宗仰焉,亦住此僧伽藍。

凡諸中國[31],唯此國城邑為大[32]。民人富盛,競行[33]仁義。年年常以建卯月[34]八日行像[35]。作四輪車,縛竹作五層[36],有承櫨[37]、揠戟[38],高二疋餘許[39],其狀如塔。又白氎[40]纏[41]上,然後彩畫[42],作諸天形像。以金、銀、琉璃[43]莊校其上,懸繒幡蓋。四邊作龕,皆有坐佛,菩薩立侍[44]。可有二十車,車車莊嚴各異。當此日[45],境內道俗皆集,作倡伎樂,華香供養。婆羅門子來請佛,佛次第入城[46],入城內[47]再宿。通夜然燈,伎樂供養。國國皆爾。其國長者、居士各於城中[48]立福德醫[49]藥舍,凡國中貧窮、孤獨、殘跛、一切病人,皆詣此舍,種種[50]供給。毉[51]師看病隨宜,飲食及湯藥皆令得安,差者自去。

阿育王壞七塔,作八萬四千塔。最初所作大塔在城南三里餘[52]。此塔前有佛脚跡[53],起精舍,户北向塔[54]。塔南[55]有一石柱[56],圍丈四、五[57],高三丈餘[58]。上有銘題,云:"阿育王以閻浮提布施四方僧,還以錢贖,如是三反[59]。"

塔北三四百步[60],阿育王[61]本[62]於此作泥梨城[63]。中央[64]有石柱,亦高三丈餘,上有師子。柱上[65]有銘,記[66]作泥梨城[67]因緣及年數、日月。

【校注】

〔1〕由延:《水經‧河水注》引用《法顯傳》此段關於摩竭提國巴連弗邑之記載,《大典本》、《戴本》、《殿本》作"由巡",《殿本》注云"案由巡即由旬,書内通用,近刻訛作由延",戴注語如此,蓋亦未檢《法顯傳》原書也;《黃本》、《沈本》作"曲巡",《沈本》注云"曲巡當是由旬或是由延";《吳本》、《朱本》、《全本》、《趙本》、《楊本》作"由延"。

〔2〕到摩竭提國巴連弗邑:"到",《石本》作"致";"巴",《石本》作"也",下同。"巴連弗邑",《水經‧河水注》引文,《大典本》、《黃本》、《沈本》作"邑連佛邑";《吳本》、《朱本》作"巴連佛邑";《全本》、《趙本》、《戴本》、《殿本》、《楊本》作"巴連弗邑",《殿本》注云"案弗近刻作佛",是又以《大典本》爲近刻矣。摩竭提國(Magadha)即《大唐西域記》卷八、卷九之摩揭陀國,爲古印度恒河中游最著名之大國,又爲釋迦牟尼"悟道成佛"及生前重要遊化地,故佛教"聖迹"最多。釋迦牟尼時此國首都本在王舍新城(詳見下〔王舍新城瓶沙王舊城〕節注〔1〕)。但阿闍世王生時又在王舍新城以北之恒河重要渡口南岸建立新邑,即巴連弗邑(Pāṭaliputra),地當交通要道,其後在孔雀王朝(Maurya dynasty)建立以前,此城即已成爲摩竭提國之首都。阿育王之祖即孔雀王朝創立者旃陀羅笈多(Chandragupta,約公元前324—300年),阿育王之父賓頭沙羅(Bindusāra,約公元前300—273年),及阿育王,亦皆建都於此。《大唐西域記》卷八譯作波吒釐子城,即今印度比哈爾邦之巴特那(Patnā)也。

〔3〕治:《麗本》作"治城"。

〔4〕雕:《石本》、《鎌本》、《禪本》、《麗本》、《院本》作"彫";《水經‧河水注》引文,《大典本》、《沈本》作"彫"。

〔5〕今故現在:《東本》、《開本》、《石本》作"今故在"。此法顯所見阿育王諸宮殿之精美也,然二百餘年後玄奘遊印度時,則荒蕪已久,唯存基址矣(見《大唐西域記》卷八摩揭陀國)。此下有關阿育王弟、城南阿育王塔、佛脚跡、起精舍、阿育王二石柱、作泥犂城等佛教神話傳説,《大唐西域記》卷八亦有類似記述。

〔6〕耆闍崛山:"耆",《石本》作"者"。耆闍崛山(Gridhrakūṭa)即《大唐西域記》卷九之姞栗陀羅矩吒山,亦作鷲峯山,在瓶沙王舊城(詳見〔王舍新城瓶沙王舊城〕節注〔6〕)東北。

〔7〕王敬心請:"王",《石本》作"主"。"請",《麗本》作"欲請"。

〔8〕山:《石本》無此字。

〔9〕具:《鎌本》作"具弁"。

〔10〕無坐席:《鎌本》作"我無坐席";《麗本》、《院本》作"無座席。"

〔11〕賚:《磧本》、《津本》、《學本》、《院本》作"賫";《麗本》作"齎"。

〔12〕明日:《石本》作"明"。

〔13〕持:《麗本》作"齎"。

〔14〕辟方:《麗本》作"壁方"。

〔15〕使:《石本》無此字。

〔16〕又:《石本》作"大"。

〔17〕五大:《東本》、《開本》、《石本》作"五丈"。

〔18〕一:《磧本》、《津本》、《學本》無此字。

〔19〕廣:《資本》作"長"。

〔20〕丈:《麗本》作"一丈"。

〔21〕羅沃私婆迷:《圓本》、《鎌本》、《磧本》、《資本》、《禪本》、《津本》、《學本》、《院本》皆作"羅汰私婆迷",《圓本字音》於"汰"字下注"音太";《石本》作"羅汰秘婆迷";《麗本》作"羅汰私迷";《音義》作"羅犮私婆迷",並注:"犮音盤末反";《東本》、《開本》作"羅沃私婆迷",今據改。《水經·河水注》引文,《大典本》、《黃本》、《沈本》作"羅狀私婆亦名文殊師利";《吳本》、《朱本》、《全本》、《趙本》、《戴本》、《殿本》、《楊本》作"羅汰私婆亦名文殊師利"。按:據《出三藏記集》卷十五《智猛法師傳》言法顯遊印度後不久,智猛亦至華氏城(即巴連弗邑),遇"大智婆羅門,名羅閱宗,舉族弘法,王所欽重,造純銀塔高三丈,沙門法顯先於其家已得六卷《泥洹》,及見猛問云:'秦地有大乘學不?'答曰:'悉大乘學。'羅閱驚歎曰:'希有,希有!將非菩薩往化耶!'猛就其家得《泥洹》梵本一部,又尋得《摩訶僧祇律》一部及餘經梵本,誓願流通,於是便反。以甲子歲(宋元嘉元年即公元 424 年)發天竺",經涼州歸來。《足立氏書》(140—141 頁)以爲羅沃私婆迷與此羅閱宗爲同一人,其説頗有理。至於羅沃私婆迷一名,得爲梵文 Rājasvāmin 之對音,意爲王所尊者。

〔22〕住此城裏:《水經·河水注》引文,《大典本》作"住在城裏"。

〔23〕清净:《水經·河水注》引文,《大典本》、《黃本》無此二字。

〔24〕師事:《水經·河水注》各本引文皆作"師事之"。

〔25〕設以愛:《石本》作"説以受";《鎌本》作"説以愛"。

〔26〕弘宣:《石本》作"於宣"。《水經·河水注》引文,《大典本》、《黃本》、《吳本》、《朱本》、《沈本》、《全本》、《戴本》作"弘宣";《趙本》、《殿本》、《楊本》作"宏宣"。

〔27〕外道不能得加陵衆僧:《水經·河水注》各本引文皆作"外不能陵",《朱本》注云:"外下疑脱一道字。"

〔28〕阿育王塔邊造摩訶衍僧伽藍:此阿育王塔當即下文在城南三里餘之最初所作大塔;此摩訶衍(Mahāyāna)僧伽藍(大乘寺)當即《大唐西域記》卷八波吒釐子故城東南之屈屈吒阿濫摩

(唐言雞園)僧伽藍。《法顯傳》言此僧伽藍即在塔邊,然《西域記》似分塔與僧伽藍爲兩處(塔在故城内而僧伽藍則在故城外),《足立氏書》(146 頁)以爲《西域記》似有錯誤。

〔29〕及:《石本》作"乃"。

〔30〕文殊師利:梵文Mañjuśrī之音譯。

〔31〕凡諸中國:《水經·河水注》引文,《大典本》、《黄本》、《吴本》、《朱本》、《沈本》、《全本》、《趙本》、《楊本》皆作"凡諸中國";唯《戴本》、《殿本》作"凡諸國中",《殿本》並注云:"案原本(當指《大典本》)及近刻竝訛作中國,今改正。"《楊本》注云:"按《佛國記》作中國。中天竺所謂中國,蓋中天竺之國稱中國者甚多,故言凡諸中國也。戴乙作國中,誤矣。"此亦戴氏不熟悉釋典,未檢閲《法顯傳》之一例也。

〔32〕唯此國城邑爲大:《水經·河水注》各本引文皆作"惟此城爲大"。按:《法顯傳》言"此國城邑",蓋指摩竭提國境内諸城邑,《河水注》言"此城",則但指巴連弗邑矣,其間含意略有出入。

〔33〕競行:《石本》、《鎌本》作"竟行"。

〔34〕常以建卯月:《石本》作"當以達迎月"。唐不空譯《文殊師利菩薩及諸仙所説吉凶時日善惡宿曜經》卷上楊景風注曰:"大唐以建寅爲歲初,天竺以建卯爲歲首……呼建卯爲角月。"又於"角月"下注曰:"唐之二月也。"

〔35〕行像:《石本》作"行僧"。

〔36〕層:《石本》、《鎌本》作"曾"。

〔37〕承櫨:《麗本》作"承據"。"櫨"即斗栱,因其爲一種支承構件,故稱承櫨。

〔38〕捱戟:"捱",《圓本》、《東本》、《開本》、《資本》、《禪本》、《院本》作"偃";《石本》作"擾";《麗本》作"椻";《磧本》、《圓本字音》、《東本字音》、《開本字音》、《資本字音》、《磧本字音》、《禪本字音》皆作"捱",今據改。"捱"是拔出的意思,"戟"有枝格的意思,"捱戟"乃一種帶叉牙的支柱。

〔39〕二疋餘許:《圓本》、《磧本》、《資本》、《麗本》、《津本》、《學本》作"二丈餘許";《東本》、《開本》作"二由延許";《麗本》、《院本》作"二丈許";《石本》、《鎌本》作"二匹許";《音義》於此有"二匹"一條,引《説文》,四丈也。又云:"《(法顯)傳》作疋,俗字也。"慧琳所見唐本當作"二疋餘許"(或"二疋許"),今據改。

〔40〕白㲲:《石本》、《鎌本》作"白氎"。"白㲲"即棉布也,參見前〔竭叉國〕節注〔12〕。

〔41〕纏:《東本》、《開本》作"障";《石本》、《鎌本》作"部"。

〔42〕畫:《石本》作"盡"。

〔43〕琉璃:《石本》、《鎌本》作"流離"。

〔44〕菩薩立侍:《禪本》作"菩薩車上立侍"。

〔45〕日:《石本》作"因"。

〔46〕入城:《石本》作"入城内"。

〔47〕入城内:《石本》作"入城"。

〔48〕城中:《麗本》作"城内"。

〔49〕醫：《石本》作"監"；《鎌本》、《院本》作"毉"。

〔50〕種種：《石本》作"種"。

〔51〕毉：《磧本》、《麗本》、《津本》、《學本》作"醫"。

〔52〕三里餘：《水經・河水注》引文，《大典本》、《黄本》、《沈本》、《戴本》、《殿本》作"二里餘"，《沈本》注"二，一作三"，《殿本》注"案二近刻作三"，戴氏蓋亦未檢對《法顯傳》也；《吳本》、《朱本》、《全本》、《趙本》、《楊本》作"三里餘"，《朱本》注"三，一作二"，《楊本》注"《佛國記》作三"。

〔53〕佛脚跡：《麗本》作"佛跡"。《水經・河水注》各本引文亦作"佛跡"。

〔54〕起精舍户北向塔：此精舍即《摩訶僧祇律私記》所稱阿育王塔南天王精舍，見後。"户北向塔"，《石本》、《鎌本》作"户北向塔開"；《水經・河水注》引文，《大典本》、《黄本》、《戴本》、《殿本》作"北户向塔"，《殿本》注"案北户近刻作户北"，戴氏蓋亦未檢對《法顯傳》；《吳本》、《朱本》、《沈本》、《全本》、《趙本》、《楊本》作"户北向塔"，《楊本》注"《佛國記》作户北"。

〔55〕塔南：《東本》、《開本》、《麗本》作"南"。《水經・河水注》引文，《大典本》、《黄本》作"南"；《吳本》、《朱本》、《沈本》、《全本》、《趙本》、《戴本》、《殿本》、《楊本》均作"塔南"。

〔56〕有一石柱：《大唐西域記》卷八亦記此石柱銘題，云："有大石柱，高三十餘尺，書記殘缺，其大略曰：'無憂王信根貞固，三以贍部洲施佛、法、僧，三以諸珍寶重自酬贖。'其辭云云，大略斯在。"

〔57〕圍丈四五：《水經・河水注》引文，《大典本》、《黄本》、《沈本》、《戴本》、《殿本》作"大四五圍"，《殿本》注"案此四字近刻訛作圍丈四五"，戴氏蓋亦未檢對《法顯傳》；《吳本》、《朱本》、《全本》、《趙本》、《楊本》皆作"圍丈四五"，《楊本》注"《佛國記》作圍丈四五"。

〔58〕高三丈餘：《石本》作"高三尺餘"。

〔59〕還以錢贖如是三反：《水經・河水注》引文，《大典本》、《黄本》、《吳本》、《朱本》、《沈本》作"還以錢贖"，蓋酈注於此略去"如是三反"四字也；《全本》、《趙本》、《戴本》、《殿本》、《楊本》作"還以錢贖塔"。夫阿育王所贖者，閻浮提洲也，酈注本不誤，全、趙、戴、楊增"塔"字則誤矣。《殿本》且加注云"案近刻脱一塔字"，不知戴所稱爲原本之《大典本》原無"塔"字，此亦戴從全、趙致誤而非出《大典本》之一例也。

〔60〕三四百步：《水經・河水注》引文，《大典本》、《黄本》、《殿本》作"三百步"；《吳本》、《朱本》、《沈本》、《全本》、《趙本》、《戴本》、《楊本》作"三四百步"。

〔61〕阿育王：《水經・河水注》引文，《大典本》少"育"字。

〔62〕本：《水經・河水注》各本引文無此字。

〔63〕泥梨城：《圓本》、《磧本》、《津本》、《學本》、《院本》作"泥犁城"；《東本》、《開本》、《麗本》作"泥梨城"，今據改。《水經・河水注》引文，《大典本》、《黄本》作"泥梨城"；《吳本》、《朱本》、《全本》、《殿本》、《楊本》作"泥犁城"；《沈本》、《趙本》、《戴本》作"泥犂城"。泥梨或泥犁爲梵語 Niraya 之音譯，即地獄。阿育王作地獄之傳説詳見下文。

〔64〕中央：《麗本》作"泥梨城中"；《院本》作"中"。《水經・河水注》引文，《大典本》、《黄本》作

"梨城中";《吴本》、《朱本》、《全本》、《趙本》作"中";《沈本》作"泥犛城中";《戴本》、《殿本》、《楊本》作"城中",《殿本》注云"案近刻脱一城字"。

〔65〕柱上:《水經·河水注》各本引文皆作"柱"。

〔66〕記:《水經·河水注》引文,《大典本》、《黃本》、《沈本》作"記曰",《沈本》注云"曰字衍"。

〔67〕泥梨城:《津本》、《學本》、《院本》作"泥犛城"。《水經·河水注》引文,《大典本》、《黃本》作"泥梨城";《吴本》、《朱本》、《全本》、《戴本》、《殿本》作"泥犛城";《沈本》、《趙本》、《楊本》作"泥犛城"。

小孤石山　那羅聚落

從此東南行九由延,至一小孤石山[1]。山頭[2]有石室,石室[3]南向。佛坐其中[4],天帝釋將天樂般遮[5]彈琴樂佛處。帝釋[6]以四十二事問佛[7],佛一一以指畫石,畫跡故在[8]。此中亦有僧伽藍。

從此西南行一由延,到那羅聚落[9],是舍利弗本生村。舍利弗[10]還於此村中[11]般泥洹。即此處起塔,今亦[12]現在。

【校注】

〔1〕從此東南行九由延至一小孤石山:《水經·河水注》引用《法顯傳》此段關於小孤石山之記載,曾將此句改寫,《大典本》、《黃本》作"恒水東又南逕小孤石山";《沈本》作"恒水東又東南逕小孤石山";《吴本》、《朱本》、《全本》、《趙本》、《戴本》、《殿本》、《楊本》作"恒水又東南逕小孤石山"。此小孤石山即《大唐西域記》卷九之因陀羅勢羅窶訶山(Indraśailaguhā)即帝釋窟。《皮氏書》(110頁注[2])云,其地今名 Giryek(giri＋eka,即"一座巖石"之意)。《理氏書》(80頁注[4])云,此山即在 Giryek 村旁,瀕 Pañchāna 河,距伽耶(Gayā)三十六哩。天帝釋以四十二事問之神話傳説,亦見《西域記》卷九。

〔2〕山頭:《水經·河水注》引文,《大典本》、《黃本》無"山"字。

〔3〕石室:《水經·河水注》引文,《戴本》無此二字。

〔4〕佛坐其中:《水經·河水注》引文,《大典本》、《黃本》作"佛昔坐中";《吴本》、《朱本》、《沈本》、《全本》、《趙本》、《戴本》、《殿本》、《楊本》作"佛昔坐其中"。

〔5〕般遮:般遮爲梵文 Pañcha 之音譯,樂神名。《理氏書》(80—81頁)將此樂神之梵名還原爲 Pañchaśikha。

〔6〕帝釋:《水經·河水注》各本引文皆作"天帝釋"。

〔7〕問佛:"問",《石本》作"門"。

〔8〕佛一一以指畫石畫跡故在:《法顯傳》各本皆無"佛"字。"畫跡故在",《鎌本》作"跡故故

在"。《水經·河水注》引文,《大典本》、《黄本》、《沈本》作"佛以三指畫跡故在";《吳本》、《朱本》、《趙本》作"一一以指畫石畫跡故在"。《趙本》注云"一清按,孫氏潛用趙清常三校本旁注'佛以三指畫石',愚意古書凡重文皆作二,此句之首,應有佛字,與上佛字重,後人傳鈔,遂析爲一一,《趙本》'三'字疑亦妄增爾"(按:依趙一清注,認爲此文之"一一"二字即上句末"佛"字之重文,此文原當作"佛以指畫石,畫跡故在")。《全本》作"佛以三指畫石畫迹故在";《戴本》、《殿本》、《楊本》作"佛一一以指畫石畫跡故在",《楊本》注"守敬按,《括地志》正作佛一一以指畫石,《佛國記》亦脱佛字"。今據此於句首增一"佛"字。

〔9〕那羅聚落:《鐮本》作"羅聚落"。《大唐西域記》卷九記因陀羅勢羅窶訶山西三十餘里外,有迦羅臂拏迦邑(Kālapināka),爲舍利弗本生故里,又爲其寂滅地。那羅聚落與此邑蓋即一地。

〔10〕本生村舍利弗:《石本》、《鐮本》缺此六字。

〔11〕此村中:《麗本》作"此中"。

〔12〕亦:《麗本》無此字。

王舍新城　　萍沙王舊城

從此西行一由延,到王舍新城[1]。新城者,是阿闍世王所造[2],中有二僧伽藍。出城西門三百步,阿闍世王得佛一分舍利起塔[3],高大嚴麗[4]。

出城南四里,南向入谷,至五山[5]裏。五山周圍,狀若城郭,即是萍沙王舊城[6]。城東西可五六里,南北七八里。舍利弗、目連初見頞鞞[7]處,尼犍子[8]作火坑、毒飯請佛處[9],阿闍世王酒飲黑象[10]欲害佛處,城東北角曲中,耆舊[11]於菴婆羅園[12]中起精舍請佛及千二百五十弟子供養處,今故在。其城中空荒,無人住[13]。

入谷,搏山[14]東南上十五里,到耆闍崛山[15]。未至頭[16]三里,有石窟南向,佛本於此坐禪[17]。西北三十[18]步,復有一石窟[19],阿難於中坐禪[20],天魔[21]波旬[22]化作鵰鷲,住窟前恐阿難,佛以神足力[23]隔石舒手[24]摩阿難肩,怖即得止[25]。鳥跡、手孔[26]今悉存[27],故曰鵰[28]鷲窟山。窟前有四佛坐處。又諸羅漢各各[29]有石窟坐禪處,動有數百。佛在石室前,東西經行。調達於山北嶮巇[30]間橫擲石傷佛足指處,石猶在。佛説法堂[31]已毁壞,止[32]有塼壁基在[33]。其山[34]峯秀端嚴,是五山中最高[35]。

法顯於新城中買香、華、油、燈,倩[36]二舊比丘送法顯上[37]耆闍崛山。華、香供養[38],然燈續明。慨然悲傷,收淚而言:"佛昔於此住[39],説《首楞嚴》[40]。法顯生不值佛,但見遺跡處所而已。"即於石窟前誦《首楞嚴》[41]。停止一宿,還向新城。

　　出舊城北行[42]三百餘步，道西，迦蘭陀竹園[43]精舍今現在，衆僧掃灑。精舍北二三里有尸摩賒那[44]。尸摩賒那者，漢言棄[45]死人墓田。搏[46]南山西行三百步，有一石室，名賓波羅窟[47]，佛食後常於此坐禪[48]。又西行五六里，山北陰中有一[49]石室，名車帝[50]。佛泥洹後，五百阿羅漢結集經處[51]。出經時，鋪三空座[52]，莊嚴校餙[53]，舍利弗在左，目連在右。五百數中少一阿羅漢。大迦葉爲上座。時阿難在門外不得入[54]。其處起塔，今亦在。搏[55]山亦有諸羅漢坐禪石窟甚多。

　　出舊城北，東下三里，有調達石窟。離此五十步，有大方黑石。昔有比丘在上經行，思惟是身無常、苦、空，得不淨觀[56]，猒[57]患是身，即捉刀欲自殺。復念世尊制戒，不得自殺。又念雖爾，我今但欲殺三毒賊[58]。便以刀自刎。始傷，再[59]得須陀洹[60]，既半得阿那含[61]，斷已成阿羅漢[62]果，般泥洹。

【校注】

　　[1] 從此西行一由延到王舍新城：《水經・河水注》於叙述小孤石山後引用《法顯傳》此段關於王舍新城一帶地方之記載，將此首句改寫成："恒水又西迳王舍新城"（《大典本》、《黃本》、《吴本》、《朱本》"恒"字誤作"洹"，《朱本》注云"疑當作恒"）。按：恒水東流，無西流者。楊守敬注以爲："酈氏正因《佛國記》言西行，即以爲恒水西迳，其致誤之由，蓋未見西域圖，而但據書爲説也。"王舍新城即《大唐西域記》卷九之曷羅闍姞利呬城（Rājagriha），即王舍城，加"新"字所以别於下述湃沙王舊城。據《西域記》，此新城在湃沙王時即已奠基，阿闍世時乃增築並遷都耳。此城故址在今印度東北部比哈爾城（Bihar）西南約十五哩之臘季吉爾（Rājgir）。

　　[2] 所造：《水經・河水注》引文，《大典本》、《黃本》作"造"。

　　[3] 得佛一分舍利起塔：《大唐西域記》卷九亦載此塔，但謂其位置在迦蘭陀竹園東，此園則在湃沙王舊城北一里餘。迦蘭陀竹園見下注[43]。

　　[4] 嚴麗：《石本》作"藏麗"。

　　[5] 五山：五山謂湃沙王舊城附近諸山也。《大唐西域記》卷九亦言此城"崇山四周，以爲外郭"。據《大智度論》卷三（《大正藏》本，曾以《毗盧大藏》本校字）云："（佛）多住王舍城，……以坐禪精舍多故，餘處無有。如竹園（Venuvana）、鞞婆羅跋恕（Vaibhāravana）、薩多般那求呵（Saptaparṇaguhā）、因陀世羅求呵（Indraśailaguhā）、薩簸恕魂直迦鉢婆羅（Sarpiskundikapāvara）、耆闍崛（Gridhrakūta），五山中有五精舍，竹園在平地，餘國無此多精舍。"據《足立氏書》（151—152頁），鞞婆羅跋恕即《大唐西域記》之毗布羅山，今爲Vaibhāragiri，在王舍舊城西北；薩多般那求呵即著名之七葉窟山，今爲Sonagiri，在舊城西南山之陰；因陀世羅求呵即前文小孤石山（帝釋窟），今爲Sailagiri山東端之孤峯Giryek，在舊城東方；薩簸恕魂直迦鉢婆羅今爲Viplagiri，在舊城

三　中天竺、東天竺記遊　103

東北；耆闍崛即《大唐西域記》之姞栗陀羅矩吒山（鷲峯山），今爲 Chatagiri（或 Vulturepeak），在舊城略東偏北。又據《皮氏書》（122 頁注〔1〕）云：在古印度大史詩《摩訶婆羅多》（Mahābhārata）中，此五山的名稱是：Vaihāra, Varâha, Vrishabha, Rishigiri, 及 Ghaityaka, 今名爲 Baibhrâ-giri, Vipula-giri, Ratna-giri, Udaya-giri, 及 Sona-giri。又據《勞氏書》（44 頁）載，此環繞王舍舊城的五山名稱是：Isigiri, Vepulla (Vaṅkaka and Supana), Vebhāra, Paṇḍava, 及 Gijjhakūṭa。附錄於此備覽。

〔6〕葬沙王舊城："葬"字，《石本》作"洴"；《鎌本》作"萍"；《水經·河水注》引文、《大典本》、《黃本》、《沈本》作"萍"；《吳本》、《朱本》作"葬"；《全本》作"瓶"，並注云"按瓶沙疑即葬沙"；《趙本》、《戴本》、《殿本》、《楊本》作"葬"，《殿本》注云"案瓶沙、葬沙互相通用"。此亦可見戴氏本從全、趙而非出自《大典本》。葬沙王（Bimbisāra）即《大唐西域記》卷九之頻毘娑羅王，爲摩竭提國王，阿闍世王之父，其在位年約爲公元前 544—493 年，參見前〔陀歷國〕節注〔32〕。葬沙王舊城，即《大唐西域記》卷九之矩奢揭羅補羅城（Kuśāgrapura），亦作上茅宮城，蓋其地"多出勝上吉祥香茅，以故謂之上茅城也"。附近多山，故又名山城（Girivraja）。此城爲摩竭提國古都，巴利文經籍中亦稱之爲王舍城（Rājagaha, Rājagriha），或稱王舍舊城以別於阿闍世王所遷都之王舍新城。王舍舊城與王舍新城爲古印度東北部之交通及文化中心，經濟發達，商業繁盛。舊城位置，在新城以南，《法顯傳》及《大唐西域記》所載甚詳，可以考見。此下關於舍利弗初見頞鞞、火坑、毒飯、醉象害佛、耆舊起精舍奉佛等佛教神話傳說，《大唐西域記》卷九亦有類似記述。

〔7〕頞鞞：《東本》、《開本》作"頗鞞"。頞鞞（Aśvajit）即《大唐西域記》卷九之阿溼婆恃（馬勝）。佛教相傳，阿溼婆恃先師事釋迦牟尼，舍利弗於王舍舊城見之，聞其說法而開悟，又告之目連，亦開悟共得道。

〔8〕尼犍子："犍"，《石本》、《鎌本》作"健"。尼犍子（Nirgrantha）即尼乾子（詳見〔拘薩羅國舍衛城〕節注〔42〕）派之露形外道。《大唐西域記》卷九載此欲以火炉、毒飯害佛之尼犍子名室利毱多（Śrīgupta），後仍受佛感化，謝咎歸依。

〔9〕請佛處：《石本》作"請處"。

〔10〕酒飲黑象：《石本》作"須飲里"三字。《鎌本》"象"作"鳥"。佛教神話傳說，謂阿闍世王曾與調達相親，放醉象欲害佛，但爲佛所馴伏。

〔11〕耆舊：耆舊即《大唐西域記》卷九之時縛迦（Jīvaka），亦作耆婆伽，乃當時摩竭提國王族之庶子，爲著名醫師。

〔12〕菴婆羅園："園"字，《石本》作"國"。菴婆羅（Āmra），即柰果（Mangifera Indica）。玄應《一切經音義》卷八："菴羅，或言菴婆羅，果名也。案此果花多，而結子甚少，其葉似柳而長一尺餘，廣三指許，果形似梨，而底鈎曲。彼國名爲王樹，謂在王城種之也。……舊譯云柰，應誤也。"《增壹阿含經》卷三十九即稱此園爲耆婆梨園。

〔13〕其城中空荒無人住：《水經·河水注》各本引文皆作"其城空荒又無人徑"。

〔14〕搏山："搏"字，《圓本》、《東本》、《開本》及《圓本字音》作"搏"，《圓本字音》注"音團"；《石

本》作"轉";《磧本》、《磧本字音》、《禪本》、《麗本》、《津本》、《學本》、《院本》作"搏",《磧本字音》注"補莫反,附近也";《音義》亦作"搏",注"奔莫反",蓋所見唐本作"搏"也,今據改。又此字在《水經·河水注》引文中,《大典本》作"愽";《黃本》作"愽";《吳本》、《沈本》作"搏";《朱本》作"搏";《全本》、《趙本》始作"傅",趙氏《刊誤》云"搏當作傅";《戴本》、《殿本》、《楊本》皆作"傅",《殿本》注"案傅近刻訛作搏"。此亦戴氏從全、趙而不出《大典本》之一例。如《殿本》案語以"搏"爲訛,又蹈以不訛爲訛之覆轍,蓋搏、傅古音同義通,且依《音義》,唐《法顯傳》此字本作"搏"也。

〔15〕耆闍崛山:已見前〔摩竭提國巴連弗邑〕節注〔6〕。自"耆"字以下,《鐮本》基本不殘缺。此下關於佛坐禪石窟、魔化鵰鷲怖阿難、諸羅漢石窟、調達擲石、佛說法堂等神話傳說,《大唐西域記》卷九有類似記述。

〔16〕頭:《水經·河水注》各本引文皆作"頂"。

〔17〕佛本於此坐禪:《水經·河水注》各本引文皆作"佛坐禪處"。

〔18〕三十:"三"字,《水經·河水注》引文,《大典本》、《黃本》、《沈本》、《戴本》、《殿本》作"四",《殿本》注"案四近刻作三";《吳本》、《朱本》、《全本》、《趙本》、《楊本》作"三",《朱本》注"一作四",《楊本》注"會貞按:《佛國記》作"三"。

〔19〕石窟:《石本》作"名窟"。

〔20〕阿難於中坐禪:《水經·河水注》各本引文皆作"阿難坐禪處"。

〔21〕天魔:《水經·河水注》引文,《黃本》、《吳本》、《朱本》、《沈本》、《全本》、《趙本》、《戴本》皆作"天魔";獨《大典本》、《殿本》作"夭魔",《殿本》注"案夭妖通,近刻訛作天"。然據王國維《聚珍本戴校水經注跋》(載《觀堂集林》卷十二),則《大典本》此字本作"天",乃戴東原私改作"夭",其言曰:"天魔波旬,《大典》與諸本同,(東原)乃改天字首筆作夭,以實其校語中夭妖字通之說。"《楊本》注:"戴以天爲訛改作夭,云夭妖通。會貞按:戴說大誤。諸經皆作天魔,無作夭魔者。"

〔22〕波旬:波旬(Pisuna),天魔名。

〔23〕神足力:《鐮本》作"禪足力";《水經·河水注》各本引文皆作"神力"。

〔24〕舒手:《水經·河水注》引文,《大典本》、《黃本》無此二字。

〔25〕怖即得止:《水經·河水注》引文,《大典本》、《黃本》、《沈本》作"怖心",《沈本》注下脫"即得止"三字;《吳本》、《朱本》、《全本》、《趙本》、《戴本》、《殿本》、《楊本》均作"怖即得止"。

〔26〕鳥跡手孔:《水經·河水注》引文,《大典本》、《黃本》、《沈本》作"鳥跡及孔",《沈本》"及"字下注"疑譌,當是手字"。

〔27〕存:《麗本》作"在"。

〔28〕鵰:《東本》作"彫"。

〔29〕各各:《鐮本》作"冬冬"。

〔30〕嶮巇:《圓本》、《東本》、《開本》作"嶮嚧";《石本》、《鐮本》、《磧本》、《麗本》、《津本》、《學本》、《院本》作"嶮巇",今據改。《音義》作"險巇",注以爲"上一字"應作"險",云:"《傳》作嶮,非也。……王逸注《楚辭》云,險巇,猶顛危也。"則《音義》所見唐本亦作"嶮巇"也。

〔31〕堂：石本作"常"。

〔32〕止：《東本》、《開本》、《石本》、《鎌本》作"正"。

〔33〕在：《鎌本》無此字。

〔34〕其山：《鎌本》作"某山"。

〔35〕是五山中最高：《水經·河水注》各本作"是五山之最高也"。

〔36〕倩：《鎌本》作"請"。

〔37〕上：《麗本》作"到"。

〔38〕華香供養：《水經·河水注》引文、《大典本》、《黃本》、《沈本》、《全本》作"香花供養"；《吳本》、《朱本》、《趙本》、《戴本》、《殿本》、《楊本》作"香華供養"。

〔39〕住：《麗本》無此字。

〔40〕首楞嚴：《鎌本》作"首楞嚴經"。《首楞嚴》（Sūraṅgama），佛教經名。意譯健相，比擬佛德堅固，諸魔不能壞。

〔41〕誦首楞嚴：《石本》作"請首楞嚴"。《水經·河水注》引文、《大典本》、《黃本》作"首楞亭"；《吳本》、《朱本》、《沈本》、《全本》、《趙本》、《戴本》、《殿本》、《楊本》作"誦首楞嚴"，《朱本》注：據舊本此下"有一亭字"。

〔42〕出舊城北行：《東本》、《開本》、《石本》作"出舊北谷"；《鎌本》作"出舊城北谷"；《磧本》作"出舊城此行"。

〔43〕迦蘭陀竹園：《大唐西域記》卷九亦載有關此園傳說，謂王舍舊城有長者名迦蘭陀（Kalanda），曾以大竹園施諸外道，後改信佛法，逐外道，以園奉佛，即稱迦蘭陀竹園（Kalanda-venuvana）。

〔44〕尸摩賒那："摩"，《鎌本》作"磨"。尸摩賒那乃梵文Smaśānam之音譯。

〔45〕棄：《鎌本》作"乘"。

〔46〕搏：《圓本》、《東本》、《開本》作"搏"；《石本》、《鎌本》作"轉"；《磧本》、《麗本》、《津本》、《學本》、《院本》作"搏"，今據改。參見本節注〔14〕。

〔47〕賓波羅窟："窟"，《石本》作"賓"。賓波羅（Pippala或Peepal），即畢鉢羅樹或卑鉢羅樹，樹身高大而長命，類似榕樹而無支根，即"印度菩提樹"（Sacred fig of India, Ficus religiosa）。此處之賓波羅乃石窟名，或因窟前有此樹故。《大唐西域記》卷九，記山城（即苶沙王舊城）北門西有毘布羅山，山西南崖陰有溫泉，溫泉西有卑鉢羅石室。此卑鉢羅石室當即是賓波羅窟。本傳下文言佛泥洹後五百阿羅漢結集經處在車帝石室，但有若干佛教經籍如《根本說一切有部毘奈耶雜事》卷三十九等，又謂此第一結集處即在賓波羅窟，蓋車帝石室與賓波羅窟地本相連故也。

〔48〕坐禪：《東本》、《開本》、《石本》作"禪"。

〔49〕有一：《石本》作"有有"，但又塗去上一"有"字。

〔50〕車帝：梵文Saptaparṇaguhā音譯之略，即七葉窟。

〔51〕五百阿羅漢結集經處：此即佛教史上有名之第一結集。關於此結集及以下阿難在門外

不得入、調達石窟、比丘自刎諸佛教神話傳説,《大唐西域記》卷九亦有類似記述。

〔52〕鋪三空座:《東本》、《開本》、《石本》、《鎌本》作"鋪三空坐";《麗本》作"鋪三高座"。舍利弗、目連爲釋迦牟尼大弟子,皆已先釋迦牟尼而泥洹,故第一結集時大迦葉鋪三空座,釋迦牟尼中央,左舍利弗,右目連,次大迦葉居上座,再次諸羅漢焉。

〔53〕餝:《磧本》、《麗本》、《院本》作"飾";《津本》、《學本》作"飭"。

〔54〕阿難在門外不得入:"在門外"三字,《東本》、《開本》、《石本》作"在門"。佛教相傳,大迦葉以阿難之漏未盡,尚未完全解脱煩惱,不許其参加諸羅漢之座。阿難退去,未及伏枕,竟達漏盡,遂得參加結集,而得五百阿羅漢之數。

〔55〕搏:同本節注〔46〕。

〔56〕不浄觀:"浄",《石本》作"得"。觀想人身從生到死種種不浄,以除欲念,爲佛教一種唯心幻想的修行方法。

〔57〕猒:《麗本》、《津本》、《學本》、《院本》作"厭"。

〔58〕三毒賊:佛教以貪毒(貪得不已)、瞋毒(忿怒)、痴毒(無知)爲三毒,以爲毒中之毒,無過三毒。

〔59〕再:《石本》作"舟";《鎌本》作"肥";《麗本》作"肉"。若依《麗本》,此句應讀作"始傷肉得須陀洹"。

〔60〕須陀洹:見〔迦維羅衛城〕節注〔22〕。

〔61〕阿那含:同上。

〔62〕阿羅漢果:同上。

伽耶城　貝多樹下

從此西行四由延,到伽耶城[1],城内亦空荒。

復南行二十里[2],到菩薩本苦行六年處,處有林木[3]。從此西行[4]三里,到佛入水洗浴,天[5]按[6]樹枝得攀[7]出池處。又北行二里,得彌家女奉佛乳糜處[8]。從此北行[9]二里,佛於一[10]大樹下石上,東向坐食糜[11],樹、石今悉在,石可廣、長六尺,高二尺許[12]。中國[13]寒暑[14]均調,樹木或[15]數千歲,乃至萬歲。

從此東北行半由延[16],到一[17]石窟。菩薩入中,西向結跏趺坐[18],心念:"若我成道,當有神[19]驗。"石壁上即有佛影現[20],長三尺許[21],今猶明亮[22]。時天地大動,諸天在空中白言:"此非[23]過去、當來諸佛成道處[24],去此西南行,減[25]半由延[26],貝多樹[27]下,是過去、當來諸佛成道處。"諸天説是語已,即便在前唱導,導引[28]而去。菩薩起行[29]。離樹三十步,天授吉祥草[30],菩薩受之。復行十五步,五百青雀飛來,繞菩薩[31]三匝而去[32]。

菩薩前到貝[33]多樹下,敷吉祥草,東向而坐[34]。時魔王[35]遣三玉女從北來試[36],魔王[37]自從南來試[38],菩薩以足指按地[39],魔兵[40]退散[41],三女變老[42]。自上苦行[43]六年處,及此諸處,後人皆於中起塔立像,今皆在。佛成道已,七日觀樹受解脫樂處。佛於貝多樹下東西經行七日處。諸天化作七寶臺[44]供養佛七日處。文鱗盲龍[45]七日繞佛處。佛於尼拘律樹[46]下方石上東向坐,梵天來請佛處[47]。四天王奉鉢處[48]。五百賈客授麨蜜處[49]。度迦葉兄弟師徒千人處[50]。此諸處亦[51]起塔。佛得道處有三僧伽藍,皆有僧住。衆僧民户供給饒足,無所乏少。戒律嚴峻,威儀、坐起、入衆之法[52],佛在世時聖衆所行,以至於今。

佛泥洹以來,四大塔處相承不絶。四大塔者[53]:佛生處[54],得道處,轉法輪[55]處,般泥洹處。

阿育王昔作[56]小兒時,當道戲。遇釋迦佛[57]行乞食,小兒歡喜[58],即以一掬土[59]施佛。佛持還,泥經行地[60]。因此[61]果報,作鐵輪王[62],王閻浮提[63]。乘鐵輪案[64]行閻浮提,見鐵圍兩山[65]間地獄治罪人。即問羣臣:"此是何等?"答言:"是鬼王閻羅[66]治罪人。"王自念言:"鬼王尚能作地獄治罪人[67],我是人主[68],何不作地獄治罪人耶?"即問臣等:"誰能爲我作地獄主[69]治罪人者?"臣答言:"唯有極惡人能作耳。"王即遣臣遍求惡人。見池水[70]邊有一人[71],長壯[72]、黑色、髮黃、眼青[73],以脚鉤兼魚[74],口呼[75]禽獸,禽獸來便射殺,無得脱者。得此人已,將來與王。王密勅之:"汝作四方高墻,内殖種種華果,作好浴池[76],莊嚴校飾[77],令人渴仰。牢作[78]門户,有人入者輒捉[79],種種治罪,莫使得出。設[80]使我入,亦治罪莫放。今拜汝作地獄王[81]。"有[82]比丘,次第乞食入其門[83]。獄卒見之,便欲治罪。比丘惶怖,求請須臾,聽我中食。俄頃,復[84]有人入,獄卒内置碓臼中擣之,亦沫出。比丘見已,思惟此身無常、苦、空,如泡如沫,即得阿羅漢[85]。既而獄卒捉内鑊湯中[86],比丘心顔欣悦,火滅,湯冷,中生蓮華,比丘坐上。獄卒[87]即往白王,獄中[88]奇怪,願王[89]往看。王言:"我前有要,今不敢往。"獄卒言:"此非小事,王宜疾往。"更改先要,王即隨入。比丘爲説法[90],王得信解,即壞地獄,悔前所作衆惡。由是信重[91]三寶,常至貝多樹下,悔過自責,受八齋[92]。王夫人問:"王常遊何處?"羣臣答言:"恒在貝多樹下。"夫人伺王不在時,遣人伐其樹倒[93]。王來見之,迷悶躄地。諸臣以水灑面,良久乃蘇。王即以塼[94]累四邊,以百甖牛乳灌樹根。身四布地[95],作是誓言：“若樹不生，我終不起。”誓已[96]，樹便即根上而生，以至於今。今高減十丈[97]。

【校注】

〔1〕從此西行四由延到伽耶城：《水經·河水注》引用《法顯傳》此段關於伽耶城之記載，首句改寫作"又西逕伽耶城"，乃承其前文"恒水又西逕王舍新城"而來，則應解釋爲恒水先向西流逕王舍新城，再向西流逕伽耶城矣，此與實際情況大相違異，酈氏之誤也。伽耶城，《大典本》作"迦邪城"；《黄本》、《全本》作"伽那城"；《吴本》、《朱本》、《楊本》作"伽耶城"，《朱本》注"耶一作那"；《沈本》作"迦耶城"，注"耶一作那"；《趙本》、《戴本》、《殿本》作"迦那城"。作"邪"、"耶"者是。又，"城"字應斷句，《趙本》以下一字"南"連上斷句，及《全本》、《殿本》以下四字"南二(戴作三)十里"連上斷句，亦誤。伽耶城(Gayā)在今印度比哈爾邦之伽雅城(Gaya)。城南十一公里之佛陀伽雅(Buddha Gayā)，一稱菩提道場(Bodhi-manda)，相傳即釋迦牟尼成道之處所，爲佛教之聖地。關於伽耶城及以下苦行六年處、攀樹枝處、彌家女奉乳糜處、石窟地動、佛在貝多樹下退魔成道、諸天作七寶臺供養、文鱗七日繞佛、梵天來請佛、四天王奉鉢、賈客獻麨蜜、度伽葉兄弟千人處等佛教神話傳説，《大唐西域記》卷八亦有類似記述。

〔2〕二十里：《水經·河水注》引文、《大典本》、《黄本》、《沈本》、《戴本》、《殿本》作"三十里"；《吴本》、《朱本》、《全本》、《趙本》、《楊本》作"二十里"。《殿本》注"案近刻迦作伽，三作二"，戴蓋未查對《法顯傳》，今所見北宋本以下諸本《傳》文皆作"伽"作"二"也。

〔3〕到菩薩本苦行六年處處有林木：《水經·河水注》引文、《大典本》、《黄本》、《沈本》作"到佛苦行六年其樹處有林"，《沈本》注"其一作坐，林下脱木字"；《吴本》、《朱本》作"到佛苦行六年其樹處有林木"，《朱本》注"其一作坐"；《全本》作"到佛苦行六年樹處有林木"，並注"按六年下一本有其字，一本有坐字，而《佛國記》又脱去樹字，皆失之"；《趙本》、《戴本》、《殿本》、《楊本》作"到佛苦行六年坐樹處有林木"。《傳》文此句之"菩薩"，即指釋迦牟尼，下同。關於苦行六年處，相傳釋迦牟尼出家後尋求解脱之道，其父遣宗親五人即憍陳如(Kaundinya)等爲侍，後經種種曲折，乃至此處即伽耶城南二十里之尼連禪(Nairañjanā)河畔修苦行六年，形容憔悴，膚體羸瘠，而無所獲，乃放棄苦行。憍陳如等五人以爲釋迦牟尼信行退轉，遂捨之而去波羅棕城。然釋迦牟尼卒在貝多樹下成正等覺。

〔4〕西行：《水經·河水注》引文、《大典本》、《黄本》作"西"。

〔5〕天：《水經·河水注》各本引文皆作"天王"。

〔6〕按：《鎌本》作"業"。

〔7〕攀：《鎌本》作"舉"。《水經·河水注》引文、《大典本》、《黄本》、《戴本》、《殿本》作"扳"；《吴本》、《朱本》、《沈本》、《全本》、《趙本》、《楊本》作"攀"。

〔8〕彌家女奉佛乳糜處：“乳糜”，《音義》作"乳麋"，注云：“下美悲反，即以牛乳煮粥也，稠如糕糜，俗號乳糜，非典語。”又《水經·河水注》引文、《大典本》、《黄本》作"乳麋"；《吴本》、《朱本》、《沈

三　中天竺、東天竺記遊　109

本》、《全本》、《趙本》、《戴本》、《殿本》、《楊本》作"乳糜"。"彌家",《大寶積經》卷十一作"彌迦",蓋爲梵文 grāmika 音譯之略,義爲"村長"。據柔克義(W. W. Rockhill)所著《釋迦牟尼傳》(The Life of the Buddha, 30 頁)載,奉佛乳糜女子之父爲斯那尼村(Senani)村長斯那(Sena)。彌家女意即村長之女也。

〔9〕北行:《水經·河水注》引文,《大典本》、《黃本》、《沈本》作"行"。

〔10〕一:《沈本》無此字。

〔11〕食糜:《水經·河水注》引文,《大典本》、《典本》作"食糜處";《吴本》、《朱本》、《沈本》、《全本》、《趙本》、《戴本》、《殿本》、《楊本》作"食糜處"。

〔12〕高二尺許:《水經·河水注》各本引文皆作"高減二尺"。

〔13〕中國:《水經·河水注》各本引文皆作"國中"。

〔14〕寒暑:《東本》、《開本》、《石本》作"寒景";《水經·河水注》各本引文皆作"寒暑"。

〔15〕或:《石本》作"成"。

〔16〕半由延:"延",《石本》作"正"。《水經·河水注》各本引文此三字皆作"二十里"。

〔17〕一:《石本》無此字。

〔18〕結跏趺坐:"跏趺",《水經·河水注》引文,《大典本》、《黃本》作"跏"。結跏趺坐乃佛教的一種靜坐法,即雙足交迭而坐。其方式或兩足交叉置於左右股上,或單以一足押在對側股上。

〔19〕神:《鎌本》作"禪"。

〔20〕現:《水經·河水注》引文,《戴本》、《殿本》、《楊本》作"見";《大典本》、《黃本》、《吴本》、《朱本》、《沈本》、《全本》、《趙本》作"現"。

〔21〕三尺許:《水經·河水注》引文,《大典本》、《黃本》作"三尺"。

〔22〕明亮:《石本》、《鎌本》作"明高"。

〔23〕非:《麗本》作"非是"。

〔24〕處:《石本》作"家"。

〔25〕減:《鎌本》作"咸"。

〔26〕由延:《麗本》作"由延到"。《水經·河水注》引文,《大典本》、《黃本》、《沈本》、《殿本》作"由旬";《吴本》、《朱本》、《全本》、《趙本》、《楊本》作"由延";《戴本》作"由巡"。

〔27〕貝多樹:"貝",《石本》作"具",下同。《大唐西域記》卷八稱此樹爲畢鉢羅樹(畢亦作卑),即賓波羅樹(Pippala 或 Peepal)也。以釋迦牟尼在此樹下成道,故亦稱菩提樹(Bodhidruma)。此貝多樹與"貝多羅"(Pattra,簡寫作"貝多",義爲樹葉或供書寫的樹葉)及"多羅"(Tāla,樹名,其葉可供書寫)均不同。

〔28〕唱導導引:《石本》、《鎌本》作"唱道道引"。

〔29〕菩薩起行:《石本》作"開起竹"。

〔30〕天授吉祥草:"授"字,今所見《法顯傳》各本皆作"授",而《音義》以爲應作"獻",並謂所見唐本《法顯傳》"作授,非也,今不取"。吉祥草即矩奢草(Kuśa)。萍沙王舊城即以多出此草而得矩

奢揭羅補羅城之名。

〔31〕菩薩：《石本》作"井"。

〔32〕三帀而去：《水經·河水注》引文，《大典本》、《黄本》、《沈本》、《趙本》作"三匝西去"；《吴本》、《朱本》作"三匝而去"；《全本》、《楊本》作"三帀而去"；《戴本》、《殿本》作"三帀西去"，《殿本》注"案西近刻作而"。

〔33〕貝：《鐮本》作"具"，下同。

〔34〕東向而坐：《石本》無"而"字。《水經·河水注》引文，《大典本》、《黄本》、《趙本》作"東向西坐"；《吴本》、《朱本》、《沈本》、《全本》、《戴本》、《殿本》、《楊本》作"東向而坐"。

〔35〕魔王：《水經·河水注》引文，《大典本》、《黄本》、《沈本》作"魔"。

〔36〕來試：《水經·河水注》引文，《大典本》、《黄本》、《沈本》、《全本》、《戴本》、《殿本》作"來試菩薩"；《吴本》、《朱本》、《趙本》、《楊本》作"來試"。

〔37〕魔王：《水經·河水注》引文，《大典本》、《黄本》作"魔手"。

〔38〕從南來試：《水經·河水注》引文，《大典本》、《黄本》、《沈本》、《戴本》、《殿本》、《楊本》作"從南來"，《殿本》注"案近刻下有試字"；《吴本》、《朱本》、《全本》、《趙本》作"從南來試"。

〔39〕足指按地：《法顯傳》此云"足指按地"，蓋以言佛之神通。《佛本行集經》卷二九則作"爾時菩薩手指此地，……其地遍及三千大千世界，六種震動，作大音聲，……爾時彼魔一切軍衆……皆悉退散"。

〔40〕魔兵：《石本》、《鐮本》作"魔丘"。

〔41〕退散：《水經·河水注》各本引文皆作"卻散"。

〔42〕三女變老：《麗本》作"三女變成老母"。《水經·河水注》引文，《大典本》、《黄本》、《吴本》、《朱本》、《沈本》、《戴本》、《殿本》、《楊本》作"三女變爲老姥不自服"，朱注"不字上疑脱一莫字"；《全本》、《趙本》作"三女變爲老姥莫不自服"。《楊本》注云"不自服"當作"不能自復"。

〔43〕苦行：《石本》作"宮行"。

〔44〕七寶臺：《東本》、《開本》、《鐮本》、《麗本》作"七寶堂"；《石本》作"七寶當"；《磧本》、《津本》、《學本》作"七寶屋"。

〔45〕文鱗盲龍：文鱗（Mucilinda）爲龍名，《大唐西域記》卷八譯作目支鄰陀。

〔46〕尼拘律樹：《水經·河水注》引文，《大典本》、《黄本》、《沈本》作"拘律樹"，《沈本》注"脱尼字"。

〔47〕梵天來請佛處："請"字，《水經·河水注》引文，《大典本》、《黄本》、《吴本》、《朱本》、《沈本》作"諸"，《朱本》注"諸疑作詣"，《沈本》注"一本作詣"；《全本》、《趙本》、《戴本》、《殿本》作"詣"，《殿本》注"案詣近刻訛作請"，此又可見戴氏未檢對《大典本》因而以《大典本》亦作爲"近刻"矣；《楊本》作"請"。《大唐西域記》卷八載此事，作"大梵天王於此勸請轉妙法輪"，即懇請佛對人間宣講佛教教義也。

〔48〕四天王奉鉢處："奉鉢"，《水經·河水注》引文，《大典本》作"奉鉢"；《黄本》、《吴本》、《朱

本》、《沈本》、《全本》、《趙本》、《殿本》、《楊本》作"捧鉢",此又戴氏未檢對《大典本》之一證;《戴本》作"捧盋"。佛教所傳,四天王奉鉢,爲供釋迦牟尼接受麨蜜之用。

〔49〕五百賈客授麨蜜處:"賈客",《石本》作"賈客";《麗本》作"賈人"。"授"字,《音義》以爲應改作"獻";《音義》又以爲"麨"字應作"麵",謂"《(法顯)傳》從少作麨,俗字"。佛教傳說,釋迦牟尼初證佛果後,有商客奉獻麨蜜之事。本傳云有五百賈客,《大唐西域記》卷八唯二商主。

〔50〕度迦葉兄弟師徒千人處:《大唐西域記》卷八亦載此佛教傳說,較本傳爲詳。此迦葉兄弟爲:優婁頻螺迦葉波(Uruvilvā Kāśyapa)、捺地迦葉波(Nadī Kāśyapa)、伽耶迦葉波(Gayā Kāśyapa),初,三人爲事火外道,受釋迦牟尼之教化,偕其徒衆千人,先後皈依佛教。

〔51〕亦:《麗本》作"亦盡"。

〔52〕入衆之法:入衆之法即佛教僧人共同生活之規法。《釋氏要覽》卷下引《五分律》云:"佛言入衆應以五法:一下意,二慈心,三恭敬,四知次第,五不説餘事。"

〔53〕四大塔者:按:《法顯傳》中於貝多樹佛成道處、鹿野苑始轉法輪處及拘夷那竭城般泥洹處,皆記有塔。獨於論民園佛生處未記有塔,不知何由脱去。《大唐西域記》卷六臘伐尼林(即論民園)則載有佛生處諸窣堵波及無憂王所建大石柱。

〔54〕生處:《鎌本》作"坐處"。

〔55〕法輪:《鎌本》無"輪"字。

〔56〕作:《東本》、《開本》作"在"。

〔57〕釋迦佛:《東本》、《開本》、《石本》、《鎌本》、《麗本》作"迦葉佛"。

〔58〕歡喜:《石本》作"觀喜"。

〔59〕一掬土:《石本》作"一相土"。

〔60〕經行地:《東本》、《開本》作"經行池";《石本》作"經行城"。

〔61〕因此:《石本》作"因"。

〔62〕鐵輪王:參看前〔僧伽施國〕節注〔10〕。

〔63〕閻浮提:即閻浮提洲。參看前〔弗樓沙國〕節注〔15〕。

〔64〕案:《鎌本》作"安"。

〔65〕鐵圍兩山:關於鐵圍山,見前〔弗樓沙國〕節注〔15〕。但此句似言以鐵圍繞兩山間作地獄,與鐵圍山無關。

〔66〕閻羅:《鎌本》、《麗本》作"閻羅王"。閻羅爲梵文 Yamarāja 音譯之略。

〔67〕治罪人:《石本》作"治罪"。

〔68〕人主:《石本》作"人人主"。

〔69〕主:《石本》作"王"。

〔70〕池水:《石本》、《磧本》、《津本》、《學本》作"泄水"。

〔71〕一人:《鎌本》作"一惡人";《磧本》、《禪本》、《津本》、《學本》、《院本》作"一"。

〔72〕長壯:《石本》作"長庄"。

〔73〕眼青：《磧本》作"眼清"；《麗本》作"目青"。
〔74〕以腳鉤兼魚：《東本》、《開本》、《鎌本》、《麗本》作"以腳鉤魚"。
〔75〕口呼：《磧本》、《津本》、《學本》作"口呼"。
〔76〕作好浴池：《磧本》作"非好浴池"；《石本》作"作好浴"；《津本》、《學本》作"并好谷池"。
〔77〕莊嚴校餝："莊"，《石本》、《鎌本》作"庄"，後同。"餝"，《磧本》、《麗本》、《津本》、《學本》、《院本》作"飾"。
〔78〕牢作：《石本》作"牢竹"；《鎌本》作"牢作"。
〔79〕輒捉：《石本》作"輒投"。
〔80〕設：《石本》作"説"。
〔81〕王：《東本》、《開本》、《磧本》、《麗本》、《津本》、《學本》作"主"。
〔82〕有：《鎌本》、《麗本》作"時有"。
〔83〕門：《鎌本》作"獄門"。
〔84〕復：《石本》作"後"；《磧本》、《津本》、《學本》作"得"。
〔85〕阿羅漢：《鎌本》、《麗本》作"阿羅漢果"。
〔86〕捉內鑊湯中：《石本》作"投內錐湯中"；《鎌本》作"捉內鑵渴中"。
〔87〕獄卒：《麗本》作"爾時獄卒"。
〔88〕獄中：《石本》作"中"。
〔89〕王：《石本》作"王王"。
〔90〕爲說法：《鎌本》、《麗本》作"爲王說法"。
〔91〕信重：《東本》、《開本》作"信乘"。
〔92〕八齋：《麗本》作"八戒齋"。八齋亦稱八戒或八戒齋，乃佛教徒之禁戒，即離開八種之非法也。據《俱舍論》卷十四，此八種之非法爲：① 殺生；② 不與取；③ 非梵行；④ 虛誑語；⑤ 飲諸酒；⑥ 塗飾香鬘歌舞觀聽；⑦ 眠坐高廣嚴麗床座；⑧ 食非時食。關於阿育王作地獄、壞地獄及此下王夫人伐樹之佛教神話傳説，《大唐西域記》卷八亦有類似記述。
〔93〕倒：《石本》作"到"，《鎌本》作"樹倒"。
〔94〕塼：《石本》作"榑"；《鎌本》作"博"。
〔95〕身四布地：《麗本》作"身四枝布地"。
〔96〕誓已：《麗本》作"作是誓已"。
〔97〕今高減十丈：《石本》作"今高減十丈"；《鎌本》作"高減十丈"；《麗本》作"高減十丈"。

雞足山

從此南三里行，到一山，名雞足〔1〕。大迦葉今在此山中〔2〕。劈〔3〕山下入，入處不容人，下入極遠有旁孔，迦葉全身在此中住。孔外有迦葉本洗手土，彼方人若頭痛者，以此土塗之即差。此山中即日[4]故[5]有諸羅漢住，彼方[6]諸國道人年年往供養迦葉，心濃至者，夜即有羅漢來，共言論，釋其疑已，忽然不現。此山榛木茂盛，又多師子、虎、狼，不可妄行。

【校注】

〔1〕從此南三里行到一山名雞足："南"，《鎌本》作"東南"。雞足山，即《大唐西域記》卷九之屈屈吒播陀山（Kukkuṭapādagiri）；亦稱窶盧播陀山（Gurupādagiri），意譯尊足，蓋因"尊者大迦葉波居中寂滅，不敢指言，故云尊足"也。據《勞氏書》（230—231 頁）引克寧漢（Cunningham）氏説，主張此山在伽耶城東北 16 哩，即克基哈爾（Kurkihār）之北約一哩之三座山峯。又引有斯坦因（Stein）氏説，主張此山在克基哈爾西南一帶連山中之最高峯，即索那時山（Sobhnāth Hill），距瓦齊干村（Wazirganj）約四哩。是故《堀氏書》卷九附圖，即繪雞足山於伽耶之東偏北。但據《足立氏書》（175—177 頁）引巴納基（R. D. Banerjee）氏之考證，則以位於佛陀伽耶東南東二十哩之窶播山（Gurpa Hill 即 Gurupada）當雞足山。足立氏以爲本傳"從此南三里"之文當有誤，因改"三里"爲"三由延"，並謂"南"字應作"東南"解。按：1980 年影印問世之《鎌本》，"南"字正作"東南"，與巴納基、足立二氏之考證相合。

〔2〕大迦葉今在此山中：即言大迦葉居中寂滅也。《大唐西域記》卷九所載較此爲詳。

〔3〕劈：《石本》作"辟"；《鎌本》作"辟"；《麗本》作"擘"。

〔4〕即日：《鎌本》作"即目"。

〔5〕故：《鎌本》作"猶"。

〔6〕彼方：《麗本》作"彼"。

曠　野

法顯還向巴連弗邑[1]。順恒水西下[2]十由延[3]，得[4]一精舍，名曠野[5]，佛所住處，今現有僧。

【校注】

〔1〕法顯還向巴連弗邑："巴"，《石本》作"已"。《水經》《河水注》引用《法顯傳》此段關於曠野之記載，首名作"法顯從此東南行還巴連弗邑"。《楊本》注："守敬按：《佛國記》法顯從雞足山還向巴連弗邑，無東南行等字，此酈氏以意增。……雞足山在巴連弗邑之西南，則從雞足山還向巴連弗邑，乃東北行，非東南行，此南爲北之誤。"按：伽耶在巴連弗邑之南偏西，雞足山在巴連弗邑之東南，楊氏謂"雞足山在巴連弗邑之西南"，亦未爲準確。又，"巴連弗邑"，《大典本》、《吳本》、《朱本》、《沈本》作"巴連佛邑"；《黃本》作"已連佛邑"；《全本》、《趙本》、《戴本》、《殿本》、《楊本》作"巴連

弗邑"。

〔2〕西下:《石本》作"面下"。此西下之"下"字,疑應作"行"字。

〔3〕十由延:《石本》作"十由正";《鎌本》作"由延"。《水經》《河水注》各本引文無此三字。

〔4〕得:《鎌本》作"到"。

〔5〕名曠野:《東本》、《開本》作"多曠野";《石本》作"名順野"。據本傳,此地在巴連弗邑西十由延,波羅㮈城東十二由延。據《大唐西域記》卷七,戰主國(Yuddhapati,今 Ghāzipur)東偏南三百餘里有摩訶娑羅邑(Mahāsāla,今 Shahabad 西約六哩之 Masār),更東三十餘里,殑伽河北,有石柱,刻記如來伏曠野諸鬼之事,諸鬼並舉石請佛安坐,願聞正法。《法顯傳》之曠野,蓋即此處。

迦尸國波羅㮈城

復順恒水西行十二由延[1],到迦尸國波羅㮈城[2]。城東北十里許,得仙人鹿野苑精舍[3]。此苑本有辟支佛住,常有野鹿栖宿[4]。世尊將[5]成道,諸天於空中唱言:"白淨王子出家學道,卻後七日當成佛。"辟支佛聞已,即取泥洹,故名此處爲仙人鹿野苑。世尊成道已,後人於此處起精舍。佛欲度拘驎[6]等五人,五人[7]相謂[8]言:"此瞿曇沙門[9]本六年苦行[10],日食一麻、一米,尚不得道[11],況入人間,恣身、口、意,何道之有!今日來者,慎勿與語。"佛到,五人皆起作禮處。復[12]北行六十步,佛於此東向坐,始轉法輪[13]度拘驎等五人處。其北二十步,佛爲彌勒受記[14]處。其南五十步,翳羅鉢龍問佛[15]:"我何時當得免[16]此龍身?"此處皆起塔,見在。中有二僧伽藍,悉有僧住。

【校注】

〔1〕復順恒水西行十二由延:《水經》《河水注》引用《法顯傳》此段關於迦尸國波羅㮈城之記載,首句作"復順恒水西下","西下"應作"西行"。

〔2〕迦尸國波羅㮈城:"迦尸國",《石本》作"迦尼園";《水經》《河水注》引文、《大典本》、《黃本》作"尸迦國";《吳本》、《朱本》、《沈本》、《全本》、《趙本》、《戴本》、《殿本》、《楊本》作"迦尸國"。"㮈"字,《石本》、《鎌本》、《麗本》作"㮈",下同;《河水注》引文、《大典本》、《黃本》、《沈本》作"奈",《吳本》、《朱本》、《全本》、《趙本》、《戴本》、《殿本》、《楊本》作"柰"。迦尸(Kāsī)亦爲古印度恒河流域之著名古國,其首都波羅㮈(Vārānasī),即今印度北方邦之貝拿勒斯(Banāras)。此城位於恒河北岸,又有 Varunā 河流經城北,Asi 河流經城南,合此二河之名,而得 Vārānasī 之城名。波羅㮈城爲古印度之一重要工商業中心,交通發達,東通恒河下游,西通拘薩羅國舍衛城乃至竺刹尸羅國等地。城東北之鹿野苑,即釋迦牟尼成道後初轉法輪處,亦爲當時佛教傳布之一中心也。《大唐西域記》卷七即以首都婆羅疤斯(即波羅㮈)之名,稱其國爲婆羅疤斯國。

〔3〕仙人鹿野苑精舍:"苑",《石本》、《鎌本》作"菀",下同;《水經》《河水注》引文、《大典本》、《黄本》亦作"菀"。鹿野苑在今貝拿勒斯城北面十里許,其地今名 Sārnāth,附近一帶之森林,即古鹿野也。關於鹿野苑精舍之規模,及以下鹿野得名之由來、辟支佛取泥洹、佛始轉法輪度拘驎等五人、佛爲彌勒受記諸佛教神話傳說,《大唐西域記》卷七有類似記述。

〔4〕栖宿:《水經》《河水注》引文,《大典本》、《黄本》無此二字。

〔5〕將:《石本》作"時"。

〔6〕拘驎:拘驎即憍陳如之異譯,參看前〔伽耶城〕節注〔3〕。拘驎等既捨釋迦牟尼而至波羅㮈城,釋迦牟尼成道後,仍來鹿野苑說法度拘驎等五人。

〔7〕五人:《鎌本》無此二字。

〔8〕謂:《石本》作"諸";《鎌本》作"語"。

〔9〕瞿曇沙門:瞿曇(Gautama)亦譯喬答摩,乃釋迦牟尼之姓。此瞿曇沙門即指釋迦牟尼。

〔10〕本六年苦行:《麗本》無"本"字。"苦行",《石本》作"共行"。

〔11〕不得道:《石本》原作"不得尊世",但"尊世"二字又曾被互乙。

〔12〕復:《石本》作"得"。

〔13〕始轉法輪:始轉法輪即始説教法也。

〔14〕佛爲彌勒受記:"受",《磧本》、《麗本》、《津本》、《學本》、《院本》作"授"。受、授二字可通用。彌勒即彌勒菩薩,見前〔陀歷國〕節注〔5〕。受記爲和伽羅那(Vyākarana)之意譯,乃一種預言。此句即言佛以未來成佛應繼釋迦牟尼佛位之記别,授與彌勒菩薩。

〔15〕翳羅鉢龍問佛:翳羅鉢(Elāpattra),龍名,亦作伊羅鉢。據《佛本行集經》卷三十八傳說,此龍前生曾手斫伊羅草,以果報而得龍身,故來問佛何時得免;佛勸誘其歸依三寶,受持五戒,將來至彌勒佛世,可脱龍身而復人身。

〔16〕當得免:《鎌本》作"當免";《麗本》作"得免"。

拘睒彌國

自鹿野苑精舍西北行十三由延[1],有國,名拘睒彌[2]。其精舍名瞿師羅園[3],佛昔住處。今故有衆僧,多小乘學。從[4]東行八由延,佛本於此度惡鬼處。亦嘗[5]在此住,經行[6]、坐處皆起塔。亦有僧伽藍,可百餘僧。

【校注】

〔1〕由延:《東本》、《開本》、《金本(記引)》、《石本》、《鎌本》、《資本》、《麗本》作"由旬"。

〔2〕拘睒彌:即《大唐西域記》卷五之憍賞彌(Kauśāmbī),《勞氏書》(100頁)引克寧漢説,以爲其都城故址在今印度北方邦南部阿拉哈巴德(Allahabad)西南三十哩之柯散(Kosam),近年考古

發掘其地,得有石柱銘文等。

〔3〕瞿師羅園:瞿師羅(Ghosila)即《大唐西域記》卷五憍賞彌國下之具史羅長者,《西域記》載此國都城内東南隅具史羅長者故宮中有佛精舍,又載城東南不遠具史羅長者舊園有故伽藍,如來於此數年説法。

〔4〕從:《石本》、《鎌本》作"從此";《麗本》、《院本》作"從是"。

〔5〕嘗:《金本(記引)》、《麗本》作"常"。

〔6〕經行:《石本》作"行經"。

達嚫國

從此南行二百由延,有國名達嚫[1]。是過去伽葉佛僧伽藍[2],穿[3]大石山作之,凡有五重:最下重作象[4]形,有五百間石室;第二層[5]作師子形,有四百間;第三層作馬形,有三百間;第四層作牛形,有二百間;第五層作鴿形,有百間。最上有泉水,循[6]石室前繞房而流,周圍迴[7]曲,如是乃至下[8]重,順房流,從户而出。諸層[9]室中處處穿石[10],作窗牖[11]通明。室中朗然,都無幽暗[12]。其室四角頭[13]穿石作梯[14]蹬[15]上處[16]。今人形小[17],緣梯上,正得至昔人[18]一脚所[19]躡處。因[20]名此寺爲波羅越,波羅越者,天竺名鴿也[21]。其寺中常有羅漢住。此土丘荒[22],無[23]人民居。去山極遠方有村。皆是邪[24]見,不識佛法、沙門、婆羅門及諸[25]異學。彼國人民常見人飛來[26]入此寺。于時諸國道人欲來禮此寺者,彼村人則言:"汝何以不飛耶?我見此間道人皆飛。"道人方便答言:"翅未成耳。"

達嚫國[27]幽嶮[28],道路[29]艱難[30],而[31]知處。欲往者,要當賣錢貨施彼國王,王然後遣人送,展轉相付,示其逕路[32]。法顯竟不得往,承彼土人言,故説之耳。

【校注】

〔1〕達嚫:《鎌本》作"達嚫"。達嚫(Daksina)蓋即《大唐西域記》卷十之憍薩羅國(Kosala),亦即《大慈恩寺三藏法師傳》卷四之南憍薩羅國。蓋古印度北方有一以舍衛城爲首都之憍薩羅國(《法顯傳》上文譯作拘薩羅國),故名此一南方之憍薩羅國爲達嚫-憍薩羅(Daksina-Kosala),"達嚫"之義爲"南",達嚫-憍薩羅即南憍薩羅,亦即法顯此處簡稱之達嚫。此國疆土,相當今印度中部馬哈納迪(Mahanadi)河系及哥達瓦里(Godavari)河系上游一帶。

〔2〕是過去伽葉佛僧伽藍:《大唐西域記》卷十云憍薩羅國(南憍薩羅)西南三百餘里有跋邏

末羅耆釐山(Bhrāmara-giri)，山中有此國國王爲龍猛菩薩(Nāgārjuna)所建之伽藍，似即《法顯傳》此處所述之僧伽藍。

〔3〕穿：《金本(記引)》、《麗本》(《足立氏書》引)作"穿"。穿，穿字同。

〔4〕象：《鎌本》作"鸟"

〔5〕層：《石本》、《鎌本》作"曾"。下同。

〔6〕循：《石本》作"修"；《鎌本》作"脩"。

〔7〕迴：《鎌本》無此字。

〔8〕下：《石本》作"千"。

〔9〕層：《石本》、《鎌本》作"曾"；《金本(記引)》、《麗本》作"僧"。

〔10〕石：《金本(記引)》作"一石"。

〔11〕窗牖："窗"，《石本》、《鎌本》作"窓"。"牖"，《圓本》、《資本》、《禪本》作"牋"，蓋訛；《東本》、《開本》、《金本(記引)》、《石本》、《鎌本》、《磧本》、《麗本》、《津本》、《學本》、《院本》作"牖"，今據改。

〔12〕暗：《金本(記引)》、《石本》、《鎌本》、《麗本》、《院本》作"闇"。

〔13〕頭：《金本(記引)》、《麗本》無此字。

〔14〕梯：《金本(記引)》、《石本》、《鎌本》作"蹄"。下同。

〔15〕蹬：《磧本》作"隥"；《津本》、《學本》、《院本》作"磴"；《音義》作"隥"，並云"《(法顯)傳》作蹬，俗用字"，則《音義》所見唐本亦作"蹬"也。

〔16〕上處：《鎌本》作"上下處"。

〔17〕小：《鎌本》作"短小"。

〔18〕人：《金本(記引)》無此字。

〔19〕所：《金本(記引)》、《麗本》無此字。

〔20〕因：《石本》、《鎌本》作"耳"。此"耳"字蓋連上句讀。

〔21〕波羅越者天竺名鴿也："波羅越"，《金本(記引)》不重出此三字。梵文名鴿曰 Pārāvata，波羅越蓋其音譯。按：①《大唐西域記》卷十之跋邏末羅耆釐山(義爲黑蜂山)之梵文爲 Bhrāmara-giri，giri 之意爲"山"，Bhrāmara 之意爲"黑蜂"。而 Bhrāmara 與 Pārā-vata 音近易混。② 又此伽藍建於大石山上，梵文稱山曰 Parvata，而 Parvata 與 Pārāvata 亦音近易混。《法顯傳》此節關於此波羅越寺之記載，乃得之傳聞，而未親至目睹，彼所聞之寺名，可能爲 Bhrāmara(跋邏末羅寺)或 Parvata(山寺)，而誤聽作 Pārāvata，因遂訛作鴿寺也。又按：《慧超往五天竺國傳》南天竺國下云："……於彼山中，有一大寺，是龍樹菩薩便(使)夜叉神造，非人所作，並鑿山爲柱，三重作樓，四面方圓三百餘步，龍樹在日，寺有三千僧，獨供養以十五石米，每日供三千僧，其米不竭，取卻還生，元不減少，然今此寺廢，無僧也。"此《慧超傳》所云山中大寺與《大唐西域記》之跋邏末羅耆釐伽藍，及《法顯傳》所謂鴿寺，蓋均爲同一之僧伽藍。玄奘、慧超均傳此寺乃屬龍樹(即龍猛)，法顯獨云"是過去迦葉佛僧伽藍"者，恐亦誤傳。

〔22〕此土丘荒:"此土",《鎌本》作"彼土"。"丘荒",《石本》、《鎌本》作"坵荒"。

〔23〕無:《石本》作"天",乃"无"字之訛。

〔24〕邪:《石本》作"耶"。

〔25〕及諸:《石本》作"乃諸"。

〔26〕人飛來:《金本(記引)》、《麗本》作"飛人來"。"飛"字,《石本》作"兆",下同。

〔27〕達嚫國:《圓本》作"達親國";《鎌本》作"達龍國";《東本》、《開本》、《石本》等各本皆作"達嚫國",今據改。

〔28〕幽嶮:"幽",《金本(記引)》、《津本》、《學本》、《院本》無此字;"嶮",《鎌本》作"冷";《院本》作"險"。

〔29〕路:《金本(記引)》無此字。

〔30〕艱難:《石本》作"難艱"。

〔31〕而:《東本》、《開本》、《金本(記引)》、《石本》、《鎌本》、《麗本》、《院本》作"難"。

〔32〕示其逕路:"示",《石本》作"尒"。"逕",《石本》作"迳";《鎌本》作"送"。

還巴連弗邑寫律

從[1]波羅㮈國[2]東行,還到巴[3]連弗邑。法顯本求戒律,而北天竺諸國皆師師[4]口傳,無本可寫,是以遠步[5],乃至[6]中天竺。於此摩訶衍僧伽藍得一部律[7],是《摩訶僧祇衆律》[8],佛在世時[9]最初大衆[10]所行也,於祇洹精舍[11]傳其本[12]。自餘十八部[13]各有師資,大歸不異,於[14]小小不同,或用開塞[15]。但此最是廣説備悉者。復得一部抄律[16],可七千偈,是《薩婆多衆律》[17],即此秦地衆僧所行者也。亦皆師師口相傳授,不書之於文字。復於此衆中得《雜阿毗曇心》[18],可六千偈。又得一部《綖經》[19],二千五百偈。又得一部[20]《方等般泥洹經》[21],可五千偈。又得《摩訶僧祇阿毗曇》[22]。故法顯住此三年[23],學梵書、梵語[24],寫律。

道整既到中國,見沙門法則,衆僧威儀,觸事可觀,乃追歎秦土邊地,衆僧戒律殘缺。誓言:"自今已去至得佛,願不生邊地。"故遂停不歸。

法顯本心欲令[25]戒律流通漢地,於是獨還[26]。

【校注】

〔1〕從:《麗本》作"從彼"。

〔2〕波羅㮈國:《石本》、《鎌本》作"彼羅㮈國";"㮈",《麗本》作"棕"。

〔3〕巴:《石本》作"已"。

〔4〕師師:《石本》作"師"。

〔5〕步:《麗本》作"涉";《出三藏記集》卷三《彌沙塞律記》引文亦作"涉"。

〔6〕乃至:自以上"北天竺"之"竺"字,至此"至"字,共十八字,《鎌本》脱寫。

〔7〕於此摩訶衍僧伽藍得一部律:摩訶衍僧伽藍已見前〔摩竭提國巴連弗邑〕節注〔28〕。今傳本法顯共佛陀跋陀羅(即覺賢)所譯《摩訶僧祇律私記》則稱"於摩竭提國巴連弗邑阿育王塔南天王精舍寫得(此律)梵本"。

〔8〕摩訶僧祇衆律:摩訶僧祇(Mahāsāṅghika)之意爲"大衆","衆"之意爲"部",《摩訶僧祇衆律》猶言"大衆部律",即今《大藏經》中之《摩訶僧祇律》四十卷,法顯歸國後與佛陀跋陀羅(即覺賢)共譯。《出三藏記集》卷二法顯名下著録云:"《摩訶僧祇律》四十卷,已入律録。"同書卷三《婆麤富羅律》條亦記此律譯記。

〔9〕世時:《石本》作"世尊"。

〔10〕大衆:《石本》作"天衆"。

〔11〕祇洹精舍:《石本》作"祇洹舍"。

〔12〕其本:《圓本》、《資本》、《禪本》作"具本";《東本》、《開本》、《石本》、《鎌本》、《磧本》、《麗本》、《津本》、《學本》、《院本》作"其本",今據改。

〔13〕十八部:即佛滅後數百年間佛教分裂而成之部派也。關於此等部派,諸傳説不盡相同。普通常被引用者有玄奘所譯《異部宗輪論》,謂佛教首先分裂者爲大衆部(Mahāsāṅghika)與上座部(Sthavira),其後由大衆部又先後分出八部:① 一説部(Ekavyāvahārika),② 説出世部(Lokottaravādina),③ 雞胤部(Kaukkutika),④ 多聞部(Bahuśrutīya),⑤ 説假部(Prajñaptivādina),⑥ 制多山部(Caityaśaila),⑦ 西山住部(AParaśaila),⑧ 北山住部(Uttaraśaila);由上座部(即雪山部 Haimavata)又先後分出十部:① 説一切有部(Sarvāstivāda,亦名説因部 Hetuvāda),② 犢子部(Vātsīputrīya),③ 法上部(Dharmottarīya),④ 賢冑部(Bhadrayānīya),⑤ 正量部(Sammatīya),⑥ 密林山部(Sannagarika),⑦ 化地部(Mahiśāsaka),⑧ 法藏部(Dharmagupta),⑨ 飲光部(Kaśyapīya,亦名善歲部 Suvarṣaka),⑩ 經量部(Sautrāntika,亦名説轉部 Samkrāntivādina)。以上大衆部、上座部爲本部,所分出之諸部爲十八部,合大衆、上座兩本部亦稱二十部。但據《錫蘭》所傳,如《島史》(Dīpavamsa)之所載,則分别從大衆部、上座部分出者爲十六部,合大衆、上座兩本部爲十八部。又據義浄《南海寄歸内法傳》卷一云:"諸部流派,生起不同,西國相承,大綱唯四:一、……聖大衆部,分出七部;……二、……聖上座部,分出三部;……三、……聖根本説一切有部,分出四部;……四、……聖正量部,分出四部……然而部執所傳,多有同異,且依現事,言其十八。"此又一種十八部派演變之記述也。

〔14〕於:《麗本》作"然"。

〔15〕開塞:開、塞,猶言寬、嚴也。

〔16〕抄律:《鎌本》作"律抄"。

〔17〕薩婆多衆律：薩婆多衆(Sarvāstivāda)即説一切有部，《薩婆多衆律》即《説一切有部律》也。《出三藏記集》卷二法顯名下著録云："《薩婆多律抄》，梵文，未譯。"

〔18〕雜阿毗曇心：阿毗曇即阿毗達磨，佛典中之論述也。對於論述加以注釋者曰毗婆沙(Vibhāsa)，意即廣説或廣釋。佛教論藏中有一部著名之《阿毗達磨發智論》，亦名《説一切有部發智論》，廣釋此《發智論》者有《阿毗曇毗婆沙論》，嫌《婆沙論》太博而略撰要義者，曰《阿毗曇心論》（《開元釋教録》卷十三云"或無'論'字"），增釋《阿毗曇心論》者曰《雜阿毗曇心論》，即此《雜阿毗曇心》是也。《歷代三寶紀》卷七謂法顯歸後曾共覺賢譯此，是第二出。然《出三藏記集》卷二法顯名下著録云："《雜阿毗曇心》十三卷，今闕。"《開元録》卷十五亦將法顯、覺賢共譯之《雜阿毗曇心》十三卷收入小乘論闕本。今《大藏經》中所收此論十一卷，已是劉宋僧伽跋摩等譯本矣。

〔19〕綖經：《麗本》作"經"。佛經通稱曰素呾纜(Sūtra)，亦譯稱綫經，或譯稱綖經。綖與綫同字，其意蓋謂如以綖(綫)貫花，使法義不散也。法顯所得此綖經，似爲一專著，《出三藏記集》卷二法顯名下著録云："《綖經》，梵文，未譯出。"

〔20〕一部：今所見各本《法顯傳》皆作"一卷"；《出三藏記集》卷三《彌沙塞律記》引文作"一部"，今據改。

〔21〕方等般泥洹經：即今《大藏經》中之《佛説大般泥洹經》六卷也。今通行本但題法顯譯，據《出三藏記集》卷八所收《六卷泥洹出經後記》，乃"義熙十三年（公元417年）十月一日，於謝司空石所立道場寺，出此《方等大般泥洹經》，至十四年（公元418年）正月二日，校定盡訖，禪師佛大跋陀（亦即覺賢）手執梵本，寶雲傳譯"。《出三藏記集》卷二法顯名下亦著録云："《大般泥洹經》六卷，晉義熙十三年……道場寺譯。"又今《大藏經》中尚收有另一種《大般涅槃經》，三卷，題作東晉法顯譯。《開元録》卷三注云："《大般涅槃經》，三卷，或二卷，是《長阿含》初分《遊行經》異譯，羣録並云顯出《方等泥洹》者非，即前《大泥洹經》（按：即前述《六卷泥洹》）加'方等'字，此小乘涅槃，文似顯譯，故以此替之。"推《開元録》之解釋，以爲此三卷小乘《大般涅槃經》，不過文似顯譯，遂以歸之耳。故學者間多不信其果爲法顯所譯也。

〔22〕摩訶僧祇阿毗曇：阿毗曇（阿毗達磨）即佛典中之論述，《摩訶僧祇阿毗曇》乃大衆部所傳之阿毗曇。我國現存諸經録中，此論未見著録。

〔23〕故法顯住此三年："故"，《鎌本》無此字。法顯前文之記夏坐，止於西行後第六年即公元404年在僧伽施國龍精舍之夏坐。依《足立氏書》(192頁)之解釋，"故法顯住此三年"句，可推算作法顯西行後之第七年、第八年、第九年，即義熙元年（公元405年）、二年（公元406年）、三年（公元407年）。

〔24〕學梵書梵語：《石本》作"學故書胡語"；《鎌本》作"覺故書胡語"。

〔25〕令：《石本》作"今"。

〔26〕還：《石本》無此字。

瞻波大國

順恒水東下十八由延[1]，其南岸[2]有瞻波大國[3]。佛精舍、經行處及[4]四佛坐處,悉起[5]塔,現有僧住。

【校注】

〔1〕順恒水東下十八由延:"恒水",《石本》作"水"。《水經》《河水注》引用《法顯傳》此段關於瞻波大國之記載,此句作"(自巴連弗邑)又順恒水東行"("東行",《大典本》、《黃本》作"東東行")。

〔2〕其南岸:《東本》、《開本》作"其地岸";《石本》作"其地坏";《鎌本》作"到南岸其地坏";《圓本字音》、《東本字音》、《開本字音》、《資本字音》、《磧本字音》、《禪本字音》均有"地坏"條,注"下岸字"。《水經》《河水注》各本引文皆作"其南岸"。

〔3〕瞻波大國:"瞻波",《鎌本》作"瞻婆";《水經》《河水注》引文亦作"瞻婆"("瞻"字,《大典本》作"贍")。瞻波大國即《大唐西域記》卷十之瞻波國(Gampa)。其首都故址在今印度比哈爾邦東部巴格耳普爾(Bhāgalpur)略西不遠處,至今尚有 Champanagar 之地名,即瞻波邑也。

〔4〕及:《石本》作"乃"。

〔5〕起:《鎌本》作"起起"。

多摩梨帝國

從此東行近五十由延[1],到多摩梨帝國[2],即是海口。其國有二十四僧伽藍,盡有僧住,佛法亦興。法顯住此二年[3],寫經及畫像。

【校注】

〔1〕從此東行近五十由延:《水經》《河水注》引用《法顯傳》此段關於多摩梨帝國之記載,此句作"(自瞻婆大國)恒水又東"。

〔2〕多摩梨帝國:《麗本》作"摩梨帝國"。《水經》《河水注》引文,《大典本》、《黃本》、《吳本》、《朱本》、《沈本》、《楊本》作"多摩梨帝國",是也;《全本》、《趙本》以《漢書》之梨軒當此之"梨帝",改作"多摩梨軒國",《戴本》、《殿本》亦從之,《殿本》並加注云:"案軒近刻訛作帝",此又戴氏從全、趙而未核對《大典本》之一例,戴且以《大典本》之"帝"字亦作爲"近刻"之"訛",可謂甚謬誤矣。多摩梨帝國即《大唐西域記》卷十之耽摩栗底國(Tāmralipti),其首都故址在今印度西孟加拉邦加爾各答西南之坦姆拉克(Tamluk),爲古印度東北部之著名海口。《大唐西域記》卷十云:"國濱海隅,水陸交會,奇珍異寶多聚此國,故其國人大抵殷富。"《南海寄歸内法傳》卷四云:"附舶廣州,舉帆南海,緣歷諸國……方達耽摩立底國,即東印度之海口也。"皆可與《法顯傳》比看,以見此海口在古代中、印海上交通史中地位之重要。

〔3〕法顯住此二年:當爲義熙四年(公元408年)及五年(409年)。

四　師子國記遊

師子國概述

　　於是載商人大舶[1]，汎海[2]西南行，得冬初信風[3]，晝夜十四日，到師子國[4]。彼國人云，相去可七百由延。

　　其國本在[5]洲上，東西五十由延，南北三十由延[6]。左右小洲乃有[7]百數，其間相去或十里、二十里，或二百里，皆統[8]屬大洲。

　　多出珍寶珠璣[9]。有出摩尼珠[10]地，方可十里。王使人守護，若有採[11]者，十分取三。

　　其國本無人民，正[12]有鬼神及龍居之。諸國商人共市易[13]，市易時鬼神不自現身，但出寶物[14]，題其價直[15]，商人則依價置[16]直取物。因商人來、往、住故[17]，諸國人聞其土樂[18]，悉亦復來，於是遂成大國。

　　其國和適[19]，無冬夏之異[20]，草木常茂[21]，田種隨人，無所時節。

【校注】

　　[1] 大舶：《東本》、《開本》作"大船"；《石本》作"大舩"；《鎌本》作"未舩"。
　　[2] 海：《鎌本》作"海大"。
　　[3] 冬初信風：此冬初當爲義熙五年（公元409年）之冬初。印度半島東岸冬季有自東北而南之信風與海流。
　　[4] 師子國：即《大唐西域記》卷十一之僧迦羅國（Siṃhala），今之斯里蘭卡。Siṃha義爲師子（即獅子），故Siṃhala譯稱師子國。師子國得名之由來，出自神話傳說，詳見《西域記》。
　　[5] 本在：《石本》、《磧本》、《津本》作"大在"；《鎌本》、《學本》作"在大"。
　　[6] 東西五十由延南北三十由延：《足立氏書》（196—197頁）云："五十由延約當三百十哩，三十由延約當一百八十哩。然錫蘭島東西爲一百三十七哩，南北爲二百七十一哩。故東西五十由延、南北三十由延云云乃將東西與南北互置，且此項數字所據者乃傳説中極大概之計算也。"
　　[7] 乃有：《東本》、《開本》、《石本》、《鎌本》作"乃"。

〔8〕統：《石本》、《鎌本》作"繞"。
〔9〕珠璣：《石本》作"殊機"。
〔10〕有出摩尼珠："有"，《鎌本》作"又"。摩尼（Mani），珠之總名，佛教經籍中常用以稱一種理想中最珍貴之寶珠。
〔11〕採：《石本》作"米"，蓋"采"字之訛。
〔12〕正：《院本》作"止"。
〔13〕諸國商人共市易：《鎌本》作"諸商人來就鬼神共市易"。
〔14〕寶物：《鎌本》作"寶物"。
〔15〕價直：《石本》、《鎌本》作"賈直"。
〔16〕價置：《圓本》、《磧本》、《資本》、《禪本》、《津本》、《學本》、《院本》作"價直"；《石本》、《鎌本》作"賈雇"；《麗本》作"價雇"；《東本》、《開本》作"價置"，今據改。
〔17〕故：《鎌本》作"欲"。
〔18〕土樂：《鎌本》作"豐樂"。
〔19〕適：《石本》作"商"。
〔20〕異：《石本》作"畢"。
〔21〕常茂：《禪本》作"當茂"。

大　塔

佛至其國，欲化惡龍。以神足力，一足蹑王城[1]北，一足蹑山頂[2]，兩跡相去十五由延。於王城北[3]跡上起大塔[4]，高[5]四十丈，金銀莊校，衆寶合成[6]。

【校注】

〔1〕王城：此王城指位於今斯里蘭卡西北部之古都阿瓷羅陀補羅（Anurādhapura）。

〔2〕山頂：此"山頂"據佛教神話傳說，謂即今斯里蘭卡南部之亞當峯（Adam's Peak）。此峯古名蘇摩那俱多山（Sumanakūṭa）。太平御覽卷七九七之和訶條，或以爲是私訶條之誤，而私訶條即斯里蘭卡古名 Siṃhala-dvipa 之對音；《御覽》此下又述及有一三漫屈之地名，或以爲即是 Sumanakūṭa 之對音。又《諸蕃志》細蘭國下云"有山名細輪疊，頂有巨人跡，長七尺餘"，亦即指此"山頂"。大食人稱斯里蘭卡爲 Serendib，細輪疊蓋其對音也。

〔3〕於王城北：《東本》、《開本》、《石本》、《麗本》作"王於城北"；《鎌本》作"於城北"。

〔4〕大塔：《皮氏書》（150 頁注〔4〕）云：此即斯里蘭卡古代國王杜多伽摩尼（Duṭṭhagāmaṇī）所建之大塔（Mahāthūpa），《麥氏書》第二卷（237—238 頁）根據蓋格（W. Geiger）氏之研究，推算杜多伽摩尼王在位年爲公元前 101—77 年。按：蓋格氏之研究，謂古代斯里蘭卡直至公元四世紀末年以前所通用之紀年標準，皆以釋迦牟尼涅槃年爲公元前 483 年，並即在此基礎上推算斯里蘭卡諸

古代國王在位之年。由於此推算基礎係以公元前 483 年爲佛涅槃年,與其他以公元前 486 年爲佛涅槃年所推算之年代間有三年左右之相差。

〔5〕高:《鎌本》作"可高"。

〔6〕合成:《石本》作"含成";《鎌本》作"令成"。

無畏山僧伽藍

塔邊復[1]起一僧伽藍,名無畏山[2],有五千僧。起一佛殿,金銀刻鏤,悉以衆寶。中有一青玉像,高二丈[3]許,通身七寶炎光[4],威相嚴顯,非言所載。右掌中有一無價[5]寶珠。法顯去漢地積年,所與交接[6]悉異域[7]人,山川草木,舉目無舊,又同行分披[8],或留或亡[9],顧影唯己,心常懷悲。忽於此玉像邊見商人以晉地一白絹扇[10]供養[11],不覺悽然,淚下滿目。

【校注】

〔1〕復:《石本》作"後"。

〔2〕無畏山:《鎌本》作"無畏寺"。無畏山(Abhayagiri)爲斯里蘭卡最著名之二大僧伽藍之一,《大唐西域記》卷十一譯作阿跋耶祇釐。興建此僧伽藍之國王名伐多伽摩尼(Vattagāmaṇi),其在位年據前述蓋格氏之研究而推算,爲公元前 29—17 年。

〔3〕二丈:《麗本》作"三丈"。

〔4〕炎光:《禪本》、《院本》作"餤光";《麗本》作"焰光"。

〔5〕無價:《石本》、《鎌本》作"無賈"。

〔6〕交接:《石本》作"交樓";《鎌本》作"交構"。

〔7〕域:《圓本》、《東本》、《開本》、《石本》、《鎌本》、《磧本》作"城";《麗本》、《津本》、《學本》、《院本》作"域",今據改。

〔8〕分披:《石本》、《鎌本》作"分析";《磧本》、《津本》、《學本》作"分析"。

〔9〕或留或亡:《石本》作"或留或六";《麗本》作"或流或亡"。

〔10〕晉地一白絹扇:《金本(記引)》作"晉地一自綃扇";《石本》、《鎌本》作"晉地一白絹扇";《麗本》作"一白絹扇"。

〔11〕供養:《鎌本》作"供養像"。

貝多樹

其國前王[1]遣使中國,取貝多樹子[2],於佛殿旁種之[3]。高可二十丈,其樹東南傾，王恐倒[4]，故以八九圍柱拄樹[5]。樹當拄處[6]心生，遂穿柱而下，入地成根。大可四圍許，柱雖中裂，猶裹[7]其外，人[8]亦不去。樹下起精舍，中有[9]坐像，道俗敬仰無倦。

【校注】

〔1〕其國前王：此王即斯里蘭卡古代著名之天愛帝須(Devānampiyatissa)。相傳此王登位之第一年，即阿育王在位之第十八年，亦即佛教傳入斯里蘭卡之第一年。按：前〔陀歷國〕節注〔32〕，依公元前486年爲佛涅槃年而推得阿育王加冕年爲公元前269年，如此其第十八年應爲公元前251年，則天愛帝須王之元年應亦爲公元前251年。然據前述蓋格氏之研究，推算天愛帝須王在位年爲公元前247—207年，其元年（前247年）與另一傳説（前251年）有四年之相差矣。

〔2〕遣使中國取貝多樹子：《鐮本》作"遣使中國取貝多樹子還"。此中國指摩竭提國。斯里蘭卡古史所傳，天愛帝須王與摩竭提國阿育王爲友，即位後遣使通好，阿育王亦遣其子摩哂陀(Mahinda)來傳佛教於斯里蘭卡。《大唐西域記》卷十一亦載此事，但謂來傳佛教者爲阿育王之弟摩醯因陀羅(Mahendra)。斯里蘭卡所傳又云，繼而阿育王之女即摩哂陀之妹僧伽蜜多(Saṅghamittā)亦受請至斯里蘭卡傳布佛教，並携伽耶之聖菩提樹枝同來，移植於斯里蘭卡，即此所言"取貝多樹子"是也。

〔3〕於佛殿旁種：僧伽蜜多携來之聖菩提樹枝，係移植於阿㝹羅陀補羅城南，故此所言"於佛殿旁種"之佛殿，蓋指摩訶毗訶羅（見後〔摩訶毗訶羅精舍〕節注〔1〕），而非無畏山僧伽藍。

〔4〕倒：《鐮本》作"樹倒。"

〔5〕八九圍柱拄樹：《石本》作"八九圍柱樹"；《鐮本》作"八九圍拄樹"；《麗本》作"八九圍柱柱樹。"

〔6〕拄處：《石本》、《鐮本》、《麗本》作"柱處"。

〔7〕裹：《圓本》、《磧本》、《資本》、《禪本》作"裹畏"；《東北》、《開本》、《石本》、《鐮本》作"畏"；《津本》、《學本》作"裹在"；《麗本》、《院本》作"裹"，今據改。

〔8〕人：《鐮本》作"今"。

〔9〕中有：《東本》、《開本》作"有"。

王城及佛齒供養

城中又起佛齒精舍，皆七寶作。王淨修梵行，城内人信敬[1]之情亦篤。其國立治已來，無有饑荒喪亂。衆僧庫藏[2]多有珍寶、無價[3]摩尼，其王入僧庫[4]遊觀，見摩尼珠，即生貪心，欲奪[5]取之。三日乃悟，即詣僧中，稽首[6]悔前罪心。因[7]白僧言，願僧[8]立制，自今已後，勿聽王入其庫看，比丘滿四十臘，然後得入[9]。

其城中多居士、長者、薩薄商人[10]。屋宇[11]嚴麗,巷陌平整。四衢道頭皆作說法堂,月八日、十四日、十五日,鋪施高座[12],道俗四衆[13]皆集聽法。其國人云,都可六萬僧[14],悉有衆食,王別於城內供[15]五六千人衆食,須者[16]則持本鉢往取[17],隨器所[18]容,皆滿而還。

佛齒[19]常[20]以三月中出之。未出[21]十日,王莊校大象,使一辯說人,著[22]王衣服,騎象上,擊皷唱言[23]:"菩薩[24]從三阿僧祇劫[25],苦行[26]不惜命,以國、妻、子及挑眼與人[27],割肉貿鴿、截頭布施、投身餓虎[28],不悋髓腦[29],如是種種苦行,爲衆生故。成佛在世四十五年[30],說法[31]教化,令不安者安[32],不度者度,衆生緣盡,乃般泥洹。泥洹已來一千四百九十七年[33],世間眼滅[34],衆生長悲。卻後十日,佛齒當出至無畏山精舍。國內道俗欲殖福者,各各[35]平治道路,嚴飾[36]巷陌,辦衆華香、供養之具!"如是唱已,王便夾道兩邊,作菩薩五百身已來種種變現,或作須大拏[37],或作睒變[38],或作象王,或作鹿、馬。如是形[39]像,皆彩畫莊校[40],狀若生人[41]。然後佛齒乃出,中道而行,隨路供養,到無畏精舍佛堂上。道俗雲集,燒香、然燈,種種法事,晝夜[42]不息。滿九十日乃還城內精舍。城內精舍[43]至齋日則開門戶,禮敬如法。

【校注】

〔1〕人信敬:《鎌本》作"人民信敬";《麗本》作"人敬信"。

〔2〕庫藏:《石本》作"連藏"。

〔3〕無價:《石本》作"光賈";《鎌本》作"无賈"。

〔4〕庫:《鎌本》作"庫藏"。

〔5〕奪:《鎌本》作"舊"。

〔6〕稽首:《鎌本》作"愁稽首"。

〔7〕因:《圓本》、《磧本》、《禪本》、《津本》、《學本》、《院本》作"告";《東本》、《開本》、《石本》、《鎌本》、《麗本》作"因",今據改。

〔8〕僧言願僧:《鎌本》作"衆僧"。

〔9〕其庫看比丘滿四十騰然後得入:《東本》、《開本》、《石本》無此十三字;《圓本》、《磧本》、《資本》、《禪本》有;《鎌本》作"僧庫藏中看又比丘滿卅騰然後得入"。《麗本》作"庫看比丘滿四十臘然後得入";《津本》、《學本》、《院本》作"其庫看比丘滿四十臘然後得入"。臘、騰字同。《足立氏書》(202—203頁)以爲此十三字既爲《東本》、《開本》、《石本》所無,或亦後人竄加。湯用彤《評〈足立喜六〉考證法顯傳》則不以爲然,謂有此十三字文義亦較完足,非經竄加也。今新見到的《鎌本》亦

有此，更可爲非經竄加之證明。參看前〔焉夷國〕節注〔4〕及〔毗舍離國〕節注〔51〕。

〔10〕薩薄商人：《皮氏書》(154 頁注〔2〕)，及《理氏書》(104 頁)皆以薩薄爲 Sabaean 之對音，即古代阿拉伯半島西南部 Saba' 地區之居民，素以善航海及經商著名。《理氏書》云，此等阿拉伯商人直至近世在斯里蘭卡商業活動中仍占有重要地位。

〔11〕屋宇：《圓本》、《禪本》作"至宇"；《東本》、《開本》、《石本》、《鎌本》、《磧本》、《麗本》、《津本》、《學本》、《院本》作"屋宇"，今據改。

〔12〕座：《石本》、《鎌本》作"坐"。

〔13〕四衆：指比丘、比丘尼、優婆塞(Upāsaka，亦稱居士)、優婆夷(Upāsikā，女性的"居士")而言。

〔14〕可六萬僧：《磧本》、《津本》、《學本》作"可五六萬僧"；《資本》作"司六萬僧"。

〔15〕供：《麗本》作"供養"。

〔16〕衆食須者，《院本》作"衆須食者"。

〔17〕持本鉢往取：《石本》作"持大鉢往聚"；《鎌本》、《麗本》作"持大鉢往取"。《大唐西域記》卷十一亦載僧伽羅國(即師子國)"王宮側建大厨，日營萬八千僧食，食時既至，僧徒持鉢受饌"事。

〔18〕所：《鎌本》無此字。

〔19〕佛齒：《鎌本》作"佛慈"。《大唐西域記》卷十一僧伽羅國亦有關於此佛牙精舍之記述。

〔20〕常：《磧本》作"堂"。

〔21〕未出：《石本》作"未出王"；《禪本》、《麗本》、《院本》作"未出前"。

〔22〕著：《鎌本》作"舊"。

〔23〕擊皷唱言：《磧本》作"繫皷唱言"；《麗本》、《院本》作"繫鼓唱言"；《津本》、《學本》作"繫鼓喝言"。

〔24〕菩薩：《鎌本》作"菩提薩"。

〔25〕三阿僧祇劫：《石本》作"三阿僧劫"；《鎌本》作"三大阿僧祇劫"。劫(Kalpa)爲"長時"之意，謂不能以通常年月日時計算之極長時節，阿僧祇(asaṃkhyeya)爲"無數"之意，阿僧祇劫猶言無數極長之時節，三阿僧祇劫形容其更爲長久也。

〔26〕苦行：《石本》、《麗本》作"作行"；《鎌本》作"作功德行"。

〔27〕以國妻子及挑眼與人："國"，《鎌本》、《麗本》作"國城"。關於挑眼與人之佛教神話傳説已見前〔犍陀衛國〕節，以國、妻、子與人之佛教神話傳説見《六度集經》卷一。

〔28〕割肉貿鴿截頭布施投身餓虎："肉"，《石本》、《鎌本》作"宍"。"貿"，《石本》作"貧"；《鎌本》作"資"。"鴿"，《鎌本》作"鵠"。"餓"，《石本》作"餓"。"虎"，《石本》作"虏"。此諸佛教神話傳説已分見前〔宿呵多國〕節及〔竺刹尸羅國〕節。

〔29〕腦：《鎌本》作"朒"。

〔30〕四十五年：《津本》、《學本》、《院本》作"四十九年"。

〔31〕説法：《鎌本》作"説注"。

〔32〕不安者安:《石本》作"不安者"。

〔33〕泥洹已來一千四百九十七年:"年",《麗本》作"歲"。法顯此時在師子國,應爲義熙六年(公元 410 年),若上推一千四百九十七年,是以公元前 1087 年爲佛泥洹年也。參見前〔陀歷國〕節注〔32〕。

〔34〕世間眼滅:世間眼者,對釋迦牟尼之尊稱,佛教謂佛能爲世人之眼,指示正道,又能開世間之眼,使見正道。世間眼滅,即言佛涅槃也。

〔35〕各各:《鎌本》作"冬冬"。

〔36〕餙:《磧本》、《麗本》、《院本》作"飾";《津本》、《學本》作"飭"。

〔37〕須大拏:佛教神話傳説,須大拏(Sudāng)爲釋迦牟尼前身。身爲太子,好施與,曾以父王大象施婆羅門,蒙譴被擯,出居山野,甚至仍以子、女施婆羅門。《大唐西域記》卷二健馱邏國跋虜沙城亦記其事,譯稱蘇達拏。

〔38〕睒變:睒即睒摩(Sama),睒變即演睒摩故事者。佛教神話傳説,睒摩爲釋迦牟尼前身,孝盲父母,遇王出獵,誤中毒矢,感動天帝,使之康復。《大唐西域記》卷二健馱邏國亦載商莫迦菩薩(Samaka)之神話傳説,商莫迦即睒摩。按:《法顯傳》此處所云作須大拏、睒變、象王、鹿、馬等等,蓋皆演釋迦牟尼本生故事者。

〔39〕形:《鎌本》作"刑"。

〔40〕彩畫莊校:《石本》作"乘盡莊校";《鎌本》作"采書莊校"。

〔41〕生人:《鎌本》作"坐人"。

〔42〕晝夜:《石本》、《鎌本》作"盡夜"。

〔43〕精舍:《鎌本》無此二字。

跋提精舍

無畏精舍東四十里,有一山〔1〕。山〔2〕中有精舍,名跋提〔3〕,可有二千僧。僧中有一大德沙門,名達摩瞿諦〔4〕,其國人民皆共宗仰。住一石室中四十許年,常行〔5〕慈心,能感蛇鼠,使同止〔6〕一室而不相害。

【校注】

〔1〕東四十里有一山:"東",鎌本作"東西"。此"一山"當指阿㝹羅陀補羅城東八哩之密興多列(Mihintale),相傳摩哂陀到斯里蘭卡後於此山初會天愛帝須王,故佛教徒尊之爲聖山。

〔2〕山:《麗本》無此字。

〔3〕跋提:《圓本》、《東本》、《開本》、《磧本》、《津本》、《學本》、《院本》等均作"跋提";《石本》作"提"一字;《鎌本》作"柀提";《麗本》作"支提"。阿㝹羅陀補羅城東密興多列山有著名古寺,曰塔山

寺(Cetiyagirivihāra)，相傳摩哂陀及其弟子初到斯里蘭卡即於此處石窟中坐雨安居，爲塔山寺建立之始。支提蓋即 Cetiya 之對音。《足立氏書》(209 頁)及長澤和俊氏《法顯傳校注》(40 頁)又以爲密興多列山中有 Ambstala 精舍，跋提或爲 Ambstala 一名對音之訛略。

〔4〕達摩瞿諦：《麥氏書》第三卷(285 頁)云，公元五世紀初，斯里蘭卡有高僧 Mahādharmakathin 以傳譯佛教經籍爲僧伽羅文著名，蓋即《法顯傳》之達摩瞿諦，達摩瞿諦與 dharmakathin 對音正相合也。

〔5〕常行：《石本》作"當行"；《鎌本》作"常德"。

〔6〕止：《圓本》、《鎌本》作"上"；他各本皆作"止"，今據改。

摩訶毗訶羅精舍

城南七里有一精舍，名摩訶毗訶羅〔1〕，有三千僧住。

有一高德沙門，戒行清潔，國人咸疑是〔2〕羅漢。臨終之時，王來省視，依法集僧而問："比丘得道耶？"其便以實答言："是羅漢。"既終，王即案經律，以羅漢法葬之〔3〕。於精舍東四、五里，積好大薪〔4〕，縱、廣可三丈餘，高亦爾，近上著栴檀、沉水諸香木，四邊作階〔5〕上，持净好白氎周匝〔6〕蒙藉上〔7〕。作大轝〔8〕床，似此間轜車〔9〕，但無龍魚耳。當闍維時〔10〕，王及國人、四衆咸集〔11〕，以華香供養。從轝〔12〕至墓所，王自〔13〕華香供養。供養訖，轝〔14〕著蘊〔15〕上，酥油〔16〕遍灌，然後燒之。火然之〔17〕時，人人敬心，各脱上服，及羽儀、傘蓋，遥擲火中，以助闍維。闍維已，收檢〔18〕取骨，即以起塔。法顯至，不及其生存，唯見葬時。

王〔19〕篤信佛法，欲爲衆僧作新精舍。先設大會，飯食僧〔20〕。供養已，乃選〔21〕好上牛一雙，金銀〔22〕、寶物莊校角上。作好金犁〔23〕，王自耕頃四邊〔24〕，然後割給民户、田宅，書以鐵券。自是已後，代代相承，無敢廢易。

【校注】

〔1〕摩訶毗訶羅：《石本》、《麗本》、《院本》作"摩訶毗可羅"；《鎌本》作"摩訶毗呵羅"。摩訶毗訶羅(Mahāvihāra)，《大唐西域記》卷十一同此譯名，即著名之大寺也。相傳天愛帝須王既迎摩哂陀至王城阿瓮羅陀補羅，以城南之摩訶彌伽(Mahāmegha)王園布施僧團，爲大寺創建之始。

〔2〕咸疑是：《石本》作"感疑是"；《鎌本》作"咸疑是是"。

〔3〕葬之：《石本》作"祭之"；《禪本》作"莽之"。

〔4〕大薪：《石本》、《鎌本》作"天薪"。

〔5〕階：《石本》作"皆"；《鎌本》作"階道"。

〔6〕白氎：《石本》、《鎌本》作"白緤"。"白氎"，《音義》作"白緤"，注云："(緤)正合作氎，今傳本盡作緤……非也。詳其義例，合是白氎，應從衣作緤，於義亦失，今宜作氎是也。"可見唐時傳本亦多訛作"緤"字矣。

〔7〕蒙蕱上：《鎌本》作"蒙籠蕱上"；《麗本》作"蒙積"。"蕱"，《音義》亦作"積"，注云："《説文》云：'積，聚也，從禾，責聲。'《傳》從草作蕱，俗字也。"

〔8〕舉：《鎌本》作"舉"；《麗本》作"轝"。

〔9〕轜車：《圓本》、《東本》、《開本》、《津本》、《學本》、《院本》皆作"輀車"；《麗本》作"轜車"；《圓本字音》、《東本字音》、《開本字音》、《磧本字音》、《資本字音》、《禪本字音》皆作"輀車"，注云："上或作輀，音而，喪車也。轜(《磧本字音》此字作又)，市緣反，無輪(當作輻)車也。"《音義》作"輀車"，注云："……《説文》曰：'輀，喪車也，從車，而聲。'《傳》作轜，俗用，非也。"段注《説文解字》以爲作"轜"者是，《音義》所見唐本固作"轜"也。《石本》、《鎌本》皆作"轜"，今據改。

〔10〕闍維時：《石本》作"闍維等"。闍維爲巴利文 Jhāpeti 之音譯，亦譯荼毗，即涅疊般那(梵文 nirdahana 之音譯)，義是焚燒，猶言火葬也。

〔11〕咸集：《石本》作"感集"。

〔12〕舉：《麗本》作"轝"。

〔13〕自：《鎌本》作"自散"。

〔14〕舉：《石本》、《麗本》作"舉"。

〔15〕蕱：《鎌本》作"蒢"。

〔16〕酥油：《圓本》、《東本》、《開本》、《磧本》、《津本》、《學本》作"蘇油"；《石本》、《鎌本》作"蒢油"；《麗本》、《院本》作"酥油"，今據改。《麗本》"酥油"上多一"以"字。

〔17〕之：《麗本》無此字。

〔18〕收檢：《鎌本》、《麗本》作"收斂"；《磧本》作"取檢"；《津本》、《學本》作"即檢"。

〔19〕王：《鎌本》作"其王"。

〔20〕僧：《麗本》無此字。

〔21〕選：《石本》作"巽"。

〔22〕銀：《石本》作"餘"。

〔23〕犁：《石本》、《鎌本》作"梨"。

〔24〕耕頃四邊：麗本作"耕頃墾規郭四邊"。"頃"字《石本》作"湏"；《鎌本》作"頂"。

天竺道人誦經

法顯在此國，聞天竺道人於高座[1]上誦經，云："佛鉢本在毗舍離，今在揵陁衛[2]。竟若干百年，法顯聞誦之時[3]有定歲數，但今忘耳[4]。當復至西月氏國。若干百年[5]，當至于闐國[6]。住若干百年，當至屈茨國[7]若干百年，當復來到漢地[8]。

住若干百年[9],當復至師子國[10]。若干百年,當還中天竺。到中天已[11],當上兜術[12]天上。彌勒菩薩見而嘆曰:'釋迦文佛鉢至。'即共諸天華香供養七日。七日已[13],還閻浮提,海龍王持[14]入龍宮。至彌勒將成道時,鉢還分爲四,復本頻那山[15]上。彌勒成道已,四天王,當復應念佛[16]如先[17]佛法。賢劫千佛共用此鉢[18]。鉢去已,佛法漸滅。佛法滅後,人壽轉短[19],乃至五歲。五歲[20]之時,粳米、酥油[21]皆悉化滅,人民極惡,捉木[22]則變成刀、杖,共相傷割殺[23]。其中有福者,逃避入山,惡人相殺盡已,還復來出,共相謂言:'昔人壽極長,但爲惡甚,作諸[24]非法故,我等壽命遂爾短促[25],乃至五歲[26]。我今共行諸善,起慈悲心,修行仁義[27]。'如是各行信儀[28],展轉壽倍,乃至八萬歲。彌勒出世,初轉法輪[29]時,先度釋迦遺法[30]弟子、出家人及受三歸、五戒、齋法,供養三寶者[31],第二、第三次度有緣者。"法顯爾時欲寫此經,其人云:"此無經本,我止[32]口誦耳。"

【校注】

〔1〕座:《石本》、《鎌本》作"坐"。

〔2〕揵陁衛:《石本》作"建陁衛";《鎌本》作"氏揵陁衛"。

〔3〕之時:《麗本》作"時"。

〔4〕今忘耳:《東本》、《開本》作"今忘";《石本》、《鎌本》作"念亡"。

〔5〕年:《石本》作"千"。

〔6〕于闐國:《石本》、《鎌本》作"于殿國"。

〔7〕屈茨國:《圓本字音》、《磧本字音》注:"別名龜茲"。

〔8〕當復來到漢地:《麗本》作"當復至師子國"。

〔9〕住若干百年:《東本》、《開本》作"住若干年";《麗本》作"若干百年"。

〔10〕當復至師子國:《麗本》作"當復來到漢地"。

〔11〕到中天已:《麗本》作"己"。

〔12〕術:《鎌本》作"率"。

〔13〕已:《鎌本》無此字。

〔14〕持:《麗本》作"將"。

〔15〕頻那山:《石本》作"頻那出";《麗本》作"頞那山"。頻那山,《翟氏書》(74頁)及《足立氏書》(214頁)皆以爲是毗那吒迦山(Vinataka)音譯之略。據《瑜伽師地論》卷二,蘇迷盧山(參看前〔弗樓沙國〕節注〔15〕)四周有七山七海,更外乃有閻浮提等四洲,七山皆爲四天王所居及所屬邑落,毗那吒迦即爲七山中之一山。佛初成道,四天王各獻石鉢與佛,佛皆受之,合爲一鉢,是即佛鉢也。此時佛鉢分四,復還毗那吒迦山上。

〔16〕當復應念佛:《鐮本》作"當復應念奉佛"。

〔17〕先:《石本》作"光"。

〔18〕此鉢:《石本》作"此";《麗本》作"一鉢"。

〔19〕短:《石本》、《鐮本》作"担"(同短字)。

〔20〕五歲:《圓本》、《磧本》、《資本》、《禪本》、《津本》、《學本》、《院本》作"十歲";《東本》、《開本》、《石本》、《鐮本》、《麗本》、作"五歲",今據改。

〔21〕酥油:《石本》、《鐮本》作"蘇油"。

〔22〕捉木:《麗本》作"捉草木"。

〔23〕相傷割殺:《東本》、《開本》、《鐮本》、《麗本》作"相傷割";《石本》作"相復割"。

〔24〕作諸:《麗本》作"作"。

〔25〕短促:《石本》、《鐮本》作"担促"。

〔26〕五歲:同注〔20〕。

〔27〕仁義:《麗本》作"信義"。

〔28〕信儀:《麗本》作"信義";《院本》作"仁義"。

〔29〕法輪:《石本》作"法轉"。

〔30〕遺法:《石本》、《麗本》作"遺法中";《鐮本》作"貴法中"。

〔31〕及受三歸五戒齋法供養三寶者:"齋法",《麗本》作"八齋法"。佛教稱佛、法、僧爲三寶,"三歸"即歸依三寶。"五戒"即不殺生,不偷盜,不邪淫,不妄語,不飲酒。"齋法"即八戒齋,已見前〔伽耶城,貝多樹下〕節注〔92〕。

〔32〕止:《東本》、《開本》、《石本》、《鐮本》作"正";《麗本》作"心"。

更得經本

法顯住此國二年[1],更求得《彌沙塞律》藏本[2],得《長阿含》[3]、《雜阿含》[4],復得一部《雜藏》[5]。此悉漢土所無者。

【校注】

〔1〕住此國二年:當爲義熙六年(公元 410 年)及七年(公元 411 年)。

〔2〕彌沙塞律藏本:"沙"字,《鐮本》誤作"勒"。此六字,《出三藏記集》卷三《彌沙塞律記》引文作"彌沙塞律梵本"。按:佛家律有五部,曰:曇無德部(Dharmagupta);薩婆多部(Sarvāstivāda);彌沙塞部(Mahisasaka);迦葉遺部(Kaśyapīya);婆麤富部(Vātsīputrīya)。此云"彌沙塞律"即彌沙塞部之律本。出《三藏記集》卷二法顯名下著錄云:"《彌沙塞律》,梵文,未譯。"此云"未譯"者,特法顯生前未親自譯出耳。同書卷二續云:"《彌沙塞律》,三十四卷,即釋法顯所得梵本,以宋景平元年(公元 423 年)七月譯出,已入律錄。"《高僧傳》卷三《佛馱什傳》曰:"佛馱什,此云覺壽,罽賓人,少

受業於彌沙塞部僧……以宋景平元年七月屆於楊州。先,沙門法顯於師子國得《彌沙塞律》梵本,未及翻譯而法顯遷化(按:據此可見法顯卒於景平元年七月之前),京邑諸僧聞什既善此學,於是請令出焉。以其年冬十一月集於龍光寺,譯爲三十四卷,稱爲《五分律》。什執梵文,于闐沙門智勝爲譯,龍光道生、東安慧嚴共執筆參正,宋侍中瑯琊王練爲檀越,至明年四月方竟。"《開元録》卷五佛陀什名下亦稱此爲《五分律》,即今《大藏經》中所收《彌沙塞部和醯五分律》是也。今本作三十卷。

〔3〕長阿含:《出三藏記集》卷二法顯名下著録云:"《長阿含經》,梵文,未譯。"此但言法顯帶歸此經經本未譯出耳。同書同卷佛馱耶舍名下著録云:"《長阿含經》,二十二卷,秦弘始十五年(公元413年)出,竺佛念傳譯。"同書卷十四《佛陀耶舍傳》又記其"出《長阿含經》……涼州沙門竺佛念譯爲秦言,道含執筆。"按:法顯是時在師子國得《長阿含》,尚在佛馱耶舍等於長安譯出此經之前,固不知此經另有傳本流入長安,《法顯傳》下文中言"漢土所無"者,由此故也。至於佛陀耶舍共竺佛念譯之《長阿含經》,二十二卷,即今《大藏經》中所收者。

〔4〕雜阿含:《出三藏記集》卷二法顯名下著録云:"《雜阿含經》,梵文,未譯。"蓋此經至法顯身後始譯出也。《高僧傳》卷三《求那跋陀羅傳》云:"求那跋陀羅,此云功德賢,中天竺人……(宋)元嘉十二年(公元435年)至廣州……既至京都……初住祇洹寺……頃之,衆僧共請出經,於祇洹寺集義學諸僧譯出《雜阿含經》。"《歷代三寶紀》卷十求那跋陀羅名下著録云:"《雜阿含經》,五十卷,於瓦官寺譯,法顯齎來。"又記求那跋陀羅之譯《雜阿含》等經,寶雲傳語,慧觀筆受。今《大藏經》中所收《雜阿含經》,即此本也。

〔5〕雜藏:即今《大藏經》中所收法顯譯之《佛説雜藏經》。《出三藏記集》卷二法顯名下著録云:"《雜藏經》,一卷。"《歷代三寶紀》卷七法顯名下著録云:"《雜藏經》,一卷,與《鬼問目連》、《餓鬼報應》、《目連説地獄餓鬼因緣》等四本同體,異名別譯。"《開元録》卷十三云:"《餓鬼報應經》,一名《目連説地獄餓鬼因緣經》。"又云:此經"前後四譯,一譯闕本"。

五　浮海東還

自師子國到耶婆提國

　　得此梵本[1]已,即載商人大船[2],上可有二百餘人。後係一小船[3],海行艱嶮,以備大船[4]毀壞。得好信風[5],東下二日[6],便值大風。船[7]漏水入。商人欲趣小船[8],小船[9]上人恐人來多,即斫紖斷[10],商人大怖,命在須臾[11],恐船[12]水漏[13],即取麁財貨擲著水中。法顯亦以君墀[14]及澡罐[15]并餘物棄擲海中,但恐商人擲去經像,唯一心念觀世音及歸命漢地衆僧:"我遠行求法,願威神歸流,得到所止[16]。"如是大風晝夜十三日,到一島邊[17]。潮退之後,見船漏處,即補塞之。於是復前。

　　海中[18]多有抄賊,遇輒無全。大海彌漫無邊,不識東西,唯望日、月、星宿而進。若陰雨[19]時,爲逐[20]風去,亦無准[21]。當夜闇時,但見大浪相搏,晃然[22]火色,黿、鼉[23]水性怪異之屬,商人荒遽[24],不知那向[25]。海深無底,又無下石住處[26]。至天晴已,乃知東西,還復望正[27]而進。若值伏石,則無活路。

　　如是九十日許[28],乃到一國,名耶婆提[29]。

【校注】

〔1〕梵本:《石本》、《鎌本》作"胡本"。

〔2〕船:《麗本》作"舶"。

〔3〕船:《麗本》、《院本》作"舶"。

〔4〕船:《麗本》作"舶"。

〔5〕得好信風:《足立氏書》(219頁)云:"法顯東航約十五日,漂流九十日許,留耶婆提國五月。翌年四月十五日(按:應作十六日)出航耶婆提國,由此逆推,則其出發師子國當爲義熙七年(西曆411年)八月頃。義熙七年八月正當西曆411年九月(陽曆),恰爲西南季候風之末期,已屬季候風之轉換期矣。此際常有旋風來襲,風起不定,頗不利於航行。故此際法顯乘信風出發,忽大風襲來,遂遇九十日許漂流之難。"

〔6〕二日:《石本》、《鎌本》、《麗本》作"三日"。

〔7〕船:《麗本》作"舶"。

〔8〕同上。

〔9〕同上。

〔10〕斫紃斷:"斷",《石本》作"析"。"紃",《法顯傳》各本皆作"組",兹依前〔陀歷國〕節注〔21〕改作"紃"。

〔11〕命在須臾:《石本》作"命存須申"。

〔12〕船:《麗本》、《院本》作"舶"。

〔13〕漏:《鎌本》、《禪本》、《麗本》、《院本》作"滿"。

〔14〕君墀:《津本》、《學本》作"軍持";《院本》作"軍墀"。君墀(Kundikā),水瓶也。

〔15〕澡罐:《圓本》、《東本》、《開本》、《磧本》、《津本》、《學本》作"澡灌";《石本》、《鎌本》作"滲灌";《麗本》、《院本》作"澡罐",今據改。

〔16〕止:《石本》、《鎌本》作"上"。

〔17〕到一島邊:《石本》、《鎌本》作"到一鳥邊"。關於此島,《皮氏書》(167頁注〔4〕)以爲無可考,《理氏書》(112頁)及《翟氏書》(77頁)亦未作考釋。《足立氏書》(220頁)以爲可能是今尼科巴羣島(Nicobar Is.)中之一島。

〔18〕海中:《鎌本》作"海"。

〔19〕陰雨:《石本》作"險雨"。

〔20〕逐:《鎌本》作"遂"。

〔21〕無准:《石本》、《鎌本》作"无所准";《麗本》作"無所准"。

〔22〕晃然:《石本》作"日光";《麗本》作"晃若"。

〔23〕鼉:《圓本》、《東本》、《開本》、《石本》、《鎌本》、《磧本》、《院本》皆作"鼈";《麗本》、《津本》、《學本》作"鼉",又《圓本字音》、《磧本字音》亦作"鼉",注云音陀,今據改。

〔24〕荒遽:《麗本》作"荒懅";《圓本字音》、《磧本字音》作"慌遽"。

〔25〕那向:《鎌本》作"所向"。

〔26〕下石住處:《石本》、《鎌本》作"下石柱處"。下石或下石柱,蓋謂下石錨也。

〔27〕正:《鎌本》似作"日月"。此下《鎌本》有二十餘字殘壞,至"婆"字始可辨認。

〔28〕九十日許:《麗本》作"九十許日"。《高僧傳》卷三《法顯傳》云,法顯自師子國"附商人大舶循海而還,舶有二百許人,值暴風水入,衆皆惶懅,即取雜物棄之……舶任風而去,得無傷壞,經十餘日,達耶婆提國"。取以相對,此"九十日許"似失之太久。然《法顯傳》上文云:"海中多有抄賊,遇輒無全。"《皮氏書》(167頁注〔5〕)以爲此當指亞齊頭(Acheen Head,位於今蘇門答臘島西北角)一帶之海盜而言,此等海盜直至皮氏成書時(公元1869年)尚爲附近商船因無風而停止前進時之大患。又,塞爾曼(R. R. Sellman)《東方歷史簡要地圖》(An Outline Atlas of Eastern History)第十二圖,亦注出公元第五世紀時,今馬六甲海峽之航路,爲馬來海盜所阻塞,海舶航行,

多改道繞過蘇門答臘之外方(即南方)而東進,通過今巽他海峽北上。按:法顯過此,正當公元第五世紀初期,因避海盜而如此繞道,勢必增加航行時間,則"九十日許"固亦爲事理所容許也。

〔29〕耶婆提:據成書於公元前後之印度大史詩《羅摩衍那》(Rāmāyana)中説,東方有一名爲Yava-dvīpa(大麥島)的地方;公元二世紀時埃及亞歷山大城的著名地理家托勒密(Ptolemy)在其所著的地理書中則稱之爲 Iabadiou(即 Yava-dvīpa 之異寫)。我國《後漢書》卷六、卷一一六中,曾記順帝永建六年(公元 131 年)有"日南徼外葉調國……遣使貢獻"。《法顯傳》此處之耶婆提,與葉調、Yava-dvīpa、Iabadiou 同名異寫,皆是一地。此地今爲何地,諸家解説不一,或以爲指今爪哇(如馮承鈞譯伯希和 Paul Pelliot 所著《交廣印度兩道考》86—90 頁),或以爲指今蘇門答臘島(如馮承鈞譯費瑯 G. Ferrand 所著《蘇門答臘古國考》93—97 頁)。注釋《法顯傳》者,如《皮氏書》(168 頁)及《翟氏書》(78 頁)皆以比爲今爪哇,足立氏書(222 頁)則又以此爲今蘇門答臘東部。按:爪哇、蘇門答臘二島毗連,古時之葉調,yava-dvīpa,Iabadiou,耶婆提,得爲此二島之共同名稱。但本《傳》下言法顯其後乘船自耶婆提出發擬前往廣州,係取"東北"方向,則似以從蘇門答臘東部啓程爲較合。

自耶婆提歸長廣郡界

其國外道、婆羅門興盛,佛法不足言。

停此國五月日,復隨他商人大船〔1〕,上亦二百許人,賫五十日糧,以四月十六日發。法顯於船上安居〔2〕。東北行,趣廣州。

一月〔3〕餘日,夜皷二時,遇黑風暴雨〔4〕。商人、賈客皆悉惶怖,法顯爾時亦一心念觀世音及漢地衆僧。蒙威神祐,得至天〔5〕曉。曉〔6〕已,諸婆羅門議言:"坐載此沙門,使我不利,遭此大苦。當下比丘置海島邊〔7〕。不可爲一人令我等危嶮〔8〕。"法顯本檀越〔9〕言:"汝若下此比丘,亦并下我〔10〕!不爾,便當殺我!汝其〔11〕下此沙門〔12〕,吾〔13〕到漢地,當向國王言汝也。漢地王亦敬信佛法,重比丘僧。"諸商人躊躇,不敢便下。

于時天多連陰,海師〔14〕相望僻誤,遂經七十餘日。糧食、水漿欲盡,取海鹹水作食。分好水,人〔15〕可得二升,遂便欲盡。商人議言:"常行時正〔16〕可五十日便到廣州,爾今已過期多日〔17〕,將無〔18〕僻耶?"即便西北行求岸,晝夜十二日,到〔19〕長廣郡〔20〕界牢山〔21〕南岸,便得好水、菜〔22〕。但經涉險難,憂懼積日〔23〕,忽得至此岸,見藜藿〔24〕依然,知是〔25〕漢地。

【校注】

〔1〕船:《麗本》作"舶"。

〔2〕船上安居:"船",《麗本》作"舶"。此船上安居,爲法顯西行後第十四年即義熙八年(公元412年)之夏坐。

〔3〕一月:《石本》作"二三"。

〔4〕黑風暴雨:《石本》作"里風暴雨";《鎌本》作"黑風異雨"。

〔5〕天:《鎌本》無此字。

〔6〕曉:《石本》無此字。

〔7〕海島邊:《石本》作"海鳥邊";《鎌本》作"海邊"。

〔8〕嶮:《院本》作"險"。

〔9〕本檀越:《東本》、《開本》、《石本》、《鎌本》、《麗本》無"本"字。"檀越"已見前〔乾歸國、耨檀國、張掖鎮、燉煌〕節注〔9〕。

〔10〕亦并下我:《石本》作"并下我亦"。

〔11〕汝其:《鎌本》作"汝若";《麗本》作"如其"。

〔12〕沙門:《石本》作"沙聞"。

〔13〕吾:《石本》作"乎"。

〔14〕海師:即後世海船上掌管行船方向之舵師。

〔15〕人:《石本》、《鎌本》作"又"。

〔16〕正:《石本》、《鎌本》、《麗本》作"政"。

〔17〕爾今已過期多日:《石本》作"爾今也遇期多日";《鎌本》作"今已遇期多日";《麗本》作"今已過期多日"。

〔18〕無:《石本》無此字。

〔19〕到:《磧本》、《津本》、《學本》無此字。

〔20〕長廣郡:東晉長廣郡,屬北青州,領縣四,治不其(故治在今山東嶗山縣北)。

〔21〕牢山:《石本》作"窂止";《鎌本》作"窂山"。牢山即嶗山,在今山東嶗山縣東。南臨黃海,東對嶗山灣。

〔22〕好水菜:《石本》作"如來菜"。

〔23〕憂懼積日:《東本》、《開本》作"處懼積日";《石本》作"憂積日"。

〔24〕藜藿:《圓本》、《磧本》、《資本》、《禪本》作"藜藿菜";《東本》、《開本》、《石本》作"藜藿";《鎌本》作"藜藿";《麗本》、《津本》、《學本》、《院本》作"藜藿菜";《圓本字音》、《東本字音》、《開本字音》、《資本字音》、《磧本字音》、《禪本字音》及《音義》皆作"藜藿",今據改。按:《史記·太史公自序》:"糲梁之食,藜藿之羹。"法顯此處所言藜藿二字,蓋以泛稱當時所見一般可供食用的種植物。

〔25〕知是:《石本》作"知見"。

南下向都

然不見人民及行跡,未知是何許[1]。或言未至廣州,或言已過[2],莫知所定。即乘小船[3],入浦覓人,欲問[4]其處。得兩獵人[5],即將歸,令法顯譯語問之。法顯先安慰之,徐問:"汝是何[6]人?"答[7]言:"我是佛弟子。"又問:"汝入山何所求[8]?"其便詭言[9]:"明當七月十五日,欲取桃臘佛[10]。"又問:"此是何國?"答言:"此青州長廣郡界,統屬晉家[11]。"聞已,商人歡喜[12],即乞其財物,遣人往長廣[13]。

太守[14]李嶷敬信佛法,聞有沙門持經像[15]乘船汎海而至[16],即將人從至[17]海邊,迎接經像,歸至郡治。商人於是還向楊州[18]。劉沇青州[19]請法顯一冬、一夏[20]。夏坐[21]訖,法顯遠離[22]諸師久[23],欲趣長安。但所營事重,遂便南下向都[24],就禪師[25]出經律[26]。

【校注】

〔1〕何許:《石本》作"許"。

〔2〕已過:《石本》作"已遇"。

〔3〕船:《麗本》作"舶"。

〔4〕問:《石本》作"聞"。

〔5〕獵人:《石本》作"獝人";《鎌本》作"獦人"。

〔6〕何:《石本》作"付"。

〔7〕答:《石本》作"若"。

〔8〕何所求:《石本》作"答所何求"。

〔9〕詭言:《圓本》、《東本》、《開本》、《鎌本》、《資本》、《禪本》、《院本》作"說言";《石本》、《磧本》、《麗本》、《津本》、《學本》、《圓本字音》、《東本字音》、《開本字音》、《資本字音》、《禪本字音》皆作"詭言",今據改。

〔10〕臘佛:《石本》、《鎌本》作"臈佛"。謂於夏末七月十五日舉行法會,施齋供僧,以求救濟死者,即所謂"盂蘭盆"(ullambana)也。

〔11〕統屬晉家:《圓本》、《石本》、《鎌本》、《磧本》、《資本》、《禪本》、《津本》、《學本》作"統屬劉家",《石本》"統"作"繞";《東本》、《開本》、《麗本》、《院本》作"統屬晉家",今據改。按:法顯至牢山時,尚是東晉之世,雖劉裕已專國政,然無作統屬劉家之理。作統屬劉家者,蓋《法顯傳》成書後不久劉宋即取代東晉,傳寫時所改也。

〔12〕商人歡喜:《石本》作"高人歎喜"。

〔13〕長廣:《麗本》作"長廣郡"。

〔14〕太守:《石本》作"大守"。

〔15〕經像:《鎌本》作"種種經像"。

〔16〕乘船汎海而至:《麗本》作"乘船泛海而至"。

〔17〕人從至：《鎌本》、《麗本》作"人從來至"。

〔18〕商人於是還向楊州："楊州"，《石本》、《鎌本》、《麗本》、《津本》、《學本》、《院本》作"揚州"。東晉楊州治建康(今江蘇南京市)，大體領有今江蘇、安徽兩省長江以南部分及浙江全省之地。此言商人等仍由海上向楊州南航也。

〔19〕劉沇青州：《圓本》、《東本》、《開本》、《磧本》、《資本》、《禪本》、《津本》、《學本》作"劉法州"；《石本》、《鎌本》作"劉青法洲"；《麗本》作"到青州"；《院本》作"留法青州"。《足立氏書》(230—231 頁)云，"法"爲"沇"字之誤，沇即兗字，"劉沇青州"即"劉兗青州"。又云，《資治通鑑》義熙八年(公元 412 年)九月，"北徐州刺史劉道憐爲兗、青二州刺史，鎮京口(故址在今江蘇鎮江市)"，《法顯傳》此處之"劉兗青州"，即劉道憐。按：足立喜六之言，爲一種合理之推論，今據改作"劉沇青州"。

〔20〕請法顯一冬一夏：《石本》作"諸法顯一冬一憂"；"夏"，《鎌本》作"复"。關於此句之解釋，足立喜六以爲法顯亦隨商人航海南至楊州境內，受劉道憐之請，在京口過一冬一夏(即義熙八年之一冬至義熙九年之一夏)。湯用彤以爲不然，謂此一冬一夏，法顯不在京口，實在彭城(今江蘇徐州市)。湯氏言："《水經注・泗水篇》云：'又東南過彭城縣東北。泗水西有龍華寺，是沙門釋法顯遠出西域浮海東還持「龍華圖」首創。此制法流中夏，自法顯始也。其所持天竺二石，仍在南陸東基堪中，其石尚光潔可愛。'……據此，法顯在牢山上陸後，必係由陸路南下，道過彭城，並在此逗留頗久，因而有故事之遺傳。又按《宋書》五十一《劉道憐傳》，謂道憐於義熙七年加北徐州刺史，移鎮彭城。合以《通鑑》所載，則道憐七年在彭城，至八年九月十三日奉命爲兗、青州刺史，至早在此月後，移鎮京口。而法顯則疑於八年七月中在長廣郡。郡守李嶷或即李安民之祖父(安民幼在山東，且信佛法)。自劉裕收復青、徐州後，北方倚道憐爲重鎮，李嶷或原爲劉家部將，彼既見法顯，因資助其南往彭城見道憐。其時道憐尚未南去，因留供養(或即住於龍華寺)。及道憐去後，劉懷慎以輔國將軍監北徐州諸軍事，鎮彭城(《宋書》卷四十五)。此地仍屬劉裕勢力範圍(故傳文謂統屬劉家，亦是實錄)，自有人資給。而彭城西通關、洛(劉裕義熙十三年即自彭城西進伐秦)，法顯在彭城安居之暇，徘徊歧路，故欲西趣長安，亦與事勢相合。但因彭城以南，均屬晉土，自此發迹下都，其事順便，故於九年遂南下，約在秋冬之際到達也。按：道憐在義熙十一年，始解兗、青刺史。而依作者〔指足立喜六〕意，《法顯傳》作於十年，書中稱道憐爲'劉兗青州'，固亦無不可也。"(見《評考證法顯傳》，載《往日雜稿》26—30 頁)湯氏之説是也。

〔21〕夏坐：《石本》、《鎌本》作"坐"。自發跡長安之年(公元 399 年)計算，此爲法顯西行以來第十五年即義熙九年(公元 413 年)之夏坐。

〔22〕遠離：《金本(記引)》、《麗本》作"離"。

〔23〕久：《鎌本》作"已久"。

〔24〕向都：《金本(記引)》作"回都"。此所云"都"，即東晉之首都建康(今江蘇南京市)。

〔25〕禪師：《津本》、《學本》、《院本》作"諸師"。按：《出三藏記集》卷十五《法顯法師傳》載，法顯在長廣郡牢山南岸登陸後，"獵人還以告太守李嶷，嶷素敬信，忽聞沙門遠至，躬自迎勞，顯持經像隨還。頃之欲南歸，時刺史請留過久(《磧砂藏》本"過久"二字作"過冬"，兹依《頻伽藏》本改"過

久"），顯曰：'貧道投身於不返之地，志在弘通，所期未果，不得久停。'遂南造京師就外國禪師佛馱跋陀，於道場寺譯出《六卷泥洹》、《摩訶僧祇律》、《方等泥洹經》、《綖經》、《雜阿毗曇心》，未及譯者，垂有百萬言。……"《法顯傳》此處之禪師即指佛陀跋陀羅（即佛馱跋陀，亦即覺賢）。《津本》等作"諸師"者蓋非。

〔26〕經律：《束本》、《開本》、《石本》、《鎌本》作"律"；《金本（記引）》、《麗本》作"經律藏"。

結　語

　　法顯發長安，六年到中國，停六年，還三年達青州[1]。凡所遊歷[2]，減三十國[3]。沙河[4]已西，迄于[5]天竺，衆僧威儀法化之美[6]，不可詳説。竊惟諸師來[7]得備聞，是以不顧微命，浮海而還，艱難具更[8]，幸蒙三尊威靈[9]，危而得濟，故竹帛[10]疏所經歷，欲令賢者同其聞見。是歲甲寅[11]。

【校注】

〔1〕法顯發長安六年到中國停六年還三年達青州："中國"，《麗本》作"中印國"；"停六年"，《金本（記引）》、《麗本》作"停經六年"；"還三年"，《金本（記引）》、《麗本》作"還經三年"；"青州"，《石本》作"青洲"。按：此特大概言之耳。自公元399年發長安，約404年至中天竺（中國）摩頭羅國爲六年；約404年至摩頭羅國，至409年離多摩梨帝國海口而就歸途爲六年；住師子國二年，更在海上航行約一年而於412年到達北青州長廣郡界牢山南岸爲三年。

〔2〕遊歷：《石本》、《鎌本》、《麗本》作"遊履"。

〔3〕減三十國："減"，《鎌本》作"咸"。此所謂三十國者亦大概言之耳。《法顯傳》所載者，自沙河已西，即有：

鄯善國	竭叉國	竺刹尸羅國
焉夷國	陀歷國	弗樓沙國
于闐國	烏萇國	那竭國
子合國	宿呵多國	羅夷國
於麾國	犍陀衛國	跋那國
毗茶國	（迦維羅衛城）	拘睒彌國
摩頭羅國	藍莫國	（達嚫國）
僧伽施國	（拘夷那竭城）	瞻波國
（罽饒夷城）	毗舍離國	多摩梨帝國
沙祇大國	摩竭提國	師子國
拘薩羅國	迦尸國	耶婆提國

如除去達嚫國未親到不計,罽饒夷、迦維羅衛,拘夷那竭皆稱城不計,耶婆提國爲歸途所經亦不計外,共得二十八國,可以符合傳文"減三十國"之數。然記述迦維羅衛之文中有"迦惟羅衛國大空荒"一語,則亦以國稱之也。

〔4〕沙河:《石本》作"沙何"。

〔5〕迄于:《石本》作"迄于末"。

〔6〕法化之美:《石本》作"法化之养";《鎌本》作"法則之羨美"。

〔7〕來:《金本(記引)》、《麗本》、《津本》、《學本》、《院本》作"末"。

〔8〕艱難具更:《石本》作"難難具更";《鎌本》作"艱艱不可具宣"。

〔9〕三尊威靈:《石本》少"威"字。三尊同三寶,即佛、法、僧也。

〔10〕故竹帛:《東本》、《開本》、《石本》、《鎌本》作"故竹陌";《金本(記引)》作"故昔";《麗本》作"故將竹帛"。

〔11〕是歲甲寅:"是歲甲寅"四字,《圓本》、《東本》、《開本》、《磧本》、《資本》、《禪本》、《津本》、《學本》、《院本》皆另分出一行,加於下一節跋文之首;《石本》、《鎌本》、《麗本》則不另分行,仍與上文及下文連寫。"寅",《鎌本》作"宣"。《足立氏書》(236頁)云:"'是歲甲寅'之句,應在正文之末,係法顯紀録紀行完竣之年,即義熙十年之謂也。"

跋

　　晉義熙十二年，歲在壽星[1]，夏[2]安居末，慧遠迎法顯道人[3]。既至，留共冬[4]齋。因講集之際[5]，重問遊歷。其人恭順，言輒依實。由是先所略者，勸令詳載。顯復具叙始末。自云："顧尋所經，不覺心動[6]汗流。所以乘危履嶮[7]，不惜此形者，蓋是志有所存[8]，專其愚直，故投命於不必全之地[9]，以達[10]萬一之冀。"於是感歎斯人，以爲古今罕有。自大教[11]東流，未有忘身求法如顯之比。然後知誠[12]之所感，無窮[13]否而不通；志之所獎[14]，無功業而不成。成[15]夫功業者，豈不由忘失所重[16]，重夫所忘者哉！

【校注】

　　[1]晉義熙十二年歲在壽星：《金本（記引）》、《麗本》作"晉義熙十二年矣歲在壽星"；《石本》作"晉義照十二年歲壽星"。"壽星"爲十二星次之一，在十二支中爲辰。義熙十二年（公元416年）爲丙辰歲，故云"歲在壽星"。自此以下爲本書跋文。按：《出三藏記集》卷三《婆麤富羅律記》云："沙門釋法顯……以晉義熙十二年歲次壽星十一月，共天竺禪師佛馱跋陀，於道場寺譯出，至十四年二月末乃訖。"（《婆麤富羅律》即《摩訶僧祇律》，佛馱跋陀即佛陀跋陀羅。）可知義熙十二年冬齋之際，法顯方在建康道場寺從事譯經，然則此跋文之題者，蓋道場寺僧人，更就文中語氣觀之，尤可能即當時法顯之檀越也。

　　[2]夏：《石本》作"憂"；《鎌本》作"复"。

　　[3]慧遠迎法顯道人："慧遠"二字唯《鎌本》獨有，今據補。按：《鎌本》所保留此二字甚可貴，蓋由此可知法顯入道場寺，乃出於慧遠。東晉末年江南出經甚盛，慧遠提倡之力爲多。慧遠先已識覺賢（即佛陀跋陀羅），此時法顯自天竺新攜經律歸，故急於迎其至道場寺與覺賢合作譯經也。傳稱慧遠居廬山三十餘年，"影不出山，跡不入俗"，此云迎者，非親迎，特促成其事耳。慧遠卒年有二説，《高僧傳》卷六謂其卒於義熙十二年（416年）八月六日，年八十三；謝靈運《廬山慧遠法師誄》（《廣弘明集》卷二十三）謂其卒於義熙十三年（417年）八月六日，年八十四。今從《鎌本》，似以謝氏之説爲是。

　　[4]冬：《石本》作"各"。

〔5〕際:《石本》作"降";《麗本》作"餘"。

〔6〕心動:《東本》、《開本》作"心之";《金本(記引)》作"心歡";《石本》作"不心勸"。

〔7〕嶮:《禪本》、《麗本》、《津本》、《學本》、《院本》作"險"。

〔8〕所存:《鎌本》作"存所"。

〔9〕不必全之地:《金本(記引)》、《麗本》作"必死之地"。

〔10〕以達:《鎌本》作"以幸"。

〔11〕大教:《鎌本》作"大牧"。

〔12〕誠:《石本》、《鎌本》作"識"。

〔13〕窮否:《金本(記引)》作"竊否";《石本》作"窮不口"。

〔14〕獎:《東本》、《開本》、《金本(記引)》、《麗本》、《院本》作"將";《資本》作"奘"。

〔15〕成:《金本(記引)》不複出此字。

〔16〕忘失所重:《金本(記引)》作"夫所重";《麗本》作"忘夫所重"。

附　録

附錄（一）所收是《出三藏記集》中的《法顯法師傳》，記法顯的一生，可以補專記歷遊天竺經過的《法顯傳》之不足。

法顯之赴天竺，自長安出發時同行的有慧景、道整、慧應、慧嵬四人，至張掖又加入智嚴、慧簡、僧紹、寶雲、僧景五人，共十人。在于闐又出一慧達，計十一人（離于闐時又出一僧韶，當即僧紹之異寫，故不計）。但一路上先後別去或死去多人：其別去者，在焉夷爲智嚴、慧簡、慧嵬，在于闐爲僧紹，在弗樓沙爲慧達、寶雲、僧景；其死去者，在弗樓沙爲慧應，在小雪山爲慧景。唯道整和法顯同達摩揭提國巴連弗邑，但以後道整即留此不歸。故求得經律，自巴連弗邑東歸晉土者，僅法顯一人了。以上除法顯及途中死去二人以外，尚有八人。八人中有傳記可考的，唯智嚴、寶雲兩人，這兩人在我國佛教史上也都是占有重要地位的。故將《出三藏記集》中的《智嚴法師傳》和《寶雲法師傳》錄出，作爲附錄（二）、（三）。

附錄（四）是《出三藏記集》所載的法顯得本出經錄；附錄（五）是法顯所譯《六卷泥洹》的出經後記；附錄（六）是法顯所譯《摩訶僧祇律》的出經後記；附錄（七）也是有關《摩訶僧祇律》及法顯傳譯此律的記錄；附錄（八）是有關法顯帶歸的《彌沙塞律》及佛陀什、竺道生等譯出此律的記錄。這幾篇都和《法顯傳》有密切關係，故收入以供參閱。

以上各篇附錄皆據《影印宋磧砂藏經》本，並參用《頻伽藏》本校核。

附錄的最後一篇，即附錄（九），是參考書目。

〔補記〕《高僧傳》卷十三有《釋慧達傳》，其俗名爲劉薩河，約公元 345 年以前生。《續高僧傳》卷二十五亦有《釋慧達傳》，其俗名爲劉窣和，約公元 436 年以後死，可見其年壽甚高。此慧達事跡，亦見《廣弘明集》卷十五、《釋迦方志》卷下、《集神州三寶感通錄》卷上、《法苑珠林》卷八十六（引《冥祥記》）等處，劉薩河之"河"字，《方志》及《感通錄》作"何"，《珠林》作"荷"。但因諸書皆不言此慧達曾遊天竺，故前人遂未能推定此慧達與《法顯傳》中在于闐至弗樓沙一段行程中曾同法顯結伴之慧達即爲一人。近《文物》1983年第6期載史葦湘《劉薩訶與敦煌莫高窟》一文,介紹對巴黎所藏敦煌石窟遺書P. 2680、3570、3727三本《劉薩訶和尚因緣記》之最近研究情况,可知此劉薩訶和尚即上舉《高僧傳》等書之慧達。他本是今陝北或山西西部一帶的稽胡族人(源出南匈奴),年三十一出家,廣遊長江下游南岸許多地方,其後西北行,曾參與莫高窟的興建,尤以曾預言"涼州瑞像"一事(即預言將有一石佛像出現於武威附近御谷山,而後竟實現的神話傳説)而著名於今陝、甘一帶,今莫高窟中尚保存有和他有關的"涼州瑞像龕"和壁畫等遺跡。《因緣記》中説:"和尚(即劉薩訶,亦即慧達)西至五天(竺),曾感佛鉢出現。"這與《法顯傳》所載慧達情况完全相合,可知《法顯傳》之慧達,即此佛教史中著名的劉薩訶和尚。而法顯同行諸人中,除智嚴、寶雲外,慧達事迹亦頗可考也。

1983年9月24日補記

（一）法顯法師傳[1]

　　釋法顯本姓龔,平陽武陽人也。法顯三兄并齠齔而亡,其父懼禍及之,三歲便度爲沙彌。居家數年,病篤欲死,因送還寺,信宿便差,不復肯歸,母欲見之不能得,爲立小屋於門外,以擬去來。十歲遭父憂,叔父以其母寡獨不立,逼使還俗。顯曰:"本不以有父而出家也。正欲遠塵離俗,故入道耳。"叔父善其言,乃止。頃之母喪,至性過人,葬事既畢,仍即還寺。嘗與同學數十人於田中刈稻,時有饑賊欲奪其穀,諸沙彌悉奔走,唯顯獨留,語賊曰:"若欲須穀,隨意所取。但君等昔不布施,故此生饑貧,今復奪人,恐來世彌甚。貧道預爲君憂,故相語耳。"言訖即還。賊棄穀而去。衆僧數百人莫不歎服。二十受大戒,志行明潔,儀軌整肅。

　　常慨經律舛闕,誓志尋求,以晉隆安三年與同學慧景、道整、慧應、慧嵬等發自長安。西度沙河,上無飛鳥,下無走獸,四顧茫茫,莫測所之,唯視日以准東西,人骨以標行路耳。屢有熱風、惡鬼,遇之必死。顯任緣委命,直過險難。有頃,至葱嶺,嶺冬夏積雪,有惡龍吐毒風,雨沙礫。山路艱危,壁立千仞,昔有人鑿石通路,傍施梯道,凡度七百餘梯,又躡懸絚過河數十餘處。仍度小雪山,遇寒風暴起,慧景噤戰不能前,語顯云:"吾其死矣,卿可時去,勿得俱殞。"言絶而卒。顯撫之號泣曰:"本圖不果,命也奈何!"復自力孤行,遂過山險。凡所經歷,三十餘國。

至北天竺[2],未至王舍城三十餘里,有一寺,逼暮仍停。明旦,顯欲詣耆闍崛山。寺僧諫曰:"路甚艱嶮,且多黑師子,亟經噉人,何由可至!"顯曰:"遠涉數萬,誓到靈鷲。寧可使積年之誠既至而廢耶!雖有嶮難,吾不懼也。"衆莫能止,乃遣兩僧送之。顯既至山中,日將曛夕,遂欲停宿,兩僧危懼,捨之而還。顯獨留山中,燒香禮拜,翹感舊跡,如覩聖儀。至夜,有三黑師子來蹲顯前,舐脣搖尾。顯誦經不輟,一心念佛。師子乃低頭下尾,伏顯足前,顯以手摩之,呪曰:"汝若欲相害,待我誦竟;若見試者,可便退去。"師子良久乃去。明晨還反,路窮幽深,榛木荒梗,禽獸交橫,正有一逕通行而已。未至里餘,忽逢一道人,年可九十,容服麤素,而神氣俊遠。雖覺其韻高,而不悟是神人。須臾進前,逢一年少道人,顯問:"向逢一老道人,是誰耶?"答曰:"頭陀弟子大迦葉也。"顯方惋慨良久。既至山前,有一大石橫塞室口,遂不得入,顯乃流涕致敬而去。又至迦施國,精舍裏有白耳龍,與衆僧約,令國內豐熟,皆有信効。沙門爲起龍舍,并設福食,每至夏坐訖日,龍輒化作一小虵,兩耳悉白。衆咸識是龍,以銅盂盛酪置於其中,從上座至下行之,遍乃化去。年輒一出,顯亦親見此龍。後至中天竺,於摩竭提巴連弗邑阿育王塔南天王寺,得《摩訶僧祇律》,又得《薩婆多律抄》、《雜阿毗曇心》、《綖經》[3]、《方等泥洹》等經。顯留三年,學梵書梵語,躬自書寫。於是持經像寄附商客,至師子國。顯同旅十餘,或留或亡,顧影唯己,常懷悲慨,忽於玉像[4]前見商人以晉地一白團扇供養,不覺悽然下淚。停二年,復得《彌沙塞律》、《長阿含》、《雜阿含》及《雜藏》本,並漢土所無。

既而附商人大舶還東,舶有二百許人。值大暴風,舶壞水入,衆人惶怖,即取雜物棄之。顯恐商人棄其經像,唯一心念觀世音及歸命漢土衆僧。大風晝夜十三日,吹舶至島下,治舶竟前,時陰雨晦冥,不知何之,唯任風而已,若值伏石及賊,萬無一全。行九十日,達耶婆提國[5]。停五月日,復隨他商侶東趣廣州。舉帆月餘日,中夜忽遇大風,舉舶震懼。衆共議曰:"坐載此沙門,使我等狼狽,不可以一人故令一衆俱亡。"欲推棄之。法顯檀越厲聲呵商人曰:"汝若下此沙門,亦應下我;不爾,便當見殺!漢地帝王奉佛敬僧,我至彼告王,必當罪汝!"商人相視失色,俛仰而止。既水盡糧竭,唯任風隨流。忽至岸,見藜藿菜依然,知是漢地,但未測何方。即乘小舶入浦尋村,遇獵者二人,顯問:"此何地耶?"獵人曰:"是青州長廣郡牢山南岸。"獵人還,以告太守李嶷。嶷素敬信,忽聞沙門遠至,躬自迎勞,顯持經像隨還。

頃之,欲南歸。時刺史請留過久[6],顯曰:"貧道投身於不返之地,志在弘通,所期未果,不得久停。"遂南造京師,就外國禪師佛馱跋陀,於道場寺譯出《六卷泥洹》、《摩訶僧祇律》、《方等泥洹經》、《綖經》、《雜阿毗曇心》,未及譯者,垂有百萬言。

顯既出《大泥洹經》,流布教化,咸使見聞。有一家,失其姓名,居近楊都朱雀門,世奉正化,自寫一部讀誦供養。無別經室,與雜書共屋。後風火忽起,延及其家,資物皆盡,唯《泥洹經》儼然具存,煨燼不侵,卷色無異。楊州共傳,咸稱神妙。

後到荊州,卒于新寺[7],春秋八十有二[8],衆咸慟惜。其所聞見風俗,別有傳記[9]。

(載《出三藏記集》卷十五)

【校注】

〔1〕僧祐《出三藏記集》卷十五及慧皎《高僧傳》卷三皆有法顯的傳記,湯用彤氏《漢魏兩晉南北朝佛教史》上册(384頁)云:"查《僧傳》法顯傳,全抄《祐錄》之文,而間加以改竄。但其改竄之處,往往甚誤。"湯氏並舉出實例數則以證明之,其言是也。且《祐錄》所載僧人傳記,爲今所見僧傳中之最早者,故在此附錄中即採用《祐錄》的《法顯法師傳》,而不再取《僧傳》中的《釋法顯傳》。其下智嚴、寶雲兩傳同此。

〔2〕北天竺:湯用彤氏上引書云,"北"字疑係"中"字。

〔3〕綖經:《僧傳》作"綫經"。

〔4〕玉像:《磧本》及《頻伽本》皆作"王像";今依《金陵刻經處》刻本《高僧傳》改"玉像"。

〔5〕湯用彤氏上引書云:"《祐錄》據《佛國記》叙行至耶婆提事文甚明,《僧傳》修改之,其文甚誤。"可見《僧傳》所記法顯自師子國附舶僅十餘日即達耶婆提,其時間恐不可靠。

〔6〕過久:《磧本》作"過冬";今依《頻伽本》改"過久"。

〔7〕新寺:《僧傳》作"辛寺"。

〔8〕八十有二:《僧傳》作"八十有六"。

〔9〕其所聞見風俗別有傳記:此所云"傳記",即指《法顯傳》而言。《僧傳》將此句改作"其遊履諸國別有大傳焉"。湯用彤氏上引書云:"後人因據此'大傳'二字,而猜度法顯之遊記名爲《法顯大傳》。實則慧皎隨意抄改,未必精審而字字可據也。"

(二) 智 嚴 法 師 傳

釋智嚴,不知何許人。弱冠出家,便以精勤著名,納衣宴坐,蔬食永歲。志欲廣求經法,遂周流西域。進到罽賓[1],遇禪師佛馱跋陀羅,志欲傳法中國,乃竭誠要請,跋陀嘉其懇至,遂共東行。於是蹋涉雪山,寒苦嶮絕,斷冰茹木,頻於危殆。綿歷數載,方達關中。常依隨跋陀,止於長安大寺。頃者,跋陀橫爲秦僧所擯,嚴與西來徒衆並分散出關,仍憩山東精舍,坐禪誦經,力精修學。晉義熙十二年,宋武帝西伐長安,剋捷旋斾,塗出山東。時始興公王恢從駕,遊觀山川,至嚴精舍,見其同志三僧,各坐繩床,禪思湛然。恢至,良久不覺。於是彈指,三人開眼,俄而還閉,不與交言。恢心敬其奇,訪諸耆老,皆云:"此三僧隱居積年,未嘗出山。"恢即啓宋武,延請還都,莫肯行者。屢請懇至,二人推嚴隨行。恢道懷素篤,禮事甚備。還都即住始興寺,嚴性虛靜,志避囂塵,恢乃於東郊之際,更起精舍,即枳園寺也。嚴前還於西域,得梵本衆經,未及譯寫。到宋元嘉四年,乃共沙門寶雲譯出《普耀》、《廣博嚴淨》及《四天王》凡三部經。在寺不受別請,遠近道俗敬而服之。

其未出家時,嘗受五戒,有所虧犯,後入道受具足,常疑不得戒,每以爲懼。積年禪觀而不能自了,遂更汎海重到天竺,諮諸明達。值羅漢比丘,具以事問羅漢,羅漢不敢判決,乃爲嚴入定,往兜率宮諮彌勒,彌勒答稱:"得戒。"嚴大喜躍,於是步歸。行至罽賓,無疾而卒,時年七十八。外國之法,得道僧無常與凡僧別塋一處,嚴雖苦行絕倫,而時衆未判其得道信否。欲塋凡僧之墓,抗舉嚴喪,永不肯起,又益人衆,不動如初,衆咸驚怪。試改向得道墓所,於是四人轝之,行駛如風,遂得窆塋。後嚴弟子智羽、智達、智遠從西域還[2],報此消息訖,俱還外國。

(載《出三藏記集》卷十五)

【校注】

〔1〕進到罽賓:《僧傳》卷三《釋智嚴傳》此下多一段文字,記智嚴到罽賓後,"入摩天陀羅精舍,從佛馱先比丘諮受禪法,漸染三年,功踰七載。佛馱先見其禪思有緒,特深器異,彼諸道俗聞而歎曰:'秦地乃有求道沙門矣。'始不輕秦類,敬接遠人。"以下再述要請佛馱跋陀羅東來事。

〔2〕智羽智達智遠從西域還:《頻伽本》作"智羽智達遠從西域還";《僧傳》作"智羽智遠故從西來"。智達、智遠當是一人。

(三) 寶雲法師傳

釋寶雲,未詳其氏族,傳云,涼州人也。弱年出家,精勤有學行,志韻剛潔,不偶於世,故少以直方純素爲名。而求法懇惻,忘身徇道,誓欲躬覩靈跡,廣尋羣經。遂以晉隆安之初,遠適西域,與法顯、智嚴先後相隨,涉履流沙,登蹻雪嶺,勤苦艱危,不以爲難。遂歷于闐、天竺諸國,備覩靈異。乃經羅刹之野,聞天鼓之音,釋迦影跡,多所瞻禮。雲在外域遍學梵書,天竺諸國音字詁訓悉皆貫練。後還長安,隨禪師佛馱跋陀羅受業,修道禪門,孜孜不怠。俄而禪師横爲秦僧所擯,徒衆悉同其咎,雲亦奔散。會廬山釋慧遠解其擯事,共歸楊州,安止道場寺。僧衆以雲志力堅猛,弘道絕域,莫不披衿諮問,敬而愛焉。雲譯出《新無量壽》,晚出諸經,多雲所譯。常手執梵本,口宣晉語,華梵兼通,音訓允正,雲之所定,衆咸信服。初,關中沙門竺佛念善於宣譯,於符、姚二世,顯出衆經。江左練梵,莫踰於雲,故於晉、宋之際,弘通法藏,沙門慧觀等咸友而善之。雲性好幽居,以保閑寂,遂適六合山寺,譯出《佛所行讚經》。山多荒民,俗好草竊,雲説法教誘,多有改惡,禮事供養,十室而八九。頃之,道場慧觀臨卒,請雲還都,總理寺任,雲不得已而還。居歲餘,復還六合,以元嘉二十六年卒,春秋七十餘[1]。其所造外國,別有記傳,徵士豫章雷次宗爲其傳序。

(載《出三藏記集》卷十五)

【校注】

〔1〕七十餘:《僧傳》卷三《釋寶雲傳》作"七十有四"。

(四)法顯得本出經録

《大般泥洹經》六卷,晉義熙十三年十一月一日道場寺譯。

《方等泥洹經》二卷,今闕。[1]

《摩訶僧祇律》四十卷,已入律録。

《僧祇比丘戒本》一卷,今闕。[2]

《雜阿毗曇心》十三卷,今闕。

《雜藏經》一卷。

《綖經》,梵文,未譯出。

《長阿含經》,梵文,未譯。

《雜阿含經》,梵文,未譯。

《彌沙塞律》,梵文,未譯。

《薩婆多律抄》,梵文,未譯。

《佛遊天竺記》一卷。

右十一部,定出六部,凡六十三卷,晉安帝時沙門釋法顯以隆安三年遊西域,於中天竺、師子國得梵本,歸京都,任道場寺,就天竺禪師佛馱跋陀共譯出。其《長》、《雜》二《阿含》、《綖經》、《彌沙塞律》、《薩婆多律抄》,猶是梵文,未得譯出。[3]

(載《出三藏記集》卷二)

【校注】

[1] 湯用彤氏云:此《方等泥洹經》一條"似不確,蓋《方等泥洹》實即六卷本之誤傳"。又云:"法顯如譯此,亦已佚。"(見湯氏所撰《漢魏兩晉南北朝佛教史》下册 603、606 頁)

[2] 此《戒本》疑即《歷代三寶紀》卷七之《僧祇尼戒本》一卷,亦即《開元釋教錄》卷三之《僧祇比丘尼戒本》一卷。

[3]《法顯傳》記法顯在巴連弗邑尚得有《摩訶僧祇阿毗曇》,今傳世經錄自《出三藏記集》以下皆未載。

(五) 六卷泥洹出經後記

摩竭提國巴連弗邑阿育王塔天王精舍優婆塞伽羅先,見晉土道人釋法顯遠遊此土,爲求法故,深感其人,即爲寫此《大般泥洹經》,如來祕藏。願令此經流布晉土,一切衆生悉成平等如來法身。義熙十三年十月一日,於謝司空石所立道場寺,出此《方等大般泥洹經》,至十四年正月一日[1]校定盡訖。禪師佛大跋陀手執梵本,寶雲傳譯。于時座有二百五十人。

(載《出三藏記集》卷八)

【校注】

[1] 一日:《頻伽本》作"二日"。

(六) 摩訶僧祇律私記

中天竺昔時暫有惡王御世,諸沙門避之四奔,三藏比丘星離。惡王既死,更有善王,還請諸沙門還國供養。時巴連弗邑有五百僧,欲斷事而無律師,又無律文,無所承案,即遣人到祇洹精舍寫得律本,于今傳賞。法顯於摩竭提國巴連弗邑阿育王塔南天王精舍寫得梵本還楊州,以義熙十二年歲在丙辰十一月[1]於鬭場寺出之,至十四年二月末都訖,共禪師譯梵爲秦焉,故記之。

佛泥洹後,大迦葉集律藏爲大師宗,具持八萬法藏。大迦葉滅度後,次尊者阿難,亦具持八萬法藏。次尊者末田地,亦具持八萬法藏。次尊者舍那婆斯,亦具持八萬法藏。次尊者優波掘多,世尊記無相佛,如降魔因緣中說,而不能[2]具持八萬法藏,於是遂有五部名生。初曇摩掘多別爲一部,次彌沙塞別爲一部,次迦葉維復爲一部,次薩婆多。薩婆多者,晉言說一切有,所以名一切有者,自上諸部義宗各異,薩婆多者,言過去未來現在中陰各自有性,故名一切有。於是五部並立,紛然競起,各以自義爲是。時阿育王言:"我今何以測其是非?"於是問僧:"佛法斷事云何?"皆言:"法應從多。"王言:"若爾者,當行籌,知何衆多。"於是行籌,取本衆籌者甚多,以衆多故,故名摩訶僧祇,摩訶僧祇者,大衆也。

(《摩訶僧祇律》第四十卷後所附)

【校注】

〔1〕十一月:《磧本》作"十月",今依《頻迦本》改作"十一月"。

〔2〕不能:《頻伽本》作"亦能"。

(七) 婆麤富羅律記

婆麤富羅者,受持經典,皆說有我不說空相,猶如小兒,故名爲婆麤富羅,此一名僧祇律。律後記云:中天竺昔時暫有惡王御世,三藏比丘及諸沙門皆遠避四奔。惡王既死,善王更立,還請沙門歸國供養。時巴連弗邑有五百僧,欲斷事,既無律師,又闕律文,莫知承案。即遣使到祇洹精舍,寫此律文,衆共奉行。其後五部傳集,諸律師執義不同,各以相承爲是,爭論紛然。于時阿育王言:"我今何以測其是非?"於是問僧:"佛法斷事云何?"皆言:"法應從多。"王言:"若爾,當行籌,知何衆多。"既而行籌,婆麤富羅衆籌甚多,以衆多故,改名摩訶僧祇,摩訶僧祇者,言大衆也。沙門釋法顯遊西域,於摩竭提巴連弗邑阿育王塔天王精舍寫得梵本,齎還京都,以晉義熙十二年歲次壽星十一月,共天竺禪師佛馱跋陀於道場寺譯出,至十四年二月末乃訖。

(載《出三藏記集》卷三)

（八）彌沙塞律記

　　彌沙塞者，佛諸弟子受持十二部經，不作地相水火風相虛空識相，是故名爲彌沙塞部，此名爲《五分律》，比丘釋法顯於師子國所得者也。法顯記云：顯本求戒律，而北天竺諸國皆師師口傳，無本可寫，是以遠涉，乃至中天竺，於摩訶乘僧伽藍得一部律，是摩訶僧祇。復得一部抄律，可七千偈，是《薩婆多衆律》，即此秦地衆僧所行者也。又得《雜阿毗曇心》，可六千偈。又得一部《綖經》，二千五百偈。又得一部《方等泥洹經》，可五千偈。又得《摩訶僧祇阿毗曇》。法顯住三年，學梵書梵語，悉寫之，於是還。又至師子國，二年，更求得《彌沙塞律》梵本。法顯以晉義熙二年還都。歲在壽星，衆經多譯，唯《彌沙塞》一部未及譯出而亡。到宋景平元年七月，有罽賓律師佛大什，來至京都，其年冬十一月，瑯琊王練、比丘釋慧嚴、竺道生[1]於龍光寺請外國沙門佛大什出之。時佛大什手執梵文，于闐沙門智勝爲譯，至明年十二月都訖。[2]

（載《出三藏記集》卷三）

【校注】

　　〔1〕《出三藏記集》卷十五《道生法師傳》云："初，沙門法顯於師子國得《彌沙塞律》梵本，未及譯出而亡。生以宋景平元年十一月於龍光寺請罽賓律師佛大什執梵文，于闐沙門智勝爲譯。此律照明，蓋生之功也。"

　　〔2〕佛陀什（即佛大什）等譯《彌沙塞部和醯五分律》附有後記如下："罽賓律師佛陀什，彌沙塞部僧也。以大宋景平元年秋七月達于楊州，冬十一月，晉侍中瑯琊王練、比丘釋慧嚴、竺道生請令出焉。佛陀什謹執梵文，于填沙門智勝爲譯，至明年十二月都訖。考正理歸，文存簡備，雖不窮源，庶無大過，願以塵露，崇廣山海，貽于萬代同舟云爾。"

（九）參　考　書　目

説明：

　　〔1〕凡前在"校注説明"中已開列各書，在此參考書目中不再複出。

　　〔2〕對於藏經中所收釋典，其書名下注有（頻）字者，係用《頻伽精舍校刊大藏經》本；兼注（磧、頻）二字者，兼用《影印宋磧砂藏經》本及《頻伽藏》本。

出三藏記集　梁僧祐撰(磧、頻)
衆經目録　隋法經等撰(磧、頻)
歷代三寶紀　隋費長房撰(磧、頻)
大唐內典録　唐道宣撰(磧、頻)
古今譯經圖紀　唐靖邁撰(磧、頻)
開元釋教録　唐智昇撰(磧、頻)
貞元新定釋教目録　唐圓照撰(頻)
高僧傳　梁慧皎撰(磧、頻)
續高僧傳　唐道宣撰(頻)
弘明集　梁僧祐撰(四部叢刊本)
廣弘明集　唐道宣撰(四部叢刊本)
法苑珠林　唐道世撰(頻)
翻譯名義集　宋法雲編(四部叢刊本)
一切經音義　唐玄應撰(叢書集成本)
新譯大方廣佛華嚴經音義　唐慧苑述(磧)
釋氏要覽　宋道誠集(大正藏第五十四卷)
佛説大般泥洹經　東晉法顯等譯(頻)
佛説雜藏經　東晉法顯譯(頻)
摩訶僧祇律　東晉佛陀跋陀羅共法顯譯(磧、頻)
摩訶僧祇比丘尼戒本　東晉法顯共覺賢譯(頻)
大般涅槃經　東晉法顯(?)譯(頻)
洛陽伽藍記校釋　周祖謨校釋(科學出版社)
宋雲行紀箋註(載西域南海史地考證譯叢六編)沙畹(E. Chavanens)著　馮承鈞譯(中華書局)

大唐西域記　章巽校點本(上海人民出版社)
大慈恩寺三藏法師傳　唐慧立本　彥悰箋(日本景印高麗藏本、支那內學院校本)
釋迦方志　唐道宣撰(頻)
南海寄歸內法傳　唐義淨撰(頻)
大唐西域求法高僧傳　唐義淨撰(頻)
大唐西域求法高僧傳　日本足立喜六譯註本(岩波書店)

慧超往五天竺國傳　日本藤田豐八箋釋本(泉壽東文書藏校印)
大寶積經　唐菩提流志譯集(頻)
六度集經　吳康僧會譯(頻)
佛昇忉利天爲母說法經　西晉竺法護譯(頻)
妙法蓮華經　後秦鳩摩羅什譯(頻)
增一阿含經　東晉瞿曇僧伽提婆譯(頻)
中阿含經　東晉瞿曇僧伽提婆譯(頻)
佛說長阿含經　後秦佛陀耶舍共竺佛念譯(頻)
雜阿含經　劉宋求那跋陀羅譯(頻)
佛本行集經　隋闍那崛多譯(頻)
彌沙塞部和醯五分律　劉宋佛陀什共竺道生等譯(磧、頻)
根本說一切有部毗奈耶雜事　唐義淨譯(頻)
善見律毗婆沙　蕭齊僧伽跋陀羅譯(頻)
瑜伽師地論　唐玄奘譯(頻)
大智度論　後秦鳩摩羅什譯(頻、大正藏第二十五卷)
阿毗達磨俱舍論　唐玄奘譯(頻)
雜阿毗曇心論　劉宋僧伽跋摩等譯(頻)
異部宗輪論　唐玄奘譯(頻)
阿育王傳　西晉安法欽譯(頻)
阿育王經　梁僧伽婆羅譯(頻)
集神州三寶感通錄　唐道宣撰(頻)
歷代藏經考略　葉恭綽撰(載張菊生先生七十生日紀念論文集)(商務印書館)
毛詩正義　(阮刻十三經注疏本)
春秋左傳正義　(阮刻十三經注疏本)
孟子注疏　(阮刻十三經注疏本)
史記　(商務印書館百衲本)
漢書　(百衲本)
後漢書　(百衲本)
三國志　(百衲本)
晉書　(百衲本)

魏書 （百衲本）
周書 （百衲本）
隋書 （百衲本）
北史 （百衲本）
舊唐書 （百衲本）
新唐書 （百衲本）
宋史 （百衲本）
清名稿 （清史館鉛字排印本）
資治通鑑 （胡克家刻本）
通典　唐杜佑撰（萬有文庫本）
十六國春秋輯補　湯球撰（廣雅書局刊）
十六國春秋纂錄校本　湯球撰（廣雅書局刊）
文選 （胡克家刻本）
初學記　唐徐堅等撰（嘉靖晉府重刊本）
太平御覽　宋李昉等撰（四部叢刊本）
說郛　張宗祥輯明鈔本（商務印書館）
括地志　孫星衍輯本（岱南閣叢書）
元和郡縣圖志　唐李吉甫撰（叢書集成本）
太平寰宇記　宋樂史撰（金陵書局本）
欽定皇輿西域圖志 （杭州便益書局石印本）
嘉慶重修一統志 （商務印書館景印本）
道光敦煌縣志
楚辭 （四部叢刊本）
淮南鴻烈集解　劉文典撰（商務印書館）
齊民要術　後魏賈思勰撰（四部叢刊本）
酉陽雜俎　唐段成式撰（四部叢刊本）
諸蕃志校注　馮承鈞撰（中華書局）
塔里木盆地考古記　黃文弼著（科學出版社）
吐魯番考古記　黃文弼著（中國科學院）
觀堂集林　王國維著（中華書局）
往日雜稿　湯用彤著（中華書局）

歷代求法翻經録　馮承鈞著(商務印書館)

西域之佛教　羽溪了諦著　賀昌羣譯(商務印書館)

中印文化關係史論叢　季羡林著(人民出版社)

正法念處經閻浮提洲地誌勘校録　烈維(Sylvain Lévi)著　馮承鈞譯(商務印書館)

西域南海史地考證論著彙輯　馮承鈞撰(中華書局)

吐火羅語考　列維等著　馮承鈞譯(中華書局)

西突厥史料　沙畹著　馮承鈞譯(商務印書館)

我國古代的海上交通　章巽著(商務印書館)

交廣印度兩道考　伯希和(Paul Pelliot)著　馮承鈞譯(商務印書館)

蘇門答剌古國考　費瑯(G. Ferrand)著　馮承鈞譯(商務印書館)

我的探險生活　斯文・赫定(Sven A. Hedin)著　孫仲寬譯(西北科學考查團印行)

中亞古國史　麥高文(William Montgomery McGovern)著　章巽譯(中華書局)

R. C. Majumdar(General Etitor)：*The History and Culture of the Indian people*, vols. Ⅱ, Ⅲ. Bombay.

B-C. Law：*Historical Geography of Ancient India*. Calcutta.

W. W. Rockhill：*The Life of the Buddha*. London.

Thomas Watters：*On Yuan Chwan's Travels in India*, 629—645A. D. London.

解說西域記　堀謙德撰(東京文榮閣)

大唐西域記の研究　足立喜六著(東京法藏館)

佛學大辭典　丁福保編(上海醫學書局)

西域地名　馮承鈞編(陸峻嶺增訂本, 中華書局)

中華人民共和國地圖集(地圖出版社)

世界地圖集(地圖出版社)

中國歷史地圖集　顧頡剛、章巽編(地圖出版社)

水經注圖　楊守敬編(觀海堂刊)

古航海圖考釋　章巽編(海洋出版社)

Andrees Allgemeiner Handatlas. Bielefeld und Leipzig.

Philips' Record Atlas. London.

Road Map of India.

R. R. Sellman: An Outline Atlas of Eastern History. London.

William R. Shepherd: Historical Atlas. New York.

補　注

1. 原書正文第 3 頁，"西行之始"節注〔6〕

身毒、天竺、天篤，均爲古代中國指稱印度之名。通常認爲"身毒"源於梵語 Sindhu，二者讀音接近，故可比定。其實不然，蓋因 Sindhu 之本義爲"河流"，後則專指今之印度河。公元前六世紀，操伊朗語的波斯人從西北方進入印度，首遇此河，故以河流之名命名這一地區。由於梵語和伊朗語的發音中存在 s-h 交替的現象，而古代伊朗語中則没有 dh 之類的送氣濁輔音，故 Sindhu 一詞在伊朗語中遂讀成 Hindu。

漢文名"身毒"見於《史記》的《大宛列傳》及《西南夷列傳》，其語音並非直接源自 Sindhu，而是以伊朗語爲中介的。它是公元前二世紀，張騫在大夏（Bactria）時聽説的印度名稱，故其來源當是伊朗語的 Hinduka。"身"字，在古漢語中乃顎音送氣音，而非齒音送氣音，在漢代的發音近似於 * hen 或 * hīn。至於"天竺"的讀音，在漢代則與"身毒"很接近：按劉熙《釋名》，存在"天＞顯（hen）"的現象，所以，漢代"天"的讀音有 hen 和 t'an 兩讀，"天竺"中的"天"當讀爲 hen；古代舌頭、舌上音不分，"竺"今讀爲舌上音，但漢代當讀爲舌頭音，可以構擬爲 tūk。因此之故，漢代的"天竺"應讀爲 * hentūk，與伊朗語 hinduka 相對應，則其直接來源便可能是 hinduka，與"身毒"相同。此説參見師覺月（P. C. Bagchi），*Ancient Chinese Names of India*, Monumenta Serica（《夏裔學志》），Vol. XIII，1948，pp. 366 - 375；錢文忠《印度的古代漢語譯名及其來源》，載《天竺與佛陀》，上海書店出版社，2007 年，第 49—61 頁。

2. 原書正文第 19 頁，"竭叉國"節注〔3〕

般遮越師，章先生原注謂"梵文 pañcapariṣad 之音譯"，似當改爲"梵文 pañcavārṣi(ka) 之音譯"。關於 Pañcavārṣika 即"五年大會"之説，可參閱寧梵夫（Max Deeg），*Origins and Development of the Buddhist Pañcavārṣika—Part I : India and Central Asia*, Nagoya Studies in Indian Culture and Buddhism：

Saṃbhāṣā, 16, 1995, pp. 67-90; *Part II: China*, Nagoya Studies in Indian Culture and Buddhism: Saṃbhāṣā, 18, 1997, pp. 63-96.

3. 原書正文第 31 頁,"犍陀衛國"節注〔2〕

犍陀衛,章先生原注謂"梵文 Gandhavat 之音譯"。然而,似應改作"梵文 Gandhāvatī 之音譯"。

4. 原書正文第 32 頁,"竺刹尸羅國"節注〔2〕

章先生原注認爲,《法顯傳》"竺刹尸羅(Takṣaśilā),漢言截頭也。佛爲菩薩時,於此處以頭施人,故因以爲名"之説,是出於誤解。但是,此説實際上卻有所根據。竺刹尸羅(呾叉始羅)歷史甚古,但其得名之由,則至今尚未完全解決。可參閱巴基斯坦學者艾哈默德·哈桑·達尼(Ahmad Hasan Dani)著,劉麗敏譯,陸水林校《歷史之城塔克西拉》(*The Historic City of Taxila*),北京:中國人民大學出版社,2005 年,第 2—6 頁。

5. 原書正文第 34 頁,"弗樓沙國"節注〔5〕

關於貴霜王朝的年代及世系,近年來有新的發現和研究,可參閱 N. Sims-Williams and J. Cribb, *A New Bactrian Inscription of Kanishka the Great*, Silk Road Art and Archaeology, Journal of the Institute of Silk Road Studies, Kamakura, 4, 1996, pp. 75-142; N. Sims-Williams, *Further notes on the Bactrian Inscription of Rabatak, with an Appendix on the Names of Kujula Kadphisis and Vima Taktu in Chinese*, in N. Sims-Williams (ed.) Proceedings of the Third European Conference of Iranian Studies, I: Old and Middle Iranian Studies, pp.79-92(Wiesbaden, 1998).

6. 原書正文第 36 頁,"弗樓沙國"節注〔15〕

迦膩色迦所建之佛塔,即後世記載的"雀犁(雀離)浮圖",今白沙瓦 Shāh-Jī-Kī Dherī 遺址。參閱寧梵夫,*Legend and Cult—Contributions to the History of Indian Buddhist Stūpas, Part I: The Stūpa of Kaniṣka*, Buddhist Studies Review, Vol. 21, 1, 2004, pp. 1-24.

7. 原書正文第 37 頁,"弗樓沙國"節注〔17〕

關於佛鉢的傳説,可參閱桑山正進(Shōshin Kuwayama), *The Buddha's Bowl in Gandhāra and Relevant Problems*, in M. Taddei(ed.), South Asian Archaeology, 1987: Proceedings of the Ninth International Conference of the Association of South Asian Archaeologists in Western Europe, Part 2, Rome,

1990, pp. 945－978.

8. 原書正文第 37 頁, "弗樓沙國"節注〔18〕

章先生原注及巴基斯坦學者達尼都認爲, 此處的"月氏王"可指貴霜王丘就卻(Kujula Kadphises)。但按目前流行的看法, 則將該"月氏王"比定爲迦膩色迦, 如榎一雄曾有詳細考證(Kazuo Enoki, *On the Date of the Kidarites*, in Studia Asiatica: The Collected Papers in Western Languages of the Late Dr. Kuzuo Enoki, Tokyo, 1998, pp. 54－106)。不過, 法顯在罽膩迦王起大塔傳説中, 已經提及迦膩色迦之名("罽膩迦"即"迦膩色迦"之異譯名), 後文又稱"月氏王"而不提其名, 可見所述並非同一人。最近, 有學者認爲, 法顯記載的"月氏王"即是指寄多羅。此説當可作進一步的研究。

9. 原書正文第 82 頁, "毗舍離國"節注〔10〕

關於"放弓仗塔", 可以參閱寧梵夫, *Legend and Cult—Cintributions to History of Indian Buddhist Stūpas, Part 2: the Stūpa of Laying Down the Bows*, Buddhist Studies Review, Vol. 21, 2, 2004, pp. 119－149.

10. 原書正文第 132 頁, "王城及佛齒供養"節注〔10〕

章先生原注認爲, "薩薄"即 Saba 地區之居民(Sabaean)的對音。但近年流行的説法, 則以"薩薄"爲梵語 Sārthavāha 之音譯, 意爲商人、商主。《法顯傳》之前, 此名已見於漢文佛經, 如後漢康孟詳譯的《興起行經》卷上、吳康僧會譯的《舊雜譬喻經》卷上、西秦聖堅譯的《羅摩伽經》卷中、道略集《雜譬喻經》, 以及後秦弗若多羅譯的《十誦律》卷二五、二六、四一等。有關説法, 可參閱 Albert E. Dien, *The Sa-Pao Problem Re-Examined*, Journal of the American Oriental Society, 82, 1962, pp. 335－346;榮新江《薩保與薩薄：北朝隋唐胡人聚落首領問題的爭論與辨析》, 載葉奕良編《伊郎學在中國論文集》(第三集), 北京大學出版社, 2003 年, 第 128—143 頁。

然而, 龔方震先生對《法顯傳》這段原文的句逗及語源仍有不同見解。首先, 他認爲原文當讀作"其城中多居士、長者薩薄、商人", 而非"其城中多居士、長者、薩薄商人";其次, 這裏的"薩薄"當是叙利亞語"Saba(長者)"的音譯;再次, 師子國出現叙利亞語句稱的原因是"因商人來住故, 諸國人聞其土樂, 悉亦復來";最後, 故《法顯傳》的"薩薄"與佛經及高昌文書等處的"薩薄", 乃是同名而異義。參閱龔方震、晏可佳《祆教史》, 上海社會科學院出版社, 1998 年, 第 278—281 頁。

11. 有關法顯前赴天竺的地理路綫考證和研究, 除了最有影響的長澤和俊

"法顯の入竺求法行"(《シルク・ロード史研究》,東京:國書刊行會,1979年,第415—439頁)與章先生本書兩家外,最近,余太山先生在他們的基礎上,就若干爭議較多的問題提出了新的見解,並結合智猛和曇無竭的入竺路綫,作了比較研究,使法顯的入竺行程更趨清晰。可參閲余太山《關於法顯的入竺求法路綫——兼説智猛和曇無竭的入竺行》,載《歐亞學刊》第六輯,中華書局,2007年6月,第138—153頁。

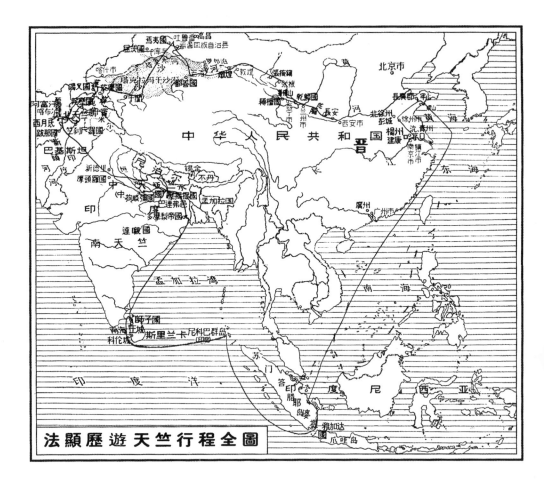

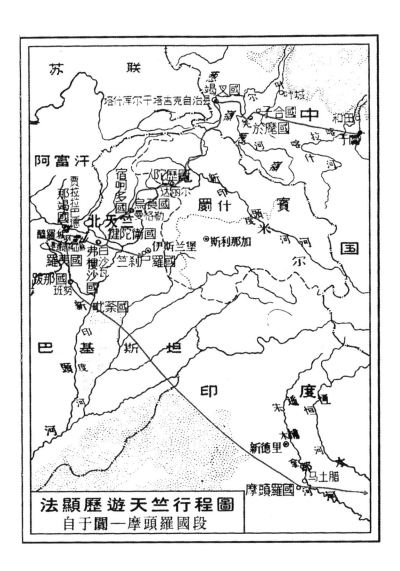

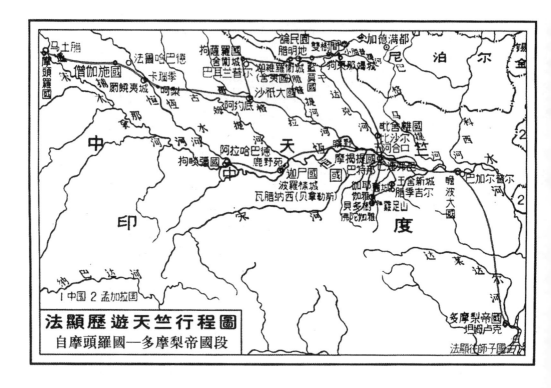

補注 165

166　《法顯傳》校注

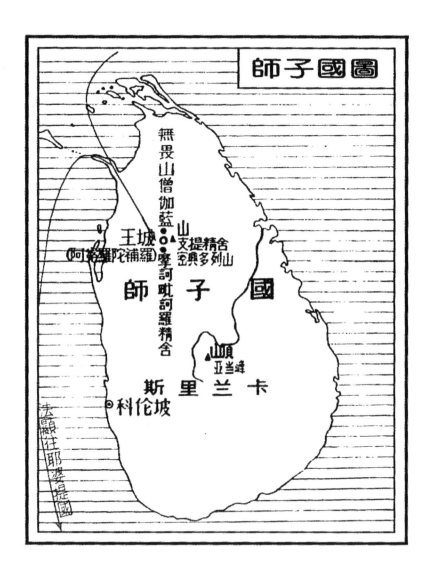

我國古代的海上交通

（據商務印書館 1986 年的再版本）

前　言

大約三十年前,有一天,老同學李旭旦、陸漱芬兩位教授和我談起我國的海上交通史,都感到這方面缺少通俗的介紹,很不利於一般讀者了解我們偉大的祖國,也不利於有關的教學工作。因此,我寫了《從遠古到戰國時代的海上交通》、《秦、漢、三國時代的海上交通》、《隋、唐時代的海上交通》、《宋、元時代的海上交通》等四篇論文,在《地理知識》1955年第11、12期及1956年第1、2期分別發表,繼而由上海新知識出版社合編成書,書名就稱爲《我國古代的海上交通》。後來,新知識出版社又將它轉移給商務印書館繼續出版。此書印行後,讀者的反映頗爲良好,莫斯科還出版了俄文譯本,看來還可以説是滿足了一些需要的。

我們勤勞勇敢的中國人民,在很早的古代就發展了造船技術,開闢了海上交通。航海事業和我國整個歷史的發展,向來交織在一起。關於我國古代海上交通的研究,無論對於中國史還是亞洲史,都很重要,這是很明白的。從時間上來看,自石器時代以來的許多世紀中,我國航海事業總是在不斷地前進着。從地域上來看,我國古代的航海家們,不僅開闢了本國沿海的海上交通,也開闢了對朝鮮、日本和東南亞的海上交通;並且,至遲從兩漢時代起,還開闢了對印度洋的遠洋交通,直至紅海西北角的大秦即羅馬帝國東部。我國各族人民向來富有創造性,在海上交通方面也不斷有所貢獻。早在公元前三世紀以前,我國就已在航海實踐中利用了季候風,認識了季候風的變化規律。海上交通最重要的一種工具是指南針,而指南針就是我國最先發明,並於公元十一二世紀之交將指南羅盤應用於航海。至於造船事業的精良,航海人民的勤勞,也向來馳名於世界。所以,我國的航海史是一部光榮和盛大的航海史,充滿了燦爛光輝的經歷。我們要發揚光大先輩們的業績,把新中國的海上交通事業更加推向前進,創造更光輝燦爛的新成就!

最近商務印書館準備將《我國古代的海上交通》繼續出版,我乘此機會把原書改寫了一次,並增入晉、南北朝、五代、明、清(鴉片戰爭前)各代的海上交通發展情況,使全書更充實和更完整,可以看作十九世紀中葉以前我國海上交通的一個簡史。老年多病,學殖荒落,疏失之處一定尚多,仍乞讀者多多指教。

本書所附地圖九幅,都由金竹安同志清繪,特表示謝意。

章　巽

1985 年 1 月 1 日

目　錄

第一章　從遠古到戰國時代的海上交通
　　——公元前三世紀以前—— ……………………………………… 173
　　(一) 我國最早的海上交通 ……………………………………… 173
　　(二) 西周時代的海上交通 ……………………………………… 174
　　(三) 春秋時代的海上交通 ……………………………………… 175
　　(四) 戰國時代的海上交通 ……………………………………… 178
　　(五) 季風的發現 ………………………………………………… 179
　　(六) 結束語 ……………………………………………………… 181

第二章　秦、漢、三國時代的海上交通
　　——公元前三世紀後期至公元三世紀中期—— ………………… 183
　　(一) 秦代的海上交通 …………………………………………… 183
　　(二) 秦代造船工場遺址的發現 ………………………………… 184
　　(三) 漢代的海上交通 …………………………………………… 184
　　(四) 印度洋以西海上交通的發展 ……………………………… 187
　　(五) 兩漢及三國時代造船技術的發展 ………………………… 189
　　(六) 三國時代的海上交通 ……………………………………… 191
　　(七) 結束語 ……………………………………………………… 192

第三章　晉、南北朝時代的海上交通
　　——公元三世紀中期至六世紀後期—— ………………………… 193
　　(一) 晉代的海上交通 …………………………………………… 193
　　(二) 孫恩、盧循起義 …………………………………………… 194
　　(三) 法顯的遠洋航行 …………………………………………… 195
　　(四) 南北朝時代的海上交通 …………………………………… 197
　　(五) 南北朝時代的重要海港 …………………………………… 199

（六）結束語⋯⋯⋯⋯⋯⋯⋯⋯⋯⋯⋯⋯⋯⋯⋯⋯⋯⋯⋯⋯⋯⋯⋯⋯⋯ 200

第四章　隋、唐、五代的海上交通
　　——公元六世紀後期至十世紀中期——⋯⋯⋯⋯⋯⋯⋯⋯⋯⋯ 202
　（一）隋代的海上交通⋯⋯⋯⋯⋯⋯⋯⋯⋯⋯⋯⋯⋯⋯⋯⋯⋯⋯ 202
　（二）唐代的海上交通⋯⋯⋯⋯⋯⋯⋯⋯⋯⋯⋯⋯⋯⋯⋯⋯⋯⋯ 203
　（三）義净遠航和鑒真東渡⋯⋯⋯⋯⋯⋯⋯⋯⋯⋯⋯⋯⋯⋯⋯⋯ 208
　（四）隋、唐時代我國造船和航海技術的發達⋯⋯⋯⋯⋯⋯⋯⋯ 209
　（五）五代的海上交通⋯⋯⋯⋯⋯⋯⋯⋯⋯⋯⋯⋯⋯⋯⋯⋯⋯⋯ 211
　（六）結束語⋯⋯⋯⋯⋯⋯⋯⋯⋯⋯⋯⋯⋯⋯⋯⋯⋯⋯⋯⋯⋯⋯ 212

第五章　宋、元時代的海上交通
　　——公元十世紀中期到十四世紀中期——⋯⋯⋯⋯⋯⋯⋯⋯⋯ 213
　（一）宋代海上交通的發達和重要海港的分布⋯⋯⋯⋯⋯⋯⋯⋯ 213
　（二）南宋幾段辛酸的航海史⋯⋯⋯⋯⋯⋯⋯⋯⋯⋯⋯⋯⋯⋯⋯ 214
　（三）指南針（羅盤）之應用於航海⋯⋯⋯⋯⋯⋯⋯⋯⋯⋯⋯⋯ 216
　（四）元代海上交通的繼續發展⋯⋯⋯⋯⋯⋯⋯⋯⋯⋯⋯⋯⋯⋯ 217
　（五）元代的"海運"⋯⋯⋯⋯⋯⋯⋯⋯⋯⋯⋯⋯⋯⋯⋯⋯⋯⋯ 218
　（六）宋、元時代對日本的海上交通⋯⋯⋯⋯⋯⋯⋯⋯⋯⋯⋯⋯ 220
　（七）宋、元時代對南洋及印度洋以西的海上交通⋯⋯⋯⋯⋯⋯ 221
　（八）造船和航海技術的高度發達⋯⋯⋯⋯⋯⋯⋯⋯⋯⋯⋯⋯⋯ 224
　（九）結束語⋯⋯⋯⋯⋯⋯⋯⋯⋯⋯⋯⋯⋯⋯⋯⋯⋯⋯⋯⋯⋯⋯ 224

第六章　明代和清代(鴉片戰爭以前)的海上交通
　　——公元十四世紀中期到十九世紀中期——⋯⋯⋯⋯⋯⋯⋯⋯ 226
　（一）明代沿海的海上交通⋯⋯⋯⋯⋯⋯⋯⋯⋯⋯⋯⋯⋯⋯⋯⋯ 226
　（二）明代對外的海上交通——鄭和下西洋⋯⋯⋯⋯⋯⋯⋯⋯⋯ 228
　（三）鄭和下西洋的地名考察⋯⋯⋯⋯⋯⋯⋯⋯⋯⋯⋯⋯⋯⋯⋯ 229
　（四）明代海上交通事業的繼承發展⋯⋯⋯⋯⋯⋯⋯⋯⋯⋯⋯⋯ 230
　（五）清代沿海的航行路綫⋯⋯⋯⋯⋯⋯⋯⋯⋯⋯⋯⋯⋯⋯⋯⋯ 241
　（六）清代的"海運"⋯⋯⋯⋯⋯⋯⋯⋯⋯⋯⋯⋯⋯⋯⋯⋯⋯⋯ 242
　（七）清代遠海的海上交通⋯⋯⋯⋯⋯⋯⋯⋯⋯⋯⋯⋯⋯⋯⋯⋯ 244
　（八）結束語⋯⋯⋯⋯⋯⋯⋯⋯⋯⋯⋯⋯⋯⋯⋯⋯⋯⋯⋯⋯⋯⋯ 247

第一章　從遠古到戰國時代的海上交通
——公元前三世紀以前——

我們偉大的祖國，是一個廣土衆民的大國。她不但有遼闊的疆域，而且整個的東邊和東南邊都面對大海，那里波濤澎湃，氣象萬千。在海疆的北部，有遼東半島和山東半島護衛着祖國的門戶；在南部，有臺灣和海南兩個大島雄峙於祖國大陸身旁，更向南還延伸到南沙羣島等處。除了黃海南部連接江蘇省一帶爲典型的沙岸外，北方的遼東半島、山東半島以及南方的浙江、福建、臺灣、廣東各省，沿海都有許多天然良港，星羅棋布着大大小小無數的島嶼，最便於從事航海活動。所以從極早的古代起，我國人民就已發展了海上交通，自近海航行開始，漸漸擴展，以至遠涉重洋。

英國歷史學者柏利（J. B. Bury）在他的名著《希臘史》（History of Greece）中，曾強調指出，愛琴海上的許多島嶼大大便利了古希臘人民的航海交通，並且以島嶼爲橋樑，把希臘各邦人民乃至東方的小亞細亞密切聯繫起來，促進了希臘文明的發展。我國從北到南的無數島嶼也起了類似的積極作用，而且還鋪開了比愛琴海海域更壯大的舞臺場面，時間也較希臘歷史的開端早得多。

（一）我國最早的海上交通

遠在舊石器時代，我們的祖先——居住在今周口店地方（在北京市西南部）的山頂洞人，就已經和海發生了接觸，他們從海濱揀取了海蚶介殼，並在殼頂部磨出窟窿，用它們做成串珠狀裝飾品[1]。與山頂洞人同時，瀕海而居的我們的祖先，還有很多，他們的生活是和海洋結合着的，可以推知，最早的航海活動也就是由他們開始的。

到了新石器時代，以我國黃河流域這一東西橫列的地帶爲主，曾產生過著名

---

[1] 裴文中：《中國石器時代的文化》第28頁（中國青年出版社，1954年）。

的仰韶文化和龍山文化。這兩種文化曾向北分布到遼東半島,向東分布到臺灣,向南分布到香港①。這些由考古發現而獲知的歷史事實,證明了遠在使用新石器的原始社會時代,我們的祖先便已發展了對臺灣及其他許多沿海島嶼的海上交通;而山東半島和遼東半島之間的海上交通,在當時已經充分建立起來。

大禹治水是一個很古老的傳說,它告訴我們,大約四千多年前我國人民已經能有力地控制和利用水了。我國的一部古史《竹書紀年》裏面說到,禹的兒子啓建立的我國歷史上第一個奴隸制國家夏朝,有一個國王叫后芒(即帝芒),曾經"東狩於海,獲大魚"②。這是歷史上關於夏朝航海事業所留下來的一點鱗爪的記載。稍後,在我國古代史上以善於航海著稱的百越人,據傳也是夏禹的子孫③。

商朝是繼夏朝而起的國家。商滅夏以前,已是我國東部一個興旺的部落。《詩·商頌》在追頌商湯的祖先相土時,有"相土烈烈,海外有截"的讚頌④。假如據此就說當時商部落已有海外的領地,並且通過海上交通來治理,恐怕還得研究。不過,郭沫若認為,"可能相土的活動已經到達渤海,並同'海外'發生了聯繫"⑤。後來漢代人的記載,曾說到商末、周初時,有商的王族箕子出走朝鮮之事⑥。看來商朝一代已超出近海,而在渤海以東發展了海上交通。

(二) 西周時代的海上交通

商朝以後新興的周朝,開始萌芽並逐漸發展了封建制度。周人起自中國西部,對東部的大海沒有什麼直接的接觸,當時東部沿海一帶,分布着相當強大的各族夷人。其中較重要的,有山東半島東部的萊夷,淮水下游一帶的徐夷和淮夷。還有領地相當於今江蘇省南部太湖以東一帶的吳國,其統治者雖亦出自周族,其人民卻是文身斷發的荆蠻;更自今浙江省以南,分布着衆多的百越人,也是文身斷發,在文化上較吳國更為落後。吳、百越人文身斷髮的風俗,據後

---

① 裴文中:《中國史前時期之研究》(商務印書館,1948年);《中國石器時代的文化》;中國科學院歷史研究所第三所《集刊》第二集,第28頁(1955年)。
② 方詩銘等:《古本竹書紀年輯證》第10頁(上海古籍出版社,1981年)。
③ 《史記·越王勾踐世家》。
④ 《詩·商頌·長發》。截是治理和整齊的意思。
⑤ 郭沫若:《中國史稿》第一册,第157頁(人民出版社,1976年)。
⑥ 《尚書大傳》卷三(《四部叢刊》本);《史記·宋微子世家》。

漢人應劭的解釋,是由於"常在水中,故斷其髮,文其身,以象龍子,故不見傷害"①。西周時代我國東方的海上交通和航海活動,就以這些夷人、吳人和百越人爲主人翁。

當時的萊夷,已有發達的漁業和鹽業,而漁業和鹽業,都是和海上活動分不開的。周武王滅商後(約公元前十一世紀時),封呂尚於齊(今山東省淄博市臨淄一帶),萊夷就來和呂尚爭奪土地,後來呂尚"因其俗,簡其禮,通商工之業,便魚鹽之利"②。可見後世齊國最稱繁盛的魚鹽之利以及與其有連帶關係的航海事業,最初還是從萊夷學習來的。

在西周時徐夷和淮夷的勢力都很大。徐夷的國君偃王(和周穆王同時,約公元前十世紀時人),也善於治水③。

當時的百越人,尤以善於造船著名。《藝文類聚》(卷七十一)所引《周書》,有"周成王時,於越獻舟"的記載。周成王約爲公元前十一世紀人,當時我國江、淮、河、濟四大河流,平行東流入海,尚未開鑿溝通南北的運河,則越人所獻的船,自今浙江東岸出發,一定要通過海上,向北航行,才能駛入淮水或濟水,向西到達周王的統治中心地區。當時的淮水,約在今江蘇阜寧附近入海,濟水約在今山東小清河口附近入海。由此可見,西周時由今浙江東部直通江蘇東北部或山東半島北面的海上交通,已經見於文字的記載了。

後漢時王充所著《論衡》中,還有周時"越裳④獻白雉,倭人⑤貢鬯草"及周成王時"越裳獻雉,倭人貢暢"⑥的叙述。《尚書大傳》(前漢人的著作)亦有周成王時越裳國獻白雉的記述,這亦是西周已和東方的日本及南方的越裳有了海上交通的傳說的最早記載。

(三) 春秋時代的海上交通

春秋時代(公元前 770—476 年),在我國海上交通事業中占最重要地位的,北方爲齊國,南方爲吳、越兩國。

---

① 《史記·吳太伯世家》《集解》所引用。
② 《史記·齊太公世家》。
③ 《水經·濟水注》引劉成國《徐州地理志》云:"偃王治國,仁義著聞,欲舟行上國,乃通溝陳、蔡之間。"
④ 越裳指今越南的北部一帶。
⑤ 倭人指今日本。
⑥ 暢、鬯二字相通。

但在春秋時代的前期,齊國向東通大海的路徑仍然被萊夷阻隔着。公元前七世紀中期,齊國已十分強盛,齊桓公雖然能夠"通齊國之魚鹽於東萊"①,但並未能征服萊夷。當時萊夷的首都在今山東黃縣東南二十里,整個山東半島的東部皆受其控制。公元前567年,齊國終於滅了萊夷,齊國的勢力才達到東部的大海。富有海上生活經驗的萊人,也和齊人融合起來。渤海海面以及環繞山東半島的航行,主要就歸齊國人掌握了。漢人著作《説苑·正諫篇》説:"齊景公(公元前547—490年)游於海上而樂之,六月不歸。"可見當時航海規模已經很大。春秋末年人孔子(公元前551—479年),曾説他想"乘桴浮於海"②,可見當時山東半島一帶的海上航行已很平常。公元前485年,吳國派遣海軍由海上進攻齊國,但未能入境,就被齊國擊敗退歸③,可見當時齊國已經有了強大的海軍。

吳國是一個"不能一日而廢舟楫之用"的國家④。這是對於春秋時代歷史有深入研究的清代學者顧棟高所説,這話説得很對。尤其在春秋後期,吳國在造船技術上也有了提高,已能造出各類船隻和很大的船艦。春秋時吳、楚兩國常用水軍交戰。據《左傳》(昭公十七年)記載,公元前525年吳國對楚國作戰的水軍中,有稱爲"余皇"的大船,好似近代海軍中的旗艦。《史記·吳太伯世家》則稱余皇爲"王舟",《吳越春秋》(《四部叢刊》本卷五)又稱之爲"大舟"。在《越絶書》裏面,曾記載吳王闔閭(公元前514—496年)問伍子胥應該怎樣訓練"舡軍"(即水軍),伍子胥回答:船有大翼、小翼、突冒(或作突胃)、樓舡、橋舡許多種,訓練的時候應比照"陵軍"(即陸軍)的方法,大翼就如陸軍的重車,小翼就如陸軍的輕車,突冒就如陸軍的衝車,樓舡就如陸軍的行樓車,橋舡就如陸軍的輕足驃騎⑤。吳國擁有這樣完備的水軍,所以能於公元前485年由大夫徐承指揮自海上去進攻齊國,結果卻被齊國所敗。

當時吳國的首都,就在現在的蘇州市,西濱太湖,東通大海。我們可以想象得到,在吳國水軍船艇的四周,那時一定活躍着大大小小各種民間的船隻,在古代中國東部的江海交會區,呈現出帆檣林立和乘風破浪的雄偉景象。

吳國人還特別善於治理水道。吳王夫差時,曾於公元前486年開掘邗溝,溝

---

① 《國語·齊語》。
② 《論語·公冶長》。
③ 《左傳》哀公十年,《史記·吳太伯世家》及《齊太公世家》。
④ 顧棟高:《春秋大事表》卷三十三。
⑤ 《太平御覽》卷七七〇及《北堂書鈔》卷一三七、一三八所引,但此段文字在今本《越絶書》中已被遺失。

通長江和淮水；公元前484—482年間又開掘深溝①，東邊溝通沂水和泗水(二水皆通淮水)，西邊溝通濟水和黃河，這樣，就把江、淮、河、濟四條大河的水道都貫通起來了(請參看附圖)。不過據清代著名地理學者胡渭的研究②，吳在開通邗溝以後，對北方的主要水路交通，仍舊取道於海上。胡渭並且舉出充分的理由，是可以使人信從的。

以會稽(今浙江紹興市)為首都的越國，主要根據地是今浙江省境一帶。但百越民族分布范圍很廣，南到今福建、廣東、廣西以至越南的北部，包括廣大的沿海地區及附近島嶼。如現在舟山羣島中的定海，春秋時候稱為甬勾東，就是越國的直屬領土。當時百越人各族間的聯繫，多依靠海上交通，正如越王勾踐(公元前496—465年)所說，百越人的習性，是"水行而山處，以船為車，以楫為馬，往若飄風，去則難從"的③。他們的造船技術很高，所造的船，有的稱為扁舟④或輕舟⑤，有的稱為舲⑥，大約這些都是日常使用的；還有戈船和樓船⑦，大約專供政府有作戰使用。《越絕書》還說越國和吳國都有"船宮"，大約就是造船的工場；越國稱伐木造船的工人為木客，稱水軍兵士為樓船卒；百越人的土語，稱船為"須慮"，稱海為"夷"，他們就在海上演習船戰。

越、吳兩國之間，常在水上作戰。公元前482前，越國乘吳王夫差遠赴北方黃池(今河南封丘縣西南)和晉君相會的機會，派范蠡和舌庸率領越國海軍沿海北上，駛入淮水，以斷吳王歸路⑧。公元前473前越國滅吳國後，范蠡恐怕勾踐忌他功高，從越國浮海逃至齊國⑨。公元前468年，越國首都由會稽遷到琅邪(今山東膠南縣西南)，琅邪是當時海上航行一個極重要的港口，據說遷都時隨行的有"死士八千人，戈船三百艘"⑩。以上一切都說明，春秋末年前後，由今浙江至山東一帶的海上交通是怎樣發達了。

① 《國語‧吳語》。
② 《禹貢錐指》卷六。
③ 《越絕書》(《四部叢刊》本)卷八。
④ 《史記‧貨殖列傳》。
⑤ 《國語‧越語》。
⑥ 《淮南王書‧俶真調》，舲是一種有窗的船。
⑦ 《吳越春秋》及《越絕書》。
⑧ 《國語‧吳語》。
⑨ 《史記‧越王勾踐世家》。
⑩ 《吳越春秋》及《越絕書》。

（四）戰國時代的海上交通

戰國時代（公元前 475—221 年）我國北方航海事業的主角，除了齊國以外，又增加了一個以薊城（今北京市西南部）爲首都的燕國。當時齊、燕兩國的航海事業都很發達。以尋找神仙追求出世的方士們就利用航海事業鼓吹他們的幻想，説渤海裏面的蓬萊、方丈、瀛州等三處神山上有仙人和不死之藥。這三處神山究竟在什麼地方，我們今天，和兩千餘年前的那些方士們一樣，並不能指出確實的所在。但史籍裏面關於戰國時代燕、齊海上方士們的生動的記載，説明了戰國時代我國北方的海上交通已經有了很大的發展。

《戰國策·趙策》有"秦攻燕則……齊涉渤海"的記載，可見當時齊國的海軍已活動在渤海上了。戰國時燕、齊兩國的航海範圍，看來還不限於渤海。《山海經》裏面的各篇"海内經"，雖然一般認爲到漢代才編集起來，但其中也保存着漢代以前的資料。《海内北經》中稱"南倭、北倭屬燕"，有可能即是對戰國以來燕和日本已有海上交通傳説的記載。戰國時候齊國著名的學者騶衍，提倡大九州説，將我們所住的土地稱爲赤縣神州，以爲像這樣的州有九個，外有裨海（小海）包圍着，裨海包圍着的九州又有九個，外又有大瀛海包圍着[①]。騶衍的觀察，與其視之爲一種對天體的觀察，不如視之爲一種對海洋和島嶼的觀察，他對海洋和島嶼能作出這樣的觀察，反映出當時的航海活動已經很發達，範圍很大了。

至於南方，由山東半島以南至今浙江東岸的海上交通綫，仍舊控制在越國所統治的百越人和吳人的手中。公元前 379 年，越國首都由琅邪遷至吳（即今蘇州市）；公元前 323 年，越國被楚國所敗，自今江蘇南部以至山東南部濱海一帶地方便成了楚國的領地。戰國時代這一帶的海上交通繼續不斷。足以反映戰國時代地理形勢的《禹貢》中説"沿於江海，達於淮泗"，正是當時事實的描寫。楚破越後，楚國的領地大約限於浙江（水名，即今新安江及錢塘江）以北。至於浙江以南，直至今福建、廣東諸省沿海一帶，仍在各族越人手中，在東甌（即今溫州市）一帶的即稱爲東甌，在冶（即今福州市）一帶的爲閩越，東甌和閩越兩族又合稱東越；在番禺（今廣州市）及今廣東沿海的爲南越，也稱揚越；在今廣西南部及越南北部沿海一帶的爲西甌，也稱駱越。《山海經·海内南經》説："甌，居海中。閩，

---

① 《史記·孟子荀卿列傳》。

在海中。"這可以説明兩件事：一,百越人和北方的交通,必取道於海上,所以給人的印象他們都是住在海中;二,當時我國東南一帶的許多島嶼,都已經有航海的百越人往來其間或居住在上了。又《竹書紀年》中有公元前312年越王派人至魏國獻舟的記載,可見過去一般認爲公元前323年楚滅越國,並不完全正確,因爲此後南方仍有越王,而且南方的越人和黄河流域的魏國之間仍然維持着必須經過海上的交通聯繫。

關於戰國時代我國沿海交通綫上的重要港口,見於史籍的,渤海西北有碣石(在今河北昌黎縣境)[1],是燕國通海的門户;山東半島北面有轉附(即今芝罘半島,自春秋時代就是海上港口)[2],南面有琅邪[3];長江口附近有吴(即今蘇州市,古代長江口在今崇明島以西入海,吴很近海);更南有會稽和句章(今浙江寧波市西)[4],是越國的海港。再往南,東甌、冶、番禺等各族越人的都邑也都是比較重要的港口。

（五）季風的發現

在帆船航行時代,對於風的利用是很關重要的。所以對於季風規律的發現和利用季風,對於古代的航海者是一件十分重要的事情。西方一般的歷史記載,都認爲最早在印度洋上發現季風並加以利用的,是羅馬帝國初年即公元一世紀前期亞歷山大城的一位船長希巴洛斯(Hippalus),並宣稱他的這一發現對促進航海通商事業的重大貢獻。

事實上,我國古代的文獻中,早已有對於季風的分類記載。其時代,可推至公元前三世紀以前,遠較希巴洛斯的時代爲早。這樣的文獻且不止一種,我們只取其中的《周禮》來説明。

在《周禮·春官》中,有"以十二風察天地之和"的記載。據鄭玄注,十二風就是十二辰的風,十二辰就是"從子至亥",即子、丑、寅、卯、辰、巳、午、未、申、酉、戌、亥十二支。我們知道,從戰國時代產生的所謂陰陽五行説,把陰陽、五行、八卦、干支、時令、方向等等都互相聯繫,並和一些政治主張配合起來,形成一個網

---

[1] 《禹貢》及《史記·秦始皇本紀》。
[2] 《孟子·梁惠王》下。
[3] 《孟子·梁惠王》下。
[4] 《國語·吴語》、《國語·越語》及韋解。

羅萬物的體系①。在這體系裏面,十二支的位置可簡單示意如後表。

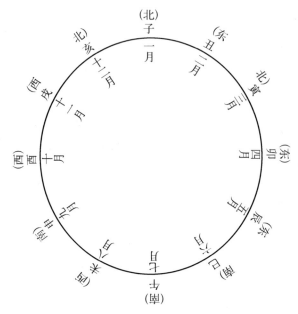

這樣,和子(一月,周正建子)配合的就是北風,和卯(四月)配合的就是東風,和午(七月)配合的就是南風,和酉(十月)配合的就是西風。介乎其間的,丑(二月)、寅(三月)是東北風,辰(五月)、巳(六月)是東南風,未(八月)、申(九月)是西南風,戌(十一月)、亥(十二月)是西北風。這樣細密的分析和安排,豈不就是對一年裏面的季風變化的相當準確的認識嗎!《周禮》這部書是周末戰國時雜採以前的國家法制編成的,其時代是在公元前三世紀以前。也就是說,早在公元前三世紀以前,我們的祖先便已明確認識一年裏面季風的變化了。這種認識,自然是從農民和航海家們長期的勞動實踐中得來的。實踐更較認識爲早,所以我國古代航海家們在公元前三世紀以前,必然早已掌握並利用季風了。這是我國海上交通史上的一件大事②!

---

① 其詳可參看顧頡剛:《秦漢的方士與儒生》1—5 頁(上海古籍出版社,1978 年);馮友蘭:《中國哲學史》下冊 497—573 頁(商務印書館,1946 年)。

② 較近出版的英國李約瑟(Joseph Needham)的《中國科學技術史》中,引用查爾斯沃思(M. P. Charlesworlb)和塔爾恩(W. W. Tarn)的研究結果,認爲在公元前一世紀中,埃及商船便已發現印度洋季風。但我國發現季風對此比較起來,還是早了兩個世紀以上。關於我國古代發現和利用季風,詳見章巽:《我國古代對季風的認識和利用》(1985 年 7 月在山東長島海外交通史學術討論會提出)。

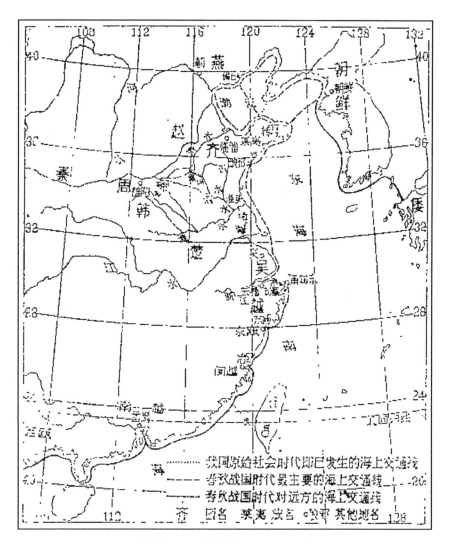

我國遠古到戰國時代的海上交通圖

(六) 結 束 語

　　從遠古的原始社會時代開始,一直到距今約二千二百年前的戰國時代末年止,我們勤勞堅毅的祖先——我國古代的勞動人民,已經能夠不斷提高生產力,製造出許多種船隻和航行工具,開闢了北起渤海、南至今廣東一帶的海上交通綫,臺灣等島和祖國之間的日益增進的緊密聯繫,也已通過海上交通開始建立起來。對幾個近鄰國家,如朝鮮、日本、越南的海上交通也完全可能都已經發展起來了。航海中利用季風，在公元前三世紀以前的我國古文獻中已有了系統的紀錄，較之西方發現和利用季風的記載要早兩三個世紀以上。

第二章　秦、漢、三國時代的海上交通
——公元前三世紀後期至公元三世紀中期——

（一）秦代的海上交通

　　秦始皇於公元前 221 年統一中國，建立了我國歷史上第一個中央集權的封建帝國。他爲我國的統一事業做了不少事情，對於海上航行也很重視。公元前 219 年秦始皇第一次東巡齊地時，就曾沿着渤海南岸，到黃（今山東黃縣東南）、腄（今山東福山縣東南）、之罘（今山東芝罘半島）、成山（今山東成山角）等地，並南登琅邪（今山東膠南縣西南）。這些地方都是以前齊國的重要海港。秦始皇在琅邪玩了三個月，並且聽信齊地的方士徐福的宣傳，派他帶領了童男童女數千人入海求仙。公元前 215 年，秦始皇又親到渤海北岸的碣石（是以前燕國主要的海港，在今河北昌黎縣境），從該處派遣燕地的方士盧生們入海求仙人不死之藥。公元前 210 年，秦始皇東游會稽山（在今浙江紹興市附近），然後沿海北上到琅邪；從琅邪經過勞山、成山到芝罘，在山東半島的東面環航一周；此後不多時，秦始皇便在旅途中病死。三後多後，短促的秦帝國就滅亡了。

　　秦始皇派遣徐福率領的數千童男童女組成的龐大的航海船隊，後世盛傳曾到過日本，或者到過亶洲和夷洲（即今臺灣），這都是可能的。秦朝時渤海區域東到朝鮮半島的海上交通，尤爲發達。當時朝鮮半島南端有三個國家，號稱三韓：西爲馬韓，東爲辰韓，南爲弁辰。據《後漢書·東夷傳》的記載，辰韓就是避苦役而逃亡海外的許多秦人所創建的。

　　秦時中國南部廣大的地區，仍居住着各族越人。公元前 222—214 年間，秦征服了各族越人，建立了閩中、南海、桂林、象等四個郡。各族越人素來善於航海，秦在南方建立南海等四郡後，就積極在南方發展海上交通。

（二）秦代造船工場遺址的發現

1974年底，在廣州市區中心的中山四路北面，曾發現一處古造船工場的遺址，這地方在古代緊靠珠江北岸。工場規模巨大，有三個平行排列的造船臺，還有木料加工場。綜合研究的結果，認爲這個造船工場始建於秦代統一嶺南時期，一直到西漢初年的文帝、景帝之際才廢棄填覆[①]。這工場遺址正是秦帝國統一南越後，積極在南方進一步發展海上交通的證明。

秦帝國南收百越，是含有經濟動機的，《淮南王書·人間訓》中說，秦之南進，是爲了"利越之犀角、象齒、翡翠、珠、璣"。《漢書·地理志》也說，越地"近海，多犀、象、毒冒（即玳瑁）、珠、璣、銀、銅、果、布之湊（湊即集合地之意），中國往商賈者，多取富焉，番禺其一都會也"。以上這些物品的產地，一直展延到南方的中南半島一帶，所以秦平南越後急速在番禺（即今廣州市）建立造船工場，以便向更南方發展。

根據這一造船工場遺址船臺大小估計，一號船臺所造船隻的寬度應爲3.6至5.4米，二號船臺則應爲5.6至8.4米。根據推算，當時常用船的寬度不超過5米，少數特殊的大船可能寬達8米左右；至於長度，寬5米的船的長度可能在20米左右，載重約500—600斛（合25—30噸），寬8米船的長度和載重按比例增加。這樣大的船自然可以勝任在南海沿中南半島一帶航行了[②]。

廣州這個建立於秦代的造船工場，漢代初年仍繼續使用，秦代在南海方面的航海活動，漢代也將繼續發展下去。

（三）漢代的海上交通

西漢帝國（公元前206—公元8年）的初年，分封同姓。帝國的東部沿海一帶，北從現在的遼寧省起，南到現在的浙江省止，都由許多劉姓的封建小國割據着；自今浙江省境以南，東甌、閩越、南越、西甌各族在事實上也恢復了獨立。這種割據分裂的局面，對於發展海上交通是不利的。

[①] 《廣州秦漢造船工場遺址試掘》（載《文物》，1977年第4期）。
[②] 《秦漢時期的船舶》（載《文物》，1977年第4期）；《水軍和戰船》（載《文物》，1979年第3期）；據上海《解放日報》（1984年11月29日第三版）載文，一艘由中國廣州造船廠製造的木帆船，船身長二十五米，寬六點八米，排水量七十噸，由十個不同國籍的二十六名男女青年駕駛，從廣州出發，經過三年多時間，於1984年10月中到達法國首都巴黎塞納河岸。由此也可表明，秦代所造寬八米以上的船，是能够作遠海航行的。

西漢初期，地方割據和中央集權兩種勢力不斷地進行鬥爭。公元前154年，西漢中央政府擊敗了吳楚七國的叛變。公元前140年，開始了漢武帝的統治時期，中央集權更加鞏固起來。漢武帝很重視航海事業的發展，但他在兩方面遇到了阻礙：一是來自南方的百越人，一是來自朝鮮半島。

秦始皇時，雖征服了百越，但秦末以後，百越各國又都獨立了。爲了征服百越和控制海上交通綫，漢武帝派遣嚴助和朱買臣等吳人，建立海上的武力。公元前138年，閩越出兵進攻東甌，漢武帝就派嚴助從會稽郡（郡治在今蘇州市）發兵航海援救東甌。公元前135年，原來以今福州市一帶爲中心根據地的閩越，分爲越繇和東越兩國。東越國王後來曾移居泉山（在今福建泉州市城北）及其南方大約500里的島嶼中。公元前112—111年，漢武帝派兵滅了以今廣州市爲中心的南越。公元前111—110年間，又滅了東越。在進攻東越時曾利用海軍，由句章（今浙江寧波市西）出發，浮海南征。

從西漢政府這幾次對南方的用兵中，我們可以發現，當時西漢的海軍船隊，對於季風是已經有了充分的認識並加以掌握了。例如公元前138年的一次用兵，是在7月，當時漢武帝年輕心急，急着要出兵，但嚴助的浮海南征行動很慢，直到閩越退兵戰役結束，船隊尚未到達前綫。看來船隊之所以遲遲其行，應該是爲了力求避免夏季南來的季風對於南向的航行的不利。至於公元前112—111年和公元前111—110年的兩次用兵，前一次雖非航海，卻也是船軍沿河流南下，利用了風力；後一次是浮海南航，更有賴於順風。這兩次的船軍和海軍都在秋季出發南航，順利獲勝，顯然是在航行進軍中充分掌握和利用了秋冬季節北來的季風的。

至於朝鮮方面，西漢初年時，曾有燕人衛滿侵入朝鮮半島北部，滅了箕氏朝鮮，自立爲王，史稱衛氏朝鮮，建都王險，即今平壤附近。衛氏朝鮮對於半島中部的真番及南部的辰韓等鄰國進行侵略，而且破壞她們和漢帝國的交通，漢帝國在渤海以東航運因而受到了阻礙。公元前109—108年間，漢遣海、陸軍滅了衛氏朝鮮。其中海軍五萬人就是由今山東出發，渡渤海前往的。

通過上述戰爭，漢帝國東面整個的海上交通綫，北起渤海，南迄今越南沿岸，都通行無阻了。不僅如此，西漢時代我國還通過南海和今日印度洋上的國家建立了海上交通聯繫，開闢了太平洋和印度洋之間的遠程航行。

自從漢武帝以後，直至東漢帝國（公元25—220年）末年，渤海和山東半島附近一帶的海上航行是非常發達的。例如北海郡都昌縣（今山東昌邑縣）人逢萌，在王莽時渡海至遼東，到東漢初年又渡海回山東半島，可見當時在渤海上航行已經很便利了。又如公元 109—111 年間，渤海區域曾發生廣大的人民起義，起義軍以海島爲根據地，縱橫海上，轉戰於遼東半島和山東半島的北部。東漢末年，如管寧、王烈、邴原、劉政、國淵、太史慈等，都曾由山東半島航海移居遼東。航海事業向東發展，不但到達了朝鮮半島，而且也確立了中國和日本之間比較經常的海上交通。《漢書·地理志》中說："樂浪海中有倭人，分爲百餘國，以歲時來獻見

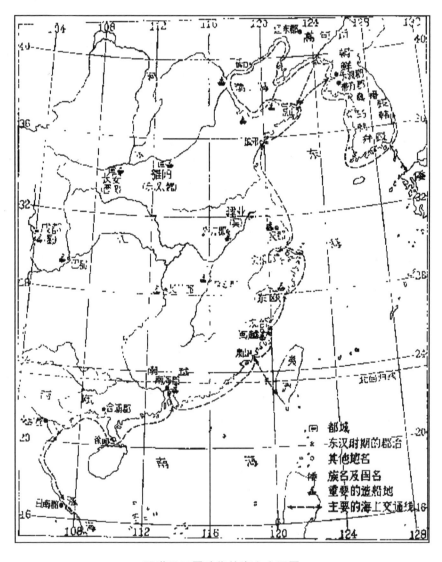

兩漢及三國時代的海上交通圖

云。"(漢代的樂浪郡治在今朝鮮平壤附近)我們由此段記載,又可知當時日本和中國之間的海上交通,大約是以朝鮮半島爲其中介的。

南方的海上航行,也很重要。兩漢時在今廣東和廣西兩省的南部,設置南海、蒼梧、鬱林、合浦四郡;在今越南境内,設置交趾、九真、日南三郡。在公元83年以前,上述七郡對北方的交通主要取道於海上,所以《後漢書·鄭弘傳》說:"交趾七郡,貢獻轉運,皆從東冶汎海而至,風波艱阻,沈溺相係。"(東冶即今福州市)83年以後,才在今湖南省的南部增開陸道,通往今廣東、廣西省境及越南的北部。但增開陸道之後,海上航行仍然暢通。《後漢書》曾記載桓曄、袁忠諸人自會稽(東漢會稽郡治在今紹興市)浮海至交趾的航程;《三國志》中也有許靖自會稽遠航交趾,以及王朗自會稽浮海至東冶,並欲再由海道前往交趾的記載。這些都是東漢末年的事情了。

(四) 印度洋以西海上交通的發展

漢帝國自漢武帝開始在南方海上航行暢通,促成了對印度洋以西海上交通的重要發展。

在《漢書·地理志》裏面,留有可珍貴的記載,說從日南郡的邊境(今越南廣治附近一帶)或徐聞(縣名,故址在今廣東徐聞縣附近)、合浦(郡名,治合浦縣,故址在今廣西合浦縣東北)航海出發,"船行可五月,有都元國;又船行可四月,有邑盧沒國;又船行可二十餘日,有諶離國;步行可十餘日,有夫甘都盧國;自夫甘都盧國船行可二月餘,有黃支國。……自黃支船行可八月,到皮宗;船行可八月",就回到日南郡界了。記載中又說,這些國家在漢武帝時就來獻見,漢帝國方面,則由國家派遣直屬宮廷的譯長,率同應募的船員們,帶了黃金和絲織物品,入海遠航,交換了明珠,壁流離(一種寶石名)及其他的奇石異物帶歸。記載中又說,黃支以南,還有已程不國,是漢使所到的最遠的地方。

上面的這些古地名,其位置大約如下:都元國在現在蘇門答臘島西北部八昔河(Pasei)的附近;邑盧沒國在今緬甸南部勃固(Pegu)附近;諶離國的諶離二字,古音擬測 djiəm lia,我認爲當即今緬甸伊洛瓦底江口西邊的一港,此港古名 Temala,諶離即其對音;夫甘都盧國則當在今緬甸伊洛瓦底江中游東岸蒲甘一帶;黃支在今馬德拉斯西南的康契普臘姆(Kanchipuram);已程不國據故友蘇繼廎先生考訂即今斯里蘭卡。至於皮宗,當指今新加坡海峽西之比實島(Pulau Pisang)。由上可知,西漢時代我國航海家的踪跡,已經遠達印度半島的南部和

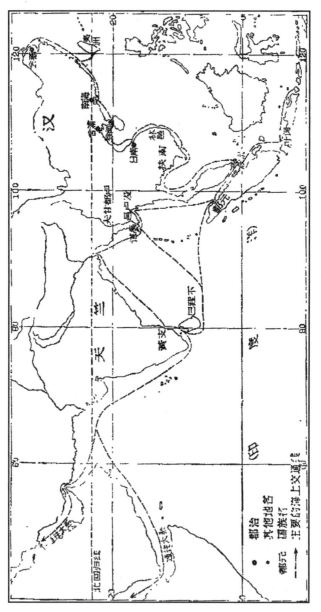

兩漢及三國時代和印度洋以西的海上交通綫圖

斯里蘭卡了。

　　東漢時代,中國和天竺(印度)的海上交通始終暢通,佛教也早已傳入中國了。公元 131 年,葉調國王所派的使者經由日南航海來漢,葉調大約即今爪哇,或蘇門答臘島東南部。公元 166 年,有"大秦王安敦遣使自日南徼外獻象牙、犀角、玳瑁"的記載①,大秦即指羅馬帝國東部,安敦可能即羅馬皇帝馬可·奧勒留·安敦尼(M. Aurelius Antoninus,161—180 年在位)。這事可能是由羅馬帝國東部的商人們借用了大秦王的名義東來活動,因爲此時的大秦,正在謀求建立對中國的直接海上交通,以發展絲綢貿易。

　　爲什麼此時大秦要通過海上交通來發展對我國的絲綢貿易呢?大秦的首邑位於埃及北部的亞歷山大城,絲綢由我國經由陸路向西運入大秦,途經中亞地區後,須經行安息(今伊朗)境內,而安息就加以阻擾,以求由她來壟斷絲綢的西運,從中謀取高利。大秦爲要打破安息的壟斷,就求助於開闢直接通到中國的海上航綫。結果,大秦通我國的直接航海綫竟建立起來了,其西邊,由紅海的北端通過一條古運河(大體上即今蘇伊士運河的前身)可達地中海東部的亞歷山大城,其東邊,環繞亞洲大陸的南部,通過印度洋進入太平洋,一直到達我國南部的交趾等郡。這條航海綫在印度洋東部還向北分出一條支綫,通向緬甸南部的海口,再經伊洛瓦底江等河谷北上,通達我國西南部的永昌郡(故治在今雲南保山縣東北)等地②。這條由印度洋以西通達太平洋的大航綫,把當時世界上的兩大帝國——漢帝國和羅馬帝國(東部)直接聯繫起來了。

(五)兩漢及三國時代造船技術的發展

　　漢代海上的交通遠達印度洋以西,如此重大的發展,同我國古代勞動人民的喫苦耐勞,勇於探險,以及他們的善於創作,在造船技術上有高度的發展,是密切關聯的。在公元前三世紀至公元後三世紀後期這五百餘年中,即當秦、漢及三國時代,我國的造船技術已有高度發展,遠海航行完全是可能的事情了。

　　1974 年底在廣州市發現的秦代造船工場,據推算,其中所造的大船(寬八米者)是可以勝任在南海航行的。進入西漢後這個造船工場仍在繼續使用。據《漢書》裏面記載,漢武帝時的大戰船,有樓船,有戈船。武帝於公元前 138 年派兵援

---

　　① 《後漢書·西域傳》。
　　② 關於大秦、中國間直接航海綫的建立,可參看《魏略·西戎傳》(《三國志》裴注引用)及章巽:《絲綢之路的西端》(載《世界地理集刊》1980 年創刊號,商務印書館)。

救東甌,公元前 111—110 年出兵滅東越,都是航海前去;公元前 109—108 年間進兵朝鮮,也是由樓船將軍楊僕統率海軍前往;《後漢書·馬援傳》説,馬援於公元 41—43 年間進兵交趾作戰時,帶領了大小樓船二千餘艘,可見樓船是完全能夠在海上遠航的。《太平御覽》(卷 769)引《漢宮殿疏》,説武帝時所造大船,有一種稱爲豫章大舡,可載萬人,船上造有宮室。東漢末年人劉熙所著《釋名》一書裏面,説到漢代的大船,有二層的,稱爲廬;在三層的,稱爲飛廬;還有四層的,稱爲爵室。《釋名》中所講到的漢代戰船,有先登(衝鋒船)、斥候(偵察船)、艨衝(戰船)、赤馬(快船)、檻(重武裝的戰船)等等。三國時魏人張揖所著《廣雅》①,述及兩漢及三國時代的船名多種,其中的"䑦艬"即是航海用的船;還有"舨",即《説文》中的"梭",也是航海的大船。這一切都説明了我國在秦、漢及三國時代,造船技術已有非常高度的發展,中國自己造的船舶,早就能航行於遠海了。

兩漢及三國時代,我國造船的主要中心地,在内地的有:(1)長安,漢武帝在此開昆明池,訓練樓船;長安以東的船司空縣(今陝西華陰縣東北),即因造船得名。(2)雒陽(今洛陽市)附近,曹丕曾命杜畿在此造船②。(3)巴、蜀,即今四川,自戰國以來就以造船著名。(4)長沙郡及洞庭湖的附近一帶,據《北堂書鈔》(卷 138)引《荆州土地記》説,"湘州七郡,大艑所出,皆受萬斛"。(5)廬江郡,即今安徽廬江縣一帶,西漢時特設樓船官於此;所屬尋陽縣(今湖北黃梅縣)即樓船停泊所③。(6)豫章郡(今江西南昌市)附近一帶,原是百越人的造船地區④,直到三國時代,還是重要的造船地,所造的船稱爲舼艬大艑⑤。以上這些地方,比較偏在内地。至於和海上航行特別有關係的沿海一帶的主要造船地則有:(1)在北方的爲山東半島及渤海沿岸,從楊僕進兵朝鮮及《漢書》所載卜式請征南越之言,可見齊船在漢代初年的重要;三國時魏國的青、兗、幽、冀四州,即環繞山東半島和渤海沿岸的地方,也仍是造海船的地方⑥。(2)在長江口附近的有吳(今蘇州市)和會稽(今紹興市)兩處⑦。(3)三國時代的吳國,造船業最爲發達,沿海的主要造船地區,有永寧縣(今浙江溫州市),其附近有橫嶼船屯(今浙江平陽縣);

---

① 王念孫疏證本注釋最詳。
② 《三國志·杜畿傳》。
③ 《漢書·嚴助傳》。
④ 同上。
⑤ 《北堂書鈔》(卷 138)引《豫章記》。
⑥ 《三國志·魏明帝紀》。
⑦ 《漢書·嚴助傳》、《朱買臣傳》及《閩越傳》。

又設置建安典船校尉於今福州市,其附近有溫麻船屯(今福建連江縣北),典船校尉所屬船廠規模大約很大,罪人往往謫至該處造船[①]。(4)南海郡的番禺縣(今廣州市),自戰國以來即爲一重要的都會;其南方的交趾、日南兩郡(均在今越南境内,前者在今河内附近,後者在今廣治附近),是對印度洋航行重要的門户。這幾處地方的附近都盛産林木,是很重要的造船地。

(六) 三國時代的海上交通

三國時代(公元 220—280 年)除了蜀國僻處内地之外,魏、吳兩國都東臨大海。魏國對於海上交通頗爲注意,公元 238 年出兵遼東滅公孫淵,就曾使用海軍,並派遣船隊浮海至朝鮮半島北部,占領樂浪(今平壤附近)、帶方(今漢城附近)二郡;此後魏國和日本之間交通頻繁,魏國也曾兩次派遣使者(公元 240 及 247 年)渡海前往日本[②]。公元 264 年,魏國並派遣海軍,航海遠征,去襲擊吳國的句章(今寧波市西)。

但和海洋的關係最密切,而且努力發展海上交通的則是吳國。吳王孫權稱帝後第二年(公元 230 年),因聽説秦代方士徐福率領童男童女數千人入海求仙,留居在亶洲和夷洲,即在會稽郡所屬東冶(今福州市)的海外,他們的後人常常還來會稽郡内交易(在《後漢書·東夷傳》中,也曾説到夷洲和亶洲的居民常有來會稽郡的),所以孫權特派將軍衛温和諸葛直統率披甲的戰士萬人,航海探尋。結果亶洲未能尋得,只到達了夷洲,就是現在的臺灣。自孫權注意並派人前往開發後,臺灣和祖國的聯繫更進了一大步。

《三國志·公孫度傳》、《孫權傳》、《魏明帝紀》及裴注中,記載有吳國多次派遣船隊前往遼東和割據該地的公孫氏聯絡的情形,其中公元 232 年一次派出船隻多至一百艘,並且進行了通商的活動;次年又派去了一次,隨行的兵士多至萬人。吳國又曾特派船隊,航海往訪立國於現在鴨綠江流域的高句麗。這樣大規模的遠距離的航海,並且中途要通過敵國即魏國的領海,受到魏國的截擊,可知當時吳國的航海事業已經發展到怎樣的高度。

南方的海上交通,吳國也有重要的發展。據《梁書·海南諸國傳》所載,公元 226 年,曾有大秦即羅馬的商人秦論,來到交趾,並北上謁見孫權。此後數年間

---

① 以上見《宋書·州郡志》及《三國志·孫皓傳》、《張紘傳》。
② 《三國志·東夷傳》。

(大約在公元 226—231 年間),吳國派遣朱應和康泰等航海往訪林邑、扶南等國——林邑是從公元二世紀末年立國於今越南的東南部,北起廣南省的南部,南達平順省一帶;扶南約從公元一世紀時立國於今柬埔寨及越南極南端一帶。扶南國和印度等地的海上交通向來甚爲發達。朱應和康泰等留居扶南的時間大約很久,他們曾經遊歷南洋羣島中的若干島嶼,並從其他旅行者中探詢得通航大秦等情形。兩人歸國以後,朱應寫有《扶南異物志》,康泰寫有《吳時外國傳》等書。前者今已完全遺失,後者在《水經注》、《藝文類聚》、《通典》、《太平御覽》等書中還零零碎碎保留了若干條,成爲研究南洋各地古代歷史和地理的最可貴的史料。

(七) 結 束 語

　　在秦、漢時代,隨着社會生産力的發展和中央集權的封建帝國的出現,我國的海上交通也有了進一步的發展。北起渤海,南至今兩廣一帶的海上交通綫,完全開通而且整個聯繫起來了。對於遠方的海上交通,也有了新的擴展,東面到達日本,西面已經遠抵印度洋的西邊。在這一基礎上,三國時代的魏、吳兩國,特別是吳國,對於航海事業繼續加以推進。公元 230 年衛温、諸葛直帶領一萬人所組成的艦隊航海到臺灣,進一步鞏固了臺灣和祖國的聯繫。顯然可見,秦、漢、三國時代,是我國海上交通發展過程中一個十分重要的階段。以後到了東晉、南北朝時,有許許多多的商船和佛教僧人往來於中國和南洋諸島及印度之間,形成如《宋書・夷蠻傳》所説的"舟舶繼路,商使交屬"的盛況,而他們所循行的,也就是兩漢、三國時代已經開闢了的海上航綫。

第三章　晉、南北朝時代的海上交通——
——公元三世紀中期至六世紀後期——

（一）晉代的海上交通

　　三國時代魏、蜀、吳鼎立的局面，到後來蜀先被魏所滅（公元263年），接着魏又被晉朝代替（公元265年），最後晉又滅吳而統一了中國（公元280年）。

　　晉代初年，國勢興盛，爲了準備進兵滅吳，曾由王濬先在今四川境的長江上游建造舟艦，史稱所造大艦長百二十步，可載二千餘人，以木爲城，上面起樓開門，得馳馬往來①。可見當時造船技術已高度發展。後來晉順流東下，滅了吳國，完成統一。可是晉代統一後不久，就發生了內爭，有八王之亂（公元291—306年）；同時又有北方和西方各族人民的內遷和武裝割據，形成所謂十六國（公元304—439年），把建都於洛陽的西晉（公元265—317年）推翻了，此後司馬睿遷都建康（今南京市），稱爲東晉（公元317—420年）。

　　兩晉時代我國北方的航海事業，其主要區域仍在渤海的四周及山東半島一帶。控制今渤海遼東灣北部一帶的慕容廆，於公元317年東晉元帝司馬睿初即王位時，曾經派長史王濟，航海到建康表示擁戴②。當時要從今遼東灣大凌河口出發，通過渤海海峽，繞經山東半島東端，進入長江口，到達建康（今南京市）。這是一條很長的航路。此後慕容廆經常通使建康，自然都從海道往來，中間也曾有過"遭風没海"的事，但始終未斷絕航海交通的聯繫③。又有掖（今山東掖縣）人蘇峻，率領鄉里數千家，結壘自保，公元319年，因被曹嶷所迫，蘇峻就帶了部下由北方航海而南來投靠東晉④。後趙的統治者石勒、石虎，所控制地區中包括有

---

①　《資治通鑒》晉泰始八年。
②　《資治通鑒》晉建武元年。
③　《十六國春秋輯補》卷二十三《慕容廆傳》。
④　《資治通鑒》晉大興二年。

今山東全境，他們常在海上使用武力。如公元330年和331年，石勒部將劉徵帶兵數千人浮海攻掠長江口南岸今常熟、崑山一帶的東晉地方；公元332年，上述地方又曾受石勒將韓雍的入侵①。劉徵、韓雍二人，大約都從山東半島南部出發南航。又如石虎於公元338年初要出兵進攻割據遼西(今河北遷安縣一帶)的段遼，曾"以桃豹為橫海將軍，王華為渡遼將軍，帥舟師十萬，出漂渝津(在今天津市東的海旁)"；稍後石虎又要出兵進攻燕王慕容皝(割據今遼東灣北部一帶)，"遣渡遼將軍曹伏將青州(今山東半島西北部一帶)之眾戍海島，運穀三百萬斛以給之，又令青州造船千艘以謀擊燕"②。從後趙的各次軍事行動，可以清楚地看到，當時環繞渤海和山東半島一帶的航海活動的活躍，造船事業又是如何的發達。

至於兩晉時代我國南方各地，則承孫吳大力發展海上交通之後，亦繼續有所推進。東晉末年孫恩、盧循起義，有很多航海活動，主要全在長江以南，足見當時南方海上交通的發達。

（二）孫恩、盧循起義

東晉末年發生的孫恩、盧循起義(公元399—411年)，有許多航海的軍事活動和大規模水軍作戰，反映了當時造船技術的進步和航海事業的發達。

起義的領導人孫恩，全家世奉五斗米道，其叔父孫泰曾在今浙東及廣東一帶宣傳他們的"道術"，後被政府誅殺，孫恩就逃入海島，利用人民對當時朝廷的高壓政策的不滿，聚集徒眾，起而反抗。他占據的海島，靠近浙東，當是今浙江的舟山羣島。公元399年，孫恩從海島進兵大陸，於是今浙江省境和江蘇南部的民間武裝勢力都起來響應，他占領會稽(郡治在今浙江紹興市)，自稱征東將軍，後被劉牢之等打敗，逃回海島。此後兩年(公元400—401年)，都在今浙東近海一帶作戰。他始終維持着強大的海上兵力，公元401年孫恩率水兵航海進入長江口，向東晉的重要軍事根據地京口(今江蘇鎮江市)發動攻擊，威脅建康(今南京市)。史稱這次孫恩所率領的，有"戰士十餘萬，樓船千餘艘"③。可是因為他的"樓船高大，值風不得進"④，只得退兵，仍出長江口，浮海向北，占領了海中的大島鬱洲(今江蘇連雲市東部，未與大陸相連以前為一大島)。晉將劉裕率水軍來攻鬱洲，

---

① 《資治通鑒》晉咸和五年、六年；《晉書·成帝紀》。
② 《資治通鑒》晉咸康四年。
③ 《資治通鑒》晉隆安五年。
④ 《宋書·武帝紀》。

孫恩戰敗，沿海南下，劉裕跟踪追擊。孫恩在海上飄流了一段時間，次年（公元402年）又在臨海（郡治在今浙江臨海縣東南）戰敗，即投海自盡。上面的各次作戰，孫恩主要都是以海島爲根據地，依靠他的海軍船艦爲後盾，長期活躍於現在的浙江、江蘇兩省沿海一帶，並曾率領他的大樓船，深入長江口，企圖進攻建康。這些都反映了東晉時期航海事業所達到的高度水平。

孫恩死後，由他的妹夫盧循率領餘部，繼續在今浙東一帶作戰，作戰不利後，於公元403年從海道遠距離出走，由晉安（郡治在今福建福州市）航海南下，次年（公元404年）攻入番禺（今廣州市）。此後盧循曾一度與晉朝妥協。公元410年，再次起兵，沿贛水和湘水北出，重用水軍，戎卒十萬，有上起四層、高十二丈的八艚艦九艘，芙蓉艦千餘艘，舳艫千里，樓船百餘，由長江東下，直迫建康。另一方面，晉將劉裕也大治水軍，巨艦重樓，高者十餘丈，發動反攻。盧循所帥軍隊因遇暴風，陸戰也不利，敵不過劉裕，單舸逃往廣州。劉裕卻已派海軍三千人遠航南下，攻占廣州郡治番禺城。等到第二年（公元411年）盧循回到廣州時，未能反攻進去，在今廣西的東部轉戰了一段時間，乃從合浦（郡治在今廣西合浦縣東北）仍由海道再向南進襲交州龍編（治所在今河內東）。晉交州刺史杜慧度在海濱迎戰，用"雉尾炬"（一種帶一束草尾的鐵鏃，燃火後擲出）焚燒了盧循几乎全部的船艦，盧循大敗，投水身亡[①]。著名的孫恩、盧循起義，基本結束了[②]。在戰爭後期盧循領導的武力，也以水軍爲主，樓船巨艦，舳艫千里，並且多次渡海遠航，這也反映了東晉時期造船技術的進步和航海活動的高度發展。

（三）法顯的遠洋航行

佛教自從前漢末年傳入我國後，在晉、南北朝時發展很快，東來傳譯的西域僧人，有些是經由南海航海來華的。同時我國也有西行求法的佛教徒，其中最著名的當推東晉末年的法顯（卒年約在公元418至423年之間，得年八十二歲，或八十六歲）。他於公元399年從長安（今陝西西安市）出發，向西經過河西走廊及今新疆境，轉而南下，經印度河流域而入恒河流域，在天竺即今印度境內旅行和定居學習到公元409年，乃航海東歸，先到師子國即今斯里蘭卡，留居二年（公元410—411年），繼續航海回國，歷時一年，於次年（公元412年）到達今山東膠州灣

---

① 《資治通鑒》晉義熙七年。
② 關於孫恩、盧循起義的全部戰爭經過，可參看馮君實：《晉書孫恩盧循傳箋證》（中華書局，1963年）。

口的牢山(即嶗山)。公元 413 年回到東晉的首都建康。三年後(公元 416 年)，法顯寫出了他這次遠行的旅行記，就是著名的《法顯傳》。

《法顯傳》記載：法顯於東晉義熙五年(公元 409 年)初冬離天竺航海東歸，從恒河口的多摩梨帝國(Tāmralipti，今加爾各答西南的德姆盧克 Tamluk)海口附乘商人大舶，航海西南行，得冬初信風之助，經過十四天到師子國(今斯里蘭卡)。他在此留住兩年，曾在王城北面著名的無畏山寺(Abhayagiri-vihāra)中，看見有商人以中國的白絹扇供奉在一個青玉像前。他久離故鄉，舉目無舊，見此來自祖國的絹扇，不覺淒然，淚下滿目。兩年過後(公元 411 年)的夏秋之間，他再由師子國附乘商人的大船東航。船上載有二百餘人，大船後又拖帶一小船，以防大船遇險毀壞時救生之用。最初得好信風，東航兩天，便遇大風，船上漏進水來，商人們都爭着欲逃往小船，小船上的人怕人來多了沉沒，就割斷和大船相聯繫的繩索。商人們大懼，為要減除船的負重，大家紛紛把雜貨拋進海內。這樣在大風中飄流了十三晝夜，纔到一島邊(可能是今尼科巴羣島中的一島)，把船上漏水處補好，繼續航行。海上又多盜賊，遇見了就難保生全。大海彌漫無邊，不識東西方向，只能看着日月星辰航進；遇陰雨時，只好隨風飄蕩，夜間大浪相撲，海裏各種怪異的生物來得特別嚇人。海深無底，又沒有可以停靠的地方，直至天放晴時，才能辨別出東西，再向正確的方向前進。有時遇見礁石(法顯稱之為伏石)，就沒有活路了。這樣，航行了九十天左右，纔到耶婆提國(Yava-dvīpa，即今蘇門答臘東南部或爪哇)。法顯在此停留了五個月，已經是第二年了(公元 412 年)，他於四月十六日再乘其他商人的大船，向東北航往廣州。船上也有二百人左右，帶了五十天的糧食，因為當時從耶婆提到廣州的航程，通常大約只要五十天。航行一個多月後，忽在夜間遇見黑風暴雨，商人們大驚。第二天早晨，船上許多婆羅門商人硬說同船有一佛教僧人是不利的，害得大家受苦，要將他拋棄到海島上去，經法顯的檀越(即施主)挺身抗議，才得幸免。此後常多陰天，船員們弄錯了方向，過七十多天還沒有到達岸邊。船員的糧食和淡水都快吃完了。商人們發覺一定是方向有誤，船員急忙改向西北航行，過了十二天，即七月十四日，幸而遇到大地，卻早已航過廣州，已經是山東半島南面的牢山了(現在青島東面的嶗山)。法顯在此登陸，休息一段時候，再由陸路南行，於第二年(公元 413 年)到達建康，後來就在建康寫出了他不朽的遊記。

《法顯傳》裏面所叙述的這些航海生活，是我國第一部詳細的航海行記。從地域上看，從印度洋到太平洋，內容非常豐富，且又出於法顯自己親筆記述，文字特別感動人。它把東晉時候航海生活的實際情況栩栩如生地告訴了我們,是對於我國古代海上交通最重要的一項記錄①。

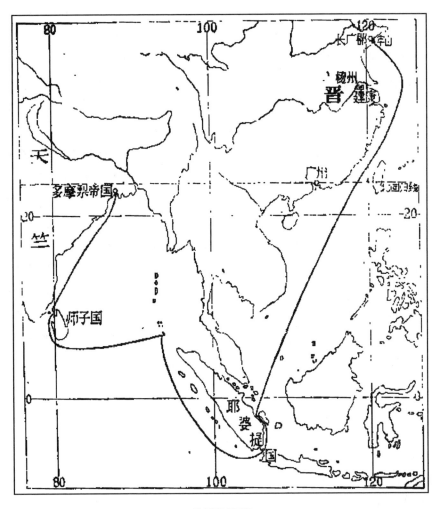

法顯航海圖

(四) 南北朝時代的海上交通

東晉以後,進入了南北朝時代(公元 420—589 年)。南北朝時代的海上交

---

① 關於法顯訪問印度及航海旅行的原始記載,可參看章巽:《法顯傳校注》(上海古籍出版社,1985 年)。

通,南方顯然較北方活躍。北方沿渤海及山東半島的航海活動,仍然繼續着。如《宋書·朱脩之傳》所載,宋將朱脩之隨到彥之北伐,被北魏俘獲,後來朱脩之從北魏逃入北燕(都和龍,在今遼寧朝陽市),北燕的統治者馮弘想和南方宋國聯合抗魏,就在公元 432 年派朱脩之從和龍航海南歸求助,先在東萊(郡名,治曲城,在今山東掖縣東北)登陸,再轉達建康。這是一次縱穿渤海的航行。但當時南方的海上交通更爲發達。我們在下一節要談到,南北朝時代我國最重要的對外海港,几乎都在長江口以南。這些對外海港,當然也是國內通航的要港,其位置多數集中在南方,可見南北朝時代南方海上交通的盛況。

南朝繼東晉之後,對國外的海上交通是相當發達的。在東方,東晉和南朝都同日本保持着航海交通,我國的文化大量傳入日本。當時的航綫主要從日本通向朝鮮半島西南部的百濟,橫渡黃海,而入長江口,到達東晉和南朝各代的首都建康。同時,在南海方面,對國外的海上交通取得顯著的發展。《梁書·海南諸國傳》有一段很好的總述:"海南諸國,大抵在交州南及西南大海洲上,相去近者三五千里,遠者二三萬里,其西與西域諸國接。……其徼外諸國,自(漢)武帝以來皆朝貢。後漢恒帝時,大秦、天竺皆由此道遣使貢獻。及吳孫權時,遣宣化從事朱應、中郎康泰通焉,其所經及傳聞則有百數十國,因立記傳。晉代通中國者蓋鮮,故不載史官。及宋、齊,至者有十餘國,始爲之傳。自梁革運,其奉正朔,修貢職,航海歲至,踰於前代矣"。傳文接着列舉了當時和我國航海往來的有下述諸國:

  林邑國(在今越南中南部);
  扶南國(在今柬埔寨);
  盤盤國(在今泰國南部萬倫灣沿岸一帶);
  丹丹國(在今馬來半島);
  干陁利國(在今馬來半島吉打);
  狼牙脩國(在今泰國南部北大年一帶);
  婆利國(在今爪哇東的巴厘島);
  中天竺國(今印度恒河流域一帶;附帶述及大秦即羅馬國家東部);
  師子國(今斯里蘭卡)。

除以上諸國外,《宋書·夷蠻傳》還載有下列諸國:
  西南夷呵羅陁國(今地未詳);
  呵羅單國(治闍婆洲,當在今爪哇或蘇門答臘);

婆皇國；

婆達國；

闍婆婆達國（以上三國名恐有誤字，可能亦在闍婆洲）。

以上共十四國，加大秦總共十五國，包括了東南亞諸地，西及天竺和大秦，達到印度洋極西一帶，可見當時海上通航的地區範圍之廣大。

（五）南北朝時代的重要海港

南北朝時代海上交通史料，特別是有關海港史料的一個重要來源是佛教僧人的傳記。湯用彤在他所著的《漢魏兩晉南北朝佛教史》裏面①，曾根據此等傳記，舉出廣州、龍編、梁安郡、膠州一帶這四處地方爲當時的主要海港：

（1）廣州：例如東晉時法顯由天竺航海歸來，本擬在廣州登陸；南朝宋代曇無竭由天竺浮海東歸，以及宋代求那跋陀羅、梁代真諦來我國，都在廣州港上岸。

（2）龍編（在今河內東，爲交州之首邑）：例如吳國孫權時大秦商人秦論即先至交州，轉到建業（今南京市）；南朝宋代求那跋摩在爪哇，文帝派交州刺史泛舶迎接。

（3）梁安郡：湯用彤舉出南朝陳代初年真諦欲自此附大舶回天竺，但此郡故址，湯氏以爲不詳。我在拙作《真諦傳中之梁安郡》一文中②，已考出其在今福建泉州市。可見泉州這個海港，自南朝便已成爲重要的遠海航行交通口岸了。

（4）膠州一帶：湯氏舉出東晉佛馱跋陀羅航海到中國在青州東萊郡登岸；法顯歸國乘船在長廣郡上陸；宋元嘉中道普西行取經，在長廣郡舶破傷足，遂以疾卒。東萊、長廣都靠近今日的膠州灣。

以上是湯用彤書中所舉出的四處主要海港。我覺得六朝的首都建康，即今南京市，當時也是一處主要海港。《高僧傳》中對於三國時吳國由交州來的僧人康僧會只說"初達建業"，對於南朝齊代由天竺來的僧人求那毗地只說"來至京師"③。按此記載，我覺得都可能是乘船直抵建康。又如南朝宋代的天竺僧人僧伽跋摩，看來就從建康搭乘"西域賈人舶"西歸④；再如《續高僧傳》中的扶南僧人

---

① 湯用彤：《漢魏兩晉南北朝佛教史》上册，375 頁（中華書局，1955 年）。
② 載《福建論壇》1983 年第 4 期。
③ 《高僧傳》卷一及卷三。
④ 《高僧傳》卷三。

僧伽婆羅,於齊代"隨舶至都",這個都字就指首都建康,説得更明顯了①。六朝時候的南海海舶,也叫崑崙舶,是可以沿長江上駛直達建康城下的。《南齊書·荀伯玉傳》説:"世祖(蕭賾)在東宫,專斷用事,頗不如法,任左右張景真……又度絲錦與崑崙舶營貨,輒使傳令防送過南州津。"南州津就是建康南面朱雀門外的秦淮河大港,西通長江。由此可見從東南亞來的崑崙舶,一直可到建康城下的南州津,又《北齊書·魏收傳》也説建康有崑崙舶,頗多奇貨。由上可見,建康也是南北朝時代的一個重要海港。

《續高僧傳》還説到,梁、陳兩代時候的晉安郡(郡治在今福建福州市)也是一個海港,由此可乘舶去棱伽修國(今泰國南部北大年一帶)②。

總的看起來,以上六處重要海港,除膠州灣偏北一些外,建康、晉安、梁安、廣州、龍編五處,都在長江以南,這也反映出南北朝時代我國海上交通的重心偏在南方了。

(六)結束語

晉、南北朝時代我國海上交通是十分活躍的。孫恩、盧循起義,戰争的重點在水軍作戰方面,不少戰鬥是通過大規模的航海行軍進行的。這次起義歷時十餘年,起義軍能建造大船巨艦,從事經久的海上戰鬥,可見當時反壓迫的人民大衆對航海業務的熟悉和善於掌握的程度了。我國海上交通事業的繼續不斷的進步,其真正的基礎是一直深藏於偉大的人民大衆之中的。我國人民的堅忍精神,一直貫串在整個航海事業活動中,在法顯身上體現了這種精神。他隻身遠出,歷經艱辛,從印度洋航海回到太平洋上的祖國,並且爲我們留下了詳細描述航海生活的親筆旅行紀録。在我國的海上交通史中,有法顯這樣偉大的航海者,真是值得我們永久紀念的。

晉代前後對於航海大船,常稱之爲"舶"。在這裏附帶談一談這個舶字。

許多學者認爲舶字是外來語,如蘇繼廎先生即主張:"舶字當是外來語,指有艙(俗名夾板)之大船。孟語名航海有艙船曰 kapal,太米爾語、爪哇語、馬來語同。舶字疑爲此海南諸國語之省音。"③按:唐釋玄應《一切經音義》卷一云:"船舶,音白。(三國魏人張揖)《埤蒼》:'舶,大船也。'(服虔)《通俗文》:'吴船曰艑,

---

① 《續高僧傳》卷一。
② 《續高僧傳》卷一《拘那羅陀傳》。
③ 蘇繼廎:《島夷志略校釋》叙論第4頁(中華書局,1981年)。

晉船曰舶',長二十丈,載六七百人者是已。"卷十云:"船舶,音白。(晉人呂忱)《字林》:'大船也,今江南泛海船謂之舶,崑崙及高麗皆乘之,大者受萬斛也'。"以上各條,並無舶是外來語之明證。所謂崑崙及高麗皆乘之,只是説南海的崑崙人和東北的高麗人也乘這種大舶而已。

又,《太平御覽》(771)引三國時候吳人康泰《吳時外國傳》説:"從加那調州(按:可能在今緬甸沿岸)乘大伯(此字疑衍)舶,張七帆,時風一月餘日乃入秦(此字疑衍)大秦國也。"按:此段之用"舶"字,同用"帆"字一樣,皆未説明其爲外來語;可能只是用中國原有的"舶"字來轉稱這種外國船。

《太平御覽》(769)又引萬震(也是三國吳人)《南州異物志》説:"外域人名舡曰舡,大者長二十餘丈,高去水三二丈,望之如閣道,載六七百人,物出萬斛。"按:此段中第二個"舡"字,或以爲是"舶"字之誤①。即使果爲舶字之誤,也可以是用我國原來已有的舶字來轉稱這種外國大船。據《水經·河水注》所載:"昔孫權裝大船,名之曰長安,亦曰大舶,載坐直之士三千人,與羣臣泛舟江津。……"孫權這條是江船,和外域海船全不相關,卻稱爲大舶,看來舶字仍以是一種土生土長的名稱爲更有可能。

《説文》是東漢時候的書,裏面收有一個"樸"字,是"海中大船"。三國魏人張揖的《廣雅》裏面收有一個"艘"字,即《説文》之樸字。樸字的古音擬測可作 brwak,而舶字的古音擬測可作 bjwat,音近相通,我相信舶字可能就是這個樸或艘字的一種簡化寫法,似乎可以不必定要向外國去找它的字源。

---

① 馮承鈞:《中國南洋交通史》第 19 頁(商務印書館,1936 年);蘇繼廎:《島夷志略校釋》叙論第 3 頁。

第四章 隋、唐、五代的海上交通
——公元六世紀後期至十世紀中期——

（一）隋代的海上交通

隋朝建立於公元581年，楊堅於公元589年滅陳，統一了全中國，從而結束了從前二百八十多年的割據分裂的局面。隋文帝楊堅於公元588—589年間派兵八道平陳，其中的一路由燕榮指揮，自山東半島出發，從海上進軍，直趨吳州（今蘇州市）。公元590年，隋將楊素平定東南沿海（即今浙江、福建兩省地方），也都使用了海軍。

隋代統一中國的時間，雖然只有短短的二十多年，但是對於造船、開運河以及發展海上交通，卻曾做了許多事情。其中關於發展海上交通，特別值得提出的有以下的幾個方面。

第一，是繼續發展大陸沿海和臺灣之間的航運，繼續進行開發臺灣的活動。臺灣在當時稱為流求，隋煬帝楊廣在公元607年和608年，兩次派朱寬航海前往"慰諭"；公元610年，又命陳稜和張鎮州帶兵一萬多人，從義安郡（今廣東潮州市）航海出發，經高華嶼和䵷鼊嶼（即現在的花嶼和奎辟嶼，屬澎湖），到達流求，進行"慰諭"，並在流求留居了一個時期才回來。關於當時臺灣的風俗和物產等等，《隋書》（《流求傳》及《陳稜傳》）中有很詳細準確的記載。《陳稜傳》中並說他們的船隻初到時，流求人民以為是商船，往往前來軍中貿易。可見臺灣和祖國之間，一直存在着航海通商等等聯繫，而自隋以後關係更進一步密切了。

第二，是對南洋方面的航海活動。公元604—605年，隋曾自海上進兵林邑國（今越南的中南部）。兩年以後，即公元607—610年間，楊廣又曾派常駿、王君政等出使赤土國。《隋書·赤土傳》記載常駿等的航程，從南海郡（今廣州市）出發，經過焦石山（今越南峴港），向東南至陵伽鉢拔多洲（今越南占婆島），更向南航行到師子石（當為今越南最南方崑崙島附近的一島），自此"島嶼連接"，已進入暹羅灣,沿着海岸前進,西面可以看見狼牙須國的山(今馬來半島中部北大年一帶),又南,過鷄籠島(今馬來半島東南方的一個島嶼),就到赤土國。可知赤土國的位置,當在今馬來半島的南部。除此以外,當時南洋還有十多個國家和隋朝建立了交通關係,可惜事蹟多已湮滅無聞,其中只有真臘(在林邑的西南,今柬埔寨及越南的南端一帶)、婆利(今巴厘島)、盤盤(今泰國南部萬倫灣沿岸一帶)、丹丹(在今馬來半島)數國,還見於《隋書》的記載。

第三,東北方面的海上交通。隋朝在幾次進攻高麗的戰爭中都使用了海軍:一次在公元 598 年,由東萊郡(今山東掖縣)出發直航平壤;一次在公元 612 年,隋的海軍從江、淮(即今江蘇省的東海岸)出發,先到東萊,再向平壤進航;又一次在公元 614 年,仍從東萊出發,直航遼東半島的南部。這幾次的海軍航行綫,在大體上正是當時我國北部主要的海上交通綫。南北朝和隋代,日本和中國之間的海上交通,其航綫係由日本南部出發,仍須先到朝鮮半島西南端的百濟面,再轉向山東半島,或再由山東半島往南向長江口進航。

(二) 唐代的海上交通

唐朝是繼隋朝而興起的一個極其昌盛強大的朝代(公元 618—907 年)。唐代的海上交通在我國海上交通史中,占有很重要的地位。在唐帝國興起的同時,在西南亞和北非一帶,也興起了一個非常強大的阿拉伯回教帝國。阿拉伯回教帝國的商業也很發達。這樣就更有利於唐帝國對外貿易的發展,有利於唐帝國的海上交通的發展,特別是對印度洋方面的海上交通的發展。

(1) 唐代北方的海上交通　　唐代最主要的航海貿易港之一,是位於長江入海口附近的揚州。揚州以北比較重要的海港,有淮水入海口附近的楚州(今江蘇淮安縣),山東半島北部的登州(今山東蓬萊縣)和萊州(今山東掖縣),渤海灣北部的平州(今河北盧龍縣),及遼東半島南端的都里鎮(今旅順市附近)。其中登州和萊州兩地,尤為重要。這兩個港口向北可通遼東半島,向東可通朝鮮半島以及日本。唐代時日本和中國的航海交通,有南、北二綫,南綫由日本南部直接向西南方航至長江口,北綫則經由朝鮮半島西岸及遼東半島的東南岸而至登州和萊州。

曾於公元八世紀末年任宰相的賈耽(公元 730—805 年),是唐代一個著名的地理學家。他繪有《海內華夷圖》等地圖多種,又著有《古今郡國縣道四夷述》、《皇華四達記》等地理書籍多卷,可惜原本今均失傳;但在《新唐書·地理志》的後面,附載有賈耽所述唐朝交通四鄰的七條主要路綫,其中有兩條是海上交通綫,即:南方的"廣州通海夷道",北方的"登州海行入高麗、渤海道"(高麗指今朝鮮半島;渤海指今遼寧、吉林及黑龍江省的南部一帶,因爲自七世紀末年起有渤海國建立於其地)。

這一通往高麗、渤海的航海路綫,係從登州西面的海口出發,向東北經大謝島(今長山島)、龜歆島(今砣磯島)、末島(今大、小欽島)、烏湖島(今隍城島),北渡烏湖海(即烏湖島以北的海面),而至馬石山(今老鐵山)以東的都里鎮(今旅順市附近)。從此再東航,過青泥浦(今大連灣的附近)、桃花浦、杏花浦(這二處即今大連灣以東至碧流河口的一段海面)、石人汪(今石城島以北的海峽)、橐駝灣(今鹿島以北的大洋河口)、烏骨江(今丹東市西北鴨綠江的一條支流)而至鴨綠江口。從鴨綠江口分出兩路,一由鴨綠江的河道北航,再轉陸路通往渤海王城(今黑龍江省寧安縣城西南七十里),即渤海道;另一爲高麗道,仍沿海岸西南航行,過烏牧島(今身彌島或附近的一島)、貝江口(即浿江口,今大同江口)、椒島,而至新羅國①西北部的長口鎮(今長淵以南),再向南,過秦王石橋(大約即今大青羣島中之一島)、麻田島(今喬桐島)、古寺島(今江華島)、得物島(今大富羣島),至唐恩浦口(今仁川以南的馬山里附近),就是航程的終點,自此可以登陸向東南前往新羅王城(今慶州)②。

賈耽上述唐代我國北方這一主要航海綫的詳細航程,是很寶貴的。這一航綫繼續向東延長,就可到達日本。不過賈耽所述,應該只是當時普通一般商船(特別是和渤海、新羅通航的商船)所采取的航綫。至於在大規模的海上戰爭中,例如公元660年的進兵百濟(朝鮮半島西南部),則往往從山東半島直接東航至朝鮮半島的西岸,而不再繞道遼東半島的東南面。其他商船也有采取後述這條較直接的航綫的,因爲山東半島和朝鮮西岸間的直接航行綫,在唐代以前早已經開闢了。

(2) 唐代南方的海上交通　　賈耽所述另一唐代海上交通綫,即南方的"廣州通海夷道"。係從廣州出發,東南二百里到屯門山(今九龍西),張帆西行二日到九洲石(今海南島東北角附近),又南二日到象石(今獨珠山,海南島東南岸屬島),又西南三日到環王國(即林邑)東面海中的占不勞山(今越南占婆島),又南

---

① 自七世紀末年至九世紀末年間,朝鮮半島幾乎完全爲新羅所統一。
② 本節裏面古地名的注釋,多參考《求恕齋叢書》内吴承志著:《唐賈耽記邊州入四夷道里考實》卷二。

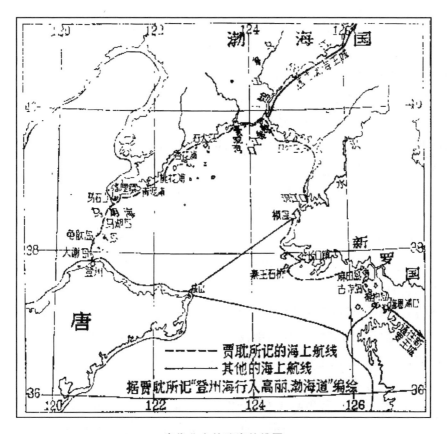

唐代北方的遠海航綫圖

二日到陵山（今越南歸仁略北），又一日到門毒國（今華列拉岬附近），又一日到古笪國（今越南芽莊），又半日到奔陀浪州（今越南藩郎），又兩日到軍突弄山（今崑崙島），又五日到海硤，當時的外國人稱之爲質，就是現在的新加坡海峽。海峽的北岸是羅越國（今馬來半島南端），南岸是佛逝國（即室利佛逝國，今蘇門答腊島的東南部）。由佛逝國東航四、五天到訶陵國，即今爪哇。由海硤西航三日到葛葛僧祇國（今馬六甲海峽南部不羅華爾羣島 Brouwers 中的一島），它的北面有箇羅國（今吉打，在馬來半島西岸），箇羅的西面有哥谷羅國（今克拉地峽西南方）。又從葛葛僧祇西航四、五日到勝鄧洲（今蘇門答腊島北部東海岸棉蘭之北日里 Deli 附近），又西五日到婆露國（即婆魯師洲，今蘇門答腊島西北角大亞齊即哥打拉夜附近），又六日到伽藍洲（今尼科巴羣島），又四日到師子國（今斯里蘭卡），隔海百里，即南天竺（南印度）。從師子國再西航，四日到沒來國（今印度西南部奎隆 Quilon 地方，即宋代時的故臨），轉向西北，經十餘小國，到婆羅門（即印度）西境。又西北二日到拔颭國(今布羅奇 Broach),又十日,經過五個小國,就到新頭河(今印度河)河口附近的提颭國(今巴基斯坦卡拉奇附近的提勃兒 Daibul)。從此更西航二十日,經二十餘小國,通過現在的波斯灣,到達提羅盧和國,也稱羅和異國(今波斯灣西頭阿巴丹的附近),其地在海面建有燈塔,以便利夜間航行。又西一日到烏剌國(今奧布蘭,在巴士拉的東方),有弗利剌河(今幼發拉底河)自大食國(即阿拉伯回教國)流來,在烏剌國的附近向南注入海中;由此河上航二日,到末羅國(今巴士拉),是大食國的重鎮;再向西北可由陸路到達大食國的首都縛達城(今巴格達)。從烏剌以西,都是大食國的屬地;西面最南的是三蘭國,當已在東非境了①。

賈耽以上所述,是唐代中葉(公元八世紀)時東西兩大帝國(唐帝國和阿拉伯回教帝國)之間主要的海上交通的詳細航程。當時在南洋方面,還有其他一些國家和唐朝也有海上交通關係。其中比較重要的有:真臘(即伊賞那補羅國,今柬埔寨一帶)、驃國(即室利差呾羅,今緬甸卑謬一帶)、迦摩浪迦(今緬甸勃固一帶)、墮羅鉢底(即杜和鉢底,今湄南河下游一帶)、耽摩立底(今印度加爾各答附近)、那伽鉢亶那(在印度東南部)、婆利(在今爪哇東之巴厘島)、丹丹(在今馬來半島)、盤盤(在今泰國南部萬倫灣沿岸一帶)、郎迦戍(即狼牙脩,在今泰國南部北大年一帶)等地。又唐代時常使用"崑崙"一地名,它包括的範圍很廣大,北到今越南,南到今爪哇,東到今加里曼丹,西到今馬來半島,甚至遠達非洲東岸②。

(3) 伊本・胡爾達茲比對於唐代海上交通的記述　　根據賈耽的記述,唐時由中國海上航行到大食(阿拉伯)帝國,大約需九十天左右。當時唐朝和大食之間的貿易很繁盛,大食國人來中國的很多。比賈耽著的書約遲半個多世紀,即公元九世紀中葉時,阿拉伯地理學者伊本・胡爾達茲比(Ibn-Khurdādhbih)著《道程及郡國志》一書,講到由大食航海到中國,也說大約要九十天(皆以順風爲準)。

伊本・胡爾達茲比的書中,關於中國貿易港的記載是,由占婆(即以前的林邑國或環王國,今越南的中南部一帶)向北航行,所到的第一個中國貿易港是龍編(唐朝的縣名,屬交州,故址在今河內略東),該地有上等的鐵、瓷器及米。由龍編向北,航行四日,到廣州,其地出產各種果實、野菜、小麥、大麥、米、甘蔗等。由

---

① 以上兩段古地名的注釋,多係參考馮承鈞:《中國南洋交通史》第六、七兩章及所引用各書。
② 同上。

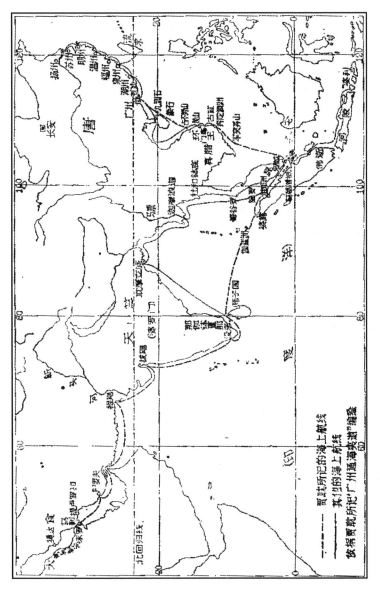

唐代和印度洋以西的海上交通綫圖

廣州航行八日可到泉州,該地物産和廣州物産相似。由泉州航行六日到揚州,該地物産和廣州、泉州類同,且多鵝、鴨及其他鳥類。以上這幾處貿易港,位置都在能航行的大河口岸。至於整個中國的海岸綫,從最南端到最北端,全部航程大約需時兩個月。

這是阿拉伯地理學者伊本·胡爾達兹比對於唐代海上交通情況的一段可寶貴的記載①。他所說到的唐代南方主要貿易海港,有交州、廣州、泉州、揚州四處。其中的泉州,並且是唐代對流求(臺灣)的主要交通港口:"自(泉)州正東海行二日至高華嶼,又二日至鼂鼊嶼,又一日至流求"②。此外,還有潮州(今廣東潮州市)、福州(今福建福州市)、溫州(今浙江溫州市)、明州(今浙江寧波市)及蘇州的松江(今上海市松江縣),也都是當時沿海的貿易港和海上航行的港口③。

(三) 義浄遠航和鑒真東渡

在我國的海上交通史中,有一位可以和法顯媲美的佛教僧人,他就是唐代的義浄。法顯去天竺(印度)是由陸路,歸來由海路;義浄則往返都經海路。法顯親自記録其遠行經過,寫下了《法顯傳》;義浄也是自記遠行經過,寫下了《大唐西域求法高僧傳》,其中不但記載自己的行程,並且還綜合叙述了唐代其他西行求法僧人約六十人的傳記,其中的航海史料甚爲豐富④。

義浄是公元671年11月乘船離廣州去印度的。他先到佛逝國(今蘇門答臘東南部巨港一帶),轉船到末羅瑜國(在佛逝之西不遠,今占碑一帶),再轉船到羯荼(今馬來亞吉打一帶),又轉船經裸人國(今尼科巴羣島)而至東印度著名的海口耽摩立底國(即多摩梨帝國,在今印度加爾各答西南)。對於這一段旅行中初出航時如何利用北來的季風,如何高掛雙帆,冲破波濤,如何在中途换船,以及在過裸人國時所見的景物人情等等,都在《大唐西域求法高僧傳》中作了具體記述。義浄到印度後,學習了十多年,取得許多梵文藏經,又回佛逝居留,中間曾歸廣州一次,求取墨紙抄寫梵經,他是在公元689年7月北歸,同年11月再去佛逝,來去都附乘商舶,且來去的航行都利用了季風。後來他於公元695年再航海回歸祖國,從事大量的譯經工作。

---

① 楊鍊譯:《唐宋貿易港研究》第66—67頁(商務印書館,1935年)。
② 《新唐書·地理志》。
③ 桑原騭藏著,陳裕菁譯:《蒲壽庚考》第4頁(中華書局,1929年)。
④ 義浄還著有《南海寄歸內法傳》一書,雖多記載佛教的法制,但也有一些地理和航海史料。

義淨在《大唐西域求法高僧傳》中，也描述了其他航海西行求法僧人的許多事蹟，其中有一位常愍法師，航行到末羅瑜國後，換乘商舶要去印度，因船上載貨過重，開航後又遇大風浪，所以不到半天船便沉沒，當船下沉時，商人們都爭着上小船以求逃生，舶主高聲叫常愍上小船，常愍卻讓給他人先上，忘己濟人，自己卻隨舶下沉而死。常愍臨危不懼，舍己救人的高尚的精神，是航海史上的光輝範例。常愍和當時其他一些中國航海者的高尚品德，也一定會在東南亞等地人民中留下極良好的印象。所以"唐人"這一名稱，至今尚保留於東南亞及海外其他各地，作爲一種能睦鄰友好的偉大中國人民的稱號。

也是在唐代，比義淨晚半個多世紀，我國又有一位著名的僧人航海東渡到日本，爲中日友誼和文化交流作出了卓越的貢獻，他就是鑒真。鑒真立志東行傳法，於公元743—753年之間，曾六次企圖冒險東渡去日本，遭遇到種種阻撓，第六次才獲得成功。他由長江口直航到日本南部的阿兒奈波島(今冲繩島)，再轉航向北到日本本國登陸。日本有一册真人元開撰的《唐大和上東征傳》，其中就記載着鑒真航海的一些經過情形，也是我國唐代海上交通史中的一種史料①。

(四) 隋、唐時代我國造船和航海技術的發達

我國古代勞動人民的造船技術，到了隋、唐時代，更繼續有了進展。隋朝伐陳時楊素所率的戰艦，最大的稱爲"五牙"，有樓五層，可容戰士八百人；其次稱爲"黃龍"，可容兵士百人②。隋煬帝爲了便於他出外巡遊，過荒淫的生活，對開運河和造船大感興趣。他即位後就派人去江南"造龍舟及雜船數萬艘"。他出遊江都(今江蘇揚州市)時，乘坐的"龍舟"有四層，高四十五尺，長二百丈，最上層有正殿、內殿、東西朝堂，第三和第二層有一百二十間房，下層是侍從人員所居；皇后所乘坐的"翔螭舟"，只稍小一點；有九艘"浮景"，都有三層，是一種水上宮殿；還有"漾采、朱鳥、蒼螭、白虎、玄武、飛羽、青鳧、陵波、五樓、道場、玄壇、板䑳、黃篾"等數千艘，是王族、百官、僧道、蕃客乘坐的；另外還有"平乘、青龍、艨艟、艚舸、八櫂、艇、舠"等數千艘，是衛兵乘坐的。前後相接達二百多里③。史書這樣詳細記載，帶有暴露隋煬帝奢侈荒亂的意思，卻也給我們留下了當時我國造船技術已達

---

① 我國有汪向榮的校注本(中華書局，1979年)。
② 《隋書·楊素傳》。
③ 以上均見《資治通鑒》隋大業元年。其中關於"龍舟"的長度，《四部叢刊》景宋本"丈"作"尺"，即長二百尺。

到這樣高度的史料。唐代隨着生產力的發展和商品流通的擴大,造船技術有進一步提高。當時主要的大船建造地是在江南的宣(今安徽宣城縣)、潤(今江蘇鎮江市)、常(今常州市)、蘇(今蘇州市)、湖(今浙江湖州市)、杭(今杭州市)、越(今紹興市)、臺(今臨海縣)、婺(今金華市)、括(今麗水縣)、江(今九江市)、洪(今南昌市)、饒(今鄱陽縣)各州及劍南道(今四川省境)沿江各地①,此外還有山東半島的登、萊二州及南方的揚、福、泉、廣、交諸州。

唐代的海上交通和對外貿易都非常發達,所以在廣州設立了市舶使的官職來加以管理。當時往來於中國的外國船舶,有日本船、新羅船、百濟船、南海舶、崑崙舶、婆羅門舶、師子國舶、大食船、波斯舶、西南夷舶、西域舶、番舶、蠻舶等名稱②。而在各處遠海上航行的中國舶,尤爲著名。

唐代我國遠洋航行的海舶,以船身大,容積廣,構造堅固,抵抗風濤力强,以及我國船員航海技術純熟,著稱於太平洋和印度洋上。東晉末年時,法顯說他所乘的"商人大船",每船大約載二百餘人。但到了唐代,大的船舶長達二十丈,可載六、七百人③。遠較法顯時的"大船"更大了。

由於唐代中國海舶這樣巨大,所以在波斯灣內航行時,只能止於尸羅夫港(今伊朗南部曼特河口略東);由該港再向西至幼發拉底河口,須要換用小船轉運商貨④。又由於中國海舶堅固和完善,所以自唐代末期(公元九世紀)以後,阿拉伯商人們來中國的,都改乘中國海舶⑤。在九世紀中,往來於中國和日本之間的,大體上完全是唐舶(即中國船),當時雖有在日本建造的海舶,而造船和駕駛船的也都是唐人⑥。這樣發展下去,到了元代即公元十四世紀前期時,往來於中國和印度之間的海舶,几乎全是中國船了⑦。唐代中國造船技術和航海技術的高度發達,以及航海事業的活躍和昌盛,都從多方面的史料中獲得證實。

亞洲東南方海上,冬春二季盛行東北季風,夏秋二季盛行西南季風,這對於古代的航海是非常重要的,因爲古代的海上航行,主要靠風力推進。如前文所述,我國在公元前三世紀以前早已掌握了季風的知識,一直運用這項知識於海上

---

① 《資治通鑒》唐貞觀十七年、二十二年;又二十一年胡注。
② 《蒲壽庚考》第49—50頁。
③ 玄應:《一切經音義》卷一;慧琳:《一切經音義》卷二〇。
④ 楊鍊譯:《唐宋貿易港研究》第31頁。
⑤ 《蒲壽庚考》第93頁。
⑥ 胡錫年譯:《日中文化交流史》第108頁(商務印書館,1980年)。
⑦ 《蒲壽庚考》第93頁。

航行。在唐代我國的航海家們特別善於利用季風並善於駕駛海舶,是著名於當時的①。

(五) 五代的海上交通

唐代自從安史之亂(公元 755—763 年)後,陷於中央疲弱,地方離散,以至滅亡。繼之而起的五代(公元 907—960 年)也正是這種分崩局面的繼續。當時占居中原的梁、唐、晉、漢、周,其東邊沿海的主要地區是山東半島及渤海沿岸一帶,以登州(今山東蓬萊縣)和萊州(今掖縣)爲主要海港。如後唐明宗天成元年(公元 926 年)十一月,關於契丹和渤海國的作戰情報,即由登州申報而來,這些情報,顯然是由遼東方面經由航海交通而傳到登州的②。長興三年(公元 930 年)東丹王突欲從契丹率部曲四十人越海來奔,也在登州上陸③。至於對南方的海上交通,從中原出發,有的就先由陸路到番禺,航海到今福建,再轉至今浙江;回來時如完全取海路,可直接經由東海北航到登州或萊州④。十國裏面近海的一些國家,由於陸路存在着割據,不能暢通,也經常利用海道。如吳越(約當今浙江境)、閩(約當今福建境)通使中原,就都經由海上⑤。吳和南唐(約當今江蘇、江西一帶),還有吳越,甚至和契丹也泛海相交通⑥。

國外方面,朝鮮半島上的新羅和吳越、閩等國也保持海上交通關係⑦。吳越和日本的航海往來,尤爲密切,通日本的主要海港是明州(今浙江寧波市)⑧。

習於航海的吳越,甚至還有海盜行爲,"多掠得岑海商賈寶貨"⑨。閩王王審知則用和平的方式"招來海中蠻夷商賈"⑩。立國今廣東一帶地方的南漢,也素來以善於航海著名,當劉晟統治的時候,曾派巨艦指揮使暨彥贇帶兵"入海掠商人金帛"⑪,也是一種海盜式的強取行爲。他的兒子劉鋹更荒唐了,強迫犯罪的

---

① 《日中文化交流史》第 121 頁。
② 《舊五代史》(百衲本)卷三十七。
③ 《資治通鑒》後唐長興三年。
④ 《舊五代史》卷二十《司馬鄴傳》。
⑤ 《資治通鑒》後梁開平三年、貞明四年。
⑥ 《遼史‧地理志》;《資治通鑒》後晉天福二年。
⑦ 《舊五代史》卷一百三十三,《新五代史》卷六十八。
⑧ 《日中文化交流史》第 226—230 頁。
⑨ 《新五代史》卷六十七。
⑩ 《新五代史》卷六十八。
⑪ 《新五代史》卷六十五。

富人通過航海到浙江去購買奇石,運回來供他布置在宮院中鑒賞①。他不管政事,卻"與宮婢波斯女等淫戲後宮"②,這一關於波斯女的記載,足以說明南漢和西亞之間存在海上交通關係。當宋朝派兵攻入南漢,南漢即將滅亡時,劉鋹用十餘艘海舶裝載珍寶妃嬪,想從海路出逃,因海舶被竊而未能逃成,這亦足見南漢航海之方便③。

(六) 結 束 語

在我國海上交通的整個發展過程中,隋唐時代占有很重要的地位。正如范文瀾同志所說:"自隋唐時起,航海技術進步,海上貿易比陸上貿易更爲有利,增加了中國與外國間的交換關係,"這是"支持隋唐以來社會經濟上昇"的主要條件之一④。尤其是唐代,我國的造船和航海技術都達到很高的水平,海上交通和對外貿易非常昌盛。先進的唐文化向外傳播到很廣大的地區,同時也輸入外國的文化,豐富我國的文化生活。那時候外國的很多商人、使節、留學生來到中國,同時中國對海外移民,特別是對南洋各地的移民的數量也開始有了顯著的增長。旅居海外勤勞勇敢的華僑們,此後長期保留了"唐人"的稱呼,並且把他們親愛的祖國稱爲"唐山"。這就是唐代在發展海上交通方面的偉大成就所留下來的一種生動的紀念。

---

① 朱彧:《萍洲可談》卷二。
② 《新五代史》卷六十五。
③ 同上。
④ 范文瀾:《關於中國歷史上的一些問題》(載中國科學院歷史研究所第三所《集刊》第一集)。

第五章　宋、元時代的海上交通
——公元十世紀中期到十四世紀中期——

（一）宋代海上交通的發達和重要海港的分布

公元十世紀中期興起的宋代（北宋公元960—1127年，南宋公元1127—1279年），結束了以前五代十國的大分裂，建立了比較完整的國家。宋代的手工業和商業，比唐代有更多的進步，促進了海上交通的發展。加以宋代西北方面的陸上邊境較前大爲緊縮，北宋長期被立國於今寧夏、甘肅等一大片土地上的西夏所包圍，隔絕了通往西域的陸路交通；南宋時國界更向南移，連黃河流域也不能保全了。因此，兩宋的對外交通，不得不更多取道於海上，這就更促進了海上交通的發展。

宋朝的對外貿易，大部分依靠海上航運。政府在主要的通商海港設立有市舶司、市舶務或市舶場等機構，管理通商並保護外僑。北宋時候曾設立市舶司的地方有：（1）廣州（公元971年設市舶司），這是漢、唐以來南方的主要海港，僑居的外國人很多，宋時稱爲"蕃坊"。（2）杭州（公元989年以前開始設市舶司），南宋時以此爲首都，更是"江帆海舶，蜀商閩賈，水浮陸趨"[1]，盛極一時。（3）明州（今浙江寧波市，公元999年設市舶司），"風帆海舶，夷商越賈"，紛紛到此，是"海陸珍異所聚，蕃漢商賈並湊"的名城[2]。（4）泉州（公元1087年設市舶司），是交通南洋的門户，海舶往來之多，外商聚居之衆，僅次於廣州；後來到了宋末元初時候，泉州的重要性竟凌駕於廣州之上。（5）密州板橋鎮（今山東膠縣，公元1088年設市舶司），是北宋時北方的重要海口。由於山東半島北面的登州、萊州太靠近遼國，故在此設市舶司。（6）秀州華亭縣（今上海市松江縣；公元1113年設市

---

[1]　《輿地紀勝》卷二，引《帝都賦》。
[2]　《輿地紀勝》卷十一。

舶務)。此外還有鎮江及平江(今江蘇鎮江市及蘇州市),在北宋時政府亦允許通商,因而也有外商航海往來。南宋時曾設立市舶司的地方有:(1)溫州(公元1132年以前開始設市舶務)。(2)江陰軍(今江蘇江陰縣,公元1146年設市舶務)。(3)秀州海鹽縣澉浦(公元1246年置市舶官,公元1250年設市舶場)①。

以上十一處地方,都是宋代重要的海港,其中廣州、泉州、明州、杭州爲最主要的貿易港。此外,長江口以北的通(今江蘇南通市)、楚(今江蘇淮安縣)、海(今江蘇連雲港市附近)諸州,以及長江口以南的越(今浙江紹興市)、臺(今浙江臨海縣)、福、漳、潮、雷(今廣東海康縣)、瓊諸州,也都是通航的海港。宋代人所寫的地理書,如《太平寰宇記》、《輿地紀勝》等,對於這些海港,保留下不少的記載。

山東半島北面的登州(今蓬萊縣)和萊州(今掖縣),自古爲我國北方的主要海港,在北宋時卻因渤海灣的北岸屬於遼國,故禁止航海。但在實際上,沿渤海灣以及渤海灣以東的海上交通,不曾斷絕過。北宋徽宗政和七年(公元1117年)開始約金攻遼的軍事活動,就是通過登州和蘇州(今遼寧金縣)之間縱渡渤海海峽的航海往還進行的。沿渤海灣的登州、萊州、滄州(今河北滄縣東)、平州(今河北盧龍縣)、都里鎮(今旅順市附近)諸地,仍爲繼續通航的海港。兩宋時候我國南方經濟較北方發達,北方遭受的戰爭破壞又較多,所以南方的海上交通自然較北方更爲昌盛。

(二) 南宋幾段辛酸的航海史

南宋君臣,有幾段辛酸的航海史。通過這幾段痛苦的歷史,我們可以看到當時我國南方海上交通發達的情況。

南宋初建時,宋高宗逃避金兵的追擊,不肯建都形勢比較適宜的建康(今南京市),而要以臨安(今杭州市)爲行都,就是因爲臨安近海,和重要的海港明州(今寧波市)相近,便於由海道逃避。建炎三年(公元1129年)在金兵追擊下,他果然登海舟出逃,稱爲"航海避敵"。當時這支航海船隊大約有一千艘海舟,有二百餘艘是從泉州、福州招募來的閩廣大船;其中載衛士的船,每船大約可載一百人②。他們逃離明州後,飄流於今浙江東海岸的台州、溫州一帶,建炎四年(公元1130年)正月,高宗就在溫州附近的舟中過年,直到這年四月,才回到越州(今紹

---

① 關於宋代市舶司的設置,參看藤田豐八:《中國南海古代交通叢考》中之《宋代市舶司及市舶條例》一文(何健民譯,商務印書館,1936年)。

② 《續資治通鑒》宋建炎三年。

興市)。

到了南宋末年,元兵南下,德祐帝降元北遷(公元 1276 年),他的兄弟趙昰和趙昺,即所稱宋末二帝,還把殘宋支撐了四年(公元 1276—1279 年),他們的所謂政府,基本上都是過着航海播遷的生活。趙昰先從溫州逃到福州,在此即位並改元景炎元年(公元 1276 年),不久元兵南追,昰航海逃至泉州。這時泉州最有勢力的是原籍阿拉伯人移民蒲壽庚,他任提舉泉州市舶司,"擅蕃舶利者三十年",兼任招撫使,擁有大量的海舶,但他已存心降元,對宋室採取敵對行動①。帝昰只好再逃至潮州。此後一年多,他一直飄流在今廣東省的沿海諸島間。景炎三年(公元 1278 年)三月,他駐泊在硇洲(今作硇洲或磠洲,在廣東雷州灣之東),四月病死。趙昺繼位,改元祥興,並於這年六月移駐新會海中厓山(在今廣東新會縣南),作最後的鬥爭。元兵對於二帝一直是海陸並舉進行追擊。祥興二年(公元 1279 年),元將張弘範的水軍進攻厓山。據文天祥所述,當時宋方尚有船千餘艘,內大船極多,對方張弘範統率的大小船五百艘,有二百艘失道未至,北方人又比較不習慣船上生活,假如這時宋軍積極出擊,可望得勝,但宋將張世傑只把船艦集結在一處,用大索貫穿起來,失去主動,終至潰敗②。宋丞相陸秀夫負帝昺投海死,張世傑也自溺死,宋亡。

南宋末年著名的愛國忠臣文天祥,在抗元戰爭中也有過航海的經歷。德祐二年(公元 1276 年),文天祥被派往元軍營中談判,結果被元軍扣留,他九死一生地脫險逃出,由鎮江輾轉走到通州(今江蘇南通市),換乘海船南行,經浙東海面而至台州,轉赴溫州和福州,參加帝昰的政府,堅持抗元。當他舟過亂礁洋(今象山港東的海面)時,山海風景的秀麗,給他留下了深刻的印象。他寫道:"自入浙東,山漸多,入亂礁洋,青翠萬疊,如畫圖中。在洋中者,或高或低,或大或小,與水相擊觸,奇怪不可名狀。其在兩傍者,如岸上山叢山,實則皆在海中,非有畔際。是日風小浪微,舟行石間,天巧捷出,令人應接不暇,殆神仙國也。孤憤愁絕中,爲之心廣目明,是行爲不虛云。"③這真是一段絕好的海上記行文字。後來文天祥於祥興元年(公元 1278 年)兵敗被俘,被送至元將張弘範處,次年張弘範率水軍攻厓山時,將文天祥也帶在船中,所以天祥又曾在今廣東沿海再一次過了一段俘囚中的航海生活。當他航過廣州口外的零丁洋時,寫下了他著名的詩句:

---

① 《宋史·瀛國公本紀》附《二王紀》及《蒲壽庚考》第三、四章。
② 《文山先生全集》卷十六《集杜詩·祥興》。
③ 《文山先生全集》卷十三《指南錄·亂礁洋》。

　　　　　辛苦遭逢起一經，干戈落落四周星。
　　　　　山河破碎風拋絮，身世飄零雨打萍。
　　　　　皇恐灘頭說皇恐，零丁洋裏嘆零丁。
　　　　　人生自古誰無死，留取丹心照汗青①。

　　這不朽的詩篇，寫出了海波洶湧中文天祥忠於祖國的赤忱，在我國的海上交通史上是永遠發出萬丈光芒的。

　　南宋末年除了以身殉國的文丞相之外，還有一位曾任丞相的陳宜中，在帝昰處境危急的時刻，卻利用當時航海的便利，拋棄了二帝，逃到占城（今越南中南部）去，後來又害怕元兵伐占城，逃到更遠的暹國（今泰國境）去，並老死於其地了②。

（三）指南針（羅盤）之應用於航海

　　宋代海上交通中最重大的一件事，就是將指南針應用於航海，其影響之大，遍及於全世界的航海事業。

　　我國早在先秦時代，就已發現了磁石和它的吸鐵性，後來又發現了磁石的指極性，並利用這種指極性製成一些指示方向的器具。海舶在茫茫大海中航行，最需要有在海上指示方向的器具，但這一願望在很長一段時間內並未能實現。海上航行的險惡情景，如《法顯傳》中所說："大海彌漫無邊，不識東西，唯望日月星宿而進，若陰雨時，爲逐風去，亦無準。"這種隨波逐流毫無把握的情形，到了宋代，終於得到圓滿的解決。

　　在北宋末年，即公元十一二世紀之交，據當時人朱彧《萍洲可談》（卷二）所記，我國的航海舟人已知應用指南針於海上航行了。他們行船時辨別方向的辦法，"夜則觀星，晝則觀日，陰晦觀指南針"。《萍洲可談》於宣和元年（公元1119年）成書③，五年以後（公元1124年）成書的《宣和奉使高麗圖經》（卷三十四）也說到夜間航海，"視星斗前邁，若晦冥，則用指南浮針，以揆南北"。還有南宋末（約

---

①　《文山先生全集》卷十四《指南後錄·過零丁洋》。
②　《宋史·陳宜中傳》。
③　朱彧的書雖成於公元1119年，但他是根據他父親朱服於元符二年至崇寧元年間（公元1099—1102年）知廣州時的見聞寫的，所以書中寫的事實，比成書時間略早二十年左右。見《蒲壽庚考》第98頁。

咸淳十年即公元1274年)成書的《夢梁錄》(卷十二),亦有海船"晦冥時唯憑針盤而行"的記載。這些都說明,海上航行的船舶,已能應用指南針即針盤(羅盤)來指示方向了。我們從上引各文看起來,兩宋時的航海船舶,一般似乎還是以白天觀日、夜間觀星的方法來指導航向,只是在天氣陰晦、難辨星日時才借助於指南針(即針盤或羅盤)。但在《夢梁錄》同卷中,也提到航海舟人的行船,"全憑南針,或有少差,即葬身魚腹。"又南宋寶慶元年(公元1225年)成書的《諸蕃志》(卷下),也說海中"舟舶來往,惟以指南針爲則,晝夜守視唯謹,毫釐之差,生死繫焉"。這兩段引文,一則說"全憑",一則說"惟以",這裏也透露了在南宋中期以後,航海技術繼續有所發展,海上行船已主要依靠指南針即針盤來定向了。隨着在海上航行中指示航綫的"針路"一名也開始出現了①。西歐國家使用羅盤於航海,要在十二世紀末、十三世紀初才開始,比朱彧《萍洲可談》的時代要遲一個世紀左右,很可能是由阿拉伯海員先從中國學得,然後再傳到西歐去的②。

(四) 元代海上交通的繼續發展

　　繼兩宋之後的元朝(公元1271—1368年)是一個大帝國。元帝國最初依靠成吉思汗及其繼承者們率領下的蒙古大軍東征西戰,用武力建立起來,可是它的政治和文化,卻又吸收了許多被征服的國家特別是南宋的寶貴傳統,並大力加以發揚。在海上交通方面,情形也是如此。

　　元朝對南宋時期的航海事業迅速繼承下來,並且加以發展。在元軍發動對南宋二王的追擊時,海陸並進,克服北方人不習慣行船的弱點,由張弘範統率的船隊,以少勝多,厓山一戰,竟取得決定性的勝利。元世祖忽必烈滅宋以後,還收納了南宋許多和航海事業有關的人才。其中最著名的,有曾在南宋時任提舉泉州市舶三十年、擁有大量海舶的蒲壽庚。蒲壽庚降元後,大受寵信,先後昇任到閩廣大都督兵馬招討使、江西行省參知政事、中書左丞等職,並受命招諭海外,以復互市③。還有南宋末年長江口的崇明人朱清和嘉定人張瑄。他倆全是貧民出身,一同販過私鹽,做過海盜,官吏搜捕緊急時,他們就從長江口航海北逃到渤海

---

① 航海史原始資料中出現"針路"一名,我所接觸過的首見元《經世大典》中所載者爲最早,現尚轉錄於《永樂大典》卷一五九〇中。不過我相信"針路"一名之開始產生,當更早一些,在南宋時便應該有了。
② 《蒲壽庚考》第98—99頁。
③ 《蒲壽庚考》第四、五章。

附近各地,"往來若風與鬼,影跡不可得",因而對於這一帶的海道情況,十分熟悉。後來他們攜家航海到今山東南部,歸降忽必烈,忽必烈就收用下來,任命爲軍官,曾隨元丞相伯顔攻滅南宋,後來爲元政府創行了著名的"海運"①。

前文說到過的宋代諸海港,元代仍是重要的海港。元代也和宋代一樣,在全國幾個重要海港分設市舶司。主要的有三處,即泉州、廣東(廣州)、慶元(今寧波市)三市舶提舉司②。除此以外,其他設立過市舶司的還有上海、澉浦、溫洲、杭洲等處③。元代這些設立市舶司的地方,都在長江口以南,在長江口以北的海上交通運輸,則主要是興辦"海運"。

(五) 元代的"海運"

元代著名的"海運",就是要把江南的糧食通過海上運到元帝國的政治中心大都(今北京市)。當時經濟上最發達的地區是在南方,特別是在長江下游及東南沿海一帶。專就農業方面說,元朝歲入糧數總計 12 114 708 石,江浙行省就要占 4 494 783 石④。爲了要溝通北方的政治中心和東南的經濟中心地區,元政府曾從事開通縱貫南北的大運河,結果卻未能完全滿足需要,尤其是在糧運方面,不得不假道於海上⑤。

元代"海運"主要的創行者,就是朱清和張瑄。他們降元後,隨元丞相伯顔攻滅南宋,伯顔知道他們二人熟悉海道,曾命他們自崇明州募船把亡宋庫藏的圖籍文書從海上運往大都附近的直沽(今天津市)。因此數年以後,到至元十九年(公元 1282 年)時,伯顔想起前事,就向朝廷奏准,派朱清、張瑄等創辦"海運"。元朝的"海運"一直到元末至正二十三年(公元 1363 年)才告終止。

元代"海運"的主要航行路綫,有過兩次改變,連開始的航綫,共有三種路綫。我們從中可以看到當時航海家們勇敢的探索精神。茲分述如下⑥:

(1) 最初的航路(公元 1282—1291 年):是從平江路劉家港(今江蘇太倉縣瀏河)出發,由崇明州的西邊出海,經海門(今海門縣東)附近的黃連沙頭及其北的萬里長灘,靠着海岸北航,又轉東過靈山洋(今青島市以南的海面),靠着山東

---

① 章巽:《元"海運"航路考》(載《地理學報》,1957 年,第 23 卷第 1 期)。
② 《元史·百官志》七。
③ 《續文獻通考》卷二十六。
④ 《元史·食貨志》一,《稅糧》。
⑤ 《元史·食貨志》一,《海運》。
⑥ 主要根據《元史·食貨志》,《新元史·食貨志》及胡敬輯:《大元海運記》。

半島的南岸向東北以達半島最東端的成山角,由成山角轉而西行,通過渤海南部,到渤海灣西頭進入界河口(即今海河口),沿河可達楊村馬頭(今河北武清縣),便是終點。這一航綫,其南面從成山角以南的大段航程都離岸不遠,淺沙甚多,所以航行不便,時間要長達幾個月之久,且多危險。

(2) 公元1292年的新航綫:到至元二十九年(公元1292年),朱清等下決心"踏開生路",糧船過了長江口以北的萬里長灘後,便離開近岸,如得西南順風,一晝夜約行一千多里到青水洋,過此後再值東南風,三晝夜可過黑水洋,再得東南風,一日夜便可到成山角。(按:海水隨着深度不同而選擇吸收太陽光綫,海水愈淺,綠色愈顯,即所稱青水洋;海水愈深,藍色愈濃,即所稱黑水洋。我國長江口以北,近岸的海水因鹽分較少,泥沙較多,故又有黃水洋之稱。離岸較遠,即青水洋,約當北緯34°,東經122°附近一帶;黑水洋更遠,約當北緯32°—36°,東經123°以東一帶)轉過成山角,仍沿渤海南部西航,以達界河口。沿途風向順利時,從劉家港到界河口只要半個月便夠。這條新航綫一面避開了靠近海岸而多泥沙的近海航行,一面順着西太平洋自南向北的黑潮暖流,時間自然較快了。

(3) 公元1293年以後的航路:上述新航路開闢後一年,千户殷明略又開新道,從劉家港開船,由長江口出海以後即直接向東進入黑水大洋,經由黑水大洋又直接向北航行到成山角,再轉西仍由渤海南部以達界河口。這樣,南段的航路更進入深海,路綫更直,且更多利用黑潮暖流,所以時間也更縮短,風向順利時只要十天左右便航畢全程了。自此以後,元"海運"皆取此路,没再有重大的變更。

元"海運"的出航時間,也曾有過調整,後來一般固定在四五月間起運,這樣可以充分利用夏季的南風。至於運糧的船隻,初時"大者不過一千石,小者三百石";便改道深海以後,"延祐(公元1314—1320年)以來,各運海船大者八、九千石,小者二千餘石,以是海道富盛,歲運三百六十萬石供給京師"[①]。

像元代"海運"這樣巨大規模的遠海航行,當然要有强大的組織能力和高度發達的航海技術才能辦得到。當時"海運"的支綫,還曾從長江往上通到真州(今江蘇儀徵縣),又一條支綫則由長江口向南通到台州、温洲和福洲諸路[②]。

---

① 《海道經》(明初人著作)。又據《大元海運記》(卷下),公元1314年及1330年這兩年,"海運"用船均爲一千八百隻,其中大小並不一律。

② 《元"海運"航路考》。

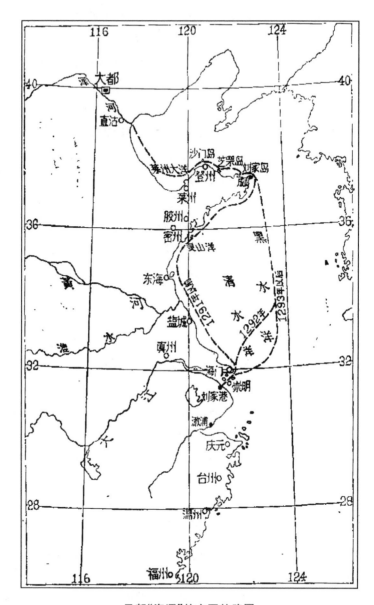

元朝"海運"的主要航路圖

(六) 宋、元時代對日本的海上交通

在對國外的海上交通方面,宋朝和日本間的航行,甚爲繁盛,差不多沒有間斷過一年。北宋時幾乎只有中國船往來於兩國之間,南宋時則日本船也參加航

行。當時中國對日本、高麗航運的主要海口是明州,當然,也有到其他港口的,如泉州港等。爲了利用季風,航行的季節,去日本時多在夏季,回國時多在秋末冬初。利用風力,由明州出發橫渡東海至日本,大約只要七天左右時間。

公元 1274 年及 1281 年,元朝曾兩次出兵日本。第一次戰艦九百艘,主要的都是高麗船,由朝鮮半島渡海進攻日本;第二次分兩路,高麗建造的戰艦九百艘由今朝鮮半島南邊出發,江南建造的戰艦三千五百艘由慶元出發,會攻日本。結果都是以元軍的失敗而告終①。隨着戰爭的結束,元朝與日本之間的海上通商,又逐漸恢復發展起來。元朝對日航運的主要海港,也仍是慶元;還有更南一些的福州港,漸漸也成爲對日本交通的海港。

元朝除曾經航海進攻日本外,對南方的占城(今越南的中南部)和爪哇也曾從海上進兵遠征。對占城的戰事(公元 1282—1284 年)動用過海船百艘,戰船二千五百②;對爪哇的戰事(公元 1292—1293 年)動用過海舟千艘③。這些戰爭都沒有產生什麼長久的效果,但從中可看到元代航海力量的強大。

(七) 宋、元時代對南洋及印度洋以西的海上交通

宋、元兩朝對南洋以至印度洋以西的海上航行和通商關係都很發達,這在南宋人周去非的《嶺外代答》(淳熙五年即公元 1178 年成書)、趙汝適的《諸蕃志》(寶慶元年即公元 1225 年成書)和元人汪大淵的《島夷志略》(約至正九年即公元 1349 年成書)等書中各有相當詳細的記載。其中周去非的書,是他在廣西擔任地方官吏時得諸傳聞,隨事筆記,後來整理成書的。趙汝適曾任福建路市舶提舉,接觸各國商人,一面直接詢問,一面核對圖籍,寫成《諸蕃志》,分"志國"(各國記)和"志物"(物產記)兩部分,"志國"這一部分中,列爲專條的,共有五十八國(除去流求不應計入,則爲五十七國)。周、趙二人所記載的地域範圍都很廣大,不但包括南海和印度洋沿海之地,而且遠及地中海沿岸一帶。不過他們二人的書都是得之傳聞,間接調查而來。汪大淵卻不然,他曾經兩次④從泉州航海遠游,行踪遍及南海和印度洋,歸來後所寫的《島夷志略》,有專條記載的國名和地

---

① 《新元史·日本傳》。
② 《元史紀事本末》卷五。
③ 《新元史·爪哇傳》。
④ 據蘇繼廎先生《島夷志略校釋》(中華書局,1981 年)所考,汪大淵曾於公元 1330—1334 年及公元 1337—1339 年間,兩次由泉州航海遠游,歸後於公元 1349 年將親身經歷寫成《島夷志略》一書。

名達九十九條之多(其中除去彭湖、琉球和萬里石塘三地不應計入,則爲九十六條)。他雖然只敘述了南海及印度洋沿岸各地及諸島嶼,西邊只到阿拉伯半島和東非的沿海地區,而不如《嶺外代答》和《諸蕃志》那樣遠及地中海沿岸,但這九十餘條所包括的,基本上都是汪大淵親身經歷過的地方,這是極可寶貴的一個特色。

爲了能充分了解我國宋、元兩代在南海以至印度洋以西海上交通的發達,本書特將《島夷志略》和《諸蕃志》列有專條的全部地名,以及《嶺外代答》有關同上地區列有專條的重要地名,都抄錄出來,考查其今地大概的所在,分爲幾個大地區,編成一個地名表。又爲了要和明代鄭和七次下西洋的船隊所經歷各地加以對照,所以在這個地名表中又加上一欄鄭和船隊所經歷各地的地名,而把這個綜合宋、元、明三代的地名對照表插排在下面敘述明代海上交通的一章裏面去,請讀者在下一章中去查閱。

上述周、趙、汪三位作者裏面,以周去非爲最具綜合觀察的能力。他在《嶺外代答》卷二的"海外諸蕃國"和卷三的"航海外夷"這兩條中,把他所知的南方和西方的海洋,分爲幾個大海域:

1. 在我國西南最近的是"交趾洋"。

2. 正南方的三佛齊(今蘇門答臘東部),是"諸國海道往來之要衝",三佛齊之南是"南大洋海。"

3. 三佛齊東面是闍婆(今爪哇),闍婆之東是"東大洋海"。

4. 向西邊,在今天的中南半島和斯里蘭卡之間的是細蘭海(細蘭即錫蘭,即今斯里蘭卡)。

5. 渡細蘭海而西,有故臨國(即今印度南端西岸的奎隆),也是一個海上交通的重要轉運港,海舶自此往東通三佛齊,再由三佛齊往北通中國,自故臨國往西的航綫則通往阿拉伯半島的大食諸國。

6. 從故臨國到阿拉伯半島一帶的海域是"東大食海"。

7. 再向西的海域是"西大食海",所指即今地中海,其航綫可通到木蘭皮國(今非洲西北部和西班牙南部一帶)。

周去非這一海域分析,我們今天看起來仍感覺清晰明白,具有很高的準確性。八百多年前我國的學者,對整個亞洲南部的海洋地理已能作出如此準確的區劃,也足見當時我國對外海上交通事業的發展高度了。

元代還有一部《真臘風土記》,作者周達觀,於元貞元年(公元 1295 年)奉命

第五章 宋、元時代的海上交通　223

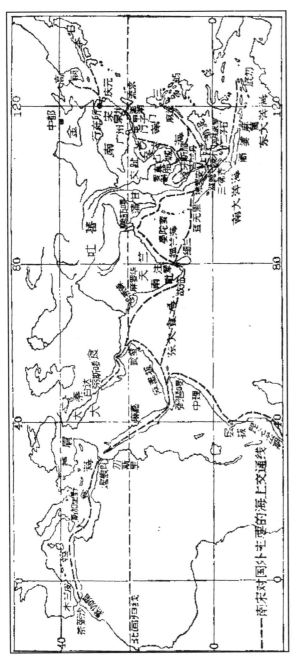

南宋對國外的海上交通圖

隨使赴真臘(今柬埔寨)，次年由温州港口開洋至該國，居住一年，於大德元年(公元 1297 年)航海回國，在四明(今寧波市)登岸。此書以叙述真臘的社會生活和山川物産爲主，但也提到航海往返的情形，並說及了海舶使用羅針定向。

（八）造船和航海技術的高度發達

宋、元兩代對外貿易和海上交通的空前繁榮，是和當時我國造船及航海技術的高度發達分不開的。宋代較重要的造船地，有虔(今江西贛州市)、吉(今江西吉安市)、明、婺(今浙江金華市)、温、臺、楚、潭(今湖南長沙市)、鼎(今湖南常德市)、嘉(今四川樂山縣)諸州及鳳翔府(今陝西鳳翔縣)[1]；明州、泉州、廣州等地所造的航海大船，尤爲著名[2]。元代航海船舶主要的建造地，據《元史·世祖本紀》爲揚州、湖南、贛州、泉州四省；據《食貨志》，參加"海運"的有上海所造的平底海船及福建浙東船、温臺慶元船、紹興浙西船等名稱；而廣州、泉州所造海舶，仍特別聞名於南洋各地[3]。

關於宋、元時代我國的海舶，中外文獻的記載都很多，現在綜合起來説明如下：1. 當時的大海舶可載乘客數百人乃至一千人以上；2. 船上有船長、副船長(綱首、副綱首)及各級管事人員；3. 帶有市舶司發給的登記文憑，載有船員及乘客的人數等；4. 船上備有兵器，以防海盗；5. 船料以松木爲主，船板厚三四層；6. 船行時多利用風力，懸帆之桅杆自四桅以至十二桅；7. 無風時用櫓，一船有八櫓至二十櫓，每櫓操作者自四人至二三十人不等；8. 船有二錨，一大一小；9. 大船上隔有五六十間小房，頗爲寬適；10. 每一大舶帶有數個小舟，幫助大舶做采柴、汲水、捕魚等事；11. 大船裏面嚴密隔開爲數部分，一部分有損，不致影響他部分；12. 船行時應用指南針，以定航行方向；13. 常用長繩下鈎，沉至海底取泥，看泥質推定位置，或下鉛錘，測水深淺；14. 當時外國商人多歡喜搭乘我國的海舶，十四世紀前半期中，往來於印度和中國間的海舶，幾乎都是中國船了[4]。

（九）結 束 語

宋、元時代我國海上交通的範圍，比以前更加擴大，往海外的移民也更多了。

---

[1] 《文獻通考》卷二十五。
[2] 《宣和奉使高麗圖經》卷三十四和《嶺外代答》卷六。
[3] 《蒲壽庚考》第 209 頁。
[4] 《蒲壽庚考》第 92—100 頁。

我國的海舶是當時太平洋西部、南洋及印度洋一帶最先進的船舶,設備最完全,容量最大,船員的航行技術最高。廣州、泉州、明州這幾個大城市,都是當時聞名世界的國際海港;泉州並且有"世界最大港"之稱,自南宋時,近海中的澎湖即直屬泉州晉江縣管轄;元朝在澎湖設巡檢司,仍隸屬泉州路晉江縣[①];宋、元時代對於臺灣(當時稱流求或琉球)的進一步的開發和移民,泉州也是主要的聯絡港。從華北直到兩廣,我國沿海許多重要的城市,從前都建有"天后宮"(或稱"天妃宮"),裏面所祭祀的女海神,就是宋時莆田縣林姓人家的女兒;莆田離泉州很近,所以她又有"泉州海神"之稱。這種祭祀海神的事,今天我們都知道是一種迷信的行為,但在當時,卻正是一種實際社會生活的反映。從以上這些敘述中,我們可以看出:宋、元時代,在我國古代海上交通的整個發展過程中,是一個重要的而且十分繁盛的階段。宋、元兩代繁榮的海上交通,不僅對於當時中國、太平洋西部和印度洋沿岸國家的經濟和文化的發展作出了貢獻,而且創造並積累了豐富的航海經驗,這些寶貴的經驗,為後代發展海上交通奠定了基礎。

---

① 《島夷志略校釋》"彭湖"條。

第六章　明代和清代（鴉片戰爭以前）的海上交通

——公元十四世紀中期到十九世紀中期——

（一）明代沿海的海上交通

明代（公元 1368—1644 年）的海上交通事業，是繼承宋、元而來，有很充實的基礎。元代的"海運"，明初仍曾繼續舉辦；而永樂、宣德年間鄭和七下西洋的大規模遠海航行（公元 1405—1433 年），更是我國海上交通史中十分著名的盛舉。這都是在宋、元航海事業的雄厚基礎上的一種繼續發展。

明朝初年爲要供給遼東的軍需，便繼續辦理"海運"，把江南的糧食運往北方，永樂元年（公元 1403 年）移都北京後，"海運"供給的範圍更兼及遼東和北京兩地，直到永樂十三年（公元 1415 年），大運河整理成功，才停辦"海運"①。就在這段時間，有人（今已失名）編寫了一部《海道經》，書中的記載只叙述到永樂九年（公元 1411 年）爲止，對於永樂十三年停辦"海運"並未提及，可以推知此書的編寫時間當爲永樂九年至永樂十三年中間的某一年。因爲假如此書編寫的時間遲於永樂十三年，則對永樂十三年停辦"海運"的事必然應該說到的②。在此書中，詳細記載了明初辦理"海運"的航行路綫，這正是當時沿海的海上交通綫，現特將這些記載摘要介紹於下，以考見明代沿海的海上交通情況。

第一是由長江口劉家港到山東半島東端成山角的航行綫：由劉家港開船，出揚子江口，經過了角嘴（在江口北岸）開洋，直向東北穿出近海的白水洋和官綠水（青水洋），便見黑綠水，轉向北進入黑水洋，出黑水洋即見北洋綠水，更北進便到成山。

---

① 《明史·河渠志》四《海運》；《續文獻通考》卷三十一。
② 商務印書館出版的《叢書集成》中收有《海道經》。

第二是由成山到遼東的航行綫：由成山西航，經劉(公)島、芝罘島、沙門島(今廟島)，轉北，經今廟島羣島而入鐵山洋(即今老鐵山以南的海面)，往東收旅順口。由旅順口更東可到青泥窪(今大連市)及以東的望海駝(今金縣東北)一帶地方；由旅順口老鐵山嚮西繞航，轉嚮東北，經蓋州(今蓋縣)海面，進達梁房口(今營口市附近)，可由三叉河收牛莊馬頭拋泊。

第三是由直沽(故址在今天津市區内)通長江口劉家港的航行綫：由直沽馬頭向東南經渤海南部的沙門島、劉島，轉過成山嘴，仍依上述第一條航行綫，由成山嘴南航到長江口外的茶山(今佘山)，西收長江口。

第四是由遼河口通長江口劉家港的航行綫：由遼河口(即三叉河口)南航到老鐵山，東南直至成山，仍依上述第一條航綫南航到茶山，收劉家港拋泊。

第五是福建閩江口長樂港到山東半島東端的航行綫：由長樂港口五虎門開洋北上，過福寧縣(今霞浦縣)東海面，入浙江省境，過溫州府平陽縣、台州府海門衛及寧波府定海衛以東，望北航達長江口外的茶山，仍依上述第一條航行綫北航到成山角西南不遠的靖海衛。

從以上這五條航行綫看，明代沿海的遠距離海上交通，所採取的是離海岸較遠的直航航道，避免了緊靠海岸綫的迂迴航行。在帆船時代，採用這種遠離海岸的直航航道，要有高度的航海技術。這樣的技術正是從宋、元時代繼承下來的。

至於當時閩江口以南的航行綫，《海道經》沒有説到，但我們可以從傳世的《鄭和航海圖》(原名《自寶船廠開船從龍江關出水直抵外國諸番圖》)中推知。《鄭和航海圖》所畫的福建閩江口以南的航行綫，以五虎山(在今閩江口)、烏邱山(今湄州灣外的烏丘嶼)、太武山(在今廈門港南的鎮海角附近)、大星尖(在今廣東惠陽縣東南海中)、獨猪山(在今海南島萬寧縣東南海中)等爲望山，然後進入交趾洋(今南海的西部一帶)，也是遠離海岸綫的一種直航航道。

明代沿海較重要的海港，自北而南，有遼東(金州衛)、直沽以及萊州、登州、淮安、松江、寧波、台州、溫州、福州、興化、泉州、漳州、潮州、惠州、廣州、雷州、瓊州各府沿海諸港。這在明代著作如《鄭開陽雜著》(卷四)及《籌海圖編》(卷二)的《日本入寇圖》中有很明白的記載。

《鄭開陽雜著》(卷四)和《籌海圖編》(卷二)都載有明初通使日本的航海針路(題爲《使倭針經圖説》)，航行出發的港口有二：一是從靠近南京的長江口的太倉啓航，先到寧波府東南的九山(今韭山列島)，向東北橫越東海，直到日本港口(今九州西岸)；又一是從福建閩江口啓航，經臺灣島北面，向東北航行，通過今琉球羣島附近海面,經今日本九州和四國兩島的東南,入紀伊水道,由兵褲山港(今神户港)而達日本國都(今京都)。

(二) 明代對外的海上交通——鄭和下西洋

明代對外的海上交通,最著名的盛事自然是鄭和下西洋了。

《明史‧鄭和傳》叙述到鄭和下西洋的起因和他所統率的船隊的規模之盛大,説:"(明)成祖疑惠帝(即建文帝)亡海外,欲踪迹之,且欲耀兵異域,示中國富强。永樂三年(公元 1405 年)六月命和及其儕王景弘等通使西洋。將士卒二萬七千八百餘人,多賷金幣。造大舶,修四十四丈,廣大八丈者六十二①。自蘇州劉家河泛海"而往。祝允明在《前聞記》中,對鄭和第七次下西洋的人數,記載得更清楚,計有:"官校、旗軍、火長、舵工、班碇手、通事、辦事、書算手、醫士、鐵猫木舱搭材等匠、水手、民稍人等,共二萬七千五百五十員名。"在宣德六年(公元 1431 年)立石的福建《長樂南山寺天妃之神靈應記》中,説鄭和的船隊有"巨舶百餘艘"。還有嘉慶《太倉州志》(卷 24)説有海船二百八艘,想是包括一切輔助船隻的總計。浮現在太平、印度兩洋上的鄭和大船隊,去的時候,"鯨舟吼浪泛滄溟,遠涉洪濤渺無極";回來的時候,"時值南風指歸路,舟行巨浪若游龍"②。這是何等的壯觀啊!

鄭和奉命出使海外,從永樂三年(公元 1405 年)到宣德八年(公元 1433 年),二十八年之間,統率大船隊,七下西洋③,航行所至,幾乎遍及東南亞許多重要的島域,西越印度洋,遠達波斯灣、阿拉伯半島以至東非洲沿海地方。對於朝廷交給他的使命,除建文帝在海外並無踪影外,其他如耀兵異域,宣揚國威,招徠海

---

① 對於鄭和船隊大船長四十四丈、闊十八丈的記載,特別對闊十八丈是否太寬這一點,近年學術界頗有爭議。按:明初永樂時已很注意使用火器、海舶中亦已有砲銃火藥裝備,則船舶的寬度較普通船隻爲大,殊有可能。

② 馬歡:《瀛涯勝覽》的《記行詩》句。

③ 鄭和七下西洋的實際時間是:
第一次　永樂 3—5 年(公元 1405—1407 年);
第二次　永樂 5—7 年(公元 1407—1409 年);
第三次　永樂 7—9 年(公元 1409—1411 年);
第四次　永樂 11—13 年(公元 1413—1415 年);
第五次　永樂 15—17 年(公元 1417—1419 年);
第六次　永樂 19—29 年(公元 1421—1522 年);
第七次　宣德 6—8 年(公元 1431—1433 年)。
(第六次以後,鄭和可能還在永樂 22 年到舊港即今蘇門答臘島去出使過一次。)

國,搜求珍寶等等,鄭和都已圓滿完成了。他受命組織並統率這樣一支大船隊,多次飄洋浮海,指揮航行,要觀察天象,掌握羅針,與大風巨浪鬥爭,並在所到各地周旋應付,乃至從事必要的武力綏靖,中途設立官廠,管理糧貨,這一切,都不是簡單輕易的事,表現出鄭和的組織才能和航海能力。鄭和七下西洋,在海外產生了重大影響,留下不朽的盛名,他那受尊敬的形象至今長存於廣大的華僑社會之中。鄭和真不愧是一位照耀史冊的偉大航海家。

然而鄭和的偉大,是由於他繼承了前人開創的事業,吸取了前人豐富的航海技術與經驗。第一,我國的海上交通史,歷時長久,從石器時代以來,幾千年中,連續不斷地在發展,而我們知道,航海事業帶有許多技術性,是十分重視傳統訓練的,連續時間愈久長,愈有利於技術的進一步提高和發展。第二,我國的航海家很早就已把航行範圍遠遠擴展到東南亞和印度洋西部。自漢代以來的對外海上交通,很多都已遠及東南亞、南亞和西亞的海域,為鄭和下西洋開闢了途徑。第三,我國歷代人民富於創造性,善於推陳出新,不斷有所發明,早在公元前三世紀以前,就已從航海實踐中認識了季風的變化,而且從很早就已對海上觀察天象的工作積累了很多的知識。如《漢書・藝文志》中所載的《海中星占驗》、《海中五星經雜事》,《隋書・經籍志》中所載的《海中星占》、《星圖海中占》等,都是這一類"海人之占"的天文圖籍。我國不但最早發明指南針並將其應用於航海,而且我國造船業開始得非常早,技術精良,世代有所進步,唐、宋、元各代的大海舶,都馳名於整個西太平洋和印度洋上。——以上所說我國海上交通史這一切光輝的經歷和巨大的業績,正是鄭和所繼承了的。

(三) 鄭和下西洋的地名考察

我們現在來分析考察一下鄭和下西洋的船隊沿途所曾到過的地方,在這樣的考察中,格外會感覺到鄭和同他的前代航海家們之間的血肉相連的繼承關係。

同鄭和關係最密切而又記有沿途各地名稱的,有鄭和親自立石的《長樂南山寺碑》,有鄭和隨員馬歡的《瀛涯勝覽》,費信的《星槎勝覽》,鞏珍的《西洋番國志》,還有《明史・宦官列傳》裡面的《鄭和傳》。但五者所記地名並不全相同,《南山寺碑》只舉出十三處;馬歡記有二十處;費信的書有原本和改訂本之別,所記者各為四十四處,名稱微有差異,原本並將此四十四處分為親覽目識和採輯傳聞二類;鞏珍所記亦為二十處;《鄭和傳》稱鄭和奉使所歷"凡三十餘國",《傳》中開列出來的有三十七國。現在我們將這五種基本史料裡面的地名都匯集起來,去其重複，共得五十六處。(其中除去琉球一地不應計入外國地名，則爲五十五處)倘再進一步考查，不難發現，原來這五十餘處的地方，基本上都是我國宋、元兩代或更早的航海家所曾到過或留有記錄的地方。這在下面的地名對照表中可以清楚看得出來。

下面這個地名對照表的第一欄和第二欄，分別是宋代《嶺外代答》和《諸蕃志》所記的地名，第三欄是元代《島夷志略》所記的地名，第四欄是明代鄭和下西洋的船隊所到地名，最後一欄是大約相當現在什麼地方的簡單注釋(見後頁)。

從這個地名對照表看起來，鄭和船隊在南海方面行踪所及的範圍，並沒有超過宋、元兩代，而在印度洋以西一帶，還不如前兩代之遠。顯然可見，鄭和船隊所到的地方，都早已有前代航海家的足跡，爲之前驅，先後之間具有一種很清楚的繼承關係。

明代以前的千千萬萬先輩航海者，在極長時期的勞動實踐中，都付出過他們的血汗，積累了寶貴的經驗和知識，而現在又有了鄭和這樣一位杰出的繼承者，繼承了這一切的經驗和知識，加上他和他同事們的團結努力，所以終能取得鄭和七下西洋這樣偉大的勝利。

（四）明代海上交通事業的繼承發展

明初鄭和七下西洋後，像他們那樣大船隊揚帆遠航的事不再聽見了，是不是我國的航海事業有所停滯不前了呢？事實並非如此。雖然海上交通的發展，道路也多有曲折，但發展的總趨勢是阻擋不住的，總是在繼續進行着。

《嶺外代答》	《諸蕃志》	《島夷志略》	鄭和下西洋地名	今地大約的位置
安南國(交阯)	交阯國	交阯		越南的北部
占城國	占城國	占城	占城	越南的中南部
		靈山	靈山	越南華列拉岬
賓瞳朧國(賓陁陵國)	賓陁龍國	賓童龍	賓童龍	越南藩朗
		民多朗		越南最南部朔莊西南
		崑崙	崑崙山	越南南端的崑崙島
真臘國	真臘國	真臘	真臘	柬埔寨
	羅斛	羅斛		泰國華富里一帶

续　表

《岭外代答》	《诸蕃志》	《岛夷志略》	郑和下西洋地名	今地大约的位置
		暹		泰国宋加洛一带
			暹罗	泰国
窊里国	窊里国			疑在暹罗湾沿岸
		罗卫		曼谷湾西北叻丕一带
	㝏番	戎		泰国南部尖喷
蒲甘国	蒲甘国			缅甸境
		八都马		缅甸萨尔温江口莫塔马
		淡邈		缅甸南部土瓦
		针路		缅甸南部丹老附近

〔以上今中南半岛及附近岛屿〕

《岭外代答》	《诸蕃志》	《岛夷志略》	郑和下西洋地名	今地大约的位置
登流眉国	登流眉国（单马令国）	丹马令		马来半岛东岸洛坤附近
		东冲古剌		马来半岛东岸宋卡一带
	凌牙斯加国	龙牙犀角	龙牙犀角	马来半岛东岸北大年及附近一带
		苏洛鬲		马来亚吉打州梅保河下游北岸
佛罗安国	佛啰安国	佛来安		在马来亚西岸
	吉兰丹	吉兰丹	急兰丹	马来亚吉兰丹
	登牙侬	丁家卢		马来亚丁加奴
	蓬丰	彭坑	彭坑	马来亚彭亨
		班卒		马来亚西岸麻坡河口
		无枝拔	满剌加	马来亚马六甲
		单马锡		新加坡
上下竺(竺屿)		东西竺	东西竺	新加坡东北的奥尔岛
			九州山	马来亚面面霹雳河口天定岛
		龙牙菩提	龙牙善(菩)提	马来亚西北凌加卫岛

〔以上今马来半岛及附近岛屿〕

《嶺外代答》	《諸蕃志》	《島夷志略》	鄭和下西洋地名	今地大約的位置
三佛齊國	三佛齊國	三佛齊		蘇門答臘占碑一帶
	巴林馮	舊港	舊港	蘇門答臘巨港一帶
監篦國	監篦國			蘇門答臘中部東岸甘巴河流域
		日麗		蘇門答臘西北部東岸日里(Deli)
			阿魯(啞魯、啞嚕)	蘇門答臘西北部東岸塔米昂(Tamiang)略東南
		淡洋	淡洋	蘇門答臘塔米昂
		急水彎		蘇門答臘西北部東岸金剛石角
		須文答剌	蘇門答剌	蘇門答臘西北部東岸洛克肖馬韋附近
波斯國	波斯國			同上附近一帶
	拔沓	花面	那姑兒(那孤兒、花面國)	在須文答剌西
			黎代	蘇門答臘西北角大亞齊略東
藍里	藍無里國	喃呀哩	南浡里(喃勃里、喃渤利、南巫里)	蘇門答臘西北角大亞齊(即哥打拉夜)附近
			龍牙加邈	蘇門答臘西岸巴東之東南
		龍涎嶼	龍涎嶼	蘇門答臘西北龍多島
			麻逸(麻逸凍)	蘇門答臘東之勿里洞島
	凌牙門	龍牙門	龍牙門	蘇門答臘東之林加羣島及海峽
		嘯噴		林加羣島北之塞班卡島
闍婆國(莆家龍)	闍婆國(莆家龍)	爪哇	爪哇	爪哇島
		八節那間		爪哇中部北岸的北加浪岸
		東淡邈		當在爪哇島中或其附近
	打板	杜瓶		爪哇東部北岸的厨閩

續　表

《嶺外代答》	《諸蕃志》	《島夷志略》	鄭和下西洋地名	今地大約的位置
	戎牙路	重迦羅	重迦羅	爪哇泗水一帶
	蘇吉丹			爪哇中東部
	新拖國	孫剌		爪哇西部
		諿來勿		爪哇島北之卡里摩爪哇羣島
		蘇門榜		爪哇島東北方馬都拉島
	麻籬			爪哇島東之巴厘島
	底勿	古里地悶	吉里地悶	巴厘島以東之帝汶島

〔以上今蘇門答臘、爪哇及附近島嶼〕

《嶺外代答》	《諸蕃志》	《島夷志略》	鄭和下西洋地名	今地大約的位置
	渤泥國	浡泥	渤泥	加里曼丹島西部
	丹戎武囉			加里曼丹島南部
		蒲奔		加里曼丹島南部瓜拉彭布安
		都督岸		加里曼丹島西北岸達土角
		萬年港		加里曼丹島西北部文萊
		勾欄山	交欄山	加里曼丹島西南的格蘭島
十二子石	胡蘆蔓頭	假里馬打	假里馬丁	加里曼丹島西南的卡里馬塔羣島
沙華公國	沙華公國			加里曼丹島東南的塞布庫島
女人國	女人國			可能指蘇拉威西島的布吉斯人居地
	勿奴孤	文老古		加里曼丹島以東的馬魯古羣島
		文誕		馬魯古羣島以南的班達羣島

〔以上今加里曼丹島及附近島嶼〕

《嶺外代答》	《諸蕃志》	《島夷志略》	鄭和下西洋地名	今地大約的位置
	三嶼	三島	三島	昌宋島西南岸一帶
	蒲哩嚕	麻里魯		馬尼拉
	加麻延			菲律賓卡拉棉羣島
	巴姥酉			菲律賓巴拉望島
	巴吉弄			菲律賓布桑加島
	白蒲延			菲律賓巴布延羣島
	麻逸國	麻逸		菲律賓民都洛島
		尖山		菲律賓巴拉望島南部
		蘇祿	蘇祿	菲律賓蘇祿羣島
	毗舍耶國	毗舍耶		菲律賓米沙鄢羣島一帶

〔以上菲律賓諸島〕

《嶺外代答》	《諸蕃志》	《島夷志略》	鄭和下西洋地名	今地大約的位置
	鵬茄囉國	朋加剌	榜葛剌	孟加拉國和印度西孟加拉邦一帶
		烏爹		印度奧里沙邦北部一帶
注輦國	注輦國	馬八兒嶼	瑣里（西洋瑣里）	印度東南部科羅曼德爾海岸
		金塔		印度馬德拉斯南面欽格爾普特附近
		土塔		印度東南部納加帕蒂南略西北
		沙里八丹	沙里灣泥	印度納加帕蒂南
		特番里		印度東南部馬納爾灣西北岸附近
		第三港	加異勒	印度東南端七提科林之南
		放拜		印度西部孟買
	南毗國			印度西南部馬拉巴爾海岸
		巴南巴西		印度西南部卡爾瓦爾之東南

續 表

《嶺外代答》	《諸蕃志》	《島夷志略》	鄭和下西洋地名	今地大約的位置
	馮牙囉			印度西南部芒格洛爾
		大八丹		印度西南部特利切里附近
		班達里	大葛蘭(大唄喃)	印度西南部科澤科德略北之梵答剌亦納(Fandaraina)
		古里佛	古里	印度科澤科德一帶
	啞哩喏	下里		印度西南部科欽略北
			柯枝	印度科飲一帶
故臨國	故臨國	小唄喃	小葛蘭(小唄喃)	印度西南端奎隆
		甘琶逸	甘把里(坎巴夷)	印度西北岸坎貝一帶
	胡茶辣國			印度西北岸卡提阿瓦半島
		須文那		印度卡提阿瓦半島南部鬆納特
西天南尼華囉國	南尼華囉國	華羅		印度卡提阿瓦半島南部佛臘伐耳
		曼陀郎		印度西北岸卡奇灣北岸
			阿拔把丹	印度西部阿默達巴德
	麻囉畢國			印度中央邦馬爾瓦地區
		大烏爹		印度西部之烏代普爾或烏賈因
天竺國	天竺國	天竺		泛指印度
		阿思里		印度半島西部沙漠地區
	曼陀蠻國			安達曼羣島
		羅婆斯	翠蘭山(裸形國)	尼科巴羣島
		北溜	溜山(溜洋國)	馬爾代夫羣島中馬累諸島
細蘭國	細蘭國	僧加剌	錫蘭(錫蘭山)	斯里蘭卡
		高郎步		斯里蘭卡科倫坡
		千里馬		斯里蘭卡東北部亭可馬里一帶
	細輪叠	大佛山		斯里蘭卡南部亞當峯

續　表

《嶺外代答》	《諸蕃志》	《島夷志略》	鄭和下西洋地名	今地大約的位置
		明家羅		斯里蘭卡西南部卡盧塔拉
		迓里		斯里蘭卡南部加勒

〔以上今印度、孟加拉、斯里蘭卡及附近島嶼〕

《嶺外代答》	《諸蕃志》	《島夷志略》	鄭和下西洋地名	今地大約的位置
大食	大食國			今西亞境
大秦國	大秦國			今西亞境
		馬魯澗		疑在亞洲西南部
吉慈尼國	吉慈尼國			今阿富汗加茲尼一帶
		撻吉那		伊朗南部塔黑里
	甘眉	甘埋里	忽魯漠斯	伊朗東南部格什姆島東北霍爾木茲島
		記施國		伊朗南部卡伊斯島
		加里那		伊朗布什爾港東南哈里勒角
	伊祿			伊拉克
	弼斯囉國	波斯離		伊拉克巴士拉之西
白達國	白達國			伊拉克巴格達
勿斯離國	勿斯離國	麻呵斯離		伊拉克摩蘇爾
	甕蠻國			阿曼
			祖法爾	阿曼南部的佐法爾一帶
麻離拔國	麻囉拔(麻囉抹、勿拔國)			阿曼南部的米爾巴特
麻嘉國	麻嘉國	天堂	天方	沙特阿拉伯麥加
		哩加塔		亞丁附近
			剌撒	亞丁略西北
			阿丹	亞丁灣西北岸一帶

〔以上今西亞及阿拉伯半島一帶〕

《嶺外代答》	《諸蕃志》	《島夷志略》	鄭和下西洋地名	今地大約的位置
	弼琶囉國			索馬里北部柏培拉附近
	中理國			索馬里沿岸並包括索科特拉島
			木骨都束	索馬里之摩加迪沙一帶
			卜剌哇(比剌)	索馬里之布臘瓦一帶
			孫剌	可能在東非洲
			竹步	索馬里的朱巴河口一帶
	層拔國	層搖(拔)羅		索馬里以南一帶
		麻那里	麻林	肯尼亞之馬林迪一帶
		加將門里		莫桑比克之贊比西河口一帶
崑崙層期國	崑崙層斯國			馬達加斯加及附近非洲沿岸

〔以上東非洲沿海一帶〕

《嶺外代答》	《諸蕃志》	《島夷志略》	鄭和下西洋地名	今地大約的位置
勿斯里國	勿斯里國(蜜徐籬)			埃及
	遏根陀國			埃及亞歷山大港
陁盤地國	陁盤地			埃及杜姆亞特港
眉路骨惇國	蘆眉國			小亞細亞以至東歐一帶
	斯加里野國			意大利西西里島
默伽國	默伽獵國			摩洛哥
木蘭皮國	木蘭皮國			非洲西北部和歐洲西班牙南部地區
	茶弼沙國	茶弼沙國		傳說中極西方日入之地

〔以上地中海周圍地區〕

說明：(1) 以上今地考釋，主要參考馮承鈞：《諸番志校注》(中華書局，1956 年)；蘇繼廎：《島夷志略校釋》(中華書局，1981 年)。
(2) 本表所列地名，有的是在各書的專條中所附見的，故地名總數多於專條數。

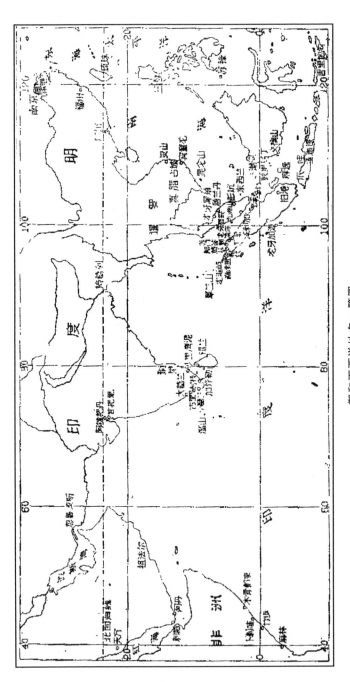

鄭和下西洋地名一覽圖

我們知道，明代的封建王朝，猜疑之心特別重，爲了維護本身的專制統治，閉關自守。曾採取過一種"海禁"政策，號稱"片板不準下海"。這對於航海事業，當然是很不利的。明初本在太倉黃渡置市舶司，洪武三年（公元 1370 年）罷設，改置浙江（寧波）、福建（泉州）、廣東（廣州）三市舶司，其中寧波通日本，泉州通琉球，廣州通占城、暹羅、西洋諸國。永樂元年（公元 1403 年）又重申設置三市舶司，以接待海外番國朝貢附帶的貨物的交易者，但對於本國商人等航海出國則嚴加禁止。終明一代，有時對禁令的執行稍放寬一些，有時又加嚴限制，如嘉靖四年（公元 1525 年）甚至下令只要是雙桅的海船，即捕之，以防其出海。明代各市舶司也時有罷設和復置。但是事實如何？由於"海禁"違反了國民經濟發展的總潮流，有"海禁"，也就有"反海禁"。違禁經營海外貿易的商人一直是史不絕書，其不見史書記載者更不知有多少。他們不惜冒大的風險，走上了加強武裝自己的道路，於是博得了海盜的聲名。他們擁有幾隻船乃至幾十隻船。幾百個人乃至幾千個人不等，主要活躍於浙江、福建、廣東沿海。因爲這一帶東通日本，南接南洋各地，便於發展海外貿易。嘉靖（公元 1522—1566 年）以後，雖有嚴捕雙桅船的明令，而私造雙桅大船下海通番的反而更多起來，更加猖狂。他們基本上是以航海經商爲目的，和他們結伴的有許許多多以航海爲生的船員。這些海商，擁有武力，有的便也肆無忌憚地走上海盜的道路，其中最具野心的，是嘉靖時候的王直，自稱"徽王"，并且和日本人勾結，寇掠祖國。又如明末的鄭芝龍，也是這種海上武裝力量，一面也仍積極從事對日本和南洋的海上貿易的經營。他們的鋌而走險，實在是封建政治閉關高壓政策下的時代悲劇。假如當時明政府不是那樣腐敗無能，而能把這些海商好好指揮運用起來，對於推進海外貿易，發展海上交通，當然就會產生很積極的效果。如鄭芝龍所建立的海上武裝力量，後來在他兒子鄭成功領導下，在抗清與收復臺灣的鬥爭中都起了完全不同的正面作用，便足以説明情況了。

明代後期隆慶（公元 1567—1572 年）以後，終於開放了"海禁"，私人海外貿易得到了新發展的機會。這時泉州港口已趨於衰落，代之而起的是稍南面的漳州港口。漳州地方當局爲要瞭解海外通商各國的情況，特邀請本地的學者張燮於萬曆四十五年（公元 1617 年）編成《東西洋考》一書，記述當時有海上通商關係各國的概況，特別注意其物產及對華交易情形，附帶還載有海舶往來的航行針路。其內容豐富，爲明代後期海外交通史留下了很多寶貴的資料。書中所記國家和地區，張燮將其分成"東洋"和"西洋"兩部分。屬於張氏所稱"西洋"者，主要

有下列諸國和地區(括號內爲其大約相當的今地):

1. 交阯(今越南的北部);
2. 占城(今越南的中南部);
3. 暹羅(今泰國);
4. 六坤(附見,暹羅屬國,今泰國南部洛坤);
5. 下港(今爪哇西部萬丹);
6. 加留吧(附見,下港屬國;今爪哇雅加達);
7. 柬埔寨(今柬埔寨);
8. 大泥(今泰國極南部北大年一帶);
9. 吉蘭丹(附見,大泥之馬頭,今馬來亞吉蘭丹沿海地區);
10. 舊港(今蘇門答臘島巨港一帶);
11. 詹卑(今蘇門答臘島占碑一帶);
12. 麻六甲(今馬來亞馬六甲);
13. 啞齊(今蘇門答臘島西北大亞齊一帶);
14. 彭亨(今馬來亞彭亨);
15. 柔佛(今馬來亞柔佛);
16. 丁機宜(今馬來亞丁家奴);
17. 思吉港(即蘇吉丹,今爪哇中東部);
18. 文郎馬神(今加里曼丹島南部馬辰一帶);
19. 遲悶(即吉里地悶,今帝汶島)。

屬於張氏所稱"東洋"者,主要有下列諸國和地區:

1. 呂宋(今菲律賓呂宋島);
2. 蘇祿(今菲律賓蘇祿羣島);
3. 高藥(附見,今菲律賓中部庫約羣島);
4. 猫里務(今菲律賓布里亞斯島);
5. 沙瑤(今菲律賓呂宋島附近地);
6. 吶嘩嘽(今菲律賓呂宋島附近地);
7. 美洛居(今印度民西亞馬魯古羣島);
8. 文萊(今加里曼丹島文萊)。

以上《東西洋考》書中所保存的這些記載,是明代後期漳州地區對外海上交通經常往來的國家和地區,但過蘇門答臘以西的印度洋區域卻不見記載了。

東方對日本的海上交通,自明初以來,就受倭寇侵擾我國沿海各地的不正常影響。嘉靖(公元1522—1566年)時倭寇之患最爲猖獗,直到嘉靖末年才告肅清。此後中國與日本間的商船不斷有往來,中國方面以福建船爲多,日本方面的主要港口則爲長崎①。南明時期,還曾有多次航海嚮日本求援和通商的事情②。

(五) 清代沿海的航行路綫

清代(公元1644—1911年)是由東北入關的滿族統治者所建立的。當入關之初,遭到關內人民和南明政權的強烈抵抗,而東南沿海一帶地方,正是抗清武力的根據地,所以清政府一開始就實行嚴格的"海禁"。順治十八年(公元1661年),清政府爲要孤立鄭成功在臺灣的抗清勢力,防阻其發動攻勢,更下令實行"遷海令",強迫山東以南沿海居民分別內遷三十里到五十里,並盡燒沿海民居和船隻,不準片板入海,商船民船一律嚴禁下海航行。這對於我國的海上交通事業,自然是很大的打擊。康熙二十二年(公元1683年),臺灣平定,次年(公元1684年)才停止"海禁",開放直隸(今河北)、山東、江南(今江蘇)、浙江、福建、廣東各省的海岸。但這種"開海",還是要受到限制,如往海上貿易捕魚的,仍限裝載五百石以下的船隻,還要實行登記納稅等等。

清代東北方面,吉林所屬的地界遠及於庫頁島,這方面的沿海一帶也有一些海上交通的活動。往南則盛京所屬的錦州府沿海及遼東灣東側的牛莊城、復州、旅順口等地,都是海港之所在。

至於山海關以內的海港,自北而南,凡天津府(屬直隸)、萊州府、登州府(均屬山東)、海州、太倉州、松江府(均屬江蘇)、寧波府、臺州府、溫州府(均屬浙江)、福寧府、福州府、興化府、泉州府、漳州府(均屬福建)、潮州府、惠州府、廣州府、高州府、雷州府、瓊州府、廉州府(均屬廣東)等所屬沿海諸港,亦皆爲海上交通的海舶進出的港口。

我收藏有一册清代航海地圖的舊鈔本,其編成的時間大約在雍正(公元1723—1735年)末年,即十八世紀的早期,從中可以考見鴉片戰爭以前清代民間帆船的沿海航行路綫③。茲摘要介紹如下:

(1) 從遼東灣北部到山東成山角的航綫,其主要經過的地方是:由遼江灣西

---

① 《日中文化交流史》第616—628頁。
② 《日本文化交流史》第628—633頁。
③ 這册航海地圖的復印及注釋,見章巽:《古航海圖考釋》(海洋出版社,1980年)。

側的錦州、葫蘆島、菊花島、山海關以通天津,由天津可東通廟島列島轉達成山角。或由遼東灣東側的金州(今金縣)南下,經旅順口、老鐵山、隍城島、大小欽島、砣磯島、侯雞島、高山島、大小黑山島(自此有航綫西通天津)、大小竹島、長山島、廟島、登州(今蓬萊),轉東經芝罘島、威海衛、劉公島而至成山角。

(2) 從成山角到長江口的航綫,其主要經過的地方是:由成山角向西南,經里島、馬頭嘴(在石島灣之西)、蘇山島、乳山寨、大嵩衛(今舊海陽)、嶗山、靈山衛、水靈山島而至雲臺山;爲要避開海州東南一帶近海的五條沙等沙險,從雲臺山便又轉入離岸較遠的深海,再向南一直航行到茶山(今佘山)和南京港口(即長江口)。

(3) 從長江口到浙閩兩省邊界的航綫,其主要經過的地方是:從長江口外的茶山南航,基本上是繞行大陸邊緣諸島的外圍,經花鳥山、盡山(陳錢山)、兩廣山(狼岡山)、外甩山、東福山、普陀山、朱家尖、韭山羣島、漁山、東磯島、臺州港口、石堂(鬆門山)、大小鹿山、溫州港口、南北麂山而至浙閩交界海面的臺山島。

(4) 從浙閩交界海面到閩粵交界海面的航綫,其主要經過的地方是:從臺山島向西南,經四霜島、東引島、牛山島、烏丘嶼、湄州島、大岞角、崇武城、泉州港口、永寧、寶蓋山姑嫂塔、深滬、圍頭灣、(金門)北太武山、廈門、南碇島、(鎮海)南太武山、東山島、古雷頭而至兄弟島。

(5) 從閩粵交界海面到珠江口的航綫,其主要經過的地方是:從兄弟島續向西南,到南澳,自南澳用單寅針(即東北偏東方嚮)可通澎湖和東洋;自南澳續向西南,經南澎島、赤澳(在惠來縣東南)、甲子港口、田尾角、大星山(在紅海灣西面平海之東南),即到珠江口外的南亭門(在今大蜘蛛島旁)。南亭門明,清時號稱"廣東港口",爲進出珠江口的海舶所必經。

鴉片戰爭以前清代民間帆船的沿海航行路綫,大體即如上述。清人陳倫炯於雍正八年(公元1730年)所編成的《海國聞見錄》一書,其中有一篇《天下沿海形勢錄》,論述全國沿海的形勢,也說到海上航行的情況,基本上與上述諸航綫相似,亦可供參考。

(六) 清代的"海運"

清代中期以後,也舉辦了海道運糧的"海運"。道光四年(公元1824年)時,因有水災,內河的漕運發生困難,故自第二年起又興辦"海運"。不久並採取由國家雇傭和組織商船來運糧的辦法,即所謂以商運代官運,以求節省經費,增加效率。道光七年(公元1827年),江蘇巡撫陶澍曾上疏進呈航海圖,並附有一份關於海運航道的詳細說明。這一份被譽爲"如錐畫沙"的航道說明,雖限於長江口以北的海域,但經過政府的大力規劃,故其內容豐富,準確明白,科學性甚高,實可視爲我國數千年來帆船沿海航行的一份總結。比起許多民間記述的海道經等,要細密得多。它在我國海上交通史中作爲一項重要史料的代表性,並不下於明代的《鄭和航海圖》。下面是它的原文:

"……大洋浩瀚,本無畔岸,雖舟人定之以更香,驗之以水色,格之以針盤,究難確指其道里數目。惟有就西岸對出之州縣汛地,比照核計,不相徑庭。其小島微嶼,亦難盡載。謹摘叙大凡,略分段落,並繪圖貼說,恭呈御覽。

"第一段:海船自上海縣黃浦口岸東行五十里,出吳淞口入洋,繞行寶山縣之復寶沙,迤至崇明縣之新開河,計一百一十里。又七十里至十滧,是爲內洋。十滧可泊船,爲候風放洋之所,崇明縣地。

"第二段:自十滧開行,即屬外洋。東迤一百八十里至佘山,一名蛇山,又名南槎山,係荒礁,上無居民,不可泊,但能寄碇,爲東出大洋之標準,蘇松鎮所轄。

"第三段:自佘山駛入大洋,向正北微偏東行,至通州呂泗場對出之洋面,約二百餘里,水深十丈,可寄碇。從此以北入黑水大洋,至大洋梢對出之洋面,約一百四十里,係狼山鎮右營所轄。又北如皋縣對出之洋面起至黃沙洋港對出之洋面,約二百六十里,又北泰州對出之洋面起至黃家港對出之洋面,約二百二十里,係狼出鎮掘港營所轄。又北至鬥龍港對出之洋面,約二百里,又北至射陽湖對出之洋面,約一百二十里,係鹽城營所轄。又北至黃河口對出之洋面,約一百二十里,係廟灣營所轄。黃河口稍南有沙埂五條,船行遇東風則慮淺擱,宜避之。又北至安東縣灌河口對出之洋面,約九十里,係佃湖營所轄。又北至海州贛榆縣鷹游門對出之洋面,約一百八十里,係東海營所轄。計自佘山大洋以北起至鷹游門對出之洋面止,約共一千五六百里,統歸狼山鎮汛地。凡舟行過佘山,四顧汪洋,無島嶼可依,行船用羅盤格定方向,轉針向北略東行,如東南風則針頭偏東一個字,如西南風則針用子午。查江南佘山與山東鐵槎山南北遥對,謂之南槎北槎,行船應用子午正針。因江境雲梯關外迤東有大沙一道,自西向東,接漲甚遠,暗伏海中,恐東風過狂,船行落西,是以針頭必須偏東一個字,避過暗沙,再換正針。此沙徑東北積爲沙埂,舟人呼爲沙頭山。若船行過於偏東,一直上北,便見高麗諸山。故將近大沙時,仍須偏西,始能對成山一帶也。

"第四段:行過鷹游門對出之洋面,往北即山東日照縣界,山東水師南洋汛所轄。又北至文登縣之鐵槎山,一名北槎山,自佘山至此始見島嶼。又北至文登縣之馬頭嘴，入東洋汛界，經由蘇山島、靖海衛、及榮城縣之石島，養魚池，石島居民稠密，可泊，惟島門東南向，春時乘風，易入難出。鷹游門至石島約六百餘里。大洋中雖舵工以針盤定方向，猶須常用水托。水托者，以鉛爲墜，用繩繫之，探水取則也，每五尺爲一托。查十澳開船，試水自十托至二十托上下，行過佘山，試水均在三十托上下，順風二日餘，均係黑水，再試至十托上下，即知船到大沙洋面，行過大沙，試水漸深，至五十托上下，視水綠色，則係山東洋面，順風再一日，試水二十托上下，水仍綠色，遙望北槎及石島一帶，山頭隱隱可見，再行半日，即至石島洋面，此商船赴北一定針路也。

"第五段：自石島至俚島洋面，約一百六十里，俚島至成山洋面，約一百四十里，俱榮城縣地，爲南北扼要之所，可泊，水綠色，針盤仍用子午略偏東。從成山轉頭改針，向西略北，入北洋汛界，至文登縣之劉公島，約一百餘里，又西至威海衛，一百餘里，又西至福山縣之之罘島，一百餘里，又北至蓬萊縣之廟島，二百餘里。以上自石島起，至廟島止，約共九百餘里。之罘島西北一帶有暗礁，船行偏東以通之，又廟島之東有常山頭淺灘宜避，試水在十五六托至二十托不等，船至廟島，以東南風爲大順。計東省洋面一百零五島中，有二十五島爲海道要地，而廟島尤大，可以停泊。

"第六段：自廟島過掖縣小石島，即入直隸，天津海口約九百里，針對大西偏北，沿途試水在十四五托，再試水至六托上下，水黃色，水底軟泥，即可拋錨，候潮進口，約計天津海口，逆流挽縴一百八十餘里，即抵天津東關外。

"以上海程，計自吳淞口出十澳，東向大洋至佘山，北向鐵槎山，歷成山，西轉之罘島，稍北抵天津，總程四千餘里①"。

此後"海運"的舉辦，遂和清代相始終。自同治十年（公元 1871 年）起，開始使用輪船來作爲"海運"的工具，這已經是在本書所要敘述的時代以後了。

（七）清代遠海的海上交通

清政府自康熙二十二年（公元 1683 年）統一臺灣後，次年（公元 1684 年）停止"海禁"，並設立粵海（廣州）、閩海（漳州）、浙海（寧波）、江海（雲臺山）四榷關，處理對外商務。（乾隆二十二年即公元 1757 年下諭專限廣州一口互市。）從基本上說來，清政府對於對外通商也仍是採取嚴格阻遏政策，不過清政府的阻遏，並

---

① 原文載劉錦藻：《清朝續文獻通考》卷七十七《海運》。

未能完全阻止住我國人民的海上對外通商。如在康熙五十五年(公元1716年)，康熙帝即曾對大臣說起，內地人民爲了獲利而去呂宋、噶喇吧(今爪哇雅加達)者，往往於船上載米帶去，並把船隻也賣掉了才回來，甚至即留住不歸。他更說起，他南巡過蘇州時，見到船廠，都說每年造船出海貿易者，多至千餘，回來的不過十分之五、六，其餘的船都賣在海外，換取銀兩而歸云云①。這不過是蘇州一地，其餘浙、閩、廣東各地，如此者當舉不勝舉。可見清政府阻遏雖嚴，也未能完全攔住人民的航海通商活動；而從海外如此重視購買華船，又可知當時我國造船質量之優越。

在此同時，我國人民移殖海外的亦不斷增加，這和海外通商有直接的關係，和我國海上交通事業的繼續發展也有直接的關係，因爲在十九世紀中葉以前，外流華僑主要都須依靠本國帆船作爲運輸工具。華僑史的研究者，都公認自十六世紀中葉到十九世紀中葉的近三百年間，華僑出國人數迅速增加，華僑活動區域顯著擴大，在鴉片戰爭前夕，分布於南洋和亞洲其他地區的華僑至少有一百餘萬。長期實行的禁遏政策，並不能收到阻止人民外流的效果，這真是一種很大的諷刺。而華僑大量外流的潮流，又正和中國帆船活動於東南亞平行發展着。乾隆六年(公元1741年)，福建漳州府在籍侍郎蔡新曾說，當時"閩粵洋船不下百十號，每船大者造作近萬金，小者亦四五千金，一旦禁止，則船皆無用，已棄民間五六十萬之業矣；開洋市鎮如廈門，廣州等處，所積華物不下數百萬，一旦禁止，則以商無貨，以農無產，勢必流離失所，又棄民間千百生民之食矣"②。這充分說明當時我國出洋經商的帆船的聲勢，華僑飄洋浮海，亦在於有這樣的海上交通工具可以寄托。

明、清兩代的海禁和阻遏政策，對於我國對外的海上交通，起了相當大的破壞作用。加之西方的殖民主義國家，如葡萄牙、西班牙、荷蘭和英國等，這時正以新興之勢，全力東進，在印度洋沿岸和東南亞一帶，到處搶占根據地，掠奪財富。我國遠航這一地區的海舶，自然要受到威脅，并且遭到破壞。這種情勢，從明末已經開始。進入清代仍在繼續，這我們在清代中期以前成書的《海國聞見錄》和《海錄》兩書中都能看得到。

《海國聞見錄》的作者陳倫炯，其父曾隨施琅由海上進兵澎湖、臺灣，熟悉航

---

① 《清朝文獻通考》卷三十三《市舶互市》。
② 光緒重刻《漳州府志》卷三十三，"蔡新傳"。

海情形,倫炯少從其父習聞海道形勢,曾親游日本,後任海防要職,官至浙江提督,以所聞見,於雍正八年(公元 1730 年)著爲此書。書中特別和我國遠海的海上交通相關的,有《東洋記》、《東南洋記》和《南洋記》三篇。

《東洋記》主要記述我國和日本之間的海上交通,説當時日本方面"與中國通貿易者,惟長崎一港"。又説"長崎與普陀東西對峙,水程四十更,廈門至長崎七十二更,北風從五島門進(五島即長崎港西之五島列島),南風從天堂門進(天堂即長崎港南之天草島)"。此外尚有日本的"對馬島坐向登州,薩峒馬(即薩摩)坐向温(州)、臺(州)"。這些都是有關航綫的記載。

《東南洋記》主要記述我國臺灣以東南之呂宋、加里曼丹島等地。謂呂宋的方向"居巽方(東南方),廈門水程七十二更,北面高山一帶……與沙馬崎(即臺灣最南端之猫鼻頭)西北東南運拱。"呂宋附近有苦干島嶼,"中國俱有洋艘往通"。又謂呂宋之南方有息力大山(當指加里曼丹島北部一帶),其東有蘇禄,其西面則可達文萊,其正南爲馬神(今加里曼丹島南部之馬辰)。我國海舶可從廈門嚮東南遠航至呂宋、文萊、蘇禄諸地;又可經廣東嚮西南經七洲洋(今西沙羣島一帶海面)及馬來半島之東而南下,繞至噶喇吧(今雅加達)及馬神等地。

《南洋記》主要記述中南半島包括馬來半島一帶。中國海舶由廈門向西南方航行,過七洲洋,經崑崙(今越南南部崑崙島),轉西,經柬埔寨而至暹羅港口之竹嶼(在湄南河口)。中間從崑崙亦可用未針(西南偏西)經茶盤(今馬來亞彭亨東南之潮滿島)而一直通往柔佛。至於再由暹羅(今泰國)向南的航行,則經由斜仔(今柴亞)、六坤(今洛坤)、宋脚(今宋卡)、大哖(今北大年)、吉連丹(今吉蘭丹)、丁噶奴(今丁加奴)而至彭亨。彭亨之南即柔佛,柔佛更向西航行可達麻喇甲(今馬六甲)。但是,從馬喇甲"往西海洋,中國洋艘從未經歷,到此而止"。這就是説,當時中國海舶的遠海航行,只到馬六甲海峽爲止了。書中還記述爪哇島上的噶喇吧已被荷蘭人所據,但中國船仍開往,噶喇吧廈門之間水程二百八十更,中國人在彼經商耕種者甚多。

《海録》的口述者謝清高,廣東嘉應州(今梅縣)人,十八歲從商人航海,遇風舟覆,爲番舶所救,遂隨番舶經商,十四年後返國。後雙目失明,口述海外事,約於嘉慶二十五年(公元 1820 年)托人筆録成書[①]。此書記述範圍甚廣,遍及亞、

---

① 據馮承鈞:《海録注》(中華書局,1955 年)的考證,謝清高所附乘的番舶,疑爲英吉利舶或葡萄牙舶,他所到的地方,疑僅至倫敦爲止,其他有一些國家只是從傳聞得知。

歐、非、美四洲,其中述及我國海舶和華僑所至之處,在今中南半島包括馬來半島及附近一帶,有下列各地:暹羅國,宋卡國(今馬來半島宋卡),太呢國(今北大年),咭嗱丹國(今吉蘭丹),丁咖囉國(今丁家奴),邦項(今彭亨),舊柔佛(今新加坡),麻六呷(今馬六甲),沙喇我國(今雪蘭莪),新埠(今檳榔嶼),吉德國(今吉打),雷哩國(今廖內羣島),龍牙國(今林加羣島)。

在今蘇門答臘和爪哇及附近一帶者,有下列各地:舊港國(今蘇門答臘巨港一帶),噶喇叭(今雅加達),三巴郎國(今爪哇三寶壠),麻黎國(今巴厘島),地問(今帝汶島)。

在今菲律賓、加里曼丹島及附近一帶者,有下列各地:小呂宋(今呂宋島),咕噠國(今加里曼丹島西部三發),山狗王(今三發西南之山口洋),吧薩國(今山口洋南之曼帕瓦),昆甸國(今曼帕瓦東南之坤甸),戴燕國(今加里曼丹島西部杜連河北岸的塔延),新當國(同上河南岸的新當),文來國(今文萊),茫咖薩(今蘇拉威西島西南岸望加錫),蘇祿國(今蘇祿羣島)。

但《海錄》在唧肚國(今印度西北卡提阿瓦 Kathiawar 半島南部)一條中,卻說:從明呀喇(即孟加拉)向西到唧肚國的地區,總稱爲小西洋,"其來中國貿易,俱附嘆咭利船,本土船從無至中國,中國船亦無至小西洋各國者"。也就是說,從孟加拉灣以西到阿拉伯海一帶的海上交通,已控制在英國船舶的手中,我國的船已被排斥不能進入。這和《海國聞見錄》所說我國海舶西航到馬六甲海峽爲止的情況,是互相符合的。《海錄》成書時約爲公元 1820 年,下距鴉片戰爭的發生不過二十年,當時我國對於南方的遠海交通,和宋、元以及明代初年比較起來,顯然是處於一種低潮的狀態。

(八) 結 束 語

明、清(鴉片戰爭前)兩代的海上交通,雖在明初有鄭和七下西洋那樣的盛舉,但由於封建王朝長期實行"海禁"和政治上陳腐保守,南洋方面又遭遇西方殖民主義國家強大的東進勢力和阻遏和破壞,因而處境十分不利,特別是在遠海航行方面,陷入一種低潮的狀態。公元 1840 年發生了鴉片戰爭,自此外來的侵略變本加厲,我國海上交通的原有體系受到重大的破壞,侵略者的船舶乃至軍艦,一直開進我國的領海和內河,加上當時封建政府的腐化和壓迫,我國自己的海上交通事業陷入十分疲弱的困境。

但在鴉片戰爭以後的一個多世紀中,我國人民仍是志氣高遠,不斷奮鬥,以求推翻一切壓迫和侵略的勢力，同時還要追上時代，這在海上交通方面就是要經過一個從帆船到汽船的技術革命，一個從人力操作到機械操作的現代化革命。人民的努力，終於獲得全國解放，在海上交通方面也能够一日千里地向前進步。

　　回顧我國幾千年中海上交通的發展過程，如本書上面所叙述的，不但歷時長久，而且航程甚遠，在航海技術方面極富創造性，有過那樣許許多多勤勞勇敢的航海者活躍於太平洋的西部以至印度洋一帶。這真是一部非常光輝燦爛的海上交通發展史。這對於我們是一種很大的鼓勵；今天的大好形勢對我們是一種更大的鼓勵，這一切足以保證我國的海上交通，其未來的發展前途必然是十分遠大，十分光明的。

外編：古代中外交通研究

目　錄

《大唐西域記》導讀(節錄) …………………………………… 252
《大唐西域記》校點本前言 …………………………………… 314
中亞古國史(節錄) ……………………………………………… 317
《古航海圖考釋》序 ……………………………………………… 338
《中國航海科技史》前言 ………………………………………… 348
元"海運"航路考 ………………………………………………… 351
論河水重源説的産生 …………………………………………… 362
《水經注》中的扜泥城和伊循城 ………………………………… 370
桃花石和回紇國 ………………………………………………… 377
西戰場之軍事地理 ……………………………………………… 388
國族的前途 ……………………………………………………… 395
論戰後新都 ……………………………………………………… 399
訪問甘地先生(上、下) ………………………………………… 404

《大唐西域記》導讀（節錄）

（節錄"導言"、"第一部分"、"第二部分"。據中國國際廣播出版社 2009 年再版本。）

目　錄

導言	256
第一部分　玄奘的生平和《大唐西域記》的產生	257
一、玄奘的幼年生活	257
二、玄奘的勤奮學習	259
三、玄奘西行的動機	260
四、偉大的旅行家	262
五、《大唐西域記》的產生	264
六、偉大的翻譯家	265
第二部分　《大唐西域記》的內容介紹和地理解說	267
一、幾點說明	267
（一）關於《大唐西域記》裏面的"國"	267
（二）幾種常用的參考書	268
（三）關於地理位置的考訂	268
（四）關於梵文人名、地名和胡語地名等的注音	269
二、《大唐西域記》的《序》	270
三、第一卷的內容介紹和地理解說	271
（一）從阿耆尼國到素葉水城	272
（二）窣利地區	272

（三）睹貨邏國故地 …………………………… 274
　　（四）梵衍那國和迦畢試國 …………………… 277
四、第二卷的內容介紹和地理解說
　　——印度總述及濫波等三國 ………………… 277
五、第三卷的內容介紹和地理解說
　　——烏仗那等八國 …………………………… 279
六、第四卷的內容介紹和地理解說
　　——磔迦等十五國 …………………………… 281
七、第五卷的內容介紹和地理解說 ………………… 284
　　（一）羯若鞠闍國 ……………………………… 284
　　（二）阿踰陀等五國 …………………………… 285
八、第六卷的內容介紹和地理解說 ………………… 286
　　（一）室羅伐悉底國 …………………………… 286
　　（二）劫比羅伐窣堵等三國 …………………… 287
九、第七卷的內容介紹和地理解說 ………………… 288
　　（一）婆羅痆斯等三國 ………………………… 288
　　（二）弗栗恃國和尼波羅國 …………………… 290
十、第八卷的內容介紹和地理解說
　　——摩揭陀國（上）…………………………… 290
　　（一）波吒釐子城 ……………………………… 291
　　（二）鞮羅擇迦等三伽藍 ……………………… 292
　　（三）伽耶城和前正覺山 ……………………… 292
　　（四）菩提樹——釋迦牟尼成佛地 …………… 293
　　（五）那爛陀寺 ………………………………… 293
十一、第九卷的內容介紹和地理解說
　　——摩揭陀國（下）…………………………… 294
　　（一）上茅宮城及王舍城諸地 ………………… 294
　　（二）那爛陀寺附近諸地 ……………………… 295
十二、第十卷的內容介紹和地理解說 ……………… 295
　　（一）伊爛拏鉢伐多等四國 …………………… 296
　　（二）迦摩縷波國 ……………………………… 296

　　　　（三）羯羅拿蘇伐剌那等五國 …………………………………… 297
　　　　（四）羯䩭伽等六國 …………………………………………… 298
　　　　（五）秣羅矩吒國 ……………………………………………… 300
　十三、第十一卷的內容介紹和地理解說 ………………………………… 300
　　　　（一）僧伽羅國 ………………………………………………… 300
　　　　（二）恭建那補羅等三國 ……………………………………… 300
　　　　（三）摩臘婆等十九國 ………………………………………… 301
　十四、第十二卷的內容介紹和地理解說 ………………………………… 303
　　　　（一）玄奘在印度的學成名就和曲女城之會 ………………… 303
　　　　（二）玄奘起行回國 …………………………………………… 304
　　　　（三）漕矩吒國和弗栗恃薩儻那國 …………………………… 305
　　　　（四）再過睹貨邏國故地 ……………………………………… 305
　　　　（五）波謎羅川 ………………………………………………… 307
　　　　（六）由揭盤陀國到瞿薩旦那國 ……………………………… 307
　　　　（七）由瞿薩旦那國東歸 ……………………………………… 308
　十五、《大唐西域記》的價值 …………………………………………… 309
　十六、《大唐西域記》的研究史概述 …………………………………… 310
　　　　（一）國外的譯註和研究 ……………………………………… 311
　　　　（二）國內研究概況 …………………………………………… 312

第三部分　《大唐西域記》選注(存目)
　一、中亞的政權、人民和交通
　　　　（一）阿耆尼國(選自卷一"阿耆尼國"條)
　　　　（二）屈支國(選自卷一"屈支國"條)
　　　　（三）蠶種傳入瞿薩旦那國(選自卷十二"蠶桑傳入之始"條)
　　　　（四）凌山及大清池(選自卷一"凌山及大清池"條)
　　　　（五）窣利地區總述(選自卷一"窣利地區總述"條)
　　　　（六）千泉(選自卷一"千泉"條)
　　　　（七）赭時國(選自卷一"赭時國"條)
　　　　（八）颯秣建國(選自卷一"颯秣建國"條)
　　　　（九）鐵門(選自卷一"鐵門"條)
　　　　（十）睹貨邏國故地總述(選自卷一"睹貨邏國故地總述"條)

二、印度歷史
    （一）戒日王世系及其治績（選自卷五"戒日王"條）
    （二）玄奘會見戒日王（選自卷五"玄奘與戒日王"條）
    （三）曲女城之會（選自卷五"曲女城之會"條）
    （四）迦膩色迦王窣堵波（選自卷二"迦膩色迦王窣堵波"條）
    （五）迦濕彌羅結集（選自卷三"迦濕彌羅結集"條）

三、佛教的聖迹和傳說
    （一）波吒厘子城（選自卷八"波吒厘子城"條、"故宮北石柱"條、"大石柱"條）
    （二）鷄國寺附近遺迹（選自卷八"屈屈吒阿濫摩僧伽藍"條、"建犍椎聲窣堵波"條、"馬鳴與婆羅門"條）
    （三）菩提樹垣內的佛陀成道聖迹（選自卷八"菩提樹垣"條）
    （四）那爛陀僧伽藍及其四周遺迹（選自"那爛陀僧伽藍"條、"那爛陀伽藍四周"條）

再版後記

導　言

　　親愛的讀者們：我們在這裏預備向諸位提出介紹的，是《大唐西域記》這一部書。它可數得上是我國文化遺産中很優秀也很重要的一部名著，是值得我們去加以瞭解和細心閱讀的。

　　下面我們對《大唐西域記》的介紹，準備怎樣來進行呢？

　　要瞭解一部書，最好能先瞭解一下這部書的作者，以及作者所處的時代環境。因此，我們首先要對《大唐西域記》的作者玄奘加以介紹，附帶也介紹一下協助玄奘筆記整理此書的辯機。《大唐西域記》的産生，和玄奘所處的時代環境密切相關，這其間的關係，當然也要説到一些。這將是我們這册《大唐西域記導讀》的第一部分。

　　其次，再來對《大唐西域記》書的内容概況進行介紹，以求有助於讀者們親自去閱讀這一部書。《大唐西域記》是一部結合了歷史背景和宗教傳説寫成的地理書，它基本上是以玄奘經過中央亞細亞、遠游印度各地的旅行路綫作爲叙述的綫索，①形成一個整體，結構頗爲嚴密。因此要對《大唐西域記》的内容概況加以介紹，最好順着它本身嚴密的次序，而不要打亂它。又由於它是一部包括的地域非常廣大的地理書，地名特別多，我們的介紹宜以地理方面的解説爲重心，並附以地圖，以助讀者瞭解。這將是我們這册導讀的第二部分。

　　介紹一部書，好似給旅遊者做導遊。導遊無論講解得怎樣詳細，總不如旅遊者親自登臨、親眼目睹的體會來得深。所以從《大唐西域記》中精選出若干部分來供讀者親自閱讀一番，也很有必要。這將是我們這册導讀的第三部分。爲了便利讀者，這部分原文選讀都附有簡明的注釋。

　　我們寫這册導讀的計劃就是這樣。下面我們就開始介紹《大唐西域記》。

---

　　①　玄奘在《大唐西域記》的"序"裏面，説他這書是"輒隨游止，舉其風土"，意即隨他的游踪所至而記出各地的風土地理。在《大唐西域記》後面辯機所寫的"記贊"裏面，也説這書"境路盤紆，疆場回互，行次即書，不存編比"，可見本書基本上就以玄奘的旅行路綫爲次序，走到哪裏，即寫到哪裏，並不另外加以編次。事實上本書的具體結構，在大體上也正是這樣。我們雖然有時會在本書中看到一些對國名先後叙述錯亂的情況，那只是很少數，可能只是出於一種權宜的處理，或出於追記時的筆誤。

第一部分　玄奘的生平和《大唐西域記》的產生

一、玄奘的幼年生活

　　《大唐西域記》的作者,是唐朝初年著名的佛教僧人玄奘。

　　玄奘本姓陳,名禕,後來出了家才改名玄奘。相傳他是後漢時潁川郡許縣(故址在今河南許昌縣東)人陳仲弓的後裔。他的上代,四世都做官。高祖名湛,北魏清河太守;曾祖名山,北魏征東將軍、南陽郡開國公(一作"名欽",北魏上黨太守);祖父名康,北齊國子博士,轉司業,又轉禮部侍郎,從他開始移居到洛陽附近,後來就成爲緱氏縣(故址在今河南偃師縣南)人;父名惠(一作"慧",隋初曾任陳留縣(故址在今河南開封市東南)令,又遷江陵縣(今湖北江陵縣)令,大業(605—618年)初因見國政混亂,辭官引退。陳惠有四子,次子名素,後出家改名長捷。第四子即玄奘。玄奘就出生在緱氏縣鳳凰谷陳村,這地方現屬河南偃師縣,今名陳河村,是一個依山臨水的小村落,位於著名的少林寺西北的山嶺下面。

　　玄奘是哪一年出生的呢?這個問題,也就是玄奘的年齡問題,比較複雜一點,因爲我們今天所看到的許多關於玄奘的傳記中,記載頗不一致,須要我們細心加以判斷。

　　原來玄奘在他晚年時,從唐顯慶五年(660年)正月一日起,在京城長安以北的玉華宮寺(在今宜君縣境)開始翻譯《大般若經》,至龍朔三年(663年)十月底譯畢,十一月底上奏唐高宗。這時玄奘身體已覺衰竭,第二年即麟德元年(664年)二月五日,他便逝世了。此後乃陸續產生了有關他的若干篇傳記。

　　(甲)我們今天所能看到的玄奘逝世後的第一篇傳記,是冥詳所寫的《大唐故三藏玄奘法師行狀》(以下我們簡稱它爲《行狀》),寫成的時間約在玄奘逝世同年四月間。其中説:"麟德元年……(玄奘)謂弟子及翻經僧等:'有爲之法,必歸磨滅,泡幻之質,何得久停。今麟德元年,吾行年六十有三,必卒於玉華。若於經論有疑,宜即速問,勿爲後悔。'"依此所載,玄奘卒年應該是63歲了。

　　(乙)稍遲一點,約在麟德二年(665年),也就是在玄奘逝世後的第二年,道宣寫成了他的《續高僧傳》(以下我們簡稱它爲《續傳》),其中(卷四至卷五)有一篇《唐京師大慈恩寺釋玄奘傳》,裏面也提到麟德元年玄奘的這一段話,説:"麟德元年,(玄奘)告翻經僧及門人曰:'有爲之法,必歸磨滅,泡幻形質,何得久停。行年六十五矣,必卒玉華。於經論有疑者,今可速問。'"依此記載,玄奘的卒年應該是 65 歲了。

（丙）再遲一段時候,直到武后垂拱四年(688 年),即玄奘死後的第 24 年,又出現了慧立原著、彥悰箋補的《大慈恩寺三藏法師傳》(以下我們簡稱它爲《慈恩傳》),其中(卷十)卻於顯慶五年(660 年)開始翻譯《大般若經》時,就記載說,玄奘"翻此經時……謂諸僧曰:'玄奘今年六十有五,必當卒命於此伽藍,經部甚大,每懼不終,人人努力加勤,勿辭勞苦。'"依此推算,顯慶五年已 65 歲,至麟德元年逝世時有 69 歲了。

以上的《行狀》一種,《續傳》和《慈恩傳》兩種,是有關玄奘的傳記裏面最具權威性的。爲什麼呢？因爲：第一,撰寫的時間都和玄奘生時很接近,冥詳《行狀》寫於玄奘死後恐怕只有兩個多月,道宣的《續傳》還不滿兩年,慧立和彥悰合寫的《慈恩傳》也只在玄奘死後 24 年而已。第二,撰寫的人都和玄奘很接近,冥詳是同在玉華宮寺的玄奘弟子,道宣和慧立都是從貞觀十九年即開始和玄奘長期同事譯經的僧人,彥悰也是玄奘的門徒。所以雖然還有其他一些玄奘的傳記,但其權威性都不足和上述這三種相比。

在這三種裏面,《慈恩傳》共有十卷。它先由慧立執筆寫成五卷,寫的時間大概也很接近玄奘生時,後來慧立死了,寫成的五卷也"流離分散"了,經盡力搜購,才全部收集起來,由彥悰再加以整理補充,編成現在的十卷。由於這部書經過散失才再整補而成,有可能會在整理的過程中產生錯誤,把麟德元年玄奘所說的話提早了四年,誤插入顯慶五年了。

至於冥詳《行狀》的 63 歲說和道宣《續傳》的 65 歲說,其權威性幾乎是相等的。不過道宣是一位著名的佛教史學家,記載可能比較謹嚴。此外,且還有一項資料,使得 65 歲說的可能性要更大一些,這就是智昇在開元十八年(730 年)編成的《開元釋教錄》。它是一部著名的佛典目錄,其中(卷八)所附的玄奘傳,就把玄奘所說"行年六十五矣"這一段話,和《續高僧傳》一樣,也記在麟德元年下面。史稱智昇"博達今古……最爲精要",《開元錄》尤其以校核翔實、編次謹嚴而著名。《開元錄》和《續傳》記述的一致,大足爲 65 歲說張目。因此,我們現在也就採用道宣《續傳》這個 65 歲說。這樣,玄奘的生年就應當是在隋開皇二十年(600 年)。他卒於 664 年,年歲應當是 65 了。

以上我們討論玄奘的年齡問題,正是一個例子,看到古書記載中會有一些互相不一致的地方,須要我們去細加分析,找出眉目來。

玄奘幼年聰明好學，思路也很敏捷，8 歲時父親教他讀《孝經》，他就能對答得十分得體。再過一兩年，當玄奘 9、10 歲時，他的父母大約都已逝世了。這時他第二個哥哥陳素已經出家做和尚，改名長捷，住在東都洛陽的淨土寺。他把童年無依的玄奘帶到身邊，并且開始把佛教知識灌輸給玄奘，爲其出家作準備。玄奘接受得很快，11 歲的時候，便能口誦《維摩》①、《法華》②等經本。到了 13 歲，即大業八年（612 年），隋大理卿鄭善果奉命在洛陽收度少年僧人，看見玄奘的器貌，就特地把他收度，從此玄奘便正式出家了。

　　原來從晉、南北朝以來，我國經常處於戰亂之中，人民生活毫無保障，經常惶惶不安，許多人想以宗教爲逃避所，佛教的影響力隨而大爲推廣，當時高門大族中逃避出家的人數頗不少，士宦人家衰敗下來的也很多以寺院爲投身之所。所以長捷和玄奘兄弟二人的出家爲僧，在他們那個時代中是不足爲奇的。

二、玄奘的勤奮學習

　　玄奘一生過的都是勤奮的生活，他 13 歲出家後就一直在勤奮精神的指引下，努力進行學習。

　　他出家之初，和他哥哥長捷同住洛陽淨土寺。寺裏有一位景法師在講《涅槃經》③，又有一位嚴法師在講《攝大乘論》④，玄奘都聽得廢寢忘餐，而且還能夠登座復述。

　　這時正當隋末失政，洛陽一帶尤其大亂，玄奘兄弟二人乃於唐武德元年（618 年）避地西行而至長安，不料長安也是兵馬荒荒，因聽說許多著名的法師都避居四川，他們兩人便也經由漢中一帶而南入成都，途中玄奘也不廢學，從空法師和景法師（慧景）受學《毗曇》⑤、《攝論》。在成都，玄奘兄弟停留得較久（約從武德二年至五年，619—622 年），聽道基講《毗曇》，又聽寶暹講《攝論》，震法師（道振）講《迦延》⑥，真是敬惜寸陰，數年之間，熟習了佛學各部的學說。

　　玄奘和成都的因緣真不淺，武德五年（622 年），他就在成都受具足戒（即大

---

　　①《維摩》，當即《維摩詰所説經》，鳩摩羅什譯，記大乘居士維摩詰長者論佛法，宣揚主觀修養的重要。
　　②《法華》，當即《妙法蓮華經》，鳩摩羅什譯，弘揚三乘歸一，調和大、小乘，以爲一切衆生皆能成佛。
　　③《涅槃經》，當指曇無讖譯《大般涅槃經》，講一切衆生皆有佛性。
　　④《攝大乘論》，簡稱《攝論》，有真諦譯本，是對比小乘，闡述大乘教義，介紹唯識學說的論著。
　　⑤《毗曇》，當指僧伽提婆等譯《阿毗曇八犍度論》等佛教"説一切有部"的主要論著。
　　⑥《迦延》，即《阿毗曇八犍度論》作者迦多衍尼子一派的學説。

戒),成爲一個完備的佛教僧人。這時他想離蜀北行,求取更多的學識。他不顧長捷的挽留,大約在武德六年(623年)沿江下航,到達荆州(故治在今湖北江陵),住天皇寺,在此爲聽衆講説《攝論》、《毗曇》,過了一夏一冬。第二年(武德七年),大約仍沿長江東航,過揚州等古代的吴地,折而北行,直到趙州(故治在今河北趙縣),從道深學《成實論》①,再第二年(武德八年),轉達相州(故治在今河南安陽市;但此時慧休亦有可能在相州所屬鄴縣,故址在今安陽市以北),從慧休學《雜心》②和《攝論》,然後仍回長安,住大覺寺,大約已是武德八年(625年)年底了。

武德九年(626年)這一年,玄奘留長安更就道岳學《俱舍論》③,又從法常和僧辯學《攝大乘論》,又從玄會學《涅槃》。他的勤學好問,真是過人。以上見諸記載的名師爲玄奘出家以後就學過的,從景、嚴兩法師以至沙門玄會,共十三人。誠如湯用彤先生所説:"計玄奘大師在國内受學十三師,俱當世名宿……大師學之弘深,蓋可想知";又説:"其未西游以前,幾已盡習中國之佛學。"④湯氏之言,蓋非過譽。

三、玄奘西行的動機

隨着對佛教經論學習的擴大和深入,玄奘心中不覺引起了許多問題,對此,他雖然到處訪師請教,仍然未能得到徹底的解決。這許多問題,主要涉及兩方面,一是由印度傳來的佛教經籍不够齊全,好多疑難之處未能得到解決;二是佛教裏面本來就有派别之分,而當時我國承晉、南北朝長期分裂之後,各地的佛教徒分頭研習佛學,往往發生不同的解釋,不知應該怎樣尋求一致的答案。

於是玄奘產生了親自前往佛教發源地印度的决心,以求搜集經本,並嚮印度的佛教宗師直接請求解釋疑難。

所以《慈恩傳》(卷一)記載道:"法師(即玄奘)既遍謁衆師,備餐其説,詳考其義,各擅宗途,驗之聖典,亦隱顯有異,莫知適從。乃誓游西方,以問所惑。並取《十七地論》,以釋衆疑,即今之《瑜伽師地論》也。"這裏所説的"詳考其義,各擅宗途",就是説他所請教過的衆法師,各有派别之分。這裏所説的他想求取《十七地

---

① 《成實論》,鳩摩羅什譯。盛行於南北朝至唐初,被認爲是由小乘空宗走向大乘空宗的過渡論著。
② 《雜心》,即《雜阿毗曇心論》,僧伽跋摩等譯,用以釋阿毗曇(對法)論述者。
③ 《俱舍論》,即《阿毗達磨俱舍釋論》,真諦譯,亦被認爲小乘到大乘過渡之作。
④ 見湯用彤著《隋唐佛教史稿》,141—142頁。

論》(即《瑜珈師地論》),"以釋衆疑",就是因爲這一部闡揚唯識義理的根本論集《瑜伽師地論》,在當時並未有完全譯本,未能取以解釋羣疑(後來玄奘從印度回國才取回這部《瑜伽師地論》並完全譯出)。這裏所説的"誓游西方,以問所惑",就是玄奘要西去印度的決心。

玄奘還説過這樣的話(亦見《慈恩傳》卷一):"奘桑梓洛陽,少而慕道,兩京知法之匠,吳、蜀一藝之僧,無不負笈從之,窮其所解⋯⋯然恨佛化經有不周,義有所闕,故無貪性命,不憚艱危,誓往西方,遵求遺法。"這也是他因經籍不全,義有不明,表示他要西去印度的決心。

《慈恩傳》(卷一)又載玄奘在高昌時上高昌王一信中,説到當時我國佛教傳布情況的混亂。他説:"遺教東流(指佛教東傳入我國),六百餘祀⋯⋯但遠人來譯,音訓不同;去聖時遙,義類差舛(指譯經事業的分歧和教義解釋的差錯)。遂使雙林一味之旨,分成當、現二常;大乘不二之宗,析爲南、北兩道。紛紜爭論,凡數百年,率土懷疑,莫有匠決。"這裏所説的"雙林一味之旨",是指在雙樹間入滅的釋迦牟尼的統一的教條而言;所謂"分成當、現二常",是指"當常"和"現常"的兩種神學爭論而言。"現常"認爲"佛性"是與生俱來,先天而有的(這稱爲"本有");"當常"認爲"佛性"是後天所有,成佛後始得的(這稱爲"始有")。這種爭論我們今天看起來也許覺得很可笑,當時卻是一個認真的大問題。至於所謂"大乘不二之宗",是説佛教本來只有一條不可分的大乘原理;所謂"析爲南、北兩道",特別是指當時《十地經論》①之分歧爲南道系和北道系的兩派而言(南道接近"本有"説,北道接近"始有"説)。總之,如上所表現的混亂,在當時的我國,果然是"紛紜爭論,凡數百年,率土懷疑,莫有匠決"。既然這樣,總要尋求一項較根本的解決辦法才好,玄奘對此的答案是應該到印度去,應該"無貪性命,不憚艱危,誓往西方,遵求遺法"。

以上所舉的幾點,可説是玄奘立志西行的重要動機。而他當時所處的時代,對他當然也發生作用。原來晉、南北朝以後,我國處於長期戰亂和分崩的局面之中,表現在佛教教義方面,也有不能求全和各地分離的現象,這是完全可以理解的。隋朝統一中國,雖爲期較短,而接下來唐朝的統一局面,卻是壯大而強盛的,其在佛教方面,也要求有相適應的反映。玄奘之苦心去印度求法,企圖謀取較徹

---

① 《十地經論》,菩提流支、勒那摩提等譯,是對《華嚴經・十地品》的論釋,在大乘唯識學派中有重要地位。

底和統一的解決,"以釋衆疑",也正是這種反映的一個方面。

四、偉大的旅行家

這樣,堅毅的玄奘,便決定冲破一切困難,準備進行他偉大的旅行,要遠去印度,訪求佛教的經籍,尋取佛陀的遺訓了。

想到路程的遥遠,他本來打算和人家結伴同行。可是這時唐朝建國未久,西北方的國界還在伊吾(今新疆哈密市)東南一帶,沿邊受到突厥的嚴重威脅,正如《慈恩傳》(卷一)所説:"時國政尚新,疆埸未遠,禁約百姓,不許出蕃。"所以玄奘和他的同伴們雖然上表朝廷,請求出國,都未被批準。但玄奘並不灰心,堅決要完成他的志願。他一面學習各種蕃語(即中亞和印度諸地的方言),一面仍然積極準備西行。這大體上是武德九年(626年)和貞觀元年(627年)前半年的事。有志者事竟成,到了貞觀元年八月,玄奘終於成行了。

玄奘起程西行的時間,如現在我們所見到的《行狀》、《續傳》、《慈恩傳》等記載,都印成貞觀三年。但梁任公先生考查的結果,認爲三年的"三"字抄印錯了,應該是在貞觀元年。他主要的根據有二:(甲)貞觀元年關中、關東、河南、隴右等地有霜灾,發生饑荒,下詔僧俗人等四出避地求食,玄奘是乘此機會雜在飢民隊中向西出走的,但貞觀三年卻並没有霜灾。(乙)玄奘西行後第二年,曾在中亞境内會見西突厥的君主統葉護可汗,史載統葉護死於貞觀二年,玄奘只有在貞觀元年出發西行,才能在貞觀二年統葉護死前不久遇見他。① 梁先生的論證説得很充足,爲多數學者所接受,我們這裏也就把玄奘起程西行之年定在貞觀元年(627年)。

玄奘由長安出發後,穿越今天的甘肅省向西北行進,經過秦州(治所故址在今天水市東)、蘭州(治所故址在今蘭州市)而抵涼州(治所故址在今武威)。涼州是當時河西一帶的中心都會,不斷有西域各國的商人們來往,玄奘在此停留月餘,並曾開講佛經,他要前去印度的消息也被這些商客傳到西邊去了。可是這時私出國境的禁令仍很嚴格,涼州都督李大亮因此迫令玄奘東歸,玄奘並不動摇,卻只得晝伏夜行,偷偷繼續西進到瓜州(治所故址在今安西縣東南)。瓜州的北面50餘里就是今天東西横流的疏勒河,當時叫做瓠䊵河,河的南岸就是唐時玉

---

① 梁任公的考據,見他所著《中國歷史研究法》第五章《史料之搜集與鑒别》,上海商務印書館,1928年。

門關的所在,這裏已是靠近當時的國境綫了。關外向西北數百里間設有五座烽火臺,防衛甚嚴。玄奘在瓜州又停留月餘,終於冒了極大的危險,繞出玉門關和五座烽火臺,總算越過邊防的警戒。但面前所臨的又有長達數百里的莫賀延磧(大體在今星星峽至哈密市東南的長流水之間),號稱"沙河",上無飛鳥,下無走獸,更無水草。玄奘中途不慎又倒翻了水袋,以後有四夜五天沒有一滴水入喉,幾乎渴死,到第五夜才有涼風吹來,體力稍振,接着又找到青草和池水,人馬才得脱離死亡的威脅。在池邊草地休息了一天再走,再過兩三天,才出流沙而到達伊吾,真是萬死一生,幸全性命了。

當時伊吾以西的高昌,是一個獨立的割據小國,國都高昌城,在今新疆吐魯番縣東約50公里的勝金口之南的亦都護城。它一面對唐朝維持朝貢關係,一面也服屬於突厥。國王名叫麴文泰,他已聽到玄奘將要西來的消息,就派使者命伊吾王將玄奘護送到高昌城。麴文泰全家都深信佛教,玄奘和他們相處得非常好。麴文泰一定要玄奘留下來住在高昌,但有堅強決心的玄奘無論如何不肯中途而止,甚至絶食了三天以表決心。最後麴文泰只得放玄奘西去,但和玄奘結爲兄弟,並再留他多住一月講經。等到玄奘要動身離高昌時,麴文泰爲他做了極完備的準備工作,據《慈恩傳》(卷一)所載:文泰剃度了四個小沙彌做玄奘的侍伴;縫製了三十套法衣,還加上若干件面衣、手套、靴、襪以供玄奘使用和禦寒;送給玄奘黃金一百兩、銀錢三萬、綾和絹等絲織品五百匹,以充玄奘往返二十年所用的經費;給馬三十匹,工役二十五人;又寫了二十四封介紹信給前途的屈支(即龜兹,今庫車一帶)等二十四國,每一封信附大綾一匹以作信物。玄奘全都接受了,並寫了一封誠懇的感謝信答謝高昌王。任何事物總有它的物質基礎,以上這許多,就是當時玄奘西行的物質基礎。不過,我們也應從相對的角度來看,物質基礎固然不可少,主觀的毅力也是最爲重要的,譬如早於玄奘二百多年去印度尋求佛教經律的法顯,他並沒有如玄奘所得的雄厚的物質基礎,不是也完成了他偉大的旅行嗎?

當時高昌王麴文泰還把玄奘介紹給西突厥的統葉護可汗。原來這時的中央亞細亞,東北起今新疆附近,西南到今伊朗東北邊一帶,都爲西突厥控制。要經中亞去印度,正要通過這些地方。麴文泰既然服屬於西突厥,又和統葉護可汗有聯姻關係(文泰的妹嫁統葉護之長子呾度設),所以麴文泰特別寫了介紹信給統葉護,並附綾綃五百匹、果味兩車獻給可汗,派一位名叫史歡信的侍郎(大約是一個窣利人,即粟特人),護送玄奘到中亞素葉水城(故址在今吉爾吉斯北部托克馬克城 Tokmak 西南）去謁見統葉護可汗。可汗也很表示好感，也送玄奘一套法服和五十匹絹，並派人相送，對玄奘旅行前往的一些國家帶去書信，有所照顧。這些對玄奘來說當然是很大的幫助。

後來玄奘所著的《大唐西域記》，是以他自己的旅行路綫作爲綫索，來叙述當時中亞和印度各地的地理情況的。《大唐西域記》這書的開端，卻是以離開高昌作爲起點，這是因爲高昌已於貞觀十四年（640 年）被唐朝所統一的緣故，不能把高昌再算進西域的範圍裏面去了。上面我們所講這些從長安旅行到高昌的經過情況，《大唐西域記》裏面並沒有記述，我們基本上是根據《慈恩傳》（卷一）的記載來補充上去的。

現在我們對於玄奘離高昌後繼續旅行的介紹，卻要在這裏暫停一下。因爲玄奘的《大唐西域記》，就是和他離開高昌後的長途旅行結合起來寫的。我們對於《大唐西域記》内容概況的介紹，既然準備留在下面即這册導讀的第二部分裏面去説，所以對於玄奘從高昌以西的旅行的介紹，也就在此暫停一下，留到下面第二部分裏面一並去説吧。

五、《大唐西域記》的産生

我們現在，且先來看一看《大唐西域記》這部書是怎樣産生出來的。

原來玄奘約於貞觀二年（628 年）歲初離高昌，繞經中亞南下進入南亞次大陸的西北角，其後一面學習，一面巡游，曾環繞五印度一周，後又經中亞南部轉今新疆南部東歸，直到貞觀十九年（645 年）正月才回到長安，正月底，他到洛陽謁見唐太宗，太宗對他很優禮，廣泛詢問了關於印度、中亞等西域各地的情況，並要他寫出一部這方面的專書。三月間玄奘獲准回長安，在皇室的庇護下長期從事譯經工作，從五月就開始創譯了。這時唐太宗已北破東突厥，被稱爲"天可汗"（貞觀四年，630 年），西邊已滅高昌國，於其地置西州、庭州，設安西都護府（貞觀十四年，640 年），這樣便更和西突厥發生直接的接觸和衝突，所以他自然需要多瞭解一些這方面的地理民俗等實際情況。玄奘既受命撰寫專書，很快就於第二年即貞觀二十年（646 年）七月完成此書，進呈太宗。我們今天所看見的《大唐西域記》就這樣産生了。

我們現時一般所看見的《大唐西域記》印本，從北宋本以下，每卷卷首的作者題名，都分列成兩行如下：

> "三藏法師玄奘奉詔譯
> 大總持寺沙門辯機撰"

爲什麼會這樣題名呢？原來《大唐西域記》這部書，是由玄奘親自指授內容，而由協助他譯經的一位名叫辯機的沙門（即佛教僧人）執筆編寫的，所以後來會發生這樣兩行排列的題名。但這是經過後人所竄改的，《大唐西域記》成書之初及唐代一些傳本是只題玄奘一人之名作爲撰者的。如玄奘自己於貞觀二十年（646年）所上的《進西域記表》①，就稱此書是"玄奘所記"。唐人道世於總章元年（668年）即玄奘去世後第四年所撰《法苑珠林》（卷一百十九），也稱《大唐西域記》是"唐朝西京大慈恩寺沙門玄奘奉敕撰"。其後元和（806—820年）初年慧琳所撰《一切經音義》（卷八十二），也稱此書是"三藏沙門玄奘奉敕撰"，而不另列辯機之名。因爲在帝王專制時代，名分的限制甚嚴格，這是玄奘奉詔撰進的書，書成自然由玄奘一人署名。在道世、慧琳等的記載中，我們還可以看到奉詔所撰的《大唐西域記》唐本題名在未被竄改前的真面目是怎樣的。

説起辯機，是當時一個很有文才的少年和尚，他本住過長安城內的大總持寺和會昌寺，貞觀十九年玄奘開始譯經時他就來協助，那時他不過26歲左右。除《大唐西域記》外，他還曾參加過著名的《瑜伽師地論》等經論的翻譯。可惜他守身不慎，和唐太宗之女高陽公主（已嫁房玄齡之子房遺愛）發生了不正當的關係，公主以一個"金寶神枕"贈給他，事泄，太宗怒，辯機被腰斬而死，得年不過30歲左右。《大唐西域記》這部書，條理清楚，敘述明白，而且語句造得很優美，文詞寫得很絢麗，有甚高的文學價值，這是應該歸功於才華洋溢的辯機的。②

六、偉大的翻譯家

玄奘是一個偉大的旅行家，《大唐西域記》就是結合他這一偉大的旅行而寫出來的。同時，玄奘也是一個偉大的翻譯家，我們現在且來看一看這方面的情況。

玄奘遠去印度，本爲求學和求取佛教經本。所以他回國抵長安時，據《慈恩傳》（卷六）所記，他帶回來的，除一些如來舍利（相傳釋迦牟尼遺體火化後結成的

---

① 見日本京都帝國大學文科大學印本《大唐西域記》（1911年）卷首。
② 關於辯機的事迹，陳垣在《大唐西域記撰人辯機》中有較詳的記述，《陳垣學術論文集》第一集，中華書局，1980年。

珠狀物)和佛像外,有佛教的經、律、論共 520 夾,657 部,用 24 匹馬載來。

於是,如前文所提及的,從貞觀十九年(645 年)五月開始,直到麟德元年(664 年)正月即逝世前一個月爲止,差不多整整十九年的時間,虔誠勤奮的玄奘,都全心全意,一直率領派來協助他譯經的學問僧們,貢獻自己一切的才力,從事我國佛教史上極其著名的一場翻譯事業。

《慈恩傳》(卷七)有一段記載,叙述永徽元年(650 年)時玄奘日常工作的情況:"專務翻譯,無棄寸陰。每日自立程課,若晝日有事不充(不充即未完之意),必兼夜以續之,遇乙(乙夜即二更)之後,方乃停筆。攝經已,復禮佛行道,至三更暫眠。五更復起,讀頌梵本,朱點次第,擬明旦所翻。每日齋訖,黃昏二時講新經論,及諸州聽學僧等,恒來決疑請義。……日夕已去(黃昏稍遲一點),寺内弟子百餘人咸請教誡,盈廊溢廡,皆酬答處分,無遺漏者。"其實何止永徽當時,玄奘一生都是這般勤勞用功,愛惜寸陰的。除了是一個虔誠的宗教家之外,説他是一個偉大的教育家,偉大的翻譯家,他都是當之無愧的。

玄奘因爲精通梵文,所以他的翻譯方法,特別對舊來翻經的缺點大加改善。《續傳·玄奘傳》中説到以前的翻譯方法:"自前代以來,所譯經教,初從梵語倒寫本文(就是硬依着和漢文相倒的梵文的次序直譯出來),次乃回之顧同此俗(就是再依漢文的習慣句法倒譯過來),然後筆人觀理文句(就是再由譯者加以觀察,進行文句的整理)。中間增損,多墜全言(就是説這樣經過顛倒和增减的譯文,往往失去原來完全的意義)。"《續傳》接着再説到玄奘的翻譯方法:"今所翻傳,都由奘旨,意思獨斷,出語成章,詞人隨寫,即可披玩。"這就是説,作爲翻譯領導人的玄奘,能夠深入瞭解透梵文原本的深意,再由他消化後轉譯成漢語,出口成章,筆記者不必再繞什麽彎,只要直接記下來就行了。這是何等重要的一步改進啊!

從貞觀十九年起到他身死爲止,19 年間,玄奘主持翻譯出來的佛教經籍,據智昇《開元釋教録》(卷八)的記録,計達 75 部 1 335 卷;假如把《大唐西域記》一部 12 卷也計算進去,那麽就有 76 部 1 347 卷之多,單是數量,就已驚人,更何況質量的超羣越常呢!

這 19 年中,玄奘除有時奉召入宫伴隨皇室外,基本上是在長安的弘福寺、大慈恩寺、西明寺以及長安以北的玉華宫寺進行翻譯,最後即在玉華宫寺逝世。又當他住大慈恩寺時,曾獲准依西域制度建造一座磚塔,上有石室,用來安全貯藏由印度取回的佛經。這塔後世曾有過修補,而基本仍存,屹立在今西安市的南面,好像在紀念永遠令人敬仰的玄奘,這就是著名的慈恩寺大雁塔。

我們現在已經對《大唐西域記》作者玄奘的生平,以及《大唐西域記》這部書產生的背景,大體作了介紹。接下去,我們就要來介紹《大唐西域記》一書的內容概況了。

第二部分 《大唐西域記》的内容介紹和地理解説

一、幾點説明

在開始介紹《大唐西域記》本書之前,我們先來對下面的幾點加以説明。

(一) 關於《大唐西域記》裏面的"國"

《大唐西域記》是一部範圍很廣大的地理書,它所敘述到的地域,自今天我國的新疆,經中亞南下,包括整個次大陸和鄰近一些地區在内。在這樣一個廣大的地域内,記載了138個國,連同附帶述及的12個國則共有150個國。這些所謂國,有些是較大的國家,如當時中亞南部的迦畢試國、印度北部的迦濕彌羅國。有些則是很小的城邦,即以一個城市作爲中心連同附近的一些領地而建立起來的,其中如當時中亞境内窣利地區和睹貨邏國故地的那些小國,基本上是依附突厥而不能獨立自主的。

在《大唐西域記》的書後,有一篇辯機寫的"記讚",説到他在玄奘指導下執筆編寫此書有一個體例:"書行者,親游踐也;舉至者,傳聞記也。"這就是説,書中對玄奘旅行所經的國家,凡用"行"字的,都是玄奘沿途游歷親自到過的國家;用"至"字的,都是玄奘所未親到而只得於傳聞的國家。但我們細加核對,可見這個體例在今天傳世的《大唐西域記》中並未被嚴格遵守,有若干處雖用"行"字而實未親到,如對北印度的達麗羅川和鉢露羅國,都用"行"字,但取《慈恩傳》(卷二)核對,這兩處玄奘皆未親到;又有若干處雖用"至"字,如對中亞南部的縛喝、鋭秣陀、胡實健三國,都用"至"字,但取《慈恩傳》(卷二)核對,玄奘實曾親到此三國。所以我們下面結合《大唐西域記》而敘述玄奘的旅行時,對於這點是應該注意到的。

又在敬播爲《大唐西域記》所寫的《序》中,曾説到玄奘的旅行"親踐者一百一十國,傳聞者二十八國",兩者合計138國。這和玄奘《進〈西域記〉表》中所説"所聞所見,百有卅八國"的數字是相合的。但在我們今天整理此書時一加核算,可知此數和實際情形也稍有出入,玄奘所親到的似較110國爲稍少(約爲105國),

他所傳聞得知而記下的,似較28國爲稍多(約爲33國)。不過所聞所見的總數,則和138國是相合的。至於這138國以外,《大唐西域記》還附帶述及的有12國,這就是:卷四所附帶述及的洛護羅國、秣羅娑國和蘇伐剌拏瞿呾羅國,卷十所附帶述及的室利差呾羅國、迦摩浪迦國、墮羅鉢底國、伊賞那補羅國、摩訶瞻波國和閻摩那洲國,以及卷十一所附帶述及的拂懍國、西女國和稽疆那國。這12國,也是屬於傳聞之國,並非玄奘所親自到過。

(二)幾種常用的參考書

我們在寫這册《大唐西域記導讀》時,常用來參考的有下面幾部書:

1. 慧立和彥悰的《慈恩傳》(日本東方文化學院京都研究所影印《高麗藏》本,1932年),這書前面已介紹過了。它的作者曾參考了《大唐西域記》,並根據自己和玄奘的接觸,記下玄奘的旅行路綫,可以用來對《大唐西域記》做校補的工作。

2. 道宣的《釋迦方志》(《頻伽精舍大藏經》本,以下簡稱《方志》)。其中的《遺迹篇》,大部分就是節取《大唐西域記》而成的節本。

3.《大唐西域記》(章巽校本,上海人民出版社出版,1977年)。

4. 英國人湯麥斯·瓦特斯(Thomas Watters)的 *On yuan Chwang's Travels in India*,即《大唐西域記》英譯本,附有注釋(倫敦王家亞洲學會出版,1904年,以下簡稱《瓦本》)。

5. 日本人堀謙德的《解説西域記》,乃《大唐西域記》的日譯本,也附有注釋(東京文榮閣出版,1912年,以下簡稱《堀本》)。

6. 水谷真成的日譯本《大唐西域記》,也附有注釋(東京平凡社出版,1975年,以下簡稱《水本》)。

7. 季羡林等的《大唐西域記校注》,也附有注釋(中華書局出版,1985年,以下簡稱《季本》)。

(三)關於地理位置的考訂

《大唐西域記》裏面的各個地名,究竟相當於現在什麽地方,這是我們都想要知道的。百餘年來,中外學者在這一方面有過許多調查研究,但是他們考訂的過程比較複雜,積累的資料比較繁多,所得的結論也未能完全一致,由於篇幅限制,我們在這裏勢難一一録出。對每一地名的考訂,我們在這册導讀中只能舉出它的一個結論。至於這個結論是經過怎樣的考訂過程而得到的,就只得省略不説了。前面所列《瓦本》、《堀本》、《水本》、《季本》所載地名考訂的過程均較詳,讀者如要進一步瞭解,可以參看。

(四)關於梵文人名、地名和胡語地名等的注音

古代的中亞至南亞一帶,居住着許多不同人種、不同語言的部落或部族。我國歷代不少旅行家都記載了所經各地的語言文字,但是記述最詳盡的還數玄奘。他在這方面的觀察相當敏銳,微小的區別都加以記錄。例如,讀者在《大唐西域記》中可以看到:阿耆尼國"文字取則印度,微有增損";跋祿迦國"文字法則,同屈支國,語言少異";窣利"文字語言,即隨稱矣。字源簡略,本二十餘言,轉而相生,其流浸廣。粗有書記,豎讀其文";睹貨邏國"語言去就,稍異諸國。字源二十五言,轉而相生,用之備物。書以橫讀,自左向右。文記漸多,愈廣窣利";漕矩吒國"文字言辭,異於諸國";瞿薩旦那國"文字憲章,聿遵印度。微改體勢,粗有沿革,語異諸國"……這些互不相同的文字語言究竟是些什麼樣的文字語言呢?19世紀末葉以來,通過各個國家——首先是歐洲諸國——的學者對中亞的考古發掘和研究,大體上弄清了玄奘赴印度時途經各地區的語言文字的分布概況。

在高昌(今吐魯番)、焉耆和龜茲(今庫車)一帶流行的是一種屬於印歐語系的所謂"吐火羅語",文字採用婆羅謎字母。這一語言又分成兩種方言,即只限於焉耆和高昌一帶使用的"甲種吐火羅語"和廣泛流行於天山南麓,但主要在庫車發現文書的"乙種吐火羅語"。現在,人們通常稱前者為焉耆-高昌語,稱後者為龜茲語。在於闐(今和田)、疏勒(今喀什)一帶流行的是屬於印歐語系的一種伊蘭語,稱於闐語(或和闐語),也就是玄奘所說的瞿薩旦那國的語言。由於後來又發現曾在印度西北部及中亞一帶建國的塞種人也用這種語言,所以又改稱和闐語為"和闐-塞種語"。粟特語(或窣利語)在西域交通道上廣泛流行,但主要使用在玄奘所說的窣利(粟特)地區,它也屬於印歐語系,為東伊蘭語之一。至於在吐火羅地區(今阿富汗北部)則流行着所謂的"真正吐火羅語",以區別於上文提到的天山南麓的甲、乙兩種"吐火羅語",它也是伊蘭語中的一種。當然,進入印度以後,主要的文字語言就是梵文、梵語了。由此可以看到,在玄奘西行的路上,流行着各種各樣的語言和文字。所以,《大唐西域記》中的人、地譯名的語源相當紛雜,不可能全部來自梵文。這樣,我們在本書中給各個人、地譯名注上拉丁化的原文時,就需要略加區別,以幫助讀者辨認。下面,就對注音的體例作一點說明。

由於玄奘在敘述南亞次大陸時提及的人、地等名基本上都來自梵文,因此我們在後面括號中便注上其拉丁化拼寫的梵文原字,並在這些梵文原字前加一星號(＊),以資識別。地名如摩揭陀國(＊Maghada),人名如頻毗娑羅王

(＊Bimbisāra)，即是。至於南亞次大陸以外的中亞等地區，主要是從今新疆先向西，再轉南，到達今阿富汗一帶，居住着的各族人民，據王國維《西胡考》（《觀堂集林》卷十三）所考，唐時一律稱他們爲胡。在《大唐西域記》裏面，也稱他們是"族類羣分"的胡。玄奘在叙述這些胡族居住的地區時，提及的人名、地名有相當一部分來自所謂的"胡語"，但仍有一部分來自梵文。對於後者，我們仍在括號中注上拉丁化的梵文原字，並加星號（＊）於其前，如，地名阿耆尼（＊Agni），人名商諾迦縛娑（＊Śāṇakavāsa），即是。而對於來自"胡語"的名稱，雖然有些還能再細分成粟特語、波斯語等，但是我們在此只注出其原詞的拉丁化拼音，而不再進一步標明語源了，即在"胡語"之前加上雙星號（＊＊），作爲一大類，總的區別於梵語。如窣利（＊＊Sūlik）、忽露摩國（＊＊Kharūn）等，即是。此外，有需特別注明者，另行注明。其他一般近代的外國地名和人名等後面括號中所注的西文，其前就都不加星號了。

　　還有一點要在這裏順便提及：玄奘在《大唐西域記》中用漢文音譯人、地等名時，往往指責以前的漢譯名"訛"也。讀者對這種斷語必須仔細鑒別，不能盲從。因爲玄奘慣於用梵文去對照早先的漢譯名，而那些漢譯名卻並不都是直接從梵文譯出，而是從某種"胡語"譯出。所以，那些譯名對於梵文來説是"訛"了，但對"胡語"而言，卻並不訛。例如，卷一謂："殑伽河，舊曰恒河，又曰恒伽，訛也。"固然，按梵文Gaṅgā，是應譯成"殑伽"；但是焉耆-高昌語和龜兹語則變此字爲Gaṅk或Gaṅ，所以漢譯名作"恒"並不訛。又如，玄奘在序裏注道，蘇迷盧（山）"舊曰須彌，又曰須彌婁，皆訛略也"。誠然，按梵文Sumeru譯，"須彌"確訛，但按焉耆-高昌語和龜兹語（即聽謂的吐火羅語），則作Sumer，漢譯名作須彌，並無錯誤。這類例子還有不少，讀者宜注意辨別。

二、《大唐西域記》的《序》

　　除了玄奘同時代人敬播和于志寧兩人曾爲《大唐西域記》撰寫兩篇序文外，《大唐西域記》的前面，還有一篇自己的《序》，它的起句是"歷選皇猷，遐觀帝録"，最後的結句是"印度風俗，語在後記"。這篇《序》本來的排列位置是在第一卷之前的，但大約從宋代以後，就被向後誤移，錯排進第一卷裏面去，而且脱去《序》字。幸而從唐人慧琳《一切經音義》（卷八十二）所載，我們得知它乃是一篇《序》，本來排列在第一卷之前。又據宋人《昭德先生讀書後志》（《四部叢刊》本）第一卷"《西域志》十二卷"的一條所載，亦謂到"印度風俗，語在後記"爲止是《大唐西域記》的《序》。慧琳所據爲唐本,《讀書後志》所記亦宋代或宋以前古本,既都這樣説,所以上海人民出版社前所出版的《大唐西域記》(章巽校本),就據此而把這篇《序》恢復唐本和古本的原狀,把它的排列移回到第一卷之前,並在它的前面仍恢復一個《序》字,這樣才是合於該書原來的真面目。

在前面第一部分第五節中,我們曾説到過《大唐西域記》書首的作者題名分列玄奘和辯機兩行不是原本的真相(原本只題玄奘奉敕撰一行),是經過後人改動而分列玄奘、辯機兩行的。現在又看到《大唐西域記》的《序》之被後人向後改移,錯入第一卷裏面,並脱落《序》字的情形。昔張元濟先生在《昭德先生郡齋讀書志跋》中,曾説:"古書之可貴,從未有不貴其最初之原本,而反貴其後人改編之本者。"在這裏我們所看見的就是兩個實例,所以特別提出來對讀者作一説明。

在這篇《序》中,玄奘介紹了印度佛教徒所流傳的世界構成説,以爲我們所存在的小世界由四個洲(大陸)組成,東邊的洲叫毗提訶洲(* Videhadvīpa),南邊的叫贍部洲(* Jambudvīpa),西邊的叫瞿陀尼洲(* Godānīyadvīpa),北邊的叫拘盧洲(* Kurudvīpa)。其中的贍部洲就是我們所居住的一個洲。一千個這樣的小世界叫小千世界,一千個小千世界叫中千世界,一千個中千世界叫大千世界(也叫三千大千世界),由一個佛來教化。至於贍部洲的中部有大雪山(指今喜馬拉雅山),山北有一個叫做阿那婆答多池(* Anavatapta)的大池,贍部洲上的各大河流都從這大池向四方流出。向東流出的是殑伽河(* Caṅgā,今恒河);向南流出的是信度河(* Sindhu,今印度河);向西流出的是縛芻河(* * Wakhsh,今阿姆河);向北流出的是徙多河(* Sītā),它流入了東北海,這條河可能指的是今葉爾羌河和塔裏木河,也有人認爲它是由地下伏流東出,成爲黄河的上源。贍部洲大體上分屬四主:南面的象主"暑濕宜象",(指的大體是印度);西面的寶主"臨海盈室"(指的大體是西亞善航海經商的各國);北面的馬主"寒勁宜馬"(指的大體是中亞、北亞一帶諸游牧人民);東面的人主"和暢多人"(指的大體是中國)。玄奘並且説,在我國的西邊,有許多胡族,再過去才是印度,這些胡族和印度之間大體以黑嶺(指今興都庫什山附近一帶)爲界。

以上是《序》文的大意。接着,《大唐西域記》就分十二卷來叙述它所包括的150個國家了。

三、第一卷的内容介紹和地理解説

《大唐西域記》第一卷的叙述,從玄奘離開高昌故地開始(高昌國已於《西域記》編寫前的貞觀十四年即 640 年被唐所統一,故稱"故地"),到抵達和當時比印度境接近的迦畢試國爲止。

(一) 從阿耆尼國到素葉水城

玄奘出高昌故地後第一大段的行程,主要是一直向西到達素葉水城去謁見西突厥的統葉護可汗。

他向西所到的第一個國家是阿耆尼國(＊Agni),這就是《漢書》以下各史裏面所稱的焉耆,唐時它的都城故址在今新疆焉耆縣西南的四十里城子附近。

從此西南行 20 餘里,①過一小山和二大河,再西行七百餘里,就到屈支國(＊Kuci),這就是《漢書》以下各史所稱的龜茲,唐時它的都城故址在今新疆庫車縣城東約三公里的皮朗舊城。都城東北有兩個伽藍(即佛寺),都名叫昭怙厘(＊Cakra),故址在今庫車縣北約 45 里之蘇巴什。都城西北渡河有阿奢理貳伽藍(＊Āścarya),玄奘也曾到過,故址在今庫車縣西庫木土拉村北的千佛洞。玄奘爲等前面的山路融雪,在屈支留住了六十多天。

從此西行 600 餘里,過小沙磧,到跋祿迦國(＊Bālukā),即《漢書》等所稱的姑墨,都城故址在今新疆溫宿縣。

再從此西北行 300 餘里,就是山高路險、長期積雪、寒風慘烈的凌山了,玄奘經艱苦的登涉才得度過。他認爲這就是葱嶺的北頭,這一觀察是很敏鋭的。根據《大唐西域記》和《慈恩傳》②所記載的方位,凌山只能是今溫宿縣西北的巴達里山口。這山《新唐書·地理志》中也稱爲拔達嶺,和現在的巴達里一名只是同音異寫而已。

在山路中經行 400 餘里,便到了周千餘里、驚波起伏的大清池,這就是今天的伊塞克湖(Issyk-kul)。

經此湖邊更西北行 500 餘里,到了素葉水城(＊＊Sūyāb,《慈恩傳》作素葉城),這就是唐代著名的碎葉城,故址在今吉爾吉斯北部托克馬克(Tokmak)西南約 5 英里之阿克·貝欣(Ak Beshim)。玄奘在這裏會見西突厥的統葉護可汗,停留了十天左右。對於這一次的盛會,《慈恩傳》裏留有很詳細的記述。

(二) 窣利地區

離開素葉水城後,玄奘大體上是向西南前行,進入了一個叫做窣利

---

① 以下關於行路方向及里數,均依《大唐西域記》原文。其中有一些不準確的地方,不易校正,基本上仍依其舊。

② 以下關於玄奘旅行印度往還的地理記載,均見《慈恩傳》卷二至卷五,下不一一注出卷數。

(＊Sūlik)的大地區，也就是窣利人主要居住的地區。這種窣利人以善於四出經商著名，隨着商業活動，也展開了文化和政治方面的活動。我國歷史文獻中的粟特，以及隋、唐時候的昭武九姓胡人，指的也是他們。

玄奘在窣利地區的旅行記載，先是由素葉水城西行 400 餘里到千泉，此地南面是雪山，相當今吉爾吉斯山脈北麓，山下有泉池林樹，暮春時雜花如錦，是突厥可汗的避暑地。

千泉西行百四五十里到呾邏私城（＊＊Talas），有各國商胡雜居（商胡就是古代我國西方各胡族商人），是一個重要的城市，此城故址在今哈薩克南部之江布爾城（Dyhambul）。《大唐西域記》並記載說，此城南行 10 餘里，還有一個小孤城，由 300 餘户中國人所建。

《大唐西域記》又記載說："從此西南行二百餘里，至白水城……西南行二百餘里，至恭御城。"這裏記載有兩個地名，即白水城和恭御城。但在《方志》裏面，卻只載恭御城而沒有白水城；又在《新唐書·西域傳》裏面，又只載白水城而沒有恭御城。《方志》和《新唐書·地理志》都根據《大唐西域記》編寫，所以《瓦本》（第一册 84 頁）提出恭御可能是突厥語 kūyu（意爲泉城）的譯音，"泉"字可能是"白水"二字的合而爲一，而實際上白水城就是泉城，也就是恭御城。它的地點與穆斯林地理學者所稱之白水城（＊＊Isbījāb）相同，故址在今哈薩克南部奇姆肯特（Chimkent）東約 8 英里（1 英里≈1.6 公里）的賽蘭城（Sayrām）。

從恭御城南行（恐當作西行）四五十里，到笯赤建國（＊＊Nujakath），都城故址即今奇姆肯特。

再西行 200 餘里，到赭時國（＊＊Chāch），即石國，都城故址在今烏兹別克之塔什干（Tashkent）附近。它的西面有葉河（＊＊jaxartes，《慈恩傳》作葉葉河），即今錫爾河。它和附近數十城邑當時都服屬突厥。

接着《大唐西域記》并介紹赭時東南千餘里，有怖捍國（＊＊Farghāna），即我國《漢書》等所稱之大宛，唐時亦稱拔汗那，今爲烏兹別克之費爾干納盆地。此國玄奘未親到。

再前行（《大唐西域記》作"從此西行千餘里"），到窣堵利瑟那國（＊＊Sutrūshana），東臨葉河，附於突厥。都城故址在今塔吉克西部烏臘·提尤別（Ura-tube）西南 16 英里之沙赫里斯坦（Shahristan）。

從此西北入大沙磧，行 500 餘里，到颯秣建國（＊＊Samarqand），即康國。這是一個農業發達、工商繁盛的國家，地處胡旅各國的中心，兵馬強大，國勢頗強。

都城故址在今烏茲別克撒馬爾罕城略北,其地今名阿佛拉西亞布(Afrāsiyāb)。

接着,《大唐西域記》附述了颯秣建國附近的七個國家:

1. 東南有弭秣賀國(＊＊Māymurgh),即米國,都城故址在今撒馬爾罕東南約 60 英里之麻堅(Maghian)。上世紀 30 年代在撒馬爾罕以東約 87 英里處的穆格山(Mug)所發現的著名的"粟特文書",主要即和米國相關。

2. 從此向北有劫布呾那國(＊＊Kabūdhanjakath),即曹國,都城故址在那密水(＊＊Namik,即今澤拉夫善河 Zarafshān)北,距今撒馬爾罕二程(farsakh),①今名哥布丹村(Gubdan)。

3. 從此向西 300 餘里有屈霜你迦國(＊＊Kushāniya),即何國,都城故址在今撒馬爾罕西北十二程。

4. 從此向西 200 餘里有喝捍國(＊＊Karghānkath),即東安國,都城故址在那密水北,在今克爾米涅(Kermine)之北一程。

5. 從此向西 400 餘里有捕喝國(＊＊Bukhārā),即中安國,其地今仍名布哈拉(Bokhara)。

6. 從此向西 400 餘里有伐地國(＊＊Bētik),即西安國,都城故址在今布哈拉西南之阿姆河右岸,今仍名畢地(Bityk)。

7. 從此西南 500 餘里有貨利習彌伽國(＊＊Khwārizm),故地相當今阿姆河下游兩岸一帶。

以上七國,玄奘大約是在颯秣建國得之傳聞,卻並未親自到過。

《大唐西域記》記載玄奘繼續前進的行程,是由颯秣建國直接西南行 300 餘里,而到達羯霜那國(＊＊Kasanna),即史國,都城故址在今烏茲別克東部之沙赫里夏勃茲(Shahr-i-sebs)。

由此再西南行 200 餘里,進入山區,再由山路東南行 300 餘里,便是險固的鐵門,其故址在今烏茲別克南部的達爾本脫(Derbent)西約 13 公里。窣利地區的南界,即到此爲止。

(三) 睹貨邏國故地

玄奘去印度的旅行,自出鐵門向南,便進入了睹貨邏國故地。睹貨邏(＊Tukhāra)即吐火羅,亦即古代的大夏。約公元 2 世紀中期,此族的國王迦膩

---

① 程(farsakh)是古波斯及阿拉伯計路程遠近的單位名,很不規則,折合今制每程爲 3.7 至 6.7 公里。

色迦（﹡Kaniṣka）曾建立一個盛大的貴霜（﹡Kuṣana）王國，疆土西北起自今鹹海附近，東南直到今印度河及恆河的上游一帶，至三四世紀時歸於衰破。這裏所說的睹貨邏國故地，大體相當今塔吉克西部及阿富汗東北部之阿姆河兩岸一帶地方，只是以前貴霜整個王國裏面的一部分而已。且已勢力分散，崩裂爲20餘個小國，並都受西突厥的控制。

《大唐西域記》雖謂睹貨邏國故地分裂爲27國，但在書中實際敘述了29國，計卷一裏面（即玄奘去路中）述及16國，卷十二裏面（即玄奘歸路中）述及13國。現在我們先看卷一的16國，它們又可分成兩組，一組8國位於縛芻河（即今阿姆河）之北，又一組8國位於縛芻河之南。

河北的8國是：

1. 呾蜜國（﹡﹡Tirmidh），故址在今烏茲別克最南部阿姆河北岸捷爾梅茲（Termez）南2里。

2. 東至赤鄂衍那國（﹡﹡Saghāniyān），故址在今捷爾梅茲以東北之迭瑙（Denau）。

3. 東至忽露摩國（﹡﹡Kharūn），故址約在今塔吉克杜尚別（Dushanle）略西。

4. 東至愉漫國（﹡﹡Shūmān），故址在今杜尚別。

5. 西南至鞠和衍那國（﹡﹡Quwādhiyān），故址在今塔吉克西部卡菲尼甘河（Kafrnigan）下游西岸之卡巴第安（Kabadian）。

6. 東至鑊沙國（﹡﹡Wakhsh），其都城可能爲洛瓦甘（﹡﹡Lāwakand），故址在今塔吉克西部瓦赫什河（Wakhsh）下游東岸庫爾干——提尤別（Kurgan-Tyule）附近。

7. 東至珂咄羅國（﹡﹡Khuttal），其都城可能爲呼爾布克（﹡﹡Hulbuk），故址在今庫爾干——提尤別東北之庫利亞布（Kulyab）。

8. 東接葱嶺，至拘謎陀國（﹡﹡Kumādh），故址在今瓦赫什河上游的蘇爾霍勃河（Surkhab）流域一帶，已進入葱嶺山區。（按：以上八國，玄奘都未親自到過）。

河南的8國是：

1. 縛伽浪國（﹡﹡Baghlān），故址在今阿富汗東北部昆都斯（Qunduz）以南之巴格蘭（Bagalin）。

2. 南至紇露悉泯健國（﹡﹡Rūb及﹡﹡Siminjān，乃相連接之二城邦），故址在今巴格林以西之艾巴克（Haybak）。

3. 西北至忽懍國(＊＊Khulm)，故址即今艾巴克以北的塔什庫爾干(Tāshkurgān)略北之故城。

4. 西至縛喝國(＊＊Balkh)，都城故址在今阿富汗北部馬扎里沙里夫(Mazār-i-Sharīf)以西之巴爾赫(Balkh)故城。其地佛教甚發達，有小王舍城之稱。都城外西南有著名的納縛僧伽藍(即新寺之意)；城西北50餘里有一個提謂城(＊Trapuṣa)，北40餘里有波利城(＊Bhallika)，這兩處各有一個窣堵波(即塔)，相傳是佛教徒最早造成的塔。

5. 更西南有銳秣陀國(＊＊Maymand 即 ＊＊Yahūdīya)，故址在今阿富汗西北部之邁馬納(Maymana)。

6. 西南至胡實健國(＊＊Gūzgān 或 ＊＊Jūzjān)，故址在今阿富汗西北部席巴爾甘(Shibarghān)以南，包有今邁馬納的東南和西南一帶。此國的冬都安巴爾(＊＊Anbār)位於今邁馬納之東，夏都胡實望(＊＊Jurzwān)位於今邁馬納之西南。《大唐西域記》謂此國在銳秣陀西南，當指夏都所在而言。

7. 由胡實健國境再向西北有呾剌健國(＊＊Tāliqān)，故址在今邁馬納以西，更西就通波剌斯(＊＊Pāras)即波斯的國界了。

8. 揭職國(＊＊Gaz)，由縛喝國南行百餘里可到，故地相當今巴爾赫故城南約20里之加茲谷(Valley of Gza)。——按：以上八國中的縛伽浪、紇露悉泯健、忽懍、呾剌健四國，玄奘也未曾親自到過。

上面是《大唐西域記》卷一所叙述的睹貨邏國故地16國，主要分布在阿姆河南北兩岸。還有睹貨邏國故地另外的13國，《大唐西域記》在卷十二裏面玄奘才於歸國途中叙述到它們，我們也留待那時再說吧。但在這13國中，有一個活國，卻要提前在這裏解說一下，因爲玄奘去印度時是要先經過這裏的。活國(＊＊Warwālīz)的都城故址，就在今阿富汗東北部昆都斯(Qunduz)，這地方當交通要道，形勢甚爲重要。

睹貨邏國故地的地理分布情形，已根據《大唐西域記》卷一中所述，摘要介紹如上。現在我們再來追踪玄奘前往印度的旅行路綫。

前文我們叙述玄奘的行程，是在鐵門離開窣利地區而進入睹貨邏國故地的境域。據《慈恩傳》所述，玄奘由鐵門向南前行取的是直路，渡過縛芻河一直就到達了活國。活國是睹貨邏國故地的中心，鎮守在此的是統葉護可汗的長子呾度設(設是突厥的貴族爵號)，他就是高昌王的妹婿。不料玄奘到活國時，高昌公主已死，呾度設又被前妻之子毒死，即由前妻之子繼位爲設。玄奘遇見這樣的政治變亂,有國主喪亡的事,因在活國滯留了一個多月,並接受新設的建議,西行去佛教聖地縛喝國觀禮佛迹。在此他又停留一月餘,從事學習。接着他又訪問了縛喝西南的銳秣陀和胡實健兩國,然後仍回縛喝,南行百餘里經揭職國而繼續前進,東南入大雪山,行 600 餘里,便走出睹貨邏國故地的地域,而到達梵衍那國了。

(四)梵衍那國和迦畢試國

梵衍那國(**Bāmiyān)是在雪山裏面的一個國家,雪山指今阿富汗東北部興都庫什山脈的最西端一帶,此國都城故址就在今巴米安(Bamian)。玄奘路過其境,看見城東北有一個高百四五十尺的立佛石像,還有一個高百餘尺的鍮石佛像(即黃銅裝身的佛像)。這兩個佛像,至今尚可看見,據考古學者實測,大的高 53 米,小的高 35 米。《大唐西域記》還説到城東二三里的一個寺院裏面有一長千餘尺的臥佛像,我們現在卻沒有確實的遺迹可尋了。從這個寺院東南行 200 餘里,度越大雪山,又到一僧伽藍(即僧寺),有泉池林樹之勝,寺中還有大阿羅漢商諾迦縛娑(*Śāṇakavāsa)的遺物。再過雪山和黑嶺(都指興都庫什山脈最西端一帶)東行,到迦畢試國。

迦畢試國(**Kāpiśa)也是一個山國。它的都城遺址在今阿富汗喀布爾北 62 公里處,今名貝格蘭姆(Begram),其地北背雪山(今興都庫什山),其餘三面都是黑嶺(今興都庫什山南一些較低的山,"黑嶺"是不全年積雪的意思),國勢頗強盛,佛教也很發達。都城東三四里的北山下有一大伽藍,名叫沙落迦(*Śalāka),相傳從前以健馱邏(見下)爲根據地的迦膩色迦王曾出兵葱嶺東,帶回當地的中國王子爲質,對他們加以優待,冬居印度諸國,春、秋住健馱邏國,夏天就來迦畢試國,各建伽藍居之,這個沙落迦寺,就是質子在迦畢試國的住所。玄奘也曾在這寺中停留了一段時候,《大唐西域記》裏面還記載了迦畢試國的一些神話傳説。從這個國家經由接連不斷的山谷東行 600 餘里,越過黑嶺,便進入當時北印度的境域了。

以上就是《大唐西域記》第一卷内容的介紹,從阿耆尼國起,到迦畢試國爲止,所叙述的都是各胡族所分布的地區。

四、第二卷的内容介紹和地理解説
―― 印度總述及濫波等三國

從第二卷起,《大唐西域記》就開始叙述當時印度區域内的各國了。

首先,是對印度作一總述。分別從名稱、疆域、數量、歲時、宮室、衣飾、饌食、文字、教育、佛教、族姓、兵術、刑法、致敬、病死、賦稅、物產等各方面,介紹中、東、南、西、北五印度70多個國家的概況。

接着繼續作地理的敘述。玄奘進入北印度境內所到的第一個國家,叫做濫波國(＊Lampāka),也是北背雪山、其餘三面都是黑嶺的一個山國,故地在今阿富汗賈拉拉巴德(Jalalabad)以西北喀布爾河(Kabul)北岸的拉格曼(Laghman)地方。

從此東南行百餘里,越過一條大嶺,再渡過一條大河(當即喀布爾河),到那揭羅曷國(＊Nagarahāra),它的都城故址就在今賈拉拉巴德的附近。城西南20餘里的小石嶺有一個佛影窟,城東南30餘里的醯羅城(＊Hadda)有一個貯藏如來頂骨等遺物的重閣(就是有幾層建築的高閣),玄奘都曾去禮拜。

從此向東南,在山谷裏面行500餘里,便到著名的健馱邏國(＊Gandhāra)了。

健馱邏國東臨信度河(今印度河),它的首都叫做布路沙布邏(＊Puruṣapura),故址在今巴基斯坦白沙瓦(Peshawar)。公元2世紀時迦膩色迦王以健馱邏為中心根據地,亦以此城為首都。但玄奘到此時健馱邏國勢已衰落,和那揭羅曷國及濫波國一樣都役屬於迦畢試國。

《大唐西域記》對於健馱邏國許多佛教遺迹記載得很詳細。其中最著名的,有布路沙布邏城外東南的迦膩色迦王窣堵波和迦膩色迦王伽藍,許多佛教史上著名的論師都在這裏住過。對於布路沙布邏以東的地區,《大唐西域記》還記載了有三個城。這三個城就是:

1. 布色羯邏伐底城(＊Puṣkarāvatī),是健馱邏國的古都,故址在今巴基斯坦白沙瓦東北17英里,位於斯瓦特河(Swāt)向南即將流入喀布爾河處之東岸,今名卻爾沙達(Chārsadda)。

2. 跋虜沙城(還原可作Paluṣa),故址在今白沙瓦東北偏東65公里處的沙巴土・格希(Shahbaz Garhi)。

3. 烏鐸迦漢荼城(還原可作Udaka-khaṇḍa),故址在今喀布爾河流入印度河處東北的溫特(Ohind)。此城是印度河上的重要渡口,中亞等地進入中印度的要道所經,商貨珍寶多集於此。城西北20餘里的娑羅睹邏邑(＊Śalātura),是古代印度最傑出的梵文文法學家波你尼(＊Pāṇini)的本生處。

對於以上各地許多的佛教遺迹,玄奘都曾去巡禮。然後由烏鐸迦漢荼城北上，離開健馱邏國境。

上面便是《大唐西域記》第二卷所叙述的内容的概況。

五、第三卷的内容介绍和地理解説
—— 烏仗那等八國

《大唐西域記》第三卷裏面所叙述的，也是屬於北印度的八個國家。

一個是烏仗那國（*Udyāna），從烏鐸迦漢荼城向北，逾山涉川，行600餘里繞到。它也是一個山國，沿蘇婆伐窣堵河（*Subhavastu），即今巴基斯坦北部斯瓦特河（Swāt）流域立國。首都叫做瞢揭厘城（還原可作 Mangkil），故址在今斯瓦特河中流東岸曼格勒城（Maugalaor）西南偏西約5英里之明哥拉（Mingora）。此國境内也分布着許多佛教遺迹。《大唐西域記》還寫道，從瞢揭厘城向東北，沿印度河而上，經過極危險的高山棧道和鐵索橋，行千餘里，可到烏仗那國舊都所在的達麗羅川（*Darada），故地相當今克什米爾西北部印度河北岸達地斯坦（Dardistan）之達麗爾（Dārel）。此處有一木刻的慈氏菩薩（即彌勒菩薩，*Maitreya）像，在佛教史上很有名，相傳此像刻成後，印度的僧人最早就是帶了佛教經籍由此向東傳播的。由此可見，這條可以向北通往我國的山道，是很早就已開闢了的。《大唐西域記》對通往達麗羅川也用了一個"行"字，似乎玄奘曾親到其地。但據《慈恩傳》的記載，對於達麗羅川，玄奘只是得之傳聞，並未親自到過。

又一個是鉢露羅國（還原可作 Balūra），《大唐西域記》説從達麗羅川東行，再沿印度河而上，仍經高山棧道，過500餘里，即至此國。它就是兩《唐書》所載的大、小勃律，其故地相當今達地斯坦以東和以北的巴爾帖斯坦（Baltistan）。這裏也用"行"字，但玄奘既未曾到過達麗羅川，自然不會有由達麗羅川再向東行的事，關於這個鉢露羅國，也是得之傳聞，而非親至。所以在《慈恩傳》裏面，根本就未提到這個鉢露羅國，只是説玄奘是由烏仗那國先回烏鐸迦漢荼城，然後繼續前進的。

還有一個是呾叉始羅國（*Takṣaśilā），《大唐西域記》説是從烏鐸迦漢荼城南渡印度河而至此國，並無"行"至；但據《慈恩傳》，實際玄奘是親到過這裏的。此國都城故址，在今巴基斯坦北部拉瓦爾品第（Rawatpindi）西北10餘英里之沙台里（Shah-Dheri）東南附近，有錫爾卡帕（Sirkap）附近古城遺址，即是。玄奘到的時候，此國國勢衰落已久，先是役屬於迦畢試國，此時又附屬於迦濕彌羅國（見下)。都城附近也有一些佛教遺迹,城東南的南山還有無憂王(即阿育王Aśoka)爲紀念太子拘浪拿(＊Kunāla)受冤被抉目所建的窣堵波。拘浪拿是摩揭陀國阿育王的太子,相傳他被繼母所讒,被派來鎮守西北方邊遠的呾叉始羅,但繼母姦謀未已,又假借王命要拘浪拿抉去兩目,棄逐山谷,淪爲乞丐。他後來設計回到王城,在國王的内院長嘯悲吟,被國王識破,得明真相,父子團圓,又得一位大阿羅漢的神力之助,雙眼復明。這個神話傳説,在《大唐西域記》裏寫得非常生動。

由呾叉始羅國東南山谷間行700餘里,又到一個僧訶補羅國(＊Simhapura),當時也是迦濕彌羅國的屬國。此國故地在呾叉始羅國南方,今沙爾脱山脈(Salt Range)北麓之開脱斯(Katās)及其附近一帶。《大唐西域記》雖用"行"字,但《慈恩傳》對此國卻是用"聞有"來記述,當是傳聞之國,玄奘去印度時並未親到。不過後來玄奘由印度回國時卻是親身經過此國的。接下去,《大唐西域記》的叙述,從僧訶補羅國卻又回到呾叉始羅國,説從呾叉始羅國的北界渡過印度河後東南行200餘里,至大石門,有兩座石窣堵波,北面的一座是無憂王所建,這就是今拉瓦爾品第東南約30餘英里處摩尼基阿拉(Mānikyāla)的石塔。

從大石門附近東南行500餘里,又到一個烏剌尸國(＊Uraśa),當時也是迦濕彌羅國的屬國。此國故地一般認爲在今巴基斯坦北部赫沙勒(Hazāra)附近一帶(都城故址在今哈里浦爾Haripur),是在今拉瓦爾品第的東北方,所以學者們多以爲《大唐西域記》裏面從大石門附近"東南行五百餘里",可能是"東北行五百餘里"之誤。

從烏剌尸國東南山行千餘里,所到的一國就是北印度著名的迦濕彌羅國(＊Kāśmīra),故地約相當今克什米爾。《大唐西域記》記載了此國許多佛教遺迹,還特别提到無憂王(即阿育王)時代的一次宗教爭論和迦膩色迦王時代的一次宗教結集(結集＊Samgīti即合誦之意,指佛教具有代表性的僧人們討論教條和教律並編定經典的大會)。關於阿育王在位的時代,一般多認爲釋迦牟尼於公元前486年去世,而阿育王的加冕年爲佛滅後218年即公元前269年,兩人之間相差兩個多世紀;但《大唐西域記》卻記載阿育王是佛滅後第一百年裏面摩揭陀國的統治者。關於迦膩色迦王,一般多認爲是公元2世紀中期的人,和釋迦牟尼相差6個多世紀,但《大唐西域記》卻記載迦膩色迦王是佛滅後第四百年裏面的健馱邏國君主。這樣,在佛教史上又出現了一種不同的紀年標準。這裏叙述到的阿育王時代的宗教爭論,也許就反映了佛教史上所稱的第三次結集(即阿育王的華氏城結集)。至於迦膩色迦王所召集的迦濕彌羅五百賢聖結集,即佛教史上所稱的第四次結集,《大唐西域記》描述得甚爲鄭重。會中共造了 30 萬頌,來分別解釋經、律、論三藏,用赤銅片刻寫,石匣封存,藏在塔中,要學習的人都須親到此中受業,珍重無比。玄奘到此國時,大約已在貞觀二年(628 年)的歲末,[①]他看見此國伽藍林立,學問僧很多,便留下來學習佛教的經論,大約要到次年即貞觀三年(629 年)歲末才繼續行進。

由迦濕彌羅國王城(故址在今斯里那加 Srinagar)西北行 200 餘里,轉西行百四五十里,再轉西南行 700 餘里(這段曲折的路途,《瓦本》以爲實際只是從迦濕彌羅國王城向西南行七百餘里),逾越山險,又到一個半笯蹉國(＊Parṇotsa),當時也役屬於迦濕彌羅國。故地相當今斯里那加西南方之帕隆茨(Prūnts,即 Pūnch)一帶。

再轉東南行 400 餘里,又到一個曷邏闍補羅國(＊Rājpura),當時也役屬於迦濕彌羅國。故地相當今克什米爾南部之拉加奧利(Rajaori)一帶。

以上就是《大唐西域記》卷三裏面記述的八國,其中呾叉始羅、僧訶補羅、烏剌尸、半笯蹉、曷邏闍補羅等五國,都役屬於迦濕彌羅國。《大唐西域記》還對卷二和卷三所載北印度各國,從濫波國起,到曷邏闍補羅國爲止,做了一個小結,説它們這些國家,形貌、情性、語言、禮義等方面都比較粗陋,不能算是印度的本部,只是一些邊境地區而已。

六、第四卷的内容介紹和地理解説
——磔迦等十五國

玄奘從曷邏闍補羅國再向東南,走下山區,行 700 餘里,到磔迦國(＊Ṭakka),這時大約已是貞觀四年(630 年)歲初了。此國故地"東據毗播奢河(＊Vipāśa,即今比阿斯河,Bias),西臨信度河(今印度河)",大體相當今巴基斯坦的旁遮普省(Punjab)一帶,甚爲寬廣。王城西南十四五里,有故都奢羯羅故城(＊Śākala)。這個奢羯羅城的故址,即在今巴基斯坦東北部之錫亞爾科特

[①] 玄奘巡游印度,從貞觀元年八月出發,到貞觀十九年正月回長安,這 17 年半裏面每年的行程和停留,不但《大唐西域記》,就連《慈恩傳》等書也都沒有詳細和明確地分年來記錄。因此要明白他每年的行程和停留時間,各家推算得並不一致。梁任公先生《支那内學院精校本玄奘傳書後》(載梁任公《佛學研究十八篇》,上海中華書局出版,1941 年)一文的推算,比較合理一些,這裏及以下各處都依照此文來推算。

(Sialkot)。《大唐西域記》在述及故都奢羯羅故城時,還記載了以前建都於此的國王摩醯邏矩國(＊Mahirakula,亦作＊Mihirakula)怎樣勢力強大,反對佛教,以及他後來怎樣被摩揭陀國婆羅阿迭多王(＊Bālāditya,即＊Narasiṃha-gupta)所擒,竄逐出國等事,讀起來很帶戲劇性。在《慈恩傳》裏,則又記載了玄奘經行此國時,在奢羯羅以東一處大林中遇盜脫險的驚險情形。後來在磔迦國的東部一大城中,玄奘又向一位長年婆羅門學習經論,停留了一個月,方才離去。

從此東行500餘里,到至那僕底國(＊Cīnabhukti)。此國故地可能在今印度旁遮普邦費羅茲普爾(Fīrōzpur)附近,上面的"東行"恐應作"南行"。《大唐西域記》說這就是迦膩色迦王所得中國質子冬季所居的地方(中國質子事,前迦畢試國下已述及),所以叫至那僕底,"至那"就是中國的意思,"僕底"就是領地的意思。這裏本無桃和梨,桃和梨都是由中國質子傳來的。《慈恩傳》又載,玄奘曾在此國停留十四月(梁任公將十四月改作四月,以適應玄奘游印度在時間上的分配,這是比較合理的),從毗膩多鉢醋婆(＊Vinitaprabha)學習佛教經論。

從至那僕底國境東北行百四五十里,到闍爛達羅國(＊Jālaṃdhara),都城故址在今印度北部旁遮普邦之賈朗達爾(Jullundur)。這裏佛教甚盛,《慈恩傳》說玄奘曾停留此國四月,學習佛教經論。

從此東北,在高山險路中行700餘里,到屈露多國(＊Kulūta),都城故址在今印度北部比阿斯河上流谷地中之屈露(Kulu)。《大唐西域記》還附帶述及,屈露多國北千八九百里,逾山越谷,可到洛護羅國,當指今克什米爾東南部一帶之Lāhul地區而言;從此再北2000餘里,寒風飛雪,可到秫羅娑國,亦稱三波訶國,當指今拉達克(Ladakh)而言。這附帶所述的兩國,玄奘當然是得之傳聞,並未親去。

從屈露多國南行700餘里,越大山,過大河(當指今薩特累季河,Sutlej),到設多圖盧國(＊Śatadru),都城故址在今印度旁遮普邦中部之沙爾興德(Sarhind)。《大唐西域記》的附注把濫波國以下,此國以前均稱北印度境。

再從此西南行800餘里,到波理夜呾羅國(＊Pāriyātra),都城故址在今印度臘賈斯坦邦齋普爾(Jaipur)以北之貝拉特(Bairāṭ)。《大唐西域記》所附小注,自此國起已稱中印度境了。

從此又東行500餘里,到秣兔羅國(＊Mathurā),都城故址在今印度北方邦西部馬土臘(Muttra)西南5英里之馬霍里(Maholi)。此國佛教發達,遺迹甚多。

從此東北行約500餘里,到薩他泥濕伐羅國(＊Sthāneśvara),都城故址可能在今印度旁遮普邦之塔内沙爾(Thānesvar)，"東北行"可能爲"西北行"之誤。《大唐西域記》於此國描述了有稱爲"福地"的古戰場，當是玄奘聽到的當地流行的傳說。

更由此國南境向東北行 400 餘里，到窣禄勤那國(*Srughna)，故地相當今印度北方邦西北部之臺拉登(Dehra Dun)及喜馬偕爾區南部之西木耳(Sirmor)一帶。它東邊是恒河上游，河源的一段，號稱"福水"。相傳從前的土俗，以爲在此沐浴，可消除罪過；甚至以爲在此投河自殺，可以昇天受福，後經執師子國(即今斯里蘭卡)的高僧提婆(*Deva)來此説法勸導，才停止這種惡習。《慈恩傳》把此國的國名，寫作"禄那國"，並説玄奘曾停此學習，留住一冬半春，即貞觀四年(630 年)的一冬和貞觀五年(631 年)的半春。到了貞觀五年春半，玄奘又繼續前行了。

從窣禄勤那國渡恒河而東，便行至秣底補羅國(*Matipura)，都城故址在今印度北方邦西北部比杰諾爾(Bijnor)北約 8 英里之曼達瓦爾(Mandāwar)。此國西北部有一個摩裕羅城(*Mayūra)，位於殑伽河(即恒河)東岸，去城不遠引殑伽河水爲水渠，印度人稱之爲殑伽河門(*Gaṅgādvāra)，以爲是生福滅罪之地，常有遠方數百千人集此沐浴求福。它的故址，即今北緯 30° 略北恒河岸旁的哈爾德瓦(Hardwar，即哈利德瓦 Haridvār)。《慈恩傳》不載此城，想亦得之傳聞，非玄奘所親到。據《慈恩傳》，玄奘在秣底補羅國曾留居半春一夏(貞觀五年)，學習經論。

從秣底補羅國境北行 300 餘里，到北印度的婆羅吸摩補羅國(*Brahmapura)，故地相當今印度北方邦西北部之迦爾瓦爾地區(Garhwāl)，此區近代之首邑爲斯利那加(Śrīnagar)，當東經 78°37″，北緯 30°14′。此國偏僻，前面雖用"行"字，玄奘實際恐未到此國。《大唐西域記》還記載説，此國境北大雪山中有一個蘇伐剌拿瞿呾羅國(*Suvarna-gotra)，即東女國，東接吐蕃國，北接於闐國，西接三波訶國，這也是一個傳聞的國家，玄奘並未親到過。

玄奘的路程，仍由秣底補羅國出發，再東南行 400 餘里，到瞿毗霜那國(還原可作 Govisanna)，仍屬中印度(以下各國同)，它的都城故址在今印度北方邦克什普爾(Kāshipur)東約 1 英里之古堡遺址。此國《方志》亦載，但《慈恩傳》不載，恐是《慈恩傳》脱記。

自此東南行 400 餘里，到垔醯掣呾邏國(*Ahicchattra)，其都城故址在今印度北方邦西北部翁拉(Aonla)附近之蘭姆那加(Rāmnagar)。《慈恩傳》將此國國名作"醯掣呾羅國",當脱"垩"字。

自此再南行 267 里,渡殑伽河,轉西南到毘羅删拿國(還原可作 Vilaśana),都城故址在今印度北方邦西部伊塔區(Etah)之別爾沙爾(Bilsar)。

從此東南行 200 餘里,到比他國(＊Kapitha),都城故址在今印度北方邦西部法魯哈巴德城(Farrukhāhād)城西 25 英里之桑吉沙村(Sankisa)。此國有釋迦牟尼上 33 天爲母説法三月後由寶階下降的神話傳説,阿育王曾在所傳遺迹旁建立石柱,高 70 餘尺,《大唐西域記》對此有詳細的記述。

以上從磔迦國到比他國,就是《大唐西域記》卷四所記載的内容。

七、第五卷的内容介紹和地理解説

(一) 羯若鞠闍國

《大唐西域記》第五卷的叙述,從羯若鞠闍國(＊Kanyākubja)開始。自比他國東南行,不到 200 里,便到此國。它的都城故址在今印度北方邦西部之卡瑙季(Kanauj)。不過今卡瑙季位於恒河(即殑伽河)西岸,而《大唐西域記》卻説此國都城"西臨殑伽河";原來在今卡瑙季之西,尚有恒河的支流,想來記文所説"西臨殑伽河",是指這西邊的支流而言。

Kanyā 意爲少女,Kubja 意爲彎曲,所以玄奘又將羯若鞠闍的都城即 Kanyākubja 譯爲曲女城。至於這個曲女城得名的由來,據《大唐西域記》的記載,乃是出之於一個神話傳説,有一大樹仙人,看見國王的 100 個女兒在林間游戲,心生慾念,便來求婚,國王諸女不允,只有一個幼女願爲父王分憂而下嫁,仙人不滿,便運用惡咒使 99 個王女都變成曲背,故使此城得曲女城之號。

當玄奘游印度時,羯若鞠闍國在位的君主便是著名的戒日王《即尸羅阿迭多,＊Śilāditya)。《大唐西域記》詳細叙述了戒日王的兄王曷邏闍伐彈那(＊Rājyavardhana)被東印度羯羅拿蘇伐剌那國(＊Karṇasuvarṇa,即金耳國)設賞迦王(＊Śaśāṅka)所謀害,以及戒日王繼位,恢復王業,臣服了五印度,提倡佛教,振興國勢等情形,是研究印度歷史的重要史料。

《大唐西域記》對於羯若鞠闍國,除了叙述它附近的佛教遺迹外,還有兩段文字,一段記載玄奘和戒日王見面談話的情形,一段記載戒日王舉行曲女城法會的情形。我們知道,玄奘去印度時經過羯若鞠闍國,是在貞觀五年(631 年)。據《慈恩傳》所述,玄奘過此時雖曾居留三個月學習佛教經論,但他當時並未和戒日王見面。玄奘和戒日王相見及曲女城舉行法會,我們根據《慈恩傳》推算起來,都已是貞觀十六年(642年)的事。所以應該說,《大唐西域記》在羯若鞠闍國下所記,在時間上由兩部分合成:一部分是玄奘於貞觀五年初過此國時對於地理、民俗、政治、佛教遺迹等的記述;又一部分,即關於玄奘見戒日王互相問答及曲女城法會的記述,卻已是貞觀十六年的事了。

《大唐西域記》、《慈恩傳》以及《方志》,都以爲戒日王(即曷利沙伐彈那,*Harṣavardhana)及其父(即波羅羯羅伐彈那,*Prabhākaravardhana)和兄(即曷邏闍伐彈那)就是羯若鞠闍國王族。但和戒日王同時之印度梵文作家波那跋吒(*Bāṇabhaṭṭa)所著《戒日王傳》(*Harṣacarita),所述卻有不同。據《戒日王傳》載,戒日王之父波羅羯羅伐彈那乃薩他泥濕伐羅國國王,他尚有一女名羅闍室利(*Rājyaśrī),此女嫁羯若鞠闍國王哥羅訶伐剌曼(*Grahavarman)爲後,兩國結成同盟。波羅羯羅伐彈那既死,二子互讓王位,忽傳哥羅訶伐剌曼被摩臘婆(*Mālava)王提婆笈多(*Devagupta)所殺,其王后羅闍室利亦遭幽囚。曷邏闍伐彈那乃急率兵擊敗摩臘婆軍,但又被摩臘婆同盟者設賞迦王所暗殺。戒日王乃即王位,興師復仇,尋哥羅訶伐剌曼的王后羅闍室利,此後戒日王大約即兼有羯若鞠闍的國土,稱雄印度。

又在《慈恩傳》中說到後來玄奘爲戒日王說法時,有王妹坐於王的座後。在《方志》中,則說到戒日王曾和他的寡妹"共知國事"。這一位王妹,當即指羅闍室利而言。

曲女城東南行百餘里,有納縛提婆矩羅城(Navadevakula),位於殑伽河東岸,故址在今卡瑙季東南35公里的般葛爾冒(Bangarmou)附近。自此東南行600餘里,再渡殑伽河而南,便到阿隃陀國了。

(二) 阿隃陀等五國

阿隃陀國(*Ayudhā)在印度大乘佛教史上是一個重要的地方,因爲大乘瑜伽行派(*Yogācāra,即有宗)的兩位大師無著(*Asaṅga)和世親(*Vasubandhu)曾在這裏從事宗教活動,《大唐西域記》對此作了生動的叙述。此國都城故址,在今印度北方邦西部恒河南岸法特普爾(Fatehpur)東南29英里之阿普依(Aphui)。又據《慈恩傳》,玄奘在此國巡禮佛教遺迹後,和80多人同船,順殑伽河東下,欲去阿耶穆佉國,航行了百餘里,兩岸都是樹林,忽然各駛出了10餘船賊人,迫令玄奘的船靠岸,搶奪了同船諸人的衣服珍寶。而且,這些賊人都信奉突伽天神(*Durgā,濕婆神妃),每於秋天覓一狀貌端美的人,殺以祭祀,這次就選中了玄奘。於是在花林中設了一個壇,由兩個賊人拔刀牽玄奘上壇,正要殺他的時候,突然黑風四起,折樹飛沙,河流涌浪,船隻漂翻,賊人害怕,才停止行兇,玄奘乘機向他們勸説,一行人等才得脫險繼續前進。這也顯示了當時印度還有殺人祭神的野蠻風俗存在。

由阿窬陀國境東行 300 餘里,再渡殑伽河,就到了阿耶穆佉國(還原可作 Hayamukha 或 Ayomukha),此國故地當在今印度北方邦中部恒河東北岸之貝拉(Bela,即 Partābgarh)及賴巴雷利(Rai Bareli)兩地區一帶。當地亦多佛教遺迹。

據《大唐西域記》所載,從阿耶穆佉國東南行 700 餘里(700 餘里恐太長,或有字誤),渡殑伽河,在殑伽河以南和閻牟那河(＊Yamunā,即今朱木拿河,Jumna)以北,便是鉢邏耶伽國(＊Prayāka),國都遺址即在今印度北方邦南部之阿拉哈巴德(Allahabad),地當殑伽、閻牟那二河合流處,印度人自古視之爲宗教聖地。《大唐西域記》也記載在二河合流口有自溺以求昇天的惡習。其旁又有廣 10 餘里的大施場,戒日王常在此舉行五年一度的大施舍,後來玄奘也曾參加過一次(約在貞觀十七年初)。

從此西南在大林中行 500 餘里,到憍賞彌國(＊Kousāmbī),此國都城故址在今阿拉哈巴德西南 30 英里之柯散(Kosam),上所言 500 餘里似太遠。都城故宮中有著名的鄔陀衍那王(＊Udayana)所作刻檀佛像,城的附近又有世親和無著著作重要經論的遺址。東北行 700 餘里,渡殑伽河,有迦奢布羅城(＊Kāśapura),故址可能在今印度北方邦中部古姆提河(Gumti)南岸之蘇丹浦爾(Sultanpur)。再北行百七八十里,便到鞞索迦國。

鞞索迦國(還原可作 Viṣaka)都城的故址,在今印度北方邦中部法扎巴德(Fyzabad)東約 6 英里之阿約底(Ajodhyā)。這裏也有一些佛教遺迹。

《大唐西域記》第五卷所叙述的,便是以上屬於中印度範圍的從羯若鞠闍到鞞索迦等 6 國。

八、第六卷的内容介紹和地理解説

《大唐西域記》第六卷的内容,先叙述和佛教關係很深的室羅伐悉底國,接着再叙述釋迦牟尼出生、解衣出家和涅槃(即寂滅、逝世之意)的所在地即劫比羅代窣堵、藍摩和拘尸那揭羅等三國。

(一) 室羅伐悉底國

《大唐西域記》記載説,從鞞索迦國東北行 500 餘里,到室羅伐悉底國

(＊Śrāvastī)。室羅伐悉底乃憍薩羅國(＊Kosala)的首都，此處即以首都名爲國名，它的故址在今印度北方邦北部巴耳蘭普爾(Balrāmpur)西北約 12 英里之沙海脫·馬海脫(Sahet-Mahet)，位於臘普提河(Rapti)南岸。

據《法顯傳》所載，釋迦牟尼生前曾在此住 25 年，由此可見它和佛教關係之深。所以在《大唐西域記》中，也在此處記載了許多有關釋迦牟尼的遺跡。

當釋迦牟尼在世時，以這裏爲首都的鉢邏犀那恃多王(＊Prasenajit，即勝軍王)，曾在城内爲他建造一所大法堂。城中又有一位善施長老(即蘇達多，＊Sudatta)，是勝軍王的大臣，生平救乏濟貧，哀孤恤老，有給孤獨之稱，他也在城南買下了太子逝多的園地(即逝多林，＊Jetavana)，太子也把所餘的林樹，一同贈送給釋迦牟尼，故稱逝多林給孤獨園(＊Jetavana-anāthapiṇḍikārāma)，其中建有精舍，就是著名的祇園精舍樹(＊Jetavana-Vihāra)。

在這些有關佛教遺跡的傳說中也可看出，當釋迦牟尼生時，不同宗教派別之間競爭的激烈。當然，《大唐西域記》依照佛教的傳統說法，說他們這些反對者都徹底失敗，甚至生身陷入地獄了，但實際上宗教相爭的事，還是長期存在的。

除了宗教上的相爭之外，《大唐西域記》也記錄了政治上的相爭。釋迦牟尼的故鄉是劫比羅伐窣堵國(見下)，和室羅伐悉底國相去不遠，而室羅伐悉底國鉢邏犀那恃多王的兒子毗盧擇迦王(＊Virūḍhaka)卻反對釋迦族的劫比羅伐窣堵國，並曾出兵誅殺釋迦族人。釋迦牟尼在室羅伐悉底雖曾一度打消毗盧釋迦王出兵之舉，但最後後者還是出兵了。

室羅伐悉底都城西北 60 餘里，有一座故城，從此東南行 500 餘里，便到劫比羅伐窣堵國。

(二) 劫比羅伐窣堵等三國

劫比羅伐窣堵國(＊Kapilavastu)是釋迦牟尼的故鄉，都城故址所在，當今尼泊爾南部之提勞勒科脫(Tilaurakot)；但亦有人認爲係在提勞勒科脫東南約 10 英里，即在今印度北方邦東北部巴斯提區(Basti)北部之匹帕拉瓦(Piprāwā)。《大唐西域記》記述了釋迦牟尼父親淨飯王(＊Śuddhodana)的正殿故基和母親摩訶摩耶夫人(＊Mahāmāyā)的寢殿故基，也記述了釋迦牟尼早年一些活動的遺跡。都城東南 30 餘里有釋迦牟尼做太子時射箭落地成泉的箭泉，再東北行八九十里，到臘伐尼林(＊Lumbinivana)，便是釋迦牟尼誕生處，旁邊還有阿育王所建大石柱，上作馬像，它的故址在今尼泊爾南部之臘明地(Rummideī)，1897 年的考古發掘，已發現了大石柱，足以證明這裏確是釋迦牟尼的誕生地點。

從這裏向東，在曠野荒林中行 200 餘里，到藍摩國（＊Rāma），故址在今尼泊爾南部之達馬里（Dharmaulī，即達馬普里 Dharmpurī）。其東百餘里處所遺留的釋迦牟尼青年時代的遺迹頗多，當他抛棄了太子的高位，決定出家時，由劫比羅伐窣堵越城出逃，到了此處，解衣剃髮，走上出家修行的道路。後來阿育王就在這裏造了幾座窣堵波，以爲紀念。

再向東南，在曠野中行百八九十里，又向東北，在大林中經行，路既艱險，又多野獸和盜賊，出了此林，就到拘尸那揭羅國（＊Kuśinagara）。拘尸那揭羅國都城的北面，有一條從東向西流的阿恃多伐底河（＊Ajitavati），又稱阿利羅跋提河（＊Airāvati），即今小臘普提河（Little Rāptī）；再北又有一條從東北向西南流的尸賴拿伐底河（＊Hiraṇyavati），即今干達克河（Gandak）；小臘普提河就在拘尸那揭羅都城西北不甚遠處流入干達克河，其他則在今尼泊爾之南部。所以拘尸那揭羅都城的位置，乃是位於今小拉普提河和干達克河的合流處略東南。《大唐西域記》把阿恃多伐底河和尸賴拿伐底河作爲一條河，恐怕是錯的，它們其實是兩條河；也許因爲小臘普提河下游注入干達克河之故，古時遂有將兩河之名混而爲一之事。至於釋迦牟尼寂滅之地，玄奘稱之爲"娑羅林"，它的位置是在今小臘普提河之北，干達克河之南，其西就是兩河合流處，其東南則隔今小臘普提河而與拘尸那揭羅相對。對釋迦牟尼寂滅以及焚身之地，《大唐西域記》也記述了許多神話傳説。從此西南行 200 餘里，有一個大邑聚，再從大林中行 500 餘里，到婆羅痆斯國。

以上就是《大唐西域記》第六卷的内容，其中的室羅伐悉底國是釋迦牟尼在世時多年留住之地，劫比羅伐窣堵國是他的故鄉，藍摩國是他完全抛棄太子尊位剃髮出家的所在，拘尸那揭羅國則是他寂滅焚身之處，所以這四處地方，在佛教史上都是很著名的。

九、第七卷的内容介紹和地理解説

（一）婆羅痆斯等三國

婆羅痆斯國（＊Vārāṇasī）是殑伽河中流的一個大國，它的都城故址就在今印度北方邦東南部的貝拿勒斯（Benares）。著名的鹿野苑（＊Mṛgadāva），就在今貝拿勒斯城北約 10 里今名沙爾拿斯（Sārnāth）的附近一帶。關於鹿野得名的由來，《大唐西域記》作了很動人的記述。據説釋迦牟尼和提婆達多前生都做過鹿王,各帶領500餘只鹿,當時有一不仁慈的國王,每天輪流在兩羣鹿裏面取一只鹿以充膳食,一天,提婆達多那一羣鹿中有一只懷孕的雌鹿,輪到她被呈獻給國王,她認爲不應一時傷害兩命,訴於菩薩鹿王(即釋迦牟尼的前身),菩薩鹿王很發同情,願意代她去獻給國王就死,這事感動了國王,就不再要求獻鹿,讓鹿羣得以安全過活,從此這裏就稱爲施鹿林,也稱鹿野。在它西南不遠處,又傳説是憍陳如(＊Kauṇḍinya)等五人迎見成道後的釋迦牟尼之處。原來憍陳如等五人,本來都是釋迦牟尼的侍從,隨他外出修道,因久而未成,就背棄了他而來此。等到釋迦牟尼在菩提樹下悟道成佛後,首先到此處會見憍陳如等五人,向他們説法勸誘,五人都皈依爲弟子。這是釋迦牟尼成佛後初次説法之地,在佛教歷史上稱爲"初轉法輪",是十分被重視的。鹿野東邊不遠,又相傳有一個關於狐、兔、猿三獸的神話故事。據説從前有狐、兔、猿三獸居此林中,其中的兔乃是釋迦牟尼的前身,天帝釋(＊Śakra)爲試其心,變成一個老人來向它們求食,狐得一鯉魚相贈,猿採了花果相贈,兔一無所得,便自焚獻身,以供一餐,於是天帝釋恢復原身,把兔的殘骸收拾起來,寄存在月中,月亮中所見的兔影,從此便有了。

從婆羅痆斯國順殑伽河流,東行300餘里,到戰主國(＊Garjapatipura,或＊Garjapur),都城故址在今印度北方邦東南部之加濟普爾(Ghāzipur)。這一帶和婆羅痆斯國一樣,也是殑伽河中流的交通要道所經之地,所以《大唐西域記》記載説,戰主都城東200餘里,有一個阿避陀羯剌拏僧伽藍(＊Aviddhakarṇa-saṃghārāma),即不穿耳寺的意思,專供中亞等處遠道而來的邊境僧人居住。原來印度習俗,多穿耳戴金屬耳環,而中亞等邊境地區則無此俗,故稱其僧人爲"不穿耳"。從此再東一百數十里,有釋迦牟尼誘化曠野鬼(＊āṭavaka)的傳説。更東南行百餘里,轉東北渡殑伽河,行百四五十里,到吠舍厘國。

吠舍厘國(＊Vaiśālī)都城故址在今印度比哈爾邦北部木扎法普爾(Muzaffarpur)地區之比沙爾(Besārh)。此國亦古印度著名大國,乃恒河中流之交通中心,亦釋迦牟尼生前重要的游化地,所以《大唐西域記》對於此處種種佛教遺迹,頗多記述,并且特別記載了佛教史上的第二次結集即吠舍厘結集或七百賢聖結集。這次結集,是當時佛教保守派對於吠舍厘城僧人們的變動戒律而進行糾正的結集,一般認爲此後佛教便產生了上座部和大衆部之分。據玄奘記載這是釋迦牟尼死後110年的事。一般佛教史都認爲阿育王結集是第三次結集,但如玄奘所計算,阿育王是釋迦牟尼死後第一百年的一個國王(見前迦濕彌羅國),時間上反而在第二次結集即吠舍厘結集之前了,這也是《大唐西域記》所引起的一個問題。

(二) 弗栗恃國和尼波羅國

《大唐西域記》接着記述，從吠舍釐國境東北行 500 餘里，至弗栗恃國（*Vṛji），亦稱三伐恃國（*Samvṛji），注云"北印度境"。此國故地當在今印度比哈爾邦北部之達爾邦加（Darbhanga）地區及以北一帶，其都城占戍拿（復原可作 Carśuna）故址可能在今馬杜巴尼（Madhubani）以北 16 英里之巴里格（Baligarh，即克希馬格，Kshēmāgarh）。《慈恩傳》裏面不載此國，《大唐西域記》對此國雖用"行"字，玄奘大概並未親到過。

接着《大唐西域記》又記述由弗栗恃國西北千四五百里，逾山入谷，至尼波羅國（*Nepāla），這就是今天的尼泊爾。《大唐西域記》注稱是"中印度境"，《方志》已改作"北印度境"。玄奘也未曾親到過此國，只是得之傳聞。但他已能知道當時在位的尼波羅國名王鴦輸伐摩（*Aṃśuvarman），並在《大唐西域記》中作了記載。

以上就是《大唐西域記》第七卷的內容介紹，它記述了婆羅痆斯、戰主、吠舍釐三國，是玄奘親自到過的；又記載了弗栗恃、尼波羅二國，是得之傳聞的。

十、第八卷的內容介紹和地理解説
——摩揭陀國（上）

《大唐西域記》所載玄奘旅行路綫，是從吠舍釐國向南，渡殑伽河，直接至摩揭陀國（*Magadha）。摩揭陀是古印度恒河中游最著名的大國，又爲釋迦牟尼"悟道成佛"及生前活動的重要地方，故佛教遺迹最多，《大唐西域記》對它的記述也最詳細，占了第八、第九兩卷的篇幅。在《大唐西域記》的附注中，摩揭陀國也是屬於中印度境的。

在這裏，我們有必要談一談佛教史中的紀年問題。佛教史中的紀年，一般常以佛涅槃（*Nirvāṇa，意爲"寂滅"）年亦即釋迦牟尼身死的一年作爲計算的標準。關於佛的卒年，異説甚多，如《大唐西域記》卷六裏面就説："自佛涅槃，諸部異議，或云千二百餘年，或云千三百餘年，或云千五百餘年，或云已過九百，未滿千年。"可見其不統一的情況。現在國際間較流行的一種計算，是根據我國《歷代三寶記》（卷十一）所載的"諸師點記説"，以爲自佛涅槃年開始，佛教歷代諸師每年雨季安居畢即曾在一部《善見律毗婆娑》上點一點，至我國北齊永明七年（489 年）共點了 975 點，（975－489＝486），可見佛涅槃年是在公元前 486 年。根據這

一計算,又可推出其他許多印度古史中重要人物的年代,其中和我們較有關係的,有:

1. 佛誕生年:約公元前 566 年(相傳釋迦牟尼在世 80 年,故推得此數)。

2. 摩揭陀國頻毗娑羅王(＊Bimbisāra)在位年:約公元前 544—493 年(相傳此王在位 52 年,而佛涅槃年爲其子阿闍多設咄路王在位之第八年,故推得此數)。

3. 阿闍多設咄路王(＊Ajātaśatru,即未生怨王)在位年:約公元前 493—462 年(相傳此王在位 32 年,而佛涅槃當其在位之第八年,故推得此數)。

4. 摩揭陀國阿育王(Aśoka,即無憂王)在位年:約公元前 273—236 年(相傳此王加冕在佛涅槃後 218 年。阿育王有《摩崖敕諭第十三》,立於王加冕後第十三年,據學者之考查,應爲公元前 256 年所頒布,由此可推知王之加冕年爲公元前 269 年,正當佛涅槃後 218 年。又傳阿育王即位後 4 年始正式加冕,故可推知其即位年得爲公元前 273 年。又傳王在位共 37 年,故可推知其卒年得爲公元前 236 年)。

以上這些年代的計算,基本都根據印度學者馬朱姆達(R. C. Majumdar)主編之十卷本《印度人民之歷史與文化》(*The History and Culture of the Indian People*)第二卷,也只是一種大概的推算,聊供讀者參考。

(一) 波吒厘子城

玄奘所記述的摩揭陀國,其故地相當今印度比哈爾邦中部的巴特那(Patna)及加雅(Gaya)一帶地方。釋迦牟尼時代,此國首都本在王舍城(見下),但未生怨王生時又在王舍城以北之恒河重要渡口南岸建立新邑,即波吒厘子城(＊Pātaliputra),地當交通要道,其後在孔雀(＊Maurya)王朝(約前 324—187 年)建立以前,此城即已成爲摩揭陀國之首都。阿育王之祖即孔雀王朝創立者旃陀羅笈多(＊Chandragupta,約前 324—300 年),阿育王之父賓頭沙羅(＊Bindusāra,約前 300—273 年),及阿育王,亦皆建都於此。故址在今印度比哈爾邦之巴特那城。

《大唐西域記》對於波吒厘子城得名的由來,叙述了一個很美麗的神話傳說。據說在遙遠的古代,這城本名拘蘇摩補羅(＊Kusumapura,意即香花宮城),那時有一個博學的婆羅門,受他教育的學生有數千名,一天大家外出游玩,其中有一書生忽生求偶之心,他的同學們便在一棵波吒厘樹(＊Pātali)下面爲他扮演一場假婚禮。夜幕既降,這書生迷戀,不隨大家回去,忽見有老翁和老婦帶來一個少女,這少女就真的嫁給這個書生,後來並且生下一個男孩,書生想回家,老翁留住了這個書生,并且役使神物很快地建立起一座城邑,從原來的香花城遷都於此,即稱之爲波吒厘子城。

佛教的一個著名的護法者阿育王,是建都於波吒厘子城的,所以玄奘對他的遺迹,叙述得很多。其中最富諷刺意義的,是關於阿育王臨死前布施半個阿摩落伽果(*āmalaka)的故事。據説阿育王雖然一生大權在握,但到他病重臨死前,權力都被奸臣所奪,他想布施一些珍寶給僧人,都被奸臣所阻,只得把手中吃剩的半個阿摩落伽果(一種藥果名)派人送給都城東南的屈屈吒阿濫摩(*Kukkutārāma)僧寺(即鷄園寺),作爲布施,寺中的長老乃將這半個阿摩落迦果放在羹裏面煮一下,把煮的羹分給大家吃,並將果核揀出來,貯存在新造的一座塔裏面。佛教徒中間流傳這個故事,當然是表示"人世無常"的一種思想。

據《慈恩傳》所載,玄奘在波吒厘子城禮拜各種遺迹,停留了7天才離去。

(二) 鞮羅擇迦等三伽藍

接着,《大唐西域記》又記述了玄奘從波吒厘子城向西南方前行,往伽耶城,途中經過三個著名的伽藍。

第一個是城西南約300餘里的鞮羅擇迦(*Telādhaka)伽藍,規模很大,僧徒千數,均學大乘。在《慈恩傳》裏面,將這個伽藍譯稱低羅磔迦寺,並説寺有三藏(即通曉三藏的佛教僧人)數十人,聽見玄奘到此,都出來迎引。

第二個是鞮羅擇迦伽藍西南數十里山丘上面的德慧伽藍,是佛教著名唯識論師德慧(梵名瞿那末底 *Gunamati,意譯德慧)伏外道的所在。相傳有外道婆羅門名摩沓婆(*Mādhava),博學多才,就住在這裏,後被南印度德慧論師在辯論中挫敗身死,所以造此伽藍,來旌表勝迹。對於這番故事式的辯論經過,《大唐西域記》描寫得很細緻生動。

第三個是德慧伽藍西南20餘里的戒賢伽藍。戒賢(梵名尸羅跋陀羅 *Śilabhadra,意譯戒賢)是那爛陀寺著名的大乘佛教瑜伽行派(唯識學派)大師護法(*Dharmapāla)的門人,曾代其師護法和一位南印度的外道辯論獲勝,因而國王贈他此一封邑,作爲報酬,他推辭不掉,就在此建立一座伽藍。

(三) 伽耶城和前正覺山

從戒賢伽藍西南行四五十里,渡尼連禪河(*Nairañjanā),即今印度比哈爾邦之帕爾古河(Phalgu),便到伽耶城(*Gayā,今譯加雅,在比哈爾邦中部)。城西南五六里的伽耶山,印度國俗稱爲靈山,向來是帝王封祭的所在。

由伽耶山東南,在尼連禪河的東岸,有一座鉢羅笈菩提山(＊Ptāgbodhi),意譯前正覺山。相傳釋迦牟尼本來想在這座山上證正覺而成佛,但山神告訴他這裏不是適當的處所,於是他乃向西南方下行,走到半山,又想在一個大石室裏面成正覺,天神又出來告訴他這裏不是適當的處所,應該再向西南十四五里,到尼連禪河西岸的畢鉢羅樹(Pippala)下去成正覺。因有這些神話傳說,説釋迦牟尼得道成佛前曾經先登此山,所以此山遂得前正覺山的名稱。

玄奘的行踪,也跟着釋迦牟尼以前的足迹,由前正覺山西南行十四五里,到尼連禪河西岸的釋迦牟尼成佛地去了。

(四)菩提樹——釋迦牟尼成佛地

釋迦牟尼得道成佛的所在,相傳就在今印度比哈爾邦加雅城南11公里之佛陀加雅(Buddha Gayā)。這裏有畢鉢羅樹,相傳釋迦牟尼即坐在其下成道,所以稱之爲金剛座(＊Vajrāsana),並稱其樹爲菩提樹(＊Bodhidruma),金剛比喻其堅固,菩提表示大智慧、大覺悟的意思。菩提樹的四面,有磚造的垣墻圍着,東西長,南北狹,周500餘步。這個菩提樹垣裏面,有許多相傳是佛成道時的遺迹,《大唐西域記》作了許多描述,并且説,"樹垣之内,聖迹鱗次,差難遍舉"。

至於菩提樹垣外面,也有許多相傳是佛成道時的遺迹,《大唐西域記》也作了許多描述,并且特別説到了菩提樹北門外著名的摩訶菩提僧伽藍(＊Mahābodhisaṃghārāma),即大覺寺。

《大唐西域記》第八卷的叙述,就止於這裏。

《慈恩傳》的記載,說玄奘在佛成道地菩提樹垣附近一帶"停八九日,巡禮方遍",到了第十天,就有那爛陀寺所派的代表,前來迎接玄奘到那爛陀寺去了。

《大唐西域記》的編次,把那爛陀寺夾在第九卷中間去記述,這和《慈恩傳》所記玄奘的旅行路綫有一些不合。所以我們現在且結合《慈恩傳》所述,把《大唐西域記》第九卷中間所記的有關那爛陀寺的一節,提前放到這下面來介紹。

(五)那爛陀寺

那爛陀寺(＊Nālandā)是當時印度最有名的佛教寺院。它的遺址,在今印度比哈爾邦臘季吉爾(Rājgir,即王舍城故址所在)西北7英里之巴拉岡(Baragoan)。它有悠久的歷史,從公元5世紀起便有鑠迦羅阿迭多(＊Śakrāditya)等國王在此建立了許多座伽藍,規模宏大,藏書豐富,也是一個主要的文化中心,印度大乘佛教的許多大師都曾在此講學或研習,如其中的戒賢,號稱"正法藏"(一種對他表示尊重的稱號),即是玄奘從之受學的一位大師。

玄奘到那爛陀寺時，受到隆重的歡迎，並正式參謁了主持那爛陀寺的"正法藏"戒賢法師。戒賢也熱情接見玄奘，並問他在路上走了幾年。據冥詳《行狀》所載，玄奘回答說："過三年，嚮欲四年。"這樣推算起來，玄奘到達那爛陀寺的時間，大概是在貞觀5年(631年)下半年了。

從此玄奘就在那爛陀寺，從戒賢聽受《瑜伽師地論》等重要經籍，鑽研各部，兼學梵書，一共留住了5年(約從貞觀五年到貞觀九年，631—635年)。

十一、第九卷的內容介紹和地理解説
——摩揭陀國(下)

據《慈恩傳》的記載，玄奘在到達那爛陀寺安頓下來之後，又曾出去參觀附近的佛教遺迹。他這段時候的參觀，可分兩部分：一部分是參觀那爛陀寺以南的王舍城一帶，一部分是參觀那爛陀寺附近其他地方。這就是《大唐西域記》第九卷所記述的內容。

(一) 上茅宮城及王舍城諸地

《大唐西域記》卷九對於玄奘在那爛陀寺以南的游踪，還是從前面講過的菩提樹垣説起。

由菩提樹垣東渡尼連禪河及其支流莫訶河(＊Mohā)，大林野中行百餘里，至屈屈吒播陀山(＊Kukkuṭapādagiri)，意譯雞足山，因山峯三向分開，狀如雞足，故名。又因釋迦牟尼著名弟子大迦葉波(＊Mahākāśyapa)寂滅於此山中，故亦稱寠盧播陀山(＊Curupādagiri)，意譯尊足山。此山地位，當在今位於佛陀加雅東南20英里之寠播山(Gurpa Hill 即 Gurupada)。

雞足山東北行百餘里，有佛陀伐那山(＊Buddhavana)，即今佛陀因山(Buddhain)。更在空谷中東行30餘里，至泄瑟知林(＊yaṣṭi)，意譯杖林，故址在今耶舒梯班(Jeshtiban)，印度當時著名的佛教論師闍耶犀那(＊Jayasena，意譯勝軍)即住於此，他博通經籍乃至天文、地理、醫方、術數，玄奘後來曾從他受學(約貞觀十四年冬至十五年)。

從杖林經大山中東行70里左右，就到著名的矩奢揭羅補羅城(＊Kuśāgrapura)，即上茅宮城(因其地多出上品香茅，故名)，又因附近多山，故也叫山城(＊Girivraja)。這是摩揭陀國的古都，釋迦牟尼時代的頻毗娑羅王就建都於此。它的故址，就在今印度比哈爾邦的臘季吉爾(Rājgir)。它的北面不遠，就是王舍城，所以上茅宮城也稱王舍舊城。這兩處都是釋迦牟尼生前重要的活動地方,《大唐西域記》所載的遺迹甚多。

上茅宮城東北行十四五里,有姞栗陀羅矩吒山(＊Gṛdhrakūṭa),亦譯耆闍崛山,意譯鷲峯山或鷲臺山,即今赤他幾里山(Chatagiri),相傳釋迦牟尼生前常居此說法,頻毗娑羅王因而特別開闢了山路,鋪設了石階,前來聽法。

出上茅宮城北門行一里餘,有一個迦蘭陀竹園,據說是一位大長者迦蘭陀(＊Kalanda)施捨給釋迦牟尼的,中有精舍,是釋迦牟尼生前常住的所在。

竹林園西南行五六里,在南山之陰的大竹林中,有一個大石室,就是佛教史中第一結集的會場。相傳釋迦牟尼逝世以後,他的大弟子大迦葉波恐怕遺教失傳,引起誤解,所以號召在此舉行結集,總結經、律、論三藏,這在佛教史上是一次極其重要的結集。《大唐西域記》並且說到,佛教的上座部和大衆部之分,始於第一結集的時候,這和一般佛教史中所說兩部之分始於吠舍釐結集有所不同。

上茅宮城以北不遠,便是王舍城(＊Rājagṛha,即王舍新城)。相傳此城城址本是棄尸之所,稱爲寒林,頻毗娑羅王時,上茅宮城常有火災,他下令凡起火的人家要強迫遷居寒林,後來王宮自己失火了,他乃自遷寒林以示受罰,後來他的兒子未生怨王就正式築城,遷都於此。從王舍新城北行30餘里,就到那爛陀寺了。

(二) 那爛陀寺附近諸地

《大唐西域記》所載玄奘在那爛陀寺附近的巡遊,也多屬參禮佛教遺迹。

那爛陀寺西南行八九里,有拘理迦邑(＊Kolika),是釋迦牟尼弟子没特伽羅子(＊Maudgalyāyana)的本生故里。東行三四里,有頻毗娑羅王迎見釋迦牟尼處。再東南行20餘里,有迦羅臂拿迦邑(還原可作Kālapiṇāka),是釋迦牟尼弟子舍利子(＊Śāriputra)的本生故里。東南四五里,有舍利子門人入涅槃處窣堵波。再東行30里,到因陀羅勢羅窶訶山(＊Indraśailaguhā),今名吉裏也克山(Giriyek),西距王舍城故址約6英里。

玄奘在那爛陀寺以南的王舍城一帶和那爛陀寺附近一些地方巡游後,仍回那爛陀寺,過學習生活。

這樣經過五年的長期學習(約從貞觀五年至貞觀九年,631—635年),玄奘乃又從那爛陀出發,走上遍游印度半島東、南、西部各國的征途。

十二、第十卷的内容介紹和地理解說

《大唐西域記》第十卷所記述的,是玄奘在印度半島東部和東南部各國的巡游。

(一) 伊爛拿鉢伐多等四國

玄奘約於貞觀十年(636年)離那爛陀寺,東行至伊爛拿鉢伐多國(還原可作Iraṇaparvata),其都城北臨殑伽河,故址在今印度比哈爾邦中部之茫吉爾(Monghyr),玄奘並即留在此國學習一年。

約在第二年(貞觀十一年,637年),玄奘繼續他的巡游,順殑伽河南岸東行300餘里,到瞻波國(*Campā),其都城故址在今印度比哈爾邦東部巴加爾普爾(Bhāgalpur)略西不遠之占波那加爾(Champanagar)。

再東行400餘里,至羯朱嗢祇羅國(*Kacughira),其都城故址在今印度比哈爾邦東部之拉其馬哈(Rājmahāl)附近。

由此國東渡殑伽河,行600餘里,至奔那伐彈那國(*Puṇḍravardhana),其都城故址在今孟加拉國北部之博格勒(Bogra)城北附近。

以上四國,《大唐西域記》的附注中都仍稱屬中印度境。

(二) 迦摩縷波國

接着,《大唐西域記》説,從奔那伐彈那國都城附近東行900餘里,渡大河,至迦摩縷波國(*Kāmarūpa);附注中並稱此國屬東印度境。這是一個疆域很大的國家,其故地相當今印度阿薩姆邦北部一帶,其都城故址在今阿薩姆邦之高哈蒂(Gauhati)。由奔那伐彈那國到此國所渡的大河,當即今縱貫孟加拉國的賈木納河(Jamuna)。

對於迦摩縷波國的地理和交通,《大唐西域記》有一段很重要的描述,説此國"境接西南夷(指我國西南部雲南一帶古代的兄弟民族)……詳問土俗,可兩月行,入蜀西南之境"。也就是説,東印度的迦摩縷波國向東是有交通綫可達我國西南部的。這和我國史籍中的記載,情況也相符合。

玄奘在《大唐西域記》中還記載了迦摩縷波國國王拘摩羅(*Kumāra,《慈恩傳》譯作鳩摩羅)邀請玄奘從那爛陀寺前往該國訪問的事。但玄奘訪問迦摩縷波國,依《慈恩傳》推算起來,應當是貞觀十六年(642年)的事情;《慈恩傳》並不記載貞觀十一年(637年)這次玄奘的巡游有曾到過迦摩縷波國之事,而是由奔那伐彈那國直接前往羯羅拿蘇伐剌那國(*Karṇasuvarṇa)的。

所以我們可以看到,從奔那伐彈那國以下,對於玄奘貞觀十一年這次巡游東印度的旅行路綫,《大唐西域記》和《慈恩傳》所載者互有不同:

《大唐西域記》的路綫是： 奔那伐彈那國
↓
迦摩縷波國
↓
三摩呾吒國
↓
耽摩栗底國
↓
羯羅拿蘇伐剌那國
↓
烏荼國

《慈恩傳》的路綫卻是： 奔那伐彈那國
↓
羯羅拿蘇伐剌那國
↓
三摩呾吒國
↓
耽摩栗底國
↓
烏荼國

對比起來，《慈恩傳》的記述，比較可信：其一，這次玄奘巡游東印度，當未到過迦摩縷波國，玄奘要在以後貞觀十六年才去訪問此國；其二，依照這幾個國家的地理位置看起來，羯羅拿蘇伐剌那國緊接奔那伐彈那國的西南，羯羅拿蘇伐剌那國的南方才是三摩呾吒國和耽摩栗底國，更南方才是烏荼國(以上四國地理位置的解說見下)，可見《慈恩傳》的排列次序是比較準確的，而《大唐西域記》的排列次序卻有錯亂了。所以我們下面就依《慈恩傳》的排列次序。

(三) 羯羅拿蘇伐剌那等五國

依《慈恩傳》，從奔那伐彈那國東南(恐應作西南)行 900 餘里，至羯羅拿蘇伐剌那國，此國都城故址在今印度西孟加拉邦中部麥希達巴德(Murshīdābād)南約 12 英里之拉脫麻鐵卡(Ratt-tamaṭṭikā)。

《慈恩傳》又說，由羯羅拿蘇伐剌那國向東南出行，即到三摩呾吒國(＊Samatata)，此國濱近大海，其都城故址，在今孟加拉國達卡(Dacca)西南。《大唐西域記》和《慈恩傳》，都還說起在三摩呾吒國之東，有傳聞得知的六個國，現依《大唐西域記》分列於下：

室利差呾羅國(＊Śrī-kṣetre)——故地相當今緬甸卑謬(Prome)附近一帶。

迦摩浪迦國(＊Kāmalaṅka)——故地相當今馬來半島北大年(Patani)及附近一帶。

墮羅鉢底國(＊Dvārapatī)——故地相當今泰國湄南河下游大城府(Ayuthia)一帶。

伊賞那補羅國(＊Īśānapura)——故地相當今柬埔寨。

摩訶瞻婆國(＊Mahā-campā)——即占婆，故地相當今越南東南部。

閻摩那國(＊yavanadvīpa)——故地相當今蘇門答臘。

這六國和印度的聯繫，主要依靠海道，三摩呾吒國位於恒河入海口的附近，正是通往東方的海港之一。

《慈恩傳》又說，由三摩呾吒國西行900餘里，到耽摩栗底國(＊Tāmraliptī)，其都城故址在今印度西孟加拉邦加爾各答西南之坦姆拉克(Tamluk)，乃印度東部最著名的海港。玄奘本想由此取海路前往僧伽羅國(今斯里蘭卡)，因聞距離較遠，海中有惡風波濤之險，不如由南印度東南角再乘船三日即到，遂放棄原議，仍從陸路南行。

《慈恩傳》又說，由耽摩栗底國向西南行，遂到達烏荼國(＊Uḍra)，此國故地相當今印度奧里薩邦(Orissa)北部一帶，都城故址可能在今奧里薩邦布巴內斯瓦爾(Bhutaneswar)南7英里之陀武里村(Dhauli)。此國東南部有折利呾羅城(＊Caritra)，故址可能在今普里城(Puri)，也是當時一個重要的海港。

到了烏荼國，《大唐西域記》和《慈恩傳》所載玄奘旅行的路綫又一致了。我們現在仍可依照《大唐西域記》來記述玄奘前進所經過的國家。

《大唐西域記》所載，由烏荼國西南大林中行1 200餘里，到恭御陀國(＊Koṅgoda)，此國故地相當今印度奧里薩邦之契爾卡湖(Chilka Lake)沿岸及其西南之甘占海岸(Ganjan Coast)一帶，其都城故址，當在今甘占城西北18英里處的喬羯吒(Jaugaḍa)。

以上玄奘曾到過的從羯羅拿蘇伐剌那到恭御陀五國，《大唐西域記》的附注都以爲屬東印度境。

(四) 羯䇛伽等六國

《大唐西域記》繼續記述玄奘經行的國家，從恭御陀國西南入大荒野，在深林巨木中間行千四五百里，到羯䇛伽國(＊Kaliṅga)，此國故地相當今甘占海岸以南至哥達瓦里河(Godavari)下游一帶，其都城故址可能在今之默卡林甘

(Mukhalingam)。這也是一個航海事業素稱發達的國家,但在玄奘過此時卻呈現人户稀少的狀況。《大唐西域記》的附注,稱此國已屬南印度境了。

自此折向西北,在山林中行 1 800 餘里,到了憍薩羅國(＊Kosala),《慈恩傳》則稱此國爲南憍薩羅國,以别於北方以室羅伐悉底城爲都城之北憍薩羅國。這個南憍薩羅國的故地,相當今哥達瓦里河上游東北部一帶,其都城故址,或以爲在今瓦爾達河(Wardha)流入哥達瓦里河處略東之昌達(Chanda),或以爲在昌達東北之威拉高爾(Wairagarh)。此國位居內陸,《大唐西域記》的附注仍稱屬中印度境。佛教史上的著名大師龍猛(＊Nāgārjuna)曾長期居留此國,關於他的傳説,《大唐西域記》作了詳細的記述,并且説,國西南 300 餘里,有一個跋邏末羅耆厘山(＊Bhrāmara-giri,即黑蜂山),此國先王曾爲龍猛鑿山建寺,共有五層,規模極其宏壯。玄奘行經此國時,曾留居學習月餘日。

自此轉南(《慈恩傳》作東南),在大林中行 900 餘里,到案達羅國(＊Āndhra),《大唐西域記》的附注又稱它屬南印度境了。此國故地相當今印度安得拉邦北部哥達瓦里河下游之西南部一帶,其都城瓶耆羅(＊Veṅgīpura)故址當在今埃盧魯(Ellore)北 7 英里之貝達維基(Bedda-Vegi)。

從此林野中南行千餘里,到馱那羯磔迦國(＊Dhānyakaṭaka),也屬南印度境,故地相當今印度安得拉邦中部克里希納河(Krishna)下游兩岸地區,都城故址在今克里希納河下游南岸之阿馬拉瓦底(Amaravati)附近。玄奘在此國曾停留數月學習佛教經論。

自此西南行千餘里,到珠利耶國(＊Colya 或 Coḷa),也屬南印度境,故地相當今印度安得拉邦東南部佩内爾河(Penner)河口及以南一帶,都城故址在今佩内爾河河口南岸的内洛爾(Nellore)。

從此南入林野中,行千五六百里,到達羅毗荼國(＊Draviḍa),也屬南印度境,故地相當今印度安得拉邦最南部及太米爾納德邦最北部一帶,都城名建志補羅(＊Kāñcīpura),故址在今馬德拉斯(Madras)西南之康契普臘姆(Conjeeveram)。建志補羅是一個重要海港,我國西漢時已和它發生航海交通關係,即《漢書・地理志》所稱之黄支,所以《慈恩傳》稱它爲"印度南海之口",由此啓航,海路三日可到僧伽羅國(即今斯里蘭卡)。《慈恩傳》並説玄奘本意想從此航海往訪僧伽羅國,因聽説該國王死於國亂而止。

玄奘在南印度的旅行,就以達羅毗荼國爲止境,他來此本爲轉赴僧伽羅國,現在既不再去僧伽羅,就折而西北,訪問印度西海岸各國去了。

(五) 秣羅矩吒國

但是在《大唐西域記》裏面，卻說玄奘還曾從達羅毗荼國更南行 3 000 餘里去訪問南印度境一個叫做秣羅矩吒的國家。秣羅矩吒國（＊Malakūṭa）故地在今印度半島的最南端部分，約自今科佛里河（Cauvery）以南的地區，其都城故址即在今印度太米爾約德邦南部之馬杜賴（Madura），此國南部的布呾洛迦山（＊Potalaka）是佛教的名山，其東北海畔有通往僧伽羅國的海口。不過《慈恩傳》裏面，只說秣羅矩吒國乃是得之傳聞，玄奘並未親到過。

還有一個傳聞之國，就是僧伽羅國位於秣羅矩吒國的東南約 3 000 餘里，已不屬印度之境。《大唐西域記》第十卷的記述，就止於秣羅矩吒國；至於對僧伽羅國的記述，卻要留到第十一卷裏面去了。

十三、第十一卷的內容介紹和地理解說

《大唐西域記》第十一卷所記述的，除了印度半島以南得諸傳聞的僧伽羅國之外，便都是印度半島西南部和西部的各國。

(一) 僧伽羅國

僧伽羅國（＊Siṃhala）故地即今斯里蘭卡，地爲海島，自古有航海之利，西漢時即已和我國有海上通航關係，《漢書・地理志》稱之爲已程不國。都城阿瓷羅陀補羅（＊Anurādhapura），今譯阿努拉達普拉，在本島西北部。此國佛教甚盛，玄奘雖未親到其地，卻也在《大唐西域記》中對它作了詳細的記述。

關於此國的起源，《大唐西域記》記載了兩則神話傳說。其中都盛稱僧伽羅國爲"寶渚"和"寶洲"，反映其地古代通商之盛；同時又都把僧伽羅國和南印度的陸地聯繫起來，反映其地古代對外航海交通之盛。

《大唐西域記》介紹了這個島國佛教流傳的一些情況。接著，又記載了從僧伽羅國向南浮海數千里，可到那羅稽羅洲（＊Nārikela-dvīpa），就是椰子島的意思，它所指的，當是印度洋上的某島，也足見當時僧伽羅國海上交通的發達。

(二) 恭建那補羅等三國

記載了傳聞得知的僧伽羅國之後，《大唐西域記》繼續敘述玄奘離達羅毗荼國前行的旅程。

從達羅毗荼國北（應依《慈恩傳》作西北）入林野中，行 2 000 餘里，至恭建那補羅國（＊Koṅkaṇapura），此國故地在今印度西南部果阿（Goa）地區以西通加巴德臘河（Tungabhadra）流域一帶，都城故址在此河北岸之安納根第

(Annagundhi)。《慈恩傳》作"建那補羅",當脫"恭"字。

從此西北入大林野,行二千四五百里,至摩訶剌侘國(＊Mahārāṣtra),此國故地在今印度西岸孟買以西北一帶,都城故址當在今納西克(Nasik)。這國家的人形偉大,以善戰鬥著名,當時戒日王東征西伐,此國獨不臣服,積極抗拒。《大唐西域記》又記載了此國東境有大山,山中有規模宏大的石窟伽藍,是阿折羅(＊Ācāra)阿羅漢發願建造的,這就是今天納西克以東略偏北約150英里的阿旃陀(Ajaṇṭā)石窟寺,共有大小29窟,有極多的浮雕和壁畫,是印度文化史上的寶藏。

自此西行千餘里,渡耐秣陀河(＊Narmadā,即今納巴達河Narbada),至跋祿羯呫婆國(＊Bharukacchapa),其都城故址即今納巴達河口北岸之布羅奇(Broach),是一個靠近大海的國家。

以上三國,《大唐西域記》的附注都注明屬南印度境。

(三) 摩臘婆等十九國

從跋祿羯呫婆國再下去,《大唐西域記》卷十一還記載了印度半島西面的19個國家,從摩臘婆國開始,到伐剌拿國爲止。《慈恩傳》也記載了這19個國家。但是對於玄奘在這19個國家裏面的旅行路綫,《大唐西域記》和《慈恩傳》所記的卻有不同的地方。近代學者們的研究,多數認爲這一部分的旅行路綫,《慈恩傳》的記載比較合理可從。因此我們下面也就基本上順着《慈恩傳》來對這19國進行解說。

1. 玄奘從跋祿羯呫婆國西北行2 000餘里,到摩臘婆國(＊Mālava,南印度境),此國故地在今印度西部阿默達巴德(Ahmāadābād)及其附近一帶。

2. 自此西北行二千四五百里,到阿吒厘國(還原可作Atali,南印度境)。《大唐西域記》作"自此西南入海交,西北行二千四五百里,至阿吒厘國"——海交當指今坎貝灣(Gulf of Cambay),則阿吒厘應該是西北方很遠的一個國家了,地不可詳考,可能要由海路前去,玄奘當只是得之傳聞,並未親去。

3. 自此(應從《大唐西域記》作"自摩臘婆")西北行三日,至契吒國(＊Kaccha,南印度境),故地相當今印度西海岸卡區(Cutch)地方,爲摩臘婆的屬國。

4. 自此北行(應作南行)千餘里,至伐臘毗國(＊Valabhi,南印度境),故地在今卡提阿瓦(Kathiawar)半島,都城故址在今包納加爾(Bhāonagar)西北18英里之伐臘(Walā)。

5. 自此西北行 700 餘里,至阿難陀補羅國(＊Ānandapura,西印度境),故地在今卡提阿瓦半島以東北,沙巴馬提河(Sabarmati)上游以西之瓦特納加爾(Vadnagar)及其附近一帶,爲摩臘婆的屬國。

6. 又西北行(應從《大唐西域記》作"從伐臘毗國西行")500 餘里,至蘇剌侘國(＊Surāstra,西印度境),故地在今卡提阿瓦半島南部,其都城故址在今朱納格(Junagarh),爲伐臘毗的屬國。

7. 自此東北行千八百里(《大唐西域記》作"從伐臘毗國北行千八百餘里"),至瞿折羅國(＊Gūrjara,西印度境),故地在今印度西部拉賈斯坦邦西部一帶,都城故址當在今巴爾梅爾(Balmer)。——從這裏,玄奘的行程又轉向東面去了。

8. 由瞿折羅國東南行 2 800 餘里,至鄔闍衍那國(＊Ujjayani,南印度境),故地相當今印度中央邦西部,都城故址在今烏賈因(Ujjain)。

9. 從此東北行千餘里,至擲枳陀國(＊Jejāka-bhukti,南印度境),故地相當今印度中央邦北部彭德爾甘德(Bunde-lkhand)區域,其都城卡朱拉霍(Khajurāho)之故址位於卡瑙季(Kanauj)東南約 90 英里。

10. 從此東北行(恐應從《大唐西域記》作"北行")900 餘里,至摩醯濕伐羅補羅國(＊Maheśvarapura,中印度境),故地相當今印度拉賈斯坦邦東部瓜廖爾(Gwalior)一帶,都城故址可能即在瓜廖爾。——遊歷到此,玄奘又向西折回蘇剌侘國了。

11. 從蘇剌侘國,玄奘繼續西行,轉向信度河(今印度河)下游方面去,至阿點婆翅羅國(還原可作 Audumbatira,西印度境),國境故地在今巴基斯坦南部印度河口一帶,都城朅齮濕伐羅(還原可作 Kacchheśvara)故址當即在今卡拉奇(Karāchī)。此國役屬於信度國。

12. 從此西行 2 000 餘里(《大唐西域記》作"減二千里"),至狼揭羅國(還原可作 Laṅghala,西印度境),故地相當今巴基斯坦俾路支省東南部一帶。此國役屬於波剌斯國。

13. 狼揭羅的西北,可至波剌斯國(＊＊Pārasi,非印度境),大體相當今波斯,其西北還有拂懍國(＊＊Farang),當指拜占庭人之地,其西南還有西女國,所指不詳。關於波剌斯國和附帶述及的拂懍國、西女國,只是得諸傳聞,玄奘並未親去。

14. 玄奘旅行的行踪,是從狼揭羅國東北行 700 餘里,至臂多勢羅國(還原可爲 Pātāsila,西印度境),故地相當今巴基斯坦信德省南部,都城故址當在今海德拉巴(Hyderabad)。此國役屬於信度國。

15. 從此東北行300餘里,至阿㸃荼國(還原可作 Avanda,西印度境),故地在今巴基斯坦信德省北部,都城故址可能在今凱浦爾(Khaipur)。此國也役屬於信度國。

16. 從此又東行700餘里至信度國(＊Sindhu,西印度境),故地相當今巴基斯坦旁遮普省西南部一帶,瀕臨信度河,都城故址可能在今拉堅普爾(Rājanpur)。

17. 從此東行900餘里,渡信度河而東,至茂羅三部盧國(＊Mūlasthānapura,西印度境),故地在今巴基斯坦旁遮普省中部,都城故址在今木爾坦(Mūltān)。此國北邊接近磔迦國,役屬於磔迦。

18. 從此東北行700餘里,至鉢伐多國(＊Parvata,北印度境),故址即今克什米爾南部的查謨(Jammū),也役屬於磔迦國。——總計玄奘的旅行,從瞻波國直到這裏的鉢伐多國,幾乎遍歷印度東、南、西各國,大約要歷時兩年,即從貞觀十一年(637年)到貞觀十二年(638年)。而玄奘到了鉢伐多國以後,又停留兩年,學習佛教經論(即貞觀十三年到十四年,639—640年)。大約到貞觀十四年的年底,他才離開鉢伐多國而向東南回到那爛陀寺。

19. 除了以上所述18國外,還有一個伐剌拿國(＊Varṇu,西印度境),此國故地一般認為在今巴基斯坦西北邊境省南部之班努(Bannu),它的西邊傳聞還有一個稽疆那國(＊＊Kykānān)。《大唐西域記》雖在這裏記及這個伐剌拿國,但《慈恩傳》卻說玄奘到後來離印度返中國的途中才經過這一國家。我們也依着《慈恩傳》到以後再提起吧。

對於《大唐西域記》第十一卷的內容介紹,就到這裏為止。不過我們是依據《慈恩傳》作了一些變動來進行介紹的,這一點前面已說過了。

十四、第十二卷的內容介紹和地理解說

(一)玄奘在印度的學成名就和曲女城之會

《大唐西域記》的第十二卷,主要是寫玄奘由印度回中國途中所經過的一部分國家。但我們知道,玄奘要到貞觀十七年(643年)春末夏初才開始動身離印度回國,而上面說到他由鉢伐多國回那爛陀寺是在貞觀十四年(640年)年底左右,那麼,從貞觀十四年年底到十七年夏間這一期間,差不多有將近三年的時間,玄奘在印度的生活經歷又是怎樣的呢?

對於這一期間玄奘的生活情況,《大唐西域記》未作詳細的說明,我們仍得依

靠《慈恩傳》來加以補充。

據《慈恩傳》,玄奘約於貞觀十四年年底東返那爛陀寺後,又曾去鞊羅擇迦寺(已見前)學習兩個月,再去杖林山從勝軍論師學習(亦已見前),大約要到貞觀十六年(642年)年初才結束。

貞觀十六年(642年),玄奘仍回那爛陀寺,這時他已經是學成名就了。他在那爛陀寺參加講學和宗教辯論等活動,聲譽大盛,聞名遠近。這年東印度迦摩縷波國國王拘摩羅(一譯鳩摩羅)特來邀請他前去訪問,所以玄奘到此國乃是這一年的事。這時羯若鞠闍國的戒日王也派使臣來到迦摩縷波國,一定要邀請玄奘去訪問羯若鞠闍國。拘摩羅王乃親自送玄奘西行,玄奘在恒河下游的羯朱嗢祇羅國遇見戒日王,相見甚歡,戒日王詳細詢問了中國和唐帝室的情況,玄奘作了適宜的答復,於是他們一同逆恒河西進,這時已是貞觀十六年的冬季了。他們於十二月初到達羯若鞠闍首都即曲女城,戒日王爲玄奘特別舉行了一次盛大的宗教集會,這就是著名的曲女城法會。到會的有18位國王和他們的侍從(《大唐西域記》作"諸國二十餘王"),熟悉大、小乘的僧人3 000餘人,婆羅門和外道2 000餘人,那爛陀寺的僧人1 000餘人,以及其他許許多多的人。法會請玄奘做"論主",宣揚大乘教義,公開徵求辯論。但至第18日,始終沒有人能起來抗辯。這對玄奘,真是一種極高的榮譽。到第19日,玄奘辭戒日王欲東歸中國,戒日王又留他一同再去鉢邏耶伽國,在殑伽河和閻牟那河之間的大施場舉行一次爲期75天的"無遮大會"(* Pañcapariṣad),大行布施,等到會畢,大約已將近貞觀十七年(643年)的春末了。

(二) 玄奘起行回國

據《慈恩傳》,"無遮大會"結束以後,玄奘再提出回國的請求,戒日王和拘摩羅王堅留不得,玄奘遂起程歸國,這時大約在貞觀十七年(643年)的春末夏初。玄奘自己帶了大量的佛像和佛經,戒日王則送給他大象一頭,供運載之用,更送給他金錢三千,銀錢一萬,以爲旅行費用;另外還派達官四人伴送,他們帶有紅泥封印的函件,要求沿途各國協助送玄奘直到中國的邊境。

玄奘的回國是從殑伽河(即今恒河)中流的鉢邏耶伽國出發的。據《慈恩傳》所載,他的行程基本是向西北方前進,經由憍賞彌國、毗羅刪拿國而到北印度的闍爛達羅國,再西北進,經由僧訶補羅國、呾義始羅國,在烏鐸迦漢茶城旁渡信度河,更經濫波國南下至伐剌拿國觀禮佛教遺迹。以上這些路過各國,我們在前面都已介紹過它們的地理位置,現在就不再重複了。

玄奘由伐剌拿國再向西北，越大山大河，行2 000餘里而出印度境，到達漕矩吒國。《大唐西域記》卷十二，就是從漕矩吒國開始記述玄奘前行回國所經過的各國。我們在上面已根據《慈恩傳》來對《大唐西域記》做了一些補充的説明，補説大約從貞觀十四年至十七年間玄奘在印度的活動情形；從現在起，又可根據《大唐西域記》卷十二來繼續介紹玄奘從漕矩吒國以後所經行的各國了。①

(三) 漕矩吒國和弗栗恃薩儻那國

《大唐西域記》卷十二從記述漕矩吒國(＊Jāguda)開始，玄奘是經由伐剌拿國西北行來到此國的。此國已出了印度的境界，它的都城鶴悉那(＊＊Ghayna)故址即在今阿富汗東部之加兹尼(Ghayni)。國有羅摩印度川(＊＊Rāmendu)可能即指今加兹尼以西的赫爾曼德河(Helmand)，尚有另一都城鶴薩羅(＊＊Ghasala)或即在此河流域。

從此國北行500餘里，至弗栗恃薩儻那國(還原可作Vrjisthāna)，都城護苾那(＊＊Hupiāna)故址在今阿富汗喀布爾北約30英里之護苾安(Hupiān或Opiān)。此國當時的國王是突厥種人。

從此國東北行，越過一些迦畢試國的邊城小邑，進入大雪山(即今興都庫什山西部)的婆羅犀那(＊＊Varasena)大嶺，即今阿富汗東北部的卡瓦克山口(Khawak pass)，此處高山深谷，常年結冰，在萬分困難中行經三日，方到嶺上，山上無樹，多見石峯，又行三日，才得下嶺。下嶺以後，又進入了睹貨邏國故地的一個大地區。這時大約已在貞觀十七年(643年)年底左右了。

(四) 再過睹貨邏國故地

玄奘這次所經過的這個睹貨邏國故地的地理位置，比以前《大唐西域記》卷一裏面所記述的那一部分睹貨邏國故地的地理位置要更往東南方一些。他這次所經過的睹貨邏國故地，共有13個國家。

1. 玄奘下婆羅犀那大嶺後所到的第一個睹貨邏國故地的國家，是安呾羅縛國(＊＊Andarāb)，都城故址在今卡瓦克山口以西之印特拉白(Inderab)，當時此國是役屬於突厥的。

2. 從此西北在山谷中行400餘里，經過一些小城，至闊悉多國(＊＊Khost)，故地爲今印特拉白西北方之一地區，當時也役屬於突厥。

---

① 《慈恩傳》説玄奘曾由伐剌拿國先到西北的一個阿薄健國(還原可作Avakan)，再西北到漕矩吒國。但《大唐西域記》不載這個阿薄健國。

3. 從此西北在山谷中行 300 餘里,經過一些城邑,至活國(＊＊Warwālīz),都城故址就在今阿富汗東北部的昆都斯(Qunduz),當時也仍役屬於突厥,它的國王就是原先突厥葉護可汗的孫子,也自稱葉護,統管鐵門以南睹貨邏諸地的突厥各屬國。

從此向東,就進入葱嶺山區了。玄奘記載說,葱嶺山區所達到的地區,南接大雪山(今興都庫什山),北至熱海(即大清池,今伊塞克湖)和千泉(今吉爾吉斯山脈北麓),西至活國,東至烏鎩國(今新疆莎車),它的範圍是很廣大的。因爲地多出葱,而且山若葱翠,所以叫做葱嶺。

4. 玄奘入葱嶺後,東行百餘里,至瞢健國(＊＊Mungān),故址當在今昆都斯東二日程之塔利甘(Talikhan)。此國也役屬於突厥。

5. 它以北有一個阿利尼國(＊＊Arhang),故地當在今哈仔拉脱·伊茫(Hajrat-gmān)的附近。此國得之傳聞,玄奘未親到。

6. 阿利尼國之東有一個曷邏胡國(＊＊Rāhu),故地在今阿富汗東北部阿姆河與科克查河(Kokcha)之間。此國也得之傳聞,玄奘未親到。

7. 玄奘是由瞢健國東經山谷,行 300 餘里,至訖栗瑟摩國(＊＊Krism),故址在今阿富汗東北部基希姆(Kishm)。①

8. 它以北有一個鉢利曷國(＊＊Parika),故地當在今基希姆以北之科克查河旁。此國也得之傳聞,玄奘未親到。

9. 玄奘從訖栗瑟摩國東逾越山川,行 300 餘里,至呬摩呾羅國(＊Himatala),此國名可能是由嚈噠(Hephthal)一名轉來,因爲其婦人"首冠木角",與《洛陽伽藍記》等書所載嚈噠國風俗相似。其故址在今基布姆以東之達萊姆(Daraim)。

10. 再向東,谷行 200 餘里,至鉢鐸創那國(＊＊Badakhshan),故地在今阿富汗東北角法扎巴德(Faizabad)附近。

11. 從此東南山谷中行 200 餘里,至淫薄健國(＊＊Yamgān),故地在今科克查河中段的谷地。此河中游自吉姆(Jerm)以上的一段,古名 Yamgān 河。

12. 再向東南山谷峽路中行 300 餘里,至屈浪拿國(＊＊Kurān),故地在今科克查河南端最上游的一段谷地。

13. 從此東北,在艱險的山谷中行 500 餘里,至達摩悉鐵帝國(＊＊Dar-i

---

① 據《慈恩傳》,玄奘未經過訖栗瑟摩國,直接由瞢健國前往呬摩呾羅國。

Mastit),故地在今阿富汗東北端的瓦罕(Wakhan)地區,都城昏馱多城(**Khamdādh)故址在今噴赤河(Ab-i Panja)南之汗杜德(Khandūd)。

以上13個國家,《大唐西域記》都稱爲睹貨邏國故地。玄奘通過這一多山的地區,基本上是由西向東行進。

《大唐西域記》還記載說,在達摩悉鐵帝國向北越過大山,其北面有一個尸棄尼國(**Shughnān)故地即今舒格南(Shighnān)地區。又說,在達摩悉鐵帝國向南越過大山,其南面有一個商彌國(對音可爲Sāmbhi),故地在今巴基斯坦北部之奇特拉爾(Chitral)和馬斯圖吉(Mastuj)。——以上兩國,都得之傳聞,玄奘未親到。

(五) 波謎羅川

玄奘東歸的旅行路綫,大概由達摩悉鐵帝國直接向東北,越過危險的山谷地帶,行700餘里,而達波謎羅川。

波謎羅川就是今天的帕米爾(Pamirs),玄奘所經過的是它的南部,在《大唐西域記》中對它有很爲詳細的叙述,并且還生動地描寫了山中大龍池的景色和水族的活動情形,以及河川分向東西外流的形勢。

對於帕米爾這個世界著名高原的地理情形,我們今天所見中外旅行者的文字記載,當推《大唐西域記》爲最早。

(六) 由揭盤陀國到瞿薩旦那國

玄奘從波謎羅川繼續他的行程,向東下山,在冰雪中行五百餘里,至揭盤陀國(**Kavanta),此國都城故址即在今中國新疆塔什庫爾干塔吉克自治縣。《大唐西域記》裏面,還記載了古代波斯國王從中國娶婦過此的神話傳說,反映了此處向來是中西交通要道所經的史迹。

城東南行轉東北行500餘里,下葱嶺東頭,這時遇見匪賊,玄奘帶的大象,被逐溺水而死。繼續東行800餘里,出葱嶺,至烏鎩國(**Ušar),此國都城故址即今新疆莎車,南臨徙多河,指的當是今葉爾羌河。

從此向北,在山磧曠野中行500餘里,至佉沙國(**Kāšrār),此國都城故址即今新疆喀什市。玄奘的本意,大約是仍想走北道去高昌見高昌王麴文泰,但去佉沙國終於聽見麴文泰已死,國亦已被唐中央政府所歸併的消息,玄奘乃轉而南下,取南道東歸。

從佉沙國東南行500餘里,渡徙多河,過大沙嶺,至斫句迦國(**Čäkük)。此國即漢代之子合國,都城故址在今新疆葉城西南約110里之奇盤莊。

從此更東,逾嶺越谷,行 800 餘里,至瞿薩旦那國(＊Gostana),都城故址即在今新疆和田縣城東南約 24 公里之什斯比爾(亦稱下庫馬提)。此國佛教傳入較早,當時有伽藍百餘所,《大唐西域記》對其中一些伽藍和佛教的神話傳說也都有所記載。特別提到的,還有瞿薩旦那的國王娶東國王女為妃,東國王女偷帶桑蠶種子前來,傳入養蠶術的傳說。

玄奘到達瞿薩旦那國,為時已過貞觀十八年(644 年)歲初了。據《慈恩傳》的記載,他在這裏,受到瞿薩旦那國王的熱誠接待,留他暫住講經。玄奘也想先和唐中央政府取得聯繫,所以派人携帶表章,去長安上奏,説明他赴印度取經往還的經過情形。經七八個月的時間,所派的人帶回唐太宗的答復,歡迎他快回來相見,一面並命于闐(即瞿薩旦那)諸國和敦煌等地的官員派人護送並迎接玄奘東歸。這樣,約在貞觀十八年的秋末冬初,玄奘就離開瞿薩旦那國,走上他由印度回國的最後一段行程了。

(七) 由瞿薩旦那國東歸

《大唐西域記》載玄奘東歸的最後一段行程,説,由瞿薩旦那國都城東行,約三百數十里,過媲摩城(＊＊Phimmāmna),故址在今新疆策勒縣以北之烏曾塔地。

再東行 200 餘里,至尼壤城(＊＊Nina),故址在今新疆民豐縣北約 65 英里的沙漠中,當時是瞿薩旦那國東境的關防之所在。

從此東入大流沙,餘沙不定,極難行走,經 400 餘里,至睹貨邏故國,這大約是古代睹貨邏人(大夏人)西遷時曾建國之地,故址在今新疆且末縣以西之安得悦。

再東行 600 餘里,至折摩馱那故國(＊＊Sarmadan),這就是我國古代史籍中的且末國,故址在今新疆且末縣附近。

再東行千餘里,至納縛波故國(＊＊Nop),這就是我國古代史籍中著名的樓蘭國(後改名鄯善國),故址在今新疆若羌縣。

《大唐西域記》的卷十二,也就是《大唐西域記》的全書所記,就到這裏終止。

附帶講一下,現在我們看見的《大唐西域記》第十二卷即全書結尾的後面,還附有一篇辯機所寫的"記贊",介紹玄奘的為人和寫作的經過等。但我們要知道,當初玄奘奉詔寫成此書並上交唐太宗時,顯然不是連同這篇"記贊"一同呈進的。換句話說,這篇"記贊"乃是以後補加進去的。因為"記贊"文中許多恭維讚頌玄奘的話(如說他"體上德之禎祥,蘊中和之淳粹","學已博矣,德已盛矣",等等),

玄奘是決不會將其在呈進《大唐西域記》時一同上交的。且《大唐西域記》確然是玄奘奉詔撰述,可是"記讚"裏面辯機自稱"爰命庸才,撰斯方志"(這裏的"庸才"指的是辯機自己),這樣的口氣也很難理解,因爲辯機當時不過協助玄奘執筆而已。如此語果是辯機自寫,則顯然是他的一種不適當的表現了。

如上所言,《大唐西域記》的記述止於納縛波故國,至於以後的行程,據《慈恩傳》所載,玄奘是從納縛波故國繼續前進,經由沙州的治所敦煌縣東行,而於貞觀十九年(645年)正月二十四日回到長安。自從他貞觀元年(627年)八月離長安出發,遠訪印度,求學取經,勝利而歸,至此已足足歷時17個半年頭了。

十五、《大唐西域記》的價值

對於《大唐西域記》的內容,我們已經作了一番簡要的介紹。下面,我們來看一看,這部寫成於1 300多年前的書,爲什麼到現在仍然值得我們去閱讀和研究呢?也就是說,它的價值何在呢?

首先,《大唐西域記》是一部極爲重要的歷史文獻和地理文獻。雖然在玄奘之前也不乏對中亞和南亞的記載,但如《大唐西域記》那樣詳載山川地形、城邑關防、交通道路、風土習俗、物產氣候、文化政治的書籍卻不多見。玄奘在書中追述了親自到過的約105國,得自傳聞的約33國,以及附帶記及的12國。包括的地域相當廣闊,從我國新疆開始,西抵伊朗和地中海東岸,南達印度半島、斯里蘭卡,北麵包括中亞南部和阿富汗東北部,東到今印度支那半島和印度尼西亞一帶。這些記載,使得7世紀時中亞、南亞等地的概況躍然紙上。正因爲流傳下來的有關這一地區的古代歷史和地理的文字資料少得出奇,所以《大唐西域記》顯得格外可貴。雖然我國對於四邊民族的記載歷來都很重視,一部二十四史除《北史》、《陳書》外都有民族傳記,但是《大唐西域記》在內容的豐富上卻是名列前茅的,而且有許多記載是並世無雙的。例如,卷十二中有波謎羅川的記載,指出它是蔥嶺的一部分,"其地最高也"。這是我國古籍中首次對帕米爾(波謎羅)這一地理概念的認識,因爲從漢代以來,人們一直把崑崙山脈的西部高山地區總稱爲蔥嶺。至於《大唐西域記》對於印度歷史的貢獻,則似乎更加巨大。中國早在漢代以前就有關於印度的記載,但是其中神話傳說的成分很多。漢代,佛教傳入以後,雖然雙方來往僧人增多,時有對印度的記述,但是都比較簡略,未能像《大唐西域記》那樣對印度古代和中世紀歷史上的許多大事都有較詳的記述。例如,書中有四五處講到迦膩色迦王,這爲長期以來世界歷史學界中的熱門問題(貴霜帝國的年代體系等)提供了寶貴的資料。此外,書中關於和玄奘同時代的北印度王戒日王的詳細記載,更是今日"重建"印度歷史所不可缺少的資料。以上是《大唐西域記》在地理和歷史方面的價值。

其次,《大唐西域記》也是一部重要的宗教史資料,尤其是對於佛教史的研究來說,具有更爲重要的價值。卷二概括論述了當時印度佛教的部派分歧:"部執峯峙,諍論波騰,異學專門,殊途同致。十有八部,各擅鋒鋭;大小二乘,居止區別。"下文又不時地談及佛教和其他的宗教,從而展示了當時佛教和"異道"勢力分布的狀況,也展示了佛教内部大小乘勢力消長和宗派分布的情況。書中關於佛教史上的重要活動和重要人物,也多有翔實的記載。例如,幾次重大的結集,除了南傳佛教所承認的阿育王的結集外,其他的都提到了;大乘的許多大師,如馬鳴、龍猛(樹)和提婆、無著與世親的活動也都叙述了。所以,印度史學家辛哈·班納吉的一段評論確實不是溢美之辭:"中國的旅行家如法顯、玄奘,給我們留下了有關印度的寶貴記載。不利用中國的歷史資料,要編一部完整的佛教史是不可能的。"

再次,《大唐西域記》的價值表現在對中外交通的記載上。古代中國和外界(尤其是中亞、西亞和南亞)的交往,對於我國文明的發展具有很大的作用。《大唐西域記》對於這方面的生動記述,與其他史籍一起構成了當時繁榮的東西交通的圖畫。卷一講到了呾邏斯城(今江布爾)南10餘里處,有一座由300多户移居的中國人建立的城邑,這表明了當時内地漢人對這些地區的開發。至於玄奘在印度從師受學,在著名的那爛陀寺爲衆講學,從事著作,以及與拘摩羅王和戒日王的會見,等等,更是中印文化交流史上的美談,足以成爲中外交通史研究者的重要基礎資料。

最後,《大唐西域記》在文學方面也有很高的價值。六朝以來的聲韵和諧、造句齊整、選詞典麗的影響,在該書中是顯而易見的。然而,綜觀全書,卻又並不拘泥於舊有的格式,而是與散文融合在一起,既便於叙述,又宜於誦讀。書中關於宗教的叙述,莊嚴隆重;關於玄奘見戒日王等的會談,則温文得體;關於一些神話傳説的故事,尤其寫得有情有景,生動如畫。這些都是值得我們來細心閲讀和欣賞的。

十六、《大唐西域記》的研究史概述

我們現在可以看到,《大唐西域記》確實是我國文化遺産中很優秀也很重要的一部名著,而且,由於它的記述範圍遠遠超出了中國的範圍,所以格外成爲世界各國學者所重視的瑰寶,各國學者紛紛加以翻譯和研究。有鑒於此,我們有必要再向讀者介紹一下《大唐西域記》的研究史,以利於讀者進一步閱讀和研究這本名著。

(一) 國外的譯註和研究

比較令人遺憾的是,《大唐西域記》一書雖然是我國古代的名著,但是由於種種原因,在對它的研究方面,我們自己還相當地落後於國外的學者。他們的起步要早得多,并且迄今爲止,其研究水平也比國內高出不少。

《大唐西域記》的最早的外文翻譯本是儒蓮(Julien)的法譯本(1857—1958年)*Mémoires surles contrées occidentals, traduits du Sanscrit en Chinois, en l'An 648, par Hiouen-Thsang, et du Chinois en Francais*。此後,便有比爾(Beal)的英譯本(1884年)*Si-yu-ki, Buddhist Records of the Western World, translated from the Chinese of Hiuen Tsiang*。此書在參照儒蓮法譯本的基礎上,作了不少訂正,注意到了把握文體和適當的譯語等問題,並取直譯的方式,從而更加接近了原文的意思。此後的歐洲研究者多采用這一譯本作爲原始資料。到上世紀初,便有瓦特斯(Watters)的英譯本(1904年)*On Yuan Chwang's Travels in India, 629-645A. D.* 問世。它較諸比爾的英譯本又前進了一大步,主要是因爲作者對於漢文佛典的精通程度在當時的歐洲學者中幾乎是首屈一指的,此外,他還通曉巴利文和梵文。這些有利條件使他的研究面擴大了許多,從而能夠糾正比爾的不少錯誤。但是,瓦特斯對玄奘的原文采取的是意譯的方式,所以,該書不宜作爲原始資料引用。在這以後,日本學者也開始致力於《大唐西域記》的翻譯和研究,並將這一工作推向了新的高度。1912年,堀謙德的《解說西域記》出版。該書在研究上下了更多的功夫,篇幅甚大,連同索引在内,共有1 200多頁。全書的結構大體上模仿瓦特斯的《玄奘的印度之行》,先列正文,再繼以"解釋"和"考證"。《解說西域記》直接參照了儒蓮和比爾的譯本,但是在重要方面則詳細引證了漢籍、佛典和印度原籍,它對於今天的研究者仍然具有相當重要的價值。1942—1943年,日本學者足立喜六所撰《大唐西域記の研究》出版。作者聲稱其意圖主要是"簡明正確地直解《大唐西域記》的原義,特別是考證其地理關係,以闡明玄奘旅行之真相"。他因此在地理上作了詳細的考證,提出了不少新說。日本學者水谷真成翻譯並注釋的《大唐西域記》(收在平凡社出版的《中國古典文學大系》叢書中)於1971年出版。由於是時距近代《大唐西域記》譯註工作之始已歷 100 餘年,所以作者得以在比較充分地總結前人成果的基礎上,更深入、正確地展開研究;此外,作者較諸西方學者對漢文史籍也更爲精通。所以,該書可稱得上是一部具有相當質量的《大唐西域記》研究著述。

當然,一百幾十年來,世界各國除了出版不少《大唐西域記》的譯本或翻譯、研究並重的著述外,還有許多以《大唐西域記》爲中心的研究專著、介紹書等。例如,1871 年出版的坎寧漢(Cunninghan)的 *The Ancient Geography of India, Vol. I, The Buddhist Period, including the Campaigns of Alexander, and the Travels of Hwen-Thsang*,便是利用阿里安(Arrian)、梅迦塞納(Megasthenes)、托勒密(Ptolemy)等希臘、羅馬古典著述以及玄奘的《大唐西域記》作爲基本史料而撰寫成的,此書對於印度的地理和考古學都有十分重大的貢獻。1924 年,印度學者馬朱姆達(Majumdar)*Cunninghan's Ancient Ceography of India, with Introduction and Notes* 一世出版,對坎寧漢的研究成果作了補注,使其質量又提高了一步。1926 年出版的日本學者高桑駒吉《大唐西域記に記せる東南印度諸國の研究》一書,則利用歐、美、印度等地刊行的大量參考書,對《大唐西域記》卷十的東南印度的十國進行了詳細的研究。特別值得一提的是史密斯(Smith)所撰的 *The Early History of India, from 600 B. C. to the Muhammadan Conquest, including the Invasion of Alexander the Great* 一書,它特別充分地利用了《大唐西域記》中的紀年,構築了印度古代史研究的基礎,可稱得上是印度古代史研究中的劃時代著作。此書初版於 1914 年,至 1924 年愛德瓦茲(Edwardea)增補後出第四版,時至今日仍爲廣大的印度古代史研究者所重視和引用。《大唐西域記》除了在上述名著中占有重要地位外,還在斯坦因(Stein)、伯希和(Pelliot)等著名學者的中亞考古學著述中被廣泛引用。至於國外學者研究《大唐西域記》中的古代語言的著述,則不再在此一一介紹了。

(二) 國内研究概況

我國學術界對於《大唐西域記》的研究起步較晚。最早對全書進行較大篇幅研究的當爲丁謙。他所撰《蓬萊軒地理學叢書》1915 年作爲《浙江圖書館叢書》的第一集和第二集出版,《地理學叢書》中有一篇《大唐西域記地理考證》,據作者聲稱,這是以英國學者恭寧翰(即坎寧漢)所制《玄奘游迹圖》爲藍本的,並予以補闕和糾謬。該書雖然僅對地理方面進行了考證,且也頗多疏略和訛誤之處,但是畢竟開了中國人研究《大唐西域記》的先河,其功績不可没。此後歷經多年,雖不見系統的研究,但是環繞着有關玄奘和《大唐西域記》的某些問題,卻展開了比較熱烈的討論。其中引人注目的便是關於玄奘首途年份的爭論。丁謙雖然最早提出貞觀二年(628年)出國之說,但是沒有說明理由。後在1925年,梁啓超提出"元年首途"說,但是旋遭陳垣反駁,認爲古籍所載的三年說不可推翻。幾十年來,這兩種主要意見都有不少擁護者,迄於70年代末和80年代初,對此仍有歧見。例如,楊廷福《玄奘西行首途年月考釋》(載在《上海師大學報》,1978年第1期)持元年說;而周連寬則持三年說(《大唐西域記史地研究叢稿》,中華書局,1984年)。另一方面,在梁啓超《支那內學院精校本玄奘傳書後》一文發表後,玄奘年譜的研究也興盛起來,參加討論的主要有陳垣、劉汝霖、曾了若、陳思等學者。當然,在此期間還有不少介紹和評價玄奘西游印度事迹的通俗性書籍和學術性著述。其中有蘇淵雷《玄奘》(1946年)、吕澂《玄奘法師傳略》(1956年)、朱偰《玄奘西游記》(1957年),等等。

至於丁謙之後對《大唐西域記》全書進行校刊和整理的著述,則有1957年金陵刻寫處出版的吕澂的校刊本和1977年上海人民出版社出版的章巽的校點本。值得一提的是,中華書局在1985年出版了季羨林等的《大唐西域記校注》,這是我國對於《大唐西域記》進行全面校刊、注釋和研究的第一部著述。它在吸收以前的中外學者研究成果的基礎上,又提出了一些新的見解,如關於四《吠陀》的問題,關於大乘上座部的問題等,這對於我國學術界之進一步研究《大唐西域記》,無疑是起了很大的推動作用的。此外,1984年還出版了周連寬的《大唐西域記史地研究叢稿》,這是近年來見到的對《大唐西域記》史地方面展開研究的唯一專著。當然,1949年以來,還有不少學者對我國的《大唐西域記》研究工作作出了不朽的貢獻,如向達先生即是。他雖然在其有生之年未能見到他的"影印本、簡注本、詳注本"三種《大唐西域記》本子的計劃付之實施,但是他爲促進這一事業所作的基礎工作和不懈努力則是永遠值得後人感謝的。

在大致介紹了《大唐西域記》的價值和國內外對它的研究概況後,我們接着便請讀者親自去閱讀一下若干段原文,以加深對這部名著的瞭解。

《大唐西域記》校點本前言

(據《章巽文集》,海洋出版社 1986 年版)

本書作者玄奘,俗姓陳,名禕,洛州緱氏鳳凰谷陳村(今屬河南偃師縣)人。他早年喪父,隨兄長捷出家,後來成爲唐朝初年著名的僧人和當時佛教的一個重要活動家。他的卒年是在唐高宗麟德元年(公元 664 年),至於生年,諸書記載,頗有異說。其中《續高僧傳》(江北刻經處本)卷五所載,玄奘卒時爲六十五歲。《續高僧傳》的作者道宣和玄奘年歲相近,且曾在弘福、西明諸寺共事譯經,故其所載頗受學者重視,如 1954 年内學院新校刻本《大慈恩寺三藏法師傳》,即採《續高僧傳》之說。果然,則玄奘生年當爲隋文帝開皇二十年(公元 600 年)。

在唐朝初年,佛教傳入中國已有六個世紀或更多時候了,無論在佛經的翻譯方面,或教義的解釋方面,都積下了許多問題,隨着統一的唐帝國的興起,須要尋求比較徹底的解決。玄奘之要親赴佛教的起源地印度,也和此有關。用他自己的話來說:"遺教東流,六百餘祀。……但遠人來譯,音訓不同;去聖時遥,義類差舛。遂使雙林一味之旨,分成當、現二常;大乘不二之宗,析爲南、北兩道。紛紜爭論,凡數百年,率土懷疑,莫有匠決。"他因爲"恨佛化經有不周,義有所闕,故無貪性命,不憚艱危,誓往西方,遵守遺法"。(引語均見《大慈恩寺三藏法師傳》卷一。)這樣,玄奘就開始了他這一"發憤忘食,履險若夷,輕萬死以涉葱河,重一言而之柰苑"(同上書序),歷時十七年餘,見聞一百三十八國以上的偉大的旅行了。

玄奘於唐太宗貞觀元年(公元 627 年)秋八月(計月依陰曆,下同)從長安出發西行(以下時間安排基本依梁啓超《支那内學院精校本玄奘傳書後》所考),約年底到達高昌。次年繼續西進,經凌山、熱海之險,過素葉水、呾邏斯諸城,折而南下,縱貫今中亞細亞南部和今阿富汗東北部,東向經今巴基斯坦北部而至迦濕彌羅。在此約留至貞觀三年(公元 629 年)末,然後循印度半島北部東南行,歷貞觀四年(公元 630 年)和五年(公元 631 年)的大部分時間,中途並曾經過今尼泊爾南部參謁佛生地及寂滅地,約在貞觀五年歲暮遂抵摩揭陀入當時印度佛教的最高學府那爛陀寺。他在此寺從著名的戒賢法師學習,凡經五歲,大約至貞觀九年(公元 635 年)爲止。其後大約三年之間(貞觀十至十二年,公元 636—638 年),他大規模地外出巡遊,幾遍及印度半島的東部和西部。他首先循恒河東入今孟加拉,再沿印度半島東岸南行至和今斯里蘭卡隔海相望的達羅毗荼,折而西北,沿印度半島西岸北上,中間曾訪問印度人民的藝術寶庫阿旃陀石窟,並曾一度進入印度半島的腹地今昌巴爾河流域東南一帶,然後仍西行入今巴基斯坦,沿信度河北上,而達今克什米爾南方查謨附近一帶的鉢伐多。此後約三年間(貞觀十三至十五年,公元 639—641 年),他在鉢伐多留居研習約兩年,仍折回東南還摩揭陀繼續從師受學。於是玄奘學業漸成,曾在那爛陀寺爲衆講學,並從事著作,聲譽日增。次年(貞觀十六年,公元 642 年),他應東印度迦摩縷波國拘摩羅王和中印度羯若鞠闍國戒日王的邀請,曾先後前去會見,是年臘月戒日王並爲玄奘舉行盛大的曲女城之會,以玄奘爲論主。次年(貞觀十七年,公元 643 年)歲初,戒日王又在鉢邏耶伽爲玄奘舉行七十五日無遮大會。會後玄奘即辭別回國。他携帶了所得佛像等物和大量的佛教經籍,西北經今巴基斯坦北部和今阿富汗東北部,轉東經今帕米爾高原南面的瓦罕谷地,而於貞觀十八年(公元 644 年)春夏之交到達于闐。他在此暫留,一面遣人上表唐太宗陳告。太宗下敕迎歸,玄奘乃繼續東行,於貞觀十九年(公元 645 年)正月回到長安,轉赴洛陽謁見太宗,旋仍還西京。從此玄奘就開始他約二十年的長期譯經生活,領導諸大德,黽勉以赴,直到他身死前不久才停止。所譯經論,合七十五部,總一千三百三十五卷,用力之勤,真可謂不棄寸陰了。

唐太宗對於玄奘旅行所經歷的西域廣大地區,引起了很高的興趣。因此他於貞觀十九年在洛陽初見玄奘時,就要求玄奘寫出一本這方面的專書,述親身的經歷,補前史之未詳。此書由玄奘和來協助譯經的沙門辯機合作,玄奘指授,辯機執筆。次年(貞觀二十年,公元 646 年)七月成書,進呈太宗。書凡十二卷,即是現在這一部《大唐西域記》。玄奘在進書時所上表中,曾對這書總括作如下的陳述:"竊以章、亥之所踐藉,空陳廣袤;夸父之所陵厲,無述土風。班超侯而未遠,張騫望而非博。今所記述,有異前聞。雖未及大千之疆,頗窮蔥外之境。皆存實録,匪敢彫華"。(見《大慈恩寺三藏法師傳》卷六)。這一段話,並不失之夸張。此書所記載的地區,真是十分廣大,包括了今新疆以西大部分的中亞細亞和巴基斯坦及印度全境,凡玄奘十七年多的旅行中,親身到過的和傳聞得知的一百三十八國以上的地方,在此書中都作了詳明豐富的記述,連道里和方向,也各有具體說明。其質量之高,內容之富,實在遠勝中世紀阿拉伯地理學家們的"道路指南書"(Road Books)。有人推測，七、八世紀時唐代的積極經營西域，《大唐西域記》一書一定曾起過一種道路指南書的作用，看起來這是有可能的。

但從更大範圍來作整體的評價，則《大唐西域記》一書的價值，又豈能僅以七、八世紀來限制它！這部書的重大貢獻之一，在於它能擴大人們的眼界，使之產生廣闊的眼光，而不局局促促以自己本國的狹小天地爲限。書中所說的三千大千世界，固然是空中樓閣，然而象主、寶主、馬主、人主的四主之分，卻就是亞洲大陸當時實際而具體的情況。《大唐西域記》雖也不可避免地講到過戰爭，但這樣一百三十八個以上的國家，分布在這樣廣大的地區上，所呈現的畢竟是一種林林總總互通往來的并存局面，自然就能使讀者擴大眼界了。《大唐西域記》在這方面的影響是大的，由之而衍變出來唐僧取經的故事和《西遊記》的話本小說等，影響更大了，都產生了使人放寬心胸、擴大眼界、打破小天地的效果，這對於人民大眾是具有積極意義的。

對於研究歷史講起來，此書不但是一部中西交通史方面的名著，且書中對第七世紀時中亞和南亞的歷史和地理的豐富記述，其價值之高，實在是並世無二，這應該是《大唐西域記》的又一重大貢獻了。中亞和南亞這一廣大地區，古代歷史和地理方面的文字記載流傳下來的都很缺乏，因而要瞭解當時的情況，都有賴於本書。所以除了我國學者對本書的重視之外，百餘年來，歐洲和日本的學者也都曾對它進行了翻譯和整理，實非偶然。

目前流傳的各本《大唐西域記》，歷經轉刻，誤字頗多。茲以金陵刻經處1957年刊行的《大唐西域記》爲底本，並取敦煌唐寫本卷一及卷二殘卷，南宋安吉州資福寺刊本，影印宋磧砂藏經本，明徑山本，日本京都帝國大學文科大學校印高麗新藏本及所引用各本，進行校勘，擇善而從，擇要選錄一部分校勘記，並對全書施加標點符號。舊有各本每章正文的分段，比較凌亂，今亦加以整理，並將各章分成若干節，各補加子題，以清眉目，期其比較通俗而便於閱讀。

(1975 年 10 月 8 日)

【附記】 此《大唐西域記》校點本實際編成於七十年代初期，當時尚在"文化大革命"中，受有嚴重壓力，原擬編入的注釋（主要是地理注釋）未能編入，校勘記被任意刪去多條，連這一篇"前言"也未獲列入書中，今補錄於此。

(1984 年 9 月 27 日)

中亞古國史（節錄）

（節錄"譯者贅言"、"著者原序"、"緒論"。據中華書局1958年版本）

目　　錄

譯者贅言 ………………………………………………………… 321
著者原序 ………………………………………………………… 322
緒論　中央亞細亞在世界史上的地位 ………………………… 324
　　"世界史"内容的擴展——中央亞細亞和馬的豢養——袴的起源——中央亞細亞的藝術——中央亞細亞和文化刺激力自東向西及自西向東的傳播——玻璃、絲、印刷術、火藥——政治史：塞西安人（Scythians）——匈奴人——中央亞細亞和中國史——中央亞細亞和波斯史及印度史——亞細亞人的侵入歐洲——匈奴人、阿哇爾人（Avars）、保加利亞人及匈牙利人——塞爾柱突厥人（Seljuk Turks）和奧托曼突厥人（Ottoman Turks）

第一卷　雅利安族先驅者（存目）

第一章　土耳其斯坦的太古居民
　　土耳其期坦是人類搖籃的說法——中央亞細亞的古代"陶器繪製者"——安諾的發掘——西南俄羅斯的屈列波利文化——中國西北部的古文化——這些古文化間可能的聯繫——北方游牧人的興起——他們種族的、語言的和文化的特性——北方游牧人由中央亞細亞向外的發展——他們的征服北印度和波斯

第二章　北方的塞西安人和薩爾馬希安人
　　有記載的歷史之開始——西米里安人——塞西安人的遷移和早期征略——塞西安人的後期歷史——塞西安人的衰落和薩爾馬希安人的興起——馬薩該達

人、奄蔡人、阿蘭那人——塞種和康居——塞西安人的種族——他們的語言——塞西安文化——家畜和馬的重要——馬背乘騎的歷史——塞西安的衣服和袴的歷史——武器的甲冑——天幕——政治組織——戰術——婚姻——葬禮——宗教——塞西安藝術

第三章　南方的巴克特里人和索格底人
　　巴克特里人及其他的南土耳其斯坦居民——他們和塞西安人及波斯人的關係——巴克特里亞的初期歷史——亞契門尼特帝國之興起及其征服巴克特里亞——亞歷山大大帝之征服巴克特里亞——塞留古帝國統治下之巴克特里亞——巴克特里王國與帕西安王國之興起——巴克特里亞與帕西安的後期歷史——巴克特里亞和袄教——阿吠斯陀經典中所表現的伊蘭文化

第二卷　匈奴帝國之興亡（存目）

第四章　匈奴帝國之前期
　　蒙古利亞之古居民——匈奴帝國之崛興（公元前 209—141 年）——匈奴與漢之爭霸（公元前 140—101 年）——匈奴帝國之漸衰（公元前 100—51 年）——匈奴臣服於漢（公元前 50—公元後 8 年）

第五章　匈奴帝國之後期
　　匈奴帝國之重建（公元 9—46 年）——匈奴帝國之轉變（公元 46—73 年）——匈奴與漢再起劇爭（公元 73—88 年）——亞洲大陸之新形勢（公元 88—106 年）——匈奴帝國之最後崩潰（公元 106—166 年）——南匈奴之餘波

第三卷　西遷後之北匈奴（存目）

第六章　侵入歐洲之匈奴人（第一期）
　　歐洲東南部之狀況——塞西安與薩爾馬希安之領地——哥德人及其他日耳曼諸族——阿蘭那人——土耳其斯坦境內之北匈奴人——匈奴人征服阿蘭那人——匈奴人征服東哥德人——匈奴人擊敗西哥德人——西哥德人避居羅馬帝國境內——他們的叛變並擊敗皇帝法倫斯——西哥德人之定居於巴爾幹及東哥德人之定居於巴諾尼亞

第七章　侵入歐洲之匈奴人（第二期）
　　匈奴人之在俄羅斯南部——他們的逐漸進入匈牙利平原——匈奴對於日耳曼族諸人民施加壓力之結果——瑞維人、凡達爾人及阿蘭那人——西哥德人入侵

意大利及法蘭西——勃根底人和法蘭克人移入法蘭西——匈奴王國之崛興於匈牙利——奧克塔兒及路阿王朝——白里達及阿提拉之即位——匈奴對於歐洲北部之征略——阿提拉成爲唯一的統治者——阿堤拉之王廷——阿提拉與東羅馬帝國——阿提拉之進犯法蘭西——阿提拉之進犯意大利——阿提拉之死及匈奴王國之分裂——較後的匈奴人及保加利亞人——阿哇爾人之到來

第八章 侵入波斯及印度之匈奴人

公元 150 至 400 年間之中央亞細亞——波斯的薩山帝國——印度的笈多帝國——"Chionites 人"——嚈噠人或白匈奴人之崛興——嚈噠人之語言及文化——嚈噠人之西遷——他們的征服喀什加里亞及土耳其斯坦——嚈噠與薩山帝國之鬥爭——嚈噠之征服印度——突厥之興起及嚈噠之衰亡

附註(存目)
附錄(存目)
 (一) 中央亞細亞的史前史
 (二) 塞西安人的種族和語言特性
 (三) 薩爾馬希安諸部落
 (四) 巴克特里亞之古史
 (五) 帕西安人的語言特性
 (六) 左羅亞斯脫的時代及地域
 (七) 匈奴人即 Huns
 (八) 土蘭尼安或烏拉爾阿爾泰語羣
 (九) 匈奴人及 Huns 人之語言
 (十) 匈奴君主之名號
 (十一) 匈奴諸鄰族
 (十二) 月氏、烏孫及塞種之西遷
 (十三) 大夏與 Tochari
 (十四) 土耳其斯坦之中國地名
 (十五) 罽賓之地位
 (十六) 迦膩色迦之時代
 (十七) 嚈噠征略之時代
參考書目(存目)
插圖目錄(存目)

（一）塞西安人畫像

　　（二）中央亞細亞之古陶片

　　（三）貴霜時代之佛像

　　（四）喀什加里亞所得之佛像

　　（五）古佛像

　　（六）幼克來鐵狄斯之貨幣

　　（七）中國之大長城

　　（八）匈奴單于像

　　（九）中國古墓

地圖目錄（存目）

　　（一）土耳其斯坦古居民分布圖

　　（二）塞西安人和薩爾馬希安人分布圖

　　（三）波斯帝國圖

　　（四）匈奴帝國圖（公元前 174 年）

　　（五）中央亞細亞圖（約公元前 100 年）

　　（六）喀什加里亞及附近區域圖

　　（七）中央亞細亞圖（約公元後 70 年）

譯 者 贅 言

這册中亞中國史,原名"*The Early Empires of Central Asia*",是美國西北大學教授威廉·蒙哥馬利·麥高文(William Montgomery McGovern)所著,出版於 1939 年。原書除"緒論"外,分四卷:第一卷敍述當我國漢朝以前的中央亞細亞的歷史發展。當時中亞的大勢,北部生活着塞西安人和薩爾馬希安人等,南部則活動着巴克特里人和波斯人等。第二卷共五章,敍述西漢時期(及以前)匈奴人的歷史。第三卷亦五章,敍述東漢時期匈奴人的歷史。這兩卷書裏面,也涉及當時西域方面的情形,敍述了漢人和匈奴人如何發展期勢力於中亞。第四卷也分五章,前兩章述南匈奴在漢朝滅亡後的歷史,至所謂五胡十六國時期而止,因爲此後正統的匈奴人即不復見於中國史了;次二章述西遷後的北匈奴,怎樣經由中亞而侵入歐洲,促成歐洲發生各族人民大遷移的運動,加速羅馬帝國的崩潰;最後一章,則述及另一支的匈奴人,或與匈奴人有密切關聯的人民,即所謂嚈噠人或白匈奴人者,侵入波斯及印度的經過。

對於我們中國的讀者說起來,麥氏這書比較有用的,是第一卷和第四卷的最後三章。其第一卷,説明了當漢朝的漢人及匈奴人向中亞發展前,那兒本來具備着如何的居民及文化背景。其第四卷的最後三章,説明了那些在中國史上失踪了的北匈奴人,其最後命運爲如何,其對於世界史所造成的重大影響又如何。這一切,頗足以補我國舊有史籍之不足。至於麥氏原書的第二卷、第三卷,及第四卷的前兩章,多取材於我國正史,這對於外國人之治中國史者,固然有其需要,但對於中國的讀者卻沒有很多的價值。

因此譯者於 1941 年受中華書局約譯本書時,採取了一種變通辦法。除原書的第一卷完全依舊譯出外,特將原書的第二卷、第三卷,及第四卷的前二章,合併成爲一卷,加以節譯,質言之,就是將討論匈奴人在中國史上活動情形的敍述,節譯成爲一卷,此爲本書之第二卷。至於原書第四卷的後三章,即討論遷入歐洲、波斯及印度境內的匈奴人之史事者,則獨立使成一卷,完全譯出,此爲本書之第三卷。在本書的第一卷和第三卷中,譯者完全依照原文,採用直譯;至本書第二卷則採取節譯的辦法,但求保留原書主要的敍述綫索而已。

原書除"附註"外,還有數萬字的"附錄",和一個比較詳盡的"參考書目",今皆附於譯本之後。("附錄"中的前兩節,以及"參考書目"裏面有一部分對於中國史籍的介紹，對中國讀者無甚意義，譯時也曾加以刪節）。

最近中華書局決定要把這個譯本付印，曾由譯者於 1956 年 11 月至 1957 年 3 月間再將舊譯稿校看了一遍，並將"緒論"裏面的第四節予以刪除。（這一節敍述 1939 年即原書出版時的中央亞細亞的國際關係和政治局勢，內容陳舊而多錯誤，對一般的讀者已經完全沒有保留的價值了）。

這本書是一個美國資産階經學者的著作，著者的立場觀點是不合於辯證唯物主義和歷史唯物主義的，我們必需嚴格採取批判的態度來讀它，這一點是要特別提出來請讀者們注意的。

譯者。1958 年 2 月 12 日。

著 者 原 序

本書獻給西北大學政治學教授凱內脫·華萊士·科累格羅夫 (Kenneth Wallace Colegrove) 先生

親愛的凱內脫：

我現在將這微小的著作獻給你，聊以申謝你對我的許多厚惠，和你對我的不斷鼓勵及援助。

你不啻是本書的義父，因此之故，我覺得應將產生本書的經過，向你陳述一番。

數年以前，當我爲講授"民族與民族主義"一課而搜集資料時，我對於東歐及近東的一些國家，尤其是對於芬蘭、匈牙利和土耳其，特別感到興趣。

隨而我又深深感覺到歷史傳統在這些國家中的重要。爲求了解並認識她們當前的政治局勢，我常需要去尋求其歷史的背景。不久我就認清，除非我能先將她們種族的、語言的和文化的史跡探究明白，即無從理解這些國家中的居民之當前態度。

這三種人民，據信皆來自中央亞細亞。因之自然需要先去研討一部分的中亞歷史。我旋即發現關於此一部分歷史的可靠著作，竟異常稀少。從這一地區中，不斷地有一批一批的人民，四出征略，往往深切影響全世界歷史的進程；可是關於這些人民遷徙的波濤，我們所得而見的記述，卻驚人的稀少。固然也有許多零星的專著及論文,其中多數皆帶有高度的專門性,涉及種種晦黯的專題,但我竟找不到一册綜合的著作,能概括敍述本問題的全貌,使人獲得一個"鳥瞰"。

因此我决定以简略的方式,準備來寫一篇綜括中亞歷史諸重要階段的简短論文,這主要的爲便利我自己。我希望大約寫一百頁便彀了,可是不得了,我旋即發現我自己已被捲入一件龐大的工作中了。有關本問題的許多學者們,其意見竟非常紛歧,我爲要辨別是非,找尋真相,竟不得不對於所有的學説,作進一步的鑽研。

其始我想將所有近代西方學者所著述的第二手資料,或至少將英、法、德文寫成的資料,搜集起來。多數這些資料,已開列在本書的"參考書目"中。不幸我卻不習俄文。我的至友 Andrew Haensel 先生,曾從我受業,原籍是俄羅斯人,謝謝他的好意,代我探究了許多俄文資料,並寫成精美的提要供給我。我雖得由此獲得了許多有趣且有價值的暗示,但我在本書中並未引用俄文資料,因爲我到底是未能去直接運用牠們的。不過這些俄文資料,雖富興趣,但對於我從西歐學者方面所得的知識,在本質上也並沒有甚麼修正。

從而我又發現,所有這些第二手的資料,雖具有價值,但對於我的需要還不能滿足。爲要認識史跡的真相,勢不能不去鑽研第一手的原始史料。不幸這些原始史料,是以多種不同的語文寫成的,其中最重要的,是拉丁文、希臘文、漢文、波斯文和阿拉伯文。此外在亞美尼亞及突厥資料中,也偶而有一些材料可得。

人生短促,而語言之學無窮。我曾在近東漫遊數月,對於突厥語和波斯語,有一些皮毛的認識,於阿拉伯語亦然;可是這只是一點皮毛而已,對於以這些語言著述的高深而專門的歷史著作,我仍然無力運用。因此之故,關於此等史料,我只能根據歐洲語的譯本;至於亞美尼亞語,我是一無所知的,當然更如此。幸而以此等語文寫成而有關中央亞細亞的資料,多數都已經譯出。

對於古典文學,我昔曾從事學習,因之處理拉丁和希臘資料時,便比較容易得多了。所有對於此等資料的引用,皆根據原本。雖然如此,但我並未以古典學者自炫(尤其希臘文是非常艱難的),只要有現成的譯本可用,我總樂於假用,這只要看本書的"參考書目"便可知道。

而關於中央亞細亞歷史的最重要資料,卻是以漢文寫成,而包含在中國的正史中的。中國史料的正確和豐富,可説遠勝其他一切資料的總和。幸而我自幼生長在遠東,我的學習中國語文,是和英語同時學習的。加以近年來因職務關係,迫使我對中國語文,不但繼續保持接近,且更有所增進。

因之當我從事研究有關中亞的中國史籍時,所遇的困難反較處理其他問題爲少。雖然,任何一個人,尤其是任何一個外國人,都不能自稱他力能完全了解古典的漢文。因此之故,我總審慎地去參考一切西人對於中國資料的譯文,並將我所欽敬的先輩作家之譯文,拿來和我自己的譯文比較。這種參考和比較,多次使我自己得免於重大的錯誤。有時我卻也發現,像 Chavannes, de Groot, Parker, Hirth 和 Weiger 等偉大的漢學家,也偶有千慮之一失,我便大膽地捨棄了他們的見解了。當沒有現成的譯文時,我便自己來譯。

學問如逝水,後浪催前浪,往往前修未密,後出轉精。我敢斷言,我一定有不少的舛誤。但我在本書的"附註"中,已審慎列出所從取材的一切來源,俾後我而研究中亞史者,得更易於指出我的舛訛。

最後,尚有一言。本書的主體,係爲對素來隱晦的東方歷史感覺興趣的一般知識分子而寫。故行文時力求簡明扼要。一切對於史料出處的註明,一切冷僻而專門的討論,以及一切學者們之間尚有爭論的問題,都附入本書之末,普通讀者不去理會牠們也可以。我并且請求,假如幸承任何專門學者惠讀本書時,希望他肯在讀畢這些附加的材料後,再來評判本書的全體。

*　　*　　*

歲月不居,忽焉數載,我已搜集起來許許多多有關中央亞細亞歷史的資料,從最古的時代起,直到今日爲止。

在你的鼓勵之下,也可說是由於你的要求,如今我將這些歷史資料之中的古代部分,編成本書付印。

假如本書幸而能遇到良好的反應,假如你仍肯鼓勵我繼續工作,我希望能將其餘的資料,再編著一本討論後期中亞諸帝國歷史的新著,其討論的範圍將述至最近該一地區的一般狀況。

你永遠忠貞的友人　威廉・蒙哥馬利・麥高文

緒論　中央亞細亞在世界史上的地位

"世界史"內容的擴展——中央亞細亞和馬的豢養——袴的起源——中央亞細亞的藝術——中央亞細亞和文化刺激力自東向西及自西向東的傳播——玻璃、絲、印刷術、火藥——政治史:塞西安人

(Scythians)——匈奴人——中央亞細亞和中國史——中央亞細亞和波斯史及印度史——亞細亞人的侵入歐洲——匈奴人、阿哇爾人（Avars）、保加利亞人及匈牙利人——塞爾柱突厥人（Seljuk Turks）和奧托曼突厥人（Ottoman Turks）

所謂"世界史"的範圍，在前一世紀中，曾有重大的變化。當十八世紀時，世界史的意義就是希臘和西歐的歷史，前面再加上一章取材於舊約的猶太史。既而關於史學的研究，特別在近東考古學方面，有了驚人的進展，結果遂使埃及、巴比倫尼亞和亞述的文明發展情形，也加入世界史的領域。

更到後來，世界史的範圍，又擴展到了東方。若干學者之單獨進行研究印度和中國史跡，固已歷數十年，但是直待二十世紀開端後，史學家繞普遍一致承認這些東方國家的發展，具有世界的重要性，不能和整個人類進化史分離。

可是到了目前，還有一個廣大而真正重要的地域，除少數專家外，一般對它常常是太忽視了。這一地域就是中央亞細亞——其實中亞之地，對於有關人類通史的一切問題，都是具有重要性的。

（一）

歐洲乃至美洲的文化、政治和經濟生活，都頗受到中央亞細亞的激盪之賜。這些對於世界文明的貢獻，我們將逐一加以檢討。現在我們且先從發源於本區的風俗習慣（人類學者稱此爲"文化特徵"）開始。

人類的能豢養野獸，加以利用，對於人類文明，是重要因素之一。我們現在曉得，野馬的最早豢養，實始於中亞草原；所謂"馬的文化"——即以馬供拉曳之用，較後更加以乘騎——就是後中亞區漸傳到世界他處去的。因而若干和馬有關的事物——如馬鞍及較後發明的踏蹬——其亦起源於中亞，實無足異。

更有趣的，是中央亞細亞所加於人類衣飾（特別對於男性衣服）的影響。因爲他們養馬和騎馬之故，古代的中亞人民，不得不廢棄當時他處人民普通服用的寬袍，而發明一靈便之物，就是我們所稱爲袴的。最初若干世紀中，袴的服用，僅限於中亞人民，但後來因騎馬的習慣漸普及，於是穿袴的習慣，也由中亞傳至世界其他各處。

和乘馬有密切關係的又一中亞產物，是韃；古代幾普遍於各地的屐履，遂漸爲韃所代。這些原始的韃，或以皮製，或以氈製；由此又可知氈的製造，應亦爲中亞文化特徵之一，後漸由此傳至世界各地。更在此後，中亞人民又最先發明在韡和鞋上加一後跟的習慣。

　　普通當我們一想到中央亞細亞的居民，無論是古代的，或近代的，常以野蠻人視之。可是有趣得很，近年的考古工作，卻發現中亞的古代人民，其藝術傳統已有高度的發展。更重要的，據學者們研究的結果，曉得這些古代的中亞藝術，一方面對於歐洲藝術的發展，另一方面對於中國及遠東藝術的發展，竟都具有相當的影響力。

　　由此可見中央亞細亞本身對於文化史的貢獻，實爲遠大。而尤其重要的，厥爲此一區域在舊世界各部分文化特徵互相傳播中所占的地位。

　　許多年來，即已承認我們"歐洲"文化的起源，大部分須通過羅馬和希臘，而上溯到古代埃及及近東人民"對於文明之征服"；可是直到近年，一般仍以爲印度及遠東偉大的古典文明，是另一完全分離獨立的文化進展系統之產物。最近的史學研究和考古發現，已證明上述理論的謬誤。遠在有史紀錄以前，爲"文明"發源地的近東，和歐洲、亞洲其他各地之間，就已經有文化刺激力的傳播和流通了。

　　此後文化傳播的方向，常相反而相成。新的發明，新的思想，和新的風俗習慣，仍繼續由歐洲或近東傳至東方、印度及中國；然而印度，尤其是中國，常能居西土之先，以貢獻其文化特徵，這些文化特徵對於整個西方世界的歷史，實具遠大影響。從這許多東、西文化刺激力的不斷交換，纔可以進言世界史，以別於其他分疆劃界的區域史。

　　於此有特別重要的一點：這些文化特徵的互相交換，多數皆經過中央亞細亞。例如吸收歐洲的諸多發明，傳播至於中國的，就是中亞人；而許多中國的發明，也由他們帶回歐洲。因此之故，假如印度和中國而可包含於世界史的範圍中，則中央亞細亞顯然也應受同樣的待遇。

　　中央亞細亞爲西方和東方的中介者，此舉實足以重大影響全人類的文化發展，我們於此，但舉二三重要之例。這些文化特徵的互相交換，其開始遠在有史紀錄之前。當人類歷史的曙期，近東和中國北部的人民，都知道使用輪和鋤，且都種值小麥、稷和大麥，由此事實，可見兩地人民或已有若干文化聯繫。這一理論，更因在中亞安諾(Anau)地方所進行的發掘工作而增強其力量；安諾的發掘，指明曾一度繁榮於該地的文明，實爲古代近東文明和遠東文明之間的一種"失去的聯繫"。最近又因曾在華北發現若干史前陶器的遺留，其上有強烈的西方影響之痕跡，遂使上述理論，更獲進展。

及進入歷史時代後,我們發現緊接亞歷山大大帝遠征後的一時期中,西方復以大量的文化刺激力,藉中亞人民而傳至遠東。當時有一派的希臘藝術,建立於現時阿富汗北部,曾投廣大的影響於土耳其斯坦各地,並經土耳其斯坦而卒達中國,使中國的繪畫和雕刻,產生完全的革命。其時中國的音樂,亦起重大變化,此舉也可能係受希臘影響所致。

希臘、羅馬的玻璃,經中亞而傳入中國,對於中國的工藝也有廣大影響,且間接促成中國瓷器的發明。更在此後,當公元第七及第八世紀時,若干歐洲的家具,如床、桌、椅等,也經中亞境內突厥諸部東傳,遂使中國人的室內生活大起改變。事有可珍異者,直至很近的時期以前,東方人民之享用上述室內用具的,猶僅限於中國人。最後,我們當更述及有一時期,景教(Nestorian christianity)曾在中亞人民中獲得多數的信徒。該教旋又由中亞傳入中國,當公元第七世紀時,中國的首都,已有一繁榮的基督教社團存在。

和中國及歐洲間的接觸有密切關聯的,是中國和波期間的交通。波斯的影響,在農業方面特別顯明。當公元前第二世紀時,中國因和中亞接觸之故,遂得自伊蘭區域(Iranian world)輸入苜蓿(Alfalfa)和葡萄樹(Grapevine)。此後數世紀中,許多其他的植物,也由波斯經中亞傳入中國,使中國的家庭經濟隋之發生重大變化。中國的甲冑和戰略的發展,所受伊蘭的影響也重要。摩尼教(Manicheanism)爲三世紀時的波斯宗教,在中亞境內久與基督教爲敵,卻也曾和基督教並存於中國,這事實也不是沒有重要性的。

奇怪得很,印度和中國的交通,多數是不直接的,而也經過中亞之地,以中亞人爲其中介。印度和中國,雖然疆土毘連,但其間地形崎嶇險阻,遂使直接往來極端困難。因此之故,兩國間的交通,幾常取道於海上,或繞道中亞而行。

佛教的傳播,即由印度經中央亞細亞而達於中國及遠東諸邦。使中國人歸依佛教的許多古代僧侶,並非全屬印度人,而實爲中亞的土著;這一事實,足以助我們說明何以印度的佛教形式,和中國的佛教形式有若干顯著的差異。關於佛教的來源,是一個重要問題,因爲我們知道,佛教的輸入中國,幾使所有遠東各族人民的文化生活,起一完全的革命。

我們以上所述,注重於若干文化特徵之由歐洲、近東及中東,經中央亞細亞而傳入中國。但我們不應忘卻,中國在所有時期中,一方面接受西方的文化刺激力,一方面也以許多自己的獨特文明,通過同一道路,傳回西方。

自遠古時代,若干中國的植物,如桃及杏等,就已由中亞及波斯西傳到歐洲。

更後則其他中國植物如大黃、薑及茶等,亦爲連入西方備受歡迎的物品。

遠在皇帝奧古斯都(Augustus)在位時,中國即因產絲而特別著聞於羅馬世界。其後諸世紀中,中國絲的輸入,成爲羅馬帝國商業生活中極重要因素之一。從中國通羅馬的大絲路,就經過中央亞細亞,爲求控制這一段道路,曾起多次鬥爭,因之產生了重要政治變化。更後則中國瓷器的貿易,也幾乎和絲的貿易同樣重要。

在發明方面,中國和西方的聯繫(經過中央亞細亞之媒介),情形亦同。中國人民,常努力去完成他們自己的新發明。如紙,即其一例。造紙之術,是公元第二世紀時中國人所發明。此項製造,於八世紀時傳至中亞,旋即爲阿拉伯人所得,他們復將此秘密傳授歐人。在一切重要之點上,歐洲的造紙術不過是中國舊術的模仿。和紙的製造有密切關聯的,是發明紙幣的制度。此制早即創於中國,於十三世紀由蒙古人傳至波斯(旋更由此西傳)——蒙古人也是一種中亞人民,當時統有中國和波斯之地。

有的時候,歐洲人對於經由中亞傳來的中國發明物,更能有所改進。如印刷術的發展,即其顯著之例。書籍的印刷,早在十世紀初,就已普通於中國,但多數僅採用木板印刷的原始方法。至於活字的使用,在遠東方面雖非完全不知,可是這種技術,在印刷術的基本觀念由遠東傳入歐洲以前,卻並未有完全的發展。

在有些事物上,中國人只有"一半的發明",而尚未認識其完全發明的可能性。其適當的例證,就是化學。中國人因浸沉於煉丹術之故,在甚古之時,就對若干化學試驗發生興趣。有時這種試驗的結果,由中國人傳至阿拉伯人,更傳入歐洲。如關於硝石(Saltpeter)的知識,就是這樣西傳的;所以阿拉伯人稱之爲"中國的雪"。硝石在中國,僅供烟火爆竹之用(所以阿拉伯人稱烟火爲"中國之箭"),但一經傳入歐洲,便導成火藥的發明了。

與此相同的例,是"指南車",這東西在中國僅供尋找"吉穴"之用,但在西方世界則成爲一極重要的工具,稱之爲羅盤。羅盤的傳入歐洲,並不取道中亞,而係南經海路,和多數其他西傳的中國發明異其途徑,這原來是不足怪的。

(二)

中央亞細亞之地,在人類文化史上,久居重要的地位,它一方面是許多風俗習慣和藝術發源的中心,一方面又是上古世界一切主要文化中心間的媒介。凡此情形,我們已加觀察。

和此同樣重要的，是中亞在世界政治史中所占的地位。因爲以中亞爲故鄉的許多人民，是不斷有遷移和遠征之事的。

關於雅利安族或印度歐羅巴族最早居留之地，或以爲即在中央亞細亞，或以爲不在中央亞細亞；對兩者間激烈爭辯之各點，我們於此姑且不問。我們只要曉得：印度歐羅巴人最早係由中亞傳出的信念，經一度消沉後，現復獲得多數權威者的擁護，重居於有力的地位。

對於此點，無論其將引起如何熱烈的爭論，但事有無可置疑者，中亞諸人民之向外侵略，實具有歷史的重要性，這些人民，不問其是否起源於中亞，總之曾在某一時期，居於亞洲腹部之地。自從甚古之時，至少就已有兩種不同種族不同語言的人羣，分居於中亞，其一可稱爲塞西安種人，又一爲匈奴種人。一切居於中亞的人民，屬於"大白種"（按此辭爲布累斯脫德 Breasted 教授所定），且操雅利安或印度歐羅巴系語言的，實以"塞西安"一辭名之爲最適當。至於稱爲"匈奴"的，則是本來居於更東方的一羣人民，因此他們吸有大量的蒙古利亞血統，常常不甚準確地被視爲屬於"大黃種"。更重要的，匈奴種人的語言，完全異於雅利安，通常往往被稱爲土蘭尼安（Turanian），其實倒還不如稱爲烏拉爾阿爾泰（UralAltaic）的好。

距今若干世紀前，塞西安或印度歐羅巴的分子，就已幾乎完全絕跡於中亞人民中；但是我們決不能因此一歷史悲劇之故，便忽視了這一族人曾一度爲現時土耳其斯坦地方的統治分子，他們並曾由土耳其斯坦向各方外移，投重大影響於一切鄰近的區域。向西方，塞西安族羣曾遍達南俄羅斯各地，甚至深入歐洲的中部。向東方，則其他的塞西安族羣又曾遠達亞洲東部，占有現時中國西北之地者歷若干世紀，這是我們所知道的中國第一次和具"歐羅巴"血統操"歐羅巴"語言的人民的接觸。

而最重要的，是塞西安移民所加於土耳其斯坦以南各地的影響。廣義的塞西安人（或者我們可以稱之爲歷史時代塞西安人的先祖），當最早的歷史曙期，便已度捲波斯高原，並達印度西北之地，此兩地之人民，此後便永遠以說印度歐羅巴語的白色人種爲其主要因素。

後來這些波斯及印度境內的印度歐羅巴系居民，廢棄了先前的游牧習慣，定居在農業生活之中。於是他們和留居於土耳其斯坦、仍習游牧並且愛好刧掠之本系的塞西安人，雖本同根，但竟成死敵。這些後斯的塞西安人，屢次南下侵掠他們習於奢侈日趨柔弱的遠房同族。有時這種從事掠奪的遠征者，竟造成長期的征服和占領。

塞西安族人之由土耳其斯坦南進，對居於波斯高原的農業居民建立政治上的統治，其最佳之例，就是君臨波斯幾達五世紀之久（公元前 247—公元後 226 年）的帕西安人（Parthians）。

當帕西安人握有波斯的大部分時間中，印度北部的多數土地，也為其他若干塞西安族人所佔，他們通常被綜合起來稱為印度塞西安人。許多印度塞西安的統治者，不僅是著名的帝國建立者，亦且為偉大的藝術保護人。在他們的保護之下，遂興起一完全新型的藝術和文學，這對於後來的亞洲文明，實具有恆久的影響。

我們的討論，現在由塞西安人轉到匈奴人——就是當時中亞人民中的另一主要人羣。當土耳其斯坦受治於塞西安人時，蒙古利亞之地，則受治於許多匈奴部落。匈奴一辭，為中國人所命名，中國不斷受匈奴入侵之威脅，達若干世紀之久。中國的大長城，築於公元前 214 年，目的便在防範匈奴，使勿南下牧馬於黃河流域的肥沃平原。稍在此後，蒙古境內的匈奴人，本分裂為無數部落的，竟聯合而成一統的帝國，其形態雖時有變化，但實際存在達三百餘年（公元前 209—公元後 160 年）。在此時期的大部分中，匈奴帝國成為中國的勁敵，互爭遠東的政治領導和統制權。

直到公元第三世紀之末，中國人經過多次激烈戰爭，努力於防阻匈奴人，使他們不能恆久入居中國境內。此後則中國因內亂而削弱，結果遂使匈奴人成為整個華北的主人，並且還有其他許多土蘭尼安人民隨之而來。土蘭尼安人的統治這一區域，達兩世紀以上（至公元 581 年止）。

至第六世紀末，中國人驅除土蘭尼安統治者的工作，卒告成功；在此後的時期中，特別當偉大的唐朝（618—907 年），他們不僅恢復本土，其統治權且遠及於中亞之大部分。但唐朝傾覆後，中國又起內憂，結果土蘭尼安人遂復由中亞侵入中國。

唐亡於 907 年，而中國帝制的被推翻則在 1911 年。在此一千年間，若干中國人自建的皇朝，雖仍繼續領有一部分的土地（主要限於南中國），但其統治權之能遍及於中國全部，則尚不滿三百年（1366—1644 年）。其餘的七百多年，則中國之地，或一部，或全部，實受治於各種的匈奴種人或土蘭尼安人。

從 1120 到 1278 年，中國北部相繼受遼、金及成吉思汗領導下著名的蒙古人之統治。至 1278 年，本來尚能維持獨立的中國南部，也亡於成吉思汗之孫忽必烈汗,這是歷史上中國全部受治於土蘭尼安人的第一次。

蒙古的統治中國,歷時僅九十年。元代衰亡的主因,起於濫發紙幣造成通貨膨脹的政策。於是朱元璋鑒於其同胞痛苦之深,遂起而倡導革命,卒於 1368 年逐退蒙古軍,建立明朝。但此後中國仍不能自全於異族人之統治。1644 年,另一集團的土蘭尼安人,即本來居於東北滿洲地方的滿洲人,又侵入中國,而以鐵腕統治之,直至 1911 年。

匈奴人及其他土蘭尼安諸族之歷史的重要性,不僅限於遠東一隅。當第二世紀之末棄,本來爲土耳其斯坦主人翁之塞西安或印度歐羅巴人,突趨衰落。最後他們卒爲逐漸西移的匈奴人所驅逐或併吞。至第五世紀時,匈奴人遂完全控制土耳其斯坦之全部,而與建立於波斯高原上的薩山帝國(Sasanid Empire)相毘連。於是波斯人和匈奴人(即所謂白匈奴 White Huns)的衝突立即隨之而起,薩山朝名王之一,竟戰歿於 484 年,波斯人爲保持其領土勿遭蹂躪起見,被逼納重貢於匈奴部落,歷時甚久。

至第六世紀時,雄霸土耳其斯坦的匈奴人,又爲突厥所代;突厥和匈奴,種族語言都很相似。匈奴雖爲突厥所代,但波斯人仍不能稍安。而且突厥的爲患近鄰,更甚於其先的匈奴人。在最初數世紀中,突厥人的侵入波斯疆土,雖僅爲偶發事件,但至 1040 年,強大的塞爾柱突厥人卒席捲波斯全部,不久且成爲所有近東國家之共主。

兩世紀後(1218 年),塞爾柱突厥就衰,波斯統治者的地位,爲蒙古人所得,此後一世紀餘,波斯成爲大蒙古帝國的一部。既而蒙古帝國崩潰,但是帖木兒大帝所率領的"蒙古突厥"部衆,旋即重建土蘭尼安的統治權於波斯高原。此後繼之以一短期的土著朝代,但從 1750 到 1932 年間,波斯復受治於土蘭尼安人,就是喀加突厥(Kajar Turks)。即使到了現在,統治波斯者雖復爲一波斯人,但其居民五分之一以上仍操突厥語,這正是長期的土蘭尼安統治所留下來的生動紀念。

印度的情形也和此相同。當第五及第六世紀時,蹂躪波期的白匈奴人,又有一支通過山徑而侵入印度,推翻印度極偉大的土著王朝笈多帝國(Gupta Empire)。這些匈奴人所建的國家,雖不久即崩潰,但匈奴人之入侵,對於印度統治階級的成分,實且恒久之影響。印度諸古王族,已經一一消滅,而自誇高貴的拉加普脫族(Rajput)及構成今日印度貴族階級之若干印度教的家族,據多數學者的意見,以爲皆非古代原有貴族之後,卻是匈奴高級戰士的苗裔。

土蘭尼安人侵入印度的故事，還不止此。此後尚有土蘭尼安之人，來傳播更深遠的影響。原來當伊斯蘭教之傳布工作操於阿拉伯人及波斯人手中時，伊斯蘭教的侵入印度甚爲微細；但一當土蘭尼安種的突厥人爲伊斯蘭信仰所同化後，印度的命運就被決定了。大約開始於公元 1000 年，在若干突厥及阿富汗的武士團向印度侵入，其初以掠奪爲目的，其後則從事於征服和定居。當 1200 年左右，這些侵入者的地位已趨鞏固，自此以後，直到十八世紀英國的威權興起時爲止，印度全境，都受治於許多異族的伊斯蘭教王朝。這些異族統治者，多數源出突厥（土蘭尼安），受突厥軍士的擁護。在這許多土蘭尼安王朝中尤放異彩的，是莫卧兒（Monguls 或 Mughals，此字源出蒙古 Mongol 一辭，實則莫卧兒所含的突厥成分，更多於蒙古成分），其統治的時代，始於 1526 年，迄十九世紀爲止。他們的勢力，雖就衰於 1700 年以後，但當 1835 年時，英人猶繼續假用莫卧兒之名，鑄造貨幣，而莫卧兒之名義上的統治權，也直到 1858 年始歸消滅。可是土蘭尼安人之入侵所加於印度的影響，並未隨此鏟除。例如伊斯蘭教本由土蘭尼安之入侵者傳入印度，當英人統治時期，全印三億二千萬人民中，仍有七千萬信仰伊斯蘭教，結果引起伊斯蘭教徒和印度教徒的種種紛爭，這是英人統治下的印度政府所視爲最困難的因素之一。

（三）

我們以上所述，僅限於匈奴或土蘭尼安人的侵略，所加於亞洲其他各種人民之歷史發展的影響。這些侵略的影響之遠大，早爲一切歷史學者所公認，於此不必更加贅述。

當我們由亞洲轉至歐洲時，可知土蘭尼安人的侵略行動，其影響於歐洲的，因大部分爲間接的之故，不免較爲隱晦，以是遂常被忽視。但有可斷言的：歐洲政治地理之形成，一部分實爲土蘭尼安人自第四世紀時間始侵入歐洲大陸之結果。即使更進一步，說近世歐洲之構成，全出土蘭尼安侵入者激盪之賜，也未嘗不可。

造成今日歐洲局勢之最重要的因素，是：羅馬帝國的滅亡，日耳曼諸族的侵入西歐，斯拉夫諸族的侵入中歐及南歐，文藝復興暨古代學術在西歐之復活，和新航路新世界的發現。在這些重大史蹟之後，都有中央亞細亞游牧人的影響，潛藏隱伏於其間。

對於各種錯綜繁複的世界歷史事蹟，要說出其絕對的原因，自不可能。上段所舉出的各項運動，都由種種造因層積而成；但是在每一項運動中，其主因之一，要由於中亞人民入侵歐洲所致。

傾覆羅馬帝國的動力，便來自中央亞細亞。固然，當時亞細亞人民本身經匈牙利平原而入西歐的侵略行動，並未直接造成此幕。侵入高盧(Gaul)和意大利的亞洲蠻族，雖攜恐怖混亂俱來，但也未嘗長期定居，他們所造成的政治變局，歷時甚暫。而直接傾覆羅馬帝國舊制的，卻是由於日耳曼諸族的入居帝國版圖之內。最先有哥德人(Goths)之侵入意大利、法國南部及南班牙的一部。瑞維人(Suevi)及凡達爾人(Vandals)則占據西班牙之其他部分及非洲。又有勃根底人(Burgundi)進入法國中部，而盎格魯人(Angles)和撒克遜人(Saxons)則取得曾為羅馬殖民地的不列顛。

凡此種種，為普通學童所習知，但學童也有所不知的：當時這些日耳曼部落，就羅馬世界看來，是侵入帝國的征服者；但就日耳曼人本身，或就阿提拉(Attila)時代稍前的匈奴人看來，那麼，他們不過是一班喪膽的逃難者。這些哥德部落並非不畏懼羅馬的大軍，可是他們更畏懼突然出現於他們之前的來自中亞而狂暴的乘馬戰士。因為這種恐懼，纔驅使他們衝破羅馬的防綫，而普遍侵入羅馬各省。

關於這些部落人民遷徙運動和匈奴人間的關聯，我們僅能從間接的證據中推尋而得。日耳曼諸部落對於他們從事征略的起因，並沒有記述，而羅馬史家，也甚少注意這些北方蠻族的內部情形。有的時候，我們只能穀說，日耳曼諸部落的向西方遷徙，在時間和地位上，恰好和匈奴人的來自東方平行發生。

但就我們所可獲得的一切證據，及就當時人所留的一切記述而觀，則處處告訴我們，日耳曼各部落的西遷，實和匈奴侵略者的激盪有關。我們知道，東哥德人本居俄羅斯南部之地，逐漸向東發展，其後及為匈奴人所臣服，被逼跟隨着他們的亞細亞主人翁，成為一種輔助軍，以臨羅馬帝國的邊境。我們也知道，首先刼掠羅馬京城、被視為驍勇善戰的征服者之西哥德人，當他們初入羅馬帝國版圖時，也不過是被匈奴人完全擊潰的一羣難民。

假如說，推動日耳曼諸部落侵入羅馬帝國的原動力，是匈奴人，那麼，較遲百年出現的繼承匈奴之另一亞洲人民阿哇爾人，又推動了斯拉夫人入居於業已崩潰了的羅馬帝國領土。在較古歷史中比較隱晦的斯拉夫人民，此時正在逐漸西移，占領那些被日耳曼人所遺留下來的土地。但在開始時進行甚慢，而加速他們的遷移，並積極促成他們衝入羅馬領土的，就是阿哇爾人。阿哇爾和匈奴為同族，他們的西侵，又是受更強大的突厥人壓迫所致。

這些臣屬於阿哇爾人的斯拉夫輔助軍,遂強力入居於歐洲東南的巴諾尼亞(Pannonia)和諾里康(Noricum)之地,便是今日斯拉維尼斯人(Slovenes)的先祖。此外,克羅茲人(Croats)和塞爾維亞人(Serbs)的起源,也與此略同。正如西哥德人爲匈奴所敗後,得羅馬官吏之許可,入居羅馬帝國境內,現在這些戰敗的克羅茲人和塞爾維亞人,也得到君士坦丁堡皇帝海拉克里斯(Heraclius)的贊助,入居東羅馬帝國境內,一方面填殖荒涼的邊區,一方面也用以緩衝阿哇爾人更進一步的攻擊。

而東羅馬帝國的東北部諸省,則又因另一亞細亞人民即保加利亞人侵入之故,而斯拉夫化。原來保加利亞人的入侵,攜斯拉夫族以俱來,兩者且互相融合,結果遂使此一地區,永久屬於斯拉夫文化之範圍。

亞洲人民的降臨,其所加於斯拉夫人的重大影響,猶不限於此。蓋當遷徙之初,諸斯拉夫人所建立的王國和侯國,遍布於日耳曼諸部落之東方,南起希臘,北達波羅的海,連綿不斷,一時這些斯拉夫的國家,頗有合建一大斯拉夫帝國且採用統一的宗教和文字之趨勢。但當第九世紀末葉,因馬加爾人(Magyars)即匈牙利人的西侵多瑙河流域中部,遂使這個斯拉夫族大一統的發展,完全消滅其機會。異族的馬加爾人,阻梗於北方和南方的斯拉夫人中間,從此以後,這兩支的斯拉夫人民,其發展遂趨於很不相同的途徑。

南方的斯拉夫人,遂深受拜占庭(即東羅馬)的影響;他們仿用希臘字母,且採用希臘派的基督教。同時北方的斯拉夫人,就是波蘭人、捷克人和斯洛伐克人,則和日耳曼族爲鄰,便也仿用拉丁字母,並且化於羅馬派的基督教了。

以上所述,爲取道黑海以北侵入歐洲的亞細亞人民所加於歐洲歷史的影響,到斯拉夫人被分爲南北二支而告一段落。但當這些西侵的亞洲人民之最後一支,定居歐土而建立匈牙利王國之時,又有另一大股亞細亞的突厥人,經由另一途徑而侵入西方世界,即取道黑海之南,以達於小亞細亞,並通過馬爾摩拉海峽而至巴爾幹半島是也。

先是信奉伊斯蘭教的阿拉伯人,四出征路,已使非洲(包括埃及)、巴勒斯坦、敍利亞、美索不達米亞諸地,成爲東方世界的一部分,在政治上及文化上和歐洲脫離。但小亞細亞之地,則仍爲東羅馬帝國之一省,仍屬歐洲文化之範圍,以抗伊斯蘭教之勢力,如此者達四百年之久。然至1070年時,塞爾柱突厥人已自中亞草原進而度捲一度雄霸西亞之波斯王國,更進而攻擊拜占庭帝國,在曼席卡脫(Manzikart)一戰中,竟建立阿拉伯人全盛時所未能收穫之結果,奪得小亞細亞大部分之土地，於是遂使歐洲文化的勢力範圍，縮入歐洲本土以內。

此後約三百年間，突厥人的蹂躪，似已達最高限度。歐洲的本部，似已可免於遭受他們的攻擊；但當塞爾柱突厥人和歐洲抗爭的力量開始就衰時，其地位又被同族的奧托曼突厥人所代，他們新自亞洲草原出動，不久即全部取得歐洲所屬的巴爾幹之地，並包括爲歐洲古文化中心的君士坦丁堡在內。於是以前歐洲文化曾向東南侵入亞洲疆土之局勢，遂一變而成亞洲文化向西侵入歐洲疆土了。

1453年突厥人的占領君士坦丁堡，久已被視爲歐洲歷史上轉折點之一，此實具有理由。自羅馬城之陷落，到君士坦丁堡的陷落，這一千年間，歐洲文化之重心，在東部而不在西部。那時古希臘乃至古羅馬的藝術和文學，在羅馬城及本屬西羅馬帝國行省而理由蠻族建國的各地，皆受轉視；可是這些藝術和文學，在君士坦丁堡及拜占庭帝國所屬各省，則仍受人鑒賞和研習。不幸當時歐洲的東西兩部，甚少文化之交通。事有可笑的，其時西歐人士之能重行認識當地古代之光榮，多數反得自阿拉伯人傳習，原來阿拉伯人當入侵西班牙之前，因嘗與近東之希臘學者有所接觸。但當此之時，文化潮流，實不能由君士坦丁堡經過歐洲本土而直接傳至羅馬。其達於西歐反須取道小亞細亞、非洲北部及西班牙，然後由西班牙的基督教徒，將其傳至比利牛斯山以北之基督教諸國。

旋因阿拉伯文化就衰，遂使上述的文化交通，多數也隨而停止；故當君士坦丁堡及附近諸省陷入野蠻的突厥人手中時，一時頗感覺全部古典學問，自此或將整個消亡。然幸而君士坦丁堡的陷落，其結果反造成良好的變化。許多當突厥蠻族侵入以前本居於拜占庭的學者，至是紛紛逃生，歷經波折，卒移居於歐洲西部，而遷入意大利者爲尤多，蓋其他爲和東歐最接近的基督教國家，又爲諸學者最所習聞故也。

拜占庭學者之西遷，爲突厥人入侵直接造成之結果，對於西方的學問復興，實爲一大助力。無疑的，這時西歐之地，內部本來已有進展，而將發生重大變化。而且所謂文藝復興的運動，其意義不僅限於對古典學問的興趣之復活，實則遠較此爲重要、且遠較此爲廣泛，這也是無可置疑的。可是因拜占庭學者西遷而帶來的學問復活，實留其不可磨滅之痕跡於當時甫經發軔的人文主義運動之上。此後歷四世紀，"學問"一辭，主要的即指對於希臘及拉丁作家之知識而言，而希臘文則至今仍被視爲高等教育的基礎；凡此事實，蓋皆由正值西歐對於長時間之文化落後有所覺醒時，而拜占庭的學者們適被逼西遷，有以致之。

因文藝復興而帶來的古典學問，近年隨自然科學的普通發達，正在開始喪失其勢力。但在另一方面,則突厥人的征服歐洲東部,又會造成另一後果,其重要性今方日有增加,這就是美洲的發現。

我們不應忘卻,當君士坦丁堡陷落以前,歐洲和中國、印度間本有活躍的貿易關係存在;此等對東方貿易之動盪,且與歐洲若干大都市之興衰,頗有關聯。歐洲多數的人民,不問其他變化如何,他們所需要的,是能彀充分獲得中國的絲、東印度的香料和印度的棉布及寶石。

其初歐洲對東方之貿易,以希臘人握其專賣權,而君士坦丁堡廣大的財富及人口(約有二百萬居民),實賴此項貿易為之維持。繼而隨希臘或東羅馬帝國勢之漸衰,意大利諸城市,尤其是威尼斯和熱諾亞,遂取得此等對東方貿易的大部分,他們並能保護通商的道路,以維持經常的貿易。

當十三世紀時,即歐洲與東方發生直接的海上交通以前之二世紀時,意大利的商人(包括著名的馬可波羅在內),即曾遍達中國及印度各處,並將東方諸國富庶的情形,告諸歐人。當時曾有一意大利的主教及許多意大利的教士,居於中國境內。因為這些接觸的結果,遂使歐洲人士,益視東方之奢侈品為必需。

就當這個時候,發生了突厥人的攻陷君士坦丁堡,並摧殘了歐國亞間商業的萌芽。突厥人初時本來允許歐洲商隊通過他們的領土,但當他們征土略地的形勢趨於鞏固後,便停止了一切歐洲和遠東間直接的陸路交通。其始歐洲人猶可經過突厥中間人之手,繼續經商,但不久即發覺此舉困難極多;於是亞洲商品之西運,數量本來甚巨大的,至是遂微弱而時有間斷。

因東方貿易如此經遭破壞之故,遂刺激歐人,發生冒險精神,尋覓新的方法,以求獲致歐洲、印度及中國間的直接交通。但當時突厥人方控制一切交通東方的陸路,且勢力強大,不易取勝,所以可能的途徑,唯有自海上尋求新路。海上的新路,顯然可採者有二綫,但尚有一較隱蔽的第三綫,驟視之似近荒唐,後來却竟為哥倫布所偶然發現。

歐洲人士本習知中國和印度皆瀕大海,所以他們以為欲達此夢寐以求的土地,可或由歐洲北岸東航,或繞道非洲南岸東航。這就是顯然可採的二綫。

當時企圖採取北綫,經過北極海以達中國者,主要的為英國人。他們的企圖,因途中氣候之阻止,卒歸失敗。為謀實現此企圖,英人遂與新興的俄羅斯帝國發生直接接觸,英女王伊麗沙伯且曾為此派一特使,赴俄皇可畏的伊凡之朝廷,一時英、俄之間,頗有行將建立同盟關係之勢。

而取道南非以建立歐洲與東方海上直接交通的發展,則由葡萄牙人主持其事。伐斯哥・達・伽馬的環航好望角,適當君士坦丁堡陷落後之四十五年;此後百年之間,葡萄牙人在東方海上遂握壓倒的優勢。於是波斯和印度沿海之地、馬六甲海峽及中國南部沿海之地,所受歐洲的影響,且遠較東西交通限於陸上之時爲多,所以陸路交通的被切斷,不但不減少歐、亞兩洲間的商務,結果反使之有大量增進。及葡萄牙對東方之貿易開始下降,荷蘭代之而興,且更加深東方和西方間商業及政治之關係。既而荷蘭商務亦就衰,法國和英國又起而代之。

歐洲人之所以能在亞洲建立霸權,當然是受這一南方海上交通綫之賜。但較此更令人感覺興趣的,卻是因尋求一條通往亞洲的捷徑,竟促成了美洲的發現。我們不應忘記,哥倫布的乘船出發,其目的不僅在探險。他的目的,不在尋求未經發現的新土地,也不在未經發現的新海洋。當時他的希望,僅爲探查向西航行的結果,究竟能否達到東方。他所帶的函件,即係致契丹大汗的,而非欲投之於他所能發現的任何土地之任何君主;他死得很快活,並不是因爲他知道自己已發現了一個新大陸,倒是因爲他相信他已經達到印度附近的島嶼。

所以美洲的發現及開放,實受東方之影響,而尋求一西航的途徑,以代替被突厥人所封閉之商路,其活動並不隨哥倫布而告終。當 1497 年,有意大利人約翰・加波(John Cabot)受英人之僱用,也曾自英國西航,以尋求日本國。約翰・史密士船主(Captain John Smith)亦受倫敦商人探險公司(London Company of Merchant Adventurers)之委任,沿契科荷密尼河(Chikohominy River)航行,以求發現南海(South Sea)。數年之後,馬丁・佛羅別舍爵士(Sir Martin Frobisher)又受倫敦契丹公司(Cathay Company of London)之託,尋求格林蘭和大陸間的西北航綫。亨特里克・赫德孫(Hendrik Hudson)也代表荷蘭東印度公司(Dutch East Indies Company),乘著名之半月號船,沿阿爾巴尼(Albany)之淺灘前進,期望能經由巴里賽玆(Palisades)以達中國海。

(四)

我們以上所述,僅爲中央亞細亞過去的地位。但中亞之高原與山谷,及其間的人民,即在今日,凡一切研究國際關係的學者,對之亦仍不能不有深切之重視。

總之,中央亞細亞之地,通過全部歷史時代,在世界大局的發展中,實爲重要主角。而對於中亞歷史的研究,過去雖過於忽略,實則顯然具有重要性和價值。

本書以下所述,乃古代塞西安和匈奴帝國興亡的史蹟;倘欲進而研究後世統治中亞並且伸其勢力於亞洲全部和歐洲半部的諸帝國,則本書實爲其先導。

《古航海圖考釋》序

(據《章巽文集》,海洋出版社1986年版)

(一)

這冊古航海圖,原係舊抄本,一九五六年春在上海來青閣書莊舊書堆中檢出,店員云係從浙江吳興收得,遂議價購歸。無書名題記、作者姓氏,亦無傳抄者文字記錄。其中有航海地圖六十九幅,黃毛邊紙抄繪,每幅縱〇·二七米,橫〇·二八米,裝訂成册。它的內容,以今地言之,北起遼東灣,中經山東、江蘇、上海、浙江、福建諸省市,南達珠江口以外,把我國大陸邊緣很大一部分近海航綫都包括在內了。

六十九幅地圖中,屬於今遼東灣區域的有四幅("圖一"至"圖四");屬於今渤海海峽的有三幅("圖五"至"圖七");屬於今山東半島沿海一帶的有十四幅("圖八"至"圖二十",其中因原編號重複,"圖十二"有兩幅);屬於今江蘇沿海及上海附近長江口的有三幅("圖二十一"至"圖二十三");屬於今浙江沿海的有十五幅("圖二十四"至"圖三十八");屬於今福建沿海的有二十四幅("圖三十九"至"圖六十二");還有六幅("圖六十三"至"圖六十九",其中"圖六十六"原缺),則屬於今廣東沿海一帶。它的範圍,可以算得廣大了。

然而和近代地圖比較起來,或者即使和一些古地圖如茅元儀《武備志》所收《鄭和航海圖》比較起來,這冊古航海圖,卻顯然是十分質樸簡拙的。它所收的六十九幅地圖,彼此分散,中間缺少比較精密而有系統的聯繫,並未能打成一片。每一幅圖裏面,也只畫了一些粗綫條的山礁地形,加上一些地名以及有關水文、針位和船路的注記。注記的文字,也土俗極了,完全沒有經過文人修飾,可說是道道地地的民間口語。除去因傳抄產生的誤字之外,許多地名,幾乎只是注音式的,如山東的之罘島或芝罘島,它卻寫作子午島;成山頭或成山角,它卻寫作青山頭;勞山或嶗山,它卻寫作老山。因之拿來和今地圖核對,往往要費上一番時間,才能比定。所以，就圖論圖，這册古航海圖乃是比較原始、比較簡單的。

(二)

可是，從我國的航海史、地圖史，以及實用科學發展史上看起來，這册質樸簡拙的古航海圖，實在有它大可寶貴的價值存在。

我國的海上航行，有極其悠久的歷史。從渤海、黃海到東海、南海，連同所屬各島嶼合計，我國海岸綫的長度估計當在二萬公里以上。近年的考古發掘工作說明，遠在有文字記載以前的原始公社時代，我國各族人民的祖先，就已在沿海各地以及那些星羅棋布的島嶼之間有航海交通的往來。隨着生產的發展和社會的發展，航海交通也不斷有了發展。古代的航海者，在長期的海上生活中，要和許多大自然的環境相接觸，風雲雷雨，日月星辰，山島沉礁，波潮海嘯，都對他們的生活和安全息息相關。各種航海的技術，以及一些有關天文、地理方面的知識，也就從他們長期勞動和對大自然的鬥爭中逐漸積累起來。

同時，在我國，原始地圖的起源也很早。古代流傳下來的《山海經》，很多學者認爲只是今已散失的《山海圖》的文字注記。而有關海上山形水勢的地圖，無論怎樣的原始，怎樣的簡單，對於航海的人們都是極爲需要的。可以相信，從我國古代航海者所積累起來的地理知識而產生的航海圖，起源也一定很早。今已散失的《山海圖》，其中一部分可能就帶有原始航海圖的性質。

凡是地圖，準確的程度固然可以互有上下，但都不能憑空想象，總要根據實地的觀察和實際的瞭解而來。航海圖自然也不能例外。所以，航海圖的產生，最早的作者乃是古代許多無名的航海者，也就是一些平凡而偉大的道道地地的勞動人民。可惜我國從前的歷史記載，往往着重於帝王將相的事迹和所謂上層社會的活動，對於這些無名的航海者和無名的作者以及他們的作品，注意得實在太不夠，幾乎很少留下甚麼記錄。航海的勞動人民，世世代代在歷史的沉默中把這些航海圖繼承下去，并且根據自己的實際使用和生活經驗，隨時對它們加以補充和發展。

地圖，包括航海圖，對於統治階級也不是沒有用處的。所以蕭何入關，就要先收秦政府收藏的圖籍。隨着歷代地圖繪製工作的進步，統治階級所編制的地圖也有不斷的發展，如晉司空裴秀的《禹貢地域圖》，就是一種著名的代表作。到了唐、宋時代，航海大盛。至今海外華僑，還保留着"唐人"的稱號；關於海神"天后"的傳說，也從宋代開始產生。當時的政府和所謂上層社會，對於航海圖等，當然也更要重視起來。所惜史料不全，許多具體發展，現在已不易詳悉。北宋末年成書的《宣和奉使高麗圖經》，經存而圖亡，書中（卷三十四）說到曾就"神舟所經島洲苫嶼，而爲之圖"，可知所亡之圖，有海道圖在內。王應麟《玉海》（卷十五）又載有《紹興海道圖》，說："（紹興）二年五月辛酉，樞密院言，據探報，敵人分屯淮陽軍、海州，竊慮以輕舟南來，震驚江浙，緣蘇洋之南，海道通快，可以徑趨浙江。詔兩浙路帥司，速遣官相度控扼次第，圖本聞奏。"這是南宋初年的事。關於我國的海道圖或航海圖，《宣和奉使高麗圖經》和《玉海》這兩段文字，也許是能夠留傳到現在且比較明確的最早記載了。南宋末年，元兵南侵，著名的學者金履祥曾向南宋政府"進牽制搗虛之策，請以重兵由海道直趨燕薊，則襄樊之師不攻自解，且備叙海舶所經，凡州縣及海中島嶼，難易遠近，歷歷可據以行。宋廷臣不能用。伯顏師入臨安，得其書及圖，乃命以宋庫藏及圖籍儀器由海道運燕京。其後朱清、張瑄獻海漕之策，所由海道，視履祥圖書咫尺無異"（見《新元史》卷二百三十四）。以上這些兩宋時候的航海圖，可惜都早已散失。元代繼承了宋人的航海技術，舉辦大規模的海運，也有繪製航行"圖本"之事（見《雪堂叢刻》所收《大元海運記》卷下）。明刻本《海道經》（《金聲玉振集》所收）裏面的《海道指南圖》，大約就是根據元人底本，這是我們現在還能看到的。到了明代，許多和航海有關的地圖，我們現在也能看到。如《籌海圖編》中的《沿海山沙圖》、《沿海郡縣圖》、《登萊遼海圖》；《鄭開陽雜著》中的《萬里海防圖》、《海運全圖》；《武備志》中的《海防圖》、《自寶船廠開船從龍江關出水直抵外國諸番圖》等等，都已達到很有系統并且比較近於準確的程度。尤其是《武備志》中的《自寶船廠開船從龍江關出水直抵外國諸番圖》，即一般省稱爲《鄭和航海圖》的，不但範圍廣大，地名豐富，而且相當詳細地注出了針位和船路，有很高的實用價值。在我國古代航海圖的發展史上，《鄭和航海圖》不能算是最早的，卻應該承認它也許是系統最完備的。在它以後，我國用傳統方式繪製以供帆船使用的航海圖，恐怕都未能更超過它。前國立北平故宮博物院文獻館編印的《清內務府造辦處輿圖房圖目初編》裏面載有一些明、清時代的海防圖和沿海圖，還有《東洋南洋海道圖》、《西南洋各番針路方向圖》、《山東至朝鮮海運圖》、《天津衛海道運糧圖》各一幅，各圖內容如何，因未有機會見到，不能加以評判；至於乾隆刊本陳倫炯《海國聞見錄》中的《沿海全圖》，就顯然不如《鄭和航海圖》來得完備了。

以上對於宋、元、明、清各代的海道圖或航海圖等，作了一個簡略的觀察，只是粗枝大葉的叙述而已。但有一點突出在我們的面前，就是，從宣和、紹興的海道圖以至《鄭和航海圖》和《海國聞見録》中的《沿海全圖》，都是出於高級的政府官員或者著名的文人學者之手，曾經專家的整理，受過文字的修飾，所以能够保藏於朝廷，著録於書目，并且比較易於流傳後世。這和前面説到的那些無名的航海者自編自用的比較質樸簡拙的航海圖，既不爲過去的所謂上層社會所充分注意，且易於散失毀滅，兩相比較起來，命運之不同，真不能不令人喟然興嘆了。

在這一點上，也就顯示了我們現在這一册舊抄本古航海圖的大可寶貴之處。它的前後並無序跋，也没有留下作者的姓名，内容完全爲航海者的實際使用而服務，圖面和注記文字，都是這樣的質樸老實，乃是道道地地的勞動人民的創作。過去一般的藏書家或藏書機關，都不會怎樣注意到它。許多和它同類的圖，早都已經散失了。然而它竟能經歷久長的歲月，逃避一切的災難，保存下來，爲我國的航海史、地圖史，以及實用科學發展史作一種重要的填補，難道不算是一件幸事嗎！

（三）

清人黄叔璥在所撰《臺海使槎録》（卷一）中説，"舟子各洋皆有秘本"。這册抄本航海圖，大約就是這類"秘本"裏面的一種。在以帆船爲海運主要工具的時代，這類"秘本"圖册，大約多由航海者自編自用，或者父子相傳，或者師徒相授，其後能够保存到現在的極爲稀少。中華書局1961年印行的《兩種海道針經》（内包括《順風相送》和《指南正法》兩種），性質也屬於這類"秘本"，和這册抄本航海圖有互相類似的地方，且時代也較相接近。兩者之間所不同的，其一，這册航海圖有地圖，有注記，且還是以圖爲主；而《兩種海道針經》只有文字注記，卻没有地圖。其二，在航行區域方面，這册航海圖的範圍，北起遼東灣，南到珠江口附近，包括了我國大陸邊緣很大一部分近海航綫，卻没有達到大陸邊緣以外較遠的航綫；而《兩種海道針經》則遠達日本、南洋、印度、西亞等處，但在本國沿海，卻只限於長江口以南，不及長江口以北諸地。

不過我感覺到，《兩種海道針經》裏面，本來應該也有地圖。如《順風相送》31、41、45、46等頁，明明寫着"山形水勢深淺泥沙地礁石之圖"、"山形水勢之圖"等等，下面卻僅有文字而無圖，可見這些圖是先前在歷次傳抄的過程中被遺失或被刪節掉了，只在標題中還留下"圖"字的痕迹而已。同書他處和《指南正法》中，還有一些以"山形水勢"爲標題的，格式也相類似，則連"圖"字的痕迹也不再留存了。若要問：這種山形水勢之圖原來的圖形如何？這册抄本航海圖正好提供了答案。下面舉一個例子來説明。

《指南正法》(152—153 頁)中,在"北太武往廣東山形水勢"的標題下(北太武即福建金門島上的太武山),有一條記載:"大擔、小擔俱可過,黄官仔内有沉礁名曰丈八,又狗齒沉礁,行舡可防。……"這裏的大擔、小擔,是廈門港口的兩個小島;黄官仔又是小擔西面的一個小島。這段記載的意思,大概是説,大擔和小擔兩島附近均可通行船舶;黄官仔的内向卻有一座名叫丈八的沉礁,又有狗齒沉礁,行船時要小心提防。《指南正法》現在的印本已是没有圖了,但在我們這册抄本航海圖第五十四圖中,於大擔山、小擔山兩島之西,卻很清楚地畫着這樣的圖形(見右圖):

圖中的黄杆,即黄官仔。這豈不正是《指南正法》所記"黄官仔内有沉礁名曰丈八,又狗齒沉礁,行舡可防"的山形水勢之圖嗎?

這只是許多例子中的一個,已可説明在航海地圖或所謂山形水勢之圖方面,這册航海圖要比《兩種海道針經》爲完備。

在既有地圖又有注記這一點上,《鄭和航海圖》和這册航海圖更爲相近。不過《鄭和航海圖》曾經專家的整理,受過文字的修飾,更要完備得多。可是《鄭和航海圖》和《兩種海道針經》一樣,只有長江口以南的地名。若就包括我國從北到南的大陸邊緣近海航綫而論,則這册航海圖範圍最爲廣大,實有超過前二者之處,自有它十分可貴的特色存在。

(四)

這册抄本航海圖究竟是屬於甚麽時候的作品呢?

由於它前後既無序跋題字,裏面也没有留下作者或傳抄者的姓名,所以對於這個問題,頗不容易作一完全確定的回答。以下我想分三點來試加推論,就是:抄本的時代,成圖的時代,以及它更早一些的淵源從何而出。

抄本用的是黄毛邊紙,從它的紙質和寫的字體看起來,其時代當屬於清代後期,大約是距今一個世紀以前的舊抄。圖筆清勁,字畫工整,抄寫者當是一個有相當高的文化水平的人。但注記文字仍完全保留土俗口語,地名也多和一般志書不同,並没有甚麽曾經修飾整理過的痕迹。這位百年前的抄寫者,當汽船將漸代帆船而爲海上主角、新式航海地圖將漸代傳統航海地圖而爲航海者的重要工具之時,能够留意到這些古航海圖,也可算是有心人了。而這些古航海圖,幸賴他的傳抄而得保留下來,他的這番辛勤,是值得後人感謝的。

　　至於成圖的時代,圖中一些地名,可以利用來進行推測。其中較明顯的,是在第二十二圖和第二十七圖裏面,都有"江南地方"的注記,他圖有寫"浙江地方"、"福建地方"的,可見這個江南,乃是作爲省名,和浙江、福建等並列,而以江南名省,乃是清初的事情。江南本明代之南京,清順治二年(公元1645年)改江南省,康熙六年(公元1667年)更名江蘇省(見《清史稿·地理志》)。圖中用江南之名,成圖可能係在1645—1667年間。又在第十五圖裏面,地名有"衛城",在第十九圖裏面,有關於"大生衛城"的注記,指的都是大嵩衛的衛城(即今山東舊海陽),"生"是"嵩"字的簡寫。大嵩衛明初所置,清雍正十二年(公元1734年)改置海陽縣(亦見《清史稿·地理志》)。圖中仍稱大嵩衛城而不稱海陽,成圖可能係在1734年以前。即此推論,成圖的時代,上限當在1645年之後,下限可能在1667年或至遲在1734年之前。換言之,當是十七世紀後期至十八世紀早期的作品。這樣的推論,在下限方面當然不是完全可以確定的。因爲人們稱呼地名,往往有些惰性,1667年以後,還是會有人不稱江蘇而稱江南,1734年以後,也還是會有人不稱海陽而稱大嵩衛。不過我們假如說,這册抄本航海圖和雍正八年(公元1730年)成書的《海國聞見錄》,以及大約十八世紀初期成書的《指南正法》,大體上當屬相近的時代——這樣的說法,出入應該不太大,它和《指南正法》之相近,可以從許多文字痕迹中看出來。這裏只舉一個例子。在這册古航海圖第二十七圖的注記中,說到:"兩廣身北、盡小(按:小應作山)身南,有大礁一座打涌,可防,記之。礁盤與兩廣嶼丙巳壬亥對坐。"(按:兩廣即今舟山羣島東北方的狼岡山,盡山即今陳錢山,在狼岡山之西北方。又,對坐是在羅盤針位上互相對向的意思)。而在《指南正法》128頁,則說到:"盡山下、兩廣上,有大礁盤一座打涌,其大礁盤共兩廣丙巳壬亥對坐。"我們把以上兩段文字對比一下,可以說是如出一手。而從全部內容上的質樸粗略方面看起來,這册航海圖似乎比《指南正法》更要原始一些。

　　再向上觀察,這册抄本航海圖還有它更早的淵源。

　　因爲我們看到,在地名方面,它使用了一些明代的地名。如在第二十三圖中,稱長江口爲"南京港口",這不必多分析,顯然是明代地名。在《海國聞見錄》中,即已改稱洋子江口或揚子江口。又在同一圖中的"茶山",也是明代地名。此即今長江口外的佘山,爲古代海舶進出長江口時的重要望山,明代一般都寫作茶山(如《海道經》、《籌海圖編》、《鄭開陽雜著》、《鄭和航海圖》等,以至《讀史方輿紀要》,都作茶山),清代以後的圖書,則多改寫爲佘山。又在第六十八圖中提到的"南亭門",即《籌海圖編》、《鄭開陽雜著》、《鄭和航海圖》等明代圖籍中的南亭山或南停山,當時號稱"廣東港口",地位甚爲重要,但在清代圖籍中(如《古今圖書集成》卷一二九九所附《廣州府疆域圖》以及《大清一統輿圖》等)已改稱爲竹没山或竹没島(當即今珠江口外的大蜘蛛島)。這册抄本航海圖中所沿用的這些明代地名,説明它所根據的還有明代的地圖底本。

《籌海圖編》(卷二)和《鄭開陽雜著》(卷四),都載有"太倉使往日本針路"和"福建使往日本針路",《雜著》並在兩篇針路之前加上一個標題,綜稱之爲"使倭針經圖説",《圖編》則没有加這個標題。其中各段地名和針路之上,另外還有一欄,這上欄中畫有許多注地名的山形,所注地名都和下欄文字記載中的地名相應。以前讀兩書時,只感覺到上欄的圖形和下欄的文字是互有聯繫的,而圖形十分簡略,到底有多大意義,瞭解得實在不深。自從見到這册抄本古航海圖後,再拿兩書來對比,才恍然大悟,原來《圖編》和《雜著》中這兩篇針路,上欄所畫的實在也是山形水勢圖,它們實在也是一種有關中日海上交通的古航海圖。它們本來的格式,當和這册抄本圖一樣,不過被編入《圖編》和《雜著》時,要改作書本式來抄録,又經輾轉傳寫刊刻,才走了樣,成爲現在這個形式。它們的來源是很早的。《圖編》和《雜著》的按語都説:"已上針路,乃歷代以來及本朝國初中國使臣入番之故道也。"所謂本朝國初,指的是明代初年;所謂歷代以來,係指明代以前,就使用羅盤針路而言,可以包括元代和宋代,就其他航海知識而言,甚至還可更早一些。這兩篇針路,可以稱之爲針經圖説,也可以稱之爲附有注記的古航海圖。它們的淵源既可由明初而上溯到宋、元時代或更早一些,則和它們圖形相似、格式相同的這册抄本古航海圖,其淵源所出,應該也有很古老的流傳系統。

我國傳統的古地圖,往往有圖有説,圖説相間,最早的《山海經》和《山海圖》之間的關係,可能就是如此,歷代許多"圖經"、"圖志"的名稱,即由此而來。後世"圖經"、"圖志"雖漸發展成以文字爲主體的地志,但圖説並列或圖説相間的原型也仍能長期保持下來,這册古航海圖,即其明證。反過來講,又足説明這册古航海圖在體例上完全符合我國古地圖的歷史傳統,其淵源之古遠,綫索分明,昭然可見。

和這册抄本航海圖同類的民間古航海圖,能够保存到現在的大約已經是極少的了。單就保護文物而言,它已是人間的珍品。何況如前面所曾説到,它乃出於勞動人民自己的創作,能爲我國的航海史、地圖史,以及實用科學發展史作一種重要的填補,自更值得我們倍加珍惜了。我對這册古航海圖所加的一些考釋說明工作,也就是基於這樣的認識而着手進行的。

(五)

現在這册舊抄本古航海圖,附以新加的考釋,將影印出版,以供研究我國古代航海史、地圖史和實用科學發展史的同志們參考。因對此圖包含的內容,成圖的時代,價值的可貴,淵源的久遠,以及關於我國古代航海地圖整個發展過程中的一些情況,就個人體會之所及,申論如上,以爲嚆引。至於有關考釋工作的一些說明,另附於後,兹不贅述。

1979 年 4 月 15 日

附　　錄

1. 關於羅盤針位

按我國在漢代以前就已知道磁石指南的現象,陸續制成司南、指南等工具。據《萍洲可談》、《宣和奉使高麗圖經》、《夢梁錄》等書中的記載,宋時已將指南針應用於航海,且使用針盤。我國傳統的羅盤,分成二十四向來定針位,航海所使用的也是這樣。這種二十四向的區分,淵源也極古,是秦、漢時候受陰陽家的影響,把陰陽、五行、八卦、干支等雜糅配合起來,以分析時間和空間。其中關於地理空間的二十四位定向,是以十二支(子、丑、寅、卯、辰、巳、午、未、申、酉、戌、亥),十干中的八干(甲、乙、丙、丁、庚、辛、壬、癸,除去居中央的戊、己不計),以及八卦中的四卦(乾、坤、艮、巽,即所謂四維或四顯卦,除去和子、午、卯、酉同位的坎、離、震、兌即所謂四正或四藏卦不計),配合而成,環列如 357 頁下面的圖。

舊時我國的堪輿家,爲要辨別山川方位,也十分重視羅盤。他們認爲"羅經之制,軒帝創其始,周公遵其法,指南針方位分定,然先天祇有十二支,神漢張良,配至八干、四維,羅列於內"。(見《羅經透解》王道亨序,1921 年鑄記書局石印本。)這種二十四位定向,究竟是否張良所配定,雖然全不可知,但近世出土的漢代栻盤,即分二十四位定向(見《文物》1963 年第 4 期 11 頁"栻占地盤復原模型"),可見其起源確能推至漢代或者更早一點。

在本圖的考釋中,對於這二十四向,另以現代的方向觀念注釋如 357 頁下面

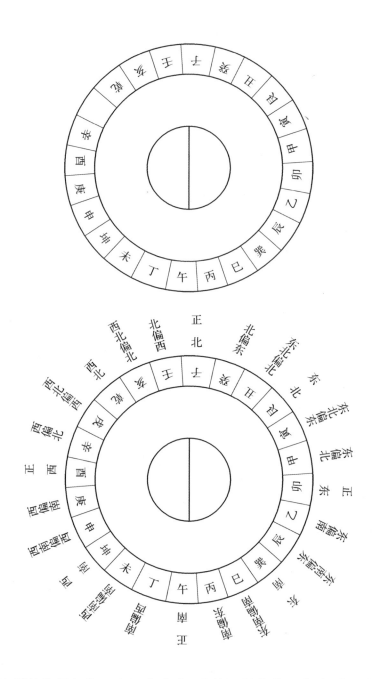

的圖。

　　我國這種傳統羅盤的二十四位定向，雖較西洋航海羅盤之以三十二位定向者爲少，但在應用時相當靈活，實際不止二十四向。本圖中所常用的針位，就有單針和縫針兩種。單針亦作丹針，亦稱正針，如單子（正北）、單未（西南偏南）即是。舊時堪輿家所用羅經,謂縫針與正針隔半位(見《羅經透解》卷上),航海針位的縫針,亦是此義,如乾亥(西北・西北偏北)、辛酉(西偏北・正西)即是。此外還偶有三向並用的,如古航海圖第六十七圖所説的"丁未坤轉變"即是。

2. 關於更和托

(1)更:是計算航海里程的單位。一般的説法,多據《西洋朝貢典録》(卷上)、《東西洋考》(卷九)、《海國聞見録》(上卷)、《臺海使槎録》(卷一)等書,以一晝夜爲十更,又以一更爲六十里。以一晝夜爲十更,不發生甚麽問題;至於以一更爲六十里,卻是有問題的。因爲第一,還有其他的説法。如王大海《海島逸志》(卷一)即以一更爲五十里;《兩種海道針經》中的《順風相送》(25頁)和《指南正法》(114頁)都以一更二點半爲六十里,則一更合四十八里,與《海島逸志》之説相近。第二,每更的航程,和風向、風速及海流有關。所以《海國聞見録》説,要"以風大小順逆較更數,每更約水程六十里,風大而順則倍累之,潮頂風逆則減退之"。《臺海使槎録》也説,"船在大洋,風潮有順逆,行使有遲速";又説:"水程難辨,以木片於船首投海中,人從船首速行至尾,木片與人行齊至,則更數方準,若人行至船尾,而木片未至,則爲不上更,或木片反先人至船尾,則爲過更,皆不合更也。"由此可知,每更航程究有多少里,要看風潮順逆而定,所謂六十里、五十里,只是尋常一個大概的平均觀念而已,實際上在行船時往往是有倍累或減退的,不能看得太死。

(2)托:是打水深淺的單位。據《東西洋考》(卷九)的解釋,托是方言,"謂長如兩手分開者爲一托"。打水深淺的目的,是爲避礁淺,以免觸礁或擱淺。打水深淺的方法,《海國聞見録》(上卷)、《臺海使槎録》(卷一)等書都説到,是以長繩上繫鉛錘等重物沉入水底打量,鉛錘上並涂以蠟油或牛油,能粘起泥沙,可以辨別海底的情況。本圖中常注有打水若干托及硬地、泥地、沙仔地等,即由此探測而來。

《中國航海科技史》前言

(據《中國航海科技史》，海洋出版社1991年版)

中國既是一個陸地國家，又是一個海洋國家，海岸綫綿亘18 000多公里，有許多優良的港灣，面臨極爲廣闊的海域，因此，在很早的古代就發展起航海事業，是世界上航海事業發展最早的國家之一。隨着航海事業的發展，中國古代的航海技術也不斷進步，取得了許多成就，不僅進一步推動了中國航海事業的迅速發展，而且對世界航海事業的進步發生了重大的影響。從這一意義上說，不了解中國古代航海科技發展的歷史，也就談不上深入了解中國的航海史和海上交通史，以及它對世界所作出的貢獻。有鑒於此，我們編撰這部《中國航海科技史》，目的就在於使人們對中國的航海和海上交通發展的歷史，能够有一個更加全面和更爲系統的了解。

中國海上交通的開闢和航海事業的發展，首先與造船技術的進步、航綫的開通擴大、地文和天文航海知識的增長，以及港口的增加和建設，等等，是分不開的。

早在遠古時代，中國勞動人民已能打造獨木舟，漸漸地又開始用木板造船，作爲水上交通工具。起先人們只能在內河和沿海進行簡單的捕魚活動。隨着造船技術的提高，人們能駕駛結構較爲優良的木船至較遠的海域從事捕魚活動。經過長期實踐，人們積累起一定的航海經驗，進而能沿海岸航行到國內一些地區，漸漸地形成了一條條航路，促進了國內沿海航運業的不斷發展。在公元前3世紀以前，中國已在航海實踐中利用了季候風，認識了季候風的變化規律。利用季候風來發展航海事業，使人們更有可能航至中國之外的一些鄰國。中國極早就同朝鮮、日本和越南等沿海國家之間有了海上交通，以後歷史不斷有所發展。漢代不僅使用了風帆，而且能够做到帆和舵配合使用，船帆還可以轉動以適應不同的風向，並可隨着風力的强弱而增減帆數，充分利用風力行船。同時，能够利用北斗星和北極星來進行定向導航。由於造船業進一步發展，並掌握了較先進的航海技術,當時開闢了南洋、印度洋航綫,航行能至印度半島沿岸及斯里蘭卡等國。隋唐時代,中國的造船技術有了長足的提高。唐代所造遠洋貨船,以容載量大,構造堅固、抗風濤力强而著稱於世。當時對地文和天文航海技術的掌握運用也有了一定的進步,已能較好地利用印度洋上的季節風,從而發展了貫通亞非兩洲的遠洋航綫。宋元時代,中國的造船和航海技術更有顯著的進步,取得了具有劃時代意義的成就。當時所造的船,不僅船身大、容積廣,而且多水密隔倉,結構精巧堅固,安全性能和適應性都很好,説明這時的造船技術已達到相當高度的水平,進入了成熟階段。宋代航海者已掌握了在航海中利用指南針定向的技術;在元代,牽星術已在航海中發揮重要的作用,元代海運事業的繁盛,使當時的地文導航術也相應地有了顯著的發展。宋元時代航海科技的巨大進步,使中國海船在遠洋航行中獲得了更大的自由,從而開闢了更多的航綫,通向從東南亞到阿拉伯乃至東非沿岸一些國家和地區,其範圍之廣,爲前代所未有。明代鄭和下西洋,爲中國和世界航海史上的偉大壯舉。鄭和航海所顯示出的中國造船業的發達、地文和天文航海技術的先進,達到了古代帆船航海所能達到的最高水平。鄭和下西洋所經歷的橫渡印度洋及往返亞非沿岸各地的航路,成爲此後南洋和印度洋上帆船航海所遵循的"航路指南"。舉世無雙的鄭和寶船和著名的《鄭和航海圖》,可説是集中國古代航海技術的大成。我們還應注意到,中國古代的海港,隨着中國航海事業和海外貿易的發展,也經歷了由興起到繁盛的歷史發展階段,在中國航海史上也占有重要的地位。上述這些,在本書各章中都分別作了詳細的分析和闡述,有力地論證了中國古代的航海技術在世界上始終居於領先的地位,在中國和世界航海史上寫下了光輝的篇章。

  本書第一章由席龍飛執筆,第二章由鄭一鈞執筆,第三章由郭永芳執筆,第四章由孫光圻、陳鷹執筆,第五章由鈕仲勛執筆,第六章由劉鋒執筆。他們都是來自高等院校、科研單位和航海系統的有關專家和學者,對於中國古代的航海和航海科技史素有研究,曾著文發表過一些研究成果。爲了寫好這部專著,他們以嚴肅認真的態度,查閱了大量史料,在吸收前人研究成果的基礎上,進一步深入鑽研,對中國古代航海科技史上的各種問題,提出了不少新的有價值的見解,讀了以後,可以使我們增長不少新的知識。

  我們希望這部專著的出版,有助於人們深入了解中國航海科學技術發展的歷史過程,以使我們今天更好地執行對外開放政策和發展海運事業取得有益的借鑒,激勵我們繼承并發揚光大我國悠久的航海傳統,爲建設具有中國特色的現代化航海事業而奮鬥。

我們還希望這部專著的出版,能夠起到抛磚引玉的作用。如前所述,我國是開展航海活動較早的國家,航海科學技術在不少方面曾居於世界前列。在我國的大量史籍中,有很多關於航海活動的記載,資料極爲豐富。可惜這些記載都比較分散,迄今仍未能進行系統的全面發掘整理、尚未出版一部較爲完整的中國航海科技史專著。特別要提到的是,在我國從事漁業和海上運輸業的許多漁民和舟師中,往往秘藏有世代相傳的針經、海圖等的鈔本。清代黄叔璥在其所著《臺海使槎録》中説:"舟子各洋皆有秘本。"這些東西雖然粗糙簡陋,但卻是數千年來勞動人民航海經驗的結晶,是中國航海史寶庫中一種寶貴的財富。我以前曾整理出版過一册《古航海圖考釋》(海洋出版社出版),即其一例。本書第三章中提到近年在福建省寧德縣發現一册《官井洋討魚秘訣》鈔本,内中記載"官井洋"尋找漁羣的方法和該海區的暗礁位置等地貌情况,也是一例。在其他各章中也屢屢提到我國古代舟師、漁民中存有這類世傳的秘本,這都是值得我們注意和進行研究的。再説航海涉及的科學知識領域極爲廣泛,而我國古代的航海科技的很多概念,同現今所用的概念大不一樣,由於時代相隔太遠,對古代所用概念的涵義,往往不容易搞清楚,存在不少疑點。比如,"更"是古代用來計算時間的單位名稱,在航海上,它又用作計程單位,但是,"一更"等於多少里,迄今仍衆説不一;又比如,對古代航海天文中"指"的概念,"一指"又究竟是多少度,也還存在着分歧。這類問題,都有待於我們去深入研究;特別要注意到民間中去發掘蒐集來自實踐的第一手材料,並進行認真細緻的分析,力求作出比較正確的結論,以不斷豐富充實我國航海科技史的内容。

承蒙海洋出版社熱情邀請我擔任本書主編,深感遺憾的是,近年由於身弱多病,體力不易勝任。本書所以能够出版,主要得力於:一是范涌和鄭一鈞兩位副主編的積極協助。他們從選題的確定、稿子的組織,到對書稿的精心修補删改,等等,做了大量工作,付出了很多精力。二是得到各位作者以及海洋出版社副編審范紅英的大力支持和指教,使我們的工作能够順利完成,在此謹向他們致以衷心的感謝。

我們組織和編撰中國航海科技史(實際上書名應改爲《中國古代航海科技史》),尚屬首次,缺乏經驗,加以時間倉促,書中不足之處和錯誤在所難免,誠懇希望廣大讀者批評指教,以利於繼續探索和修改。

1988 年 12 月 15 日

元"海運"航路考

(據《章巽文集》,海洋出版社1986年版)

(一) 元朝何以要舉辦"海運"

元朝著名的"海運",就是要把江南的糧通過海上運到元帝國的政治中心大都(今北京市)去。本來由海上運糧的事,特別是軍糧的運輸,漢、唐時候或更早就已經有了,但像元朝這樣經常的大規模的海運,則是我國歷史上前所未有的。

元朝所以要舉辦海運,和當時的經濟發展中心的地區分布有關。一方面,我國歷史上各地區的經濟發展以黄河流域爲最早,但自唐、宋兩朝以後,南方長江流域以南的經濟發展已經超過了北方黄河流域以北的地區;另一方面,自宋以前,我國各個統一王朝的首都都建立於渭水下流或黄河中流,借陸上道路、自然水道及運河的交通而聯繫國境内的各地區。到了元朝,帝國的首都離開了黄河流域,建立於更北方的大都,而經濟上最發達的地區卻在南方,特別是在長江下流及東南沿海一帶。即專就農業方面説,元朝歲入糧數總計12 114 708石,江浙省就要占4 494 783石[①]。爲了溝通帝國北方的政治中心和東南的經濟中心地區,元朝政府曾從事縱貫南北的大運河的開通,結果卻並未能完全滿足需要,尤其是在糧運方面,不得不假道於海上。[②]

我國勞動人民很早就已經掌握了造船技術,開闢了海上交通,到宋代時,我國的造船技術和航海技術有了更高度的發展。公元十一世紀末至十二世紀初年,我國的海舶航行已能利用指南針;百年以後,這種使用羅盤辨別航行方向的技術才傳授給阿拉伯人和歐洲人。宋、元時候,我國的大海舶載客可達五六百人乃至千人以上;航行時主要利用風力,無風時用櫓,每船懸帆的桅杆可以多至十

---

① 見《元史》(卷93)《食貨志》一,《税糧》。
② 同上,《海運》。

二桅①。元朝的海運就是在這樣的基礎上發展起來的。

(二) 元朝"海運"的創行者

元朝海運主要的創行者是朱清和張瑄。所以元人張昱有詩云:"國初海運自朱張,百萬樓船渡大洋。"②《新元史》(卷182)有朱清、張瑄兩人列傳。③他們都出生於長江口的附近(朱爲崇明州人,張爲嘉定州人),全是貧民出身。朱清幼年以捕魚爲生,張瑄幼年則淪爲乞丐,後來相遇,一同販過私鹽,做過海盜。由於南宋政府搜捕他們甚急,乃携家航海至膠州,後歸降元世祖忽必烈,被任命爲軍官,曾隨元丞相伯顔攻滅南宋,又曾參加對日本和占城的海上遠征。據《新元史》(卷75)《食貨志》八載稱:"伯顔入臨安,而淮東之地猶爲宋守,乃命張瑄等自崇明州募船載亡宋庫藏圖籍由海道至直沽。"這是至元十三年即公元1276年的事情(但據胡敬輯《大元海運記》卷上,則以爲是至元十二年的事情)六年以後(至元十九年即公元1282年),"伯顔見河運勞費不貲,而無成效,追思般運亡宋庫藏圖籍之事,以爲海運可行,奏命……上海總管羅璧、張瑄、朱清等……創行海運"。

據陶宗儀《南村輟耕録》(卷5)所載,則元朝的海運是由朱、張兩人建議創辦的:

"宋季年,羣亡賴子相聚,乘舟鈔掠海上,朱清、張瑄最爲雄長,……若捕急,輒引舟東行,三日夜得沙門島,又東北過高句麗水口,見文登、夷維諸山,又北見燕山與碣石,往來若風與鬼,影迹不可得,稍息則復來,亡慮十五六返。私念南北海道,此固徑④,且不逢淺角,識之。(原注: 杭、吳、明、越、楊、楚與幽、薊、萊、密、遼、鮮俱岸大海,固舟航可通。相傳朐山海門水中流積淮淤江沙,其長無際,浮海者以竿料淺深,此淺生角,故曰料角,明不可度越雲。)……江南既内附,……二人者建言海漕事,試之良便。……"

這段記載裏面,并且叙述到當時我國航海者測量航道和記録海水淺淺的一

---

① 見章巽:《我國古代的海上交通》,1956年商務印書館出版;陳裕菁譯:《蒲壽庚考》93—103頁及所引用各書。
② 《張光弼詩集》(《四部叢刊》本)卷三。
③ 元時著作中,如周密:《癸辛雜講》(續集下"蔡陳市舶"條及"朱宣慰詩"條)及陶宗儀:《南村輟耕録》(卷5),也載有關於朱、張的事迹。又《雪堂叢刻》所收胡敬輯《大元海運記》(即元《經世大典·海運》門)跋中亦述及有關朱、張的史料。
④ 《新元史》朱、張列傳,此句作"此最徑直"。

些情形,是很可寶貴的。

又據《新元史》(卷 234)《儒林列傳》一所載,南宋末年,元兵南侵,金履祥曾向南宋政府上書:

"進牽制搗虛之策,請以重兵由海道直趨燕薊,則襄樊之師不攻自解,且備叙海舶所經,凡州縣及海中島嶼,難易遠近,歷歷可據以行。宋廷臣不能用。伯顔師入臨安,得其書及圖,乃命以宋庫藏及圖籍儀器由海道運燕京。其後朱清、張瑄獻海漕之策,所由海道,視履祥圖書咫尺無異。"

金履祥婺州蘭谿人,是宋末元初一個著名的學者。他在航海方面的知識也這樣精通,可證宋時航海事業的發達。不過朱、張兩人的航海知識,乃從長期的航海生活和實際鬥爭中得來,所以稱他們兩人爲元朝海運的創行者,是當之無愧的。

(三) 元朝"海運"的主要航路

關於元朝海運的主要航行路綫,《元史》(卷 93)《食貨志》一記載着有三次的改變,對於這三次的航路,《新元史》(卷 75)《食貨志》八據《大元海運記》等書增補,所述更較舊志爲詳。綜合新舊兩志、《大元海運記》及其他有關資料來看,其發展情形大體如下(參看第 373 頁圖):

(1) 最初的航路(至元十九—二十八年,即公元 1282—1291 年) 元朝海運初開時最早的航路,係自平江路劉家港(今江蘇省太倉縣瀏河)①入海,向北經崇明州②之西,再北經揚州路通州海門縣附近黃連沙頭、萬里長灘③開洋,沿山岳而行,抵淮安路鹽城縣,再北歷海寧府東海縣、密州(今山東省諸城縣)、膠州(今

---

① 劉家港亦作劉家河,是元、明時長江口主要的海港,元時"可容萬斛之舟"(見《嘉慶一統志》卷 103 引《蘇州府志》)。元人謝應芳有過太倉詩(劉家港屬太倉),頗能描寫出當時這一海港的景象:"楊柳溪邊繫客槎,桃花雨後柳吹花,東風地角環滄海,日夜潮聲走白沙。市舶物多橫道路,江瑤價重壓魚蝦。天妃廟下沈玄壁,漕運開洋鼓亂撾。"(謝應芳:《龜巢藁》卷 2)
② 元時崇明州治姚劉沙,在今崇明縣東北(《嘉慶一統志》卷 103)。
③ 黃連沙頭和萬里長灘爲海門縣以東及東北的淺沙。長江口北岸突出之角稱了角嘴,據《海道經》(《金聲玉振集》本),轉過此嘴,其北即黃連沙嘴;又有長灘,即萬里長灘,在黃連沙嘴西北。明人吳學儼等所編《地圖綜要》,通州東北方的海面尚有黃沙洋之名。鄭若曾:《鄭開陽雜著》(國學圖書館影印本卷 9)海道附錄所說長灘,即萬里長灘,位置即在海門縣東北方;今海門縣東北尚有長沙的地名(屬如皋縣)。

膠縣)界,放靈山洋(今青島市以南的海面),投東北,路多淺沙,行月餘始抵成山;然後通過渤海南部向西航行,進入界河口①,沿河可至楊村馬頭(今河北省武清縣)。

但是,這一航綫離岸不遠,淺沙甚多,所以至元十九年的初次海運,不得不先造"平底海船"②,而不能夠利用"下側如刃,貴其可以破浪而行"③的航行深海的大海舶。而且我國東部的近海,自渤海以至長江口,全年均受到由北向南的東中國寒流的影響,糧船北上,逆水而行,航程遲緩,且多危險。至元十九年的初次海運,據《大元海運記》(卷上)説八月間(陰曆,下同)即下旨創行,是年冬季北航,而冬季正是東北信風盛行的季節,既逆水,又逆風,所以"風汛失時",直到第二年三月才到達界河口的直沽④。明初人所著《海道經》述及元人初期海運的情形,説從劉家港開船出揚子江口後,"望西北沿沙行使,潮長行船,潮落抛泊,約半月或一月餘始至淮口。……(繼續航行)兩個月餘,才抵直沽,委實水路艱難,深爲繁重"⑤。這完全是當時的實際情況。

(2) 至元二十九年(公元 1292 年)的新航路　　隨着海運數量的增加⑥,從而產生了縮短航行期間和擴大海舶運載量的要求。至元二十九年,朱清等乃"踏開生路,自劉家港開洋,遇東南風疾,一日可至撐腳沙(按:明刊《地圖綜要·江防圖》35,太倉州之北有撐角港;《續行水金鑒》卷 151 引《江南通志》,太倉西界有撐腳浦)。彼有淺沙,日行夜泊,守伺西南便風,轉過沙嘴,一日到於三沙洋子江(按:三沙在元崇明州西北,見《嘉慶一統志》卷 103;三沙洋子江即指揚子江北口)。再遇西南風,一日至匾擔沙大洪抛泊(按:匾擔沙亦作扁擔沙,在崇明島北面蒲沙之東,見《嘉慶一統志》卷 103)。來朝探洪行駕,一日可過萬里長灘(按:萬里長灘在海門縣東北)。透深才方開放大洋,先得西南順風,一晝夜約行一千餘里,到青水洋。得值東南風,三晝夜過黑水洋(按:海水隨着深度不同而選擇

---

① 元時的界河口,即後世之海河口。因爲海河上通巨馬河,宋、遼以此爲界,故又稱界河,而海河口亦得界河口之名。
② 平底海船亦稱沙船。"沙船底平,不能破深水之大浪。"(見《籌海圖編》卷 13)
③ 見徐兢:《宣和奉使高麗圖經》(卷 34)。
④ 元時的直沽,即在今天津市區內,位於天津舊縣城東北角的東面即舊三岔口附近一帶地方。詳見侯仁之:《天津聚落之起源》,1945 年 8 月天津工商學院印行。
⑤ 顧炎武:《天下郡國利病書》(商務印書館影印原稿本第 22 册)引用。
⑥ 至元二十年至天曆二年(公元 1283—1329 年)間元朝海運每年運糧之數以及途中損失和實際運到之數,《元史》、《新元史》二《食貨志》及《大元海運記》均有詳細記載。元朝海運止於至正二十三年(公元 1363 年),但自至順元年(公元 1330 年)至至正二十三年間,歲運數的記載並不完全。

吸收太陽光綫,海水愈淺,綠色愈顯;海水愈深,藍色愈濃。我國以東海水的顏色,離岸愈近,就愈淺、愈綠,在我國歷史文獻上有青水洋之稱,離岸愈遠,就愈深、愈藍,在我國歷史文獻上有黑水洋之稱。而自長江口附近以北,近岸的海水,鹽分較少,泥沙較多,故又呈黄色,在我國歷史文獻上有黄水洋之稱。① 元海運航程所經過的青水洋,當指北緯34°、東經122°附近一帶;黑水洋當指北緯36°—32°、東經123°以東一帶)。望見沿津島大山(按:沿津島亦作延真島或元真島,在山東文登縣南,舊爲海運大道,位置頗爲重要,見《嘉慶一統志》卷173及附圖),再得東南風,一日夜可至成山,一日夜至劉家島(今劉公島,又一日夜至芝罘島,再一日夜至沙門島(按:據故友范長江所考,沙門島即今蓬萊縣西北廟島)。守得東南便風,可放萊州大洋,三日三夜方到界河口。前後俱係便風,經直水程,約半月可達;如風、水不便,迂迴盤折,或至一月、四十日之上,方能到彼;尚值非常風阻,難度程限。"②

這一條至元二十九年的海運新航路,自劉家港至萬里長灘的一段,和以前的航路相同。但自萬里長灘附近,即利用西南風,向東北航過青水洋,進入黑水洋,又利用東南風,改向西北直駛成山。這一大段新開航路,不但可避近海的淺沙,而且,在黑水洋方面更可以充分利用夏半年來臨的黑潮暖流來幫助航行。

避去近海的淺沙,同時就可以改用裝載量較大的海舶。至元十九年第一次創辦海運時,造了六十艘平底海船,運糧四萬六千餘石,平均每船的運量不過七百六十餘石。自從海運改道後,就能利用運量更大的船隻了。明初人所著《海道經》説:元朝開始創辦海運時,"成造船隻,大者不過一千糧,小者三百石"。但到以後,"延祐(公元1314—1320年)以來各運海船,大者八九千石,小者二千餘石,是以海道富盛,歲運三百六十萬石,供給京師,其爲易便",而且"迤南蕃海船,皆從此道貢獻,放效其路矣"③。可見朱清等所開新航路,不僅限於政府海運,其影

---

① 《宣和奉使高麗圖經》(卷34)有關於黄水洋和黑水洋的叙述,頗爲準確生動。又戴良:《九靈山房集》(卷9)中也有"擬杭黑水海,首渡青龍洋,……蕩槳乘月疾,掛席逐風揚"的詩句。同卷中並有渡黑水洋等詩,描寫元時海上的航行情況。

② 《新元史》(卷75)《食貨志》八。按《新元史》此節係據《大元海運記》增補。

③ 《天下郡國利病書》(第22册)引用。又據黄溍撰《武略將軍海道漕運副萬户曹公墓志銘》所記,至大四年(公元1311年)時,海運米一百七十四萬八千六百四十九石,用船八百艘,平均每艘約載二千一百八十六石,見黄溍:《金華黄先生文集》(卷35)。又據《續文獻通考》(卷31)引王圻曰:"元之海漕,……大都船九百餘艘,漕米三百餘萬石,船户八千餘户",則平均每艘船的運載量約爲三千三百餘石。又《大元海運記》(卷下)曾記錄延祐元年及至順元年(公元1314年及1330年)這兩年,海運用船均爲一千八百隻,其中各船的大小並不一律。

響和利益,是普及於當時整個太平洋西岸的航海事業的。

這一新航路,又利用了我國東方的海流。在太平洋的西部,全年有著名的黑潮暖流在活動着。冬半年中,黑潮暖流的主流比較偏東,我國沿海幾乎完全在由北向南的東中國寒流控制之下,加以東北信風盛行,非常不利於由南向北的海運。但在夏半年中,黑潮暖流比較偏西,它的主流雖仍在臺灣島以東,它西面的幾條支流卻比較接近大陸,一直進入渤海,非常有利於由南向北的航行,而上述朱清等新開的航路,自出青水洋後,正好就與之相配合,同時西南信風盛行,自然可以大大縮短航行的時間了(見81頁兩圖)。

這條新航路開闢的年代,《元史》和《新元史》都説在至元二十九年(公元1292年)。但據《海道經》等書所載,則兩年以前(至元二十七年),"朱萬户(朱清)躬請長興李福回朝奉押運指引",就已經開闢起來了。①

(3) 至元三十年(公元1293年)以後的航路　至元二十九年(或二十七年)新航路開闢後一年(或後三年),即至元三十年,"千户殷明略又開新道,從劉家港入海,至崇明州三沙放洋,向東行,入黑水大洋,取成山,轉西,至劉家島,又至登州沙門島,於萊州大洋入界河。當舟行風信有時,自浙西至京師不過旬日而已,視前二道爲最便云"②。這次改變,更加取道遠洋,從崇明州的附近就一直向東駛入黑水大洋,更加充分利用黑潮暖流的支流北航,順水行舟,航行的時間也更縮短,只要十天左右,便可從劉家港運至京師了。自此以後,元海運皆取道此路,不再有重大的變更。

《元史》載:"江南之糧,分爲春、夏二運。"③《海道經》對於兩運的情形説得更詳細:"正月裝糧在船,二月開洋,四月到於直沽交卸,五月回還,復運夏糧,至八月,又回本港,一歲兩運。"④但必須注意,《海道經》所説只是至元二十六年(公元1289年)的事。《大元海運記》(卷下"記標指淺"條)曾提及十四世紀初海運船到達直沽的時間,是在四月十五日以後,則其開船的日期當不至早於三月下旬。明葉子奇撰《草木子》(《叢書集成》本《元海運志》附録)也説:"元海運自朱清、張瑄始,歲運江淮米三百餘萬石,以給元京,四、五月南風至,起運,得便風,十

---

① 《天下郡國利病書》(第22册)引用。又吳學儼等:《地圖綜要》(海運沿途考)及顧祖禹:《讀史方輿紀要》(卷129引羅洪先説)亦有同樣記載,唯李福回之名均作李福四。
② 《元史》(卷93)《食貨志》一。
③ 同上。
④ 《天下郡國利病書》(第22册)引用。

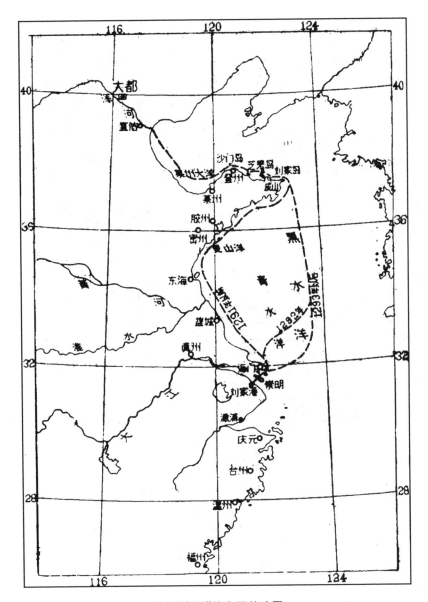

元朝"海運"的主要航路圖

數日即抵直沽交卸。"《元史》亦載有元末最後四次海運的航行時間(至正二十年至二十三年,即公元 1360 年至 1363 年四年),都在五月間起運入京[①]。可知在至元二十九年(公元 1292 年)左右海運改道以後,海運的航行季節也曾經比初期

---

① 《元史》(卷 97)《食貨志》五。

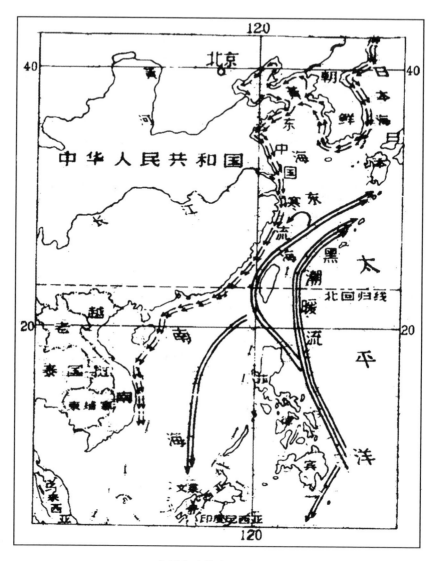

中國海中的海流（冬季）

延遲了一些。這是很合理的，因爲這樣更可充公利用初夏以後來自南方的信風了。①

---

① 元朱德潤撰《江浙行省右丞岳石木公提調海漕政績碑銘》，有"南風送帆，海波不揚"之句，可見南風對海運之重要。（見朱德潤：《存復齋文集》卷1）。

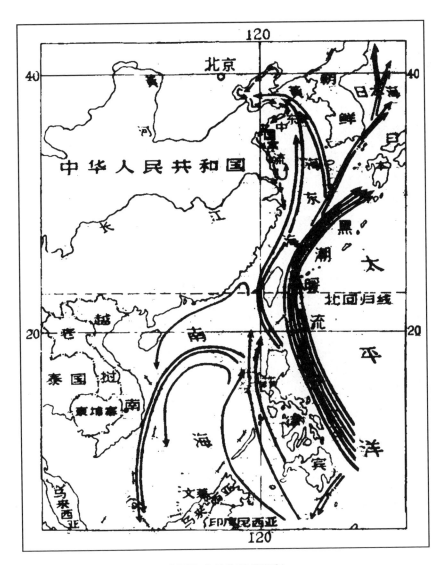

中國海中的海流(夏季)

(四) 元"海運"航路的兩條支綫

上節所述,是劉家港和直沽之間即元朝海運的主要航綫的幾次改變的情形。[①]

---

① 元海運主要都由劉家港出發。但元末最後的幾次海運(至正二十年至二十三年)曾從瀏浦出發,運赴大都。見《元史》(卷97)《食貨志》五。

但在這一海運的主要航綫之外，還有兩條支綫：

其一，是在揚子江下游方面的。《新元史》説至大四年(公元 1311 年)時，中書省曾派官員"至江浙行省議海運事。時江東寧國、池、饒、太平等處及湖廣、江西處等運糧至真州泊水灣(今江蘇省儀徵縣附近)，勒令海船從揚子江逆流而上，至泊水灣裝發。海船重大底小，江流湍急，又多石磯，走沙漲淺，糧船損壞，歲歲有之，於是以嘉興、松江二屬秋糧，並江淮、江浙二總管府歲辦糧充運，而免寧國、池、饒及湖廣，江西等糧運"①。可見在此年以前，海運還有一條由劉家港通至真州附近一帶的支綫。

其二，是在揚子江口以南，即今浙江、福建兩省方面的。據虞集撰《昭毅大將軍平江路總管府達魯花赤兼管內勸農事黃頭公墓碑》所記，黃頭於延祐元年(公元 1314 年)任"武德將軍海道都漕運萬戶府副萬戶……遷顯武將軍海道都漕運萬戶……糧之登舟，自溫、臺上至福建，凡二十餘處，皆取客舟載之至浙西，復還浙東入海。公請移粟慶元(今寧波市)，海舟受之，自烈港(今定海縣瀝港)入海，無反覆之苦"②。又據鄭若曾所考，"元時海運故道，南自福建梅花所(在今福建省長樂縣東，正當閩江口的南岸)起，北自太倉劉家河起，迄於直沽"③。可見元朝的海運支綫，一直南達溫、臺、福建等地。到元末時，貢師泰和陳友定都曾由福建直接海運鹽糧入元京。④

但無論如何，南方的劉家港和北方的直沽，是元時海運主要的起訖港，是特別重要的。當時劉家港附近的航運忌的是暗水淺沙，直沽附近怕沙涌淤泥，故在至大四年(公元 1311 年)，曾由常熟州船户蘇顯建議，在劉家港西北方的甘草沙附近設立"指淺號船"，即派蘇顯充任"指淺提領"的職務，號船的桅上懸掛旗纓，指導運船的航行方向。又於延祐四年(公元 1317 年)在直沽海口的龍山廟前高築土堆，設立"標望"，每年自四月十五日始，日間懸掛布旛，夜間懸點火燈，以便運糧海船出入⑤。此後劉家港在明代仍爲揚子江口的重要海港，直到明末才淤塞衰落；直沽就在今天津市，自元朝以來，始終保持其爲華北重要海港的地位。

---

① 《新元史》(卷 75)《食貨志》八。
② 虞集：《道園學古錄》(卷 41)。但據《大元海運記》(卷下)則皇慶元年(公元 1312 年)時，即已開始由定海港口直接海運糧儲入京，而不再繞道劉家港取齊。
③ 見《鄭開陽雜著》(卷 9)《海運圖説》。
④ 見《元史》(卷 187)及《新元史》(卷 221)貢師泰傳，《明史》(卷 124)陳友定傳。
⑤ 均見《大元海運記》(卷下)。

又至元十七年至二十二年(公元 1280—1285 年)間,元朝還曾試開一條縱貫山東半島的運河,南端起自今膠縣附近,北端通到今掖縣附近,目的爲求避免海運的繞道成山角;這運河稱爲膠萊河,結果卻是失敗了。①

(五)結 束 語

元朝的海運,"歷歲既久,弊日益生,水旱相仍,公私俱困,疲三省之民力,以充歲運之恒數,而押運監臨之官,與夫司出納之吏,恣爲貪黷,脚價不以時給,收支不得其平,船户貧乏,耗損益甚,兼以風濤不測,盜劫復亡,由是歲運之數,漸不如舊"②。可知海運的舉辦,曾經產生了很多的流弊。

在元時專制的封建統治者高壓之下,任何良法美政,都會變質成爲對人民的災禍,豈特海運爲然! 尚單就海運本身而論,則無論如何不能不承認它是具有積極意義和進步作用的。正如《大學衍義補》的作者邱濬所説:"考《元史·食貨志》論海運有云,'民無挽輸之勞,國有儲蓄之富',以爲一代良法;又云,海運視河漕之費,所得蓋多。作《元史》者,皆國初(明初)史臣,其人皆生長勝國時,習見海運之利,所言非無所徵者。"③明朝著名的地理學家鄭若曾也説:"元時海運故道……南北不過五千里,往返不逾二十日,不唯轉輸便捷,國家者(疑應作省)經費之繁,抑亦貨物相通,濱海居民咸獲其利,而無鹽資之害。"④而朱清、張瑄、李福回、殷明略等及其他許多同時參加海運工作的勇敢的航海家們,早在十三世紀時,便能從長期的航海生活和實際鬥爭中,掌握了航海技術,知道怎樣去充分利用信風,利用海流⑤,開闢航海大道,創行了著名的"海運"事業。我們的先代產生過這樣偉大而英勇的航海家們,這真是我們中國人民一種極大的光榮。

(本文曾在《地理學報》1957 年第 23 卷第一期發表)

---

① 見《新元史》(卷 53)《河渠志》二。
② 明王宗沐:《海運詳考》,《天下郡國利病書》(第 22 册)引用。
③ 《大學衍義補》卷 34。
④ 見《鄭開陽雜著》(卷 9)《海運圖説》。
⑤ 虞集在他所撰的《黄頭公墓碑》中,曾特別説起這一點:"吴人朱、張二氏,出入海道甚習,歲擇便利,帥其私屬子弟,駕海舟,遠山即深以行,風、水甚便。"(見《道園學古録》卷 41)。又有一歷史故事,説十八世紀後期中,美國著名科學家佛蘭克林任職郵政部時,曾發覺墨西哥灣流能够影響横渡大西洋的船隻的航行時間(見毛漢禮著:《海洋科學》98 頁,科學出版社 1955 年出版)。這和朱清、張瑄等的時代相比,已經遲了約五個世紀了。

論河水重源説的産生

(據《章巽文集》,海洋出版社1986年版)

(一) 緒　　言

　　河水重源説是我國古代地理上一件著名的公案。所謂重源,大略就是説,黄河的上源出自遠方的西域,先流入鹽澤(即蒲昌海,今新疆羅布泊),然後從地下伏流,直至積石山(今青海省東部),再冒出地面,東流而爲黄河。我們今天,都知道黄河真正的河源是青海省中部的約古宗列渠,它在積石山之西,而和羅布泊並没有甚麼關連。所以古代所盛傳的河水重源説並不合於事實。但是此説曾經流傳了二千餘年之久,當清代康熙和乾隆時,本來早已找到真正的河源了,而官修諸書如《河源紀略》(乾隆四十七年撰)、《大清一統志》(道光二十二年重修)等,仍還要把西域河源伏流重發的傳説牽連附會,記載進去,也可見這一傳説的勢力之大了。所以從地理學史上看起來,這一河水重源説究竟是在怎樣的情況下產生和發展而成,依然是一個值得加以研究的問題。

　　河水重源説的産生和古代的西域有密切的關係,這是注意這個問題的人大家都感覺到的。但要説到它到底是在甚麼時候開始以及是在怎樣的情況下流傳起來的,就很迷離混亂了。如《河源紀略》的編輯,有紀昀、王念孫諸人參加,但書中的"證古"、"辨訛"諸篇也只是零星抄集了一些歷史資料,附加一些孤立的按語,並没有作系統的解説和深入的考訂,自然也未能給人以明確的觀念。不久以前,岑仲勉先生想對黄河重源説的發生作"合理"的解釋,經他努力的結果,把這個問題追溯到公元前十世紀以前,認爲它和"上古時代有些種族從西方沿着塔里木河向東移徙"有關,"相信黄河重源的説法,係隨周族東來而輸入"[1]。岑先生

---

[1]　岑仲勉:《黄河變遷史》,第32、34—36頁。

這裏所根據的，主要是酈道元所視爲"埋縕歲久，編韋稀絶，書策落次，難以緝綴"的《穆天子傳》。細察岑先生所引用的《穆天子傳》中文字，其實並没有直接提及河水重源的問題；他任意比定《穆天子傳》的"河首"爲"塔里木河正流之某一點"，乃是甚少根據的①；至於"赤烏氏先出自周宗"的一段，倒好像是説到周族曾有向西移徙或曾有嫁女於西方之事，和岑先生所提出的"周族東來"恰好相背而馳。如岑先生這樣推測出來的結論，恐怕是很難成立的。②

（二）張騫和河水重源説

我個人的意見認爲河水重源説最早乃是西漢時候張騫由西域帶回來的，而《史記·大宛列傳》和《漢書》的《張騫傳》及《西域傳》所載爲最得其真。

試看西漢以前的重要文獻資料之留傳於今的，都没有提到河水重源的問題。如《尚書·禹貢》，只把黄河的上流聯繫到積石；對於崑崙，只作爲西方的一個鄰國或西方一個鄰族所住的山區。所以《禹貢》裏面的積石和崑崙當皆不出今青海省境和甘肅省西部，且皆不關連到甚麽河水重源問題。如《竹書紀年》，只説周穆王曾"西征崑崙丘，見西王母"。又如《吕氏春秋·有始覽》裏面，載有河水等六川的名稱，卻不提到河源問題。還有《史記·大宛列傳》所載漢武帝所看見的古圖書和司馬遷所看見的《禹本紀》，也只是説到"河出崑崙"而已。即使成書較遲而尚保有若干古訓的《爾雅》，雖然説及"西北之美者有崑崙虚之璆琳琅玕焉"（《釋地》）及"河出崑崙虚……"（《釋水》）等等，卻也没有提到甚麽河水伏流、重源再出的事情。要之，西漢以前，對於當時爲戎、羌諸族所占居的黄河上源一帶的真相，實在不很清楚，只是將黄河的上流聯繫到今青海省東部的積石山，將黄河的發源聯繫到大約在今青海省北部和甘肅省西部一帶的崑崙山③，如此而已。

到了西漢，或更明確一點説，到了西漢武帝時候，張騫遠使，西域大開，情形就起了變化了。

---

① 這一比定的根據只是《穆天子傳》所説自宗周瀍水西至"河首"合七千四百里的一點，其可靠性非常薄弱。酈道元注《水經》時即曾説到這七千四百里的數目是難於詳究的。

② 《燕京學報》第十一期所載鄭德坤：《層化的河水流域地名及其解釋》，以上古時代"夏族發源於塔裏木河流域，後……東移居於黄河流域……他們用故土地名名他們的新大陸，遂使河水流域地名層化了"（第2335頁）來解釋崑崙山及河水重源諸問題，證據既不足，説理又很混亂，也是很難成立的。

③ 關於古積石山在今青海省東部，參看胡渭：《禹貢錐指》（漱六軒刊本），卷十三上，第1—3頁；顧頡剛：《禹貢注釋》，載《中國古代地理名著選讀》第一輯，第30頁。關於古崑崙山在今青海省北部及甘肅省西部一帶，參看胡渭上引書，卷十，第43—44頁。胡氏列舉古崑崙山之四説（一在西域，一在海外，一在酒泉南山，一在吐蕃），按西漢以前者當以酒泉南山（大約即今祁連山脈的一部分）説爲較合。

原來漢代的西域包括蔥嶺東、西在內,這一廣大地域在地理上有很多特色,其中有兩點特別和我們目前的討論有關。

第一點,蔥嶺是亞洲中部主要的分水嶺,它東、西兩面的河流正是分向東、西,相背而流。同時蔥嶺雖高,卻並没有隔斷東、西兩面的交通①,因而上述這種河流隔嶺相背而流的情况乃是嶺東和嶺西的居民大家都所習知并且具有深刻印象的。

第二點,中央亞細亞一帶的河流,自古以來,具有自己的特色。蘇聯地理學家穆爾札也夫在他所著的《中亞細亞》一書中叙述到中亞的河流時,曾特别提到下列數事:

(1) 中亞河流的補給方式有四種基本類型,即:冰川補給的,雪水補給的,混合式的(即前述兩類的結合),潜水補給的②。

(2) 伏流地下的潜水在中亞荒漠中具有首要的意義。"幾乎所有的荒漠區都擁有連續的、鹹味或微鹹的潜水層,埋藏深度爲 10—20 米,有時還要深些。""從古代起,中亞細亞居民就已善於利用潜水",來供給食用及灌溉。③

(3) "在潜水補給中起很大作用的所謂回返水,是中亞細亞河流水文學中很有趣和很獨特的現象。用於灌溉的河水,由於土壤和母質的疏鬆和透水性,急劇地滲入其中,然後部分地在較低處溢出地面,重新形成溪流和小河。……次生水或回返水的數量,在中亞細亞許多地區達灌溉用水的 30%,在費爾干納盆地,還要超過這一數值。在回返水露頭處形成沼澤('薩兹'),如果蒸發劇烈,則形成鹽地。"④

(4) "中亞細亞平原上的許多湖泊,如果雨水足够的話,便可變成連續的流水綫……而且有許多湖泊時而乾涸,時而相反地爲水所充滿,這要以這年或那年氣候的干濕情况爲轉移。"⑤

以上有關中亞細亞河流的兩點特色(即蔥嶺東、西的河流分向東、西相背而流,及中亞多潜行地下的伏流這兩點),正是公元前 138—前 126 年間張騫遠使西域時所親見親聞的。《史記·大宛列傳》説張騫回國後向漢武帝報告:"于寘之

---

① 參看蘇聯科學院主編:《世界通史》(中譯本),第二卷上册,第 630 頁。
② 穆爾札也夫(Э. Мурзаев):《中亞細亞》(Средняя Азпя),中譯本第 123—124 頁。
③ 同上,第 139—140 頁。
④ 穆爾札也夫:《中亞細亞》,中譯本第 124—125 頁。
⑤ 同上,第 143 頁。

西,則水皆西流注西海,其東,水東流注鹽澤。"(《漢書·西域傳》所載同)這正是上述的第一點。同傳接着又說:"鹽澤潛行地下,其南則河源出焉。"(《漢書·西域傳》於鹽澤下謂:"皆以爲潛行地下,南出於積石,爲中國河云。")這正是上述的第二點,也可說是關於河水重源說的最早的記載。這樣來解釋河源,很可能是西域方面本有的說法,認爲東、西的大河流皆出葱嶺,黄河也不例外,乃是鹽澤伏流的再出。通過張騫的遠行,西域方面這一有關河水重源的說法就傳進中國來了。後來漢武帝派使前往西域探尋河源,於是西漢以前所傳"河出崑崙"的崑崙,本來大概是指今祁連山脈的一部分而言的,也就因結合河水重源之故,而改用來指稱于闐河所出的于闐南山了。[1]

以上所論,是河水重源說產生的一個來源,即張騫出使西域後所東傳的。

(三) 佛教徒和河水重源說

河水重源說的產生還有另一個來源,乃是由東來的佛教徒所傳入的。

原來印度方面,古代有一種諸大河流同出一源而四向分流的觀念。這是完全可以理解的。因爲古印度的吠陀文明,是在和中亞鄰接的西北方(即今巴基斯坦北部)一帶最早發展起來的。這一帶地方與雪山(即今喜馬拉雅山西部)相連,山的四面都有河流四向分流,這自然也在古印度人的心目中留下深刻的印象。繼承吠陀文明而發展的佛教經籍,更把這種地理觀念神話化了。四《阿含經》是佛經中最早編集的(約公元前486年開始編集)[2],其中的《長阿含經》和《增一阿含經》都述及四大河水同出阿耨達池而四向分流之事。如《長阿含經》云:

"雪山中間有寶山,高二十由旬。雪山埵出,高百由旬。其山頂上有阿耨達池,縱廣五十由旬。其水清冷,澄淨無穢。七寶砌壘,七重欄楯,七重羅網,七重行樹,種種異色,七寶合成。……阿耨達池底,金沙充滿。……阿耨達池東有恒伽河,從牛口出,從五百河,入於東海。阿耨達池南有新頭河,從師子口出,從五百河,入於南海。阿耨達池西有婆叉河,從馬口出,從五百

---

[1] 《史記·大宛列傳》:"而漢使窮河源,河源出于闐,其山多玉石採來,天子案古圖書,名河所出山曰崑崙云。"《漢書·張騫傳》所載略同。

[2] 四《阿含經》即於佛入滅年之王舍城第一結集中開始編集。兹依《開元釋教錄》卷第六(《大正大藏經》,卷五十五,第535頁下至第536頁上)智昇推算,佛入滅年至齊永明七年合有九百七十五年,至唐開元十八年合有一千二百一十六年,則佛入滅年約爲公元前第486年。

河,入於西海。阿耨達池北有斯陀河,從象口中出,從五百河,入於北海。阿耨達宮中有五柱堂,阿耨達龍王恒於中止。"①

此所云阿耨達池,《大唐西域記》作阿那婆答多池,是"無熱惱"的意思,乃是神話中的天池②。恒伽河即今恒河;它所流入的東海當指今孟加拉灣。新頭河即今印度河;它所流入的南海當指今阿拉伯海。婆叉河即今阿姆河;它所流入的西海當指今咸海和里海(古代阿姆河的下流也通入里海)。斯陀河《大唐西域記》作徙多河,義爲冷河③,最早大約只指雪山以北的某一條河流,或只是雪山以北的河流的通稱;它所流入的北海大約也不一定有所確指。當這些最早的佛經如《長阿含經》等開始編集時,還不曾知有黄河,所以也不會把黄河加入阿耨達諸河系統之内。但至公元前最後數世紀中佛教逐漸傳入中亞細亞的葱嶺西、東各地後,東來的佛教徒就把斯陀河用來指稱雪山以北的今新疆境内的河流,這乃是很自然的事情。很多最早東來中國的佛教徒即是當時中亞各國人,他們既習知中亞的河流多潛行地下的伏流這一特色,又習聞印度佛教經籍裏面關於四大河水及其支流(即前引《長阿含經》中所謂"從五百河")同出阿耨達池這一傳説,自然很容易把中國的黄河也和阿耨達池聯繫起來,認爲就是源出阿耨達池的斯陀河的伏流再出,延長而爲黄河;又因中國占有"河出崑崙"之記載,崑崙也就自然很容易被認爲就是阿耨達池所在的阿耨達山了。

這一些發展的痕迹在《水經·河水注》裏面還可看得出來。酈道元在注解崑崙墟時,曾經引用了晉時釋道安和他的同學佛圖調的説法④,一則曰:"釋氏(按:即釋道安)《西域志》曰:'阿耨達大山,其上有大淵水,宫殿樓觀甚大焉,山即崑崙山也。'"再則曰:佛圖調以爲阿耨達山是崑崙山,和三國時吳人康泰《扶南傳》所説相合⑤,道安曾據此畫出一張《西域圖》,以告訴他的另一個同學法汰,説明"崑崙山爲無熱丘(按:即阿耨達山)"。同時酈道元還多次引用道安的《西域志》來

---

① 《大正大藏經》,卷一,第116頁下至第117頁上。
② T. Watters: *On Yuan Chwang's Travels in India*, 上册,第35頁。
③ 法云:《翻譯名義集》,載《大正大藏經》,卷五十四,第1099頁下;E. J. Eitel: *Handbook of Chinese Buddhism*,第155頁。
④ 釋道安(公元312—385年)是晉代的名僧,他未至外國,但他曾師事竺佛圖澄(西域人),他的同學如佛圖調(即竺佛調,天竺人)等皆來自西方,《西域志》當即據彼等傳述而作。
⑤ 康泰於吳孫權時被派赴南海,曾和天竺人士接觸,習知天竺土俗。參看馮承鈞:《中國南洋交通史》,第12—19頁。

注解由阿耨達山分流出來的六條大水,即:(1)新頭河;(2)恒水;(3)縛芻(按:當指今阿姆河);(4)阿耨達大水(按:此水相當他處所稱斯陀河,據酈氏注釋,此水爲古代塔里木河南面的一條支流,下游合于寘河及葱嶺河同入蒲昌海,潛行地下爲河源);此外還有出自阿耨達山的(5)、(6)兩條水,酈氏説得不很清楚,也許"六"字是"四"字之誤,也許即指流入恒水的遥奴和薩羊兩水而言。實則遥奴、薩羊和恒水分源合流,只是一水,所以後來在其他的記載如《大唐西域記》中,便仍只作爲殑伽、信度、縛芻、徙多四河來叙述了。

酈道元所引用的記述,止於晉代的道安、佛圖調和三國的康泰。查後漢康孟詳譯《佛説興起行經》卷首,有譯者康孟詳序,説到:

"所謂崑崙山者,則閻浮利地之中心也。山皆寶石,周匝有五百窟,窟皆黄金,常五百羅漢居之。阿耨大泉,外周圍山,山内平地,泉處其中。泉岸皆黄金,以四獸頭,出水其口,各繞一匝已,還復其方,出投四海。象口所出者,則黄河是也。……"①

據《大唐内典録》②,康孟詳爲中天竺國沙門,獻帝時於雒陽譯經;《開元釋教録》③則云其先康居國人,於東漢獻帝興平元年(公元 194 年)至建安四年(公元 199 年)譯經雒陽。可知河水初源出阿耨達山之説,在東漢時就已由來自西域的佛教徒如康孟詳等傳入中國了。

更推而上之,佛教最早傳入中國的記載,一般認爲以西漢末葉即哀帝元壽元年(公元前 2 年)博士弟子景盧受大月氏王使伊存口授浮屠經一事爲較可無疑。④但《魏書·釋老志》載:"張騫使大夏還……始聞有浮屠之教";證以《史記·大宛列傳》所説張騫第二次使西域時(約公元前 116—前 115 年),曾分遣副使前往身毒諸國,則佛教的最早傳入中國,即使不即在張騫西使歸來的同時,相去恐也不會太遠。中國和西域(包括印度)的交通既隨張騫西行而大開,西方佛教徒關於河水重源出阿耨達山的説法,很可能在西漢時就已經開始産生了。

---

① 《大正大藏經》,卷四,第 163 頁下。
② 同上,卷五十五,第 224 頁下。
③ 同上,卷五十五,第 483 頁中。
④ 湯用彤:《漢魏兩晉南北朝佛教史》,上册,第 49—51 頁。

（四）論今本《山海經》和《淮南·地形訓》
　　　　關於河源問題的一些記載

　　以上兩節,說明了古代河水重源說產生的兩個來源：一由張騫自西域傳入,時間在公元前第二世紀後期；一由東來的佛教徒所傳入,時間當較張騫爲稍遲,但也許不會遲得太多,可能仍在西漢之世。至於西漢以前的重要文獻資料之留傳於今的,都並不提到甚麼河水重源的問題。

　　可是在今通行本的《山海經》裏面,卻有一些提到河水重源或和河源問題有關的記載,這將怎樣來解釋呢？

　　按今本《山海經》十八篇中,最後五篇（"大荒經"四篇和"海内經"一篇）乃西漢末年劉秀（歆）所增,當是漢時所傳①；還有"海外經"四篇和"海内經"四篇,也是西漢人所編集②。在這十三篇裏面,當然也保存下不少先秦的遺文在内；可是其中有西漢時自西域傳入的有關河水重源的說法被吸收記載着,也是完全可以理解的。何況《山海經》"雖暫顯於漢,而尋亦寢廢"③,幾將湮泯,賴郭璞的整理而保存,計自西漢末劉向、劉秀父子校定此書至晉郭璞爲此書作注,約有三百年餘,其間正值佛教東傳日益擴大之際,東來佛教徒的地理觀念之被吸收增加在"閎誕迂夸,多奇怪俶儻之言"④的《山海經》内,以及其他地理觀念（不管是真實的或神話的）等等之被混雜攙入到《山海經》内,都是意料中事。這種情形,雖《五藏山經》即今本《山海經》最前面的五篇,向來被視爲是先秦定本的⑤,也所不免,且也不足爲異。《中山經》後舊本向有"右《五藏山經》五篇,大凡一萬五千五百三十字"一行,據郝懿行《山海經箋疏》計算,今本有二萬一千二百六十五字,多出原來者達五千七百餘字,由此即可看出其屢被增改的情況。

　　《山海經》以外,今通行本《淮南鴻烈·地形訓》中,也有關於崑崙及河水、赤水、弱水、洋水等四水出自崑崙的記載⑥,并且說："河水出崑崙東北陬,貫渤海,

---

　　① 畢沅：《山海經新校正序》（浙江書局刊本）,第2頁。
　　② 王庸：《中國地理學史》,第2—4頁；小川琢治：《山海經考》,載江俠庵編譯：《先秦經籍考》,下册,第14頁；又上引畢沅序文（第5頁）也承認"《海外·海内經》八篇,多雜劉秀校注之辭"。
　　③ 郭璞：《注山海經序》（浙江書局刊本）,第8—9頁。
　　④ 同上,第7頁。
　　⑤ 小川琢治上引文,第9頁；王庸上引書,第2—4頁。
　　⑥ 此處轉述《地形訓》文作弱水亦出自崑崙,依王念孫《讀書雜誌》（金陵書局刊本）,卷九之四,第3頁。

入禹所導積石山。"按淮南王劉安招致賓客方術之士編寫所謂《内書》、《外書》等篇,其開始當尚在漢武帝即位以前,而成於武帝即位之初①,較張騫出使西域爲早。到了元狩元年(公元前 122 年)淮南王謀反自殺,國亡家滅,他的遺書自然也遭遇到不幸的命運,有的甚至一時下落不明②。其書本來雜出衆手,在輾轉流移中曾被後人改動增删,自有可能。後來又經過劉向校定,已在西漢末年。細看今本《地形訓》的内容,許多地方很覺雜亂,固然不像出於一手,而且不像成於一時。眼光敏鋭的酈道元在《水經·河水注》中,引用了淮南王書關於崑崙和出自崑崙的河水等水的記述後,立即感覺到它們"仿佛近佛圖調之説"③,也就意味着《地形訓》這一段關於河水重源的説法可能是在淮南王身後,由他人根據東來佛教徒之所傳而補加進去的。

所以今本《山海經》和《淮南·地形訓》裏面關於河水重源的一些記載,並不排斥河水重源説的產生開始於西漢。

以上只是我個人一點淺薄的看法。這個河水重源説如何開始產生的問題,有關的資料既多,内容更十分混亂,個人識見甚不易周全。篇幅有限,許多比較細節的考查,雖然是相當重要的,也未能一一都寫出來;寫出來的一部分,叙述也不够詳盡,不妥之處恐怕還很多,尚請讀者多多指教爲幸。

(本文曾在《學術月刊》1961 年第 10 期發表)

---

① 《漢書·淮南王傳》。
② 《漢書·劉向傳》説劉向父劉德於武帝時治淮南獄得其若干遺書一節,乃是不可靠的,前人已發現了(見王先謙《補注》引諸家之説)。我們由此也可推知淮南王死後他的遺書流傳情況之曖昧不明。
③ 王先謙:《合校水經注》,卷一,第 18—19 頁。

《水經注》中的扞泥城和伊循城

(據《中亞學刊》第 3 輯,中華書局 1990 年)

《漢書·西域傳》和《水經注》都説到西域的樓蘭國、鄯善國、扞泥城、伊循城,其間有若干混亂處,多年以來,頗多紛議,長期陷於僵局。我最近讀《水經·河水注》,忽然發見其中有一大段錯簡,爲前人所疏忽。既移正後,班、酈兩家之説遂得解決矛盾,歸於統一。因成此文,以就正於讀者。

(一)《水經注》關於鄯善的記述

《水經·河水注》叙述南河與且末河會流東逝,通爲注濱河。接下去説:

注濱河又東徑鄯善國北,治伊循城,故樓蘭之地也。樓蘭王不恭於漢,元鳳四年(公元前 77 年),霍光遣平樂監傅介子刺殺之,更立后王。漢又立其前王質子尉屠耆爲王,更名其國爲鄯善。百官祖道橫門,王自請天子曰:"身在漢久,恐爲前王子所害,國有伊循城,土地肥美,願遣將屯田積粟,令得依威重。"遂置田以鎮撫之。敦煌索勱,字彦義,有才略,刺史毛奕表行貳師將軍,將酒泉、敦煌兵千人至樓蘭屯田起白屋,召鄯善、焉耆、龜茲三國兵各千,橫斷注濱河。河斷之日,水奮勢激,波陵冒堤。勱厲聲曰:"王尊建節,河堤不隘;王霸精誠,呼沱不流。水德神明,古今一也。"勱躬禱祀,水猶未減。乃列陣被杖,鼓噪歡叫,且刺且射,大戰三日,水乃迴減,灌浸沃衍,胡人稱神。大田三年,積粟百萬,威服外國。其水東注澤,澤在樓蘭國北。扞泥城,其俗謂之東故城,去陽關千六百里,西北去烏壘千七百八十五里,至墨山國千八百六十五里,西北去車師千八百九十里。土地沙鹵,少田,仰谷旁國。國出玉,多葭葦、檉柳、胡桐、白草。國在東垂,當白龍堆,乏水草,常主發導,負水擔糧,迎送漢使。故被俗謂是海爲牢蘭海也。[1]

《河水注》這一段,提出了三點情況,和《漢書·西域傳》等其他一些史籍都有所不同。這三點情況就是:(一)鄯善國治伊循城。本來《漢書·西域傳》下及《北史·西域傳》都説鄯善的王都是扜泥城,而《河水注》則説是伊循城。(二)注濱河東流,先述及伊循城,伊循城應在西一些。(三)其次再述及扜泥城,扜泥城應在東一些;且"其俗謂之東故城",看起來更增加扜泥城居東之形勢。

(二)《水經注》和《新唐書·地理志》之間的矛盾

自漢代以降,鄯善爲交通中央亞細亞一帶的要道所首經,地位甚爲重要。《漢書·西域傳》中,記載了"鄯善國,本名樓蘭,王治扜泥城,"又記載了此國有伊循城,地肥美,自樓蘭改名鄯善之年即元鳳四年(公元前 77 年)漢即派專人在此屯田。可是,這個扜泥城和伊循城的故址何在,過去卻一直未能確實考定。研究西域史地的著名學者如徐松,則求助於《水經注》,他在《漢書·西域傳補注》中,一則曰:"按:《水經注》,扜泥城其俗謂之東故城,蓋以伊循爲新城也。"二則曰:"《水經注》,河水經伊循城北,又東注澤,澤在扜泥城,是伊循在樓蘭國西界。"三則曰:"《水經注》言鄯善國治伊循城,蓋以地肥美徙都之。"這樣,徐氏就依我們前面所引的那一段《水經·河水注》,接受了其所提出的三點,以爲鄯善曾徙都伊循城,伊循城在西界,扜泥城在東。

《水經注》和徐松大約還影響了英人斯坦因(Sir Aurel Stein)。二十世紀初,斯坦因私入我國新疆從事考古發掘工作,於新疆東南部之若羌及其東北約五十里之米蘭發見許多八、九世紀之間的西藏文書,稱米蘭爲 Nob-chung(小納布城),若羌爲 Nob-chen(大納布城),斯坦因大概也受《水經注》的影響,以在東邊的小納布城(米蘭)爲古代扜泥城遺址所在,在西邊的大納布城(若羌)爲古代伊循城遺址所在[2]。

可是,另外還有兩項重要的史料,和《水經注》所提出的三點正好相反。一是《北史·西域傳》,仍以扜泥城爲北魏時代即酈道元生活時代的鄯善的都城。二是《新唐書·地理志》所附賈耽(730—805 年)"入四夷道里"中的"安西入西域道",分明説伊脩(循)在東而樓蘭國即鄯善國(當指其都城扜泥城)在西。《新唐書·地理志》所載原文如下:

> 自沙州壽昌縣(今甘肅敦煌縣西南)西十里至陽關故城,又西至蒲昌海南岸千里。自蒲昌海南岸,西經七屯城,漢伊脩城也。又西八十里至石城

鎮,漢樓蘭國也,亦名鄯善,在蒲昌海南三百里,康艷典爲鎮使以通西域者。又西二百里至新城,亦謂之弩支城,艷典所築。又西經特勒井,渡且末河,五百里至播仙鎮,故且末城也,高宗上元(674—676年)中更名。

對於《地理志》所載這一段文字,馮承鈞曾用斯坦因和伯希和(Paul Pelliot)分別所得兩種敦煌寫本《沙州都督府圖經》來校核,他認爲:

一、七屯城——即屯城,其西北極近有古屯城,"七"或是"古"字之誤。屯城即漢之伊循城,"循"亦作"脩"。亦名小鄯善,相當斯坦因之小納布城。屯城故址在今米蘭,即漢之伊循城在此。

二、又西八十里——爲又西一百八十里之誤。《圖經》謂屯城西去石城鎮一百八十里,《地理志》脱"一百"二字。

三、石城鎮——即鄯善大城,其東二十步有漢鄯善城,本漢樓蘭國,更名鄯善國。鄯善大城相當斯坦因之大納布城。康艷典東來居此,胡人隨之,亦曰典合城。上元二年(675年)改爲石城鎮。石城鎮故址在今若羌,本漢之樓蘭國,更名鄯善國。其王所治之扜泥城即在此。

四、在蒲昌海南三百里——南應作西南。

五、新城——在石城鎮西二百四十里,亦作弩之城。其故址在今巴什仕里。

六、渡且末河五百里至播仙鎮——應是且末河源去鎮五百里,非渡河五百里至播仙鎮。播仙鎮故址在今且末縣[3]。

這樣,依《新唐書·地理志》及寫本《圖經》,扜泥城應在西,故址得位於今新疆若羌縣;伊循城應在東,故址得位於今米蘭。這和《水經注》所載及斯坦因所考訂的方位正好東西對換了一下。兩者互異,不能并存,這是一個很大的矛盾,等待我們來辨別是非。

(三) 錯誤的發生由今本《水經注》引起

若干年來,我常常對這一矛盾進行思索。現在我覺得已有可能在這裏提出我的答案。原來錯誤的發生是由今本《水經注》所引起。

在本文開始時所引用的那一大段記述鄯善的《水經·河水注》文字,是從王先謙合校本《水經注》抄錄下來的。對於這一大段文字,我曾檢查過《永樂大典》本和黄省曾、吴琯、朱謀㙔、沈炳巽、全祖望、趙一清、戴震、楊守敬諸家校注本,除個别字句小有不同外,基本上都是一樣的,没有大差别。但也不是完全没有人發生過懷疑。在"常主發導,負水擔糧,迎送漢使"下,趙一清曾加小注:"一清按,此處有脱文。"又在"澤在樓蘭國北扞泥城"九字間,熊會貞認爲"扞泥城"上脱一"治"字,他就補加上一個"治"字。趙、熊兩位的懷疑,疑得都有理,但卻都疑得太淺,並未能解決問題。

我曾把《漢書·西域傳》中關於鄯善的記述,細讀其全文,覺得真是寫得有條不紊,層次分明。我拿它來和今本《水經·河水注》記述鄯善的這一大段共 378 字互相比較,卻感覺到《河水注》顯得很雜亂,它先寫伊循城後來所發生的改國號及屯田等事,接着又插進了東漢以後的索勱橫斷注濱河的故事,最後又倒叙鄯善地理情況及扞泥城早年迎送漢使之事,綜合看這一段記述,實在寫得並不流暢,文字混亂,層次更不分明。酈善長縱使未能和班孟堅並駕齊驅,也不至於相差如此之甚。

《水經注》這部書,經過長期的傳抄流布,錯簡特別多。現在把《漢書·西域傳》有關鄯善的記載拿來和《水經·河水注》所叙述的文字細心核對,我認爲現在所流傳的各本《水經·河水注》中這一大段有關鄯善的記載,中間是有錯簡,具體說,從"扞泥城"開始到"迎送漢使"爲止,共 96 字,應移前接到"注濱河又東徑鄯善國北治"之下。這一錯簡被改正了,《水經·河水注》和《漢書·西域傳》文便消除矛盾而互相統一了,和《新唐書·地理志》等也消除矛盾了,一切問題便迎刃而解了。至於這一錯簡發生的時代,當在宋代以前,因爲我們知道,《永樂大典》本和黄省曾刊本等都據宋本抄刻,看來所據的宋本也就已有此錯簡了。

(四) 錯簡改正後的《水經注》文

兹將錯簡改正後的這一大段《水經·河水注》文,清錄如下,並略附按語以作解説。

注濱河又東徑鄯善國北,治扞泥城,其俗謂之東故城,去陽關千六百里,西北去烏壘千七百八十五里,至墨山國千八百六十五里,西北去車師千八百九十里。土地沙鹵,少田,仰谷旁國。國出玉,多葭葦、檉柳、胡桐、白草。國在東垂,當白龍堆,乏水草,常主發導,負水擔糧,迎送漢使。〔按,以上節錄《漢書·西域傳》文。經此改正,文字井然;治伊循城之問題亦消失矣。〕伊循城,故樓蘭之地也。樓蘭王不恭於漢,元鳳四年(前 77 年),霍光遣平樂監傅介子刺殺之,更立後王。漢又立其前王質子尉屠耆爲王,更名其國爲鄯善。

百官祖道横門,王自請天子曰:"身在漢久,恐爲前王子所害,國有伊循城,土地肥美,願遣將屯田積粟,令得依威重。"遂置田以鎮撫之。〔按,以上繼續節録《漢書·西域傳》文,仍井然有序。注濱河自西而東流,伊循之出現較扜泥爲後,則扜泥在西而伊循在東亦不再成問題矣。節録《西域傳》文止此,不出現前後顛倒、文字凌亂之感覺。〕敦煌敦索勘,字彦義,有才略,刺史毛奕表行貳師將軍,將酒泉、敦煌兵千人至樓蘭屯田起白屋,召鄯善、焉耆、龜兹三國兵各千,横斷注濱河。河斷之日,水奮勢激,波陵冒堤。勘厲聲曰:"王尊建節,河堤不隘;王霸精誠,呼沱不流。水德神明,古今一也。"勘躬禱祀,水猶未減。乃列陣被杖,鼓噪歡叫,且刺且射,大戰三日,水乃迴減,浸灌沃衍,胡人稱神。大田三年,積粟百萬,威服外國。〔按,以上續叙東漢以後的索勘横斷注濱河故事,在時間先後排列方面固應如此。〕其水東注澤,澤在樓蘭國北,故彼俗謂是澤爲牢蘭海也。〔按,以上續叙注濱河水東流入澤(即樓蘭海,亦即牢蘭海,今羅布泊)。我們上面將錯簡改正後,"澤在樓蘭國北"一句和"故彼俗謂是澤爲牢蘭海也"一句緊緊連接起來,恢復原來的天衣無縫,文順而義足矣。〕

如上這樣改正錯簡後,《水經·河水注》和《漢書·西域傳》、《唐書·地理志》等書對鄯善所述基本都得到了統一,使我們可以放心去相信,扜泥城在西,故址在今若羌縣,即大納布城,伊循城在東,故址在今米蘭,即小納布城。

《河水注》説扜泥城"其俗謂之東故城",東故城這個名稱之由來,乃是由於樓蘭"國在東垂",且又是一個較早和漢交通的古國,故得此稱。東者言其地當東垂,故者古也,東故城應當就是"東垂古城"的意思。這名稱和東邊的伊循城固然没有關係(伊循是一個較新開發的地方),和《北史·西域傳》所説沮渠安周擊扜泥城不利而"退保東城"的東城也並非一地(一個是"東故城",一個是"東城")。

(五) 對樓蘭故城遺址的觀察

最後,附帶談一點對羅布泊西北之樓蘭故城遺址的觀察。本世紀初羅布泊西北有樓蘭故城遺址被發見,頗有人以此城遺址爲元鳳四年(公元前77年)以前樓蘭國之王都,並以爲元鳳四年而樓蘭改稱鄯善,王都亦自此城南遷至扜泥城。後因日人橘瑞超氏之疏忽,誤言發見李柏書稿之地(海頭),即在此城;王國維氏爲其所惑,遂亦誤認爲此城本名海頭,而非樓蘭城。近年真相漸白,查明海頭乃在此城西南約五十公里之另一遺址,與此城並非一地,可知此城遺址之本名實爲樓蘭(4)。

現在尚待澄清的問題是:究竟此樓蘭故城是否是元鳳四年以前樓蘭國時代的王都?

我的意見,認爲不是——原因是:

其一,此城遺址所出文物,大概自曹魏末迄前涼,而上不及前漢。

其二,細讀《漢書·西域傳》,開始就説:"鄯善國,本名樓蘭,王治扜泥城。"後來又説:"(傅)介子遂斬(樓蘭)王嘗歸首……乃立尉屠耆爲王,更名其國爲鄯善,爲刻印章,賜以宮女爲夫人,備車騎輜重,丞相將軍率百官送至橫門外,祖而遣之。王自請天子曰:'身在漢久,今歸單弱,而前王有子在,恐爲所殺,國中有伊循城,其地肥美,願漢遣一將屯田積穀,令臣得依其威重。'於是漢遣司馬一人,吏士四十人,田伊循以塡撫之。"以上《漢書》這一段記載,寫得如此曲折詳備,連賜以宮女,送別橫門,請田伊循等等都瑣屑畢陳,豈有遷都這樣的大事會省去不記?

其三,再細讀《新唐書·地理志》附載"入四夷道里",明明白白地説:"……石城鎮,漢樓蘭國也,亦名鄯善,在蒲昌海三百里。"語氣也很斬截,並不留下曾經遷都的痕迹。

所以我認爲從樓蘭國改稱鄯善國的當時,並無遷都之事,扜泥城一直是樓蘭國和鄯善國的首都。

至於位在羅布泊西北這個樓蘭故城本身的歷史,尚有可追尋的綫索。我在本文的注(1)中曾引用《水經·河水注》説到北河下流的一段話:"河水(即北河)又東徑注濱城南,又東徑樓蘭城南而東注,蓋撥田士所屯,故城禪國名耳。河水又東注於泑澤,即經所謂蒲昌海(今羅布泊)也。"我相信這里所述及的樓蘭城,就是二十世紀初年在羅布泊西北發現遺址的樓蘭故城。這個樓蘭城的開始,是由屯田軍(墢田士)所駐屯的,其建立的時間當遲於元鳳四年而在樓蘭國改稱鄯善國之後,"故城禪國名"之意當即謂沿用以前的樓蘭國名以爲城名。因出土文物止於公元330年(前涼建興十八年),則此城之廢棄當在此時或稍後不久。

(1)《河水注》這段記載裏的注濱河,是南河的下流和且末河(今車爾成河)合流後的名稱。這注濱河大體相當今孔雀河下流(偏南一側)將流入羅布泊的一段。(當時孔雀河的河身似較現在爲更在南一些)。《河水注》以下還説到北河的下流。《河水注》把北河的下流就稱爲大河或河水，説："河水又東徑注濱城南，又東徑樓蘭城南而東注，蓋墱田士所屯，故城襌國名耳。河水又東注於泑澤，即經所謂蒲昌海(今羅布泊)也。"這一段河水(即北河的下流)，看來也應被理解爲大體相當今孔雀河下流(偏北一側)將流入羅布泊的一段。(當時孔雀河的河身似較現在爲更在南一些，故流徑樓蘭城——即現在的樓蘭故城——之南)

(2) 見斯坦因(Sir Aurel Stein)：《斯坦因西域考古記》中譯本 81 頁，中華書局出版；藤田豐八：《西域研究》中譯本 1—9 頁，商務印書館出版。

(3) 見馮承鈞：《西域南海史地考證論著匯輯》1—35 頁，中華書局出版。

(4) 關於橘瑞超及海頭、樓蘭問題，其詳可以參看侯燦：《論樓蘭城的發展及其衰廢》，載《中國社會科學》1984 年第 2 期。

(1986 年 6 月 4 日修改)

桃花石和回紇國

(據《章巽文集》,海洋出版社1986年版)

新疆社會科學院考古研究所蔣其祥同志目前正在整理新疆喀什市附近出土的一批喀喇汗王朝錢幣,其中若干枚上刻有"桃花石汗"的阿拉伯字銘文,自去年以來,我們之間曾數次通信進行討論。今年年初,又接到新疆大學魏良弢同志寄來的《喀喇汗王朝史稿》,徵求意見,接着又曾和他相見面談。在和蔣、魏兩同志的通信和討論中,都接觸到"桃花石"和"喀喇汗王朝"這兩個名稱。我曾對此提出過一些自己的意見,現在再把這些意見加以整理和補充,寫成此文,以就正於讀者。

(一) 關於桃花石

桃花石一名,始見於《長春真人西遊記》。長春真人奉成吉思汗之召西行,於公元1221年初由今河北省境啓程,經今蒙古境及今新疆境西行入中亞,此年年底到達邪米思干(今中亞撒馬爾罕),次年謁成吉思汗於今阿富汗境,1223年東歸,次年回到燕京。當長春1221年路經阿里馬城(今新疆霍城縣境)時,聽見當地居民説:"桃花石諸事皆巧。"《遊記》解釋説:"桃花石謂漢人也。"這就是桃花石一名的始見於我國文字記載。

近代學者們發現,自從公元第六世紀末期以降,北亞、中亞、西亞和歐洲的歷史文獻中有許多個對中國和中國人的稱呼,都和桃花石一名相近似,或者可以説,它們本來就出於一個共同的來源。例如:(以下各名都是原文的拉丁字母轉寫。)

Taugas——見於東羅馬史家提奧菲來克脱斯(Theophylactus Simocatta)的《史記》,此書所記主要爲東羅馬皇帝毛利思(Maurice)在位(公元582—602年)時事。

Tabgač(或作 Tabγač)——見於公元第八世紀的突厥文闕特勤碑等碑文。

Ṭabghāj——喀喇汗朝(約公元 840—1212 年)刻有桃花石汗銘文的錢幣上的阿拉伯文寫法(據蔣其祥同志函告)。

Ṭabghāch(或 Ṭafghach，或 Tamghach)——巴爾托爾德(W. Barthold)在《蒙古入侵前之土耳其斯坦》(*Turkestan down to the Mongol Invasion*)一書中對同上時期桃花石一詞的轉寫。

Tamgadj——見《多桑蒙古史》馮承鈞譯本。

Tamghâj——見波斯族人阿爾比魯尼(al-Bīrūni，公元 973—1048 年)的著作。

Timghaj——見阿拉伯人阿布爾·菲達(abu-al-Fidā，公元 1273—1331 年)的著作。

以上所舉這些對中國和中國人的名稱，只是一部分例子，其與桃花石一名同出一源，是很明顯的，只不過在不同的時代，音讀稍有一點非本質的輕微相差而已。

這些同出一源的名稱，其最早的起源到底是怎樣的呢？長期以來，學者間意見不一。或以爲是"大魏"(Ta-göei，指北魏)的轉訛，這是法國學者德基尼(J. Deguignes)所提倡的；或以爲是由"唐家"(Tang-kia，指唐代)轉訛而來，這是德國學者夏德(F. Hirth)和日本學者桑原騭藏所提倡的；或以爲是"拓跋"(Tak-bat 或 Tak-pat，北魏皇族的姓)音變而來，這是日本學者白鳥庫吉和法國學者伯希和(P. Pelliot)所提倡的。其中"大魏"說理由最弱，早被廢棄；"唐家"說也因提奧菲來克脫斯書中所記主要內容相當我國隋代，較唐代爲早，故亦難於成立；唯"拓跋"說則風行一時，目前幾爲國內外學者所普遍接受。舉一個最近的例子，耿世民同志在今年第一期《新疆社會科學》中所發表的《哈拉汗朝歷史簡述》，也就采用此說，以爲桃花石等等同出一源的名稱，乃由拓跋而來。

但是我認爲，桃花石及和它同出一源的，自 Taugas 以下的各個名稱，其起源乃來自"大汗"，而非來自"拓跋"。

汗是可汗的縮稱(《多桑蒙古史》上册 59 頁)。古代我國北部有一些兄弟民族稱他們的最高統治者爲可汗，其起源很早。一般注意到的，常是公元 402 年柔然領袖社崙已自號可汗。可是《資治通鑑》於曹魏景元二年(公元 261 年)就載後來建立北魏的拓跋氏的先祖早已有可汗的稱號。依《通鑑》，此先祖的世次自此年即 261 年尚要上推十四世，要相當西漢之世了。《魏書》所記拓跋氏上代世次與《通鑑》同，不過没有稱可汗的記述，但《通鑑》下筆謹嚴，當非全無所本。後來的柔然、突厥、回紇諸族，也都沿用可汗這個稱號來尊稱他們的君主。他們經常和南方的中原皇朝相接觸，就把中原的皇帝也稱爲可汗或汗，是完全可以理解的事；又見中原皇朝之大，乃以大汗稱之。貞觀四年（公元 630 年）西北諸族請唐太宗上尊號爲天可汗，也就是基於同樣的原因。所以大汗一名，應該就是桃花石等同出一源的名稱的由來，且漸漸更推廣到用來作爲對中國和中國人的稱呼了。

我們試把拓跋兩字和大汗兩字的上古音和中古音的擬測注音來加以比較。承張世祿同志錄告近人擬音，拓跋的上古音得爲 t'ak bwat，中古音得爲 t'ak buat，大汗的上古音得爲 dar gan，中古音得爲 dai ran，顯然，大汗的古音更合於桃花石這一些名稱。現列一表以便比較：

t'ak(拓)	bwat(跋)(上古音)	
t'ak(拓)	buat(跋)(中古音)	
dar(大)	gan(汗)(上古音)	
dar(大)	ran(汗)(中古音)	
Tau—	ga—	s
Tab—	ga—	č
Tab—	ra—	č
Ṭab—	gha—	j
Ṭab—	ghā—	ch
Ṭaf—	gha—	ch
Ṭam—	ghā—	ch
Tam—	ga—	dj
Tam—	ghâ—	j
Tim—	gha—	j
桃	花	石

首先要説明：上表中拉丁字母轉寫各名之後都有一個後綴（即表中第三排的 s,č,j,ch,dj，還有桃花石的石字也是這個後綴所轉譯回來的漢字），據白鳥庫

吉著《東胡民族考》(方壯猷譯)132頁説,這些後綴來自東胡、突厥、蒙古語言中之či,乃表示"司其事者之義的語尾"。龔方震同志爲我檢查了十至十三世紀即喀喇汗王朝及其前後所用突厥語的語法、蒙古語及現代土耳其語,後綴—ci或—či或—ci確如白鳥庫吉之説,有"執事者"或"主事者"之義。這個語尾,是北方兄弟民族附加上去的,故可置之不論。

其次,表中第一排自Tau以下至桃爲止諸音,無論和拓或大的音都還相近。但第二排就不然,自ga以下至花爲止諸音,其輔音便都是舌根音和喉音,顯然源出於汗,而跋的輔音屬於唇音者相隔甚遠。尤其是汗的音和花的音,直到現在還是都以喉音爲輔音,亦足爲源出於汗作證明。

以上是從古音比較方面,考查桃花石等等同出一源諸名稱,最先當由大汗一名而來。

據蔣其祥同志所告,他從馬赫穆德·喀什噶里編的《突厥語大詞典》(維吾爾文譯本)中,查得此詞典對桃花石一詞的解釋共有五條,其中的第三條説到:

> 這個詞用來作諸汗的稱號,"桃花石汗"意思就是"古國和大汗"。(其祥同志函告的原文。)

桃花石一名當出自大汗,大汗兩字的遺留痕迹,在這裏豈不是還依稀可見嗎。

回紇這個兄弟民族對中國的中原政權是有深情的,他們對唐、宋朝廷都保持甥舅之稱,西遷後所建的喀喇汗王朝也使用桃花石汗的名稱,顯示出他們的不忘中原故國。

由於桃花石一名本由大汗一名轉來,它也是一種美稱。所以喀喇汗王朝的統治者,於喀喇汗(最高的汗)、阿爾斯蘭汗(獅子汗)等尊稱外,還要加上桃花石汗的徽號,於不忘故國之中,兼具大汗的榮名。

西部喀喇汗王朝大可汗伊卜拉欣·本·納賽爾(Ibrāhīm b. Nasr,在位年公元1041—1068年)的尊號,即稱桃花石汗,又稱"東方和中國之王",可見桃花石汗和中國之王也並非完全等同。看來桃花石汗除了中國汗的意義之外,也還帶有大汗的意義。這也是桃花石一名源出大汗的一些痕迹。

從以上所説明的這些情況看起來,所以我認爲桃花石及前舉Taugas,Tabgač,Tabghāi,Tabghāch,Tamgadj,Tamghâj,Timghaj等等名稱,皆同出一源,即由大汗一名衍變而來。

(二) 喀喇汗王朝的國號

喀喇汗王朝一名中的喀喇汗三字,是從這個王朝的最高統治者常用的尊號音譯而來。近代國外一般的歷史著作也都以此來稱呼這個王朝。喀喇在突厥——維吾爾語中有"北方"、"黑色"、"主要"、"最高"等意義,故《宋會要》(《宋會要輯稿·蕃夷》四)和《宋史·于闐傳》以黑韓王、黑汗王來譯稱喀喇汗,這可說是一種音義兼顧的譯名。

可是目前我國的出版物,對這個王朝的名稱寫法頗不統一。例如馮家昇等同志作哈喇汗朝(見《維吾爾族史料簡編》上冊),耿世民同志作黑汗王朝(見《中亞簡史》),又作哈拉汗朝(見《哈拉汗朝歷史簡述》),魏良弢同志和蔣其祥同志作喀喇汗王朝等等。至於這個王朝在今新疆塔里木盆地西南部和中亞境內所建國家的國號,只看見過范文瀾同志在他所編《中國通史》第四冊中稱之爲喀拉汗國。所以如此相稱,大概是即以其王朝之名來作國號,出於一種推想而來。

其實在我國的歷史文獻中,對於這個喀喇汗王朝所建立的國家,是記載着有國號的。茲分述如下:

1. 見於《遼史》者

我們上面提到過,《宋會要》輯文和《宋史·于闐傳》中都載有黑韓王、黑汗王的名號,是對於喀喇汗的一種譯稱。但這只是統治者的王號,而不是他們的國號。

喀喇汗王朝的國號之見於我國主要歷史記載者,首先要推《遼史》。《遼史》中值得注意的名稱有二,一是阿薩蘭回鶻,又一是回回國。

遼代的屬國中,有一個叫做阿薩蘭回鶻,有時也作回鶻阿薩蘭,有時也作阿思懶。在《遼史》各《本紀》及《屬國表》中,記有和此國的往來多次,分見太宗天顯八年(公元933年),會同三年(公元940年),景宗保寧三年(公元971年)、五年(公元973年)、十年(公元978年)、聖宗統和六年(公元988年)、七年(公元989年)、八年(公元990年)、九年(公元991年)、十三年(公元995年)、十四年(公元996年)、二十三年(公元1005年,兩次),興宗重熙十四年(公元1045年)、十五年(公元1046年)、二十一年(公元1052年)、二十二年(公元1053年),道宗咸雍四年(公元1068年)的《紀》、《表》,大部分是記"來貢",有一次因被鄰國所侵曾求助於遼,遼也曾兩次遣使前往,並可能曾以公主遣嫁。在《遼史·兵衛志》的"屬國軍"中,也列有阿薩蘭回鶻;《百官志》的"北面屬國官"中,也載有"阿薩蘭回鶻大王府亦曰阿思懶王府"一條。由於《遼史》所稱"屬國"中,已有回鶻、甘州回鶻、沙州回鶻、和州回鶻、師子(亦作獅子,當指龜兹回鶻,見《宋史·龜兹傳》)、高昌、于闐諸名,所以這個阿薩蘭回鶻位置似在更西一些,可能即指喀喇汗王朝,但也可能指的是此王朝封地制度下東北邊境附近某些地方首領所統治的部族。

回回國之名,見《遼史·天祚皇帝本紀》四。此紀附載耶律大石建立西遼的史事,説大石於保大四年(公元1124年)西征,輾轉到達中亞名城尋思干(即邪米思干,今撒馬爾罕)的附近,於是:

> 西域諸國舉兵十萬,號忽兒珊,來拒戰……(大石)三軍俱進,忽兒珊大敗,僵尸數十里。駐軍尋思干凡九十日,回回國王來降,貢方物。又西至起兒漫,文武百官册立大石爲帝……號葛兒罕,復上漢尊號曰天祐皇帝,改元延慶。

《遼史》所載忽兒珊,即西部喀喇汗王朝以南之 Khurāsān,當時在塞爾柱突厥蘇丹桑賈爾(Sanjar)統治之下,他此時并且還控制了西部喀喇汗王朝,所以忽兒珊是對耶律大石進行抵抗的主要領導者。起兒漫(Kermaneh)則在尋思干之西不遠(位於今撒馬爾罕和布哈拉兩城之間)。大石之稱帝於起兒漫,事在公元1131年二月五日(據梁園東譯註《西遼史》1955年新版),則其攻入尋思干並駐城中九十日當在公元1130年下半年。此年正是西部喀喇汗王朝大亂之時,王朝的阿爾斯蘭汗穆罕默德·本·蘇來曼(Muḥammad b. Sulaymān)於此年春天被蘇丹桑賈爾所廢,此後二年之間,桑賈爾三易其君,至公元1132年才立阿爾斯蘭汗之第三子馬赫穆德(Mahmūd)爲桑賈爾控制下的西部喀喇汗。耶律大石攻入尋思干,即在廢黜阿爾斯蘭汗之亂以後。大石駐軍尋思干時,《遼史》説有"回回國王來降"。這個回回國王,張星烺《中西交通史料匯篇》(原印直排本第五册282頁)及梁園東《西遼史》(44頁譯註二十二)都以爲是花剌子模國王,我看恐怕並不對。據巴爾托爾德《蒙古入侵前之土耳其斯坦》(323—325頁)所載,花剌子模王朝的實際奠立者阿即思(Arsiz)於公元1127或1128年繼承他的父親擔任花剌子模沙,他一直隸屬並效忠於塞爾柱突厥蘇丹,直到公元1138年,阿即思才對蘇丹桑賈爾起兵叛變。當耶律大石於公元1130年駐軍尋思干時,阿即思尚附屬於蘇丹桑賈爾,花剌子模並沒有回回國之可言。所以我以爲這裏所稱回回國,實指西部喀喇汗王朝而言,所稱回回國王,當指西部喀喇汗王朝的某個汗族成員而言。當公元 1130 年蘇丹桑賈爾廢黜阿爾斯蘭汗時,西部喀喇汗王朝的汗族成員當然會有人產生強烈反感,如阿爾斯蘭汗的次子阿赫馬德(Ahmad)就曾舉兵反對蘇丹。其求助於大石,完全可以理解,《遼史》就以來降稱之了。

可是在阿拉伯史家伊本·艾西爾(Izz-al-Dīn ibn-al-Athīr,公元 1160—1234 年)等的著作中,卻以耶律大石大破蘇丹桑賈爾於尋思干城附近爲公元 1141—1142 年的事。這比《遼史》所記要遲十年餘,此時花剌子模沙阿即思已叛桑賈爾。但據近代學者如白壽彝同志等之所考,宋、遼時所稱回回一名,如見於宋人沈括《夢溪筆談》卷五及彭大雅、徐霆《黑韃事略》者,皆指回紇(即回鶻)而言,所以《遼史》之回回國,亦不能爲花剌子模,而是指主要由回紇人所建的喀喇汗王朝而言,回回國也就是《遼史》所記載的喀喇汗王朝的國號。

2. 見於金人記述者

金宣宗興定四年(公元 1220 年,即成吉思汗十五年),詔遣禮部侍郎吾古孫仲端出使西域,向成吉思汗請和,次年謁見成吉思汗於中亞,十二月還。他的出使期間旅行經過,由劉祁筆記下來,附載於《歸潛志》卷十三之後,題作《北使記》。

《北使記》中記吾古孫仲端於公元 1220 年十二月初出金國西北界,大體穿過今蒙古南部和今新疆北部西行,至今伊犁河北,通過合魯族(即葛邏禄族),然後"至回紇國之益離城,即回紇王所都,時已(公元 1221 年)四月上旬矣"。益離城,張星烺(上引書 301 頁)以爲即伊犁河上之亦剌八里,《蒙兀兒史記·西北三宗藩地通釋》則謂此城故址在伊犁河中流北岸。至於此處的回紇國,我認爲指的即是喀喇汗王朝,回紇國即是見於金人記述的喀喇汗王朝的國號。

原來在公元十二世紀二十年代末至四十年代初這段時間中,西遼征服了幾乎全部喀喇汗王朝的土地,但西遼只滿足於自居宗主國的地位和徵收貢賦,對東部和西部的喀喇汗王朝諸汗仍維持其分封和傳襲,東部王朝一直存在到公元 1211 年,西部王朝一直存在到公元 1212 年,可說一直和亡於公元 1211 年的耶律氏西遼同時存在。伊犁河上的益離城曾爲某個喀喇汗朝汗王作爲首邑或封邑而居留過,而東喀喇汗王朝之最後被滅,距吾古孫仲端西行相隔僅十年,故仍沿用回紇國之名,這都是完全可以理解的。

自益離城以後,《北使記》接着記述下去説:"大契丹大石者,在回紇中。昔大石林麻(按:麻當作牙),遼族也……入回鶻,攘其地而國焉。"接着又説,以後大石的後人"政荒,爲回紇所滅,今其國人無幾,衣服悉回紇也。其回紇國地廣袤際西,不見疆畛"。這裏的回紇國,也是作爲國號來指稱喀喇汗王朝。

上面這段引文中説西遼"爲回紇所滅",誤。耶律氏西遼是於公元 1211 年被乃蠻王屈出律所簒奪。但從這段引文,可推見西遼亡後其遺留下來的人民的回紇化之深,亦可推見回紇國故地之廣大。在這段引文後,《北使記》對回紇國的地理、人種、物產、風俗等有相當詳細的記載,都是寫喀喇汗王朝歷史的重要史料。

吾古孫仲端出使事也見於《元史·太祖本紀》。他的謁見成吉思汗,只是公元 1221 年秋見了一次,但《元史》誤將此事分記於太祖十六年(公元 1221 年)和十七年(公元 1222 年),以爲謁見過兩次。《元史》此誤,《蒙兀兒史記·成吉思汗本紀》中已指出並改正。明初所修《元史·太祖本紀》稱:"十七年(按:應作十六年)……秋……烏古孫仲端來請和,見帝於回鶻國。"這個回鶻國,就是《北使記》的回紇國,也是作爲喀喇汗王朝的國號而用來指稱喀喇汗王朝的故地。《元史》這一記載,可爲金人是以回紇國的國號來稱呼喀喇汗王朝增加一個有力的證明。

3. 見於蒙元初年記載者

蒙元初年,長春真人奉命去中亞謁見成吉思汗,於成吉思汗十六年(公元 1221 年)之初由今河北省境啓程,先向北至今蒙古人民共和國東部,折而西行,當他行經今圖拉河西南一帶時,曾説:"西南至尋思干城,萬里外回紇國最佳處。契丹都焉,歷七帝。"尋思干在《長春真人西遊記》中亦作邪米思干,即今撒馬爾罕,它是喀喇汗王朝統治地區内的一顆明珠,公元十一世紀四十年代初,此王朝分裂爲東西兩部後,西部喀喇汗王朝一直以尋思干城爲首都,直到此王朝最後統治者奥斯曼('Othmān b. Ibrāhīm)的時候,還是據此城以抗花剌子模,城陷被俘並被處死(公元 1212 年)。奥斯曼的亡年下距長春真人出發西行之年(公元 1221 年)還不滿十年,所以長春在這裏説尋思干城是回紇國最佳處,這個回紇國指的就是喀喇汗王朝。也就是説,公元十三世紀初期的又一歷史文獻——《長春真人西遊記》,也分明紀錄着喀喇汗王朝的國號是回紇國。這是和《北使記》完全相合的。

不過長春下面接着説的"契丹都焉",卻是錯了。這個契丹指的應是喀喇契丹(即西遼),西遼都城在虎思斡耳朵(在今中亞伊塞克湖西北方)。西遼雖曾攻入並控制過尋思干城,卻並未以尋思干城爲首都。長春説這句話,想是把喀喇契丹王朝和喀喇汗王朝混同起來而語誤了。再下面的一句即"歷七帝",説得也不清楚。如指西遼,則西遼自耶律大石至直魯古,只傳三世,共五主;如指西部喀喇汗王朝,則又遠遠超過七帝。不過,這兩句話雖然説得不準確,而回紇國之爲喀喇汗王朝的國號,則是清清楚楚的。

4. 見於明初記載者

明洪武二年(公元 1369 年)八月,宋濂等所修《元史》第一次編本完成,李善長在《進元史表》中,有幾句話總結成吉思汗稱尊號後的用兵經過:"既近取於乃蠻,復遠攻於回紇,渡黄河以蹴西夏,逾居庸以瞰中原。"這裏所説的回紇,主要指中亞而言,基本上都是喀喇汗王朝的故土,而李善長等即以回紇稱之。這時去喀喇汗王朝之最後覆亡已逾一個半世紀了,而李善長等仍沿用回紇之名,也可見回紇國所留下來的印象之深。

5. 喀喇汗王朝之遺民

喀喇汗王朝所創立的國家,是由若干不同的部族聯合、混合而建成的。但從回紇國這個國號,也可見組成這個國家的核心的,應該是回紇人。這從以下所舉史料亦足以見之。

其一,《金史·粘割韓奴傳》載,金世宗大定年間(公元 1161—1189 年),當時喀喇汗王朝已在西遼控制下為西遼之附庸,但從骨斯訛魯朵(即西遼首都虎思斡耳朵)來金國西南招討司貿易的移習覽三人都是回紇商人。

其二,《北使記》叙述回紇國的人種亦即喀喇汗王朝的遺民時,説:其人種類甚衆,有没速魯蠻回紇,有遺里諸回紇,有印都回紇,其餘不可殫述。没速魯蠻當是波斯語 Musalmän 之音譯,伊斯蘭教徒之意;印都回紇"色黑而性願",當是指喀喇汗王朝故地東南部一帶接近印度半島西北部的遺民;遺里諸回紇,張星烺(前引書第五册 302 頁)以爲遺里即是也里(Herat),在今阿富汗西北部,位於阿姆河以南,但我以爲也里地太在南了,不合,遺里可能還是指今伊犁河附近而言。總之,從《北使記》的記載,亦可見這個回紇國即喀喇汗王朝故地遺民中回紇人所占比例之衆多。

其三,《長春真人西遊記》裏,也有許多關於回紇人的記載。自經阿里馬城(今新疆霍城縣境)後,長春即進入喀喇汗王朝的故土,他從此城到邪米思干大城(即尋思干城)之間,遇見過許多位回紇王、回紇頭目、回紇帥,都是當地回紇人的首領;還提到過一些起兵反抗蒙古的回紇人民。長春在邪米思干旅居時間較久,《遊記》對此城記述較多,曾説到在蒙古人占領以前,"城中常十萬餘户,國破而來,存者四之一,其中大率多回紇人"。長春在邪米思干寫的詩有云:"二月經行十月終,西臨回紇大城墉。"又云:"回紇邱墟萬里疆,河中城大最爲强。"(河中城即邪米思干城)從這裏也可見長春眼中的邪米思干(即尋思干),乃是回紇國這個大國故土上主要的一座大城，其中居民大部分是回紇人。

其四，長春中亞之行後三十餘年，又有常德奉命經中亞而赴西亞覲見皇弟旭烈兀。他於蒙古憲宗九年（公元 1259 年）正月自和林（即喀拉和林，故址在今蒙古人民共和國鄂爾渾河上游東岸）出發，經十四個月歸來，由劉鬱記其事，以《西使記》之名傳於世。記中也說到常德在從阿里麻里（即阿里馬城）到忽章河（即今錫爾河）之間所見的回紇人聚居和活動的情形，這些地方正是從前喀喇汗王朝的領土。

由上可見，組成喀喇汗王朝所建國家的主要成分當是回紇人。金、元史籍中所保存的喀喇汗王朝國號之爲回紇國，也可在此找到其根源。屠寄在《蒙兀兒史記》（《西北三宗藩地通釋》"不花剌"、"撒麻耳干"兩條）中，即以"西回紇"來稱呼喀喇汗王朝，可謂特具慧眼。

6. 當以回紇國的國號來稱呼喀喇汗王朝

我國有極豐富的歷史文獻，對於兄弟民族遠在西邊建立的喀喇汗王朝，也記載着有它的國號，在《遼史》曰回回國，在金、元史籍中曰回紇國。宋、遼時候的回回一名即用以稱回紇，所以回回國也就是回紇國。

喀喇汗王朝這個譯名，用字既常不統一，而且這只是王朝名，並非國號。所以我們應該用我國歷史記載上原有的國號來稱呼它。

范文瀾同志的《中國通史》，對處理我國各兄弟民族的史事，安排得較爲公正合理。其第四册第五章把回紇在我國北部建立的政權稱爲"回紇國"，把它的年代定爲公元 647—846 年，但仍把以後西遷中亞和今新疆西部的回紇人所建國家稱爲喀拉汗國。我認爲這個西遷所建的國家，應如遼、金、元史籍之所載，亦稱爲"回紇國"，還它本來的國號，而把它的年代定爲公元 840—1212 年。爲區別起見，不妨把公元 647—846 年建於北方的稱爲北回紇國，把公元 840—1212 年建於西方的稱爲西回紇國。我們對西遷的契丹人所建國家不稱爲喀喇契丹而稱爲西遼，現在把西遷的回紇人所建國家不稱爲喀喇汗王朝而稱爲回紇國或西回紇國，不正是同樣合理嗎？

（本文曾在《中華文史論叢》1983 年第 2 輯發表）

後　　記

中亞文化研究協會學術討論會即將在新疆舉行，我因病未能出席參加這一盛會，所憾實深。特寄拙作《桃花石和回紇國》，就正於諸同志，並祝大會圓滿成功！

　　拙文以爲 Taugas, Tabghāj……以至桃花石一名，其 Tauga-, Tabghā-……以至桃花等皆源出"大汗"，至詞尾之—s，—j……石等乃爲後綴。喀喇汗王朝諸統治者多有桃花石汗之稱，桃花石汗一名一面與我國中原王朝有密切之聯繫，一面亦帶大汗之意。最近讀到魏良弢同志《喀喇汗王朝起源回鶻說補證》(載《歷史研究》1983年第2期)，文中說到馬赫穆德《突厥語大詞典》以"可汗王朝"來稱呼喀喇汗王朝，這和我心中本來的一種意見頗能互相結合。我本來有一種意見認爲"可汗"這一稱號就含有高、大、全體、無所不及之意，後來西遼統治者之稱古兒汗（或作菊兒汗、葛兒汗，參看：何高濟譯《世界征服者史》上册，71頁，77—78頁注4；梁園東譯《西遼史》61—62頁），和西遷的回紇人統治者之稱喀喇汗，這些稱號實在都是可汗這一稱號的異寫：可＝古兒＝菊兒＝葛兒＝喀喇。音讀稍有通變，本質是一樣的。這樣的通變，在語音學上完全講得通。《突厥語大詞典》所稱的可汗王朝，亦即喀喇汗王朝的異寫而已。古兒汗本即大汗之意，喀喇汗實亦有大汗之意，與桃花石汗一名之源出大汗者皆有脈絡可通。現特在文後再將我這一意見提出，敬乞同志們多加指正。

(1983年6月1日)

西戰場之軍事地理

（據《大公報》1937年10月14日）

　　國防的意義兼括經濟文化軍備地形各方面，而在軍備比較落後的情勢下，地形尤顯出特別重要來。海河流域沖積平原是華北經濟文化的中心，但是它的本身沃野千里，無險可守，在軍事上不能成爲一個獨立區域。好在海河平原的北邊，有一條東西奔放的燕山山脈，從察哈爾南部到山海關間，峯巒起伏，勢如波湧，是極其險阻的一道屏障。燕山山脈中間被水流橫切成許多河谷，構成南北交通的道路，如冀察間的居庸關南口，如冀熱間的古北口喜峯口，以及冀省東北角的冷口九門口都是。這些稱爲關稱爲口的，都是軍事上的交通要道，易守難攻。長城就是沿燕山築的，海河平原的西邊是南北壁立的太行山脈，與燕山山脈構成一直角，太行山的西面就是山西高原，以呂梁山脈和黃河爲其外廓，號稱"表裏山河"，形勝可想。更因中部汾河流域上若干局部平原和地底豐富的礦藏而增加其經濟力，成爲退可以守進可以攻的優勢。海河平原東部是渤海，南邊則開放着作爲和中原取得聯絡的道路。

　　燕山山脈和太行山脈構成一條大弧，來保護平津滄保這些大城市及其附近的地方，因此山西、河北兩省在國防上是一個區域，難於分開。現今如此，古昔亦然。中國兩千年的歷史告訴我們，誰能控制山西，即能控制河北；誰能占領冀省，即能進取中原。歷代的開國帝皇，幾乎都以冀晉區域，尤其是山西，來做他們征伐創業的基點。

　　現在日本人走的還是這條老路。他們搶下平津，立即繞攻南口；他們奪下冀南，立即進犯山西，其志誠不在小。平津的淪陷，甚至滄保的損失對於全盤戰局所關者尚小。惟有晉北的戰事，值得我們萬分注意。山西不但是保全華北的焦點，也是中原和西北各省的屏障，同時亦爲進謀收回河北恢復內蒙、東北的基礎。

　　當春秋時代，冀晉北部但是戎狄異族所居，居高臨下，對於漢族的生存自然是一個極大威脅。公元前第七世紀中葉，齊桓公和管仲首倡攘夷之論，遠征成狄,晉國諸君繼起降服異族而同化之,這樣,才爲漢族子孫滅威脅,擴大疆土,並且增加新鮮的血液,厥功甚大。所以孔子曰:"微管仲,吾其被髮左衽矣。"到了戰國時代,山西大部分和河北西部皆屬趙國,其時秦勢甚強,惟有趙國能和她匹敵,梁任公說:"終戰國之世,能倔強與秦抗爭者莫如趙,雖曰國有人焉,亦形勢然矣。"真是一語破的。所以公元前第三世紀末年,秦王吞併中國的戰略,第一步先滅韓(今豫北晉南),以除心腹之患,第二步立即進攻趙國。秦兵行軍的路綫,避開晉東的太行山脈和晉西的呂梁山脈,而由晉南沿丹河河谷進攻長平(今山西高平縣),當時趙兵據險,宜於固守,可惜趙王不能用廉頗之謀,草率出戰,卒致大敗,兵士四十萬人降秦,盡爲白起所坑殺,讀史至此,可爲一歎。可見雖有險要,而無良將,亦復何用!至於趙兵被殺,可爲降敵者留做一個前車之鑒,倒無足惜。秦趙的第二度大決戰在井陘(今石家莊娘子關之間),當時趙王嬖臣郭開私通秦國,潛殺良將李牧,自壞長城,秦將王翦遂由井陘入晉,而趙國亡。"漢奸"害國,古今一轍。秦兵占領山西高原後,和陝甘打成一片,控制中國的優勢已成,於是即以此爲軸心,分兵兩路,一南滅楚(今鄂湘皖蘇諸省),一北滅燕(今河北省東北部及遼寧南部),即以滅燕之兵南面襲齊(今山東),統一宇內,秦始皇成此偉業,其樞機實由於滅趙之功。

　　項羽滅秦,宰割中國,分封十八王,自立爲西楚霸王,都彭城(今徐州)。項羽這人,其實是一個斗笠之器,十分糊塗。他自己是南方人,大約鄉土觀念極重,而無雄圖,所以他戀戀於江淮平原而不忍舍,平白將漢中送給劉邦,將陝晉送給章邯張耳諸將,試問險要盡失,唇亡齒寒,雖有彭城,何以自固?所以漢高祖用韓信之謀,卒成統一之功。韓信的戰略,夠得上成大將之才,劉漢之興,韓信之功最大,可惜他謀身不滅,後來乃死于呂后婦人之手。漢兵東征項羽,也分南北兩路。南路劉邦親率,出潼關入河南而進攻蘇北;北路由韓信主持,他的路綫,也避去呂梁山的險峻,設疑兵於臨晉(今山西臨晉縣附近),暗由北面的夏陽(今陝西韓城縣)偷渡黃河,沿汾河河谷進兵,擄獲王豹,征服山西,然後進攻趙王歇,會戰於山西東部井陘口,韓信立背水戰,大破趙兵,遂擒趙王歇,占領河北省南部。此後韓信即以冀晉區域做他的根據地,引兵南下,征服山東。這時劉邦在河南屢爲項羽所敗,甚至父母妻子,爲楚所獲。幸有韓信這支大兵,從北面高地包抄下來,劉邦才整頓陣容,轉敗爲勝,和韓信會兵攻楚,項羽兵敗垓下(今安徽靈璧縣),自刎烏江。所以我們可以說,漢室之興,大功在韓信,韓信之成功,又與先占領山西高原的戰略有關。

王莽竊漢,天下大亂,羣雄並起,形成四分五裂的割據局面。何以劉秀獨成統一之功呢?這答案又不能不求之于冀晉區域。原來劉秀雖起兵舂陵(今湖北襄陽縣),但是他隨更始入洛陽後,即單獨率兵北上,占領河北全省,上谷(今察哈爾宣化)太守耿況和漁陽(今北平)太守彭寵,也都降附劉秀。劉秀北有燕山之險,乃率兵南下,取洛陽而都之;一面派鄧禹負責西征。鄧禹由晉南王屋山附近的山谷地帶進兵,以山西作根據地,自河津渡黃河,征服陝西。漢兵將冀晉豫陝四省打成一片後,再東定江淮區域,西平甘肅四川,而成光復之功。

後漢末年的冀晉區域是在袁紹控制下的,可惜袁紹豎子,不知據險扼守,先鞏固內部,徐圖進取;反而拚命在官渡(今河南中牟縣北)和曹操作主力決戰。當時沮授對袁紹説:"北兵雖衆,而勁果不及南;南兵穀少,而資係不如北。南幸於急戰,北利在緩師,宜徐持久,曠以日月。"也就是勸袁紹先退守冀晉邊區險峻的意思。袁紹不聽,卒致兵敗身死。他的兩個不肖兒子,又不團結抗敵,反而自作鬩牆之戰,結果盡爲曹操所滅。曹操北據燕山太行之險,雄霸中原。司馬氏父子後來就利用曹家這份遺產,統一全國。

公元第四世紀後的一百五十年,五胡亂華,西晉滅亡,漢民族極爲式微。這時東晉偏安江左,北方的拓拔魏才首成統一規模。北魏先世,本是西伯利亞的蠻族,後來漸漸南移,到了酋長拓拔力微時,才徙居燕山和太行兩山脈接觸點上的盛樂一帶(今山西大同西北三百餘里)。這一地帶是冀晉區域的咽喉,其占領的意義極重要,北魏的建國,即以此爲基礎。當時北魏的軍事重鎮有三處,一在上谷(今宣化),一在參合陂(今大同東百里)一在盛樂,都是延長城綫上的要隘。後來北魏勢力,經由雁門關侵入山西中部;到了拓拔珪時,南取并州(今太原),東出井陘,下常山(今正定),拔中山(今定縣),置冀晉區域於控制之下。所以此後拓拔嗣卒能征服河南,拓拔燾遂亦西克統萬(今陝北及寧夏東部),東平遼西(今遼寧南部),南臨瓜步(今江蘇六合),建立了一個大帝國。北魏亡後,周、齊並起,而以北控南的優勢仍在。楊堅受禪,就是依賴這種優勢統一中國的。

隋文帝楊堅不愧爲一個雄偉的虎父,可惜他的繼承者煬帝卻是一個犬子。隋煬帝外勤征討,內極奢淫,用民無度,百姓困窮,鋌而走險,亂事四起;而煬帝卻迷戀于江南的繁華,無心北歸,江南這種地帶,經濟力比較充裕,人民也多安于逸樂,好似人的內臟,內臟單獨不能生存,必須有骨骼來撐持它,有皮肉來保護她,隋煬帝卻不明白這個道理,輕輕放棄北方險峻,送給羣盜割據稱王,他自己頗有偷安江左之想,他忘記了中國歷史上的一個公例:要想在江南一隅偏安是不可能,遲早必歸滅亡的。前乎煬帝者有項羽,有吳孫,有東晉和南朝諸君;後乎煬帝者有南唐,有南宋,有南明,都不能逃出這個公例。

反之,這時倘能控制着北方險要,尤其是山西高原的,定能乘隋煬帝安排下的這個機會勃興。果然,唐高祖李淵和唐太宗世民就應運而起了。唐的最初根據地在太原,大業十三年(公元六一七年)起兵,沿汾河河谷南下,先後攻克山西南部的西河(今汾陽)、霍邑(今霍縣)、臨汾、絳郡(今新絳)而至龍門。唐兵繼由梁山(今陝西韓城縣東南十八里)渡河入陝,以破竹之勢,襲取陝西東南部的韓城、部陽兩城,夜行而進,直掠永豐。永豐在今華陰城東,東有潼關之險,南傍華山,北濱黃河,又是隋朝積粟的倉庫,高祖遣子建成留守,以備東方,一面派兵西進,遂克長安,略定甘肅。然後東取河南,南收巴蜀,遂清江表,進掃河朔,統一中國。我們看唐兵進軍的路綫,井井有條,常利用地形,保持居高臨下之勢,卒成大業。這固然應歸功於唐室君臣之賢能,然而作為他們起兵根據地的山西高原地勢之優越,幾乎從任何一個方向都可圖發展,實有不容忽視之價值。

山西高原之重要,又可從唐朝安史之亂的戰役中獲得證明。安祿山的大本營在北平,左右翼則分在熱河及晉北,地雄而兵壯,可惜他起兵後,也許為貪快貪方便,不取道山西沿汾河河谷入潼關,而由河北平原南下,所以安祿山雖由靈昌(今河南延津)渡黃河而占領洛陽,但是他的根據地河北受到唐兵的威脅,效忠唐室的平原(今山東德州)太守顏真卿、常山(今河北正定)太守顏杲卿,不但堅守危城,而且共謀起兵,企圖切斷祿山歸路。唐的中央政府也派將軍程千里由山西東南部的壺關出兵東征。李光弼、郭子儀亦合師從山西東部的井陘東出救常山,安祿山老巢幾乎被搗毀,大感恐懼。不幸楊國忠糊塗害國,不知固守潼關,以困安祿山,反而催促潼關守將哥舒翰速戰,結果大敗,安祿山遂陷長安。此後唐朝怎樣來挽回這個危局,抗敵救亡呢?答案是仍以山西為軍事根據地。結果竟成唐室中興之功。其時唐玄宗已逃入四川,改稱上皇,其子肅宗即位于靈武(今寧夏靈武),肅宗的軍事配備如下:(一)李光弼統北路軍,守山西北部待機由井陘出襲河北;(二)郭子儀統南路軍,以山西南部為大本營,進復兩京(即西安和洛陽);(三)肅宗親統西路軍,由陝北南進,卒平大亂。其後史思明再叛,唐仍以平安祿山之戰略平定之。

唐末藩鎮割據,黃巢作亂,天下大擾,唐室以亡。五代之中,後唐、晉、漢起於山西;周起於河北,例有四代是以冀晉區域作為根據地而建立王朝的。宋太祖代周而興,統一中國,可惜北方的燕雲十六州(幽、薊、瀛、莫、涿、檀、順、新、媯、儒、武、雲、寰、應、朔、蔚)被無恥的石敬瑭送給契丹人，即現時的河北、山西兩省北部山地，都淪入異族之手，而宋亦未能恢復，試問漢族如何能安居？

北宋的外患最烈，而宋應付外患的手段亦最弱。宋不敢積極去消滅外患，只曉得一味退守。宋在東北扼守河北省的常山和山西省的雁門關，又以河間、中山(即定縣)、太原爲河北三鎮，以防契丹；西北扼守陝甘邊境，以防西夏。但是河北千里受敵，宋雖聚衆兵擇名將以守之，而敵騎居高臨下，疾趨而進，貫我腹心，不數日即可至汴梁。結果北方的女真代契丹而起，大舉南犯，卒召靖康之禍，宋的兩個皇帝(徽宗、欽宗)被虜，高宗退守江南，僅免於禍。北宋之亡，其根本原因即在不能占有燕山山脈，幽薊北門，拱手讓人之敵。

北宋亡後二百五十年，華北相繼爲女真、蒙古兩族所征服。直到第十四世紀後半，才因明太祖之興而漢族收復北方。

明成祖之由北平起兵，征服南京，代建文而爲帝，也是冀晉區重要性的一個例證。明成祖智慮絕人，他在北平舉兵之後，就説："居庸者，北平嗓喉，必據此，始可無北顧憂"，遂引兵拔居庸關。成祖又説："懷來未下，居庸有必爭之理"，又引兵襲破之，盡取現時察省南部之地，並東向占永平(今河北)、大寧(今熱河朝陽西)，以絶後顧之憂，然後以破竹之勢南下，攻克南京，代爲皇帝。顧祖禹氏云："成祖以幽薊起桓之旅，加江淮脆弱之師，處既形便，勢有地利。當時之事，不戰而已知其爲燕矣。雖然，南國君臣，亦未始不足有爲也。合秦晉之步騎，乘西山而入三關；萃江海之舟航，扼天津而斷糧道，一隅之燕，豈遂足以當天下之衆？乃賢如方、卓諸君子，曾未聞以出奇制勝選將訓兵爲先務，既已喪敗日聞，猶汲汲焉取太祖制度而更張之，若不知問罪者已在户外也。籲！此實人事之不賊，論者概謂之天道，豈其然乎？"顧氏這話，第一説明北方險要，第二痛惜建文帝君臣未能利用山西作戰，第三斥責建文諸臣只知道在許多無聊的小問題上爭意氣，講改革；卻不識大體，害國害民。真是慨乎言之，至於今日，正值得我們加倍注意。

明初對於北方國防，甚爲注重，特別設置了遼東(今遼寧南部)、大寧(今熱河南部)、萬全(今察哈爾南部)、大同(今山西北部)四都指揮司，以衛華北。這四個軍事重鎮，正好就分布在燕山太行山脈弧上。而明成祖將首都由南京遷回北平，猶存深意，可惜後來子孫不肖，不能善保河山，將這些軍事重鎮一一都放棄了。

滿清勃興後，其滅明的策略，最初本由遼河西岸進攻錦州及山海關，結果遇到強硬抵抗。到了清太祖皇太極時，乃改變戰略，以降服内蒙古第一步驟，然後控制燕山山脈，出入長城各口，以拊河北之背，而由西北方進窺北平及冀魯兩省：

（一）崇禎二年，清太宗聯合內蒙喀喇沁（熱河南部）諸部，用爲嚮導，由喜峯口入長城，向西進兵，經遵化、薊州、三河、順義而抵北京城下，用反間計害死明督師袁崇煥，繼因孤軍深入，不敢久留，又引兵東去。蹂躪冀東各縣，而由冷口關退出長城。（二）崇禎九年，清太宗又以兵入喜峯口，間道至昌平，連下幾內諸城，出冷口而歸。（三）崇禎十一年，清兵又由多爾袞、岳托率領，自牆子嶺青山口入長城，攻克北京以南四十八城，這時明室命盧象升督師抗敵，不幸與兵部尚書楊嗣昌及總監中官高起潛不和，不但不能合作，反而互相嫉害，結果盧象升戰死鉅鹿，次年清兵由德州渡黃河，攻下山東十六縣，罹因後路空虛，始引兵由青山口北去。（四）崇禎十五年，清兵復至，毀長城而下，由薊縣南攻，經河間入山東，克八十八城，第二年始退去。

這裏我們要發生一個疑問，清兵屢次入長城，並且占領了河北、山東許多府縣，爲什麼他們不敢久留，匆匆退去呢？這因爲就在他們未能占領山西高原，歸路時有被截斷危險。此外，我們又覺得在對外抗戰中，"肅清漢奸"和"精誠團結"兩問題的重要（此"漢奸"屬廣義，指一切害國者而言。）假如沒有"漢奸"，袁崇煥何至被害？假如能夠團結，盧象升何至戰死？

山西高原形勢既如此重要，所以後來清兵因吳三桂開門揖盜而入北京後，其征服中國的戰略係立即分兵兩路，一由英親王阿濟格率領，自大同邊外進占晉陝，肅清流寇，並保護北京區域右翼高地帶的安全；一由豫親王多鐸率領，自河北南下取河南及江南。山西高原的重要，清兵毫未忽視，其後以居高臨下之勢進兵，卒達征服中國之目的。

歷史上的舊跡我們大概已經做過一度鳥瞰了，冀晉區域的重要已如史實昭示於我們，而燕山山脈和太行山脈爲其北西二方之屛障。但是僅消極的保守這個區域還是不夠，而且也仍無安全可言。燕山山脈和太行山山脈構成一條內弧，它的外面還有一條外弧，就是北方和燕山山脈平行的陰山山脈及西面和太行山脈平行的賀蘭山脈乃至更西的祁連山脈。能保持和控制陰山—賀蘭山—祁連這條外弧，燕山和太行山才不受威脅，冀晉區域乃至整個的華北始有安全可言。

因此在我們祖先歷史的光榮期，如漢如唐，都以征服塞北區域（今熱河察哈爾及內蒙古）、河套區域（今綏遠寧夏）、河西區域（今甘肅）爲急務。塞北方面，如前漢衛青霍去病的立功大漠，後漢竇憲的伐北匈奴，登燕然山（今外蒙杭愛山），刻石紀功；唐太宗的征服突厥；河套方面，如秦將蒙恬的取河南（即今河套），闢地千里，因河爲塞；漢武帝的在河套立朔方郡，築城屯戍，通渠置田；以及唐代在河套北所築的三受降城;河西方面,如漢武帝的闢甘肅,通西域,設武威、張掖、酒泉、敦煌四郡,無一不覺其重要與偉大,照耀千秋。反之,這三區域倘爲異族所占,則漢族常受威脅,不能安居,甚且招致亡國之禍,如晉時有五胡亂華,宋有遼夏金元入寇,明亡於滿清,都是鐵證。

民國成立,五族共和,北方胡馬南下的恐怖應該可以根絕了。不幸過去政府的民族政策,容有若干欠妥之處,而野心的日本勢力,又由中國的東北角迅速展開,遂形成今日華北的危機。日本的侵略路綫,仍然循依歷史上的舊軌,尤其是師滿清滅明的故智,先從東北到熱河,到冀察,再向山西進攻。日本的進犯山西,也仍然北襲雁門、甯武,東擊井陘、娘子,然後今攻太原,她走的都是歷史上的老路啊,爲什麼我們不應該早早加強防禦,用鐵和血將這些天險封鎖起來呢?冀魯邊區的戰事,日本是不十分注意的,日本作戰的主要目的在山西。日本倘占領山西,則居高臨下,進退裕如,整個控制華北大局了。山西是我們最後也最重要的防綫,我們要死守到底,不能再放棄一寸土;其理由很顯明,我們可以再簡單歸納如下,以作結論:

第一,山西資源豐富,煤的儲量達一百二十七兆噸,號稱世界第一;鐵砂年產約二十萬噸,生鐵年產約六萬噸;河東鹽年產約六十萬擔;汾河流域農產尤富,豈可讓給敵人?

第二,敵人若得山西,消極可以屏障冀察,積極可以沿汾河河谷西進取陝西,南進取河南,居高臨下,爲勢甚易。

第三,敵人若得山西及河南,則華北全失;敵人若得山西及陝西,則西北淪亡,而中國本部與外蒙及蘇聯之交通聯絡斷絕,將爲日本各個擊破。

第四,我們要收復河北,奪回察綏,必須以山西高原爲根據地,東下井陘諸關,北出雁門、大同,逐退敵兵,以謀更進一步取還東北。

第五,守山西擊敵兵非難事。日本現時向西進兵,孤軍深入,如一楔形物,其後方甚空虛。歷史上北方異族入侵中國,多以西伯利亞及外蒙爲根據地,而現在則西伯利亞和外蒙均非日本所有,且與日本爲敵。我們切不可坐失良機,必須在西戰場上加緊抗戰!整個國家民族的命運,都在此一擲了!

(原載上海《大公報》1937年10月14日)

國族的前途

(據《國聞週報》第50期,1937年12月27日)

爲了環境關係,大公報和本報,都暫時與上海讀者告別。當此絶讀之交,不勝悵惘之感。願乘這個最後機會,將一點個人意見,借週報寶貴的篇幅,約略一談。

目前我們的國難,嚴重到這步田地,我們當前的出路,顯然只有一條。爲了因應目前的情勢,第一我們必先團結,包含兩點:消極方面,必須全國上下一心,服從政府命令;積極方面尤應人人分工合作,均有利於國家。我們產生了許多爲虎作倀的大小漢奸,我們產生了輕棄冀察的張自忠、劉汝明,這是消極條件的不足。我們還要進一步追問,爲什麼漢奸這麼多呢?這是政治家的罪過,因爲他們不能使得個個國民豐衣足食、安居樂業;這也是教育家的羞辱,因爲他們不能使得個個同胞愛國家,知廉恥。同樣的也可以說:我們的飛機大炮不如敵人,這是機械家、化學家的責任;我們的軍事運輸每多阻滯,這是工程家、建設家的責任;我們的兵源補充常感不足,我們的戰區民衆苦無組織,這又是地方官吏、黨部人員的責任。能夠把這些缺陷一一補救了,才算滿足應戰的積極條件。要補救這些缺陷,我們人人皆有責任。簡單言之,及我們人人應該各盡所能,忠誠服務,無論在政治方面、經濟方面、科學方面、軍事方面、工商業方面,都要能和對方的相當部分匹敵,並且駕而上之,這樣,才可以說長期應戰,求最後勝利。

但同時我們也應記得,這僅屬臨時變象,而非基礎核心。所謂戰爭,乃是一國國力總和的表現。戰爭比較是暫時的,表面的;只有整個國家的精神力量和物質力量才是根本問題。

我們國家的許多根本問題裏面,教育問題首先值得注意和討論。人常抨擊數十年來我國教育制度的失敗,痛責其空虛不切實用,從而主張停辦文法科大學,專門發展科學。此項提議也自有其理由,但不免膚淺。我們的國家正在大轉變中——由封建轉變到民主,由農業轉變到工業,由迷信轉變到開明,各方人才,同感需要。科學建設固屬急圖,文學、哲學和政法制度的改革又何嘗不重要?

我以爲現行教育制度最大的缺點,在於它的不平民化。我國學校少而取費貴,教員待遇薄而職務忙,出版書籍,內容貧乏而售價奇昂,這都是和平民教育正相反對的。流毒所被,遍國都是文盲,文化焉能發達?識字者少,惡劣土豪,便更易於欺凌民衆,蒙蔽政府了。國家如同人身,民衆即是細胞,要使個個細胞健全,必定要從教育平民化、普遍化入手,貧苦的孩子,國家應該予以種種方便,助其求學;有志氣、好讀書的青年,國家應該給以種種機會,竟其學業,最高學術機關和中央研究院之類,也切忌由少數人包辦,流于衙門化、官僚化。

人類的基本欲望在於求生和快樂,自然不免帶有自私同放縱的氣質。自私不免損人,放縱每每流於惡化腐化,對於社會國家,都是禍害。要加以糾正,或求助於道德,或假手於法律,法律着重事後制裁,其效力小;道德着重事先防範,其效力大。訓練並提高國民道德,正是教育機關的大責任。但是過去的學校制度,在這一方面失敗最甚。所謂人格教育,所謂訓教合一,幾曾摸着絲毫邊際?尤其是許多中等學生,他們的身體構造和知識欲望都正在一個最重要的轉換關頭,但是多數被犧牲了,他們最需要慈惠的教師在課外加以親切的指導和感化,卻常常不能獲得。中學教育如此,小學哪里去找優良教師?大學哪里去收健全學生?國家哪里會有良好公民?真是可痛可恨。這種罪過,再不容忽視了,再不能聽它繼續存在了!教員不是播音機,學生不是收音板,傳授知識以外,品格的感化尤其重要。人格教育和平民教育價值相等,都是建立一個新式強國的基石。這兩個目標達到了,即不致再有文盲和貪污土劣,政治自趨清明,嫖賭欺騙等惡習亦可漸漸消滅,國民既有了知識和高尚的人格,自然知道講究衛生,增強體格;也知道愛護國家民族,精誠團結了。

中國的政治組織,素來散漫,政府和人民間的關係,極爲模糊。當十八世紀時,西歐的學者曾稱中國爲最富自由的國家。這種"過度自由"的結果,一般以遁世爲清高,政治大權,就落入官僚和胥吏階級之手,內政常常腐敗,一旦遇到外患,尤其窮于應付。我們的歷史,充滿了宦官、內戚、盜匪、割據、外族入侵的記載。以前的外族入侵,多來自北方沙漠,武力雖強,文化則低,組織亦不健全,如匈奴,如鮮卑,如氐羌,如突厥,如回紇,如契丹,如女真,如蒙古,如滿洲,都曾先後侵占中國,但結果卻反而被我們化同消滅了,這不能不說是我們的僥倖。

但是近百年來,形勢大變。侵入中國的外族,不再是來自北方的蠻族,卻是從海上來的有科學文化有嚴密組織的歐洲民族和物質方面業經歐化的日本民族，於是我們更加吃了大虧，從而產生"變法自強"的信念，如戊戌變法，如辛亥革命，乃至民國十五年國民革命軍北伐，其萌芽莫不始於受外患的刺激，因之發生改革內政的要求和實踐。這種革命運動的理論和行動都是絕對正確的。

但是何以我們的成功如此其微？

我以為，最大的原因，是由於我們未曾達"法治"和"機械化"這兩個目標。

戊戌以後，來了慈禧和皇族官僚的反動；辛亥以後，來了袁世凱和北洋軍閥的反動，政治始終不脫包辦式分贓式的形態。直到北伐成功以後，國民也仍苦於不法的紛繁多變和官制的混亂複雜。至於國家的根本大法，迄今始終未曾成立。這種現狀，連"人治"都談不上，何況"法治"？因此組織散漫，系統混亂，上下蒙蔽，公私不分，流弊所及禍害無窮。

政府機關如此，社會情形亦然。我們到處所見：沒有法治，只重人情，上驕下諂，廉恥喪失。這樣的國家，這樣的社會，是未能具備生存條件的。我們必須加緊化私為公，實現"法治"！

近一百五十年來，歐美的富強和近六十年來日本的勃興皆由於機械；粉碎敵人，盛強立國，也必須加速機械化，這是必然的真理。不過機械和科學，是二位一體的。科學偏于理論，是父母；機械注重應用，是子女。只有科學而無機械，則不免空虛；只有機械而無科學，亦失其根本。我們要加速機械化，也要加速發展理論科學，才是本末兼顧，首尾俱全，這一點應該特加注意。

最後，願再一談國際大勢。

此次戰爭爆發之初，一般心理，或希望英美對我直接加以援助，或希望蘇聯參加對日作戰，或希望國際實施制裁侵略。但是這些希望，截至目前為止，都不曾兌現；而且在最近的將來，大約也沒有兌現的可能，因為我們太理想，太不切實際了。

我們要把握住國際現實。我們首先必須認識清楚：在目前這個紛繁複雜的國際社會中，究竟什麼是中心勢力，什麼是主要潮流呢？

說來簡單，外表人人不同，骨骼只有一架，就是國族主義(Nationalism)。無論極右的法西斯蒂也好，中間的民主政治也好，左傾的社會主義也好，萬變不離其宗，實在都由國族主義為指揮推動一切。

一個半世紀來的世界歷史是鐵的證明。反乎國族主義者必衰亡，如神聖羅馬帝國，如奧匈帝國，如土耳其帝國，如俄羅斯帝國；順乎國族主義者必興隆，如法，如英，如德義，如世界大戰後新興諸國，不勝枚舉。一九一七年後的蘇聯，其初雖以不分國界世界革命爲口號,但是結果仍然走上一個社會主義的道路,托洛斯基被排除了,史丹林政權統一了,新經濟政策和幾個五年計劃次第實行了,隱隱中無聲的主宰者還是這個國族主義的大力。

國族主義是爲我的,是自私的。因爲國際間的一切關係也莫不爲我,莫不自私。在現行制度之下,國聯機構的失敗,毋寧說是當然的。

有的國家資源豐富,廣土衆民,自然贊成維持現狀;有的國家資源貧乏,地狹人稠,自然盡力向外侵略。物以類聚,結果就產生英法蘇美和德義日本的兩大對立陣綫。她們的結合以利害不以道義,本身利益直接受侵害時自難默許;但若爲一個其他國家被侵略被屠殺而起來仗義相助,不惜參加作戰,卻是幻想的,是不可能的。

國際聯盟的衰弱以此,比京會議的失敗以此。這就是國際現實。在國族主義支配下的世界,只有自私,而無公理。留給我們走的道路只有一條,就是自立奮鬥。

人家的國族主義已經過度發展了,我們的還在萌芽。我們的最後目的自然不能限於這種狹隘淺陋的國族主義,但在眼前只得實事求是,發展我們的國族精神,來對抗外侮。不要懷着依賴外力的心理,這種心理其實只是一個幻夢。只有自己的血和肉,飛機和大炮,才能抵抗敵人的侵略!

不過我們在戰事期間,固然不迷信依賴外力,但亦不放棄外交活動。原則上各國是不願見中國被滅的,因爲這足以妨礙她們在遠東的活動,並損害她們在遠東的利益,我們正應該利用這種心理,施展外交手腕,以利害關係打動各國,俾能獲得種種的便利。

(原載《國聞週報》第 50 期,1937 年 12 月 27 日)

論戰後新都

(據《新中華》復刊第一卷第12期,1943年12月)

一

關於戰後建都的問題,近來頗爲國人所注意,曾經引起不少的討論。

首都是一國的政治的,國防的,經濟的,乃至文化的重心所寄,當然應該慎重選擇。就軍事地理的原則上講,一國的首都,應該具備下列諸項條件:

第一,一國的首都,應位於國內交通便利的中心地點。首都好像人身的頭腦,同時必須與各部分保持緊密的聯繫,因此必須位於國內交通便利的中心地點,俾能兼籌並顧,策應四方。原則上説,國家的鐵路公路交通,航空交通,天然河道交通,都應以首都爲其中心。我們倘持此項標準來衡量,那麽,蘇聯的首都莫斯科、德國的首都柏林、法國的首都巴黎、西班牙的首都馬德里,都是最合宜的。

第二,一國的首都,應接近國家經濟上最重要的區域。因爲一國的政治,固然不能脱離經濟和財政,就是一國的國防,也必須具備經濟的基礎。在以前農業時代,各國的首都,多位於農業上的中心區域之內,以便利用附近的人力,吸收四圍的財富,如楚漢相爭時,漢高祖就曾大得建都關中之利。(《史記》卷五三《蕭相國世家》説:"夫上與楚相距五歲,常失軍亡衆,逃身遁者數矣,然蕭何常從關中遣軍補其處……夫漢與楚相守滎陽數年,軍無見糧,蕭何轉漕關中,給糧不乏。")現在世界大勢,由農業時代漸進入商工業時代,首都位置,當然隨之有所變更,以求適應新的經濟環境。

第三,一國的首都,應有雄偉之地形,具戰略的價值。如德國的首都柏林,背山面海,控制東歐和西歐的交通;蘇聯的首都莫斯科和法國的首都巴黎,雖位於平原地帶,四周皆有崗嶺環抱,利於攻守。這種險惡的地形,除了戰略上的價值以外,即在平時,亦足以養成人民崇高博大的精神。

二

其次,我們來看一看中國歷史上的建都位置。中國成爲真正統一的大帝國,從秦代起。秦以後,大一統的皇朝,有兩漢、西晉、隋、唐、宋、元、清。其中秦都咸陽,前漢都長安,後漢都洛陽,西晉亦都洛陽,隋唐均都長安,宋都開封,元明清三代,皆定都北平。從我國歷史上的建都位置,也顯然可以看出,歷代的建都,必擇定一個地理上的中心點;而這種地理上的中心點,卻又是隨時代而有變動的,變動的原因,大約以經濟和軍事爲主。隋唐以前,中國的國家經濟基礎,建立在渭河流域和黃河流域的農業生產上,所以長安、洛陽,建都爲宜;唐宋以後,我國東部諸地,日益開發,經濟文化,日趨發展,政治中心,便也隨之東移。軍事方面,漢唐之間,西北方的匈奴和突厥,最爲外患,建都長安、洛陽,較便應付西北邊患;五代以降,形勢一變,東北諸族,代起稱雄,所以我國政治上的首都,便也逐步東移,由長安而開封,由開封而北平了。

這些歷史上的首都中,長安和北平,可稱"兩大"。此外,還有南京,三國時曾爲孫吳所都,東晉及南朝諸國,亦先後都此,明初也曾經一度都此,堪與長安、北平相匹。

我們現在對此歷史上的三大名都,分別加以詳述:

其一,長安　長安位於陝西中部渭河流域。渭河流域,古代農業頗發達,人口亦甚繁多,構成長安建都的經濟基礎。而又一水橫流,羣山四抱,東有潼關之險,南有終南、太白諸山之阻,西枕隴阪,北抱山河,形勢十分險要,足以控制西北,籠罩中原。從前陸路交通時代,長安南通漢中巴蜀,西通河西西域,北達朔漠,東北可沿汾河河谷通華北,正東可沿黃河主流通中原,東南可沿漢水直達長江流域,成爲全國交通中心。所以在從前,長安是最能滿足建都諸條件的。難怪顧祖禹氏要說:"然則建都者當何如?曰,法成周而紹漢唐,吾知其必在關中矣。"

其二,北平　北平位於我國東部大平原的極北,交通雖也方便,究較長安爲偏。元清兩代,本來興自北陲,定都北平,可以兼顧塞外,特別是兼顧到東北。北平作爲首都,在經濟條件上是能夠具備的,因爲北平控制着中國最富庶的東部平原。至其形勢,北枕燕山,西倚太行,東瀕渤海,南帶河淮,也可稱得十分險要;但北平比起長安來,不如長安來得隱蔽,是其缺點。

其三,南京　南京位於長江下游,只有經濟上的條件,勝於北平長安,對國外的海上交通,也較長安北平爲便。此外,論交通,則南京偏處東南,不能顧到西北西南以及東北諸地；論險要，南京附近雖有一些丘陵，但其形勢，遠比不上長安和北平，而且南京距海過近，沿海稍起風波，南京即感動盪。以上兩點，是南京最重大的缺點。

三

如前節之所述，我國戰後新都，似乎以西安爲最適宜了，然而不然。

說到戰後建都問題，應該先認清戰後我們國家整個建國方針的趨向。從大勢觀察，戰後的中國，一定要向四個方向努力，就是：（一）在經濟上，加緊完成工業化；但同時對於改進農業，也不能偏廢。（二）在政治上，加緊完成民主化，切實實施憲政。（三）在對外關係上，新中國要大量利用外資，吸收外國人才，來發展國家經濟；同時對於西方文化，也要積極吸收。（四）在國防上，中國當然推行和平外交，但對國防，自亦不能忽視。以上四點，是戰後新中國的發展方向，首都既爲國家首腦所寄，則其位置，必求其能與上述諸點，互相配合。所以戰後的新都，不但須爲全國現代化的交通系統之中心，更須一面顧到中國的工業區域，一面顧到中國的農業區域；從吸收西方文化，利用外資上來說，這個新都，不能離海太遠；但就國防觀點來論，這個新都，又不能離海太近，不能太暴露。由此衡量，則西安、北平和南京，各有缺點。西安戰略形勢固然安全，但離海遠，現代化的交通不發達，附近工業的發展也有限制；南京和北平，都離海太近，在軍事上無安全感，而且關於西北和西南的建設，兼顧不到。

就現時的形勢論，比較最能滿足建都諸條件，且能配合戰後新中國發展方向的，只有武漢。簡單地說，武漢的優點，有：

（一）在位置上，位於國家最重要的區域之中部，且爲中國現代化的交通系統之中心。武漢可以藉鐵路綫通達四方：向北，平漢鐵路可以轉達東北或西北；向南，粵漢鐵路直抵廣州香港，並且可由鐵路轉達東南或西南。而中國的大動脈長江，也流經武漢，直下上海。所以武漢雖比較位於腹地，卻仍可吞吐海洋，有交通國外之便利，而可免瀕海暴露之缺點。

（二）武漢是中國經濟的心臟，並且可以兼顧到工業和農業。長江中下游，本是中國最富的農業區域，盛產米棉；而長江上游的四川盆地，北方的黃淮平原，南方的廣東平原，武漢也都能呼應到。新中國的礦業工業，將來勢必遍布西北西南，不僅限於東部而已，武漢也足以爲其中樞，且武漢四圍，本身就是一個重要的工業區域。

（三）中國的地形，西境多山，而東部平坦，武漢正好位於兩者之間，雄偉險要，兼而有之，武漢西枕荊山、巫山，東北有大別山爲之屏藩，東南有幕府山脈爲其阻障，雖較西安開朗，但亦有險可守，不似北平和南京的暴露。

（四）武漢三鎮，本身形勢，優美宏壯，漢口宜於商業，漢陽宜於工業，武昌則爲天然的政治區，辛亥革命，建造民國，原由武昌起義，以此作爲新中國的首都，實正適宜。

四

最後，願再附述一點，以勉國人。首都問題，似重要實不重要。國民努力，則危地可安；人謀不臧，則險峻何用？顧祖禹氏有言："地利亦何常之有哉！函關、劍閣，天下之險也。秦人用函關，卻六國而有餘；迨其末也，拒羣盜而不足。諸葛武侯出劍閣，震秦隴，規三輔；劉禪有劍閣而成都不能保也。故金城湯池，不得其人以守之，曾不及培塿之邱，汛濫之水；得其人，即枯木朽株，皆可以爲敵難。故設險以得人爲本，保險以智計爲先，人勝險爲上，險勝人爲下，人與險均，才得中策。"這幾句話，真是金石之言，我們討論建都問題時，更應該常常銘記不忘。

各國首都之海拔與距海

注：(近海)表示距海不足一百公里，(臨海)表示位海岸

國　別	首　都	海拔(公尺)	海距(公里)
英國(聯合王國)	倫敦	四〇	一〇〇(泰晤士河口)
法國	巴黎	五〇	一五〇(北海)
德國	柏林	四九	一五〇(波羅的海) 三〇〇(北海)
波蘭	華沙	九〇	二五〇(波羅的海)
蘇聯	莫斯科	一四五	一〇〇〇(蒙曼羅克) 七〇〇(芬蘭灣)
義大利	羅馬	五〇	近海
西班牙	馬德里	六五五	三五〇(地中海及北海)
土耳其	安加拉	八二〇	二〇〇(黑海) 四〇〇(地中海)
日本	東京	六	臨海

續　表

國　別	首　都	海拔(公尺)	海距(公里)
澳洲聯邦	康伯拉	七五九	一二〇
美國	華盛頓	四〇	二〇〇(大西洋)
加拿大	鄂太瓦	九八	五〇〇(大西洋)

（原載《新中華》復刊第 1 卷第 12 期，1943 年 12 月）

訪問甘地先生（上）

（據《大公報》1944年7月4日）

（一）戰時的旅行

記者於五月十七日下午在孟買近郊巨河鎮的甘地村會見甘地先生。

這次和甘地先生的會面，不能不感謝戰時旅行的困難。記者是五月二日由加爾各答到孟買坐船赴美的。五月六日，甘地先生在浦那被釋放。浦那離孟買約八十哩，是印度西部的勝地。甘地先生自從一九四二年八月九日被捕後，就拘禁於浦那之阿加汗賓，最近因病魔襲擾，引起各方的焦慮和呼籲，才於五月六日由印度政府下令無條件釋放。記者當時聽見這消息後，就想到浦那去訪問甘地先生，不料五月七日卻得到旅行公司的通知，要記者於八日登輪駛美。戰時航運困難，船票至不易得，記者於八日下午登輪時，一面固然欣幸能夠順利地繼續我的行程，同時終因未獲一訪甘地先生為憾。

從五月八日到十一日，在船上整整住了三天，而我們的輪船始終停在孟買港內。未曾收錢啓程。到了十一日下午，船長忽然通告全船旅客一律於當日下午離船，重行登陸。船長對於此舉並未宣布理由。

登陸回孟買後，我們這幾百旅客當然都免不了有些懊喪。但記者心裏卻另做打算。回孟買後，豈不是有了更多的時間可以和我們的鄰邦印度接觸了麼？豈不是有了機會可以去訪問甘地先生及其左右的許多印度領袖人物了麼？這個鄰邦印度，無論過去、現在或將來，對我們的關係都太密切太重要了；而甘地先生及其左右諸領袖，是可以決定印度未來命運的。

（二）印度的友情

五月十三日下午，記者在一處茶會中，會見《孟買記事報》副主筆亞伯斯先生和印度人民戲劇協會秘書長德錫發女士。十五日下午，又承亞伯斯招待我參觀

《孟買紀事報》。孟買主要的英文報有二：一爲《印度時報》，主持者英人；一即《孟買紀事報》，主持者印人，屬國民大會黨，對我國深表同情。參觀畢，和亞伯斯先生暢談兩小時。亞氏曾到過上海和英美諸國；常識豐富，著作亦多，他本身是回教徒，但反對印度之分裂，不贊成"全印回教徒聯盟"印回分治的主張，投身"國民大會"，不斷鼓吹印回兩教徹底合作的議論。亞氏爲國民大會派的著名作家，這一席談話，使我獲益不少。最後，亞氏並給我一封給中國的人民的致敬函，其譯文如下："給中國人民——全體中國的人民，給中國的偉大領袖蔣委員長和蔣夫人，給中國國父孫中山先生的夫人，給爲爭取自由而英勇作戰七年的中國英勇將士們，給中國的學生和婦女和兒童，給中國的藝術家和著作家和新聞記者——全印度在向你們致敬。你們英勇的抗戰，給與我們印度人民以無限的鼓勵，也給與全世界人民以無限的鼓勵。你們已證明了愛國的人民可以怎樣地獻身於國家，而不計其本身之生命。你們爲保衛自由而對日本奮勇作戰，全世界都應該向你們致敬。你們是最早起來和法西斯主義作戰的，愈戰愈堅强。歷史將永不遺忘你們光榮的英勇精神。我們印度的人民，希望能爲中國之助。我們可以提出保證，一個自由的印度，定將和你們並肩奮戰，爲了保衛中國的自由。而且，在此次大戰結束後，這兩個有悠久交誼的鄰國——中國和印度，定能和衷合作，爲了共保和平，共同發展文化，並且共建一個自由，民主，和社會平等的世界新秩序。"

十五日夜間，德賽先生邀記者到他家中吃完飯。德賽先生和他的父親老德賽先生都是孟買著名的律師。老德賽先生並爲國民大會中央執行委員會委員之一。可惜這天老德賽先生尚在浦那，未及會見。飯後，記者告訴德賽先生，望得一訪甘地先生。甘地先生已在五月十日由浦那遷居孟買近郊之巨河鎮，這樣，更在空間上增加了我前往訪問的便利。當時德賽先生表示極願爲我介紹往訪，並且說，他第二天正要到巨河去，當爲我先事接洽。

十七日上午，德賽先生從電話中通知我，說巨河方面歡迎我前往。當天下午五時到五時半，奈都夫人在等待着我。

（三）奈 都 夫 人

巨河鎮位於孟買西北約十二哩，地濱阿剌伯海，素來是一處著名的海水游泳場。這天下午三時半，記者便應約驅車前往。這時炎熱當空，正是孟買最熱的時候，幸而汽車沿海濱公路疾行，不斷有海風撲面相迎。四時一刻，到了巨河，就在甘地村前門停車下來。所謂甘地村，是濱海的一大片棕樹林，中間有一所自南而北面對阿剌伯海建築的縱長的巨廈,棕林的四周,圍着鐵絲網和短木栅欄。其地主人爲莫拉奇君,是甘地先生的朋友。甘地村門前,有兩位頭戴"甘地帽"的青年在守望(甘地帽是一種印度白土布所做的便帽),看見記者下車,前來接待。記者向他們説明來意,請見奈都夫人。原來甘地先生此次出獄後,因經疾病,體力極疲,醫生禁止他接見任何賓客,只有經過奈都夫人的許可,才得引見。其中一位名叫步達君的青年,即引記者入門。這時時候還早,步達君和我在巨廈的走廊裡小坐,並略進午茶,走廊的對面,可以看見甘地村的廚房,裏面只有一位廚子,和兩具燒汽油的打氣爐。步達君告訴我,甘地村的人物,多是素食主義者,難怪廚房這樣簡單了。

五時正,奈都夫人派人出來,邀我進見。記者跟着他穿過走廊,走到甘地村巨廈的後面,仍舊是一大片棕樹林,林中有七八所簡陋茅屋,只有最北的一所比較大一點,上面飄揚着黄白緑三色的大旗,這便是甘地先生的住所。

奈都夫人的住所,和甘地先生相鄰,但比甘地先生的更簡陋,只有茅草的屋頂,其餘三面皆空,只有一面有牆壁。記者被引進坐下後,不到一分鐘,便看見一位又矮又胖的貴婦,疾趨而來——她便是印度民族的老鬥士,印度婦女界最高領袖奈都夫人。

奈都夫人生於一八七九年,今年六十五歲了。她的出身,是一家高貴的婆羅門。(印度人民最主要的宗教是印度教,或稱婆羅門教,教中大略分爲四階級,最上爲婆羅門,即教士階級;次刹帝利,即武士階級;又次吠舍,即商人階級;最下層首陀羅,即勞役階級。)她曾就學于英國劍橋大學,並且是已故泰戈爾先生外,印度最著名的詩人,曾用英語寫的三個詩集(即 *The Golden Threshold*, *The Bird of Time*, 及 *The Broken Wing*),是文學上不朽的傑作,但她並不把自己封閉在象牙塔裡,從少年時代起,即爲印度的婦女解放運動和推廣平民教育運動而努力,後來又加入國民大會,積極從事革命。一九二五年,她被選爲國民大會主席,是第一個擔任此項重要職務的印度婦女。

奈都夫人進來和記者握手後坐下,稍作寒暄,接着便説:"印度國民大會的一切活動,在目前是被禁的;她自己的言論,在目前也被限制着不能任意發表。所以我很擔憂而且也很抱歉,假如以新聞記者的身份,你恐怕不能得到滿意的答覆。因爲自甘地先生被釋後,到現在爲止,我對於一切國家的新聞記者都没有發表過任何正式談話。但是,以朋友的身份,你可以盡情和我交談,我一定樂於解答一切。"對於奈都夫人的坦白態度,我非常感動。接着我就詢問她甘地先生的身體,有沒有完全恢復。奈都夫人説:"自從四月間甘地先生受瘧疾的侵襲後,他的身體十分疲倦。但他對於自己,具有最高貴神聖的信心,這種偉大的精神力量,我相信足以克服一切。而且經過一個多星期的徹底休養,甘地先生的體力已進步多了,但是他當然還須要有更多的休養。"我們的談話轉到尼赫魯先生身上,她説:"尼赫魯先生現尚繼續被禁於 Abmadragar 地方,他的身體尚好,我們希望他能早恢復自由。"於是記者再提出詢問:"甘地先生現在已經被釋放了。印度政府宣布釋放的理由,完全基於甘地先生的健康關係。但是各方面的意見,都認爲這是一個促進解決印度政治問題的良好機會。國民大會方面,在政治問題上是不是準備採取一些動作呢?"奈都夫人答道:"我們當然希望能有進展。目前對國民大會有重要關係的,一是全印回教聯盟,一是印度政府。對於回教聯盟及回教聯盟的領袖真納先生,我們一貫採取門户開放政策,至今依然,希望彼此推誠合作,關於印度政府,國民大會對她的關係在短期内似乎還不能發生任何期待。"記者問她:"魏菲爾將軍繼任印度總督後,他對於印度的政策,是不是和前任印督林里資哥勳爵有一些差別?"她笑着摇頭説:"但是決定英國對印度政策的,是倫敦不是德里。"

這時忽然有人帶領着一班印度樂隊進來,領隊的向奈都夫人鞠躬致敬後,要求她准許他們在甘地先生座前奏幾曲音樂,以供甘地先生欣賞,並且略表他們對於甘地先生的敬意。奈都夫人答道,基於甘地先生的病後體疲,他須要絕對的休養,甚至不能費力來聽取談話或音樂,所以她不能接受他們的好意。領隊的再三要求,奈都夫人堅決拒絕,最後勉强允許他們去奏一曲最温和柔順的短樂。

於是我和奈都夫人繼續我們的談話。説道印度民族的前途,腦都服人認爲除了争取自由之外,推廣教育和經濟建設都是首要的事情。

接着我詢問奈都夫人,能不能代表國民大會對中國人民贈送幾句話。她笑着回答:"我當然樂於爲此。中國全人民爲争取國家獨立自由而對日本法西斯帝國主義者的暴力英勇作戰,不但是中國的光榮,也是亞洲的光榮。印度全體人民都敬慕中國,願與中國密切合作。並且希望在戰後更光明的世界中,更發展中印兩國的友誼和合作。"

(原載《大公報》1944 年 7 月 4 日)

訪問甘地先生（下）

（據《大公報》1944年7月5日）

（四）朋狄脱夫人

　　這時已有六點多鐘，記者暫時打住話頭，問奈都夫人能否爲我引見甘地先生。她説："從前天（五月十五日）起，甘地先生聽從醫生的勸告，實行兩星期的'静默'。在'静默'期間，他絶對不説一句話。但是甘地先生可以在今天下午七時半鐘舉行祈禱後接見你，並且歡迎你參加他的祈禱禮。從現在到七點半鐘之間，你可以在我屋中任意等待，今天你是唯一可以享受此種待遇的新聞記者。"接着她便豪放地笑起來了。

　　説道這裏，外面進來兩位貴婦，奈都夫人起身爲我介紹，一位是朋狄脱夫人，一位是米拉本女士。

　　朋狄脱夫人就是尼赫魯先生的妹妹，也是印度的婦女領袖。一九三七年，她曾被任爲印度"聯合省"的公共衛生部長，是印度婦女任部長的第一人。朋狄脱夫人和奈都夫人都極善於演講，但印度的新聞記者稱奈都夫人爲雌老虎，而朋狄脱夫人則以她的温柔美麗著名。

　　朋狄脱夫人和米拉本女士坐下後，和奈都夫人聯合起來向我詢問許多中國的問題，我當然也盡我的能力，向她們解釋。在這一小時中，我卻變成她們訪問的目標了。她們和其他的印度人士一樣，對於中國問題都異常感覺興趣，而且對中國的領袖及人民，充滿友情和熱愛。但是他們卻不易得到研究中國問題的資料。確實資料的不充足，有時是可以引起誤解的。

　　大體而論，奈都夫人的談鋒最老練精壯，朋狄脱夫人最温和有趣而多智慧，米拉本女士的話言，則最富有哲學和宗教的情味，而這種哲學和宗教的情味，其實是籠罩着整個甘地村的。

　　談笑間不覺已是七點二十分鐘了，我們大家都起身準備參加甘地先生的祈禱禮。米拉本女士引我走進奈都夫人的茅舍,重行穿過甘地村的巨廈,走到巨廈前面的庭院中。這就是甘地先生每天下午舉行祈禱禮的所在。

（五）甘 地 先 生

所謂庭院,其實也是一片沙地,稀稀疏疏種着一些棕樹和草花,看不出有許多人工布置的痕跡。庭院前面,圍着一圈約四英尺高的柵欄。柵欄外面,有一大片更大的沙灘,再過去便是一望無際的阿剌伯海了。

這時院中沙地上已鋪着七八條地毯,中間放着一座大木床。院外沙灘上,只看見一片人頭,左右搖盪着,正和遠處海波的進退相合拍。裏面男女老少都有,這些都是從各地遠道而來瞻仰甘地先生的印度民衆。

七點二十五分,白髮的甘地先生用手扶在一位女郎肩上,徐徐從他的茅舍中步行到前面庭院裏來。安坐在大床上,面對着阿拉伯海。奈都夫人、朋狄脫夫人、米拉本女士和我,還有甘地先生的幾位賓客和隨從,也都脫去鞋子,盤膝坐在大木床四周的地毯上,跟同甘地先生進行祈禱。

柵欄外沙灘上的羣衆,遠遠看見甘地先生出臨院中,便大聲歡呼起來,連續不斷逾一分鐘之久,把阿拉伯海的潮聲都鎮壓下去了。於是甘地先生用他的眼,透過他那對銀邊的眼鏡,慈祥而又憂鬱地閃視一下,用他的右手,輕輕放在口上,大家便都立刻沉靜下去,沉靜到每人可以聽到他自己的呼吸。甘地先生合掌致謝後,便閉上眼睛,開始他歷時二十分鐘的祈禱。

祈禱畢,羣衆又高聲歡呼起來,這時有幾位甘地先生的賓客和隨從,走到甘地先生面前,向他獻上幾束手紡的絲綫,並且錢陳救濟印度"賤民階級"的哈里真基金。同時沙灘上的民衆,也在紛紛捐獻此項基金。

此時記者由朋狄脫夫人引導着,走到甘地先生面前。和藹的朋狄脫夫人將記者正式介紹給微微含笑的甘地先生。記者當向甘地先生鞠躬致禮,慶賀他的恢復自由,並且祝他早日恢復健康。甘地先生聽着,不斷地微笑着,點着頭。記者也爲哈里真基金捐獻了一點微款,聊以表示中國友人對於甘地先生和印度人民的友情。

這天甘地先生披着兩條手織的白土布,雖然精神還有些疲乏,但目光卻是那樣有力,身上的肌肉也是那樣結實。記者深深相信,甘地先生的健康,應該是不久就可以完全恢復的。

記者不願增加甘地先生的疲勞,就向他鞠躬告退。這位印度的巨人,甘地先生,也下了木床,徐步走回他的茅屋中去了。

(六) 畢 利 洛 先 生

畢利洛先生引記者進入一間書室。他是甘地先生的秘書,也是甘地先生的左右手。他年約五十,秀雅安靜,一望而知是一博學多才的君子。

記者和畢利洛先生略談後,就詢問他:"中國人民對甘地先生都非常景慕。現在甘地先生在靜默期,不得發表口頭談話,但是畢利洛先生可否幫我獲得一份甘地先生對中國人民的書面談話?"

畢利洛先生考慮了一下,答道:"假如將你的希望寫一封簡單的信,我可以立即代你轉告甘地先生,徵求他的意見。"

於是我同意他的意見,寫下一封給甘地先生的短信,交給畢利洛先生。他走出書室,十分鐘後,便又回來,對記者說:"甘地先生的意思請我轉告你,並且轉告中國全體的國民:他對於中國人民在戰爭所受的苦痛,無時不在懷念;他對於日本現在的軍閥法西斯主義和帝國主義侵略行動,像他對於其他的法西斯主義及帝國主義一樣,極表厭惡。中國和印度,是兄弟之國。印度的人民,永遠願得為中國之良友,互助互濟,共謀幸福。"

畢利洛先生說完後,記者就向他和甘地先生表示感謝。接着,我們的談話繼續了一小時左右。他非常富於哲學思想,也非常好學,他想多認識中國。他知道記者素喜研究歷史,就要求我特別為他作一次關於中國歷史和中國哲學的演講。我知道我自己是絕對沒有像畢利洛先生所期望的能力的。但是畢利洛先生的熱誠,終於打動了我,使我忘記了自己。於是我答應他,過兩天後再上甘地村去。

這時已經九點多鐘,記者辭別了畢利洛先生,走出甘地村,在撲面的海風中驅車回孟買。

五月二十日清晨,應畢利洛先生之約,再到巨河去。七時半到達甘地村門前時,正好甘地先生扶着兩位女郎的肩,迎面而來,他是到海濱沙地上散步去的。記者對他鞠躬致意,看見他的體力似前更有進步了,我心里很欣快。

這天對畢利洛先生講了兩小時關於中國歷史和哲學思想發展的大綱,並且介紹給他一些書目。接着我們討論到亞洲的農業問題和土地問題時,畢利洛先生也發表了一大段議論,他說:

"一般認為一國農業問題和土地問題的解決,只要從(一)改良農業技術促進農業科學化,及(二)平均分配土地兩方面着手,即可建立鞏固的和平及繁榮的生活。此項見解是錯誤的。因爲一個國家,儘管他在國內可以實行社會主義,但對國外依然可以進行掠奪。經濟上的需要,其力量實在太巨大了。例如回教徒,在回教社會內他們是一律平等的,但對教外的關係就有不同。

"因爲爲了和平及福利,對於人口加以限制是必要的。但是限制人口,不能採取人爲的生育節制方式。這種方式,只有使人偷安墮落,這是一種自私的追求官能快樂的行爲。其流弊,可以見之於法國。

"對於人口的限制,必須採取自我克制的方式,同時更須實行潔身運動。第一,現時人類的生活方式必須加以改善;第二,對於價值的估計標準必須加以改變。人類的生活方式,有兩方面:(一)是用官能快樂的獲得,來作爲衡量人類進步的標準。這種思想,可說是近代世界文化的基礎,包括馬克思主義在內。(二)另一相反的方面,認爲只有對官能的快樂加以限制,才能得到真正的快樂。根據這種思想,人類不應該僅爲生產財富而工作;卻應該爲增加生活的意義而工作。人類的工作,應該是爲了發展手工技術,發展智慧,發展美育。工作必須就是藝術,而藝術就是生活。因此一種智慧的、技巧的、藝術的手工工作,可以使工作者永遠獲得享受。他自會克制住他的野心,他不求物質上的富有,他所求的只是他自己的和別人的真正的快樂。這樣的工作者,他是不會墮落自縱的,創造性的手工工作會克制住他獸性的本能。他所過的是一種平凡的生活,但有高尚的思想,不斷地用體力去工作,不斷地想到獻身人類爲整個人類社會而服務,可以使得個人的自我克制變成非常容易且非常合乎自然。

"這種思想,在目前看起來,似乎太迂腐了,其實行似乎有些不可能。這是因爲目前整個環境是錯誤的,目前一般的人類生活方式,和他們的生活哲學,也都是錯誤的。

"但是畢竟只有發展農村生活的真正的意義,和發展手工工業,才是建立世界和平和世界福利的唯一的經濟基礎和社會基礎——這就是甘地主義,就是甘地先生所說和所做的。"

(七)印度之前途

對於畢利洛先生的議論,我自信沒有能力來批評,還是留給讀者諸君去自求結論吧。但是當這天中午記者乘車由巨河回孟買時,腦中蕩漾着的卻是一些印度當前的事實問題:

第一,印度的兩大政黨——國民大會和回教聯盟,雖然都主張印度獨立,但國民大會所要求的是統一的獨立,而回教聯盟所主張的卻是分裂的獨立,就是印度教徒建立印度教的獨立國家,而回教徒自建他的巴基斯坦。這兩者間的衝突,究竟如何和解?

第二,甘地先生雖然被釋放了,但其他的國民大會領袖如尼赫魯先生等,依然未獲自由;英國政府宣布釋放甘地先生的理由,完全基於健康關係,此外一無妥協表示。英國和印度人民間的衝突,又將如何和解?

第三,印度人民的宗教分裂和教育普及問題,到底怎麼解決?

第四,印度人民經濟上的貧困問題,到底怎樣解決?

這些問題,盤旋在記者腦中,似乎一時都不易找到答案。這時汽車沿着海濱公路南行,只看見阿剌伯海正在漲午潮,一陣陣的波濤,怒吼着向海邊岩石猛濺,一陣陣波濤遠去,海邊的岩石依然屹立無恙,但是第二陣怒潮卻又接着猛濺上來了。這樣永遠地繼續下去,滄海化桑田,桑田化滄海,終於有一天會實現的。

(原載《大公報》1944年7月5日)

附　　録

章巽先生學術小傳

芮傳明

章巽,又名章丹楓,早年多以"丹楓"之名稱於世。1914年4月23日誕生於浙江省金華縣的縣城內。三歲喪父,家境貧寒,幸賴受過良好教育的母親汪芙卿以執教爲業,才勉力將兄妹二人撫養成人。汪氏出自書香門第,外公汪志洺乃清末民初的詩人,汪芙卿有此家學淵源,因此文才、品格俱佳;章巽自幼受此熏陶,故聰慧異常,遠勝於同齡孩童。他在九歲的下半年即小學畢業,十歲時考入金華的省立第七中學。金華第七中學對學生的德、知教育都很重視,強調要以"誠實"爲本,而知識方面則應該文、史、地、數、理、化全面掌握。這樣的教學原則使得學生大受裨益,同時也使該校成爲全省的明星中學。

先生十六歲高中畢業,考入浙江大學文理學院。半年後,轉學到南京的中央大學歷史系;四年後畢業(1934年夏),由中央大學推薦到天津南開中學任教。1935年春,出於對新聞事業的愛好而報考《大公報》的助理編輯,當年夏天被錄取後,便進入天津《大公報》編輯部,擔任各地新聞報的助理編輯。

1936年春,因華北受日軍脅迫日甚,《大公報》擬增設上海版,先生遂調往上海,在胡政之、張季鸞等人的主持下,參與創辦上海版的《大公報》,出任國際要聞編輯。1937年,由於抗日戰爭全面展開,到當年12月,上海的《大公報》及其姊妹刊物《國聞週報》被迫停刊。而其停刊辭,同時也是一篇極有見地的政論性文章《國族的前途》,便是由先生所撰。1938年春末,香港版的《大公報》創辦,他又赴香港,擔任要聞編輯;後又兼任增設的《晚報》主編。1939年9月,歐洲爆發大戰後,先生返回上海,脫離了《大公報》,進入中華書局任編輯。

1941年年底,太平洋大戰爆發,先生前赴重慶,任中央大學歷史系講師,同時主編中華書局的《新中華》雜誌。但是,1943年夏,由於桂林版《大公報》的需要,他又赴桂林擔任編輯主任之職。

1944年春,先生赴美國留學,同時兼任《大公報》的駐美記者;當然,其主要精力則投放在大學研究院的進修上。三年時間内,他先後就讀於哥倫比亞大學、約翰・霍布金斯大學及紐約大學的研究院歷史系,最後獲文學碩士學位,1947年夏天歸國,先生應邀在南京的中央大學歷史系擔任教授,同時兼任《大公報》的編輯,直到 1948 年 8 月才完全脱離報社。

20 世紀 50 年代初,先生因病離開南京大學(前中央大學),回到上海。旋即應顧頡剛、丁君匋之邀,擔任了他倆創建的大中國圖書局的特約編輯。嗣後的數年中,章巽與他們結下了深厚的友誼,並合作完成了不少學術成果。如與顧頡剛合編了《中國歷史地圖集(古代史部分)》,並還編譯了三套《世界歷史地圖》(上古之部、中古之部上、中古之部下),對於歷史研究和歷史教學都頗有助益。

1956 年,章巽受聘爲復旦大學歷史系教授,自此一直執教於復旦,直到 1994 年辭世。從 1980 年起,先生相繼擔任碩士導師和博士導師,培養了一批在亞洲史和中外關係史等方面學有專長的弟子。回顧先生在復旦大學執教的將近四十年的時間裏,他所培養的本科生、碩士生、博士生爲數甚多,其中不乏在古代中外關係、内陸歐亞、歷史地理及海上交通等領域獲得豐碩成果的學者,乃至在國内、國際的相關學術領域都佔有一席之地。

先生在大學時代曾受教於繆鳳林、丁山、朱希祖、沈剛伯、張其昀、胡焕庸等著名學者;在美國留學期間,又得潘脱(Sidney Painter)、甘白里爾(J. Montgomery Gambrill)等教授的指導,獲益匪淺,遂對民族史和歷史沿革地理等專題產生興趣,並作了日益深入的研究,以至最終在歷史地理、中外關係史、中亞史、海上交通史等學科領域取得卓著成果,成爲 20 世紀下半葉這些研究領域的主要貢獻者之一。

多年以來,先生除了從事專職的教學和研究工作之外,還承擔不少社會工作,如上海市歷史學會理事、中國中亞文化研究協會理事、中國海外交通史研究會顧問、中外關係史學會名譽理事、《中外關係史譯叢》名譽主編、新加坡亞洲研究學會榮譽會員等。

先生學風嚴謹,寧缺毋濫,所撰著述,文如其人,莫不見解深刻,言必有據,堪爲後學之楷模。有關歷史地理方面的著述,除了多篇論文之外,尚有 20 世紀 50 年代前期即已出版的《中國歷史地圖集》和《世界歷史地圖》系列。有關古代中亞及陸上中外交往領域的研究成果,見於其《大唐西域記》的校點本、導讀本、《法顯傳校注》及編譯的《中亞古國史》等專著和論文。

然而,先生更具開拓意義的研究領域,則是在航海史方面。例如,他早在

1956年出版的《我國古代的海上交通》當是中國學界有關這一專題的最早專著，具有很高的學術價值，故四年之後即出現了俄文譯本。又，先生的《古航海圖考釋》(出版於1980年)，更是花費十年功夫，深入考證，將久已失傳的古代民間航海圖抄本重新公諸於世的一部力作，受到國內外學界的高度重視。先生還有多篇航海史方面的論文，例如，對於公元前3世紀之前中國人對季風之認識和利用的問題、公元前3世紀以前"絲路"西端大秦國與中國開闢海上直航的問題、六朝以降佛經所載航海史料的問題、元代"海運"的航綫問題，以及元、明、清諸朝的航海史跡等問題，都曾進行過探索，並有所創獲。

總之，先生在多個領域的學術成果，始終是後世學界的寶貴精神財富。

卓越的見識,縝密的考證
——章巽先生學術研究著述簡介

芮傳明

　　章巽先生的學術研究領域,如前文《學術小傳》所言,主要集中在歷史地理、古代的中外關係史、中亞史及海上交通史等方面。因此,本集的總標題原擬爲《古代中外交通研究》;"交通"一詞,取傳統的定義,即,既指水、陸的道路與航綫,亦指文化、經濟、政治、軍事等所有人類活動的交流和接觸。後來由於"復旦百年經典文庫"的體例之故,遂將《法顯傳校注》和《我國古代的海上交通》兩種整書之外的專書節錄、序言萃集、論文選錄和報刊政論統一命名爲"古代中外交通研究"。

　　其次,談一下本集的收錄原則。第一,盡可能收載先生著述中更有學術價值和社會影響的那部分作品。第二,盡可能全面地展現先生一生中在各個領域的寫作成果。第三,盡可能兼顧先生以不同形式撰寫的著述,如專題論文、古籍校釋、通俗綜述、名著翻譯等。有鑒於此,本書收載的內容雖然貌似"散亂"一些,卻更能準確和全面地展示先生一生的寫作成果。這是希望讀者理解的。

　　接着,按目錄所列的順序,分門別類地逐一介紹收載的各著述內容和價值。

一、整書收載

　　在這一類中,共收載整書兩本,即《法顯傳校注》和《我國古代的海上交通》。二書的篇幅都不算大(前者約 20 萬字,後者約 8 萬字),但是都是該專題領域的"開拓性"作品,在國内外學術界有着巨大的影響。

1.《法顯傳校注》

　　法顯是西晉及南北朝時期的高僧,生於公元 4 世紀 40 年代,卒於公元 5 世紀 20 年代。以年近花甲的高齡,從陸路西行,前赴天竺(今印度),旨在求法取經。十餘年後,經由海道東歸,帶歸大量珍貴的佛經,爲中土佛教,特別是律部的流布、傳承作出了巨大的貢獻。《法顯傳》即是法顯對於自己歷時十五年的艱辛長途旅行的親筆記録;法顯是見於記載的中土西行求法僧人的先驅。

先生對於這部珍貴的古籍早就予以重視和研究,他積多年之功,以南宋刊印的《思溪圓覺藏》本爲底本,參考了多種《法顯傳》的最早印本和古鈔本,充分汲取了 19 世紀以來國內外學者對此書的研究成果,解決了不少疑難問題,撰成了《法顯傳校注》一書,於 1985 年由上海古籍出版社出版。嗣後,即被學界譽爲集法顯研究之大成的最有影響的力作。

時隔 20 餘年後,此書由中華書局再版,列入《中外交通史籍叢刊》中(2008 年)。儘管先生業已仙逝多年,無法再親自修改、增補,但是仍由徐文堪、芮傳明根據作者生前的親筆校訂,改正了初版的若干印刷錯誤,並參考德國學者寧梵夫教授的新著《作爲宗教史料的〈高僧法顯傳〉——中國最早赴印佛僧之行記翻譯》(Max Deeg, *Das Gaoseng-Faxian-zhuan als religiongeschichtliche Quelle, Der älteste Bericht eines chinesischen Buddhistischen Pilgermönchs über seine Reise nach Indien mit Übersetzung des Textes*, Wiesbaden, 2005),盡可能檢索了國內及歐美、日本學者的一些論著,以"補注"的形式附在書末。在此收載的《法顯傳校注》即是根據中華書局 2008 年的再版本。

2.《我國古代的海上交通》

此書儘管只有七八萬字的篇幅,看似薄薄的一本"小書",卻是我國古代航海史綜論的"開山之作"。時在 20 世紀 50 年代初,先生即相繼撰寫了《從遠古到戰國時代的海上交通》、《秦漢三國時代的海上交通》、《隋唐時代的海上交通》和《宋元時代的海上交通》四篇論文,分別刊載於《地理知識》1955 年第 11、12 期和 1956 年第 1、2 期上;旋即由上海新知識出版社合編成《我國古代的海上交通》一書出版;繼而轉由商務印書館出版。此書刊印之後,學界和社會的反映十分良好,乃至數年之後即由格列可夫(Г. В. Греков)譯成俄文出版(蘇聯國家科學出版社,1960 年)。

三十年後,商務印書館打算再版此書。先生便修改和增補了原書,添入晉、南北朝、五代、明、清(迄於鴉片戰爭前)各時段的海上交通發展情況,使得全書更爲充實和完整。今本集收載的該書,便是商務印書館 1986 年的版本,可以視作 19 世紀中葉以前(亦即今通常認爲的中國之"古代"與"近代"的分界線)中國海上交通的簡史。

二、專書節錄

　　這一類也涉及兩本書,只是并非整書收載,而只是節錄了其中的一部分。二書的名稱分別是《大唐西域記導讀》和《中亞古國史》。之所以只作節錄,主要是因爲本集的篇幅有限,無法容納多書并存;另一方面,也因爲其中有一部分乃他人所撰。

1.《大唐西域記導讀》

　　《大唐西域記》乃是唐朝初期(公元7世紀上半葉),僧人玄奘從陸路西行,前赴印度求法,歷經十七年,取得大量佛經東歸後所撰的旅行記錄。但是,此書並非玄奘親筆撰寫,而是由他口述,辯機筆錄而成。《大唐西域記》除了記述中亞和南亞的佛教(也包括其他宗教信仰)的情況之外,還談及各地的地理、政治、文化和社會生活等方面。因此,即使其中有一部分得之於並不十分可靠的傳聞,但是大部分的敘述應該是反映了歷史的真實。所以,該書的史料價值十分重大,乃至受到學界的一致讚譽,稱它爲印度歷史的"重建"作出了巨大貢獻(蓋因印度極度匱乏文字史料之故)。

　　正因爲如此,如何用通俗易懂、深入淺出之法,使得更多的讀者理解和利用這部珍貴史料,便成爲學界和出版界的要務之一。20世紀80年代末,巴蜀書社將此書納入其"導讀"系列,即是出於此意。

　　先生當初欣然接受了這項任務,然而,年邁體衰的客觀原因卻迫使他無法獨立完成全書,所以構成此書主體的三部分中的"第三部分"即由其弟子芮傳明撰寫。此書遂於1989年由巴蜀書社出版。二十年之後,中國國際廣播出版社策劃"國學大講堂"叢書,要求將此書列入其中。時先生業已辭世多年,遂由芮傳明對初版的印刷錯誤和筆誤作了修改,特別是糾正了梵文轉寫的諸多舛訛,於2009年再版。本集錄載者,便據自中國國際廣播出版社2009年的再版本。

　　本集所收載的,乃是《導讀》中的導言、第一部分和第二部分,易言之,是先生爲該書撰寫的所有內容。編者之所以將這些內容悉數收載,其一,是因爲它們確實以簡明易懂的形式概括介紹了《大唐西域記》,是有關此書的不可多得的通俗"導讀"文字;其二,或許是更重要的一點是,因爲先生雖然早在20世紀60年代即已開始研究《大唐西域記》,至1977年出版此書的校點本,卻始終沒有機會用自己的語言發表對於此書的研究成果(1977年出版的"校點本",囿於當時的政治環境,將原稿的註釋,甚至相關前言都完全剔除)。有鑒於此,《導讀》的這些綜述和歸納,顯然體現了先生多年研究心得的一部分,甚有價值。

2.《中亞古國史》

這是一部譯著。原書由美國探險家兼學者麥高文(William Montgomery McGovern)撰寫,題爲 *The Early Empires of Central Asia A Study of the Scythians and the Huns and the Part They Played in World History. With Special References in the Chinese Sources*,由北卡羅萊納大學出版社(University of North Carolina Press)於 1939 年出版。原書的篇幅較大,僅正文就達 529 頁,此外並附插圖、地圖、參考書目及索引等。

這是一本討論古代遊牧民族的極有學術價值的專著,它涉及的時間和空間範圍都相當廣泛:就地域而已,幾乎覆蓋整個中央歐亞地區;就時間而言,則從見於記載的遙遠上古時代降及公元一千紀乃至更後的時代。由於作者既掌握多種歐美語言,又通曉東亞語言,故該書使用的各語種的原始資料十分豐富,尤其是漢文史料。然而,作者並不是簡單地編輯資料,而是很有創見性地探討各主要遊牧政權的人種、語言、政治、文化、軍事等情況。所以,自該書問世以後,頗受學界的好評,以至成爲古代遊牧民族史研究者的主要參考文獻之一。

所以,先生將此書介紹給中文學界,對於中國的中亞史研究,實在也是一種很大的貢獻。然而,嚴格地說,先生對於此書並非一般意義上的"翻譯",而是"節譯"或"編譯"。蓋因如本書的"譯者贅言"所説,原書分爲四卷(Book),共計十八章(Chapter);但是漢譯本只全譯了第一卷、節譯了第二、第三卷及第四卷的前二章、全譯了第四卷的後三章,重新編作三卷,共計八章。如此編排的原因,是因爲原書的某些內容多取自中國的正史,對外國學者固然有用,對中國學者則意義不大,故略而不譯了。

不管怎樣,先生所譯的《中亞古國史》雖非麥高文原著的"全豹",卻仍然保留了原書最有價值的部分,甚至,更突出了其精粹部分。當然,受篇幅所限,本集不可能收錄《中亞古國史》的全部文字,而只能摘錄該書的開首部分——目錄、譯者贅言、著者原序、緒論。好在這些文字都從不同角度概括了本書的內容;尤其是篇幅不小的"緒論",更爲讀者提供了"管中窺豹"的機會,值得一讀。本集收錄的內容據自中華書局 1958 年的初版《中亞古國史》。

三、序言萃集

本類收錄來自三本書的三篇前言或序言;這三本書分別是《大唐西域記》(校

點)、《古航海圖考釋》和《中國航海科技史》。之所以作此編排,是旨在通過這些簡短的序言,介紹先生撰寫和主編的幾本甚有學術價值的專著,以與讀者"共享"先生的學術成果。

1. 《大唐西域記》校點本前言

有關漢文古籍《大唐西域記》的價值,上文已經談及,在此則略述先生對於此書的關注和研究歷程。

據中華書局謝方先生的回憶文章(《二十六年間——記〈大唐西域記校注〉的出版兼懷向達先生》)稱,向達早在1958年就建議中華書局組織編寫《中外交通史籍叢刊》,共計42種,《大唐西域記》被列爲第二種。而在翌年四月,章巽和范祥雍也聯合提出了整理研究《大唐西域記》的建議,並提交了具體的寫作計劃,表態要超過國際水平,在1962年完成。本來,中華書局和向達先生都已同意章、范的規劃,準備交付他們撰寫。哪知不久後北京大學也提出了同樣的計劃,並出示"強大的"參與者名單,以至最後竟以北大爲主,章、范爲輔了。十分遺憾的是,北大並未積極組織人員投入撰寫工作,遷延再三,乃至已至"文化大革命"時期了,於是,一切計劃全成了泡影。

然而,先生並未放棄自己的規劃,依然默默地推進着《大唐西域記》的研究工作,即使在"文革"期間亦然如此。終於,"文革"甫一結束,《大唐西域記》的校點本便由上海人民出版社出版了(1977年)。不過,由於此書的主要編撰過程是在"文化大革命"期間完成的,受到當時的政治環境的嚴重影響,故不僅最能體現先生研究成果的註釋被全部排除,即使本集在此收錄的"前言"也未允列入正式出版物;致使這一前言只能轉錄自1986年出版的《章巽文集》。

先生此書在1977年面世後,據說甚爲熱銷,乃至一度有"洛陽紙貴"之勢。其原因,一方面固然出於學界的許多有識之士競相購買,另一方面也不無普通民衆誤以《西域記》爲《西遊記》的因素在內。所以,先生在向范祥雍先生贈書時所附的一首詩也以此事小小地幽默了一下:"《大唐西域記》新校本印成,以一册奉贈祥雍兄,並附小詩,以博一笑。人間到處話唐僧,真假分清每未能。此記唐僧親口說,莫把西遊一例繩。章巽未是草,一九七七年十一月七日。"(此詩及其他一些事,均見范祥雍先生之子范邦瑾的回憶文章《章巽先生與范祥雍先生學術交往點滴談》)

2. 《古航海圖考釋》序

如果說,《大唐西域記》校點本和《法顯傳校注》二書是先生對於古代陸上中外交通研究的代表作,那麼,《我國古代的海上交通》與《古航海圖考釋》二書則是他對於古代海上中外交通研究的代表作。《古航海圖考釋》刊布了一份珍貴的古代民間航海圖的孤本,涉及的地域範圍很廣,北起山海關旁的遼東灣,南方直達珠江口,把中國絕大部分的近海航綫都包括在內了。

有關這份珍貴的古航海圖的發現過程,也是一個頗有意思的小故事。先生在其《章巽文集》書首所附的《我的生活經歷和甘苦談》一文中披露道:他在1956年春的某個下午,前赴上海漢口路的來青閣書莊"掏書",最終未能找到所需之書,卻發現店堂角落裏有一堆殘缺的破書,其中則有一本黃毛邊紙的舊鈔本。書中都是一些不規則的小圖形,且有一些不常見和難理解的註解文。他出於平素對古代"山形水勢圖"航海圖本的知識和敏感,覺得這或許頗有價值,遂以很便宜的價格買下了這份舊鈔本。嗣後,經過長達十年之間斷斷續續的鑽研,才確證它果然是一份極爲難得的古代航海圖。嗣後又經歷多年的艱苦考釋,遂於1981年正式出版此書,爲中國的古代海上交通史研究貢獻了一份重要的資料。

在此收錄的序文較長,實際上是環繞這份"古航海圖"所撰的論文,談述了此圖的由來、它的珍貴價值、成書的年代,以及有關古代航海的一些知識。今收錄於此,也便於讀者諸君對於該書的內容和價值有更爲全面和深刻的理解。

最後,要順便提及一件並不令人愉快的事:當先生的《古航海圖考釋》一書出版後,此前交由出版社印書所用的珍貴原圖卻不翼而飛了!儘管先生曾經平和地說:"圖册影印出版了,也就不是孤本了。丟了就丟了吧……"(語見宋耀良回憶文章《章巽先生藏書二、三事》),但是,世人對於如此珍貴的古物在出版社輕易地"不見了",難免會產生一些"想法"的。

3.《中國航海科技史》前言

《中國航海科技史》一書由海洋出版社出版於1991年,先生對於此書的工作,只是擔任主編,並撰寫前言,而並未撰寫正文中的任何部分。所以,嚴格地說,此書與先生的關係並不是很大。但是,本集之所以仍然收錄了該書的前言,一是因爲這畢竟是先生主編的書,體現了先生在航海研究領域的地位和成果;二是因爲此書是篇幅達三十餘萬字的質量不錯的學術專著,故借此機會向讀者簡單地介紹一下其主要內容:第一章,中國古代的造船技術;第二章,中國古代的海上航路;第三章,中國古代的地文導航;第四章,中國古代的天文航海技術;第五章,中國古代航海圖的發展及其成就;第六章,中國古代的海港。

四、論文選錄

這一類收録的是四篇論文的全文,大多據自《章巽文集》(海洋出版社,1986年)的收載版本。四文的專題和寫作形式都各有不同,以便讀者更加全面地了解先生的著述風格。

1. 元"海運"航路考

此文最初發表的時間較早,見於《地理學報》1957年,第23卷第1期。有關元代"海運"的航路,先生曾在《我國古代的海上交通》一書中有過敘述(見第五章《宋元時代的海上交通》中的第五節"元代的'海運'"),但是比較簡略。與這一專題相仿的另一篇論文,則是《〈大元海運記〉之"漕運水程"及"記標指淺"》,它們都是先生在古代海上交通研究領域的成果之一。

2. 論河水重源説的産生

此文最初發表於《學術月刊》1961年第10期。它探討的是中國古代地理觀的一件著名公案,即:有關黃河源頭最初出自遙遠西域,後潛流地下,再出青海而東流的並非事實的"重源説",産生於何時,原因是什麽?其結論是:"重源説"是由張騫以及稍後的東來佛僧從西域傳入;時間當都在西漢之世。與該專題相關的,尚有《〈五藏山經〉和河水重源説——兼論〈五藏山經〉的編寫過程》等文章。

3. 《水經注》中的扜泥城和伊循城

此文先是載於《章巽文集》,後經修改,刊於《中亞學刊》第3輯(中華書局,1990年)。這是頗爲學界稱讚的一篇優秀考證文章;它從很小的西域地名着手,深入考證,做成"鐵案",從而解決了關鍵的大問題。當時負責主編《中亞學刊》的余太山先生曾這樣評價此文道:"這篇文章言簡意賅,揭示了《水經注》中的一處錯簡,使得酈學中一個撲朔迷離的問題得到了確解。其重要意義還在於這處錯簡的揭示與糾正,爲古代西域史上的一個公案——鄯善國都城的位置問題提供了重要的佐證。讀這篇文章,我們不難從中發現章巽先生的治學門徑和方法,值得仔細玩味。"(見余太山《回憶章巽先生》一文)該文也是先生在歷史地理研究領域的一篇代表作。

4. 桃花石和回紇國

此文最初發表於《中華文史論叢》1983年第2輯,對於數十年來中外學界衆説紛紜的"桃花石"語源提出了新的看法,即"大汗";並認爲"喀喇汗"王朝之名也源出"大汗"之意。這些説法雖然未能完全否定前人的諸説,卻也爲古代中亞史研究中的一個重要問題提出了很有啟發性的觀點。

五、報刊政論

這一類的四篇文章,都見諸 20 世紀 30、40 年代的中文報刊,雖然涉及的主題、時代和寫作風格迥異於以上各類,但是它們在當時的中國社會中卻曾產生過較大的影響;同時,它們也是先生早年記者生涯中相當精彩的成就之一,故收錄於此,以饗讀者。

1. 西戰場之軍事地理

此文最初刊載於上海《大公報》1937 年 10 月 14 日版,是在日寇入侵東北、華北,中國政權岌岌可危的形勢下撰寫的一篇政論文章。先生徵引從春秋時期直到清代的二三千年中,山西高原對於戰爭形勢之優劣乃至勝負的舉足輕重影響的諸多實例,從而呼吁當局千萬要汲取歷史教訓,重視山西高原的對日防禦,"在西戰場上加緊抗戰"。這是先生將歷史知識充分應用於現實社會的一個明顯例證。正因爲此文卓有見地,故後來被著名記者范長江收載於他的優秀著述《西綫風雲》中。

2. 國族的前途

1937 年"八一三"事件後,日寇對於上海的控制越來越嚴,其新聞管制使得《大公報》、《國聞周報》難以繼續生存,於是只得在年底停刊。此文即是先生所撰《國聞周報》的停刊辭,發表於 1937 年 12 月 27 日。先生借此機會,向全國公衆和政府表達了鮮明的"個人意見"。他強調全民團結,強調教育制度的平民化,強調老師的人格感化,強調法治,強調科學技術。如此等等的呼吁,振聾發聵,莫不入木三分,即使放在今天,也仍然大有警世的作用。爲展示先生卓越的眼光、敏銳的思維和滿腔的愛國熱情,遂選錄此文。

3. 論戰後新都

此文刊載於《新中華》復刊後的第一卷第十二期(1943 年 12 月),對於當時社會上熱衷於談論的戰後新都建設的問題發表自己的看法。先生列述中國首都的諸般條件,分析中國各古都的情況,又強調最適宜建都之地的優點,全都很有見地。然而,最令人印象深刻的是文末的幾句話:建都於何地,其地理、自然等形勢固然重要,卻並非最爲重要,因爲"國民努力,則危地可安;人謀不臧,則險峻何用!"旗幟鮮明地指出了"人"是最重要和最關鍵的因素。此語適用於當時,也適用於七十多年後的今天。妙哉!

4. 訪問甘地先生

此文原來分上、下兩篇,分別刊載於《大公報》1944 年 7 月 4 日和 7 月 5 日,是爲先生赴美留學途中,經由印度時對"聖雄"甘地的採訪記。當時,作爲《大公報》兼職記者的先生在採訪過程中,也頗有一番"驚險經歷":

由於大戰尚未結束,故當時只能繞行印度、澳大利亞,再橫越太平洋而抵美國,以規避日寇的侵擾。先生利用孟買等待轉換舟船的機會,連續兩天拜訪了剛剛獲釋的甘地。但是,此舉卻招致了英國殖民當局的不滿,便將先生召去,頗有責備之意。先生厭惡他們對新聞自由的干涉,遂理直氣壯地責問對方:"難道作爲自由人的我拜訪同樣作爲自由人的甘地先生是違法的嗎?"當局無言以對,只得作罷。先生的錚錚傲骨,由此可見一斑。

以上所述,可以算是對於本集收錄內容的一個"導讀",希望能使讀者對章巽先生的學術經歷和學術成果有個更爲全面和更爲深刻的了解。

最後,附先生的著述繫年於下。需要說明的是,鑒於先生在 20 世紀 30、40 年代的作品多爲發表於報刊的小篇幅文章,且距今年代較遠,不易追溯,故失載者肯定不少,只能請讀者諒解了。

著述繫年:

1936.4.20	《日本與回教民族》(譯),載《國聞周報》13 卷 15 期
1936.4.27	《萬目睽睽下之國聯》(譯),載《國聞周報》13 卷 16 期
1936.5.4	《赫爾論關稅政策》(譯),載《國聞周報》13 卷 17 期
1936.5.11	《德法的共存共榮》(譯),載《國聞周報》13 卷 18 期
1936.5.18	《蘇聯備戰》(譯),載《國聞周報》13 卷 19 期
1936.5.25	《美國的擴軍運動》(譯),載《國聞周報》13 卷 20 期
1936.6.1	《法報之疏英親義論》(譯),載《國聞周報》13 卷 21 期
1936.6.8	《軍費膨脹下的日本財政》(譯),載《國聞周報》13 卷 22 期
1936.6.15	《奧國政事秘幕》(譯),載《國聞周報》13 卷 23 期
1936.6.22	《德國與和平方案》(譯),載《國聞周報》13 卷 24 期
1936.6.29	《海峽設防與英蘇關係》(譯),載《國聞周報》13 卷 25 期
1936.7.6	《史汀生主義和義亞爭端》(譯),載《國聞周報》13 卷 26 期
1936.7.13	《菲律賓武裝問題》(譯),載《國聞周報》13 卷 27 期

1936.8.3	《土耳其海峽問題之重要性》(譯),載《國聞周報》13 卷 30 期	
1936.8.10	《日本之新長城》(譯),載《國聞周報》13 卷 31 期	
1936.8.17	《捷克的危機》(譯),載《國聞周報》13 卷 32 期	
1936.8.24	《埃及政情》(譯),載《國聞周報》13 卷 33 期	
1936.8.31	《英埃關係與新約》(撰),載《國聞周報》13 卷 34 期	
1936.8.31	《地中海問題》(譯),載《國聞周報》13 卷 34 期	
1936.9.7	《蘇聯黨獄》(譯),載《國聞周報》13 卷 35 期	
1936.9.14	《法國的前途》(譯),載《國聞周報》13 卷 36 期	
1936.9.21	《中國徵收所得稅問題》(譯),載《國聞周報》13 卷 37 期	
1936.9.28	《地中海上義大利的新勢力》(譯),載《國聞周報》13 卷 38 期	
1936.10.5	《英義的衝突》(譯),載《國聞周報》13 卷 39 期	
1936.10.12	《歐洲列強之武備》(譯),載《國聞周報》13 卷 40 期	
1936.10.19	《英國工黨大會》(譯),載《國聞周報》13 卷 41 期	
1936.10.26	《歐洲列強的作戰資源》(譯),載《國聞周報》13 卷 42 期	
1936.11.2	《法郎貶值之影響》(譯),載《國聞周報》13 卷 43 期	
1936.11.9	《德國的食料恐慌》(譯),載《國聞周報》13 卷 44 期	
1936.11.16	《德國的東進政策》(撰),載《國聞周報》13 卷 45 期	
1936.11.16	《德國要求收回殖民地》(譯),載《國聞周報》13 卷 45 期	
1936.11.23	《世界經濟合作前途》(譯),載《國聞周報》13 卷 46 期	
1936.11.30	《歐洲危機》(譯),載《國聞周報》13 卷 47 期	
1936.12.7	《泛美和平大會》(譯),載《國聞周報》13 卷 48 期	
1936.12.14	《希臘政情》(譯),載《國聞周報》13 卷 49 期	
1936.12.21	《發展英國在華商業》(譯),載《國聞周報》13 卷 50 期	
1937.1.1	《世界兩大對立陣綫的完成——一年來國際關係之回溯》(撰),載《國聞周報》14 卷 1 期	
1937.1.1	《蘇聯新憲法》(譯),載《國聞周報》14 卷 1 期	
1937.1.4	《地中海上的英義關係》(譯),載《國聞周報》14 卷 2 期	
1937.1.11	《國聯改造問題》(譯),載《國聞周報》14 卷 3 期	
1937.1.18	《美洲新團結》(譯),載《國聞周報》14 卷 4 期	
1937.1.25	《英國和地中海》(譯),載《國聞周報》14 卷 5 期	
1937.2.1	《日本政潮》(譯),載《國聞周報》14 卷 6 期	

1937.2.8	《德國海軍新利器》(譯),載《國聞周報》14 卷 7 期	
1937.3.1	《日本新內閣》(譯),載《國聞周報》14 卷 8 期	
1937.3.8	《世界擴軍狂》(譯),載《國聞周報》14 卷 9 期	
1937.3.15	《義大利的外交路綫》(譯),載《國聞周報》14 卷 10 期	
1937.3.22	《中國幣制前途》(譯),載《國聞周報》14 卷 11 期	
1937.3.22	《列強的生命綫》(譯),載《國聞周報》14 卷 11 期	
1937.3.29	《義相在北非的活動》(譯),載《國聞周報》14 卷 12 期	
1937.4.5	《德蘇兩強間的波羅的海小國》(譯),載《國聞周報》14 卷 13 期	
1937.4.12	《蘇聯政策之轉變》(譯),載《國聞周報》14 卷 14 期	
1937.4.19	《新加坡之危機》(譯),載《國聞周報》14 卷 15 期	
1937.4.26	《英德殖民地衝突》(譯),載《國聞周報》14 卷 16 期	
1937.5.3	《香港增厚防禦力量》(譯),載《國聞周報》14 卷 17 期	
1937.5.10	《粵省國防力量》(譯),載《國聞周報》14 卷 18 期	
1937.5.17	《滇緬南端勘界完成》(譯),載《國聞周報》14 卷 19 期	
1937.5.24	《華南鐵道新建設》(譯),載《國聞周報》14 卷 20 期	
1937.5.31	《太平洋新公約問題》(譯),載《國聞周報》14 卷 21 期	
1937.6.7	《英記者的親德論》(譯),載《國聞周報》14 卷 22 期	
1937.6.14	《英報論日本新內閣》(譯),載《國聞周報》14 卷 23 期	
1937.6.21	《中美親善論》(譯),載《國聞周報》14 卷 24 期	
1937.6.28	《國際均勢歐局》(撰),載《國聞周報》14 卷 25 期	
1937.6.28	《改善中國農村》(譯),載《國聞周報》14 卷 25 期	
1937.7.5	《一個和平建議》(譯),載《國聞周報》14 卷 26 期	
1937.7.12	《法郎再貶值》(譯),載《國聞周報》14 卷 27 期	
1937.7.19	《英愛貿易戰》(譯),載《國聞周報》14 卷 28 期	
1937.7.26	《一封無處投寄的信——給亡妻盛鳳求女士》(撰),載《國聞周報》14 卷 29 期	
1937.8.9	《北極探險的科學意義》(譯),載《國聞周報》14 卷 31 期	
1937.8.16	《英義外交新發展》(譯),載《國聞周報》14 卷 32 期	
1937.10.10	《對日抗戰中的國際局勢》(撰),載《國聞周報》14 卷 39 期	
1937.10.14	《西戰場之軍事地理》(撰),載《大公報》	

1937.10.18	《國了發動制止侵略》(撰),載《國聞周報》14 卷 40 期	
1937.11.8	《華北國防綫》(撰),載《國聞周報》14 卷 43 期	
1937.11.15	《遠東九國公約會議展望》(撰),載《國聞周報》14 卷 44 期	
1937.11.22	《調解失敗後的比京會議》(撰),載《國聞周報》14 卷 45 期	
1937.12.27	《國族的前途》(撰),載《國聞周報》14 卷 50 期	
1941.3	《外西域之古民族》(撰),載《學林》第 5 輯,開明書店	
1942.2	《一個新聞記者的贅言》(撰),載《近百年來中國報紙之發展及其趨勢》,開明書店	
1942.5.23	《由上海到重慶(上)》(撰),載《大公報》	
1942.5.24	《由上海到重慶(下)》(撰),載《大公報》	
1943.1	《第二次世界大戰之演進》(撰),載《新中華》復刊號	
1943.3	《羅邱二氏會於西非》等 10 篇(撰),載《新中華》復刊第 1 卷第 3 期	
1943.4	《親國熱烈慶祝新約》等 10 篇(撰),載《新中華》復刊第 1 卷第 4 期	
1943.5	《蔣委員長視察貴州》等 12 篇(撰),載《新中華》復刊第 1 卷第 5 期	
1943.6	《史迪威陳納德返美》等 12 篇(撰),載《新中華》復刊第 1 卷第 6 期	
1943.7	《鄂西大戰痛殲敵軍》等 10 篇(撰),載《新中華》復刊第 1 卷第 7 期	
1943.8	《鄂省西南追擊敗敵》等 10 篇(撰),載《新中華》復刊第 1 卷第 8 期	
1943.9	《我抗戰六週年紀念》等 9 篇(撰),載《新中華》復刊第 1 卷第 9 期	
1943.12	《論戰後新都》(撰),載《新中華》復刊第 1 卷第 12 期	
1944.7.4	《訪問甘地先生(上)》(撰),載《大公報》	
1944.7.5	《訪問甘地先生(下)》(撰),載《大公報》	
1944.8.14	《由孟買到紐約》(撰),載《大公報》	
1944.10.3	《戰後新世界(上)》(撰),載《大公報》	
1944.10.4	《戰後新世界(下)》(撰),載《大公報》	

1944.11.5	《争取勝利争取和平》(撰),載《大公報》
1944.12.12	《美國的大選及其後果(一)》(撰),載《大公報》
1946.1.9	《歐洲之冬(上)》(撰),載《大公報》
1946.1.10	《歐洲之冬(下)》(撰),載《大公報》
1948.6	《共產主義和社會主義之衝突》(撰),載《論共產主義》,華夏圖書出版社
1952	《世界歷史地圖(上古史之部)》(編譯),大中國圖書出版局
1954	《世界歷史地圖(中古之部上)》(編譯),大中國圖書出版局
1955	《世界歷史地圖(中古之部下)》(編譯),大中國圖書出版局
1955.11	《從遠古到戰國時代的海上交通》(撰),載《地理知識》1955年第11期
1955.12	《秦漢三國時代的海上交通》(撰),載《地理知識》1955年第12期
1956.1	《隋唐時代的海上交通》(撰),載《地理知識》1956年第1期
1956.2	《宋元時代的海上交通》(撰),載《地理知識》1956年第2期
1956.7	《我國古代的海上交通》(撰),新知識出版社(蘇聯國家科學出版社1960年有俄譯本;商務印書館1986年有中文再版本)
1957.1	《元"海運"航路考》(撰),載《地理學報》1967年第1期
1957.2	《秦帝國的主要交通綫》(撰),載《學術月刊》1957年第2期
1958.11	《中亞古國史》(譯),中華書局(中華書局2004年有再版本,列爲《世界漢學叢書》之一)
1961.10	《論河水重源説的産生》(撰),載《學術月刊》1961年第10期
1963.3	《夏國諸州考》(撰),載《開封師院學報》1963年第1期
1977.10	《大唐西域記》(校點),上海人民出版社
1978.7	《記舊抄本古航海圖》(撰),載《中華文史論叢》1978年第7輯(復刊號)
1979	《辭海》中西交通史部(主編),上海辭書出版社
1980.3	《古航海圖考釋》(撰),海洋出版社
1980	《絲綢之路的西端》(撰),載《世界地理集刊》創刊號
1981.5.3	《明月松間照——悼念頡剛先生》(撰),後收載於王煦華《顧頡剛先生學行錄》,中華書局,2006.7

1981.11	《法顯和法顯傳》(撰),載《中華學術論文集》,中華書局
1983.4	《真諦傳中之梁安郡》(撰),載《福建論壇》1983 年第 4 期
1983.6	《桃花石和回紇國》(撰),載《中華文史論叢》1983 年第 2 輯
1983.12.8	《三晤楊剛》(撰),載《大公報》
1984.6	《大食帝國的東部疆域》(譯),載《中外關係史譯叢》第 1 輯
1984.9	《水經注和法顯傳》(撰),載《中華文史論叢》1984 年第 3 輯
1985.2	《法顯傳校注》(撰),上海古籍出版社(中華書局 2008 年有新版本,列爲《中外交通史籍叢刊》之一)
1985.6	《紀念鄭和:通過我國航海發展史的觀察》(撰),載《中華文史論叢》1985 年第 2 輯
1986.12	《章巽文集》(撰),海洋出版社
1990.1	《大唐西域記導讀》(合撰),巴蜀書社(中國國際廣播出版社 2009 年 1 月有新版本,列爲《國學大講堂》系列之一)
1991.11	《中國航海科技史》(主編),海洋出版社

復旦百年經典文庫書目

第一輯

修辭學發凡　文法簡論	陳望道著／宗廷虎、陳光磊編（已出）
宋詩話考	郭紹虞著／蔣　凡編（已出）
中國傳敘文學之變遷　八代傳敘文學述論	朱東潤著／陳尚君編（已出）
詩經直解	陳子展著／徐志嘯編（已出）
文獻學講義	王欣夫著／吳　格編（已出）
明清曲談　戲曲筆談	趙景深著／江巨榮編（已出）
中國土地關係史稿　中國土地制度史	陳守實著／姜義華編（已出）
中國經學史論著選編	周予同著／鄧秉元編（已出）
西方史學史散論	耿淡如著／張廣智編（已出）
中外歷史論集	周谷城著／姜義華編（已出）
中國問題的分析　荒謬集	王造時著／章　清編（已出）
中國思想研究法　中國禮教思想史	蔡尚思著／吳瑞武、傅德華編（已出）
長水粹編	譚其驤著／葛劍雄編（已出）
古代研究的史料問題　五十年甲骨文發現的總結　五十年甲骨學論著目　殷墟發掘	胡厚宣著／胡振宇編（已出）
古史新探	楊　寬著／高智群編（即出）
《法顯傳》校注　我國古代的海上交通	章　巽著／芮傳明編（已出）
滇緬邊地擺夷的宗教儀式　中國帆船貿易與對外關係史論集　男權陰影與貞婦烈女：明清時期倫理觀的比較研究	田汝康著／傅德華編（已出）
諸子學派要詮　秦史	王蘧常著／吳曉明編（即出）
西方哲學論譯集	全增嘏著／黃頌杰編（即出）
哲學與中國古代社會論集	胡曲園著／孫承叔編（已出）
儒道佛思想散論	嚴北溟著／王雷泉編（即出）
《浮士德》研究　席勒	董問樵著／魏育青編（已出）

圖書在版編目（CIP）數據

《法顯傳》校注　我國古代的海上交通/章巽著；芮傳明編. —上海：復旦大學出版社，2015.8
（復旦百年經典文庫）
ISBN 978-7-309-11370-9

Ⅰ. 法… Ⅱ. ①章…②芮… Ⅲ. 交通運輸史-研究-中國　Ⅳ. F511.9

中國版本圖書館 CIP 數據核字（2015）第 076310 號

本書中《〈法顯傳〉校注》由中華書局有限公司授權許可本社收入"復旦百年經典文庫"出版。

《法顯傳》校注　我國古代的海上交通
章巽　著　芮傳明　編
責任編輯/張旭輝

復旦大學出版社有限公司出版發行
上海市國權路 579 號　郵編：200433
網址：fupnet@fudanpress.com　http://www.fudanpress.com
門市零售：86-21-65642857　團體訂購：86-21-65118853
外埠郵購：86-21-65109143
山東鴻君杰文化發展有限公司

開本 787×1092　1/16　印張 27.5　字數 441 千
2015 年 8 月第 1 版第 1 次印刷

ISBN 978-7-309-11370-9/F·2134
定價：82.00 圓

如有印裝質量問題，請向復旦大學出版社有限公司發行部調換。
版權所有　侵權必究

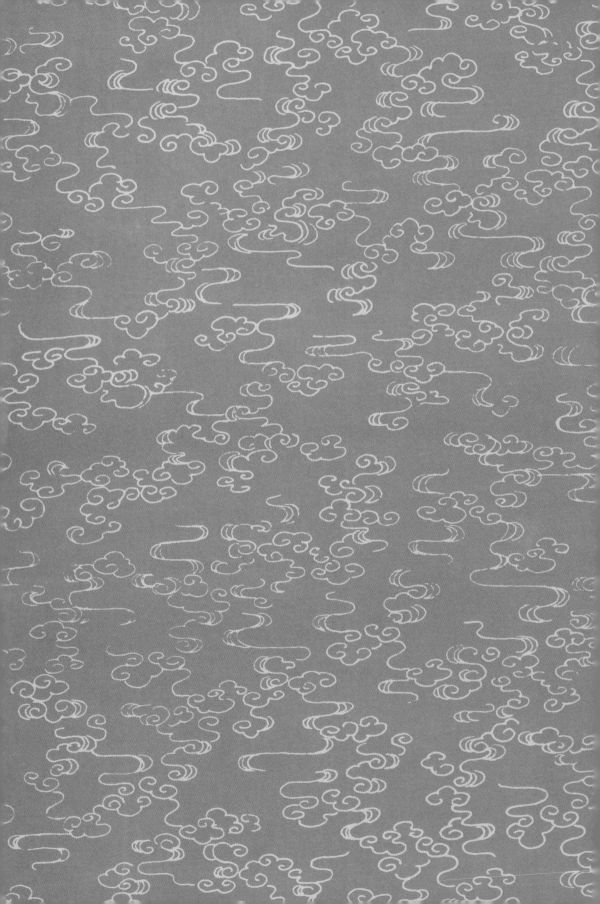